MARIA ECCLESIA

마리아와 교회

마리아론과 교회론의 관계

제1권

마리아에 관한 성경적 · 교의적 · 신학사적 진술

마리아와 교회 – 마리아론과 교회론의 관계

제1권 • 마리아에 관한 성경적 · 교의적 · 신학사적 진술

교 회 인 가 • 2024년 7월 26일
제1판 제1쇄 • 2024년 9월 30일
제1판 제2쇄 • 2025년 4월 10일

지은이 • 기스베르트 그레사케
옮긴이 • 조한규
펴낸이 • 최준규
펴낸곳 • 가톨릭대학교출판부
등 록 • 제300-1989-1호(1989년 1월 13일)
주 소 • 03083 서울시 종로구 창경궁로 296-12
전 화 • 02-740-9718
전 송 • 02-745-9793
전자우편 • cukpress@catholic.ac.kr
홈페이지 • http://press.catholic.ac.kr
인쇄제작 • 재영아트

ISBN 978-89-7108-380-2 04230
ISBN 978-89-7108-379-6 04230 (세트)

값 38,000원

마리아와 교회

마리아론과 교회론의 관계

제1권

마리아에 관한 성경적 · 교의적 · 신학사적 진술

기스베르트 그레사케 지음 | 조한규 옮김

가톨릭대학교출판부

"전 교회와 함께 고백한다.
마리아는 하느님의 손에서 빚어 만들어진
피조물에 불과하다.
무한하시고 존엄하신 하느님과 비교해
마리아는 티끌보다 못하며
무(無)일 따름이다.
오직 하느님만이 '그분'이시기 때문이다."

루이 마리 그리뇽 드 몽포르(Louis-Marie Grignion de Montfort)

"예수 그리스도는
'마리아 안에 계시는 하느님'이 아니고
다른 누구이겠는가!"

빌헬름 클라인(Wilhelm Klein SJ)

MARIA
ECCLESIA

I

제1권 | 마리아에 관한 성경적·교의적·신학사적 진술

MARIA
ECCLESIA

II

제2권 | 마리아와 교회 - 성찰과 자극

제1장 | 마리아와 신앙인

제2장 | "마리아는 거룩한 교회다"(알렉산드리아의 치릴로)

제3장 | '하느님의 협력자'인 마리아와 교회

제5장 I 전망

MARIA
ECCLESIA

I

마리아에 관한 성경적 · 교의적 · 신학사적 진술

/옮/긴/이/의/ /글/

『마리아와 교회』 - 가톨릭교회 마리아론의 성사론적 특성

1. 저자와 이 책에 대하여

프란치스코 교황은 성모님에 대한 교회의 오랜 공경의 칭호인 '복되신 동정 마리아'와 '교회의 어머니'라는 칭호가 함께할 수 있는 축일을 로마 보편 전례력에 포함시키도록 권고하였습니다. 이에 교황청 경신성사성 장관 로베르투스 사라 추기경은 교황의 의향에 따라서 2018년 3월 3일자로 '교회의 어머니이신 복되신 동정 마리아'(De Celebratione Beatae Mariae Virginis Ecclesiae Matris) 기념일을 성령 강림 대축일 다음 월요일에 매년 지낸다는 교령을 발표했습니다(『가톨릭평화신문』 2018년 3월 11일자 참조).

교회의 전례 안에서, 그리고 교회 교부들은 마리아의 역사가 교회의 역사와 함께하고 있음을 강조하고 있고, 이는 이번 교령에도 반영되었습니다. "성 아우구스티누스는 마리아를 그리스도의 지체들에 대한 어머니라고 말한다. 그녀가 사랑으로 신자들을 교회 안에서 새롭게 태어날 수 있도록 협력했기 때문이다. 〔…〕 마리아가 동시에 그리스도, 곧 하느님 아들의 어머니이시며, 그리스도의 신비로운 몸인 교회의 지체들의 어머니시라고 말하고 있다." 또한 교령은 성경이 예수님의 십자가 밑에 마리아가 있었다고 전하고 있고(요한 19,25 참조), 거기서 그녀는 교회의 어머니가 됐다는 점을 분명하게 지적하고 있습니다. "당신 아들이 남기신 사랑의 유언을 받아들이셨으며, 모든 이들을 영원한 생명으로 다시 태어나는 아들딸로, 사랑하는 제자로 각각 맞아들이셨다. 그래서 그녀는 〔…〕 교회의 자애로운 어머니가 되셨다."

마리아와 교회의 관계는 그리스도교가 자리매김하던 첫 시기부터 서로 밀접한 관계였고, 따라서 초기 교회의 시작과 정착 과정을 이해하기 위해서는 마리아에 대한 이해가 중요합니다. 마리아에 대한 이해는 교회의 본질과 핵심을 이해하기 위한 필연적인 단초 내지 실마리가 될 수 있습니다.

신약 시대는 하느님의 구원계획이 예수 그리스도의 구체적인 인격 안에서 형상화되고 보편화되는 과정이자 완성입니다. 이 책은 신약 시기 이래 구약의 이스라엘 안에서 몇몇 여인들을 통해 예형화되었던 구원론적인 여성상이 신약의 마리아 인격 안에서 실현되었다는 점에 주목합니다. 또한 한 인간의 실존을 초월해서 하느님께로 나아가는 마리아의 모습이 바로 교회의 전형(典型)이고 목적이어야 한다는 점에 주목합니다.

이 책의 저자인 기스베르트 그레샤케(Gisbert Greshake)는 독일 가톨릭교회의 사제이자 신학자입니다. 1933년 독일 중서부에 위치한 레클링하우젠(Recklinghausen)에서 태어났고, 1954년부터 1961년까지 독일 뮌스터 대학교와 로마 그레고리오 대학교에서 철학, 신학, 교회음악을 공부했습니다. 1960년 사제 서품을 받고 수년간 본당 사목을 한 후 1969년에 뮌스터 대학교에서 발터 카스퍼(Walter Kasper) 교수의 지도하에 박사 학위를 받았습니다. 그리고 1972년 독일 튀빙엔 대학교에서 교수자격논문(Habilitation)이 통과되었습니다. 1974년부터 1999년에 은퇴할 때까지 오스트리아 빈 대학교와 독일 프라이부르크 대학교 신학부에서 교의신학, 교의사, 교회일치 신학을 가르쳤습니다. 교의신학, 교회론, 창조론, 종말론에 관한 책을 다수 집필했습니다. 대표적인 저서로는 『죽은 이들의 부활』(*Auferstehung der Toten. Ein Beitrag zur gegenwärtigen theologischen Diskussion über die Zukunft der Geschichte*, Essen, 1969), 『구체적 자유로서 은총』(*Gnade als konkrete Freiheit. Eine Untersuchung zur Gnadenlehre des Pelagius*, Mainz, 1972), 『선사된 자유』(*Geschenkte Freiheit: Einführung in die Gnadenlehre*, Freiburg im Br./Basel/Wien, 1977), 『사제란 무엇인가?』(*Priestersein: zur Theologie und Spiritualität des priesterlichen Amtes*, Freiburg im Br./Basel/Wien, 1982), 『죽음, 그다음엔?』(*Tod – und dann? Ende – Reinkarnation – Auferstehung; der Streit der Hoffnungen*, Freiburg im Breisgau/Basel/Wien, 1988), 『삼위일체 하느님』(*Der dreieine Gott: eine trinitarische Theologie*, Freiburg im Br./Basel/Wien, 1997), 『마리아와 교회』(*Maria-Ecclesia. Perspektiven einer marianisch grundierten Theologie und Kirchenpraxis*, Regensburg, 2014) 등이 있습니다. 한국에 번역된 책은 『은총 — 선사된 자유』(성바오로출판사, 1979), 『종말 신앙: 죽음보다 강한 희망』(성바오로출판사, 1980) 등이 있습니다.

이 책 『마리아와 교회』(*Maria-Ecclesia*, 번역본의 부제목은 '마리아론과 교회론의 관계'인데, 독일어 원서의 원래 부제목은 'Perspektiven einer marianische grundierten Theologie und Kirchenpraxis', 즉 '마리아에 기반한 신

학과 교회의 실천에 대한 전망'입니다)는 2014년에 독일 푸스텟 출판사(Verlag Friedrich Pustet)에서 출간됐습니다. 저자는 서문에서 자신이 고령이기에 이 책이 자신이 출간하는 방대한 분량의 마지막 책이 될 것이라 밝힙니다. 생애의 마지막 저서가 될 수도 있고, 본인 신학 작업의 마무리가 될 수 있는 시점에 저자는 마리아론이라는 주제를 택합니다. 마리아, 그리고 마리아론은 가톨릭교회에서 너무나 자주 언급되는 주제이지만, 실상 가톨릭교회에서 이 주제는 정확하게 이해되거나 적용되지 않고 있다고 저자는 지적합니다. 그래서 저자는 이 책에서 마리아에 관한 성경과 교부들의 가르침, 그리고 교의사적 흐름을 구체적이고 포괄적으로 제시함으로써, 가톨릭교회 내의 올바른 마리아론을 정립하고자 하였고, 특히 마리아론과 교회론의 관계를 바르게 이해하려고 노력합니다.

이 책의 독일어 원서는 제1부와 제2부로 구성됩니다. 제1부는 '마리아에 관한 성경적·교의적·신학사적 진술'이라는 제목으로, 제2부는 '마리아와 교회 - 성찰과 자극'이라는 제목으로 제시됩니다. 그런데 독일어 원서가 너무 방대해서 한글 번역본은 제1부를 제1권으로, 제2부는 제2권으로 각각 출간합니다. 제1권은 총 7개의 장으로 구성됩니다. 제1장은 성경에서 증언하는 마리아에 대해서, 제2장은 초기 교회 교부들이 이해한 마리아에 대해, 제3장은 마리아의 동정성에 대해, 제4장은 원죄 없이 잉태되심에 대해, 제5장은 마리아의 몽소승천에 대해, 제6장은 지혜라는 개념을 통해 마리아를 바라보고자 하고, 제7장은 비가톨릭교회에서 바라보는 마리아에 대해 서술합니다.

제2권은 총 5개 장으로 구성됩니다. 제1장은 신앙인의 모범으로서 마리아에 대해, 제2장은 마리아와 교회의 관계에 대해, 제3장은 성사성(聖事性), 즉 구원의 대상이자 협력자로 마리아에 대해, 제4장은 마리아의 선재성에 대해, 제5장은 이 책 전체의 전망에 대해 서술합니다.

이 책은 저자가 다양한 초세기의 자료들, 수많은 신학자의 견해를 이용해 소개하고 있고, 특히 독일어 등의 현대어는 물론 고대 그리스어와 라틴어로 된 자료까지 폭넓게 인용하고 있습니다. 초기 교회가 이해했던 마리아의 모습, 그리고 마리아의 삶과 신앙이 교회에 어떤 영향을 주었는지 잘 설명하고 있습니다. 때로는 전통적인 교회의 가르침과 달리 보이는 부분을 강조하는 신학자들의 주장도 소개하고 있지만, 이 책을 전체적인 측면에서 바라본다면 큰 문제는 없다고 판단됩니다. 신학이 추구하는 기본 방향과 영역에 충실하고자 노력한 책입니다.

이 책 제1권은 마리아에 대한 성경적이고 교의사(敎義史, Dogmengeschichte)적인 내용입니다. 마리아에 대한 초기 교회의 자료들을 자세하고, 그리고 때로는 인간적인 눈으로 바라보고 있습니다. 그래서 마리아를 세속적인 차원에서도 바라보고 있지만, 결국에는 하느님 구원 경륜의 신비 안에서 이해하고자 합니다. 이 책의 가장 큰 장점은 마리아를 제대로 이해하기 위해서 많은 근거를 제시하고, 다양한 방향과 시각으로 접근한다는 점입니다. 때로는 논쟁적인 내용들, 때로는 전통적인 교의에 도전적인 질문을 던지기도 합니다. 그래서 지금까지 우리가 당연하다고 믿어왔던 내용이 혼란스러울 수도 있지만, 이 모든 것이 결국에는 올바른 길을 가기 위한 반성이고 성찰이라면 충분히 의미 있는 작업이라 믿습니다. 마리아에 대한 올바른 이해, 그리고 이에 기반한 마리아론, 더 나아가 마리아론이 교회론에 어떤 영향과 결과를 미쳤는지를 이해한다면, 신학의 영역이 발전하는 것은 물론이고 신앙의 영역도 풍요로워질 것입니다. 특히 한국에서 마리아와 관련된 사항은 개신교와의 대화나 협력에서 종종 걸림돌이 되곤 합니다. 하지만 만일 가톨릭 신자들이 마리아에 대해서 올바로 이해하고, 제대로 전할 수만 있다면, 오히려 교회 일치 운동에 윤활유 내지 촉진제가 될 수 있을 것입니다.

가톨릭교회의 핵심이자 중심은 당연히 삼위일체 하느님이십니다. 이 사항은 변함이 없습니다. 그리고 삼위일체 하느님의 모든 신비는 예수 그리스도를 통해 밝게, 명확하게, 충만하게 드러났습니다. 따라서 그리스도를 올바로 믿고 따르는 것이 그리스도교라 할 수 있습니다. 그리스도를 따르고 이해하는 데 있어서 가장 중요한 내용은 그리스도의 말씀과 행적이 '**기록된**' 성경(聖經)과 사도들을 통해 그리스도의 말씀과 행적이 '**전달된**' 성전(聖傳, Traditio)입니다. 성경과 성전 다음으로 그리스도가 누구신지 가장 잘 아는 분이 바로 성모(聖母)이신 마리아입니다. 이 세상을 구원하고자 하시는 하느님의 뜻을 받아들여 "예!"라고 대답하신 후, 그리스도의 몸을 가장 먼저 당신 안에 품으신 후 이 세상에 낳으셨던 분입니다. 우선 예수님을 낳으신 어머니로, 그리고 평생 예수님만을 따른 동정녀로 사셨습니다. 교회는 성모님이 그러셨던 것처럼, 그리스도를 믿는 사람들을 낳는 어머니 역할을 해야 하고, 평생 오직 그리스도만을 따르는 동정녀 역할을 해야 합니다. 교회의 본질과 사명은 예수님을 통해 밝히 드러났고, 성모님의 모범을 통해 우리에게 이해됩니다. 구약의 이스라엘 백성이 하느님의 선택을 통해 계약을 맺었습니다. 구약은 하느님의 백성을 시온의 딸이라 불렀습니다. 초기 교회 교부들은 새 하느님 백성인 교회 역시 시온의 딸이라 불렀는데, 교회 이전에 성모님을 선택된 백성이자 성사적 백성, 즉 시온의 딸이라 불렀습니다.

2. 시온의 딸, 마리아, 교회

이스라엘, 마리아, 그리고 교회 등은 성경이 증언하는 하느님의 구원 역사 안에서 성사적(聖事的) 특성이 가장 잘 드러나는 대표적인 개념들입니다.

우선 구약의 이스라엘 백성을 상징하는 '시온의 딸'이라는 표현은 제2차 바티칸 공의회가 신약의 마리아를 부르는 대표적 호칭입니다. "약속의 오랜 기다림 뒤에, 마침내 빼어난 시온의 딸인 이 여인과 더불어 때가 차고 새로운 계획이 시작되었으며, 그때에 하느님의 아들이 이 여인에게서 인성을 받아들이시어 당신 육신의 신비로 인간을 죄에서 해방시키셨다"(「교회 헌장」 55항). 공의회는 이 단어를 통해서 교회 개념과 관련해서 마리아론이 갖는 중요한 의미를 설명합니다. 먼저, 남성적이고 제도적인 하느님 백성으로 이해되는 교회를 보다 여성적이고 모성적으로, 즉 단순히 백성 개념이나 제도로서의 조직을 넘어서는 교회를 표상하고 있습니다. 동시에, '시온의 딸'이라는 표현 안에는 마리아의 위치와 의미를 신약은 물론 구약의 맥락 안에서 이해하고, 구약과 신약 전체에 연결된 구원의 연속성 안에서 바라보고자 하는 의도 역시 포함하고 있습니다.[1)]

구약성경에서 '시온'은 성경의 여러 본문에서 예루살렘 전체(참

조: 즈카 8,2~3; 미가 3,12~4,2)를 가리키거나 예루살렘의 중심인 성전이 있는 자리 혹은 성전 자체를 의미하는 표현입니다.[2] '시온'이라는 단어가 함축한 의미는 일차적으로 예루살렘이라는 도시와 연결되지만, 궁극적으로는 이스라엘의 전체적인 회복과 관련해서 다시금 성전이 세워질 성스러운 장소라는 의미로서 종말론적이고 구원론적인 희망을 포괄한다고 할 수 있습니다.[3] 시온은 율법이 새롭게 주어지고, 새로운 계약이 맺어질 장소로 묘사됩니다. 특히, 예언서에서 시온을 새로운 시나이(이사 2,2)로 묘사하거나 토라는 시온에서 나온다(이사 2,3)고 표현하기도 합니다. 시온과 관련된 사상의 중심에는 하느님께서 이스라엘을 선택하셨고, 그들과 함께 머무르기로 하셨다는 하느님의 구원계획이 함께합니다. 그리고 그들에게 자리한 선민의식은 이스라엘을 이집트에서 탈출시키고, 시나이 산에서 계약을 맺으며, 약속의 땅으로의 정착과 연결되고 있습니다. 결국 시온 사상은 하느님의 부르심과 선택에서 출발하여, 이스라엘을 구원으로 이끄시려는 하느님과

---

1) 요셉 라칭거는 신약의 마리아상(像)은 구약의 실마리에서 형성되었고, 따라서 올바른 마리아 이해를 위해서 신약을 통해 구약을 읽어 나가거나, 아니면 그 반대로 접근해 갈 수도 있다고 주장한다. 라칭거의 주장에 따르면, 사라 혹은 사무엘의 어머니인 한나 같은 구약의 위대한 어머니상이 신약의 마리아 묘사에 수용되었고, 특히 예언자들이 간택과 계약의 신비, 즉 이스라엘에 대한 하느님 사랑의 신비를 시온의 딸로 진술함으로써 시온의 딸에 관한 신학이 구성되었다고 한다(참조: 요셉 라칭거, 『시온의 딸』, 김정희 역, 성바오로출판사, 1990, 13쪽).

2) 시온(Sion, Zion)은 다윗이 여부스인들에게 빼앗은 예루살렘의 성(2사무 5,6~7)으로, 예루살렘의 동쪽 산마루, 성전의 남쪽에 위치해 있다. 다윗은 그곳에 '계약의 궤'를 모셨고(1사무 6,12), 솔로몬은 그 북쪽에 하느님의 성전을 짓고 '계약의 궤'를 모셨다(1열왕 6장). 시온이라는 이름은 예루살렘에 있는 하느님의 성산(聖山)이란 뜻으로 쓰였고(시편 2,6), 예루살렘의 대명사로 쓰였으며(이사 1,27), 은유적으로 천상 도시(히브 12,22; 묵시 14,1)를 뜻하기도 한다(참조: 백민관, 『가톨릭에 관한 모든 것. 백과사전』 3, 가톨릭대학교출판부, 509쪽). 그리스도인들에게는 최후의 만찬과 성령강림이 이루어진 곳이고, 제자들이 성모 마리아와 함께 머물렀던 장소를 통칭하는 의미로도 사용된다(참조: 『한국가톨릭대사전』 제8권, 한국교회사연구소, 5338쪽).

3) Cf. G. Fohrer / E. Lohse, "Zion", *TDNT* Ⅶ, pp.301~302.

맺은 계약을 통해 주어진 신앙의 토대가 됨으로써 구체화됩니다.[4] 하느님 백성으로서 이스라엘은 성사적 백성으로서의 자기 정체성, 즉 온 세상을 향한 하느님의 보편적 구원 의지 안에서 그들이 먼저 구원의 대상이자, 동시에 모든 민족의 구원을 위한 도구로 자리매김해야 했습니다.

그리고 특히 구약에서 이스라엘이 자신을 일컫는 대표적 표현 중 하나인 '시온의 딸'은 구원에 대한 희망을 간직한 이스라엘의 모든 지체들(요엘 3,1), 예루살렘(이사 23,10.12; 47,1) 등으로 묘사되는 하느님 백성을 인격화한 개념입니다.[5] 선택된 하느님 백성으로서 시온의 딸은 '야훼의 신부'(호세 1,3; 이사 1,21; 62,4; 예레 2,2; 3,1), '어머니 시온'(시편 87,5), '처녀 이스라엘'(이사 47,1~4; 예레 18,13; 31,4; 31,21; 아모 5,1 이하) 등으로도 표현됩니다. 여기서 눈여겨볼 점은 이스라엘이 신부, 딸, 어머니 등의 호칭은 물론, 심지어 '처녀'라고도 언급된다는 점입니다. 사실 구약성경에서 '처녀'라는 개념과 관련해서는 긍정적인 의미의 언급이 많지 않습니다. 당시

---

4) 구약 시대 계약의 특징, 특히 유배 시대 전후 이스라엘에 주어진 계약의 의미와 특징에 대해서 다음과 같이 이야기할 수 있다. "구약성서에 있어서 '계약'은 항상 하느님 앞에서의 이스라엘 백성의 유일한 위치에 대한 믿음의 표현이었다. 이스라엘이 하느님의 선택된 민족임을 드러내는 신앙의 표현인 계약은 시기적으로 볼 때 이스라엘 역사의 이른 시대나 왕조 시대의 예언자들에게서 보다 유배 시대를 전후하여 상대적으로 빈번하게 등장하고 있다. [...] 이러한 계약 전승은 제2 이사야 예언자에 의해 계승되어지는 바, 그에게 있어서도 계약 사상은 '신앙의 토대'(Glaubensgrundlage)가 되고 있다. [...] 특히 다윗 계약에 대한 자유로운 해석을 통해 지금까지 구약성서 신학에서 그 유래를 찾아볼 수 없는 독특한 사상, 즉 이스라엘이 하느님과 맺는 계약의 파트너로서 그분의 보편적 구원계획 안에서 하나의 역할을 수행하는 사명을 부여받았음을 제시하였다"(송재준, 「제2이사야의 계약사상에 대한 고찰: 이스라엘의 새로운 자기이해」, 『가톨릭신학』 제2권(2003/여름), 103~105쪽).

5) Cf. "Tochter", *LThK* Band Ⅹ, Freiburg, 1961, p.65. 그리고 '시온'은 단순하게 지역이나 건물을 가리키는 표현이 아니고, 시온이라는 도성은 백성을 위한 능동적 기능을 가진 하나의 인격체, 혹은 인격적 관계를 지닌 여성으로 제시된다. 참조: N. 로핑크·E. 쩽어, 『이스라엘의 하느님과 민족들』, 박영식 옮김, 가톨릭출판사, 2008, 203~204쪽).

에 한 여자가 결혼을 못 한다는 것은 거의 저주로 여겨지기도 했습니다.[6] 이스라엘이 구약성경에서 처녀로 비유된 곳에서는 자기 스스로 독립적으로 할 수 있는 것이 거의 없는 자신들의 처지를 드러내고 있습니다. 이 개념들은 유일무이한 야훼(JHWH) 하느님 없이는 스스로 아무것도 할 수 없는 하느님 백성의 현실과 운명을 분명하게 보여 주고 있습니다. 결국 '시온의 딸'은 하느님에 의한 선택과 계약을 통해 구원의 보증을 받고, 따라서 모든 민족의 어머니가 되어야 하며, 모든 것을 야훼 하느님께 의지해야만 하는 이스라엘 자신을 반영합니다.[7]

또한 선택된 하느님 백성인 이스라엘을 인격화한 '시온의 딸'이라는 표현은 구약성경에서 새로운 백성의 탄생을 암시하기도 합니다. "마지막 때에 주님의 집이 서 있는 산은 〔…〕 주님의 산으로 〔…〕 시온에서 가르침이 나오고 예루살렘에서 주님의 말씀이 나오기 때문이다. 〔…〕 주님이 시온 산에서 이제부터 영원토록 그들을 다스리리라"(미카 4,1~14).[8] 여기서 '시온의 딸'은 다시 세

---

6) 예를 들어, 이사 47,1 "처녀 딸 바빌론아 내려와 먼지 위에 앉아라. 딸 칼데아야 왕좌가 없으니, 땅바닥에 앉아라. 사람들이 너를 더 이상 부드러운 여인이라고, 상냥한 여인이라고 부르지 않으리라"; 예레 18,13 "그러므로 주님께서 이렇게 말씀하신다. "뭇 민족에게 물어보아라, 누가 이 같은 말을 들어 보았느냐고. 처녀 이스라엘이 너무나 끔찍한 일을 저질렀다"; 예레 31,4 "처녀 이스라엘아 내가 너를 다시 세우면 네가 일어서리라. 네가 다시 손북을 들고 흥겹게 춤을 추며 나오리라"; 예레 31,21 "너 자신을 위하여 길에 이정표를 세우고 푯말을 박아 놓아라. 네가 다녔던 큰길 작은 길을 깊이 헤아려 보아라. 처녀 이스라엘아, 돌아오너라. 네가 살던 이 성읍들로 돌아오너라"; 아모 5,2 "처녀 이스라엘이 쓰러져 다시는 일어나지 못하는구나. 제 땅에 내던져졌어도 일으켜 줄 사람 하나 없구나" 등이다.

7) 이와 관련해서 라칭거는 다음과 같이 강조하고 있다. "이스라엘의 위대한 여인들은 이스라엘 백성 자신의 존재와 의미를 대리하고 있다. 이러한 여인의 역사는 바로 하느님 백성의 신학인 동시에 하느님 백성을 통한 계약의 신학이다. 이스라엘 여인들은 계약의 범주를 포괄하며, 그 범주의 내용과 영적 방향을 제시해 주고, 이러한 여인상은 구약의 신심 즉, 구약에서 하느님과의 관계 속으로 파고든다"(라칭거, 앞의 책, 20쪽).

8) 이외에도 다음 구절들이 있다. "딸 시온아, 환성을 올려라. 이스라엘아, 크게 소리쳐

워지게 될 하느님의 백성을 일컫는 이름이 되고 있습니다. 즉 모든 이스라엘 전체가 아니라 유배에서 돌아온 '남은 자'들과 같은 선택받은 의인들을 의미합니다. 그들에게서 하느님의 새로운 백성이 나오게 됩니다.[9] 이스라엘의 '남은 자'와 연결된 '시온의 딸'은 고통스러운 출산을 겪기는 하지만 출산 후 맞이하게 될 커다란 기쁨에 초대되고 있습니다(참조: 즈카 9,9; 요엘 2,21~27). 왜냐하면 이들은 곧 승리와 구원을 얻게 될 것이기 때문입니다. 따라서 '시온의 딸'은 하느님을 믿고 의지하는 사람들에게 희망을 상징하는 표현이 됩니다.[10] 아울러 '시온의 딸'은 메시아 왕권을 수립하는 데 있어서 주 하느님의 공동 협력자로 나타나고 있습니다. 예언자들에게도 역시 자주 간택된 백성으로서의 이스라엘이 여성으로서, 동정녀로서, 애인으로서, 아내로서, 또 어머니로서 묘사됩니다(참조: 애가 1,15; 1,16; 시편 87,4~5).

초기 그리스도교 전승은 처녀이면서 어머니인 마리아에게서 이러한 '시온의 딸'과 관련된 예언들이 실현되는 것으로 보고 있습니다. 마리아는 메시아를 기다리는 '시온의 딸'이고 그 실현이며, '시온의 딸'을 마리아의 예형(豫型)이라고 말할 수 있습니다. 성서와 교부들만이 아니라 현대의 많은 신학자들도 마리아를 시온의

라. 딸 예루살렘아, 마음껏 기뻐하고 즐거워하여라"(스바 3,14). "딸 시온아, 한껏 기뻐하여라. 딸 예루살렘아, 환성을 올려라. 보라, 너의 임금님이 너에게 오신다. 그분은 의로우시며 승리하시는 분이시다. 그분은 겸손하시어 나귀를, 어린 나귀를 타고 오신다"(즈카 9,9). "시온의 자손들아, 주 너희 하느님 안에서 즐거워하고 기뻐하여라. 주님이 너희에게 정의에 따라 가을비를 내려 주었다"(요엘 2,21~27).

9) 구약성경에서 '남은 자'가 의미하는 것은 한편으로는 하느님께서 구원의 대상으로 선택된 자로서의 남은 자, 즉 선민의식을 드러내고, 다른 한편으로는 하느님 구원 사업에 있어서 임무를 수행해야 하는 소명 의식을 드러내고 있다(cf. J. Lindblom, *Prophecy in Acient Israel*, Philadelphia: Fortress Press, 1965, pp.365~367).

10) 참조: 조규만, 『마리아, 은총의 어머니』, 가톨릭대학교출판부, 1998, 25쪽.

딸과 연관시키고 있습니다. 예를 들어, 교부 예로니모(Hieronymus)는 구약의 여러 예언을 마리아에 적용시키면서, 이사 37,22의 '시온의 딸 처녀'를 마리아에게 적용합니다. 그리고 현대의 여러 신학자 중에 특히 포테리(Ignace de la Potterie), 콩가르(Yves Congar), 발타사르(Hans Urs von Balthasar), 라칭거(Joseph Ratzinger, 교황 베네딕토 16세), 뢰저(Walter Löser) 등은 마리아를 '시온의 딸' 혹은 비슷한 의미로 '인격화된 이스라엘'(Israel in Person), '참된 이스라엘'로 묘사합니다.[11] 이는 신약의 마리아 안에서 구약성경이 말하고 있는 '시온' 또는 '시온의 딸'이 지닌 종말론적이고 구원론적인 의미가 종합되고 귀결된다는 것입니다.

새로운 계약의 백성은 하느님이 선택하신 구원 계획의 우선적(exclusive) 대상이자 동시에 모든 시대와 모든 사람을 위한(inclusive) 구원의 도구입니다. 그리스도의 몸으로 이루어진 새 하느님 백성인 교회는 제2 위격의 동정녀 잉태를 통해서 준비되었습니다. 그리스도교 공동체는 인류 구원을 위한 예수 그리스도 사건들이 원죄 없이 잉태되신 하느님의 어머니가 보여 준 신앙적 순종의 "예!"와 밀접하게 연결되었음을 잘 알고 있습니다. 그래서 교회는 구약성경에 드러난 구원론적 표징인 동정녀, 어머니, 시온의 딸 등의 호칭을 마리아에게 적용하여 부릅니다.

교회의 가장 깊은 본질 역시 그리스도와의 관계에서 유래하는 마리아의 모성과 동정성에 근거해서 유비(類比)적으로 이해될 수

---

11) Cf. I. d. l. Potterie, *Marie dans le mystee de l'alliance*, Paris, 1988; Y. Congar, *Le Christ, Marie et l'Eglise*, Paris, 1952; H.U. v. Balthasar, *Sponsa Verbi. Skizzen zur Theologie* Ⅱ, Einsiedeln, 1961; 요셉 라칭거, 『시온의 딸: 교회의 마리아 신앙에 대한 고찰』, 김정희 옮김, 성바오로출판사, 1990; W. Löser, "Maria, die Tochter Zion", in: A. Raffelt(Hrsg.), *Weg und Weite. Festschrift für Karl Lehmann*. Freiburg/Basel/Wien, 2001, pp.535~547.

있습니다. "마리아와 교회 사이의 일치가 〔…〕 말씀을 통해 이루어졌다. 마리아는 신앙을 통해 그리스도를 품었고, 그리스도인들은 교회 안에서 신앙과 세례를 통해 그리스도를 품는다. 마리아가 그리스도를 낳은 것처럼, 교회는 그리스도를 낳는다. 마리아와 교회는 동정녀이기 때문에, 그 둘은 진정 다산(多産)이 가능하다."[12] 서방교회의 대표적인 신학자인 아우구스티누스(Aurelius Augustinus) 역시 마리아와 교회가 유비적으로 어머니이자 동정녀라는 연관성을 강조합니다.[13] 그리고 이에 근거해서 아우구스티누스는 마리아를 교회의 전형(典型, Typus)이자 원형이며 모범이라고 강조합니다.[14]

영원하신 하느님의 말씀이 특정한 한 여인 안에서 인간이 되신 것은 구세사 전체에서 매우 상징적인 사건입니다. 이 사건은 시온의 딸인 이스라엘의 종말론적이고 구원론적 완성이 마리아라는 구체적인 한 인격 안에서 실현되었음을 의미하기 때문입니다. 제2 위격이신 '하느님의 말씀'을 직접 몸에 품은 마리아가 하느님께 순명해야 하는 이스라엘의 인격화된 표상으로 이해될 수

---

12) G. Lohfink / L. Weimar, *Maria - nicht ohne Israel. Eine neue Sicht der Lehre von der Unbefleckten Empfängnis*, Freiburg, 2008, p.272.

13) "마리아는 교회의 머리를 출산하였다. 교회는 너희 지체들을 출산하였다. 그러므로 교회 역시 동정녀요 어머니이다. 사랑의 자궁을 가진 어머니요, 그 신앙과 신심의 온전성을 통해서 동정녀이다"(Augustinus, *Sermo* 192, 2: PL 38, pp.1012~1013; 재인용 - 조규만, 앞의 책, 186쪽).

14) "교회가 그리스도의 어머니라는 것 또한 사실이다. 마리아는 어머니로서 교회의 모습을 앞서 보여 주고 있다"(Augustinus, *De Sermone Denis* 25, 8: Miscellanes Agosti- niana 164; 재인용 - 조규만, 앞의 책, 186쪽). 발타사르는 자신의 책에서 교회와 관련된 '마리아적인 원칙'(Das marianische Prinzip)에 대해서 이야기한다. 즉, 마리아는 교회의 전형이자, 원형이며, 마리아는 교회의 모성 그 자체라는 주장이다. 따라서 남성인 베드로가 교회 직무를 대표한다면, 여성인 마리아는 교회 전체를 드러낸다는 것이다. 발타사르는 마리아적이고 여성적인 교회상 역시, 남성적이고 베드로적인 교회상만큼이나 중요하다고 주장한다(cf. H.U. v. Balthasar, *Schleifung der Bastionen. Von der Kirche in dieser Zeit,* Einsiedeln, 1952, p.27).

있기에, 마리아가 보여 준 한 인간의 응답과 실존적 삶 전체는 새 하느님 백성인 교회의 전형이 될 수 있습니다.

첫 번째 하느님 백성과 새 하느님 백성 사이의 연속성과 비연속성이 마리아를 통해 구체화됩니다. 옛 계약의 백성은 유일한 진리이신 하느님의 계시를 구체적인 역사적 체험을 통해서 받아들이고, 전달해 가면서 그 깊은 의미를 깨달았습니다. 그들에게는 자신들의 하느님인 야훼와 함께한 역사와 체험이 바로 진리이고 계시 자체이며 세상 모든 것의 핵심 의미입니다.[15] 역사와 체험을 통해 전해진 하느님의 뜻은 율법(Tora)이 되었고, 이스라엘은 율법을 통해 하느님의 백성임을 확인해 왔습니다. 선택된 백성은 우선 계약으로 보증된 구원을 선취하고, 이후 세상 모든 민족을 시온, 즉 이스라엘에 계신 야훼께로 이끌어야 하는 사명을 갖습니다. 이스라엘은 하느님 백성으로서의 정체성을 지닐 때, 즉 구원의 대상이자 도구, 즉 성사적 백성이 될 때 온전히 하느님 백성이 될 수 있습니다.

새 하느님 백성은 스스로를 '에클레시아'(ἐκκλησία, Ecclesia, 회중)라는 단어로 규정했습니다. 이는 구약의 이스라엘 백성이 스스로를 규정한 '카할'(קהל, Qahal, 회중)의 그리스어 번역입니다. 그리스도를 머리로 하는 이 공동체는 자신을 새로운 이스라엘, 새로운 하느님 백성, 새 계약의 백성 등으로 이해함으로써, 구약의 백성과의 연속성 안에서 자신의 정체성을 찾고자 노력하였습니다. 특히 구약의 끝에서, 그리고 신약의 시작에서 마리아는 선택

15) 참조: 조한규, 「보편적이고 구체적인 진리로서 역사적 예수: 교황 베네딕토 16세의 신학 안에서 그리스도교 본질 연구」, 『신학전망』 194(2016), 광주가톨릭대학교출판부, 38~41쪽.

과 계약으로 시작되는 하느님 백성이 갖춰야 할 참된 신앙과 순명의 자세를 보여 주고 있습니다. 하느님의 구원 계획에 하느님 백성을 대표해서 "예!"라고 순명함으로써, 마리아는 참된 이스라엘이자, 이스라엘의 '남은 자'의 표상을 드러냈으며 시온의 딸이 되었습니다. 계약 사상에 근거한 하느님의 구원 계획이 마리아 안에서 실현되었습니다.

그리고 마리아는 하느님의 구원 계획에 신앙적 순종을 통해 응답하고 협력했을 뿐만 아니라, 그리스도를 머리로 하는 새로운 계약의 백성인 교회의 첫 번째 구성원, 즉 그리스도와 온전히 결합한 첫 인물이었습니다. 그리스도에 근거한 새로운 백성과 새로운 계약이 마리아를 통해 시작되었고 구체화되었습니다. 따라서 옛 백성과 새 백성 사이의 연속성과 비연속성이 그리스도와 마리아의 관계를 통해 분명하게 드러납니다. 마리아는 말씀의 육화라는 하느님 구원계획의 정점에서 구원의 대상이자, 구원의 도구, 즉 '성사'가 되었습니다. 구원의 성사로서 마리아의 실존적 삶은 "탁월하고도 독특하게"(eminenter et singulariter, 「교회 헌장」 62항) 교회보다 앞서서 존재했고, 교회가 지녀야만 하는 어머니 또는 동정녀라는 교회의 근본적인 자세를 모범적으로 보여 줍니다.

3. 마리아와 교회, 마리아와 성체성사

요셉 라칭거(교황 베네딕토 16세)는 교회의 본질적 특성을 무엇보다 '하느님 백성'과 '그리스도의 몸' 개념을 통해서 설명합니다.[16)]

'하느님 백성'이라는 개념을 통해서는 첫 하느님 백성인 이스라엘과 새 하느님 백성인 교회 사이의 연속성을 강조합니다. 구약의 백성은 선택과 계약을 통해서 하느님의 구원 역사를 자신들의 역사 안에서 체험하였습니다. 그리고 새로운 하느님 백성에 대한 선택과 계약은 옛 계약과의 연속성 안에서 동시에 예수 그리스도를 통해 주어지는 비연속성 안에서 지속되고 보증되고 있습니다.[17] 오늘날 '하느님 백성'이라는 개념이 여전히 교회를 특징짓는 가장 대표적 호칭이기는 하지만, 이 개념은 교회가 지닌 신비의 전체적인 측면을 대변하지는 못합니다. 본래 구약의 백성에게 주어졌던 '하느님 백성'이라는 호칭은 예수 그리스도가 직접 설립한 교회 안에서 그리스도론적 혹은 성령론적 해석을 거친 후에 교회에 새롭게 적용되었습니다. 교회는 새 계약을 맺은 새 백성입니다(「교회 헌장」 9항).

그래서 '하느님 백성'을 보완하는 동시에 교회의 가장 깊은 본질을 드러내는 또 다른 표현은 '그리스도의 몸'입니다. 이 개념은 1943년에 반포된 교황 비오 12세 회칙 「그리스도의 신비체」(*Mystici Corporis Christi*)에서 교회를 그리스도의 몸으로 규정한 이래 교회의 본질에 관한 중심 개념으로 자리 잡았습니다. "거룩하고 보편적이고 사도로부터 이어 온 로마 교회인 이 참된 그리스도 교회의 본질을 설명하는 데 있어서 〔…〕 교회가 '그리스도의 신비체'로서 규정되는 표현보다 더 적합할 수 없다"(13항). 이 문헌에서는 '그리스도의 신비체'가 교회와 동일시되고 있고, 신비체로서의 교회 개념이 다시금 강조되고 심화되어 표현되고 있습니다. 그리고 제2차 바티칸 공의회 「교회 헌장」 역시 교회가 그리

---

16) Cf. J. Ratzinger, *Das neue Volk Gottes*, Düsseldorf, 1969, p.96.
17) Cf. "Kirche", in: *LThK* Band 4, Freiburg, 1961, p.175.

스도의 몸이라는 교회의 가장 깊은 본질에 대해서 강조합니다(7항).[18)]

사실 '그리스도의 몸으로서 교회'를 이해하는 것은 바오로 사도의 신학에 기초합니다. 바오로는 교회를 '그리스도의 몸', 그리고 그리스도인들을 '그리스도의 지체'라고 표현하고 있습니다(참조: 1코린 6,12~20; 10,14~22; 12,12~31; 15,21 이하; 44~49; 로마 12,4~8; 5,12~21; 6,1~11; 갈라 3,16.26~28). 그리고 그리스도와 그리스도인의 하나됨을 설명할 때 바오로 사도는 성체성사와 관련하여 언급하고 있습니다(참조: 1코린 10,14~22; 12,13; 로마 6,1~11). 교회는 성체성사를 통해 그리스도의 몸이 될 때 자신의 주님과 하나가 되고, 믿는 이들의 공동체와 하나가 된다고 합니다(1코린 10,14~22 참조). 성체성사 안에서 모든 믿는 이들은 "빵이 하나이므로 우리는 여럿일지라도 한 몸"(1코린 10,17)이 되기 때문입니다. 사도 바오로는 또한 로마 5장에서 인류와 아담의 관계, 그리고 그리스도를 통한 인류 구원에 대해서 언급하고 있습니다. 두 번째 아담인 그리스도를 통해서 인간은 새로운 몸으로 변화되고, 이 새로운 몸은 세례를 통해 실현되며(참조: 로마 6,1~11; 1코린 12,12~13), 성체성사 안에서 완성됩니다(1코린 11,17~34 참조).

교회는 가시적인 예배형식인 성체성사를 거행함으로써 비가시적인 그리스도의 신비로운 몸을 기억하고 기념하며 재현합니다. 이때 비로소 교회는 자신의 참된 본질을 실현합니다. 교회는 그

18) 『가톨릭교회 교리서』(*Catechismus Catholicae Ecclesiae*, CCE, 1992) 역시 교회는 '그리스도의 몸'이라는 점에 대해서 분명히 언급한다. "교회를 몸에 비유하는 것은 교회와 그리스도의 관계가 얼마나 밀접한지 잘 보여 준다. 교회는 단순히 그리스도 주위에 모인 것이 아니라, 그분의 몸 안에서, 그분 안에 하나가 되었다. 그리스도의 몸인 교회의 세 가지 측면, 곧 그리스도와 결합하여 이루는 모든 지체 간의 일치, 그 몸의 머리이신 그리스도, 그리스도의 신부인 교회는 특히 강조되어야 한다"(789항).

리스도와 하나가 될 때 하느님 백성이 되고, 그리스도인들은 교회가 그리스도의 몸이 될 때, 즉 성체성사가 거행될 때 비로소 하느님 백성이 됩니다. 따라서 사도 바오로 신학 안에서 교회의 핵심 개념은 교회가 그리스도의 몸으로부터 비롯된 하느님 백성이라는 것입니다.[19)]

단순히 구약의 '하느님 백성'이라는 표현을 다시 언급하지 않고, 새롭게 '교회'(Ecclesia)라는 표현을 사용한 것은 새 하느님 백성의 본질적 특성을 '그리스도의 몸' 개념으로부터 이해했다는 것입니다. 새로운 계약의 백성인 교회는 그리스도의 몸에서 비롯되었습니다. 그리고 '신비로운 그리스도의 몸'과 '그리스도의 신비체' 사상은 교회 안에서 '그리스도의 현존' 개념과 함께 발전합니다. 앙리 드 뤼박(Henri de Lubac)은 '신비체'(corpus mysticum)라는 단어가 그리스도의 몸으로서 교회와 성체성사 사이의 불가분의 관계를 의미한다고 주장합니다.[20)] 그리스도의 몸으로서 교회 개

19) "예수는 '교회' 즉 하나의 가시적인 구원 공동체를 만들었다. 예수는 교회를 최후의 만찬에서 기인하고 형성되고 지속적인 근거를 갖는 새로운 이스라엘, 새로운 하느님 백성으로 이해했다. 달리 말하자면, 새로운 하느님 백성은 그리스도의 몸으로부터 비롯된 백성이다"(J. Ratzinger, *Das neue Volk Gottes*, p.80).

20) 이 '신비체'라는 단어는 오늘날 신학자들로부터 결국에 '성체성사 교회론' 혹은 '친교 교회론'의 개념을 이끌게 되었는데, 제2차 바티칸 공의회 기간 중에 큰 주목을 받았고, 특히 「교회 헌장」에 중요한 가르침으로 받아들여졌다(cf. J. Ratzinger, *Die Ekklesiologie des Zweiten Vatikanums*, Einsiedeln, 1987, p.43). 교회가 그리스도의 신비체라는 함축에는 두 가지 중요한 의미가 담겨 있다. 첫째, 그리스도 자신이 교회를 세우셨고, 그분은 교회 안에 계시다. 그분의 교회를 통해 육화의 신비가 지금 이곳에서 현재화하고 있고, 교회는 언제나 그리스도의 현존을 드러낸다. 따라서 제2차 바티칸 공의회 「교회 헌장」의 첫머리는 교회의 신비와 관련해서 이렇게 시작하고 있다. "인류의 빛은 그리스도이시다"(Lumen Gentium cum sit Christus, 1항). 둘째, 교회가 그리스도의 신비체라는 개념은 교회가 지닌 그리스도와의 가장 긴밀하고 내밀한 관계를 의미한다. 교회는 그리스도를 통하여, 그리스도와 함께, 그리스도 안에서 실행하는 성사들 안에서, 그리고 그분을 향한 믿음과 희망과 사랑으로 형성되어 간다. 교회의 자기 정체성은 언제나 그리스도와 밀접한 관계를 맺는다. 교회가 그리스도와 동일시되지는 않지만, 교회는 언제나 그리스도와 불가분의 관계 안에 놓여

념은 성체성사와 직접 연결이 됩니다(1코린 10,16~17 참조). 성체성사를 거행하는 교회는 그리스도의 몸이기 때문에 그리고 그리스도의 성사로서 존재하기 때문에 새로운 하느님 백성이 될 수 있습니다.

현세에서 교회에 주어진 핵심적 역할은 전례를 통해 그리스도의 현존을 드러내는 성사적 공동체입니다. 성체성사는 교회의 원천이고, 교회는 성체성사가 거행되는 바로 그곳에 존재하고 그곳에서 자신의 본질을 실현합니다. 성체성사가 거행되는 제대 위에서 주님 현존의 신비는 매일매일 새롭게 현재화합니다. 따라서 성체성사는 다른 모든 성사와 구분이 되고, 성체성사를 거행하는 것이 그리스도교만의 특별한 점입니다. 교회는 성체성사 거행 안에서 교회의 참된 모습을 실현하고, 그리스도인의 본질을 구현합니다(「교회 헌장」 26항).

성체성사를 거행하는 것이 성사적 교회의 본질이고 핵심이기에, 새로운 하느님 백성의 근원적인 출발점은 교회의 성체성사에 있습니다. 성 요한 바오로 2세 교황의 회칙 「교회는 성체성사로 산다」(*Ecclesia de Eucharistia vivit*)[21]는 교회와 성체성사의 필연적 관계를 조명하면서, 교회 신비의 핵심이 성체성사를 통해 주어지고 있음을 분명히 합니다.

제2차 바티칸 공의회가 성체성사는 "그리스도교 생활 전체의 원천이며 정점"(「교회 헌장」 11항)이며 "주님과 인간의 계약이 성찬

있다(cf. *ibid.*, pp.13~15).

21) 2003년 4월 17일에 반포된 본 회칙은 서론과 본론 총 6장(제1장 신앙의 신비, 제2장 교회를 세우는 성체성사, 제3장 성체성사와 교회의 사도 전래성, 제4장 성체성사와 교회 친교, 제5장 성찬례 거행의 품위, 제6장 '성찬의 여인'이신 성모님의 학교에서), 그리고 결론 등 62항으로 구성되어 있다.

례에서 새로워"(「전례 헌장」 10항)진다는 점을 강조하였는데,[22] 이 회칙 역시 공통된 관점하에서 "신자 공동체 안에서 그리스도 구원의 현존이며 그 영적 양식인 성체성사는 역사를 통한 여정에서 교회가 지닐 수 있는 가장 귀중한 재산"(9항)이라고 설명하고 있습니다.

본 회칙에서는 마리아가 성체성사와 깊은 관련이 있음을 지적하고 있습니다. "교회와 성체성사가 분리될 수 없이 결합되어 있다면, 마리아와 성찬례 역시 마찬가지이다"(57항). '그리스도의 몸'이라는 단어로 표현되는 교회의 성체성사적이고 그리스도론적 신비는 마리아에 관한 신비를 포함할 때 더 올바르고 풍성하게 이해될 수 있습니다. 마리아는 온 생애를 통하여 '성체성사의 여인'(53항)이 되었습니다. 하느님 말씀의 강생을 위해 자신을 내어놓은 수태고지에서부터 십자가 사건과 부활과 성령강림 때까지도 '성체성사의 여인'이셨습니다. 그리스도와의 온전한 결합인 성체성사가 마리아 안에서 이미 선취됩니다. "모든 신자 안에 성사적으로 일어나는 일들을 마리아는 선취하였다"(55항). 그리스도인이 성체성사를 통해 그리스도와 한 몸이 되는 것처럼, 마리아는 예수를 잉태한 순간부터 한 몸이었습니다. 물론 이것은 단순한 육체적 결합만을 의미하는 것이 아니라, 믿음을 통해 이뤄지는 내적 결합을 의미합니다. 잉태할 때, 출산할 때, 공생활 중에, 십자가 밑에서 마리아는 예수 그리스도와 하나가 되었습니다. 또한 마리아는 예수의 부활을 체험하고, 예수의 재림을 기다리며 "사도들의 가

22) 이외에 제2차 바티칸 공의회 교령 「사제품」에서도 "지극히 거룩한 성체성사 안에 교회의 모든 영적 선이 내포되어 있습니다. 곧 우리의 '파스카'이시며, 살아 있는 빵이신 그리스도께서 바로 그 안에 계십니다. 그리스도께서는 성령으로 생명을 얻고 또 생명을 주는 당신 살로써 사람들에게 생명을 주십니다"(5항)라고 밝히고 있다.

르침을 받고 친교를 이루며 빵을 떼어 나누고 기도하는 일에 전념"(사도 2,42)하는 종말론적 공동체인 교회와 함께했습니다.

성체성사와 교회의 깊고 풍요로운 관계를 규명하는 이 문헌은 마지막 장에서 교회의 어머니이자 모범이신 성모님과 성체성사의 관계를 규정합니다.

마리아는 임신 초기 사촌 엘리사벳을 만나러 가셨는데(루카 1,36 참조), 역사적으로 그 여행은 사람이 되신 말씀을 잉태하고 계셨기에 첫 번째 '성체 거동'이었습니다.[23] 육화되신 하느님 말씀을 모신 마리아는 역사상 '최초의 감실'(55항)이었고, 따라서 마리아는 주님이 당신 백성을 찾아오시고 구원해 주시는 계약의 궤였습니다. 예수님의 현존이 마리아를 통해서 현재화되었고, 역사적이고 구체적으로 실현되었습니다.

성체성사는 십자가상의 희생 제사를 재현하고 현재화하는 것이고, 이를 기념하는 것이며, 그 결과를 현실에 적용시키는 것입니다.[24] 교회가 거행하는 성체성사는 그리스도께서 바치신 희생 제사와 동일한 것이기 때문입니다. 교회는 성체성사를 통해 그리스도의 파스카, 즉 그리스도의 생애와 죽음과 부활로 완성된 구원사업을 기념하고, 그분의 구원 사업을 전례 행위로 현재화하며 성사적으로 봉헌합니다(『가톨릭교회 교리서』 1362항 참조). 성체성사

---

23) 참조: 교황 베네딕토 16세, 『미사성제, 그리스도교 삶의 중심』, 김한수 옮김, 가톨릭대학교출판부, 2013, 28쪽.

24) 라칭거에 따르면 교회의 성사는 교회 안에서 그리스도의 구체적 현존을 드러내는 것으로서, 이는 이스라엘의 예배 사상의 핵심인 '기억 혹은 기념'에 바탕한 현존화 과정이다. 특히 성찬례 중 '기념'이라는 과정은 감사의 말씀과 기억의 말씀을 통해 구성되는데, 미사 중의 감사기도(anaphora), 즉 감사와 축성의 기도는 유다교 예식과의 직접적인 연결 지점이고, 이를 통해 성체성사의 핵심이 드러나게 된다. "너희는 나를 기억하여 이를 행하여라"(루카 22,19)(cf. J. Ratzinger, *Eucharistie – Mitte der Kirche*, München, 1978, p.26).

가 거행되는 바로 그곳이 하느님이 온전히 현존하는 곳이고, 그리스도를 통한 하느님과 인간의 성사적 친교가 가시적으로 현재화하는 장소입니다. 교회는 그리스도의 몸과 친교를 이룰 때 그리스도의 성사, 즉 하느님과 일치를 이루는 구원의 대상이자 도구가 됩니다. 교회가 주님의 죽음과 부활의 기념제인 성체성사를 매일 매일 제단에서 거행할 때, 이 구원 사건은 우리 가운데에 실제로 현존하게 되고, 구원 활동이 이루어집니다. 교회가 기억하고 기념하는 '그리스도의 몸'은 하느님의 계획에 따라 마리아로부터 유래한 몸이고, 마리아가 잉태한 바로 그 몸입니다. 그러므로 '그리스도의 몸'이 교회와 성사의 결합을 의미한다면, 그리스도의 몸과 결합된 마리아는 교회와도 결합되어 있고, 성체성사와도 결합되어 있습니다. 마리아는 주님의 몸과 피를 통해 일어나는 성사적 과정을 누구보다 먼저 몸소 겪으신 분입니다. 마리아는 참된 성체성사의 영혼을 몸소 사셨던 분입니다. 따라서 마리아는 교회가 성체성사를 거행할 때마다 교회와 함께 계시며 교회의 어머니로서 현존하십니다(57항). 마리아는 우리를 성체성사에 대한 온전한 이해로 이끌어 줍니다. 교회는 그리스도의 성사로서 그리스도의 신비를 가리키고 드러내고 있습니다. 교회가 성체성사와 분리될 수 없는 것처럼, 성체성사와 마리아도 분리될 수 없습니다. 교회는 마리아의 삶을 통해서 하느님께서 피조물을 만나고 구원 활동에 참여시키는 성사적인 방식이 실현되는 것을 보았습니다. 마리아는 탄생 예고부터 성령 강림 때까지 하느님의 부르심에 응답하는 순종을 통해 참으로 자유로운 인간의 모습을 보여 주었습니다. 신앙적 순종의 삶을 살았던 마리아는 깊은 신앙적 순종이 필요한 성체성사를 받아들이기 위한 가장 모범적인 본보기입니다. 지상의 교회에서 주어지는 성체성사는 믿는 이들에게 종말론적 희망을 미리 맛보게 해 주는 것이고, 올바르게 믿는 이들에게 마리아는 이 희망의 징표입니다. 회칙 제6장은 다음의 말로 마무리를 짓습니다. "성체성사는 우리의 삶이 성모님의 삶처럼 완전한 찬미와 감사의 노래가 되도록 우리에게 주어졌습니다"(58항).

1968년 출간된 『그리스도 신앙 어제와 오늘』의 머리말에서 요셉 라칭거는 그 유명한 '행운의 한스' 이야기를 하고 있습니다. 한스는 운 좋게도 금덩어리를 갖게 되었는데, 자신의 금덩어리가 너무 무겁다고 여겨 처음에는 말 한 마리와 바꾸다가, 그다음에는 소 한 마리, 그다음에는 거위 한 마리, 마지막으로 숫돌 한 토막과 바꾸다가, 결국 마지막 남은 숫돌 한 토막마저도 물에 던져 버린다는 이야기입니다. 현대 세계에서 그저 버겁게만 느껴지는 그리스도교 신앙의 유산과 교회의 전통을 가볍게 여기고 훼손하는 당시의 풍토에 대한 라칭거의 지적과 비판입니다. 그리고 이는 오늘날에도 여전히 유효하고, 어쩌면 더 심각한지도 모르겠습니다.

그리스도교의 그리스도교다움이란 그리스도가 중심이 되는 것입니다. 신학과 신앙의 핵심 내용을 그리스도에서 출발하고, 그리스도에서 발견하고, 그리스도에서 결론을 도출해 내는 것이 그리스도교입니다. 그리고 그리스도를 올바로 이해하는 가장 중요한 과정과 방법 중 하나가 마리아와 교회입니다. 그리스도와 마리아의 관계, 그리스도와 교회의 관계, 그리고 마리아와 교회의 관계에 대한 물음은 그리스도교를 올바르게 이해하는 초석이자 주춧돌입니다. 교회(즉, 성사를 통해서, 특히 성체성사를 통해서 그리스도의 현존을 현재화는 구원의 공동체, 구원의 대상이자 도구)는 마리아(즉, 구약의 하느님 백성이 맺은 계약을 자신의 인격 안에서 실현하신 분, 그래서 교회의 전형과 모범이 되신 분, 그리스도와의 완전한 결합을 통해 교회의 첫 구성원이 되신 분, 교회의 표상인 어머니이자 동정녀이신 분, 구원의 대상이자 구원의 협조자가 되신 분)를 통해서 그리스도를 인격적으로, 직접적으로 만날 수 있다는 점이 이 책에서도 가장 강조되고 있는 내용입니다.

이 책을 출간할 수 있도록 도움 주신 많은 분께 이 자리를 통해 감사 인사를 전합니다. 그리고 제가 지금까지 학문의 길을 갈 수 있도록 도와주신 많은 분께 감사드립니다. 특히 언제나 제 학문 여정의 이정표가 되어 주시는 박사논문 지도교수 칼-하인츠 멘케(Prof. Dr. Karl-Heinz Menke) 신부님께 깊은 감사를 드립니다. 출판의 모든 과정을 충실하게 도와준 가톨릭대학교출판부에도 감사 인사를 전합니다.

"교회를 어머니로 모시지 못한 사람은 하느님을 아버지로 모실 수 없다."

(성 치프리아누스)

2024년 8월 28일

성 아우구스티누스 축일에

혜화동 신학교에서

조한규 신부

1. 교회와 사회와 전기적(傳記的) 관점에 따른 마리아

내 나이가 고령에 이르렀으니, 이 책은 내가 방대한 분량으로 출간하는 마지막 신학 저서임이 분명하다. 이런 까닭에 이 책에서 다루고자 하는 바는 신학에서 일반적으로 '마리아론'이라는 이름으로 전개되는 것이 왜 중요한지, 다시 말해 주님의 어머니인 마리아에 관해서 체계적으로 가르치는 내용이 왜 그토록 중요한지에 대한 이유를 언급하고자 한다. "가톨릭 신학자로서 마리아론의 영역으로 진입하고자 사람은 어느 정도 거리를 두고 생각해야 한다"[1]고 말했던 마르쿠스 호프만(Markus Hofmann)의 주장은 일리가 있다. 이 말은 우리가 마리아론에 관해 접근할 때 가져야 할 태도를 매우 '신중하게', 그리고 '탁월하게' 표현한 것으로 여겨진다.

마리아에 관한 연구에서 고려해야 하는 점은 무엇일까?

---

1) M.M. Hofmann, *Maria, die neue Eva. Geschichtlicher Ursprung einer Typologie mit theologischem Potential*, Regensburg, 2011, p.17.

• 현재 우리에게는 시급한 문제들이 훨씬 더 많이 있지 않은가? 예를 들어 교회와 관련된 문제나 신학적인 문제들, 그리고 무엇보다 평화와 정의, 사람들의 연대, 환경 보존 등과 관련된 문제들이 더 시급하게 다루어져야 하는 것 아닌가?
• 종교 문제 관련 토론을 하더라도 그리스도교 신앙의 핵심에 관한 문제를 더 중요하게 다루어야 하는 것 아닌가? 당장 시급하지 않은 문제를 먼저 다루거나 심지어 '미화'하는 것은 삼가해야 하는 것 아닌가?
• 교회 생활 안에서 마리아와 마리아의 중요성에 대한 주제는 이미 너무 자주, 너무 많은 것을 언급하지 않았는가?

이러한 문제 제기에도 불구하고 나는 마리아라는 주제를 다루기 위해서 먼저 전기적(傳記的)인 이유들을 제시하고자 한다. 나는 "마리아의 한 세기"[2)]라고 불리는 시대에 성장했다. 당시에 마리아의 중요성은 교회가 신앙에 관해 선포한 것에서, 전례적인 혹은 반(反) 전례적인 예식에서, 개인적 신심 및 조배 행위에서는 물론 신학적 가르침 내에서도 흘러넘쳤고, 결국엔 비오 12세 교황의 재임 시기에 절정에 달했다. 그때까지 이미 100년에 걸쳐 마리아에 관한 교황 서한과 담화문이 500개 이상 반포되었다. 수

2) 이 시대는 원죄 없이 잉태되신 마리아에 관한 교리가 선포된 때(1854)와 제2차 바티칸 공의회가 개최된 시기 사이를 말한다. 이 표현은 교황권 지상주의를 신봉하는 어느 저널리스트에게서 유래했는데, 그는 1854년에 그 교리가 선포된 뒤 '마리아의 시대'(siècle de Marie)를 기대했다. 당시는 볼테르와 프랑스 계몽주의 시대의 백과전서파 이후 시기로, 프랑스에서 신앙이 적대시되던 상황이었다. 이와 관련해서는 다음 문헌들을 보라: A. Ziegenaus(Hrsg.), *Das Marianische Zeitalter*, Regensburg, 2002; A. Heinz, "Maria in Liturgie und Frömmigkeit des Marianischen Jahrhunderts", in: B. Schneider(Hrsg.), *Maria und Lourdes*, Münster, 2008, pp. 56~85, 여기서는 pp.57~58.

백만 명에 이르는 가톨릭 신자들이 루르드와 파티마를 순례했다. 비오 12세에 의해서 '마리아의 해'로 선포된 1954년에만 마리아를 주제로 국제적으로 저명한 마리아 관련 회의가 43번 개최되었으며, 거기서 작업한 것은 다수의 두꺼운 책으로, 18권에 달하는 방대한 분량의 저작물로 출간되었다.[3] 그리고 마리아론에 관한 수많은 학술지가 나왔고, 이는 오늘날까지도 이어지고 있다. 반면에 기이하게도 그리스도론에 관한 학술지는 단 하나도 없다.[4] 국제적으로 널리 알려진 마리아론 신학자인 르네 로랭탕(René Laurentin)은 마리아를 주제로 다룬 광범위한 책이 10만여 권에 이를 거라고 추산했다.[5] 물론 다수의 신학자는 그 책들의 수준을 다소 의심스럽게 여겼다. 이와 관련해 하인리히-마리아 쾨스터(Heinrich-Maria Köster)는 다음과 같이 기술한다. "물리학에서 우라늄 광석과 라듐의 관계가 그러하듯, 마리아에 관한 문헌이 다량으로 출간된 것과 정신적 소득의 관계는 반비례하는 것으로 평가된다."[6]

그렇지만 이러한 양적인 과잉 현상보다 더 중대한 것은 마리아를 가톨릭 신앙 전체 안에 받아들인 신학적이고 영적인 중요

---

3) 마리아론에 대한 과열 현상이 일어난 것에 관한 상세한 사항들은 특히 다음 글에서 볼 수 있다: H.M. Köster, "Die Mariologie im 20. Jahrhundert", in: H. Vorgrimler/R. Vander Gucht, *Bilanz der Theologie im 20. Jahrhundert*, Freiburg in Br., 1970, pp.126~147, 특히 pp.127~128.

4) 칼 라너는 이에 대해 비난에 찬 어조로 언급한다: K. Rahner, "Das marianische Jahr", in: *GuL* 26(1953), pp.406~413, 여기서는 p.407.

5) R. Laurentin, *Kurzer Traktat der marianischen Theologie*, Regensburg, 1959, p.199. 가장 중요한 책들은 베수티(G.M. Besutti)가 편찬했으며 그사이에 9권으로 나온 전집(*Bibliografia Mariana*, Rom, 1950-1989)에 요약되어 있다. 독일어권 문헌은 다음 책을 보라: M. Instinsky-Anrich, *Deutschsprachige Marianische Literatur 1945-1987*, Kevelaer, 1987.

6) Köster, *Mariologie*, p.129.

성 그 자체이다. 비오 12세는 20세기 초부터 마리아 관련 단체가 매년 1천 개 이상씩 생겨났다고 밝히며 매우 자랑스러워했다. 전 세계에서 온 8백만 장 이상의 청원서가 교황에게 전달되었고, 받아들여져서 '마리아가 하늘에 올림을 받음'(성모몽소승천, 聖母蒙召昇天) 교리가 규정되었다. 일반적으로 주님의 어머니에게는 다른 경우와는 달리 대부분 긍정적으로 받아들여지는 경향이 있다. 그래서 교회가 '마리아 - 모든 은총의 중개자'와 '마리아 - 공동 구원자'라는 칭호를 공식적으로 선포하고 신학적으로 뒷받침해 달라는 청원, 또한 마리아에게 점점 더 특별한 은사와 사명과 특전이 부여되었음을 승인해 달라는 요청 등이 더욱 확산되었다.

마리아론에 대한 이러한 과열 현상에 있어서 분명히 주목해야 할 부분이 있다. 이러한 현상을 불러일으키는 중요한 요인은 사실 그리스도교 초기부터 있었다. 추측하건대 초기 그리스도교 시기에 유다교 출신의 그리스도인들이 차츰 사라진 이후, 그리스도의 모습은 단성론(單性論, Monophysitismus)을 통해 신성이 강조되었다. 즉 그리스도의 신성이 강조되었기에, 그리스도의 인성에 부합하는 자리에 차츰 마리아가 부각되었다는 것이다.[7] 이처럼 그리스도의 모습과 하느님에 대한 이미지를 단편적으로 이해하는 경향은 중세 후기까지 여전히 강력하게 전달되었다. 하느님의 모습은 자신의 엄격한 재판권을 역시 엄격한 아들에게 물려준 무시무시한 제왕으로 이해되었다. "저희를 그토록 무섭게 위협하시는 모든 죄인의 엄하신 재판관이시여(…)." 어린 시절에 내가 자주 그리고 열심히 불렀던 어느 성가의 가사다. 하느님은 이렇

---

7) 이에 관해서는 다음 책을 보라: Y. Congar, *Christus - Maria - Kirche*, dt. Mainz, 1959, pp.59~66.

게 위협하시는 분이기에 사람들은 어머니이신 마리아의 사랑 안에서 위로와 확신을 찾았다. 그래서 많은 사람이 벌주시는 그리스도에 맞서 마리아의 품에 안겨 하느님의 무서운 심판 앞에서 구제될 거라고 믿었다. 마리아는 엄하시고 남성적인 하느님과 그 아드님으로부터 인간을 지극히 안전하게 화해시켜 주는 어머니이자 중개자이자, "요청하시는 전능한 분"이며, 따라서 "삼위일체 하느님 안에 있는 넷째 위격"이라고 여겼다.[8] 많은 그리스도인이 추구하던 개인적인 신앙이 실현되기 위해서 마리아는 결국 하느님보다 더 중요해졌다. 신앙, 즉 '믿는다'(credere = cor dare, '심장을 내어 주다')라는 단어의 의미가 결국에는 가장 먼저 마리아에게로 향했다. 사람들은 "자신의 심장"을 어머니에게 바쳤다. "제 피와 생명을 당신께 드리오니, 이 얼마나 좋은가요. 제가 가진 모든 것, 저 자신을 마리아, 당신께 기쁘게 바치나이다!" 최근까지 독일의 옛 『성가집』(*Gotteslob*, 많은 교구에서 사용하는 성가집 부록에 나와 있음)에 수록되어 있으며 깊이 경배드리며 불렀던 성모님에 관한 성가의 가사다.[9]

사람들은 이 모든 것을 성경과는 결부시킬 수 없었다. 만일 결

---

8) 다음 책이 이를 증명한다. R. Laurentin, *Die marianische Frage*, Freiburg i. Br., 1965, p.119.
마리아의 지위가 정도에서 벗어난 것은 일방적이고 잘못된 '남성적' 하느님 상에 그리고 성령론이 지속적으로 배제된 것에 근거한다고 뮐렌이 다음 글에서 지적한다. H. Mühlen, "Der Aufbruch einer neuen Verehrung Marias", in: *Maria im Geheimnis der Kirche = Sonderheft Cath. 29*(1975), pp.145~163. 여기서 더 나아가 사람들은 그 앞에서 마리아를 지켜 줄 수 있는 하느님의 '무시무시함'과 관련하여 절대적으로 초월적이고 '제왕적인 하느님' 상과 함께 중세 후기에 나온 유명론(명목론)을 고려하게 될 것이다.

9) 예를 들어 옛 성가집 960번(독일 뮌스터 교구에서 사용하는 성가집 부록)을 보라. 오스트리아 일부 교구에서 쓰는 새 성가집에는 948번에 표현되어 있다. 그렇지만 기이하게도 위에서 지탄받은 텍스트는 지금 여기서 언급되지 않는 진부한 면을 수정하지 않았다.

부시킬 수 있었다면, 그저 비유적인 차원에서 일부분 그렇게 했을 것이다. 중심적으로 드러난 내용들은 '신앙적 이해'(ratio fidei)가 아니다. 이는 그저 정서적인 종교성에서 생겨난 것을 어머니이신 마리아, 그리고 마리아의 기적과 발현에 대한 신앙에 의해 동반되고 고무된 신앙 체험에 대한 감상적인 갈망이고, 그중에서도 신앙과 관련된 도우심과 위로에 대한 갈망을 채워 주는 것이었다. 그러한 종교성에 비추어 훗날 바오로 6세는 "잘못된 형태의 신심이 존재했다고, 다시 말해 진지한 종교적 노력보다는 외적 활동으로부터 더 많이 길러 낸 공허하고 가벼운 신심이, 부단하고 진지한 노력을 요구하는 복음 정신에 어긋난 피상적인 감상주의가 존재했다"라고 말했다. 이런 감상주의 대신 마리아 관련 신심은 그 토대가 더욱 견고해야 한다고 교황은 이어서 말했다. "마리아 신심은 역사적 진리에 근거해야 하고 모든 잘못된 것과 단순히 전설적인 것을 배제해야 한다."[10] 그렇지만 적어도 레오 13세부터 비오 12세까지 이르는 교황들은 열정에 빠진 그러한 마리아 신심을 허용했을 뿐만 아니라 강력히 지지했다.

마리아론이 그토록 과열 양상을 띠게 된 또 다른 이유는 교회론과 연관된 내용 때문이기도 하다. 근대 가톨릭 신학에서는 '교회'라는 주제가 점점 더 주목받았는데, 비록 서로 상이한 이유이지만 상호 보완적인 두 가지 강조점 때문에 그렇게 되었다. 한편에서는 교황권, 그리고 교황의 통치를 가능하게 하는 교회에 대한 전권(全權, plena potestas)이 크게 강조되었다. 다른 한편에서는 마리아의 구원론적 중요성이 크게 강조되었다. 두 강조점은 서로

10) 바오로 6세, 사도 서한, "Marialis cultus"(1974.02.02.), Nr. 38. 독일어는 *Nachkonziliare Dokumentation* 45, Trier, 1975, p.89 참조.

지대한 영향을 미치면서 함께 부각되었는데, 그 이유를 찾는다면, 근대의 마리아론을 과열 양상으로 이끌어 내는 데 지속적으로 작용한 진원지에 도달하게 된다. 근대 이후에는 '주체에게로 향함'이라는 전형적인 모습이 중시되는데, 특별히 가톨릭교회에서는 이 현상이 교황 공경과 마리아 공경으로 드러났다. 관계가 긴밀한 두 위대한 인물이라고 할 수 있는 교황과 마리아에게로 모든 것이 드러나고 집중되었다. 근대라는 시기에 거룩하다고 여겨지는 것은 인간의 자유, 자율성, 위대함, 존엄함, 완전함 등이다.[11] 가톨릭 신자들의 종교적 열망이 특별한 방식으로 이 두 가지 요소 주변에서 실현되고, 이 두 가지 요소에 의해 부각되는 가운데, 근대적 의미에서 인간은 '주체'가 되었다.

그러면서 근대의 전형적인 모습은 또 다른 곳에서도 이루어졌다. 마리아가 '초(超, hyper)-주체화'되는 것과 동일한 수준에서 교회가 '구원의 장소'로 '초-제도화'된 것이다. 이러한 '상호 작용'은 결국 어떤 결과를 낳게 된다. 마리아와 교황에 대한 초-주체적인 관계가 드러나는 이면에, 교회의 '믿는 이들'에게는 말씀, 성사, 직무와 같은 구원의 제도적이고 객관적인 확실성이 당연한 귀결로 여전히 남아 있었기 때문이다. 이러한 상호 작용으로 결국 신앙과 교회가 지닌 '인격적'이고 '제도적'인 요소는 점점 더 분리되었다.[12]

---

11) 두 위대한 인물의 유사성에 관해서는 다음 책을 참조하라: A. Dittrich, *Mater Ecclesiae*, Würzburg, 2009, 374[423]. "마리아가 티 없고 죄가 없듯이, 교황은 교회의 최고 권위자로서 장엄한 교리 선포에 있어서 오류가 없는 것으로 보인다." 제2차 바티칸 공의회도 교황과 마리아와 관련하여 유사하게 진행되었다. 사람들은 두 위대한 인물을 연결함으로써 두 인물에 대한 과열 현상을 교회의 친교 안으로 되돌아오게 하려고 시도했다.

12) 주체화와 제도화의 이러한 일치에 관해서는 다음 책을 참조하라: D. Mieth / B. Müller-Schauenburg(Hrsg.), *Mystik, Recht und Freiheit. Religiöse Erfahrung und*

종교개혁과 이와 연결된 개신교 전통은 근대의 '주체에게로 향함'을 다른 방식으로 실행했다. 이 '주체에게로 향함'이라는 의미를 신앙의 주체가 가져야 할 '오직 신앙만으로'(sola fide)라는 종교적 실현으로 집중시켰다. 이렇게 신앙을 열정적으로 강조하는 것은 인간을 향한 것이 아니라, 하느님께 영광을 드리도록 이끌었다. 그렇지만 한스 우르스 폰 발타사르(Hans Urs von Balthasar)는 이렇게 말한다. "'내가 아니라 하느님!'이라는 인간의 외침은 모든 시선을 인간에게가 아니라 하느님께로 향하게 한다."[13] 스위스 바젤 출신의 이 신학자가 내놓은 이러한 예리한 분석에 동의하지 않더라도, 종교개혁의 전통은 모든 것을 믿는 이의 신앙, 구원의 필요성, 개인의 구원 체험과 구원에 대한 확신에 집중시킴으로써 '주체에게로 향함'을 실행했다는 것을 알 수 있다. 반면 가톨릭교회에서는 마리아와 교황이 각기 다른 방식으로 주체의 주관적 욕구와 이상을 일치시키면서 중요하게 다뤄졌다.

이후에 마리아론이 과열 양상을 띤 것은 형식적으로 신학 내부적인 이유도 있었다. 예전 빈(Wien)의 교의 신학자 칼 요한 옐로우쉐크(Carl Johann Jellouschek, 1877~1961)는 학생들이 보고 들은 것을 가지고 증언한 것들에 의거해 다음과 같은 결론을 내렸다. 교의신학, 그러니까 가톨릭교회의 신학은 철저히 연구되어 결론에 이른 것이고, 따라서 신학자는 이에 대해 논평할 수 있다는 것이다. 마리아론에 대한 질문들에 있어서는 아직 일종의 '얼룩'

kirchliche Institutionen im Spätmittelalter, Stuttgart, 2012.

13) H.U. v. Balthasar, *Karl Barth. Darstellung und Deutung seiner Theologie*, Köln, ^{2}1962, p.92.

같은 것이 있다. 이를 고려하여 고유하게 연구한 내용을 제시하고, 그런 다음 연구 결과 내에서 가르침을 펼치고 제시할 수 있는 가능성이 있다. 옐로우쉐크는 이 같은 견해를 제시했고, 또한 그만이 아니라 여러 사람이 19세기 말과 20세기 초에 출간된 적잖은 신스콜라주의에 기반한 교의신학 책들에 실제로 다음과 같은 사항이 명확히 언급되어 있다는 점에 주목했다. 전승된 신앙의 자료, 즉 '신앙의 유산'(depositum fidei, 신앙의 진리의 '보존')에는 어떤 것도 고유한 것이라 추가되지 않고, 늘 이미 가르쳤던 것이 다시금 계속 이어진다고 할 수 있다. 그런데 바로 이 점에서 마리아론은 유일한 예외가 되었다. 그래서 적잖은 수의 신학자들이 이 주제에 달려들었는데, 그들은 '교의'(Dogma)의 한 측면 내지 교의신학 전체를 완전히 비역사적인 관점으로 바라보았다. 이런 태도는 이미 '완결된' 교의신학에 그들이 새롭고 고유하게 '발견한 것들'을 추가하기 위해서였다. 그러나 결과적으로 이는 당시에 마리아에 대한 과열 양상의 결과로 말미암아 점점 더 혼란스러운 '마리아 전성기'로 이끌었다. 그리하여 예를 들어 로마 제국과 관련된 나라들의 신학자들은 "마리아는 이미 태중에서 거룩한 삼위일체의 신비에 대해 알았는지"[14]라는 주제에 관한 논문을 썼다.

마리아에 대한 신심 깊은 교회성이 과열된 현상을 나는 어린 시절에 한 본당에서 체험했다. 당시 본당 사제는 매우 열정적이고 신심 깊은 사람으로 재속 수도회인 '쇤슈테터'(Schönstätter) 회

14) 다음 글을 보라: K. Rahner, "Über die theoretische Ausbildung künftiger Priester heute", in: *Schr.* VI, pp.139~167, 여기서는 p.145.

원이었고, 따라서 어느 영적 공동체에 속했는데, 그 공동체 영성에서 마리아는 탁월한 역할을 했다. 그리하여 적어도 마리아에 관한 성가를 한 곡이라도 부르지 않고서 거행된 전례는 거의 없었고, 마리아에 관한 긴 언급 없이는 강론이 진행되지 않았으며, 마리아와 관련이 없는 본당 사제의 특별한 활동, 가령 마리아에 중점을 둔 사순절 강론, 마리아 축일을 기념하여 거행하는 행렬, 마리아에게 봉헌함, 마리아 제대를 새롭게 건립함, 성모상 축성 등의 활동 이외에 다른 활동은 없었다. 그리고 과도한 마리아 신심에 결코 빠지지 않은 우리 집에서도 가족에게 중요한 일들, 예를 들어 장거리 여행, 시험, 면접 등이 있을 때에는 집안 한가운데에 성모상을 모셔 놓고 촛불을 켜는 것이 일반적이었다.

이러한 배경에서 지금 지난날을 회고해 보면, 나는 나의 고유한 신앙의 길을 발견하고 걸어갔는데, 마리아에 대한 모든 과도한 것들이 나에게 영향을 준 사실은 물론이고, 나의 신앙생활에 있어서 다양한 방식으로 마리아의 중요성을 강조했던 모든 것을 단호하게 거부했다는 것도 이제 수긍하고 이해할 만하다. 내게 그것들은 '충분했다.' 만일 내가 아인슈타인의 상대성 이론에 관심을 기울인다면, 아인슈타인의 어머니와 나는 무슨 관계가 있을까 하는 생각이 들었다. 물론 그렇게 비교하는 것은 별로 적절하지 않다는 것도 알았고, 다른 한편으로 아인슈타인과 그의 어머니의 관계가 예수와 마리아의 관계와는 구별된다는 것도 내게 분명해졌다. 또한 나는 예수의 어머니를 '아무튼' 주목하고 공경할 준비도 되어 있었다. 마리아는 아인슈타인을 월등히 능가하는 위대하신 분의 어머니이기 때문이다. 그러나 나는 당시에 그것을 더 이상은 이해할 수 없었고 실천에 옮기지도 못했다. 칼 라너

(Karl Rahner)가 다음과 같이 한 말은 내 생각과는 거리가 매우 멀었다. "그분[=마리아]이 하느님의 어머니임은 그분의 신앙 행위(루카 1,45; 11,27~28)이고, 따라서 그저 생물학적 과정이 아니다. 그러나 그분의 이 신앙 행위는 단지 그분의 사적 인생사에서 일어난 한 사건이 아니다."[15)]

그렇지만 내 신앙의 이러한 비-마리아적 '진자 운동'은 신학 공부를 시작하면서 강력한 반대편의 진자 운동으로 인해 더욱 구체화되었다. 로마에 있는 독일 신학원(Germanicum)에서 나는 매우 깊은 인상을 준 영성 사제로 예수회원인 빌헬름 클라인(Wilhelm Klein SJ, 그에 관한 더 자세한 것은 제2부 4장 1.2.를 보라)을 만났다. 예전에, 특히 철학 교수로 발켄부르크에서 예수회원들을 가르치면서 그는 헤겔의 영향을 강하게 받았다. 그렇지만 마리아를 '순수한 피조물'의 전형으로 이해하고 신적인 정신의 장소로 이해하면서 헤겔의 부정적인 변증법을 극복하고자 애썼다. 이 신적인 정신은 헤겔의 모든 변증법과 그리고 클라인이 그것을 해석했듯이, 그의 '로고스 일원론'(Logomonimus)의 모든 내용을 설명해 주는 것이었다. 여기서 대략적으로 이야기한다면, 마리아는 클라인 신부의 영적 지도 및 동반에 늘 함께했다. 더 자세히 말하면, 지극히 독창적인 방식으로만이 아니라 지극히 성찰적이고 그리스도교적인 것의 핵심을 드러내는 방식으로도 마리아는 클라인 신부에게 영향을 주었다. 그리하여 마리아는 나의 신앙생활에 다시 영향을 주기 시작했다.[16)] 특히 나는 로마에 있는 러시아 신학원

15) Karl Rahner, "Maria, Mutter des Herrn", in: *SW* 9, pp.515~568, 여기서는 p.518.

16) 물론 나는 당시에 로마에서 '친마리아적' 영향만 받은 것은 아니다. 이 시기에 내가 수학한 그레고리오 대학교의 교수인 하인리히 렌너츠가 마리아론을 책으로 냈다(P. Heinrich Lennerz SJ, *De beata virgine. Tracratus dogmaticus*, Rom, 1957). 그러

을 통해 동방교회 신학 및 신심을 더 긴밀히 접했고, 이런 방식으로 여기서 마리아가 차지하는 지위와 중요성도 더 밀접하게 체험하게 되었다.

그렇지만 또 한 번의 새로운 '진자 운동'이 마리아가 내 삶에서 차지하는 위치를 다시 한번 바꿔 놓았다. 공의회가 개최된 시기와 그다음 몇 해 동안 나는 내가 속한 교구에서 사목 활동을 했다. 여기서 제2차 바티칸 공의회와 이 공의회가 본당 활동에 미친 영향을 체험했다. 구체적인 교회 생활에서 마리아의 '지위 변경'도 공의회의 수많은 '분명한' 결과에 포함되었다. 공의회 준비위원회는 마리아의 중요성에 관해 고유한 도식을 준비했는데, 400명의 주교는 '마리아 — 모든 은총의 중개자'라는 문구를 교의로 규정할 것을 주장한 반면, 공의회에 참석한 다수 위원들은 완전히 다른 길을 갔다. 그 의견은 마리아에 대해 앞서가는 과열 현상을 고려해서 논의된 것이었다. 마지막 투표에서 가까스로 다수표(겨우 17표 차이!)를 얻음으로써, 빈의 프란츠 쾨니히(Franz König) 추기경의 책임 아래 '마리아'라는 주제를 교회에 관한 가르침에 넣기(「교회 헌장」 8장 52~69항)로 결정했다. 이러한 결정 배후에는 '마리아'와 관련된 주제를 단순히 형식적인 차원에서 배열할 것인가 하는 물음 그 이상의 의미가 있었다. 결국 중요한 것은 마리아가 교회 '위'에 또는 교회 '안'에 서 있는지, 혹은 마리아는 다른 믿는 이들과 분리된 독자적인 인물인지, 아니면 그들과 함께 '신앙의 나그넷길'을 걸어가는 '신앙 안의 자매'인지

나 이 책은 교회 인가를 받지 못했는데, 잘못된 내용이 담겨서가 아니라 너무 냉철하고 따라서 그 시기의 마리아에 대한 과열 현상과는 정반대된 것을 기술했기 때문이다. 우리 학생들은 당시에 이렇게 말하곤 했다. "렌너츠 신부님은 그 책으로 성모님의 얼음꽃을 따셨다!"

하는 것이다(「교회 헌장」 58항). 이에 상응하여 마리아에게 부여된 ‘중개자’나 심지어 ‘공동 구원자’라는 칭호를 결부시켜 말하려는 많은 공의회 교부의 원의도 거부되었다. 마리아의 구세사적 중요성과 구원 사업에서의 마리아의 참여 및 마리아에 관해 지금까지 나온 교의적 진술들이 공의회 문헌에서 간략하고 냉철하게 전개되었다. 하지만 ‘중개자’와 ‘전구자’라는 칭호와 관련해서는 이렇게 기술되어 있다. “그러나 이것은 유일한 중개자이신 그리스도의 존엄과 능력에서 아무것도 빼지 않고 아무것도 보태지 않는다고 이해되어야 한다”(「교회 헌장」 62항).

마리아가 ‘교회’의 현실 안으로 ‘배열’됨으로써 지금까지의 마리아에 대한 과열 현상이 이렇게 공의회를 통해 ‘느슨해진 것’, 그리고 마리아론이 “자신 안에 중심점을 맞춘 개인을 위한 특전 목록이 되기”[17]를 포기했다는 사실은 즉시 또 직접적으로 교회의 토대에 다음과 같이 대단히 놀라운 반향을 불러일으켰다. 마리아와 관련된 사안에 있어서 새로운 냉철함을 지니게 됨으로써, 기존에 대부분의 가톨릭 신자들이 입고 있던 외투가 이미 오래전부터 더 이상 맞지 않았다는 것을 알았고, 그리고 이제는 드디어 유행이 지난 외투를 벗어 버린 것 같은 상황이 되었다. 거의 예기치 않게 마리아에 대한 신앙 선포와 신심 행위는 완전히 오프사이드와 같은 상황으로 빠져들고 말았다.[18] 마리아에 관해

---

17) Köster, *Mariologie*, p.130.

18) 이에 관해서는 다음 글도 보라: A. Ziegenaus, “Erwägungen zum Rückgang marianischer Frömmigkeit”, in: ders.(Hrsg.), *Marianisches Zeitalter*, p.209 이하.
공의회 이후의 결과와 관련해서 공의회에 참석한 소수 위원은 사실 권한을 얻어야 했다. 그들은 마리아에 관한 주제를 놓고 논쟁하는 동안 일종의 팸플릿을 배포했는데, 그 안에는 이렇게 쓰여 있었다. “1. 우리가 동정녀 마리아를 우리와 동일한 사람

"공의회 이후의 침묵" 같은 것이 시작되었다.[19] 더구나 "큰 위기"에 봉착하게 되었고, "마리아론 안에서 충격"이 일어났다.[20] 어마어마한 단절 현상이 일어났다. 노년기에 이르러 가톨릭교회의 주일 강론을 고정적으로 청취했던 칼 바르트가 "요즘엔 마리아에 관한 강론은 들은 적이 없다. '그러니 마리아 없이도 너희(가톨릭교회)의 일은 진행된다'고 단언하면서 만족스러워했다"[21]고 한스 우르스 폰 발타사르는 전한다. 불안감이 감돌던 1960년대 초에는 다른 것이 전면에 서 있었다. 제삼 세계의 문제, 사회 개혁, 증가하는 세속화된 세상 쪽에서 다가오는 도전들이 그것이다. 당시에 사목자로서 나는 특히 젊은이들과 교류하면서 모든 것을 피할 수 없었고, 마치 저절로 그렇게 된 것처럼 마리아는 내 신앙의 시야에서 다시 한 구간 멀어졌다.

그렇지만 1970년대 말부터 이전과 달리 마리아에 관한 관심이

으로 바라볼 경우, 마리아에 관한 전통적 가르침은 큰 위험에 처하게 된다. 2. 마리아 안에서 교회의 예형을 보는 이들이 구상한 것은 전통과 같은 꼴이 아니라, 몇 해 전에 아주 새롭게[!!!] 나온 것이다. 3. 마리아의 특전과 사명이 최소화될수록 마리아 공경은 더 감소된다. (…)"(인용: P. Hünermann, *Kommentar zu Lumen Gentium = HthK Vat II*, Bd. II, p.512).

19) St. Hartmann, *Die Magd des Herrn. Zur heilsgeschichtlichen Mariologie Heinrich M. Kösters*, Regensburg, 2009, p.12.

20) J. Ratzinger, "Erwägungen zur Stellung der Mariologie und Marienfrömmigkeit im Ganzen von Glauben und Theologie", in: ders. / H.U. v. Balthasar, *Maria - Kirche im Ursprung*, Einsiedeln-Freiburg, ^{5}2005, pp.15~30, 여기서는 p.22.

21) H.U. v. Balthasar, *Klarstellungen*, Freiburg i. Br., 1971, p.65.
이에 대해 발타사르는 다음과 같이 입장을 표명한다. "고유한 사람들을 인정하지 않는 [바르트의 이러한 평]에 맞서지 않을 수 없다. 그것은 교회 일치 차원의 전략인가? (그러나 좋은 전략이 아니다.) 그것은 성경으로 되돌아가는 것인가? (그러나 이렇게 하는 것은 교회의 눈으로 볼 때 창조와 구원에 있어서 여성의 역할을 가리켜 보이는 것이다.) 그것은 최근에 개최된 공의회와 관련된 것인가? (그러나 이는 공의회의 교회론을 마리아론에서 절정에 이르게 한다.) 그렇지 않으면 그것은 인간의 두려움이자 인간을 압박하는 것이다. 그러면 신학적 진보가 최근에 외치는 소리 뒤에 물러서 있으라는 목소리를 전혀 듣지 못하게 된다."

다시 조금(!) 커졌다. 유럽에서도 곧 지대한 관심을 불러일으킨 남아메리카의 해방신학에서 이른바 대중 신심의 지극히 보편적인 가치와 중요성이 새롭게 발견되었을 뿐만 아니라, 특히 '마리아의 노래'를 부른 마리아가 보잘것없는 이들과 가난한 이들을 위한 중요한 '해방 인물'로서 부각되었다.[22] 비교적(秘敎的) 사조 속에서 "풍요로움, 성(性), 싹, 대지, 달"[23]과 같은 삶의 요소들이 새롭게 주목받았는데, 적어도 마리아에게 부합하는 모든 요소가 그랬다. 그러나 무엇보다 이제 힘을 얻으면서 발언하게 된 페미니즘 운동과 그 안에서 태동한 여성신학이 마리아에게 새로운 관심을 보였다.[24] 페미니즘과 관련해서는 마리아에게 성경에서 증명된 "하느님의 어머니이심"[25] 내지 앤드루 그릴리(Andrew Greely)가 "하느님의 여성적 차원"이라고 일컫는 것이 명료해지고 구체화된다.[26]

---

22) 마리아에 대한 해방신학적 관점과 관련해서는 예컨대 다음 책에서 개관할 수 있다: M. Heymel, *Die jüdische Mutter Jesu und wir Heidenchristen. Ein dogmatischer Beitrag zur evangelischen Predigt und Lehre über Maria*, Habil.-schrift Heidelberg, 1987, pp.351~357. 그 밖에 다음 문헌들도 참조하라: I. Gebara / M.C. Lucchetti Bingener, *Maria, Mutter Gottes und Mutter der Armen*, dt. Düsseldorf, 1988; E.A. Johnson, "Wahrlich unsere Schwester. Ein feministisch-hermeneutischer Zugang", in: *Conc.* 44(2008), pp.387~394.

23) H. Cox, *Verführung des Geistes*, dt. Stuttgart-Berlin, 1974, p.179.

24) 이에 관한 가장 중요한 문헌은 다음 책들에 요약되어 있다: W. Beinert, *Unsere Liebe Frau und die Frauen*, Freiburg i. Br., 1989; B. Forte, *Maria - Mutter und Schwester des Glaubens*, dt. Zürich, 1990, 253[30]. 이후에 나온 다음 문헌들도 참조하라: M. Hauke, *Gott oder Göttin? Feministische Theologie auf dem Prüfstand*, Aachen, 1993, pp.155~156; Heymel, *Jüdische Mutter*, pp.373~411; Hartmann, *Magd* 24[31,32]. 나아가 다음 글도 보라. H. Harbecke, "Maria und die Frau(en). Mariologische Linien bei Joseph Ratzinger/Benedikt XVI. im Gespräch mit differenzfeministischen Ideen", in: *Conc.* 44(2008), pp.492~501.

25) 하느님의 '여성성'에 관해 즉위 후 곧바로 선종한 요한 바오로 1세 교황은 1978년 9월 10일에 일반 신자들에게 한 짧은 인사말(Angelus-Ansprache)에서 "하느님은 아버지이시자 어머니이십니다"라고 말했다. *L'Osservatore Romano* (1978.09.21.), p.5. 이에 관해서는 다음 글을 보라: H. Dietschy, "'Gott ist Vater und Mutter'. War Johannes Paul I. ein Ketzer?", in: *Ref.* 30(1981), pp.425~432.

26) Cf. A. Greeley, *Maria. Über die weibliche Dimension Gottes*, dt. Graz, 1979.

페미니즘적 관점에서 마리아를 새롭게 발견한 것의 최고봉으로는 페미니즘의 선구자 중 하나인 로즈메리 래드퍼드 류터(Rosemary Radford Ruether)인데, 그는 이렇게 표현한다. "남자와 여자로 구성된 인류가 구원받으려면 여성이 아무튼 이 구원 사업에 협력해야 한다."[27] 이로부터 몇 년 전에 피에르 테야르 드 샤르댕(Pierre Teilhard de Chardin)은 마리즈 소이지(Maryse Choisy)에게 보낸 한 편지에서 마리아 공경은 "그리스도인의 억누를 수 없는 욕구에 부합하고, 신적인 것에 대한 과도하게 남성화된 사고를 시정한다"[28]라고 기술함으로써 교회 안에서 마리아 공경이 전개되는 것을 옹호했다.

이처럼 새롭게 마리아에게로 향하는 움직임이 위에 언급된 영역들에서 개별적으로는 진지하게 혹은 진지하지 않을지라도, 마리아라는 주제가 공의회 이후에 변방에서 나와 다시 새롭게 주목받았고, 심지어 개신교회들 안에서도 더 큰 관심을 얻기 시작한 것(!)은 사실이다. 개신교 신학자 미하엘 하이멜(Michael Heymel)의 견해에 따르면, 마리아는 "현재의 전반적인 신학적이고 교회적인 상황에서 핵심적 위치를 점한다."[29] 물론 이는 아주 심하게 과장된 표현일 것이다. 그러나 사실상 종교 일치 차원에서의 대화에서도 마리아에 관한 진술들은 거의 모든 신학적 문제의 교차점에서 있다는 것이 점점 더 분명해진다. 몇 해 전에 미하엘 슈마우스(Michael Schmaus)가 이 문제를 다음과 같이 기술했다. "마리아론에서 (…) 거의 모든 신학적 노선이, 즉 그리스도론적·교회론적·인

---

27) R.R. Ruether, *Maria. Kirche in weiblicher Gestalt*, München, 1980, p.69.

28) *Zit. nach H. de Lubac, Kommentar zu: P. Teilhard de Chardin, Hymne an das Ewig-Weibliche*, dt. Einsiedeln, 1968, pp.17~160, 여기서는 p.156.

29) Heymel, *Jüdische Mutter*, p.8.

간학적·종말론적 노선이 합류된다. (…) 신적이고 인간적인 활동의 관계, 의화와 성화의 본질과 의미, 완성된 인간의 상태에 대한 물음은 마리아론에서 명료한 형상을 얻는다. (…) 따라서 마리아론에서 우리 신앙 전체에 유익을 주는 결정이 내려진다. 반대로 그리스도론과 교회론과 은총론에서 드러나는 신학적 인식은 마리아론에서 그 영향력이 드러난다."[30]

마리아론과 관련해 내가 살면서 체험한 '진자 운동' 내지 파동(波動)들은 내 안에 수많은 물음표와 해결되지 않은 문제들을 남겨 놓았다. 나의 지상에서의 순례 여정이 끝나가는 이 시기에 다시 한번 이것들에게로 시선을 돌리고 싶다. 이런 맥락에서 이 연구는 매우 전기적(傳記的)인 성격을 띠고 있다.

이 책을 쓰게 된 둘째 이유는 조직신학적인 측면 때문이다. 내가 지난 10년 동안 작업하여 펴낸 삼위일체론 책들과 관련해서[31] 무엇보다 중요하다고 여기는 것은, 삼위일체 하느님에 대한 신앙의 중요성을 경험할 수 있는 세상의 현상들과 걸맞게 강조하는 것, 그리고 이를 통해 그와 관련해서 종종 신앙에 당혹스럽게 들이닥치는 현실과 교류하기 위해 적합한 이해의 열쇠를 제시하는 것이었다. 그러나 이때 어떤 근본적인 문제가 생겨난

---

30) M. Schmaus, *Katholische Dogmatik*, Bd. V, München, 1955, p.5. 다음 글도 이와 유사한 내용을 담고 있다: W. Beinert, "Himmelskönigin - Urbild der Kirche - neue Frau. Die Wandlungen des katholischen Marienbildes von der Gegenreformation bis zum Ende des 20. Jh.", in: W. Beinert u.a.(Hrsg.), *Maria - eine ökumenische Herausforderung*, Regensburg, 1984, pp.75~116, 여기서는 p.102.

31) G. Greshake, *Der dreieine Gott*, Freiburg i. Br., 1997. (개정판) [5]2007; ders., *Hinführung zum Glauben an den drei-einen Gott*, Freiburg i. Br., 1998. (개정판) [5]2008.

다. 다시 말해 다음과 같은 물음이 제기된다. “무한하신 하느님과 유한한 피조물 사이에 일치가 이루어질 수 있다는 것, 나아가 무한하신 하느님이 유한한 현실 세계로 들어오시고 그 현실 세계를 당신의 세계로 받아들이실 수 있다는 것이 도대체 어떻게 가능할까? 그러기 위해서 피조물 편에서는 어떤 조건들이 채워져야 할까?” 이 물음들과 이와 유사한 물음들은 마리아론에 대해서 깊이 생각하지 않고서는 풀릴 수 없다는 것이 내게 점점 더 분명해졌다. 마리아는 창조주와 피조물을 중개하는 사건 안으로 아주 특별한 방식으로 받아들여진 인간이기 때문이다. 단지 ‘생물학적’ 관점에서가 아니라, 한 ‘인격’으로서, 질문을 받고 자유로이 응답할 수 있는 사람으로서 말이다. 따라서 마리아는 삼위일체 하느님을 규명할 수 있는 사람의 원형으로 묘사된다. 그렇게 볼 때, 나의 이 연구는 내가 그동안 펴낸 삼위일체론 책들과 하나의 짝이 되고, 하나의 ‘보충’이 될 것이다.

그 이외에도 마리아론에 대한 공의회의 근본적 관점은 교회의 근본적인 내용들과 관련해서는 결코 관심 있게 다루어지지 않았으며 보완되지도 않았다. 후고 라너(Hugo Rahner)는 교부학을 연구하면서 이미 수년 전에 공의회의 근본적 관점 중 해결할 과제와 관련해서 다음과 같이 기술했다. “우리는 마리아가 교회 안에 있고 교회가 마리아 안에 있다는 것을 다시 배워야 한다.”[32] 공의회는 첫째 것은 행했지만, 둘째 것은 행하지 않았다. 마리아는 교회 안으로 통합되었지만, 교회는 마리아 안으로 통합되지 않았다. 이런 맥락에서 “마리아께서는 실제로 구원의 역사 속으로 가

---

[32] H. Rahner, *Maria und die Kirche. Zehn Kapitel über das geistliche Leben*, Innsbruck u.a., [2]1962, pp.8. 16.

장 깊숙이 들어가시어 신앙의 최고 진리를 어느 모로 당신과 결합시키고 반영"(「교회 헌장」 65항)하신다고 한 공의회의 진술 역시 교회적인 결론 없이 머물러 있다.

최근에 독일어권에서 교회론에 관해 구상한 것들〔한스 큉(Hans Küng, 1967), 미구엘 가리요-궴베(Miguel M. Garijo-Guembe, 1988), 지그프리트 비덴호퍼(Siegfried Wiedenhofer, 1992), 메다르트 켈(Medard Kehl, 1992), 요셉 메이어 추 슐로흐터른(Josef Meyer zu Schlochtern, 1992), 위르겐 베르빅(Jürgen Werbick, 1994), 페터 휘너만(Peter Hünermann, 1995), 그레고르 마리아 호프(Gregor Maria Hoff, 2011), 발터 카스퍼(Walter Kasper, 2011), 미하엘 뵌케(Michael Böhnke, 2013)〕도 마리아를 전혀 언급하지 않거나 기껏해야 아주 부차적으로 언급하고 있다. 가장 상세하게 다룬 글이 겨우 일곱 페이지에 달한다고 발터 카스퍼는 지적하고 있다. 그러나 교회로부터 비롯된 마리아에 대한 관점뿐만 아니라, 마리아로부터 비롯된 교회에 관한 분명한 관점은 교회에 대한 다른, 진정한 개혁의 이미지로 이어지지 않을까? 즉 비록 세상 안에 있지만 세상으로부터 존재하지 않는 교회, 신앙이 가득한 교회의 모습으로 존재하고, '마리아의 노래'에 나오는 것처럼 보잘것없는 이들과 가난한 이들의 교회이고, 그 안에서는 이 영원의 위계질서가 맨 위에 있는 교회가 되지 않을까? 바로 여기서부터 신앙과 교회 생활을 위한 실제적이고 구체적인 결론 역시 입증되는 것이 아닐까?

나에게는 종교 일치 차원에서의 대화 역시 결국에는 무조건 마리아론적 관점이 요구되는 것처럼 보인다. 여기서는 가톨릭교회의 마리아에 관한 진술이나 전례에서 걸림돌이 되는 마리아의 위치만 다루고자 하는 것이 아니다. 마리아론이 그리스도론과 교회론과 긴밀히 결부된 부분만 다루고자 하는 것도 아니다. 무엇보다 여기서는 하느님과 창조의 근본적인 관계가 표현된 것을 다루고자 한다. 칼 라너는 다음과 같이 기술하면서 이미 이 내용을 암시했다. "개신교와 가톨릭교회 각각의 가르침에서 드러나는 차이 대부분은 마리아론에서 서로 대립하는 점에서 재발견될 수 있다. 이렇게 대립하는 것은 결국 인간에 대한 신학적 가르침에 있어서, 그리고 인간과 하느님의 관계에 있어서 대립하는 것의 가장 극단적인 예시일 것이기 때문이다."[33]

따라서 다음의 문제도 다뤄져야 한다. 그렇다, '마리아'라는 주제는 교의신학에서 실제로 그 경계를 분명히 정할 수 없는 것임이 분명하다. "마리아의 형상은 인간의 존엄과 자유, 하느님의 지혜, 천국, 원죄, 선택과 예정, 구원과 구세사, 하느님 백성, 거룩한 남은 자들, 유다교와 교회, 메시아, 하느님의 아들, 성령과의 협력, 교회와 은총의 중개, 세례신학, 하느님의 신부임, 교회의 완성과 세상의 완성이라는 주제들도 건드린다."[34] 이렇게 열거된 모든 것은 내용 전체를 보완할 수 있을 것이다. 왜냐하면, 미하엘 슈마우스의 말을 다시 한번 되풀이하자면, "마리아론에서 거의 모든 신학적 노선이 합류되기" 때문이다. 이런 맥락에서 마리아론은 신학 전체를 다시 한번 머릿속에 차례차례 떠올리는 데 기여한다.

---

33) K. Rahner, "Zur konziliaren Mariologie", in: *StdZ* 174(1964), pp.87~101, 여기서는 pp.88~89.

34) G. Lohfink / L. Weimer, *Maria - nicht ohne Israel*, Freiburg i. Br., 2008, p.398.

2. 이 책에 대하여

이 책은 "마리아에 바탕을 둔 신학을 통해 보는 관점들"이라는 부제를 달고 있다. 따라서 두 가지가 언급되어야 한다. 첫째, 단지 몇 가지 관점에 집중하는 것이 중요하지, 모든 신학적인 구상들을 전부 완성하는 것은 이 책에서 결코 중요한 게 아니다. 둘째, 내가 생각하기에 이미 그 자체로 형용 모순(contradicio in adjecto)이라고 여겨지는 '마리아론'을 다루는 것은 중요하지 않다. 왜냐하면 신학이란 말씀(Logos), 즉 하느님에 관해 말하는 것이지, 마리아 관련된 것만 고립되어 말하는 게 아니기 때문이다. 그러나 신학이 존재하는 이유는 좀 더 다양할 수 있다. 여기서도 "아무도 이미 놓인 기초 외에 다른 기초를 놓을 수 없습니다. 그 기초는 예수 그리스도이십니다"(1코린 3,11)라는 것이 원칙으로 간주되지만, 예수 그리스도가 다름 아닌 "마리아 안에 계신 하느님"(빌헬름 클라인)이시라면 마리아 역시 이 신학적 기초에 속한다. 이런 까닭에 나는 '마리아에 바탕을 둔 신학'이라는 약간 '특별한' 표현 내지 용어를 사용하고자 했다. 그리스도교 신학의 토대에서 '마리아적인 요소'가 부각되어야 한다. 이 요소가 있는 그대로 진지하게 받아들여진다면 중대한 결과들이 도출될 수 있을 것이다.

본 연구에서 새로운 것은 무엇일까? 어떤 관점에서 보면, 우선 새로운 것은 전혀 없을 것이다. 이미 언급된 내용, 즉 1959년까지 대략 10만 권에 달하고, 시간이 흐르면서 지금까지 마리아론 관련 책과 논문, 소논문 등이 적어도 수만 권 출간된 점을 고려할 때 마리아론에 관해 이미 제시되지 않았거나 밝혀지지 않은 내용은 거의 없을 테고, 그 가운데 일부는 이미 지겨울 정도까지 이르렀을 것이다. 신학의 역사 안에서 어느 정도만 중요하게 여겨지는 마리아론에 관한 진술들은 마치 값진 돌처럼 이미 끝없이 그리고 자주, 때로는 미시적 방식으로 고찰되기도 하고 여기저기로 떠밀려 빈번히 외면받기도 하였다. 따라서 이런 관점에서 볼 때 "달 아래 새로운 것은 아무것도 없다!"(nil novi sub luna). 그러나 돌은 모자이크 그림을 위한 소재로도 사용될 수 있다. 그리고 이어서 같은 돌들로부터 매우 다른 모습들이 만들어질 수 있다. 만일 이렇게 비유적으로 암시된 방향에서 볼 수 있다면, 본 연구에서 새로운 것 내지 독창적인 것도 찾아볼 수 있다. 이는 내용적인 것에서 찾을 수 있는 것이 아니라, 그 안에서 다양한 소재가 정리되고 선별되고 평가되고 통합된 관점에서 찾을 수 있다. 이 책의 제목도 말해 주듯, 이 관점은 '마리아와 교회'라는 것이다. 그러나 이와 관련해서도 이미 많은 예시가 있다!

이 책의 고유한 특징은 다음의 두 가지 문제 제기에 초점을 맞췄다는 점이다.

(1) '마리아와 교회'라는 핵심어는 신앙과 신학의 근본 주제에, 그리고 무엇보다 겉보기에 '늙어 버린' 교회의 쇄신을 위해 어떤 결과를 가져오는가?
(2) '마리아와 교회'라는 관계 도식을 교부학에서 중요하게 여기는 '초기 교회'(ecclesia primigenia)와의 관련성으로 확대하는 문제는 어느 정도 가능할까? 혹은 구약성경에서 지혜는 "하느님 길의 시작"과 함께한다고 하는데, 전례에서 그렇

게 다루고 있는 것처럼, 구약성경 지혜의 핵심 사상을 마리아와 교회에 적용하는 것은 단지 비유적 의미에서만이 아니라 완전히 실제적 의미에서 어느 정도 가능할까? 어떤 결과들과 함께 가능할까?

이 책의 제1권은 '마리아'라는 주제에 관해 성경의 증언을 통해서 그리고 교도권의 신학적이고 중요한 문헌을 통해 '마리아'에 관한 주제를 연구했기에, 적어도 매우 독창적인 내용이라 할 수 있다. 제1권에서 다루는 '마리아론'은 '일반적인' 교의신학 논문이라고 할 수 있다.[35] 원래 나는 성서주석학적인 관점으로 제1장을 저술했는데, 나의 의도는 나와 독자들이 여유를 갖고 연구결과를 대하기를 바라는 것이었고, 이는 아주 특별한 방식으로 진행되는 연구를 가리켜 보이고자 했다. 그러나 내가 쓴 삼위일체론 관련 방대한 책들과 관련해서 비평가들과 비판적 독자들에게는 성서주석학적 견해가 아직 사라지지 않았다. 비록 내가 그 책들에서 충분한 이유와 함께 주석학적으로 다루는 것을 포기하고 완전히 몰두한 일련의 주석학적 연구에 대해 언급했을지라도, 그들은 부족한 점들을 지적했을 뿐이다. 왜 그러한가에 대해서는 지금까지도 나는 납득하기 어렵다. 분명 일부 사람들에게 굴러가는 '바퀴'(das Rad)는 언제나 새롭게 발명되어야 할 것이다. 그럼에도 불구하고 제1장에서는 마리아의 중요성에 대해 성경에서는

[35] 원래 19세기에 시작되어 20세기에 전성기를 맞이한 고유한 교의학 논문인 '마리아론'의 역사에 관해서는 다음 글들이 정보를 제공해 준다. H.M. Köster, "Der geschichtliche Weg von marianischen Einzelaussagen zum geschlossenen Traktat einer systematischen Mariologie", in: *ThGl*(1978), pp.368~384; Fr. Courth, "Mariologie, Maria, die Mutter des Christus", in: W. Beinert(Hrsg.), *Glaubenszugänge. Lehrbuch der katholischen Dogmatik*, Bd. II, Paderborn u.a., 1995, pp.307~308.

전혀 독창적이지 않게 해석되었다는 점이 언급되어야 한다. 제1장은 다섯 항목으로 나누어, 여러 측면에서 마리아론의 신학사적 발전 과정을 개략적으로 기술하고 분석하며, 현대 신학의 관점에서 해석한다.

이때 중요한 점은 마리아에 관해서 지극히 '냉철한' 관점으로, 다시 말해 '특전을 갖지 않는 것', 따라서 우리를 '신앙 안의 자매'인 마리아와 결속시키는 '보편적이고 인간적인 것'을 강조하는 관점으로 기술한다는 것이다. 제1권에 제시된 두 가지 신조에 완전히 부합해야 한다는 말이다. 첫째 신조는 아기 예수의 성녀 데레사가 한 말이다. 사람들이 마리아에 관해 말할 때, 가령 "하느님의 어머니에 관해 강론을 들으면서, 순수하게 '아!' 또는 '오!' 하며 경탄하기 전에 처음부터 끝까지 힘겹게 빨리 숨 쉬라고 강요받는다면, 그렇다면 그것으로 족하다. 그리고 이런 경우엔 사랑하도록 이끌지도 않고 모방하도록 이끌지도 않는다."[36] 둘째 신조는 보나벤투라가 이미 마리아에 관해 다음과 같이 기술한 것이다. "우리는 마리아에게 경의를 표할 새로운 칭호를 찾아낼 수 없다. 완전한 진리이신 마리아는 진리에 어긋나는 진술이 필요하지 않으신다."[37] 끝으로 제7장은 비가톨릭교회들 안에서 바라보는 마리아의 위치에 관한 정보를 제공하고자 한다.

제1권은 결정적이고 독창적인 입장을 대표하는 게 아니라, 오히려 상대적으로 내용이 더 짧은 제2권을 준비하는 토대로 기여

36) Therese v. Lisieux, dt. in: I.F. Görres, *Das verborgene Antlitz*, Freiburg i. Br., ^{3}1949, p.318.

37) Bonaventura, *In III sent* 3,1,2 ad 3 = *Opera Omnia*(*Quaracchi*), 68.

하기에 일종의 '서론'과 같은 내용으로 썼다. 제2권은 제1권과 달리 마리아의 '특별한 것'을 부각함으로써, 제1권과 상당히 의도적으로 일종의 긴장 관계에 있다. 더 자세히 말하자면, 세 가지 관점에서, 즉 신앙인으로서, 인격 안에 있는 교회로서, 그리고 창조의 원형(시작, arche)이자 인격적 형태로서 그러하다. 마리아 연구에 관한 제1권과 제2권에서 감지되는 변증법적 긴장은 이 연구를 시작하면서 바로 언급한 두 가지 신조로도 표현한다. 첫째 신조는 루이 마리 그리뇽 드 몽포르와 함께 마리아를 '창조된 무(無)'로 묘사한다. 반면에 둘째 신조는 최고의 존재인 마리아로, 즉 "이해할 수 없는 하느님을 이해하는"〔교부 시대에 마리아 찬가로 손꼽힌 '아카티스토스 찬가'(Hymnus Akathistos)의 표현〕 존재로 이해할 수 있다. 그러니까 이런 존재로서의 마리아는 "하느님 스스로 마리아 안에" 존재하시기 위해서 하느님이 택하신 '장소'라고 할 수 있다. 내가 생각하기에는 오직 이러한 변증법적 사고를 통해서만 마리아를 통합적으로 이해할 수 있다. 물론 이 내용에 대해서는 이 책 끝부분에 이르러서야 동의할 만한 근거를 발견하게 될 것이다(제2권 4장 2.2.3.).

제2권에서 드러나는 세 가지 관점은 몇 가지 신학적 근본 문제 및 주제를 통해서 새롭게 '초벌 작업'을 하고자 한다. 첫째 관점(제1장)을 통해서는 신앙에 관해 마리아론적으로 채색된 논문들과 신학적 인간학 분야에 기여하고자 한다. 오트마르 모이펠스(H. Otmar Meuffels)에 따르면, 마리아는 "인간학에서 중요하거나, 그렇지 않으면 전혀 아무것도 아니기"[38] 때문이다. 둘째 관점(제

[38] H.O. Meuffels, "Mariologie und Anthropologie", in: *ThG(B)* 43(2000), pp.198~211, 여기서는 p.199. 마리아론에 인간학이 관련된 것에 관해 (물론 신학 내에서 제

2장과 제3장)에서는 마리아에 바탕을 둔 교회론의 기본 주제들을 다룬다. 셋째 관점(제4장)에서는 마리아에 바탕을 둔 창조론과 종교신학의 주안점들에 관해 설명하고자 한다. 이 4개의 장은 '결론'이라는 표현이 달린 단락을 통해서 마무리한다. 여기서는 마리아에 의해서 더욱 강하게 다져질 신학에 대한 안내뿐만 아니라, 부분적으로는 현재의 교회적이고 신학적 상황에 대한 비판적 평가 및 교회의 가르침과 규정과 구조의 근본적 개혁을 위한 제안들도 제시한다. 내 생각에 이처럼 실제적인 결론들을 제시하는 것은 불가피하다. 마리아가 전형적인 신앙인이라면, 교회가 지닌 신앙의 방식도 마리아에 대해 알자는 것이어야 하기 때문이다. 마리아가 인격 안에 있는 교회라면, 교회적 삶이란 교회 자체의 모든 측면을 마리아에게 맞춰야 한다. 성경의 비유에 따라서 말해 보겠다. 만일 마리아가 창조의 원형(arche), 즉 하느님과 당신 피조물과의 '혼인'을 목표로 하는 창조의 원형이라면, 이는 창조의 현실과 세상의 현실 사이에 '내밀한' 관계에 있다는 것이고, 비그리스도교 종교들을 높게 평가하는 결과를 얻게 된다. 왜냐하면 모든 종교는 각자의 방식으로 종교가 지니는 근원적 관계의 원형을 가지는데, 이를 하느님과 마리아, 또는 더 명확히 말하면 "마리아 안에 계시는 하느님" 안에서 찾을 수 있다.

이 책에서 마주하게 될 '경건한' 견해들에 찬성의 뜻을 표할 일부 독자와 신학자와 성직자가 반대로 교회에 대한 비판적 견해와 개혁적 관점들에 대해서는 너무 급진적인 것으로 나름대로

기된 문제에 초점을 크게 맞춘) 개관한 것은 다음 글이 기여한다: M. Hauke, "Anthropologie und Mariologie in der zeitgenössischen theologischen Diskussion: gemeinsame Perspektiven und Probleme", in: *FKTh* 29(2013), pp.1~21.

상상해 볼 수 있다. 나는 내 스스로 '특정 부분을 미리 검열함으로써'(ad usum Delphini) 꽤 신중하게 기술했다고 생각하고 있는데 반해서, 그들은 그렇게 생각하지 않고 내가 실제로는 훨씬 더 급진적이라고 확신을 가지고 생각할 수 있다. 그러나 나는 미래의 교회가 내가 가리킨 방향으로 길을 가리라고, 혹은 가야 한다고 확신하기에, 때로 더 급진적인 결과들이 이 책에서 저절로 나오게 된 것이다. 다른 한편으로, 개혁적인 관점들에 대해서는 원칙적으로 찬성하지만 그 관점들이 마리아에게로 향하는 것을 전혀 불필요한 우회로와 같은 것이라고 간주하는 독자들도 있을 것이다. 개혁이 필요한 부분이라 제시된 것들이 마리아의 형상과 중요성으로부터 나온 결과라는 지적도 맞고, '기록된 것 이외의'(aliunde) 근거를 가지고 제시될 수 있다는 비판은 맞다. 그럼에도 나에게는 마리아에 관해 기술할 때 명확하게 범위를 두는 것이 과도하게 보이지 않는다. 마리아는 교회의 신앙과 교회의 핵심으로 우리를 이끌어 주고 당신의 생생한 구체성을 통해 모든 추상적인 신학적 근거를 크게 뛰어넘기 때문이다.

'전망'(展望, Aus-Blick)이라는 두 가지 뜻이 담긴 단어가 붙은 제5장에서는 마리아에 대한 예술적인 묘사들을 살펴보고 이에 관해 설명한다. 결론에서 다시 한번 간략히 요약하기 전에, 이 연구의 몇 가지 중요한 결정적인 점들이 비유적 방식으로 기술될 것이다.

이 책의 제2권 역시 순수한 독창성이 흘러넘치는 그런 내용은 아니지만, 그럼에도 여기서는 때로 간과되어 온 몇 가지 중요한 상징적인 지혜에 대해서 주목할 것이다. 여기서도 두 가지 중요한 통찰이 여전히 유효한데, 이에 관해서는 이미 삼위일체론 책들에서 언급했다.

(1) "발명가가 되기를 바라는 사람은 첫째가 되기를 열망한다.
오직 지혜만 원하는 사람은 선구자가 되기를 열망한다"
(임마누엘 칸트).[39]

이 책에서 이루어진 작업은 '진실을 바라기' 때문에 많은 선구자를 큰 소리로 불러내는 것도 부끄러워하지 않는다. 이는 때때로 인용문들을 통해서 여실히 증명될 것이다. '선구자들'이 어떤 생각을 완전하고 탁월하게 표현했던 바로 그것을, 내가 굳이 다시금 이 생각을 그 원천에서 끌어내어 고유한 언어 형태로 주조해 낼 이유는 없는 것 같다.

(2) "우리는 거인의 어깨 위에 앉아 있는 난장이와 같다.
그러나 이런 이유로도 거인보다
더 많이 그리고 더 정확히 볼 수 있을 것이다.
자신의 시력이나 키 때문이 아니라
키가 큰 거인이 우리를 들어 올려 주기 때문이다"
(사르트르의 베르나르).[40]

"거인의 어깨"라는 말은 이미 많이 인용되었고, 여러 참고 문

39) I. Kant, Reflexionen 2159, *WW* 16(Ak. Ausgabe) 235.

40) Bernhard v. Chartres, zit. bei Johannes v. Salisbury, *Metalogikon* 3,4,46, J.B. Hall(Hrsg.), Turnhout, 1991, p.116.

헌에서도 볼 수 있다. 이 작업을 마무리하면서 내가 참고한 문헌이 이루 헤아릴 수 없이 많은 것에 나도 깜짝 놀랐다. 내가 참고한 문헌을 모두 다 기술한 것은 아니고, 내가 실제로 사용한 문헌들만 적었다. 참고 문헌을 기술할 때 항상 그렇게 하지는 않았지만, 경우에 따라 해당 대목에 제시했다. 이는 너무 긴 주석을 피하기 위해서였다. 기술된 참고 문헌의 90퍼센트는 내가 실제로 숙독한 것이다. 내 책에 비판적인 독자들에게 단언하고 싶다. 나머지 참고 문헌은 적어도 대강 훑어보거나 인용문을 찾아보면서 알게 된 것들이다. 이 책의 분량이 상당히 많더라도, 제기된 주제 전체를 다룰 수는 없었을 것이다. 부제목을 '관점들'이라고 한 것처럼, 여기서 다루는 내용의 반대편 내용들의 개별적 관점들과 더 큰 전체적인 전망은 여전히 존재하고 남아 있다.

▌이 책을 읽는 방식에 대하여

내가 방대한 분량의 삼위일체론 관련 책들을 펴내면서 이미 언급했던 내용들은 여기서도 동일하게 적용된다. 이 책은 신학에 기여하고자 하므로, 신학자가 아닌 이들에게는 모든 내용을 다 공감할 수는 없는 신학적 논증 방식으로 전개될 것이다. 이들에게는 경우에 따라서 '자기 전공에 관해 이야기하는 것'으로 비치기도 할 것이다. 이러한 독자층이 이 책에 쉽게 접근하도록 이 책을 읽는 방식을 제안하겠다. 이 책에서 전개하는 생각을 이해하기 위해서 '부록'과 본문에 작은 글자로 적힌 부분들을 비롯해 수많은 주석을 반드시 읽을 필요는 없다. 물론 대략 30개의 주석은 예외적인 것인데, 해당 번호에는 줄표가 표시되어 있다. 여기에는 더 중요한 보충과 설명들이 있고, 때로 본문 내용과 조금 다른 내용이 나와 있기도 하다. 그 밖에 책 중간중간에 문장들이 인용된 것은 독자 여러분이 전체와의 연관성 없이도 개별 단락을 그 자체로 이해하도록 하기 위해서다.

약어 및 참고 문헌은 이 책 끝부분을 보라.
성경 말씀은 원칙적으로 인용 부호 없이 제시했다.

엉뚱하게 생각하고 때로는 상당히 도발적으로 표현하는 쪽으로 기우는 경향이 있는 개신교 교부학자이자 마리아론 신학자(!)인 울리히 비케르트(Ulrich Wiekert)는 이렇게 기술한다. "마리아를 사랑하지 않는 사람은 마리아에 관해 말하는 것을 먼저 시작해서는 결코 안 될 것이다."[41] 동의할 만한 문장처럼 비칠 수 있지만, 나는 이 문장이 틀리고 그 반대가 옳다고 생각한다. 마리아를 사랑하지 않는 사람은 마리아 연구에 몰두하고 마리아에 관해 토론하기를, 그러니까 '말하기'를 시작해야 할 것이다. 그러고 나면 그는 내가 경험했던 것과 유사한 것을 경험하게 될 것이다. 나는 마리아에 대한 사랑에 관해 직접 언급하지는 않겠지만, 적어도 발견된 것들에 관해서, 즉 마리아에 관한 새로운 관점을 가능하게 해 주고, 여러 가지를 새롭게 바라볼 수 있도록 이끌어 준 것들에 관해서는 말할 것이다. 미하엘 슈마우스가 1955년에 기술한 문장은 60년이 지난 뒤에도 여전히 유효하다. "지금은 바야흐로 마리아론을 위한 시간이 온 듯하다. 자기 자신에 대해 더

---

41) U. Wickert, *Ein evangelischer Theologie schreibt über Maria*, Berlin, 1979, p.9.

이상 확신하지 못하는 사람에게는 그리스도에 대한 자신의 신앙이 미치는 영향을 신뢰의 눈으로 바라보게 하고 그리스도를 통하여 부여된 삶의 궁극적 의미를 깨닫게 해 줄 수 있는 인물이 필요하기 때문이다."[42]

다음의 말은 아우구스티누스가 한 것이다.

"이 책을 읽는 사람은 나의 확신을 공유하면서
나와 함께 계속 걸어가려 할 것이다.
그는 나와 함께 마음이 요동치면서
나와 함께 찾으려 할 것이다.
그는 자기 옆에서 어떤 실수를 알아채면서
나에게 질문하려 할 것이다.
그는 나의 어떤 실수를 발견하면서
나를 부르려 할 것이다.
따라서 우리는 함께 사랑의 길을 가고
'내 얼굴을 항상 찾으라!' 하고 말씀하시는 분을 향해
손을 뻗을 것이다."[43]

이 책을 감사의 말로 끝맺고 싶다. 이 책은 내가 대학교수로 퇴직한 이후 비서나 조교, 학문적 협력자의 도움 없이 완전히 혼자 완성한 첫 번째 방대한 분량의 책이다. 이를 넘어 지금 내가 처한 상황을 고려하여 다른 신학자들과는 거의 그 어떤 교류도

42) Schmaus, *Dogmatik* V, p.9.
43) Augustinus, *De trin.* I, 3,5(CC 50,32).

하지 않았고, 따라서 비판적 질문들과 교정을 위한 제안들, 도움이 되는 자극들을 받지 못했다. 탈고할 무렵에야 비로소 알베르트 라우흐 박사(Dr. Albert Rauch, 레겐스부르크 동방교회 연구소장)가 친절하게도 러시아정교회의 영성과 신학과 긴밀한 연관성이 있는 '마리아-지혜'에 관한 두 장을 검토해 주었다. 그리고 본(Bonn) 대학의 칼-하인츠 멘케(Karl-Heinz Menke) 교수도 시간을 내어 원고 전체를 비판적 입장에서 읽고, 중요한 반대 논거, 특히 나의 '마리아-지혜'의 구상에 맞서는 실제적이고도 근본적인 논거를 많이 제시해 주었다. 그럼에도 그는 알베르트 라우흐 박사도 그랬듯이, 이 원고를 책으로 내는 데 있어서 나를 크게 격려해 주었다.

이 책이 나오기까지 두 가지 환경적 요인이 내게 도움이 되었다.

(1) 이 책의 대부분은 빈 인근 칼크스부르크(Kalksburg)에 있는 카리타스-소치알리스(Caritas-Socialis) 수녀원에서 완성했는데, 이 수녀원이 운영하는 양로원에서 나는 사목 활동을 하고 있다. 이곳은 주변이 조용하고 영적 분위기가 감돌았으며, 빈(Wien) 숲이 근처에 있었다. 이 숲길을 걷는 가운데 내가 작업하면서 생기는 많은 문제가 글자 그대로 '사라져 버렸다.'

(2) 나는 빈 대학교 '가톨릭-개신교 공동 신학도서관'을 마음대로 이용할 수 있었다. 예전에는 분리되었던 두 신학부 도서관이 통합된 뒤에 수많은 책을 소장하고 있어 읽을 게 있게 되었을 뿐만 아니라, 크고 넓은 공간도 갖추게 되었다. 이곳에 있으면 기분이 좋아졌고, 기꺼이 도움을 주는 도서관장 알프레드 프리들(Dr. Alfred Friedl) 박사와 도서관 사서들에게서 늘 친절한 지원을 받을 수 있었다.

프리드리히 푸스텟 출판사의 루돌프 츠방크(Dr. Rudolf Zwank) 박사의 흔쾌한 협력에도 감사하고, 그 모든 도움에 대해 깊이 감사드린다. 따라서 이렇게 말할 수 있을 뿐이다.

"먼저 (…) 감사를 드립니다(Πρῶτον μὲν εὐχαριστῶ)"(로마 1,8).

프라이부르크와 빈에서,
2014년 3월 9일
정교회의 '말씀이 사람이 되셨다' 마리아-이콘 축일에
기스베르트 그레사케

제1권

마리아에 관한 성경적 · 교의적 · 신학사적 진술

I

"우리는 마리아께 드릴 새로운 영예로운 칭호를
생각해 낼 필요가 없다.
완전한 진리이신 그분에게는
진리에 어긋나는 진술이 불필요하다."

– 보나벤투라

"하느님의 어머니에 관한 강론을 들으면서
처음부터 끝까지 아! 또는 오! 하고 경탄하느라고
힘겹게 숨을 쉬게 된다면,
그 사람은 그것으로 족하다.
그리고 이것은 사랑하도록 이끌지도 않고,
흠숭하도록 이끌지도 않는다.
일부 영혼들이 결국에는 전혀 낯선 상황을 통해
그렇게 탁월한 피조물에 의해서 움직이게 될지
누가 알 수 있겠는가!"

– 아기 예수의 성녀 데레사

MARIA
ECCLESIA

I

제1장

성경에 등장하는 마리아와 성경적 증언의 전개 과정

제 1 장 • 성경에 등장하는 마리아와 성경적 증언의 전개 과정

/참/고/문/헌/

• 마리아론의 주석학적 토대에 관한 중요한 문헌들: R. Mahoney, "Die Mutter Jesu im Neuen Testament", in: G. Dautzenberg(Hrsg.), *Die Frau im Urchristentum = QD 95,* Freiburg i. Br., 1983, pp.92~116; H. Räisänen, *Die Mutter Jesu im Neuen Testament,* Helsinki, [2]1989; ders., "Maria/Marienfrömmigkeit I", in: *TRE* 22, pp.115~199: J. McHugh, *The Mother of Jesus in the New Testament,* London, 1975; I. de la Potterie, *Marie dans le mystère de l'alliance,* Paris, 1988; J. Zmijewski, *Die Mutter des Messias. Maria in der Vrekündigung des Neuen Testaments,* Kevelaer, 1989; R.E. Brown(Hrsg.), *Maria im Neuen Testament,* 독일어 번역본: Stuttgart, 1981; F. Mussner, *Maria, die Mutter Jesu im Neuen Testament,* St. Ottilien, 1993; O. Knoch, "Maria in der Heiligen Schrift", in: *Hmar,* pp.15~92; D. Böhler, "Maria - Tochter Zion. Die Bedeutung der Mutter Jesu nach der Hl. Schrift", in: *GuL* 78(2005), pp.401~412; Th. Reiprich, *Das Mariageheimnis. Maria von Nazareth und die Bedeutung familiärer Beziehungen im Markusevangelium,* Göttingen, 2008.

• 종합적이거나 체계적으로 조명한 문헌들: M. Thurian, *Maria,* 독일어 번역본: Mains-Kassel, 1965; K.-H. Menke, *Fleisch geworden aus Maria,* Regensburg, 1999; G. lohfink / L. Weimer, *Maria - nicht ohne Israel,* Freiburg i. Br., 2008.

• **유년 사화와 관련된 특별 문헌**: J.M. Bover, "'Quod nascetur (ex te) sanctum vocabitur Filius Dei'(Lc 1,35)", in: *Bib.* I(1920), pp.92~94; S. Lyonnet, "Le récit de l'annonciation et la maternité divine de la Sainte Vierge", in: *Amie du Clegé,* Rom, 1956, pp.33~48; R. Pesch, "Eine alttestamentliche Ausführungsformel im Mattäus-Evangelium", in: *BZ NF* 10(1966), pp.220~245; ders., "Der Gottessohn im matthäischen Evangelienprolog(Mt 1~2)", in: *Bib.* 48(1967), pp.395~420; R. Laurentin, *Struktur und Theologie der lukanischen Kindheitsgeschichte,* 독일어 번역본: Stuttgart, 1967; J. Riedl, *Die Vorgeschichte Jesu,* Stuttgart, 1968; R. Kilian, *Die Verheißung Immanuels Jes 7,14 = SBS 35,* Stuttgart, 1968; E. Nellessen, *Das Kind und seine Mutter = SBS 39,* Stuttgart, 1998; G. Lattke, "Lukas 1 und die Jungfrauengeburt", in: K.S. Frank u.a.(Hrsg.), *Zum Thema Jungfrauengeburt,*

Stuttgart, 1970, pp.61~89; A. Vögtle, "Offene Fragen zur lukanischen Geburts- und Kindheitsgeschichte", in: ders., *Das Evangelium und die Evangelien*, Düsseldorf, 1971, pp.43~56; G. Schneider, "Jesu geistgewirkte Empfängnis(Lk 1,34~35). Zur Interpretation einer christologischen Aussage", in: *ThPQ*(1971), pp.105~116; K. Schubert, "Die Jungfrauengeburt im Lichte frühjüdischer Quellen", in: *ThG(B)* 16(1973), pp.193~199; H. Schürmann, "Die geistgewirkte Lebensentstehung Jesu", in: W. Ernst / K. Feiereis(Hrsg.), *Einheit in Vielfalt, FS H. Aufderbeck*, Leipzig, 1974, pp.156~169; R.E. Brown, *The Birth of the Messiah. A commentary in the infancy narrations in the Gospels of Matthew and Luke*, New York u.a., ^{2}1993; G. Lohfink, "Gehört die Jungfrauengeburt zur biblischen Heilsbotschaft?", in: *ThQ* 159(1979), pp.304~306; A. Stock, "'Die Berufung Marias' (Lk 1,26~38)", in: *Bib.* 61(1980), pp.457~491; R. Pesch(Hrsg.), *Zur Theologie der Kindheitsgeschichten. Der heutige Stand der Exegese*, München-Zürich, 1981; I. de la Potterie, "Il parto verginale del Verbo incarnato: 'Non ex sanguinibus…, sed ex Deo natus ist'(Gv 1,13)", in: *Mar.* 45(1983), pp.127~174; H. Gese, "Natus ex virgine", in: ders., *Vom Sinai zum Zion*, München, 1984, pp.130~146; J. Kremer, "Das Erfassen der bildsprachlichen Dimension als Hilfe für das rechte Verstehen der biblischen 'Kindheits- evangelien' und ihre Ver- mittlung als lebendiges Wort Gottes", in: K. Kertelege(Hrsg.), *Metaphorik und Mythos im Neuen Testament = QD 126*, Freibirg. Br., 1990, pp.78~109(Lit.); E. Haag, "Das Immanuelzeichen in Jesaja 7", in: *TrThZ* 100(1991), pp.3~22; M. Rösel, "Die Jungfrauengeburt des endzeitlichen Immanuel. Jesaja 7 in der Übersetzung der Septuaginta", in: *JBTh* 6(1991), pp.135~151; S.M. Perella, "Il parto verginale di Maria nel dibattitito teologico contemporaneo(1662~1994)", in: *Mar.* 56(1994), pp.95~213; S. Munoz Iglesias, "Lo historico en los Evangelions de la Infancia", in: *EstMarianos* 64(1998), pp.35~36; R. Pesch, *Über das Wunder der Jungfrauengeburt. Ein Schlüssel zum Verstehen*, Bad Tölz, 2002; J. Ratzinger, *Jesus von nazareth, Prolog - Die Kindheitsgeschichten*, Freiburg i. Br., 2012.[1]

[1] 마지막에 언급한 이 책은 좋은 의미에서도 '감동적'이지만, 여러 관점에서 보더라도 조화를 잘 이루면서 체계적으로 개관해 놓은 것이다. 물론 저자가 다음과 같이 제시한 명제는 이 책에서는 별반 진지하게 다루지 않는다. "유년 사화는 해석된 역사이자 이렇게 해석된 것을 토대로 기술되고 집중된 이야기다"(J. Ratzinger, *Jesus von nazareth, Prolog - Die Kindheitsgeschichten*, Freiburg i. Br., 2012, p.29).

머리말

그리스도교 신앙에 있어서 중요한 모든 것은 성경에 토대를 두고 있으며 또 그래야 한다. 이 원칙에 대해서는 가톨릭 신학과 개신교 신학이 모두 일치한다. 물론 성경과 얼마나 명시적으로 연관되어야 하는가의 문제를 논의할 때는 조금 다른 점이 있을 수는 있다. 성경과의 연관성이 의미하는 바는 신앙의 내용이 단순히 신심 깊은 의식이나 정서적 욕구 또는 인간적 성찰의 요청으로부터 나와 투영된 것이 아니라, 성경의 밑바닥을 흐르는 저 역사적 활동의 연관성과 관련된 것임을 보증한다는 것이다. 이 연관성에 근거하여 인간은 하느님을 이해할 수 있게 되었다. 하느님께서 아드님을 사람이 되게 하시고 성령을 보내시면서 당신을 궁극적으로 드러내 보이셨다.

이때 성경에 드러난 정확한 '배열'에 주목해야 할 것이다. 여기서 증명된 하느님의 자기 계시와 관련해서는 다음의 사항이 구별되어야 한다.

(1) 역사적 사실성 안에서 사건과 사건 자체의 연관성

(2) 신앙 안에서 사건의 수용, 즉 그것의 다양한 실제적 전환, 영적 묵상과 깊은 성찰. 이는 특히 신앙 공동체에서 행해진다.

(3) 개별 성경들 안에서 이러한 신앙 행위가 다양한 방식으로 '작성됨'

이 문헌들 안에서 교회 공동체는 자신의 신앙을 반추하고 재인식했으며, 따라서 이를 통해서 성령의 영감으로 얻게 된 정경(正經)을 그들의 신앙 규범으로 인정하고 수용했다. 성경은 교회의 신앙이 실현되는 것을 통해서 생겨났고 교회의 규범이 반영된 것이기에, 성경은 그러한 신앙 체험과 분리될 수도 없으며 그 신앙 체험의 마지막이나 종결을 의미하지도 않는다. 긍정적으로 말하자면, 신앙의 실천적 전환 과정과 영적인 묵상과 깊은 성찰의 실천적 전환 과정은 지속된다. 왜냐하면 하느님의 자기 계시는 고고학적 연구의 결과가 아니라, 늘 새롭게 생생하게 현존하는 것이기 때문이다. 이런 구조 안에서 성경은 근원적이고 계속되는 신앙 체험들 사이에서 일종의 핵심적 위치를 점한다.

신앙이란 본질적으로 하느님 자기 계시의 역사적 과정에 응답하는 것이기에 역사적 사건들과 근본적으로 연관되어 있다. 그렇지만 역사비평적 연구가 시도하는 바와는 달리, 역사적인 것 '그 자체'는 신앙의 실현과 단순하게 분리되어 다뤄질 수는 없다. 그것은 성령이 작용하여 수용된 것이기에 이제는 나뉠 수 없는 전체가 되었기 때문이다. 이런 까닭에 기초적이고 실험적이며 늘 가설에 머무르는 정도로 의미가 파악된 역사적인 것 그 자체 역시 신앙의 기준이 될 수 없다.

성경의 증언에 따라서 예수의 어머니인 마리아가 구세사에서 특별한 역할을 한다면, 그 안에는 '역사적인 사실', 즉 마리아는 누구였는가 내지 당시에 마리아와 함께 무엇이 이루어졌는가 등의 내용이 포함된다. 그리고 이것은 교회의 신앙이 실현되는 전체의 내용과 연관된다. 그러므로 여기서 이어지는 마리아에 관한 주석학적 설명에서는 "이 성경 구절이나 저 성경 구절 이면에는 어떤 역사적 사실이 숨어 있는가?"[2]라는 질문을 우선적으로 제기하지 않는다. 오히려 마리아는 신앙의 역사가 통합되는 과정에서 어떤 역할을 했느냐가 중요하게 여겨진다. 마리아는 신앙 안에서 하느님의 아드님이 사람이 되시는 지점에 중요성을 갖게 된다. 그리고 그분이 십자가에 못 박혀 돌아가시고 부활하신 것, 그리고 사람들이 성령을 통하여 모여드는 것에서 중요성을 지닌다. 이런 의미에서 "마리아에 관해서는 예수 그리스도로부터만 무언가를 알 수 있다"[3]라고 칼 라너가 간명하게 기술한 것은 옳다.

이 문장은 신약성경에서 마리아에 관해 집중적으로 진술하는 대목들과 어울리는데, 특히 마태오 복음서 1장 18절 이하와 루카 복음서 1장 26절 이하 등의 그리스도론적 진술들과도 타당하게 어울린다. 이 두 가지 진술과 관련해 헬무트 메르클라인(Helmut Merklein)이 마태오 복음서 1장 18절 이하에 대해 다음과 같이 규명한 것은 타당하다. "일차적 핵심은 (…) 동정 잉태나 마리아론이 아니다. (…) 일차적 핵심은 예수의 이름으로 전개되는 그리스도론이다."[4]

'성경에 등장하는 마리아'라는 제목이 달린 이 장은 신약성경은 물론 신약성경을 넘어서는 내용이 전개되고, 구약성경도 포함

---

2) 이 질문에 대한 답은 '유년 사화'(마태 1,18~2,23; 루카 1,26~2,52)와 관련해서 다시 한번 특별한 어려움을 지닌다. '유년 사화'는 '사도들의 증언'에서 유래하지 않고 예수의 가족 측에서 목격한 것에 기인한 것으로 보기도 어려울 것이기 때문이다.

3) K. Rahner, "Mariologie", in: *LThK* ^{2}6, p.85.

4) H. Merklein, *die Jesusgeschichte - synoptisch gelesen*, Stuttgart, 1994, p.35.

한다. 그렇지만 다음에 제시하는 것들의 직접적인 초점은 신약성경 문헌들에만 맞춰져 있다. 이 신약성경 문헌들을 토대로 우리는 그때그때마다 그 원천에 대해, 즉 하느님과 인간이 이전에 맺은 옛 계약의 역사에 대해서도 묻게 될 것이다.

신약성경의 다음 대목들은 매우 상이한 문맥에 따라 예수의 어머니에 관해 말한다.

마태	마르	루카	요한	사도	바오로	묵시
					갈라 4,4	
1,16; 1,18~25		1,26~38; 2,1~20	1,13~14?			
		1,39~56				
1,24; 2,11. 13~15. 19~23		2,1~4; 34~35; 2,41~51				
			2,1~12			
12,46~50; 13,54~59	3,20~35; 6,1~6	8,19~21				
		11,27~28				
	15,40.47		19,25~27			
				1,14		
						12장

이후 단락들에서는 루카 복음서 2장 1~52절, 마태오 복음서 2장, 사도행전 1장 14절 이외에 마리아와 관련해서 신약성경에서 중요한 대목들에 다가갈 것이다. 나머지 성경 구절들에 관해서는 그때그때마다 적어도 간략히 설명하면서 언급할 것이다.

1.1. 가장 오래된 증언들

신약성경에서 예수의 어머니에 관해 이야기하는, 역사적으로 가장 오래된 대목으로는 갈라티아서 4장 4절을 꼽을 수 있을 것이다. "하느님께서 당신의 아드님을 보내시어 여인에게서 태어나 율법 아래 놓이게 하셨습니다." 그렇지만 바오로는 여기서 마리아를 그러한 인물로 바라보지 않고, 공식적인 표현을 통해 예수는 '단지' 참된 인간임을, 그리고 유다인임을 강조한다. 따라서 이렇게 언급된 내용은 '마리아론과 직접적으로 관계된 결과'를 가져오지는 않는다. 물론 이 문장을 통해서 마리아는 하느님의 어머니임에 관한 진술이 매우 간접적으로 준비되긴 하였다. 아무튼 초기 교부신학은 이러한 의미에서 갈라티아서 4장 4절을 다루었다.[5)]

이에 맞서 신약성경에서, 더 정확히 말하면 마르코 복음서 3장 31~35절에서 예수의 어머니에 관해 가장 오래되고 직접적으로 언급되어 있는 부분은 매우 중요하다.

---

5) 갈라티아서 4장 4절에 대한 해석은 다음 책을 보라: R. Schulte, *Die Herkunft Jesu Christi. Verständnis und Missverständnis des biblischen Zeugnisses. Eine theologie-kritischen Besinnung.* Münster, 2012, pp.218~232. 갈라티아서 4장 4절에 관해 현대적 관점에서 중요하게 설명해 놓은 것들을 개관한 것이 *Ibid.*, pp.727~731에 나와 있다.

그때에 예수님의 어머니와 형제들이 왔다. 그들은 밖에 서서 사람을 보내어 예수님을 불렀다. 그분 둘레에는 군중이 앉아 있었는데, 사람들이 예수님께 "보십시오, 스승님의 어머님과 형제들과 누이들이 밖에서 스승님을 찾고 계십니다" 하고 말하였다. 그러자 예수님께서 그들에게 "누가 내 어머니고 내 형제들이냐?" 하고 반문하셨다. 그리고 당신 주위에 앉은 사람들을 둘러보시며 이르셨다. "이들이 내 어머니고 내 형제들이다. 하느님의 뜻을 실행하는 사람이 바로 내 형제요 누이요 어머니다."

이 성경 구절에 따르면, 마리아와 예수의 형제들은 밖에 서 있고, 예수의 '참된' 형제들, 예수의 '본래' 가족은 안에서 예수 주위에 앉아 있는 이들, 예수가 하시는 말씀을 들으며 하느님의 뜻을 실행할 준비가 되어 있는 이들이다. 이에 비추어 마리아가 하느님의 뜻을 실행한다면, 마리아도 '참된' 가족에 속하는 것은 배제되지 않았다. 그렇지만 '육신적' 형제와 '영적' 형제를 대조하는 것이 먼저 더 뚜렷이 표현될 수밖에 없었을 것이다. '밖'과 '안'. 즉, 관련 있는 대목들을 이 성경 구절에 포함시켜 보면, 이렇게 대조하는 상황에서 더 과격한 면이 드러나기도 한다. 다음 두 장면이 이 성경 구절에 선행된다.

• 첫 번째 장면(마르 3,20~21)

예수님께서 집으로 가셨다. 그러자 군중이 다시 모여들어 예수님의 일행은 음식을 들 수조차 없었다. 그런데 예수님의 친척들이 소문을 듣고 그분을 붙잡으러 나섰다. 그들은 예수님께서 미쳤다고 생각하였던 것이다.

• 두 번째 장면(마르 3,22)

한편 예루살렘에서 내려온 율법 학자들이, "그는 베엘제불이 들렸다"라고도 하고 "그는 마귀 우두머리의 힘을 빌려 마귀들을 쫓아낸다"라고도 하였다.

첫째 장면에 언급된 "친척들"(21절: οἱ παρ 'αὐτοῦ)은 마르코 복음서 3장 31절에 언급된 "예수님의 어머니와 형제들"이 분명하다. 그들은 '밖'에 서 있을 뿐만 아니라, 예수가 미쳤다(ἐξέστη)고 생각하고 그분을 강제로 붙잡으려 하면서, 그분과 단호히 거리도 둔다. 둘째 장면에 비추어 보면, 여기서 다시 한번 격화된 모습이 드러난다. 이런 맥락에서 마르코는 예수가 베엘제불이 들렸다는 율법 학자들의 비방을 예수의 친척들의 비난과 대비시키는 게 틀림없다.

그러나 예수의 가까운 친척들만 거리를 두는 것은 아니다. 마찬가지로 예수는 자신의 친척뿐만 아니라 자신의 어머니와도 거리를 둔다. 예수는 어머니가 왔다고, 심지어 가장 먼저 왔다고 전해 듣지만, 어머니를 염려하지 않는다. 이는 유다인들의 정서에 비추어 볼 때 일종의 스캔들이다. 샬롬 벤-코린(Schalom Ben-Chorin)은 그 이유를 이렇게 설명한다. "유다교에서 매우 진지하게 여기는 계명은 부모를 공경하는 것이다. (…) 율법과 관습이 요구한 것은 예수가 즉시 일어나 자신의 어머니에게로 가는 것이다."[6] 그러나 예수는 그렇게 하지 않는다!

6) Sch. Ben-Chorin, *Mutter Mirjam. Maria in jüdischer Sicht*, TB München, 1971, p.99.

마르코 복음서 6장 2~6절은 그렇게 매우 단호하지는 않지만 같은 방향으로 나아가면서 다음과 같이 기술한다.

> 안식일이 되자 예수님께서는 회당에서 가르치기 시작하셨다. 많은 이가 듣고는 놀라서 이렇게 말하였다. "저 사람이 어디서 저 모든 것을 얻었을까? 저런 지혜를 어디서 받았을까? 그의 손에서 저런 기적들이 일어나다니! 저 사람은 목수로서 마리아의 아들이며, 야고보, 요세, 유다, 시몬과 형제간이 아닌가? 그의 누이들도 우리와 함께 여기서 살고 있지 않는가?" 그러면서 그들은 그분을 못마땅하게 여겼다. 그러자 예수님께서 그들에게 이르셨다. "예언자는 어디에서나 존경받지만 고향과 친척과 집안에서만은 존경받지 못한다." 그리하여 예수님께서는 그곳에서 몇몇 병자에게 손을 얹어서 병을 고쳐 주시는 것밖에는 아무런 기적도 일으키실 수 없었다. 그리고 그들이 믿지 않는 것에 놀라셨다.

4절에서 말하는 "친척들"은 마르코 복음서 3장에 언급된 예수의 어머니와 그의 형제와 누이들을 가리키는 것이 분명하다. 마찬가지로 "그의 집안"은 예수를 이해하지 못한 채 마주 서 있는 본래의 가족을 가리킨다.

따라서 이 모든 것과 함께 마리아는 그저 온화한 빛으로 조명되지 않는다.[7] 예수의 동정 잉태를 증명하는 다른 두 공관 복음

---

[7] 이는 몇몇 주석가가 마르코 복음서 6장 3절을 가리키면서 복음사가가 동정 잉태에 관해 알고 이를 넌지시 고백했다고 생각하는 것을 통해서도 옆으로 치워지지 않는다. 마르코 복음서 6장 3절에 따르면, 예수는 나자렛 주민들에 의해 "목수로서 마리아의 아들"로 표현된다("저 사람은 목수의 아들/요셉의 아들이 아닌가?"라고 나와 있는 마태오 복음서 13장 55절과 루카 복음서 4장 22절과 달리). 이와 관련해서는 상세히 전개된, 그러나 그 결과는 거부된 토론을 참조하라: Brown(Hrsg.), *Maria,*

사가도 분명 그렇게 느꼈다는 것은, 그들이 마르코 복음서 3장 21절(친척들은 예수가 미쳤다고 여김)뿐만 아니라, 예수가 베엘제불이 들렸다며 비방한 내용도 삭제했다는 점에서 분명해진다. 마찬가지로 두 복음사가는 마르코 복음서 6장 4절(예언자는 자기 고향에서 존경받지 못함)에서 "예수의 친척들"이라고 명시적으로 언급된 것도 삭제한다. 그들은 이 모든 진술을 자신들이 생각하는 '마리아 모습'과 풀리기 힘든 긴장 관계 속에서 바라본다. 그렇다, 루카(8,19~21)는 마르코가 '밖'에 있는 친척들(마리아를 포함해)과 '안'에 있는 제자들을 '대비'한 점을 역전시킨다.

> 예수님의 어머니와 형제들이 예수님을 찾아왔지만, 군중 때문에 가까이 갈 수가 없었다. 그래서 누가 예수님께 "스승님의 어머님과 형제들이 스승님을 뵈려고 밖에 서 계십니다" 하고 알려 드렸다. 그러자 예수님께서 그들에게 이르셨다. "내 어머니와 내 형제들은 하느님의 말씀을 듣고 실행하는 이 사람들이다."

마르코가 이렇게 표현했듯이, 여기서는 원래 '밖'과 '안'을 대비한 것이 삭제되고, 그것은 기능적 '어려움'으로 바뀐다. 예수의 친척들은 "군중 때문에" 그분에게 다가갈 수 없었던 것이다. 그러나 그들은 예수에게 속하고 예수의 참된 제자들이자 그분의 참된 가족에 속함을 판가름하는 기준이 되는 이들로서 등장한다.

---

p.58 이하.

다음 글은 다른 견해를 펼친다: J. Gnilka. *Das Evangelium nach Markus* I = *EKK* II/I, Zürich, 1978, pp.231~232. "성경 보도에 따라서 예수의 고향 사람들은 표면적으로 비방하지만 배후에는 동정 잉태와 관계있는 신앙 고백이 암시되었음을 추측해 볼 수 있다." 복음사가가 이를 알고 있는지 그리고 이를 언급하는 의도가 무엇인지는 주석학적 관점만으로는 결정을 내릴 수 없다.

이로써 루카는 사도행전 1장 14절을 어느 정도 앞지른다. 이 대목에 따르면, 제자들은 "예수님의 어머니와 그분의 형제들과 함께" 성령의 오심을 기다리는 신앙 공동체를 형성한다.

앞에서 언급했듯이, 이와 대조적으로 마르코는 다른 방식으로 구상했다. 이를 제대로 이해하기 위해서는 다음 두 가지를 유념해야 한다.

(1) 앞에서 언급한 마르코 복음서에는 예수의 육신적 친척의 중요성과 신앙을 통해 구성된 '영적' 친척과 관련해 그것이 뒤에 배열되거나 앞에 배열되는 것을 놓고 부활 사건 이후에 벌어진 논쟁이 깔려 있을 수 있다.

(2) 예수의 친척에 관해서도 말하는 마르코의 특별한 시선을 주목해야 한다. 마르코 복음서는 예수 안에서 위대한 메시아와 큰 관심을 불러일으키는 기적을 행하는 분을 바라보지 않고, 당신 편에서조차 인식되지 않는, 숨어 있고 오인되었으며 종국엔 십자가에 못 박히신 하느님의 아드님을 바라본다. 마르코에 의하면, 특별하게 강조되던 베드로도 "사탄"이라 불리는 경우가 있다. 이와 유사하게, 예수의 친척들도 올바르게 해석되지 않는다. 따라서 어떤 방식에서는 마르코에게 있어서 마리아론에 관한 모든 '대수롭지 않은' 언급 역시 이른바 예수의 '메시아 비밀'과 관련을 맺는다. 이 비밀은 부활 사건 이후에야 믿는 이들에게 밝혀지게 된다.[8)]

---

8) 이에 관해서는 다음 책도 보라: Knoch, *Maria*, p.24.

개신교 신학자 토르스텐 라이프리히(Thorsten Reiprich)는 두 가지 관점을 구체화한다. 그는 마리아와 예수를, 나머지 친척들과 예수를 '대비'시키는 것을 마르코가 언급하려는 방향의 전제 조건이라 여긴다. 복음사가는 신앙 여정의 목표가 새로운 하느님의 가족(familia Dei)을 이루는 지체임을 보여 주고자 하는데, 이 지체는 친척 관계를 통해서가 아니라 예수를 따르는 것으로 드러난다. 이런 까닭에 라이프리히에게 있어서 혈연으로 이루어진 가족이 하느님의 가족으로 '바뀌는 것'은 결정적 역할을 한다. 바로 이것이 마리아에게서 분명해진다. 마리아는 마르코에 의해 먼저 '거리를 두는 인물'로서, 이어서 '십자가 아래 서 있는 제자'로서 '가족이 바뀌는 모티브의 모범적 형상'으로 제시되고, 그리하여 신앙의 본보기로서 교회론적 중요성을 얻게 된다. 물론 라이프리히는 마르코 복음서 15장 40절에 근거해서 마리아가 역사적으로 볼 때 실제로 십자가 옆에 서 있었다고 전제한다. 요한 복음서에서도 이 내용이 주제가 되었듯이 말이다. 이러한 견해는 오늘날 다수의 주석가가 공감하는 내용이다. 마리아는 마르코 복음서 15장 40절과 47절, 16장 1절에서도 "예수의 어머니"가 아니라 야고보와 요세의 어머니로 여겨지기 때문이다. 그러나 바로 이것이 라이프리히의 주장에 다르면, 일종의 "수수께끼"[9]를 증명하는 것이다. 이 수수께기와 같은 말은 마르코가 언급한 '메시아의 비밀'과 유사한 것으로, 이는 '마리아의 비밀'에 관해 증언하도록 이끌어 준다.

---

[9] Reiprich, *Mariengeheimis*, p.163.

언제나 그런 것처럼, 일련의 다른 신약성경 텍스트들은 다른 관점으로 이해될 수도 있고, 앞에 언급된 마르코 복음서 3장도 새로운 빛에서 바라볼 수 있다. 아무튼 지금까지 언급된 신약성경 초기 텍스트들을 통해 알 수 있는 것은 마리아가 단순히 육신의 어머니라는 사실 때문에 예수의 제자들 가운데에서 특별한 위치를 차지한 것이 아니라는 사실이다. 여기서는 오히려 완전히 다른 차원들에 주목해야 한다. 예컨대 엘리사벳이 마리아를 보고 큰 소리로 "행복하십니다, 주님께서 하신 말씀이 이루어지리라고 믿으신 분!"(루카 1,45.48)이라고 외친 것에서, 중요하게 표현된 것이 무엇인지에 주목해야 한다. 이에 관해서는 뒤에서 다룰 것이다. 그러나 첫눈에 이미 이 텍스트는, 메시아이자 구세주의 어머니를 고상하게 언급하고 경의에 차서 인정하는 것보다 이 대목이 더, 훨씬 더 많은 영향을 미치고 있음을 보여 준다.

마리아에 관한 아마도 가장 중요한 성경적 진술을 더 정확히 해석하기 위해서 루카 복음서에 나와 있는 이른바 '예수의 탄생 예고'(루카 1,2~38) 대목을 중심으로 시작해 보자. 이 대목에서 일차적으로 중요한 것은 마리아가 아니다. 마리아는 중심점에 서 있지 않다. 오히려 사람들을 구원하시려는 하느님의 계획을 알리는 것이 중요한 것이다. 그러기 위해서 하느님은 물론 인간의 협력, 즉 '행위'를 필요로 하신다. 이 행위는 하느님께서 활동하실 때 그 일이 일어나도록 자발적으로 '협력하는 것'이다.

1.2. 공관 복음서의 '유년기 사화'에 등장하는 마리아

1.2.1. 예수 탄생 예고(루카 1,26~38)

여섯째 달에 하느님께서는 가브리엘 천사를 갈릴래아 지방 나자렛이라는 고을로 보내시어, 다윗 집안의 요셉이라는 사람과 약혼한(더 정확히 말하면 '혼인한'일 것이다.)[10] 처녀를 찾아가게 하셨다. 그 처녀의 이름은 마리아였다. 천사가 마리아의 집으로 들어가 말하였다. "은총이 가득한 이여, 기뻐하여라. 주님께서 너와 함께 계시다." 이 말에 마리아는 몹시 놀랐다. 그리고 이 인사말이 무슨 뜻인가 하고 곰곰이 생각하였다. 천사가 다시 마리아에게 말하였다. "두려워하지 마라, 마리아야. 너는 하느님의 총애를 받았다. 보라, 이제 네가 잉태하여 아들을 낳을 터이니 그 이름을 예수라 하여라. 그분께서는 큰 인물이 되시고 지극히 높으신 분의 아드님이라 불리실 것이다. 주 하느님께서 그분의 조상

10) '약혼한'이라는 말은 문제가 있다. 그 이유를 슐테(*Herkunft*, pp.19~20)는 다음과 같이 옳게 말한다. "이스라엘에서 그리고 신약 시대의 유다교에서도, 그리고 오늘날까지, '약혼'이라 불리고 또 이와 비교될 만한 법적 관습과 이에 상응하는 법적 행위는 없었다. 그리고 지금도 없다. 약혼은 로마 및 게르만 지역에서 알려져 있었고, 이에 상응하여 법적으로 유효하게 시행되었다. 이스라엘-유다 및 고대 그리스 지역에서는 (…) '혼인'이 존재했다." 더 자세한 것은 슐테의 책(pp.649~655)과 이 책 제1부 2장 4.를 보라.

> 다윗의 왕좌를 그분께 주시어, 그분께서 야곱 집안을 영원히 다스리시리니 그분의 나라는 끝이 없을 것이다." 마리아가 천사에게, "저는 남자를 알지 못하는데(더 정확히 말하면 "저는 제 남편을 아직 알지 못하는데"), 어떻게 그런 일이 있을 수 있겠습니까?" 하고 말하자, 천사가 마리아에게 대답하였다. "성령께서 너에게 내려오시고 지극히 높으신 분의 힘이 너를 덮을 것이다. 그러므로 태어날 아기는 거룩하신 분, 하느님의 아드님이라고 불릴 것이다. 네 친척 엘리사벳을 보아라. 그 늙은 나이에도 아들을 잉태하였다. 아이를 못 낳는 여자라고 불리던 그가 임신한 지 여섯 달이 되었다. 하느님께는 불가능한 일이 없다." 마리아가 말하였다. "보십시오, 저는 주님의 종입니다. 말씀하신 대로 저에게 이루어지기를 바랍니다." 그러자 천사는 마리에게서 떠나갔다.

이 성경 본문은 우리가 잘 알고 있으며, 무수히 해석되기도 했다. 엄격한 주석학적 해석의 관점에서 볼 때 다양하고도 부분적으로는 모순된 견해들이 있다는 것이 놀라운 일은 아니다. 특히 일련의 해석학적 근본 문제들과 관련해서는 더욱 그러하다.

1.2.1.1. 해석학적 근본 문제와 선행 문제

초기 그리스도교의 신앙이 전체적으로 그렇게 이해되듯이, 이 대목 역시 구약성경에 묘사된 내용과 매우 흡사하다는 점에서 의견이 일치한다. 그중에서도 레이먼드 브라운(Raymond E. Brown)

이 1978년에 펴냈고, 오늘날까지도 높이 평가받고 있으며, 미국에서 마리아론을 교회 일치적 관점으로 연구한 책인 『신약성경 안의 마리아』(*Mary in the NT*, Philadelphia, 1978)에서는 이와 관련해 다음과 같이 짧게 요약한다. 분명한 점은 "마태오 복음서와 루카 복음서의 '유년기 사화'가 유일하게 구약성경적 분위기를 반영한다는 것이다. (…) 그러한 유사성은 예수의 어린 시절 이야기로부터 많은 것이 목격자들의 기억에 기반을 둘 뿐만 아니라 구약성경적 본보기들에 따라 형성되었다는 추측을 불러일으킨다."[11] 이러한 입장에서 일련의 논쟁의 여지가 있는 질문들이 제기된다.

예를 들어 이 성경 구절에서 사용된 셈(Sem)어적인 혹은 셈어화된 문체는 루카가 히브리어나 아람어 문헌을 이용했음을 암시하는 것인지,[12] 심지어 "루카가 쓴 그리스어 텍스트는 (…) 히브리어 원본의 번역본"인지,[13] 또는 루카 자신이 셈족을 위한 그리스어 역본인 『칠십인역』을 모방한 것인지 문제시된다. 만일 그렇다면 어느 정도까지 모방한 것일까? 『칠십인역』 텍스트는 단지 '표현을 위한 도움' 정도의 역할을 하는가? 아니면 구약성경 인용과 함께 이 텍스트의 내용도 마리아를 떠올리게 하고 마리아에게 적용되는가? 루카가 세례자 요한에 관해 원래 히브리어로

---

11) Brown(Hrsg.), *Maria*, p.25.

12) 이러한 노선에서 쉘클레(K.H. Schelkle, *Geleitwort zu Laurentin, Struktur*, p.6)는 다음과 같이 기술한다. "루카가 자신이 쓴 '유년 사화'에 대해 오래된 (추측하건대 아람어와 유다-그리스도교) 문헌을 이용했는지 질문을 제기할 수는 없을 것이다. 그 문헌은 이미 미드라시(Midrasch)로 구상된 것이었다. 이방인 출신의 그리스도인 루카는 구약성경의 그렇게 포괄적인 지식을 거의 이용할 수 없었다."

13) Laurentin, *Struktur*, p.15. 다음 책들도 참조하라: Munoz Iglesis, *Lo historico*; H. Schürmann, *Das Lukasevangelium*, Bd. I, Freiburg i. Br., 1969, p.59 이하, p.144 이하.

쓰인 텍스트를 예수의 탄생 예고 과정에 관한 텍스트로 변형시켰다는 주장은 여전히 거론되고 있다.[14)]

이 모든 문제는 마리아에 관한 루카의 진술들이 도대체 어디서 유래하는지, 그리고 그 진술들은 역사적 사실에 얼마나 부합하는지 혹은 부합할 수 있는지에 대한 질문으로 보다 첨예화된다. 이에 대해 하인츠 쉬르만(Heinz Schürmann)의 주장에 따르면, 동정 잉태라는 사실은 단지 "가문의 내밀한 전통"으로서 전승될 수 있었을 거라고 추측한다. 그리고 "사안의 본질에 따라서 하나의 사실은 먼저 지극히 삼가면서 이야기되고 작은 무리 안에서 전해지기를 바란다. 이어서 그 사실은 교회 중심부에서 전승될 때까지 분명 자신의 시간도 필요했다."[15)]

앞에서 언급한, 미국의 '교회 일치를 위한 연구'에서 마리아에 관한 진술은 이렇게 조화를 이루는 입장과 맞선 주장을 한다.

> "만일 사람들이 루카가 전하는 유년기 사화가 전체적으로 역사적인 것이라 주장하려 한다면, 이에 대해서 오늘날 대다수 주석가는 깊은 우려를 표명했을 것이다. 그들은 호적 등록과 관련된 내용의 불명료성, 유다인들의 정화(淨化) 관습에 대한 분명한 무지, '성전 묘사'에 대한 몰이해 등을 지적한다.[16)] 마리아는 루카 복음서 2장의 이 장면에서 지극히 개인적 차원에서 동참했고,

---

14) 이와 관련해서는 다음 문헌들을 참조하라: J. Schmid, *Das Evangelium nach Lukas*, Regensburg, [3]1955, pp.85~86; P. Winter, "The Proto-source of Luke 2", in: *NT* 1(1956), pp.184~199. 다음 책은 오늘날 대표되는 가설들에 관해 간략히 개관해 놓았다. Lattke, *Lukas*, pp.61~62.

15) Schürmann, *Lukasevangelium*, p.61.

16) 이에 관해 더 상세한 것은 다음 책들을 참조하라: Brown(Hrsg.), *Maria*, p.256; Ben-Chorin, *Mutter*, p.69 이하.

그러한 불명료성은 마리아가 이 이야기를 직접 전했다는 것을 믿을 수 없게 만든다. 만일 우리가 루카는 예수의 탄생에 관한 몇 가지 역사적 정보를 주었을 것이라는 가능성과 개연성을 배제하지 않더라도, 그가 실제로는 우리에게 마리아에 대한 기억만을 재현해 준다는 가설을 우리가 따라가지는 않을 것이다. 오히려 우리는 루카가 구약성경의 주제들과 이야기들에서 나오는 빛 안에서 자신의 이야기를 구성했다는 것이 가능했을 것이라 여긴다."[17]

간략히 말하자면 '교회 일치를 위한 연구'는 다음의 명제를 지지한다. 이른바 예수의 유년기 사화에서 중요한 점은 미드라시(Midrasch, 단어 자체의 뜻은 '조사' '연구'인데, 통상적으로 유다교의 독특한 성경 해석 방법을 뜻한다 - 옮긴이 주), 다시 말해 현재의 사건을 과거의 구세사적 전승의 빛 안에서 주제로 다루고 설명하며 해석하는 방식이라는 것이다. 따라서 훗날의 사건들은 과거 이야기의 빛과 표상과 과정에서 묘사된다. 과거를 통해 현재를 해석하는 '방법'의 배경이 되는 것은 구세사 전체에서 당신의 위대한 구원 계획을 실행하시고, 따라서 과거와 현재와 미래에 항상 구조적으로 동일한 방식으로 임하시는 하느님의 활동이 전제된다는 확신이다.

이와 관련해 바오로는 코린토 2서 4장 6절에서 인상 깊은 본보기를 제시한다. "'어둠 속에서 빛이 비추어라' 하고 이르신 하느님께서 우리 마음을 비추시어, 예수 그리스도의 얼굴에 나타난

---

17) Brown(Hrsg.), *Maria*, p.95.

하느님의 영광을 알아보는 빛을 주셨습니다."

그러한 진술은, 하느님은 근본적으로 빛 안에서 그리고 빛을 통하여 당신을 드러내신다는 것을 전제한다. 이미 창조가 시작되었을 때, 그다음에는 그리스도의 영광 안에서 모든 것을 초월하시면서, 결국엔 신앙의 은사 안에서 하느님은 그렇게 하신다. 바로 이런 까닭에 전체 구세사는, 하느님은 빛 안에서 계시하신다는 신학적 사고 아래 표현되고 해석될 수 있다. 하느님 활동이 일관된다는 '논리'와 지속적인 유사성에 대한 그러한 통찰과 확신은 유년 사화와 관련해서, 특히 하가돗〔Haggadot, '하가다'(Haggada, 히브리어로 '이야기'라는 뜻 - 옮긴이 주)의 복수〕에서, 어느 정도는 자유롭게 표현된 이야기에서도 의견을 말하는 미드라시의 토대를 이룬다.[18]

이를 넘어 유년기 사화를 보도하기 위해서는 그리스도에 관한 초기 신앙 고백도 결정적 역할을 했을 것이다. 아주 일반적으로 표현하자면, 이 대목에서 그리고 다른 대목들에서도 마리아에 관한 진술들의 본래 목표는 '그리스도-선포'이다. 우리가 다루는 텍스트에서 특히 '교회 일치를 위한 연구'와 관련된 부분은 천사가 전한 말이 로마서 1장 3~4절의 내용과 매우 근접했다는 점이다. 그리고 이를 토대로 다음과 같은 결과가 나온다.

> "루카가 전하는 예수의 탄생 예고 소식은 그리스도론이 말하고자 하는 것과 부활 이후에 탄생한 교회가 규정한 것에 대해 성찰한 것이다. 달리 말하자면, 천사의 말은 교회가 부활 이후의

---

18) 신약성경에 나오는 유년기 사화들이 하가돗인지 그리고 왜 하가돗인지 다음 글이 상세히 밝힌다: Ch. Perrot, "Les récits d'enfance dans la Haggada antérieure au 2ème siècle de notre ère", in: *RSL* 55(1967), pp.467~518.

예수에 관해 말한 것과 세례받고 공적 활동을 펼친 예수에 관해 말한 것을 생생하고 인상 깊게 묘사한다. (…) 우리는 마리아가 아들을 잉태하면서 모습을 드러냈을 거라는 가능성을 부인하지 않는다. 그러나 루카가 전하는 예수의 탄생 예고 장면에서는 부활 이후에 나온 언어로 표현된 일종의 계시에 관한 내용을 듣게 된다."[19]

어느 경우이든 이 대목에서, 그리고 다른 대목들에서도, 마리아에 대해서는 완전히 구약성경을 배경으로 바라보게 된다. 이를 특별히 부각시키는 것이 게르하르트 로핑크(Gerhard Lohfink)와 루트비히 바이머(Ludwig Weimer)가 쓴 『마리아 - 이스라엘 없이는 존재하지 않는다』(*Maria - nicht ohne Israel*)의 관심사다. 그렇지만 두 신학자는 적잖은 수의 마리아론 학자들, 가령 르네 로랑탱에게서 관찰되는 것에 비판적 입장을 취한다. 즉 마리아와 관계된 신약성경의 개개 문장과 말과 개념들이 구약성경과 직접 관계있는 것으로, 다시 말해 의도적으로 인용하는 것으로 바라보는 추세에 대해서 비판적 입장을 취한다. 대신에 그들은 해당 텍스트들의 '전체 구성'을 가리켜 보이는데, 이 전체 구성에 의지하여 특히 루카는 예수 이전의 역사(Vorgeschichte)를 전적으로 이스라엘과 관련해서 생각한다는 입장이다. "루카는 자신의 복음서를 통해 이렇게 말하려 한다. 즉, 하느님과 이스라엘의 역사는 (…) 여기서 보도된 사건들 내에서 진행된다. 하느님께서는 당시에 그렇게 행동하셨듯이 지금도 행동하고 계신다. 더 나아가, 그분은

19) Brown(Hrsg.), *Maria*, pp.100~101; pp.42~53도 보라. 다음 책도 참조하라. Knoch, *Maria*, p.47.

이제 모든 것을 완성하신다."[20] 이런 맥락에서 이 성경 본문은 구세사의 보편적 특성을 지향하는 루카의 관점에 들어맞는다.

두 신학자의 비판적 태도에는 어느 정도 동의할 수 있지만, 구약성경을 가리킨다고 여겨지는 '전체 구성'이 개별 텍스트들 안에서 입증되지 않는다면, 이 '전체 구성'과 이와 관련해 언급한 내용 등에 대해서 어떻게 책임질 것인가 하는 질문이 제기된다. 그렇기 때문에 우리는 앞으로 중립적인 노선을 걸어갈 것이다. 이 노선에서 로핑크와 바이머가 보여 주는 유보적인 태도를 고려하여, 성서 주석가들이 크게 합의하지 않는 관점들과 설명들은 각주에 놓거나 작은 글자로 표기하겠다.

다음 단락에서는 루카가 전하는 예수의 탄생 예고와 세례자 요한의 탄생 예고를 엄밀히 대조하지 않겠다. 그 이유는 이 책에서 주석학적 분석이 계속 이어지지 않게 하기 위해서다. 루카는 말하자면 '둘로 접을 수 있는 그림'을 구상했다. 이에 따라 예수를 둘러싼 사건은 세례자 요한을 둘러싼 사건을 능가한 것으로 의도적으로 구상되고 묘사되었을 것이다.[21]

1.2.1.2. 구약성경적 배경

구약성경에는 천사가 특별하고 놀라운 방식으로 하느님의 소식을 전달하고 있는 장면이 적지 않다. 나이가 많아 그때까지 임

---

20) Lohfink / Weimer, *Maria*, p.253.

21) 더 자세한 것은 다음 책들을 참조하라: Laurentin, *Struktur*, pp.27~49; Lyonnet, *récit.*

신하지 못한 여인에게서 아기가 태어나든지(창세 18,9 이하; 판관 13,2 이하), 누군가가 중요한 사명을 수행하기 위해 부르심을 받든지 간에 말이다. 후자에 대한 예로는 기드온이 판관으로 받은 부르심을 들 수 있다. 몇몇 주석가가 분석한 점에 비추어 볼 때, 그 부르심은 마리아가 천사에게서 예수의 탄생 예고를 받은 것(루카 1,28~29)과 긴밀한 구조적 유사성을 지니고 있고, 그것과 명료한 언어학적 유사성을 내보인다.

독일 『공동 번역 성경』(*Einheitsübersetzung*)은 가브리엘 천사[22]의 인사를 다음과 같이 옮긴다. "은총이 가득한 이여, 기뻐하여라. 주님께서 너와 함께 계시다." 얼핏 보면 사실 '카이레'(χαῖρε, 기뻐하여라)라는 인사말은 오늘날의 '샬롬'과 유사한 것으로, 근동 지역의 '지극히 평범한' 인사로 이해할 수 있다. 그렇지만 여기서는 그 이상을 의미한 것임을 많은 부분이 가리키고 있다. 이에 대한 논증들은 거의 모든 주석가가 수긍하는 공통적인 내용이다. 그런데 『칠십인역』에는 이 인사가 네 번 나오고(애가 4,21; 요엘 2,21~22; 스바 3,14; 즈카 9,9), 더군다나 그때마다 아주 특별한 의미로 쓰였음을 생각한다면, 그 논증들은 신뢰도가 높다.[23] 애가의 반

22) 천사의 이름은 다니엘서 8장 16절과 9장 21절에 명시되어 있다. 가브리엘이라는 이름이 나와 있는 성경 대목은 두 곳뿐이다. 거기서 가브리엘 천사는 일흔 주간부터 메시아의 실현 때까지에 관해 예언한다. 로랑탱(*Struktur*, p.353)은 이렇게 설명한다. "루카가 이 이름을 명시적으로 부르는 것은, 이로써 메시아 시대가 시작되었음을 암시하려는 것이다."

23) Cf. Lyonnet, *récit*, p.9. "구약성경, 특히 『칠십인역』의 번역을 검색하면, 우리는 'χαῖρε - chaire'의 내용이 결코 '경의를 표한다'와 같은 진부한 단어로 표현되지 않는다는 사실을 잘 알 수 있다." 이 말은 신약성경에 의해서도 타당하다. "첫 번째 복음서 이외에는 셈족의 언어를 사용하는 인물들이 인사를 하지 않습니다. (…) 루카는 천사가 예비 신부에게 셈족의 언어로 구원을 의미하는 'χαῖρε'라고 말하는 것 이외에 다른 어떤 가능성이 있을 수 있겠습니까?" 다음 책들에도 유사한 내용이 나온다. Laurentin, *Struktur*, pp.75~76; Thurian, *Maria* 1965, p.14 이하; Stock, *Berufung*, p.468 이하. 리요네(Lyonnet)의 해석과 그 해석에 대한 증가하는 동의에 관해서는 다음 글들을

어적 의미를 띤 대목을 도외시한다면, '카이레'(χαῖρε)는 곧 메시아가 베푸실 구원에 대해 기뻐하도록 늘 이스라엘에게, '시온의 딸'에게 향한 요구를 의미한다. 따라서 '기뻐하여라'로 번역하는 것이 더 정확할 것이다.

막스 투리안(Max Thurian)은 스바니야서와 루카 복음서를 다음과 같이 비교하면서 두 텍스트의 "반박의 여지가 없는 공통성"을 부각시킨다. 다음과 같이 축약된 형태로 정리하였다.

스바니야서 3장	루카 복음서 1장
14절: 시온의 딸아, 환성을 올려라. 이스라엘아, 크게 소리쳐라. 딸 예루살렘아, 마음껏 기뻐하고 즐거워하여라.	28절: "은총이 가득한 이여, 기뻐하여라."
15절: …이스라엘 임금 주님께서 네 한가운데에 계시니…	28절: "주님께서 너와 함께 계시다."
16절: 그날에 사람들이 예루살렘에게 말하리라. "시온아, 두려워하지 마라."	30절: "두려워하지 마라, 마리아야."
17절: 주 너의 하느님께서 네 한가운데에 계시다.	31절: "보라, 이제 네가 잉태하여 아들을 낳을 터이니…"

스바니야서 3장의 구약성경적 배경에서 루카 복음서 1장 28절은 어느 정도 구약성경적 '계약' 개념의 '짧은 형식'과 '암호'로 보인다. 이 '계약'은 하느님께서 함께하시는 사람 내지 그분이 말씀을 건네신 사람들과 함께, 그리고 그분의 은총을 받은 이 혹은 그분에게 은총을 받을 이들과 함께 긴밀하고도 친밀하게 함께

보라. N. Lemmo, "Maria 'Figlia di Sion', a partire da Lc 1,26~38. Bilancio esegetico dal 1939-1982", in: *Mar.* 45(1983), pp.175~258; M. Hofmann, *Maria*, pp.279~280 mit neuerer Lit.

계심을 목표로 한다.

스바니야서 3장 17절에서, 그리고 요엘서 2장 27절과 즈카르야서 2장 14절, 17절에서도 유사하게도, 특히 눈에 띄는 점은 "주 너의 하느님께서 네 한가운데에 계시다"라는 표현이다. 이는 구약성경에서 빈번히 나오는 표현으로, 통상적으로 '주님께서 네 한가운데에 계시다'로 번역된다. 하느님께서 성전 내지 계약의 궤에 현존하시면서 당신의 백성 가운데 계심을 표현하는 말이다. 루카 복음서 1장 31절에서, 그리고 2장 21절에서도, 천사가 마리아에게 "이제 네가 잉태하여 아들을 낳을 것이다"라고 말한 것은 (『공동 번역 성경』에서는 유감스럽게도 고려되지 않은) '중복 표현'(Pleonasmus)이다. 이는 "마리아가 메시아를 잉태함과 하느님께서 시온의 딸 안에, 다시 말해 성전 또는 계약의 궤 안에 거주하심을 루카가 서로 맞춘다"[24]라는 것을 매우 분명히 하려는 것이다. 이로써 야훼 하느님께서 '시온의 딸'에게서 오신다는 것, 그리고 그분이 '시온의 딸' 안에 머무시는 것은 이제 마리아의 동정 잉태에서 이루어진다는 것을 표현하기 위해서다. 마리아는 이제 '동정녀'이고, '시온의 딸'이다.

하느님께서 '시온의 딸' 안에 계신다는 것에 대한 확신과 매우 유사한 것이 루카 복음서 1장 35절에도 표현되어 있다. "성령께서 너에게 내려오시고 지극히 높으신 분의 힘이 너를 덮을 것이다." 성령께서 사람들에게 내려오시어 특정한 사명을 주시고 능력을 부여하시는 것은 구약성경의 전형적 표현이기 때문이다. 마

---

24) Thurian, *Maria*, p.19.
개별적인 것들은 다음 글들을 참조하라: Laurentin, *Struktur*, pp.78~82; Ablehnend Räisänen, *Mutter Jesu*, pp.86~92; ders., *Maria / Frömmigkeit*, p.117.

찬가지로 하느님께서 '덮다'(『칠십인역』에는 ἐπισκιάξειν)라는 표현은 구약성경의 표상으로, 구름이 내려옴으로써 하느님의 현존하심을 전하거나 심지어 그분이 성전에 머무시는 것(예를 들어 참조: 에제 40,34~35; 탈출 25,20)에 대한 사고와 대체로 결부되어 있다. 이렇게 잘 알려진 성경적 표상이 이제 마리아에게 옮겨지면서 이 대목을 읽는 사람은 적어도 마리아의 품 혹은 모태는 이제 "성전으로, 살아 있는 '지성소'로 바뀐다"[25]라는 생각이 들 것이다. 그때까지는 성전이 핵심을 이루었으며, 오직 대사제만이 일 년에 한 번 들어갈 수 있는 장소가 마리아로 바뀐다는 말이다.

이에 비추어 리오네나 로랑탱 같은 몇몇 신학자는 마리아를 새 '계약의 궤'로 이해한다. 구약성경에서 '세키나'(Schekinah, 하느님의 현존이나 하느님께서 함께 머무심을 의미하는 것으로 랍비 문학에서 가져온 용어임 - 옮긴이 주)가 계약의 궤와 함께 성전에 내려왔듯이, 이제 하느님의 영광과 함께 마리아에게 '덮음'이 이루어진다.

이와 관련해 일부 신학자들은 마리아와 구약성경적 계약의 궤 사이에 '방문 사화'에서 암시된 유사성도 가리켜 보인다. 마리아가 석 달가량 엘리사벳과 함께 지낸 것(루카 1,56)은 계약의 궤가 오벳 에돔의 집에서 석 달 머문 것(2사무 6,10~11)을 떠올리게 한다. 엘리사벳이 "내 주님의 어머니께서 저에게 오시다니 어찌 된 일입니까?" 하고 외친 것도 다윗이 "이래서야 어떻게 주님의 궤를 내가 있는 곳으로 옮겨 갈 수 있겠는가?"(2사무 6,9) 하고 물은 것과 거의 일치하듯이 말이다.

---

25) Lyonnet, *récit*, p.15.

다른 주석가들[26]의 주장에 따르면, 이러한 유사성들은 확신할 수 없고 사리에 크게 맞지 않다고 간주하면서, 사무엘 2서 24장 21절을 유일하고 진정성 있게 일치하는 것으로 부각시킨다[네슬레(Nestle) 판(版)도 그러하다]. 그들에 의하면 '석 달' 역시 '계약의 궤'와 아무 관련이 없다. 오히려 그들의 주장에 따르면, 마리아는 엘리사벳이 임신한 지 여섯 달 뒤에 그녀와 만났고 요한이 태어날 때까지 그곳에 머물었으며, 따라서 천사가 알려 준 '표징'의 증인이 되었다고 한다.

주석학적 견해들이 개별적으로 표명되더라도, 루카 복음서에 나오는 마리아는 '시온의 딸'로, 그리고 하느님께서 특별히 현존하시기 위해 택하신 '장소'로 표현된 것은 분명할 것이다.

이러한 연관성을 토대로 "바로 그 때문에"(διὸ καί)라는 말로 시작되는 다음 구절의 논리도 설명된다. 바로 마리아가 '가장 거룩한 존재'로 소개되기에, 마리아에게서 태어나신 분도 '거룩하시다.' 그렇다, 그분은 '거룩한 분'이시다.[27] 그렇기 때문에 그분은 "지극히 높으신 분의 아드님" 내지 "하느님의 아드님"(이 칭호는 그 자체로 관찰할 때 '메시아'의 의미를 거의 넘어서지 않는다)이라 불리리라

---

26) 다음 책을 보라: Brown, *Birth*, p.327 이하.

27) 브라운은 '거룩한'이라는 말을 성령의 활동으로 다르게 연결시킨다[Brown(Hrsg.), *Maria*, p.259]. 드 라 포트리(de la Potterie, *parto*, p.164 이하)는 다시 한번 다르게 해석한다. 더 정확히 말하자면, 보브(J.M. Bover, '*Quod nscetur*')의 견해와 결부시켜 해석한다, 드 라 포트리는 "이런 까닭에 거룩하게 잉태된 존재(아기)도 하느님의 아드님이라 불릴 것이다"라고 번역하고, '거룩하게 잉태된 존재'를 제식적 불결함에서 벗어난 의미에서 이해한다. 제식적 불결함은 당시의 견해에 따라 '정상적인' 탄생과 결부되어 있는 것이다. 긍정적으로 말하자면, 드 라 포트리는 그것을 '출산 중 동정임'(Viriginitas in partu)을 가리킨 것으로 이해한다. 이는 나에게 사리에 크게 맞지 않은 것으로 보인다.

는 표현도 문맥에 미루어 상승된 의미를 얻는다. 사실상 천사는 여기서 부활 이후의 '그리스도-선포'에 관한 기본적인 말을 사용하므로, 마리아는 이로써 '하느님의 아드님'으로부터 복음을 가장 먼저 받아들인 인물로 보인다. 루카에게 있어서 그리스도라는 칭호는 천사에 의해 알려진 내용, 즉 아기 예수가 바로 메시아임을 의미했다는 사실이 나중에 엘리사벳이 "내 주님의 어머니께서 저에게 오시다니 어찌 된 일입니까?"(루카 1,43) 하며 크게 외친 것을 통해서도 입증된다. 상당한 확신을 가지고 할 수 있는 이야기는 여기서 '주님'이 주 예수 그리스도가 아닌 주 야훼 하느님을 의미한다는 것이다. 따라서 마리아는 여기서 하느님의 어머니로 암시적으로 언급된다.[28)]

이에 비추어 볼 때, 천사가 "케카리토메네"(κεχαριτωμένη)라고 인사한 것 역시 가장 심오한 의미를 지닌다. 미국의 '교회 일치를 위한 연구'가 이미 그렇게 밝혔듯이, 루카는 "하느님의 아드님을 잉태하는 이 '은총'의 온전함과 충만함을 표현하고자 한다. 이 잉태는 (…) 부활 이후의 그리스도교를 선포한 그리스도적 복음을 선취한 것이기 때문이다."[29)]

그러나 마리아가 자신의 이름으로가 아니라, 하느님의 섭리로 "은총이 가득한 이"로 불리는 점에 비추어 본다면, 여기서 '특정한 한 개인'으로 여겨지지 않고 계약의 백성의 실현으로 여겨졌다는 사실이 새롭게 증명될 수 있다. 계약의 백성은 이따금 유사한 방식으로, 다시 말해 하느님의 백성으로 표현된다.[30)] 이로써

---

28) 이에 관해서는 다음 책들도 보라: Laurentin, *Struktur*, pp.147~148; Menke, *Fleisch geworden*, p.38. 멘케는 이와 관련해 루카 이전에 이미 "예수를 구약성경의 유일한 주님과 매우 놀랍게 암시적으로 동일시한 것들"이 존재했다고 가리켜 보인다.

29) Brown(Hrsg.), *Maria*, pp.106~107.

적어도 이 모든 것에 있어서 중요한 점은 마리아의 특별한 '개인적 특전'이 아니라, 오히려 마리아는 이스라엘을 대변한다는 것이다. 구약성경에서 여인 및 임신한 어머니의 표상은 때로는 메시아를 낳거나(참조: 이사 66,8; 미카 5,2; 이사 7,14), 메시아의 약속이 이루어지는 이스라엘을 의미하기 때문이다. 그러므로 천사의 말에서 표현되는 것은, 계약의 역사와 구세사가 이제 마리아 안에서 모든 이를 위해 목표에 이른다는 것이다.

그것이 바로 마리아 옆에서, 그리고 마리아 안에서 이루어진다는 사실은 물론 루카가 특별히 강조하는 점이다. 이는 아기에게 이름을 주는 존재는 마태오 복음서 1장 21절에 나와 있듯이, 마리아이지 요셉이 아니라는 것에서도 나타난다. 마찬가지로 마태오 복음서 1장 21절에 나와 있듯이, "그 이름을 예수라 하여라"라는 표현은 이사야서 7장 14절을 가리키는 것이라 생각된다.[31] 아무튼 '예수'라는 이름(="야훼께서 구해 내시다/구원하시다")은 나머지 형용사구인 "거룩한" "지극히 높으신 분의 아드님" 등등과 함께 복음사가가 의미하는 바에 비추어 하느님께서 마리아에게 선사하신 아기는 공식적인 의미에서 '하느님의 아드님'임을 가리킬 것이다.

---

30) 이에 관해서는 다음 책을 보라: Stock, *Berufung*, pp.474~475.

31) Cf. Fr. Sedlmeier, "Jes 7,14. Überlegungen zu einem umstrittenen Vers und zu seiner Auslegungsgeschichte", in: A. Ziegenaus(Hrsg.), *"Geboren aus der Jungfrau Maris"*, Regensburg, 2007, pp.13~43, 여기서는 p.42.

1.2.1.3. '문제 제기'

'문제 제기'할 내용은 근본적으로 하느님께서 천사를 통하여 말씀하신 것의 측면에서 볼 때 구약성경에 나오는 '부르심 이야기들'(예컨대 창세 12,1; 13,17; 판관 6,15; 6,19 이하를 보라)의 '도식'과 관련된다. 그 이야기들에 비추어 문제 제기는 과대평가될 수 없다. 문제를 제기하는 것은 이미 시작된 대화를 이끌어 가는 문학적 수단이다. 이러한 냉철한 시각은, "저는 남자를 알지 못하는데 어떻게 그런 일이 있을 수 있겠습니까?"[32]라며 마리아가 제기한 이의가 지난날에 마리아의 동정성에 대한 가능한 맹세나 실제적 맹세에 관한 기상천외한 이론이 전개된 것보다 훨씬 더 중요하게 여겨진다. 그러나 이는 구약성경의 맥락에서 동정녀라는 사실이 그 당시엔 결코 긍정적 평가를 받지 못하였기에 황당무계하기 그지없다. 물론 동정성이 종교적으로 이해되고, 따라서 긍정적으로 이해된 것에 관한 가장 오래된 징후들이 있다. 예를 들어 예레미야는 독신 생활을 '종말론적 표지'(예레 16,1~9)로 본다. 그렇지만 전체적으로 보면, 독신 생활은 부정적으로 조명된다. 평생 동정녀로 지낸 사람은 홀로 있고, 돌봄과 보호를 받지 못하며, 미래(=후손) 없이 자기 삶을 꾸려가야 하는 사람을 의미한다. 그 사람은 하느님께 버림받은 사람, 하느님에 의해서 명예를 잃고 벌 받고 저주받은 사람으로 간주되었다. 이런 까닭에 구약성경에서 이스라엘이 '동정녀'(이스라엘의 경우에는 '처녀, 시온의 딸')로 묘사

32) 이러한 표현은 단순히 "저는 처녀이기 때문에"와 같은 것을 의미한다. 이에 관해서는 예를 들어 판관기 11장 39절을 보라.

되는 것은 늘 수치스러운 상황에서 나온 결과인 것이다(그러나 다른 나라들도 그러하다. 이사야서 47장 1~2절을 보라). 이를테면 패전이나 기근 또는 다른 사람들에게 어쩔 수 없이 넘겨지는 것과 같은 상황이 그렇다. 이스라엘 백성이 처녀처럼 박해자에게 넘겨졌기 때문이다.

이러한 배경에서 마리아가 제기하는 이의는 마리아가 남자와 성적 관계를 거치지 않았음을 단순히 드러내 보이는 것으로 이해될 수 있다. 그래야만 성경 본문에 인위적으로 개입하는 것을 피할 수 있다. 아기를 잉태하는 일과 같은 일은 '저는 처녀이기 때문에'라는 의미에서 미래에 속하는 것이리라. 그렇다면 마리아는 왜 요셉과 혼인하는 것일까?[33]

많은 주석가는 이러한 문제 제기를 일종의 "문학적 수단"[34]으로 간주한다. 루카에게서 중요한 것은 대화를 이어가는 것이다. 그렇지만 유다인들의 혼인 풍습(제1권 제1장 2.1.과 2.3.을 보라)의 배경에서 혼인 과정의 '둘째 부분'을 고려하고, 따라서 문제 제기의 내용을 "저는 제 남편을 아직 알지 못하는데"라는 말로 번역하면, 이러한 주석학적 가설은 불필요하다.[35] 아무튼 중요한 것은 마리아가 제기하는 문제 제기와 천사의 대답을 통해 태어날 아기의 잉태는 물론 출생도 놀라운 방법으로 이루어진다는 것, 곧

---

33) 여기서 제기되는 문제의 범위 전체와 다양한 해결책은 게비스(J. Gewieß, *Die Marienfrage Lk 1,34*, im Anhang der dt. Ausgabe von Laurentin, Struktur 184~217)에 의해서 길고 폭넓게(per longum et latum) 토론되고 있다.

34) Gewieß, *Die Marienfrage*, p.206. 다음 책도 이와 내용이 유사하다: Mahoney, *Mutter*, p.104(mit Hinweis auf H. Schürmann).

35) Schulte, *Herkunft*, pp.128. 148. 슐테는 언어적 이유에서도 그런 생각이 든다는 것(그리스어 텍스트에는 οὐδείς가 아니라 οὐ라고 쓰여 있음), 그리고 독일어판에 추가된 '아직'('아직 ~하지 않은')에 대해 유사점이 있다는 것을 같은 책에서 보여 준다.

동정 잉태임을 강조하는 것이다.

물론 이러한 진술 상황은 무조건 강제적이지 않다. 왜냐하면 태어날 아기의 잉태와 출생은 그렇게도 이해될 수 있으므로, 그러한 진술 상황은 특별한 신적 은총을 받은 아기와 관계되어 있지만, 잉태와 출생은 구약성경에 나오는 다른 '놀라운 출생들'과 마찬가지로 자연적 방식으로 이루어지기 때문이다. 그렇지만 그러한 해석은, 잉태는 성령으로 말미암아 이루어진다는 진술과 모순되지 않을 것이다. 갈라티아서 4장 29절에 따르면 이사악도 "성령에 따라" 태어났기 때문이다. 이는 그에게 육신의 아버지가 있음을 결코 배제하지 않는다. 그럼에도 불구하고 이 모든 것은 루카가, '물리적' 의미에서도, 실제로 동정 잉태를 의미한 것임을 말한다. 루카가 자신의 복음서 3장 23절에서 사람들이 예수를 요셉의 아들로 "여겼다"라고 기술하는 것은, 그가 이러한 의견에 찬성하지 않음을 드러내는 것이기 때문이다. 루카가 작성한 유년기 관련 복음서에서 예수의 동정 잉태라는 사고가 삭제된다면, 그 복음서는 내적인 '논리'를 잃게 된다는 것을 완전히 도외시한 채 말이다.

마리아의 문제 제기에 대해서 천사가 내놓은 대답은 아기가 태어나는 사건에서 활동하실 성령을 가리켜 보인다. 여기서 성령은 남성을 '대체하는 인물'로 등장하는 것이 아니라, 창조주이자 새로운 창조주로서 완전히 새로운 것을 가져온다.

복음사가는 마리아를 '동정녀'로 묘사하면서 이스라엘에 사는 '가난한 이들'과 '비천한 이들' 무리에 편입시키는데, 그들은 오직 하느님께만 보호와 풍요함, 희망과 미래를 두는 사람들이다. 마리아는 신앙 안에서 하느님께서 이렇게 구원을 가져오시고 관여하신다는 사실에 응한다. 마리아는 처녀이지만 아기를 낳을 것이다. "하느님께는 불가능한 일이 없기"(μὴ ἀδυνατεῖ παρὰ τῷ θεῷ ῥῆμα)[36] 때문이다. 이 표현은 구약성경을 읽는 이에게는 아브라함의 신앙과 언어적으로 긴밀히 일치하고 있다는 사실을 연상시킨다. 사라는 아기를 낳지 못하지만 아브라함은 신앙 안에서 후손을 얻으리라는 약속을 받는다. 이는 천사 셋이 방문한 일에서 이루어진다. "너무 어려워 주님이 못 할 일이라도 있다는 말이냐? 내가 내년 이맘때에 너에게 돌아올 터인데, 그때에는 사라에게 아들이 있을 것이다"(창세 18,14). 따라서 마리아가 기다리는 신앙은 아브라함의 신앙, 즉 '불가능한' 상황에서도 하느님 말씀의 힘과 작용에 대한 신앙이다.

1.2.1.4. 신앙에 근거한 동의

"저는 주님의 종입니다. 말씀하신 대로 저에게 이루어지기를 바랍니다."

마리아의 이 말은 위와 같은 배경에서 이해할 수 있다. 먼저 동의가 표현되지만, 이는 일종의 특별한 동의다. 라니에로 칸탈

36) 글자 그대로 번역하면, "하느님께는 힘없는, 그러니까 활동하지 않음이라는 단어가 없다."

라메사(Raniero Cantalamessa)는 이 문장에서 사용된 그리스어 "게노이토 모이"(γένοιτό μοι)의 뜻 이면에는 히브리어 "아멘"(Amen)이 숨어 있다고,[37] 그러니까 하느님의 말씀을 들은 사람은 대개 그분을 찬미하며, 그 말씀에 기쁘게 응답한다고 추측한다. 지금 하느님으로부터 마리아에게서 이루어지는 것은 '약속'이거나 '하느님의 예고'이지, "마리아가 메시아의 어머니가 될 것인지를 놓고 그녀와 상의하는 것이 아니다."[38] 그렇지만 여기서 마리아의 '동의'는 "네가 잉태할 것이다"라고 하느님께서 내리시고, 그녀에게 '그저' 전달된 결정을 받아들이라는 것 그 이상을 의미한다.[39] 여기서 마리아의 '수동적 태도'가 엿보인다. 마리아는 마음대로 할 수 없는 하느님의 말씀을 듣게 되고, 무한히 숭고한 은사의

37) R. Cantalamessa, *Maria. Ein Spiegel für die Kirche*, 독일어 번역본: Köln, 1994, pp.56~57. 그는 이렇게 근거를 댄다. "『불가타』에서 특정한 시편들 끝부분에서 '피앗(fiat), 피앗'이라는 말을 읽게 되는 대목마다, 그리고 『칠십인역』에서 '게노이토(génoito), 게노이토'라는 말을 읽게 되는 대목마다 히브리 성경의 같은 대목에는 마리아가 알고 있던 '아멘, 아멘!!'이라고 나와 있다."

38) J. Michl, "Kann im Lichte der Hl. Schrift Maria Stellvertreterin der Menschheit genannt werden?", in: C. Feckes(Hrsg.), *Die heilsgeschichtliche Stellvertretung der Menschheit durch Maria*, Paderborn, 1954, pp.26~41, 여기서는 p.37.

39) 페터슨(E. Peterson, *Lukasevangelium und Synoptica*, Würzburg, 2005, p.38)은 이러한 노선에서 다음과 같이 약간 너무 일방적으로 해석한다. "여기서는 동의한다는 것보다는 오히려 하느님의 뜻에 순종한다는 것이 표현되었다. 자신을 하느님의 종으로 알게 하는 저 겸손에서 비롯된 순종이 표현된 것이다." 뮐러(A. Müller, "Marias Stellung und Mitwirkung im Christusereignis", in: *MySal* III/2, p.451)도 같은 방향으로 나아간다. "단지 제안하는 것이 핵심이라는 가정을 정당화하는 것은 아무것도 없다. 천사는 하느님의 명령을 전하므로 (…) 마리아가 인간적 자유의 측면에서 거부하는 것은 불가능한 일이었다." 이러한 해석들이 '동의' 개념을 올바르게 변경하더라도, 그 해석들은 그 준엄함('하느님의 명령' '하느님의 뜻에 순종함')에 비추어 맞지 않을 것이다. 그 해석들은 구약성경적 배경을 간과하기 때문이다. 구약성경적 배경에서 하느님과 피조물의 관계는 철저히 자유의 사건이다. 나아가 보폰(Fr. Bovon, *Das Evangelium nach Lukas*, 1. Teilband = *EKK* III/1, Neukirchen-Vluyn, 1989, p.78)은 다음과 같이 옳게 지적한다. "구약성경에 나오는 유사한 이야기들 가운데 그 어떤 이야기에서도 (…) 이 대목만큼 동의가 그렇게 표현된 곳은 없다." 이는 자유 없이는 불가능한 동의인 것이다. 이에 관해서는 이 책 2부에서 상세히 다룰 것이다.

약속을 받게 된 것이다. 따라서 마리아는 모든 것이 그저 '이루어지게' 할 수 있다. 그렇지만 하느님의 활동에 협력하도록 마리아에게 요구된 준비된 마음이 간과되어서는 안 된다. 바로 이처럼 '서로 함께함'(Ineinander)을 하인츠 쉬르만은 "하느님 앞에서 취하는 모든 종교적 태도의 정점"이라고 표현한다. "서로 함께함은 지고한 방식으로 누군가 안에서 수동적인 복종과 능동적인 준비된 자세를, 철저한 비움과 가장 높은 수준의 충만함을 동시에 증명하기 때문이다."[40] 이렇게 '서로 함께함'은 옛 계약의 표상을 잇는 것에 완전히 부합한다. 이에 따라 성경에서 드러나는 하느님의 특성은 그분이 언제나 인간을 이롭게 하실 뿐만 아니라, 동시에 인간과 함께 활동하신다는 것이다. 칼-하인츠 멘케에 따르면, 구약성경에 나오는 '계약'이라는 사고의 중심에는 바로 이것이 숨어 있다. 즉, "하느님의 은총은 그것을 받는 수혜자를 필요로 한다. (…) 그분의 선물은 수혜자를 의지가 없는 객체처럼 대하지 않는다. 반대로, 이스라엘은 토라를 통하여 자신에게 선사되는 것의 주체가 될 수 있어야 한다. 계약의 법은 (…) 완전히 야훼 하느님께서 이스라엘에 주신 선물이고, 또한 완전히 명령이고 능력이며 사명이다."[41]

하느님께서 인간과 함께, 심지어 인간을 통해 활동하신다는 것은 공동체, 혹은 야훼 하느님께서 인간과 맺으신 '계약'이 늘 노

---

40) Schürmann, *Lukasevangelium*, p.58.

41) K.-H. Menke, *Das Kriterium des Christseins*, Regensburg, 2003, p.185.
유다인들의 자기 이해에 따르면, 바로 이것이 오늘날까지 성경적 신앙의 특징이다. "그리스인은 자신에게 요구하고 당신의 사자(使者)를 보내신 하느님을 알지 못한다. 유다인만이 하나의 계시는 파견을 포함한다는 것, 즉각 준비하는 것이 신앙의 첫 번째 증명이자 표지라는 것을 늘 의식했다"(L. Baeck, *Paulus, die Pharisäer und das Neue Testament*, Frankfurt, 1961, pp.9~10). 이와 관련해서는 다음 책도 보라. G. Greshake, *Auferstehung der Toten*, Essen, 1969, pp.178~208.

아, 아브라함, 모세, 주님의 종과 같은 중개자들을 통해 시작되고 제시되며 가능해지고 보증된다는 점에서 마찬가지로 분명해진다. 바로 이러한 근본적 요소, "인간을 통해 하느님의 행위가 중개됨"은 인간의 협력이 하느님과 인간의 관계에 결정적 역할을 한다는 것을 보여 준다. 하느님이 이끄시는 미래는 먼저 말씀으로 표현된다는 사실을 통해서 결국 무언가 이루어진다는 것은 단순히 하느님의 명령에 따른 게 아니라, 듣는 이의 반응에 대해서도 열려 있다는 점이 다시금 증명된다.[42] 간략히 말하자면, 성경에서 이야기는 언제나 "실현되는 이야기다."[43] 다시 말해 하느님 홀로 이끄시는 게 아니라, 하느님의 자유와 반응하는 인간의 자유가 상호 작용하는 사건으로 연관된다. 하느님의 주도하심에 이렇게 인간이 긍정적으로 반응하는 것을 구약에서는 신앙이라 일컫는다. 이 신앙의 본보기로 신약성경에 이르기까지 아브라함을 들 수 있다(참조: 로마 4; 히브 11,17~18). 그 이유는 이렇다. 게르하르트 폰 라트(Gerhard v. Rad)에 따르면, '신앙'이라는 말이 아브라함과 관련해서만 오직 한 번 나오더라도, "아브라함 이야기 배후에 (…) 신앙의 문제가 관련된다는 사실은 의심할 수 없기" 때문이다.[44]

천사가 마리아에게 앞으로 일어날 일을 말한 것도 이러한 배경에서 이해할 수 있다. 그 말을 들은 사람, 즉 이번 경우에는 마리아가 신앙을 통해 나오는 반응을 보이고, 바로 그것을 청하기 위해 천사에게 그렇게 말한 것이다. "보십시오, 저는 주님의 종

42) Cf. M. Buber, *Schriften zur Bibel* = *WW* II, Heidelberg-München, 1963, pp.238~239. 932~933.

43) Buber, *WW II*, p.1031 이하.

44) G. v. Rad, *Theologie des Alten Testament*, Bd. I, München, [4]1962, p.185.

입니다. 말씀하신 대로 저에게 이루어지기를 바랍니다." 마리아는 이렇게 말하며 반응한다. 이 단락 전체는 이렇게 준비된 자세를 보여 준다. 즉 하느님의 말씀에 대한 신앙을 보여 주는 이러한 "예"를 지향한다. 그리고 마리아가 준비된 자세를 표현하는 말에서 "이스라엘 백성이 야훼 하느님과 맺는 계약에 대해서 긍정적으로 대답하던 태도와" 적잖은 유사성을 보여 준다.[45)]

1.2.1.5. 마리아 - '종'과 이스라엘의 '거룩한 남은 자들'

루카 복음서 1장 48절의 '마리아의 노래'에서 되풀이되는 '종'이라는 자기표현은 세 가지 뉘앙스를 풍기지만, 서로 긴밀히 연관된 의미를 지닌다.

(1) "저에게서 이루어지기를 바랍니다"라는 문장과 관련해 자신을 '종'이라고 일컫는 것은 마리아의 순종, '듣는 자세'를 가리키는 것으로 보인다. 마리아는 자신의 삶을 주도하려

45) M. Hofmann, *Maria*, p.285 mit Beispielen. 호프만은 다음 글들도 참조한다: A. Serra, *Contributi dell'antica letteratura giudaica per l'esegesi di Giovanni 2,1~12 e 19, 25~27*, Rom, 1977; ders., "L'Annunciazione a Maria(Luc 1,26~38). Un formulario di Alleanza?", in: *PaVi* 25(1980), pp.4~11. 같은 노선에서 요한 바오로 2세도 1983년 7월 3일 수요일 일반 알현 때 이렇게 언급한다. "동정녀 마리아의 이 말씀에서 우리는 이스라엘 백성이 시나이 산에서 계약의 선물을 받으면서 들었던 말씀의 메아리를 명료하게 듣습니다. 그것은 이스라엘의 신앙이 마리아의 입술 위에서 완전히 성숙해졌음을 뜻할 것입니다. 마리아는 참으로 '시온의 딸'입니다": www.vatican.va/holy_father/john_paul_II/angelus/1983/documents/hf_jp_ang_19830703_it.html(2012년 10월 15일자 참조).

하지 않고, 하느님의 말씀에 의해 규정되게 하며, 하느님께서 자신과 계획하신 것에 대해서 완전히 열려 있고 그것을 준비한다. 이로써 마리아는 하느님의 말씀을 듣고 그분의 뜻을 실행하는 예수의 '참된 가족'(루카 8,19~20)에 속한다. 이렇게 듣는 것은 즉각적인 이해와 통찰로 이어지지 않는다. "마리아는 이 모든 일을 마음속에 간직하고 곰곰이 되새겼다"(루카 2,19; 2,51). 이 문장에서 사용된 그리스어 '심발레인'(συμβάλλειν)은 애매한 것, 힘든 것, 이해할 수 없는 것에 대해 깊이 생각함을 의미한다. 이는 마리아도 "자신이 들은 모든 것을 즉시 간파하지 못했다는 것, 그러나 일어난 사건들을 마음속에 새기고 그 의미를 찾아내려고 애쓰면서 들을 준비가 되어 있었다는 것"[46]을 의미한다.

(2) 마리아는 '종'(Magd)〔성경의 다른 대목들에는 종(Knecht), 이스라엘의 종(이사야 예언서 제2부; 루카 복음서 1장 54절을 보라)이라 나온다〕으로서 '이스라엘의 가난한 이들'에 속한다. 예수도 산상 설교에서 "행복하여라, 가난한 사람들! 하느님의 나라가 너희 것이다"라고 말씀하시며 그들을 부르신다. 이 '야훼 하느님의 가난한 이들'은 '영을 따르는 진정한 이스라엘'이다. 그들은, 하느님의 나라는 순수한 은총, 순수한 선물이지, 자신의 능력이나 업적의 결과가 아님을 안다. 그들의 '가난'은 자신들의 존재와 자신들이 소유한 모든 것을 오직 하느님께만 돌려드린다는 것을 의미한다. 또한 다가오는 신적 영광을 제외하고는 자신들이 기대하고 열망하는 모든 것

46) Brown(Hrsg.), *Maria*, p.122.

을 오직 하느님께만 돌려드린다는 것을 의미한다. 그러므로 마리아도 자신에게서 아무것도 바라지 않고, 자신에게 속한 모든 것과 함께 하느님의 빛나는 은총을 가리켜 보인다.

(3) 이 모든 것과 함께 자신을 '종'이라 일컫는 것은 마리아가 동정녀임도 부각시킨다. 마리아는 그러한 사람으로서 '상징'이고, (아이가 없는 여인이 바닥에 누워 있듯이) 구원하시는 하느님의 오심을 바라는 '동정녀, 시온의 딸'을 실제로 구현한다. 제4 에즈라 9장 45절에 "하느님께서는 당신 종의 말을 들으시고 나의 수치를 보셨으며, 나의 어려움에 주목하시고 나에게 아들을 주셨다"[47]라고 나와 있듯이 말이다. 겉으로 보기에는 임신할 수 없는데, 실제로는 임신할 수 있다고 바뀐다.

'동정녀, 시온의 딸'이라는 말 뒤에는 '계약'이라는 구약성경의 핵심 개념이 숨어 있다. 예언자들에게 계약은 호세아부터 시작해서 예레미야와 이사야를 거쳐 말라키에게 이르기까지 일종의 "근원적 은유"〔root metapher, 캐틀린 오컨너(Katlen O'Connor)〕 아래서 혼인 계약에 비유되고, 바로 이것과 동일시된다. 이스라엘, 곧 '동정녀' '시온의 딸'은 처녀처럼 그분의 연인인 하느님으로부터 불멸의 사랑을 받고(예컨대 이사 54,6~7 참조), '간통하는 여자'와 '창녀'라고 지탄도 받는다(호세 2,4~15.21~22; 에제 16,15~34). 그럼에도 불구하고 "너를 만드신 분이 너의 남편이시다"(이사 54,5)라고 나

47) *Altjüdisches Schrifttum außerhalb der Bibel*, ü. u. erläutert v. Paul Riessler, Darmstadt, 1966, p.290.

와 있다. 특히 이러한 맥락에서 시편 45편이 언급될 수 있는데, 그 대목에 따르면 유배 시대의 파국 이후 '메시아 신학'의 지평에서 메시아 왕에게 새롭게 '임금님 딸', 곧 '시온의 딸'이 인도된다.[48] 여기서 '여인'은 단순히 개인적 형상이 아니라, 신부 또는 동정녀(그 밖에 '딸'과 '어머니'라는 말도 나와 있다)[49]로서 그때그때마다 하느님과 계약을 맺은 자로서 백성을 대표한다. 많은 은유 가운데 이스라엘의 표상이 야훼 하느님의 '신부' 또는 '아내'로서 가장 중요한 역할을 한다면, 관건은 이러한 방식으로 이스라엘에 "자신의 참된 정체성을 주목하게 하는 것이다. 이스라엘은 가장 먼저 하느님의 신부다!"[50]

이렇게 이해하는 것은 성경 시대 이후의 초기 랍비들에게서 발견된다. 그들에게 시나이에서 하느님과 계약을 맺은 것은 "하

---

48) Cf. F.-L. Hossfeld / E. Zenger, *Die Psalmen 1-50* = NEB, Würzburg, 1993, p.279.

49) 로핑크와 바이머(*Maria*, p.236)는 이스라엘과 관련해서는 물론 바빌론과 관련해서도 이렇게 관계를 표현하는 것이 재빨리 바뀌는 것은 구약성경에서 흔하다고 지적한다. 바빌론은 이따금 동시에 동정녀, 딸, 과부로 묘사된다. 이에 관한 가장 중요한 텍스트들이 다음 책에 개관되어 있다. M. Gerhards, *Das Hohelied*, Leipzig, 2010, pp.489~507.
'어머니'라는 표현과 관련해서는, 시온은 어머니로서 이스라엘의 어머니만 아니라 백성들의 어머니로서도 표현되고, "'자연적' 출산이 아닌 야훼 하느님의 확정과 선택을 통해 표현된다"(F.-L. Hossfeld / E. Zenger, *Psalmen 51~100*, Freiburg u.a., 2000, p.557). 이사야서 66장 7~13절도 보라.

50) M. Maier, *Jeremia. Die Geschichte eines Berufenen*, Bad Tölz, 2004, p.39.
이와 관련된 구약성경 텍스트들과 그 해석을 완전히 목록으로 작성된 것이 다음 책에 나와 있다. G. Baumann, *Liebe und Gewalt. Die Ehe als Metapher für das Verhältnis JHWH-Israel in den Prophetenbücjerm* = SBS 185, Stuttgart, 2000(p.51과 p.91부터). 그렇지만 유감스럽게도 일방적인 이 급진적-페미니즘적 연구는 원래 이스라엘 / 유다 / 예루살렘에 대한 야훼 하느님의 사랑의 관점 아래서 "야훼 하느님의 혼인"에는 관심이 없었다. 오히려 야훼 하느님이 실망한 남편으로서 당신에게서 떠나 '창녀가 되고' 불륜을 저지른 백성을 벌하시고 다스리시고 억압하신다는 것을 강조한다. 이로써 저자는 왜곡된 하느님 상뿐만 아니라 남자와 여자의 (부부) 관계에 대한 받아들일 수 없는 면도 기술한다. 그렇지만 이러한 차원을 모두 인정하면, 야훼 하느님과의 혼인을 의미한 근원적 은유는 인간에 대한 하느님의 가장 강렬하고 가장 내밀한 사랑을 표현하려는 것임을 이해할 수 있다.

느님과 이스라엘의 혼인 예식"이다.[51] 그들은 구약성경의 아가도 이에 상응한다고 해석한다. 아가에 관해 랍비 아퀴바(Aquiba, 기원후 135년)는 이렇게 말한다. "성경의 모든 책은 거룩하다. 그러나 아가가 가장 거룩하다"(*Mischna Jadajim* III, 5).[52] 원래 에로틱한 세속적 사랑의 노래가 하느님과 계약을 맺은 백성의 관계를 표현한 것으로서, 정경에 받아들여짐으로써 하느님과의 계약은 당신의 신부 혹은 아내, 선택된 하느님 백성에 대한 급진적 사랑의 관계로 명확히 드러난다.

하느님과 당신 백성의 관계가 지닌 이러한 '혼인으로서 특성'은 적어도 마리아와 간접적으로 관련이 있다. 마리아가 진정한 '시온의 딸'이라면, 마리아도 하느님의 참된 '신부'이기 때문이다. 이 참된 신부 안에서 하느님께서 사람들과 맺으신 혼인 관계, 즉 구약성경적 계약의 역사와 이를 넘어 창조는 전체로서 목표에 도달한다.[53] 마리아와 둘째 아담인 그리스도의 관계를 통해서 하와가 첫째 아담과의 관계에서 미리 구상된 것이 실현된다.

마리아가 '동정녀, 시온의 딸'을 실제적으로 구현하고, 마리아 안에서 하느님과 당신 백성의 혼인이 거행되는 것은 '남은 자'라는 구약성경적 사고를 바라보는 것에서 한 단계 더 구체화될 수 있다.[54]

---

51) 다음 글을 참조하라: J. Schmid, "Brautschaft, heilige", in: *RAC* 2, pp.544.

52) 인용: Gerhards, *Hohelied*, p.516; H. de Lubac, *Mé'ditation sur l'Église*, Paris, ³1954, p.307. 다른 유사한 자료들도 거기에 나와 있다.

53) 이에 관해서는 다음 책들을 상세히 참조하라: de la Potterie, *Marie*. G. Mazzanti, *Persone nuziali. Communio nuptialis. Saggio teologico di antropologia*, Bologna, 2005, pp.228~234.

54) 이에 관해서는 다음 책을 참조하라: J. Hausmann, *Israels Rest. Studien zum*

이러한 사고 안에서 "이스라엘의 총체적인 불행의 역사는 물론이고, 구원의 역사도 합류된다."[55] 이를 올바른 관점에 두기 위해 하느님께서 아브라함과 맺으신 계약은 보편적 관점을 지닌다는 것에 유념해야 한다. 창세기 12장에서 하느님께서는 아브라함을 특별한 사람으로 부르시면서, 그에게 이렇게 말씀하신다. "너는 복이 될 것이다. (…) 세상의 모든 종족들이 너를 통하여 복을 받을 것이다"(2~3). 따라서 하느님의 의도는 처음부터 보편적이다. 이 보편성을 위해 이스라엘은 '성사'로 여겨진다. 다시 말해 첫 번째 대상이자 도구이다.[56] 그러나 이스라엘이 이 사명을 실현하지 못하더라도, 하느님께서는 당신의 계약을 파기하지 않으시고, 이스라엘의 '남은 자들'(로마 11,1~5 참조) 안에서 그리고 이들을 통해서 이스라엘을 참되게 만드신다.

구약성경에 나오는 '남은 자들'이라는 말은 먼저 다음과 같은 의미에서, 그러니까 그 불의한 행위 때문에 이스라엘의 '남은 자들'은 하느님의 벌을 피하지 못한다는 의미에서 부정적 연관성이 있어 보인다. 그렇지만 북부 지역과 남부 지역이 파괴되고 이스라엘 민족이 유배된 뒤에, 그러한 사고는 "너희가 여러 나라로 흩어진 다음에는, 내가 일부를 남겨 (…) 살아남게 하겠다"(에제 6,8)라는 의미에서 긍정적인 것으로 바뀐다. 그렇다, '남은 자들'이라는 사고는 특히 유배 이후의 공동체에서 무조건적인 희망의

Selbstverständnis der exilischen Gemeinde, Stuttgart, 1987. 이 책은 당시에 '남은 자들'이라는 사고에 관한 표상들이 얼마나 상반되었는지 면밀히 텍스트를 분석하면서 보여 준다. 나아가 다음 책들도 참조하라: J. Ratzinger, *Tochter Zion*, Einsliedeln, 1977, p.63 이하; Lohfink / Weimer, *Maria*, pp.209~217.

55) Lohfink / Weimer, *Maria*, p.209.

56) 이에 관해서는 그 밖의 텍스트 자료들이 담겨 있는 다음 책을 참조하라: Böhler, *Maria*, p.405 이하.

신호탄, 종말론적 표징이 된다. 하느님의 성실하심 덕분에 '남은 자들'만이 그분의 무조건적인 은총을 받는다. 그들은 "미래의 구원을 이루는 핵심 세포다. 그들은 약속의 지속성을 보증한다. 그들은 구세사의 주역이다."[57] 그들은 이스라엘뿐만 아니라 '다른 백성들'을 위해서도 존재한다. 이러한 사고는 적잖은 성경 텍스트들에서 '시온'을 바라보는 것과 명시적으로 결부되어 있다. 이와 관련해 '이스라엘의 남은 자들'은 때때로 "거룩한 남은 자들"이라 불리고[58] 그렇게 표현되며(이사 4,2~8; 6,13; 스바 3,12~15), 따라서 종말론적 기다림의 대상으로 상승할 수 있다. '남은 자들'은 무엇보다 가난한 이들과 보잘것없는 이들, 겸손한 이들로 구성된다. 자기 자신에게는 아무것도 기대하지 않고, 오직 하느님에게서만 모든 것을 기대하는 이들이다. 하느님께서는 그들에게 당신의 종말론적 약속을 진실하게 하시고 다스리실 것이다. 바오로는 로마서 11장 6절에서 이러한 사고를 부각시키고, 그것이 그리스도에게로 돌아간 이스라엘 안에서 이루어졌다고 바라본다.

바로 앞에서 언급했듯이, 이렇게 완전히 그리고 오직 하느님의 주도하심 덕분에 존재하는 '남은 자들'은 구약성경의 일부 대목들에서 '시온'과 자신들에게 해당하는 메시아적 약속과 긴밀히 연관되어 있다(예레 31,7 이하 참조). 그렇다, 스바니야서 3장 13~14절과 미카서 4장 7~8절(두 대목은 루카 복음서 1장 26절 이하와 직결된다!)에서는 '시온의 딸'에 관해 언급하므로, 하느님의 말씀을 듣고 그분을 섬길 준비가 되어 있는 여종에 대한 사고 속에는 적어도

57) Lohfink / Weimer, *Maria*, p.214(Hausmann, *Israels Rest*, pp.254~255과 연결되어 있음).

58) 예컨대 다음 책을 참조하라: Hausmann, *Israels Rest*, pp.134. 144. 209 등.

다음과 같은 점도 암시되어 있다. 마리아 안에서 이스라엘의 '거룩한 남은 자들'이 구체화된다는 것이다. 따라서 이스라엘 전체가 받은 역사적 파견은 마리아를 목표로 한다. "그러므로 마리아는 단지 이스라엘을 대변하지 않고, 이스라엘의 거룩한 남은 자들을 대변한다. 이렇게 말할 수도 있을 것이다. 마리아는 하느님께서 구해 내시고 신앙 안에서 지켜 주신 저 참된 이스라엘의 본보기다."[59] 요셉 라칭거는 다음과 같이 간결하게 말한다. "마리아는 '예!'라고 응답한 순간에 인격 안에 있는 이스라엘, 인격 안에서 그리고 인격으로서 교회이다."[60] 마리아는 "여기서 자신의 인격 안에서 교회를 대리한다. (…) 하느님의 종말론적 구원 공동체로서"[61]라고 예전에 개신교 주교를 지낸 울리히 빌켄스(Ulrich Wilkens) 역시 비슷하게 말한다. 이에 관해서는 뒤에서 다루겠다.

하느님의 소명을 받은 마리아의 특성을 묘사하기 위해 루카가 '예수의 탄생 예고' 대목에서 구약성경과 연관 지은 것은, 마리아는 '개인'이 아니라 오히려 '시온의 딸'로서 구현된다는 것, 마리아는 자신의 신앙에서 보여 주듯이 자신이 주님의 종이라는 점에서 아브라함의 모습을 보여 준다. 그렇다, 마리아는 아브라함이다. "마리아는 참된 이스라엘이고, 그 안에서 구약과 신약, 이

59) Lohfink / Weimer, *Maria*, p.330.
다음 책도 참조하라: Böhler, *Maria*, p.410. "루카는 자신의 복음서 앞부분에 나오는 유년 사화에서 마리아와 요셉을 가난하고 단순하지만 율법을 엄격히 준수하는 참된 이스라엘의 대표로 묘사한다. (…) 이스라엘의 거룩한 남은 자인 그녀(마리아)는 신약성경에 비추어 이미 이스라엘의 본보기이자 실제 상징, 시온의 딸이 된다. 신약성경에서 이미 마리아는 교회의 시작이자 남아 있는 이스라엘의 중심이 된다."

60) J. Ratzinger, "Erwägungen zur Stellung von Mariologie und Kirchenfrönmmigkeit im Ganzen von Glaube und Theologie", in: ders. / H.U. v. Balthasar(Hrsg.), *Maria - Kirche im Ursprung*, Freiburg i. Br., 1980, pp.15~40, 여기서는 p.24.

61) U. Wilckens, "'Empfangen vom Heiligen Geist, geboren aus der Jungfrau Maria' - in Lk 1,26~38", in: Pesch(Hrsg.), *Theologie*, pp.49~73, 여기서는 p.69.

스라엘과 교회는 분리되지 않고 하나를 이룬다."[62] 이스라엘 전 역사가 마리아 안에 집중되어 있다.

시편 45편 11절을 보면 아브라함과 마리아의 긴밀한 관계가 분명해진다. 여기서 아브라함과 시온은 매우 긴밀한 연관성이 있는데, '임금의 딸'에게 한 명령("네 백성과 네 아버지 집안을 잊어버려라")과 창세기 12장 1절에서 하느님께서 아브라함에게 하신 말씀이 다시 부각되기 때문이다. '시온의 딸' 혹은 '딸 시온'도 그렇듯이, 아브라함은 이스라엘의 인격화다. '시온의 딸'('딸 시온')은 마리아 안에서 인격화된 것이다. 그러므로 마리아는 자신의 신앙 안에서 아브라함을 묘사한다는 것은 놀라운 일이 아니다. 여기서 더 나아가 마리아는 아브라함을 능가한다. 그 이유를 한스위르겐 페어바이엔(Hansjürgen Verweyen)은 이렇게 말한다. "아브라함은 사라의 푹 꺼진 모태에서 생명을 만드시는 하느님의 힘을 믿었다. 마리아는 자신의 몸에서 아들을 잉태시키시는 하느님의 힘을 믿었다. 이제 마리아는 예전에 아브라함이 자신의 후손들을 위해 받았던 복을 모든 민족을 위해 받는다."[63]

신앙과 구원의 보편적 확장, 이 두 핵심어에 아브라함의 중요성이 담겨 있다. 그래서 바오로는 로마서 4장 16~21절에서 아브

62) Ratzinger, *Zion*, p.41.
레이제넨(Räisänen, *Maria / Marienfrömmigkeit* I, p.117)은 "그녀(마리아)의 모범적 형상 안에서 이스라엘과 미래의 교회가 결부되어 있다"라고 기술할지라도 곧바로 (내가 보기에는 모순적이다.) 이렇게 덧붙인다. "그렇지만 마리아를 '시온의 딸'과 예형적으로 동일시하는 것은 (…) 근거가 빈약하다." '모범적 형상'과 '예형적 형상'은 구분되어야 한다. 특히 『신학 백과사전』(*TRE*)에 실린 같은 글에서 프리들링(R. Friedling, *Maria / Marienfrömmimgkeit* III/1, p.142)이 이렇게 시인하기 때문이다. "루카 복음서 1~2장과 마태오 복음서 1장에 나오는 예형적(!) 마리아상은 마리아를 교회의 예형으로 이야기하는 것을 정당화할 수 있다."

63) H. Verweyen, "Mariololgie als Befreiung, Lk 1,16~45.46 im Kontext", in: *ZkTh* 105(1983), pp.168~183, 여기서는 p.176.

라함이 받은 약속에 관해 기술한다.

> "그러한 까닭에 약속은 신앙에 따라 이루어지고 은총으로 주어집니다. 이는 약속이 모든 후손에게, 곧 율법에 따라 사는 이들뿐만 아니라 아브라함이 보여 준 신앙에 따라 사는 이들에게도 보장되게 하려는 것입니다. 아브라함은 우리 모두의 조상입니다. 그것은 성경에 '내가 너를 많은 민족의 조상으로 만들었다'라고 기록된 그대로입니다. 아브라함은 자기가 믿는 분, 곧 죽은 이들을 다시 살리시고 존재하지 않는 것을 존재하도록 불러내시는 하느님 앞에서 우리 모두의 조상이 되었습니다. 그는 희망이 없어도 희망하며, '너의 후손들이 저렇게 많아질 것이다' 하신 말씀에 따라 '많은 민족의 아버지'가 될 것을 믿었습니다. 백살가량이 되어, 자기 몸이 이미 죽은 것이나 다름없고 사라의 모태도 죽은 것이라 여기면서도, 신앙이 약해지지 않았습니다. 그는 불신으로 하느님의 약속을 의심하지 않았을 뿐만 아니라, 오히려 신앙으로 더욱 굳세어져 하느님을 찬양하였습니다. 그리고 하느님께서는 약속하신 것을 능히 이루실 수 있다고 확신하였습니다"(갈라 3,6~29 참조).

이 모든 것에 비추어 아브라함은 떠나야 했다. 다시 말해 자신의 삶 전체와 행동에 있어서 늘 새롭게 주도하시는 하느님의 뜻을 따라야 했다. 이제 마리아도 같은 것을 행한다. 자신을 "주님의 종"이라고 말하고, 하느님께서 계획하신 모든 것이 자기에게서 이루어지게 하면서 그렇게 한다. 그러므로 그것은 아브라함과 마리아를 서로 연결시키는 하나이자 동일한 신앙 행위다. 그러나 순수하고 은총을 받은 부르심이라는 하나이자 동일한 행위도 그것에 선행한다. 두 사람에게는 약속이 신앙에 따라 이루어지고 은총으로 주어지기 때문이다.

그것은 단순히 아브라함의 신앙이 구세사의 다른 측면에서 그저 '되풀이'된다는 뜻이 아니다. 오히려 마리아 안에서 신앙이 실제로 완성된다. 아브라함에게 약속된 본래의 '후손'은 그리스도(갈라 3,16 참조), 이제 세상에 오시어 하느님의 약속을 실현하시는 분이기 때문이다. 더 정확히 말하자면, 그분은 마리아의 신앙을 통하여 그렇게 하신다. 왜냐하면 하느님의 완전히 순수하시고 조건 없는 구원 행위는 늘 그리고 근본적으로 인간의 신앙에, 그분의 선물을 받기 위해 그의 열려 있는 자세에 묶여 있기 때문이다. 이에 관해 프란츠 무스너(Franz Mußner)는 다음과 같이 매우 인상 깊게 표현한다.

> "그리스도는 약속의 실현이시고, 당연히 하느님의 자유로운 은총의 자유로운 선물이시다. 그러나 실현은 약속이 이미 갔던 그 길로 간다. 신앙의 길, 오직 그 길로만 간다. 그러나 이는 구체적으로 루카가 증명한 것의 빛에서 그렇다는 뜻이다. 루카는 이스라엘의 시조(始祖)인 아브라함의 참된 딸로서 조건 없는 신앙을 통하여 증명된 마리아의 신앙을 보여 준다."[64]

그러므로 아브라함은 신앙의 '초기적' 실현이고, 마리아는 신

64) Mußner, *Maria*, p.66. 다음 글도 이와 유사한 내용을 담고 있다: ders., "Die Mutter Jesu im Neuen Testament", in: W. Beinert u.a., *Maria - eine ökumenische Herausforderung*, Regensburg, 1984, pp.24~25.

앙의 '종말론적' 실현이고, 이로써 하느님 백성의 예형(Typos)이다. 따라서 깊은 내면을 지닌 마리아는 '믿는 이'다. 그러한 인물로서 마리아는 하느님의 말씀을 듣고,[65] 오롯이 하느님과 그분의 약속으로 향하며, 그분을 섬긴다. 자신의 신앙을 위해 마리아는 "내 주님의 어머니"가 된다. 엘리사벳은 자신을 방문한 마리아의 인사말을 받고 마리아가 복되다고 큰 소리로 외치면서 이렇게 말했고, 이 말은 예언적인 말로 간주되었다.[66] 다른 선택된 여인들에게 이와 유사한 '복된 찬양'(Seligpreisung)이 선언되었을지라도(판관 5,24; 유딧 13,18), 루카에 따르면 이러한 복됨은 다른 '질 혹은 차원'을 지닌다. 그는 공관 복음사가들 가운데 유일하게 자신의 복음서(11,27~28)에서 복됨을 되풀이하기 때문이다.

> 예수님께서 이 말씀을 하고 계실 때에 군중 속에서 어떤 여자가 목소리를 높여, "선생님을 배었던 모태와 선생님께 젖을 먹인 가슴은 행복합니다" 하고 예수님께 말하였다. 그러자 예수님께서 이르셨다. "하느님의 말씀을 듣고 지키는 이들이 오히려 행복하다."

그 여자가 마리아를 행복하다고 말한 것은, 마리아는 예수의 육신의 어머니임("선생님을 배었던 모태, 선생님께 젖을 먹인 가슴")이 전제된 것이다. 이는 어떤 면에서는 엘리사벳이 마리아를 복되다고 말한 것〔"당신은 여인들 가운데에서 가장 복되시며(…)"〕에 상응한다. 그

---

65) 이는 루카 복음서 2장 19절 뒤에도 (이어서 2장 51절 뒤에도) 숨어 있다. 이 대목에 따르면, 마리아는 모든 말씀을 (경우에 따라서는 사건들을) 간직하고 마음 안에서 움직이게 했다. 결국엔 그리고 이로써 성탄 사화의 '포인트'로서 마리아의 신앙이 생겨난다.

66) 다음 책을 보라: J. Ernst, *Das Evangelium nach Lukas*, Regensburg, 1977, p.83.

러나 루카 복음서 11장 27~28절도 그렇듯이 이 대목도 '육신의 어머니임'의 차원을 넘어선다. 그 대목에는 "행복하십니다. 주님께서 하신 말씀이 이루어지리라 믿으신 분!"이라고 나와 있고, 이 대목에는 "하느님의 말씀을 듣고 지키는 이들이 오히려 행복하다"[67]라고 나와 있다.

그러므로 루카 복음서 1장 26~38절을 읽은 뒤에 이렇게 말할 수 있다. 즉, 아브라함이 '신앙의 아버지'이듯, 마리아는 아브라함의 참된 딸이자 '믿는 이들의 어머니'로 표현되고,[68] 이로써 이스라엘의, 그리고 이로써 나중에 탄생한 신약성경적 교회의 예형이자 상징이고 모범적 실현이다. 그렇기 때문에 마리아를 '믿는 이들의 어머니'라고 부르는 것도 마리아에게 교의적으로 부여된 '하느님의 어머니' 칭호 앞에 놓일 수 있다.[69] 앞에서 여러 번 언급된 '교회 일치를 위한 연구'는 마리아를 이렇게 이해하는 것에 대해서 매우 유보적인 태도를 취할지라도, 루카는 마리아 개인에게 관심을 두는 게 아니라 마리아를 예수 제자들의 상징으로 여긴다는 사실을 여러 차례 언급한다.[70] 그러나 예수의 제자들은

---

67) 그리스어 '메눈'((μενοῦν)은 '아니다, 오히려'뿐만 아니라 '그렇다, 그러나 더욱'도 의미할 수 있다. 후자가 오히려 루카가 진술한 의도에 부합할 것이다. 이에 관해 자세히 분석한 다음 책을 보라: Mußner, *Maria, Mutter*, pp.30~31. 51 이하. 위와 같은 이유로 『공동 번역 성경』에 "그러나 그분은 (···) 대답하셨다"와 "오히려"라고 표현된 이 대목도 적어도 의심스럽다.

68) 하이멜(Heymel, *Jüdische Mutter*, pp.222~223)에 따르면, "마리아에게 예수 탄생이 예고된 이야기는 아브라함이 받은 약속의 이야기에 대적할 만한 그리스도 이야기로 구상되었고 그렇게 읽을 수 있도록 암시하는 것들마저 있다."

69) Cf. Fr. Mußner, "Der Glaube Mariens im Lichte des Römerbriefs", in: ders., *Praesentia Salutis. Ges. Studien zu Fragen und Themen des Neuen Testamens*, Düsseldorf, 1967, pp.284~292, 여기서는 p.288: "마리아에게 부여된 '신앙의 어머니'(Mater credentium)라는 칭호조차 교의적으로 주어진 영예로운 칭호인 '하느님의 어머니'(Mater Dei) 앞에 놓일 수 있다."

믿는 이스라엘, 믿는 교회가 아니라면 구체적으로 무엇 혹은 누구인가? 그렇다, 우리는 요셉 라칭거와 다른 신학자들과 함께 한 걸음 앞으로 나아가야 하고, 마리아 안에서 이루어지는 '인격화'(제자됨 혹은 하느님을 믿는 백성으로부터 이루어지는)를 예수 그리스도 안에서 실현된 인격화(하느님의 약속)와 비교해야 할 것이다.

> "신약성경에서 하느님이 예수 그리스도 안에서 당신의 백성에게로 향하신다는 희망에 대한 추상적 도식이 구체적이고 인격적인 이름을 받는 순간에 한 여성이, 즉 지금까지는 이스라엘에서 단지 예형적으로만 보였고 물론 이스라엘의 위대한 여성들 가운데 잠정적으로 인격화되었으며 '원칙'인 여성의 인격적 통합으로서 이름을 가진 여성이 등장한다. 따라서 원칙은 인격 안에서만 유효하지만, 인격은 개인으로서 늘 자신을 넘어 자신을 품고 묘사하는 포괄적인 것을 가리켜 보인다. 그 인격은 바로 마리아다."[71]

1.2.2. 주제의 핵심: '예형'이란 무엇인가?

우리는 앞 단락에서 마리아를 교회의 예형 혹은 상징이나 모범적 실현으로 표현했고, 이러한 특성은 다음에 다룰 내용에서도 중요성을 지닌다. 따라서 이 개념 내지 이와 유사한 개념들을 먼

---

70) Brown(Hrsg.), *Maria*, p.130 등.

71) Ratzinger, *Tochter Zion*, p.26 mit Verweis auf H.U. Balthasar.

저 규명하고 명백히 할 필요가 있다. 이에 관해서는 뒤에서 다시 다룰 것이다. 여기서 사용된 개념들에는 여러 표상이 등장하기에 그렇게 규명하는 일은 간단하지 않다. 아래에서는 그 가운데 두 가지 표상이 약간 결부되어 전개된다.[72)]

1.2.2.1. '집단적 인격'의 의미

우리가 지금까지 다룬 텍스트들이 마리아를 교회의 예형(표상, 상징, 모범적 실현)으로 이해하는 데 있어서 알맞다면, 그 안에는 먼저 이른바 '집단적 인격'(corporate personality)이라는 구약성경과 고대 근동의 표상이 깔려 있다. 이 용어는 백성 전체와 도시들과 가족과 단체들이 '인격화'될 수 있다는, 다시 말해 개별적 한 인간의 모습으로 통합될 수 있다는 뜻으로 이해할 수 있다. 이때 이 모습은 '집단'이 직면한 상황에 따라 바뀔 수 있다. 그래서 이사야서 47장에서는 도시 바빌론이 먼저 '딸'과 '처녀'로, 그다음에는 '여인'과 '과부'로, 마지막으로는 '주술사'로 불린다. 이와 아주 유사하게 이스라엘은, 경우에 따라서는 시온, 예루살렘, 유다 등은 '딸'이나 '여인' 또는 '처녀'로 인격화된다.

그러나 고대 근동의 다른 지역에서 도시들과 민족들을 여성의

72) 이 두 가지 표상 외에 이스라엘과 마리아의 일치를 보여 주는, 그다음으로 중요한 배경이 되는 것으로는 플라톤이 말한 '원형과 모상의 일치'라는 핵심어를 들 수 있다. 이 '원형과 모상의 일치'는 훗날 교부 시대에 더 중요한 역할을 한다. '집단적 인격'의 의미에 대해서는 제2권 제2장 1.2.에서 상세히 다룰 텐데, 거기서는 그러한 의미를 지닌 것을 체계적으로 심화하는 데 주안점을 둘 것이다.

모습으로 그렇게 인격화하는 것이 대체로 특별하지 않은 반면, 구약성경에서는 그것을 통해서 때로는 매우 실제적이고 구체적인 결과들이 나온다. 그리하여 예언자들은 하느님과 '여인인 이스라엘'의 관계에서 당신 백성에 대한 야훼 하느님의 사랑이 실제로 구현되었음을 본다. 이에 관해서는 특히 이사야서 54장, 62장, 호세아서 1~3장, 예레미야서 2장, 3장, 31장, 에즈라서 16장, 23장을 보라. 예를 들어 이사야서 54장 5~6절에는 이렇게 나와 있다. "너를 만드신 분이 너의 남편 (…) 이시다. 이스라엘의 거룩하신 분이 너의 구원자시다. (…) 정녕 주님께서는 너를 소박맞아 마음 아파하는 아내인 양, 퇴박맞은 젊은 시절의 아내인 양 다시 부르신다. 너의 하느님께서 말씀하신다." 연인의 사랑에 대한 응답인 여성의 사랑은 하느님의 사랑에 부합해야 한다. 이러한 사랑을 하지 않거나 여성이 죄를 지어 반대로 되면 그 여성은 불륜녀, 창녀, 버림받은 과부가 된다.

이러한 인격화의 방식은 신약성경에도 등장한다. 그리스도는 자신의 신부, 하느님의 백성, 교회와 혼인하고자 하는 신랑이시다(참조: 요한 3,28~29; 마태 9,15; 에페 5,22~23). '어린양'이신 그분의 혼인날이 되어 그분의 '신부'는 몸단장을 끝냈다(묵시 19,6~7 참조). 그리고 공동체는 바오로가 그리스도와의 혼인을 위해 결국 주님께 인도한 '순결한 처녀'이다(2코린 11,2). 이러한 방식으로 교회는 그리스도이신 '신랑'을 마주 본다고 표현되는 반면, 다른 대목과 다른 맥락에서는 '그리스도의 몸'(1코린 10,17; 12,12~13; 로마 12,5)으로서도, 심지어 '그리스도'(1코린 1,13)로 인격화된다. '많은 이'가 그리스도와 그렇게 긴밀히 결속되어 그분과 '한 몸'을 이루므로, '그리스도의 몸' 내지 '그리스도'조차 믿는 이들 전체를 대변할 수 있다.

후자의 경우, 앞에서 언급된 인격화는 사회적 영역에서 비슷한 점들을 찾아낼 수 있는 것을 훨씬 넘어선다는 사실을 가리켜 보인다. 인격화는 단지 비유적 은유나 상징적 표현 그 이상이다. 오늘날까지 우리가 예컨대 "우직한 독일 사람"(deutscher Michel, 독일인들의 고지식하거나 촌스러운 면을 풍자하는 말 - 옮긴이 주)이나 "프랑스의 마리안느"(프랑스 혁명과 프랑스 공화국의 상징 - 옮긴이 주) 또는 "샘 아저씨"(Uncle Sam, 미국인을 상징 - 옮긴이 주), "러시아 아줌마"(건강하고 생활력 강한 러시아 여인을 상징 - 옮긴이 주) 등 습관적으로 표현하듯이 말이다. '집단적 인격' 개념은 사회적 유사성에서 명료해질 수 있다. 특히 농경 문화권에서 다음과 같은 체험된 확신이 이따금 나타난다. "고유한 개인이 행동할 수 있듯이, 죽은 이들과 살아 있는 이들과 후손을 포함하여 전 공동체가 존재하고, 그 구성원들 가운데 하나는 그 공동체를 대리하도록 부름을 받았다."[73]

따라서 사회적 크기나 규모를 실제로 형성하는 것은 상징적으로, 그리고 명료하고 적극적으로 실제 사람 안에서 굳어질 수 있

---

73) H. Wheeler Robinson, "The Hebrew conception of corporate Personality", in: *ZAW*, Bh. 66(1936), pp.49~62. 여기서는 p.49. 이 저자의 다음 책도 보라: *Corporate personality in ancient Israel*, Edinburgh, 1981. 이 저자가 '집단적 인격' 개념을 성경적 인간학으로 이끈 구상에 관해서는 다음과 같이 비판적 내용이 담긴 글도 참조하라: J.W. Rogerson, "The Hebrew conception of Corporate Personality", in: B. Lang(Hrsg.), *Anthropological Approaches to the Old Testament*, Philadelphia-London, 1985, pp.43~59.
나아가 전체에 관해서는 다음 문헌들을 참조하라: J. Scharbert, *Solidarität in Segen und Fluch im Alten Testament und in seiner Umwelt*, Bonn, 1958; J. de Fraine, *Adam und seine Nachkommen*, Köln, 1962; H. Mühlen, *Una mystica Persona. Die Kirche als Mysterium der Identität des Heiligen Geistes in Christus und den Christen: Eine Person in vielen Personen*, München u.a., ²1967, pp.74~172; K.-H. Menke, *Stellvertretung*, Einsiedeln-Freiburg, 1991, ab p.29(Lit.).

다. 그 결과 그 사람은 동시에 공동체의 대리자, 실현, 규범이 된다. 보통 고대에는 대개 한 민족의 시조인 이 한 사람 안에서 전체가 완전히 펼쳐졌다. 이러한 확신의 배경을 이루는 것은 "전체와 부분, 민족과 그 구성원이 완전히 연대하는 시각이다. 전체는 부분으로 존재하고, 부분은 전체 가운데 있다. 마찬가지로 민족 전체와 그 개개 구성원들 사이에는 긴밀한 연대가 생겨난다."[74]

그러한 배경에서 '집단적 인격'이라는 사고가 이해될 수 있다. 성경에서는 여전히 훨씬 더 포괄적이고 더 심오한 관점이, 그러니까 한 민족을 부르는 신적 행위의 관점이 나타나더라도 말이다. 그 민족은 전체적 크기나 규모를 드러내지만, 다른 한편으로는 개인으로서 행동하고 개인을 통해 하느님 앞에 설 것이다. 이때 이 '개인'은 나머지 다른 사람들을 몰아내지 않고, "그때그때마다 하느님 앞에 서기 위해 자유로운 활동 영역을 연다."[75] 그렇기 때문에 성경의 특정한 상징들과 인물들은 보편적 관점과 특별한 관점 사이에서 이리저리 움직인다.

이 말은 아브라함에게도 적용된다. 아브라함 안에서 이스라엘의 오랜 신앙 체험이 집어진다. 따라서 "대다수 주석가가 (…) 이스라엘의 '암호'인 아브라함을 모든 민족을 위한 구원의 중개자이자 구원을 가져오는 자로"[76] 이해한다. 이때 에리히 첸어(Erich Zenger)는 창세기 12장의 내용을 하나하나 분석한다. 여기서 아

74) Mußner, *Maria, Mutter*, p.134.

75) St. Oster, *Person und Transsubstantiation. Mensch-Sein, Kirche-Sein und Eucharistie - eine ontologische Zusammenschau*, Freiburg i. Br., 2010, p.506 mit Verweis auf TD II/2, p.228.

76) E. Zenger, "Jahweh, Abraham und das Heil der Völker", in: W. Kasper(Hrsg.), *Absolutheit der Christentums* = *QD* 79, Freiburg i. Br., 1977, pp.39~62, 여기서는 p.41.

브라함은 일종의 '기원(起源)을 알려 주는' 인물로 묘사되는데, "야훼 하느님은 이 인물과 함께 역사를 시작하신다. 그는 '지상의 모든 사람'에게 복이 되어 삶을 마쳐야 한다. 다시 말해 아브라함은 야훼 하느님이 원하신 보편적 복이 가장 먼저 되는 특별한 인물이다." 훗날, 8세기경에 비로소 아브라함은 이스라엘에 의해 '역사화'되고, '개인화'된다. 사람들은 자기 자신을 그의 후손이라 여겼고, "야훼 하느님은 예전에 내리신 복을 적어도 '아브라함을 생각해서' 거두지 않으실 것임"을 믿었다. 따라서 "야훼 하느님을 믿었고, 신앙의 기원을 알게 해 주는 보편적인 인물인 아브라함은 (…) 이제 이스라엘의 독점적인 시조가 되었다."[77] 따라서 이제 그는 역사적으로 유일한 인물 그 이상이다. 그에 관해서, 즉 시조의 이러한 '집단적 인격'에 관해서 언급한 것은 그의 후손에게도 해당될 수 있는데, 왜냐하면 그는 참된 의미에서 모든 개개인의 '아버지'이기(요한 8,30 이하 참조) 때문이다. 그리고 모든 참된 믿는 이는 그의 아들, 딸(참조: 루카 13,16; 로마 4장)로 이해되고, 그렇게 표현될 수 있기 때문이다. 아브라함은, 더 정확히 말해 신앙에서 나오는 그의 순종은 "보편적 구원의 원성사"인데, "이는 물론 다양한 방식으로 이스라엘 안에서 그리고 많은 민족에게서 실현된다."[78]

이 모든 것은 시적 '허구'나 비유적 '우연'이 아니라 생생한 현실성을 지닌다. 온 백성이 체험한 신앙이 여인과 아브라함이라는 상징 안에서 올바른 방향 제시를 위한 규범이자 희망으로 떠오른다. 아브라함과 마리아에게서 '전형적인 것'의 전체 모습이 가

77) *Ibid.*, pp.50. 55~56.
78) *Ibid.*, p.59.

시화된다. 아브라함과 마리아 안에서 그것의 '본질'이 모습을 드러낸다. '상징'이라 할 수 있는 아브라함과 마리아에게서 "본래의 실재(實在)가 드러난다."[79] 물론 아브라함과 마리아는 구체적이고 개인적인 인물로 여겨진다는 것이 간과되어서는 안 되고, 잊어서도 안 된다. 따라서 한 개인은 사라지지 않는다. '집단적 인격'은 바로 개인과 공동체를 중개하는 것이다. 이 둘은 하느님 앞에서 타당성을 지닌다. "이스라엘은 이름 없는 집단이 아니라, 이 역사 속으로 들어온 실제 사람들이다."[80] 그리고 특히 이스라엘 역사의 결정적 전환점에서 개개인의 행동은 모든 이에게 의미를 지닌다.

그리하여 루카 복음서 1장 26~38절과 연결되는 다리도 놓였다. 아브라함이 실제로 인격적 집약이자 이스라엘의 실현이듯, 그리고 심지어 전 인류를 위한 구원의 약속이듯, 마리아는 루카 복음서에서 아브라함을 능가하는 '새로운' 주축이자 신앙의 종말론적 실현이고, 따라서 이스라엘의 '새로운' 인물이 된다. 마리아가 바로 아브라함의 '강생'이라고 막스 투리안(Max Thurian)은 말한다.[81] 더 구체적으로 말하자면, 우리가 이미 보았듯이, 구약성경의 역사가 진행되면서 그들에게서 하느님의 약속이 진실해지는 '거룩한 남은 자들'에 대한 사고가 점점 더 전개되었다. 그러므로 예컨대 스바니야서 3장 14~16절에 명시된 약속은 이스라엘의 '남은 자들'(스바 3,12~13)에게 적용되고, 루카 복음서 1장과도 관계된다. 그 약속은 미카서 4장 7절과도 관련이 있다. 보잘것없

79) Lohfink / Weimer, *Maria*, p.248.

80) *Ibid.*, p.247.

81) Thurian, *Maria*, p.17.

는 이들, 가난한 이들, 겸손한 이들은 하느님 옆에서 은총을 받게 될 것이다. 그리고 이 '남은 자들'이 구체화된 인물이 바로 마리아다.[82] 그러나 이스라엘의 '남은 자'들은 교회의 원형이자 하느님께 마음을 연 사람들의 대표이므로, 마리아 역시 교회와 하느님을 찾는 이들을 대변한다. 마리아는 그들의 실제 상징이자 그들의 구체적인 실현이다.

이로써 우리는 두 번째 중요한 표상에 이르는데, 이 표상이 교회의 상징이자 모범적 실현인 마리아를 표현하는, 즉 '예형'으로 표현하는 배경을 이룬다.

1.2.2.2. '예형'에 대한 성경적 이해

예형(Typos) 또는 '원형'(Urbild) 역시 개인적 형태이든 집단적 형태이든 어떤 일이나 사건의 상황 또는 인격적 실재를 표현하는데, 이 인격적 실재는 구약성경에서 하느님에 의해 완성되었고 신약성경에서도 그것과 분명한 유사성을 지녔으며 경우에 따라서는 구조적 일치성을 지녔다.[83] 그렇게 볼 때 '예형' 개념은 분

---

82) 더 자세한 것은 다음 책을 참조하라: Laurentin, *Struktur*, pp.172~173.

83) 상세한 개념사는 다음 글에 나와 있다: St. G. Hall, "Typologie", in: *TRE* 34, pp.208~224(Lit.). 나아가 다음 책들도 보라: L. Goppelt, *Typos. Die typologische Deutung des Alten Testaments im Neuen*, Darmstadt, ²1981; P. Lengsfeld, *Adam und Christus. Die Adam-Christus-Typologie im Neuen Testament und ihre dogmatische Verwendung bei M. J. Scheeben und K. Barth*, Essen, 1965.
예형에 대해서는 일련의 대등한 표현들이 있듯이, 반대로 개념 역시 특별하지 않은 의미를, 예컨대 '표상'의 의미를 지닐 수 있다. 다음 글을 보라: Chr. Dohmen / E. Dirscherl, "Typologie", in: *LThK* ³10, p.322(Lit.).

명 성경적 근거를 지니고 있다. 이와 관련해서는 예컨대 로마서 5장 14절, 코린토 1서 10장 6절 및 11절, 베드로 1서 3장 21절을 보라. 이때 구약성경에서 '예형'이라 부르는 것이 신약성경에서는 원래 '되풀이'되지 않고, 궁극적으로 자리를 잡고 상승되고 부각되므로, 예전에 잠시 그리고 우선적으로 제시되었던 것이 이제는 환히 비치면서 완성된다. 이러한 노선에서 로마서 5장 14절에 나오는 '첫' 인간 아담(1코린 15,45)은 '마지막' 인간이자 '완성된' 인간인 그리스도의 예형으로 묘사된다. 그러한 예형적 일치는 구약과 신약의 관계에서만 존재하지 않고, 이미 구약성경 자체 안에도 존재한다. 따라서 예를 들어 예레미야서 23장 7~8절이나 이사야서 43장 16~21절에 기술된 이집트 탈출은 바빌론 유배에서 돌아오는 사건의 예형이 된다. 또는 예레미야서 31장 31절 이하에서 옛 계약은 앞으로 맺게 될 새 계약의 예형, 모범으로 묘사된다.

성경의 많은 대목에서 예형적인 일치를 가능하게 하고, 그 일치를 (인간적 환상이나 시적 창의성 또는 철학적 반성에서 비롯되는) 비유의 방식을 뛰어넘는 것으로 여기는 것은 구원으로 이끄는 하느님의 구세사적 행위가 실제로 연속성을 갖는다는 것, 그리고 이 행위의 내적인 '논리'라 할 수 있다. 비유적인 주석이 각 텍스트 안에서 더 심오한 것이나 남아 있는 것, 혹은 불변하는 것을 추적하여 찾아내는 반면, 예형적인 해석은 하느님의 역사적 행위의 다양한 방식이 서로 연결되어 있다는 '기본 원칙'을 밝혀내는 것을 목표로 삼는다. 하느님께서는 인간 옆에서, 그리고 인간과 함께 한 가지 목표를 향해 행동하시고 인간과 함께 목표를 향한 길 위에 계시므로, 목표를 앞둔 구간 하나하나와 그 구간들의 상황은 이제 앞으로 올 것, 최후의 것을 자유롭게 먼저 바라본다. 산악 여행을 하는 사람들이 각 구간을 지나면서 이미 정상을 어렴풋이 바라보고 길의 '논리'에 대해 조금 생각해 보듯이 말이다. 물론 그때그때마다 이미 지나온 길과 다가오는 정상에 비추어서만 길의 '논리'도 완전히 이해할 수 있다. 이는 다음 두 가지에 대한 이유이기도 하다. 즉, 구약성경에서만 아니라, 구약성경과 신약성경의 관계에서도 더 오래된 텍스트들은 늘 '재해석'(relecture)되어 있다(새로 난 구간은 오래된 구간을 새로운 빛에서 바라보게 한다)는 것, 그리고 궁극적인 '예형'은 신약성경으로부터 비로소 존재하는데, 여기서 하느님의 활동이 (물론 지금도 아직 완전히 이르지 못한) 목표에 도달했기 때문이라는 것이다.

'예형' 개념의 다른 의미 영역들이 있다. 오토 젬멜로트(Otto Semmelroth)는 그것을 신학사적이고 조직신학적인 관점에서 세 가지로 규정했다.

(1) 예형은 손으로 붙잡을 수 있는 형상 안에, 특히 어느 인물 안에 있는 정신적인 면을 대표한다. (이는 예전에 '집단적 인격' 아래서 실행된 것에 어느 정도 상응한다.[84])
(2) 예형은 그렇게 대표하는 것을, 즉 두 대상의 (인격적 유형이든 사물적 유형이든 간에) 실제적 관계를 가능하게 한다. 이는 하느님의 구세사적 행위로 그려진 커다란 호(弧)로 인해 실제적 관계에 기초를 둔 성경적 예형 관계에 상

84) 그러나 단지 '조금' 그렇다! 이렇게 이해하는 것은 플라톤이 이해한 '원형과 모상의 관계'에 근거하기 때문이다.

응한다.

(3) 예형은 윤리적 본보기를 표현한다.[85]

이 세 가지 의미는 마리아에게 적용되고 마리아에게서 구체화될 수 있다.

그러나 우리는 성경적 영역에 머물고 있다. 방금 언급한 예형적 측면은 성경 전체에서 발견할 수 있듯이, 마리아에 관한 신약성경 텍스트들의 기본 진술들도 비춘다. 마리아와 함께 이루어진 것은 구약에 맞서 하느님의 활동의 새로운 단계, 목표에 근접한 마지막 숭고한 구간이다. 아브라함이 마리아의 예형이듯, 마리아는 앞으로 교회와 모든 믿는 이의 예형을 이룬다. 마리아가 "신학적 상황(이 경우에는 교회에 대해)의 단순하고 교환할 수 있는 본보기로 축소된다면" 당연히 오해가 생길 거라고 요셉 라칭거는 지적한다. "예형의 의미는 오히려, 교회가 마리아라는 교환할 수 없는 인격체를 통해 그 인격적 형상 안에서 인식될 수 있어야 보존될 수 있다. 신학에서 인격은 사물로 환원될 수 없지만, 사물은 인격으로 환원될 수 있다."[86] 마리아 자신은 믿는 이로서 "인격 안에 있는 이스라엘, 인격 안에 있는 그리고 인격으로서 교회다."[87] 마리아의 "예!"라는 응답과 마리아에게 선사된 모성, 즉

---

85) O. Semmelroth, *Urbild der Kirche. Organischer Aufbau des Mariengeheimnisses*, Würzburg, ^{2}1954, pp.32~35. 여기서는(*Ibid.*, p.29 이하) '예형' 개념의 역사도 짧게 언급되어 있다. 예형은 윤리적 본보기도 의미할 수 있으므로, 독일어에서 첫째 의미와 둘째 의미에 대해 '앞선 보기'(Vorausbild)라는 단어를 사용하거나 본보기라는 말을 쓰도록 추천한다.

86) Ratzinger, *Erwägungen*, p.25.

87) *Ibid.*, p.24.

하느님 아드님의 어머니임은 하느님께서 이스라엘과, 인류 전체와 맺으신 계약의 가장 심오하고 가장 극적인 내용이다.

마리아에 대한 이러한 시각은 많은 신학자 사이에서 의견이 갈린다. 로핑크와 바이머가 작성한 더 긴 목록에 따라서[88] 다음과 같은 신학자들만 언급하겠다. 이브 콩가르(Yves Congar)에 의하면, 마리아는 "이스라엘 전(全) 역사의 완성"[89]이다. 브루노 포르테(Bruno Forte)에게는 마리아 안에서 "옛 계약과 새 계약을 받쳐 주는 선들이 교차된다."[90] 한스 우르스 폰 발타사르에 따르면, 마리아의 "예!" 응답은 "구약성경 전체가 바라는 아브라함의 신앙을 능가하는 통합, (…) 따라서 구약이 신약 속으로 들어간 것"[91]이다.

요셉 라칭거가 수많은 증인의 언급들을 바라보면서 다음과 같이 추론한 것은 옳다. 즉, 교회가 훗날 마리아에 관해 진술한 것들은 "결코 신약성경의 개별 텍스트에 국한된 진술로 끌어내릴 수 없고, 성경의 단일성이라는 위대한 관점을 표현한다." 따라서 이러한 관점을 더 이상 인지하지 못하면 "건전한 마리아론이 들어설 자리"[92]를 잃게 된다.

이러한 기본적 통찰은 '마리아의 노래'(마니피캇)에 의해 다시 한번 입증된다.

---

88) Lohfink / Weimer, *Maria*, pp.293~294.

89) Congar, *Christus*, p.16.

90) B. Forte, *Maria - Mutter und Schwester des Glaubens*, Zürich, 1990, p.97.

91) H.U. v. Balthasar, "Vorwort", in: J. Ratzinger / H.U. v. Balthasar(Hrsg.), *Maria, Kirche im Ursprung*, Freiburg i. Br., 1980, p.6.

92) Ratzinger, *Tochter Zion*, p.30.

1.2.3. '마니피캇' - 마리아의 노래(루카 1,46~55)[93]

그러자 마리아가 말하였다.

"내 영혼이 주님을 찬송하고

내 마음이 나의 구원자 하느님 안에서 기뻐 뛰니

그분께서 당신 종의 비천함을 굽어보셨기 때문입니다.

이제부터 과연 모든 세대가 나를 행복하다 하리니

전능하신 분께서 나에게 큰일을 하셨기 때문입니다.

그분의 이름은 거룩하고

그분의 자비는 대대로

당신을 경외하는 이들에게 미칩니다.

그분께서는 당신 팔로 권능을 떨치시어

마음속 생각이 교만한 자들을 흩으셨습니다.

통치자들을 왕좌에서 끌어내리시고

비천한 이들을 들어 높이셨으며

굶주린 이들을 좋은 것으로 배불리시고

부유한 자들을 빈손으로 내치셨습니다.

당신의 자비를 기억하시어

---

93) 그 충만함을 간과할 수 없는 '마리아의 노래'에 관한 연구들은 다음 책들에서 기본적으로 개관할 수 있다: P. Bemile, *The Magnificat within the Context and Framnework of Lucan Theology*, Frankfurt u.a., 1986; Th Kaut, *Befreier und befreites Volk. Traditions- und redaktionsgeschichtliches Untersuchung zu Magnificat und Benedictus im Kontext der vorlukanischen Kindheitsgeschichte*, Frankfurt, 1990, 특히 p.266부터. 그리고 계속해서 다루지 않은 역사적이고 주석학적인 개별 물음들에 관해서는 〔예컨대 원래 마리아가 아닌 엘리사벳과 관련된 찬가의 유래와 관계가 있을 연구 상황(Adolf v. Harnack) 등에 관해서는〕 다음 책에서 간략히 볼 수 있다: Knoch, *Maria*, pp.49~51.

당신 종 이스라엘을 거두어 주셨으니
우리 조상들에게 말씀하신 대로
그 자비가 아브라함과 그 후손들에게 영원히 미칠 것입니다."

마리아는 석 달가량 엘리사벳과 함께 지내다가 자기 집으로 돌아갔다.

여기서도 이 노래 끝부분에 아브라함이 언급된 점으로 보아, 그는 처음부터 모든 후손을 위한 역사적 토대로 등장한다. 여기서 하느님께서는 아브라함과 다른 조상들에게 하신 약속을 지키시기에 찬미 받으시는 분으로 드러난다. 그 약속은 이스라엘, 즉 '그분의 종인 이스라엘'의 역사의 토대를 이루고, 지금은 마리아 안에서, 즉 '주님의 종' 안에서 실현된다. 그리하여 마리아는 아브라함처럼 전 민족을 대변한다. 이는 제4 에즈라서 9장 45절에 다음과 같이 나오는 유사한 내용에서도 입증된다. "하느님께서는 당신 종을 들어 높이시고 나의 비천함을 보셨으며, 나에게 아들을 주셨다." 그러나 이 문헌에서 이야기하는 여인은 개인이 아니라 시온, 즉 이스라엘이다(제4 에즈라 10,44 참조). 바로 같은 의미에서 '마리아의 노래'를 부르는 이 역시 '개인' 마리아가 아니라, 마리아 안에서 인격화된 백성, 믿고 희망하는 하느님의 백성, 특히 '야훼 하느님의 가난한 이들'이다. 그들은 메시아를 기다리면서 자신들의 삶을 오롯이 바쳤고 지금도 바치고 있으며, 이제 마리아 안에서 자신들의 '종말론적 찬가'를 부르기 시작한다. 아브라함이, 더 정확히 말하면 그의 신앙이 모든 이를 위한 하느님의 약속을 받아들인 이후 지금까지 아브라함 안에서 하느님의 백성이 인격화되었듯이, 마리아 안에서, 그녀의 신앙을 토대로 약속이 실현되기 시작하는 한 이제 마리아 안에서 그분의 인격적 형상이 나타난다. 따라서 마리아가 사라가 아니라 아브라함과 대비되는 것은 우연이 아니다.

'마리아의 노래'에서 아브라함과 함께 시작된 구약성경 역사의 충만함이 기려지기에, 여기에는 구약성경 텍스트들에서 가져온 유사한 내용들이 가득하다. 그렇다, '마리아의 노래'는 그처럼 이미 기술된 것들의 총합이라 볼 수 있다(내용이 다소 불완전하기는 하지만, 그래도 네슬레 판(版)을 보라).

'마리아의 노래'는 '한나의 노래'(1사무 2,1~10)와 특히 긴밀히 연관되어 있다.

한나	마리아
제 마음이 주님 안에서 기뻐 뛰고	내 영혼이 주님을 찬송하고
주님께서는 저에게 큰 힘을 주셨습니다(독일어 성경에 따른 것임 - 옮긴이 주).	내 마음이 나의 구원자 하느님 안에서 기뻐 뛰니
주님처럼 거룩한 분이 없습니다. 당신 말고는 아무도 없습니다.	그분의 이름은 거룩하고
배고픈 이들은 다시는 일할 필요가 없다.	굶주린 이들을 좋은 것으로 배불리시고
주님은 가난하게도 가멸게도 하시는 분	부유한 자들을 빈손으로 내치셨습니다.
낮추기도(ταπεινοί) 높이기도 하신다.	비천한 이들(ταπεινούς)을 들어 높이셨으며

'한나의 노래' 역시 '메시아를 기다리는 노래', 가난한 이들과 비천한 이들, 굶주린 이들을 향하신 구원자 하느님의 자비를 기다리는 가난한 이들, 여기서는 구체적으로 임신하지 못한 여인의

희망과 승리하시는 그분의 영광과 모든 것을 '넘어서는' 힘을 표현하는 노래이다. 이 모든 것은 이제 마리아 안에서 통합되고 완전한 인격적 형상을 얻는다.

이는 겉으로 드러나는 부조화를 통해서 입증된다. 그러한 가시적 부조화는 "이 노래 전체의 의미를 올바르게 해석하는 열쇠"를 제공해 줄 수 있다.[94] 로핑크와 바이머는 다음과 같이 질문하면서 문제점을 지적한다. "마리아는 어찌하여 하느님께서 자신에게 결코 하지 않으신 일들에 대해 그분을 찬미하는가?" 마리아가 이 노래 앞부분에 언급한 것("그분께서 당신 종의 비천함을 굽어보셨기 때문입니다" 등)은 마리아 자신에게 해당하지만, 이어서 나오는 것("마음속 생각이 교만한 자들을 흩으셨습니다" "통치자들을 왕좌에서 끌어내리셨습니다" 등)은 마리아 자신에게 해당하지 않는다. 이러한 불일치를 없애려고 독일 『공동 번역 성경』은 이 노래 앞부분에 나오는 그리스어 부정(不定) 과거(Aorist) 시제(그리스어 문법의 동사 형태로 일회적이고 완결된 행위를 나타냄 - 옮긴이 주)를〔"그분께서 (…) 굽어보셨기 때문입니다"〕 이제 돌연 다르게, 즉 현재로 바꾼다〔"그분께서는 (…) 흩으십니다", 우리말 성경에는 "그분께서는 (…) 흩으셨습니다"로 나와 있음 - 옮긴이 주)〕. 그 이면에는 마리아가 하느님께서 자기에게 큰일을 하셨음을 안 뒤에야 하느님의 지속적인 행동을 바라보는 데로 시야가 확대된다는 가정이 깔려 있을 것이다. 그런데 '부정 과거'로 번역함으로써 사안이 그렇게 '원하는 대로' 진행될 수 있을까?

이런 까닭에 로핑크와 바이머는 물론 다른 여러 신학자도 『공

---

94) 특히 로핑크와 바이머(*Maria*, p.255 이하)는 노르베르트 로핑크(Norbert Lohfink)에 이어서 '불일치'에 주목한다. 이에 관해서는 다음 책도 참조하라: Mußner, *Maria, Mutter*, p.104 이하.

동 번역 성경』이 과거로 눈을 돌리는 '부정 과거'로 표현한 것을 찬성한다. '마리아의 노래'는 시종일관 하느님께서 이미 이루신 행위, 하느님께서 마리아에게서 행하신 것, 그분이 아브라함(=이스라엘)에게서 행하신 것에 관해 이야기한다는 것이다. "이 둘은 매우 긴밀히 연관되어 있다. 하느님께서 마리아를 잉태하게 하신 일은 (…) 마리아의 개인적 사안이 아니다. (…) 이 잉태는 오히려 예수를 하느님께서 아브라함 이래 이루신 활동 영역에 세운다. (…) 이에 비추어 볼 때, 하느님께서 마리아에게 이루신 행위와 그분이 과거에 이루신 행위 사이에는 벌어진 틈이 없다."[95] 그러므로 '마리아의 노래'에서 마리아는 이스라엘의 전 역사를 통합한다. 하느님께서 마리아에게 작용하신 것은 "그녀에게 바로 하느님께서 예전에 이미 당신의 종, 이스라엘 백성에게 일으키셨던 모든 기적의 종점이자 정점이다. 말하자면 마리아 안에서 이스라엘의 전 역사가 모여들고, 이제 하느님의 자비로 구세주께서 세상에 오신다"[96]라고 노르베르트 로핑크(Norbert Lohfink)는 강조한다.

이는 이 텍스트가 쉽지 않은 과정을 거쳐 구성되었다는 점에 의해서도 입증된다. 이 노래 앞부분은 하느님께서 당신 '종'을 받아들이셨음을 증명하고, 마지막 부분은 하느님께서 당신 '종 이

[95] *Ibid.*, pp.257~258. 물론 내 생각에 사람들은 로핑크와 바이머의 이러한 해석을 넘어 '부정 과거'의 예언적-선취적 의미를 유념할 것이다. 즉, 하느님은 당신이 행하신 것을 완성도 하실 것이다. 그분은 더 이상 가난한 이들도, 굶주리는 이들도 없고, 부유한 자들도, 교만한 자들도 없는 세상을 이끄실 것이다. 이와 관련해서는 다음 책을 보라: Mußner, *Maria, Mutter*, pp.110~111 mit Verweis auf Schürmann, *Lukasevangelium*, p.75.

[96] N. Lohfink, *Lobgesänge der Armen. Studien zum Magnificat, den Hodajot von Qumran und einigen späteren Psalmen* = SBS 143, Stuttgart, 1990, p.21. 바로 이 책은 로핑크와 바이머(*Maria*, p.255 이하)에게 중요한 연관성을 지닌다. 여기서(*Ibid.*, pp.17~18) 『공동 번역 성경』이 '부정 과거'로 번역함으로써 나타난 불일치를 지적하기 때문이다.

스라엘'을 받아들이셨음을 증명한다. 이러한 명확한 유사성은 여기에 언급된 '종'은 단순히 한 '개인' 마리아가 아니라, 이스라엘, 즉 하느님의 백성임을 명백히 드러낸다.

그러므로 우리가 이미 찾아낸 것이 다시 한번 입증되었음을 알게 된다. 즉, 하느님께서 마리아와 그녀의 아들 안에서 당신 백성을 궁극적으로 받아들이시면서, 마리아는 이스라엘을 대변하고 하느님의 백성을 대리하며, 이스라엘 전 역사를 자신 안에서 통합한다.

마리아는 노래를 부르면서 하느님의 자비와 그분의 자비가 넘치는 활동을 기린다. 하느님의 활동만이 가난한 이들과 보잘것없는 이들을 큰 변화로 이끈다. 따라서 변화하기 위해 인간이 스스로 자랑할 만한 것은 아무것도 없다. 따라서 마리아도 오직 하느님께만 영광을 드린다. 마리아는 자기 자신을 완전히 내려놓고, 최초의 사람으로 들을 수 있었던 복음의 첫 선포자가 되고, 장차 '이상적인 제자'로서 그것을 "마음속에 간직하고 곰곰이 되새긴다"(루카 2,19; 2,51). 그리하여 하느님께서는 다음과 같이 할 수 있으셨다고 막스 투리안은 요약한다. "하느님께서는 당신 피조물들 가운데 가장 가련하고 가진 게 아무것도 없는 이를 바라보셨다. 그 사람을 당신의 종으로 삼으시기 위해서다. (…) 마리아는 내세울 만한 게 아무것도 없었기에, 마리아는 아직 거의 어린아이와 같은 존재이기에, 마리아는 동정녀이고 가난하기에, 마리아는 전혀 알려지지 않은 작은 고을에 살기에, 마리아는 거만하지도 않고 힘도 없고 부유하지도 않기에, 그래서 하느님께서는 그녀를 사랑하신다. 그리고 마리아에게 큰일을 하시기 위해서 그녀를 택하셨다. (…) 그렇기 때문에 마리아는 모든 세대에게서 칭송을 받는다.” 그리고 마리아는 그것을 대변한다. 그 이유는 이렇다. “하느님께서 자신의 가난함을 자신이 바라는 주님의 종으로 인정해 주시는 한, 마리아는 자신이 받는 이러한 칭송이 자기 곁에 머물지 않고 하느님께로만 향할 수 있음을 안다.[97]

마리아 공경에 대한 정당화와 요청이 내포된 “이제부터 과연 모든 세대가 나를 행복하다 하리니”(2,48)라는 말은 ‘양심의 문제’로서 교회와 모든 그리스도인에게로 향한다. 그리스도인은 성경 원문에 미래 시제로 나와 있는, 그러니까 예언적 성격을 띤 이 말을 실행할지 여부를, 그리고 어느 정도까지 실행할지 여부를 깊이 생각해야 한다.

그러므로 마리아는 신앙의 ‘조화로운 충만함’일 뿐만 아니라, 다양한 영혼들이 구별되는 기준의 조화로운 충만함이기도 하다.

마리아도 시메온의 예언(루카 2,34~35)에 따라서 자신의 ‘영혼이 칼에 꿰찔리는 것’을 경험하게 될 것이다.[98] 마리아 자신이 그렇게 될 거라고 생각하기 때문이다. 영혼을 꿰뚫는 이 칼과 관련하여 사람들은 자기 아들이 이스라엘에서 경험하는 반대되는 힘을 마리아도 함께 겪는다고 생각하거나, 마리아가 거쳐야만 했던 끊임없는 배움의 과정(예컨대 루카 복음서 2장 19절에 암시되어 있다)을 생

[97] Thurian, *Maria*, pp.103~104.

[98] 우리는 여기서 이 주제를 계속 다룰 수 없다. 이 대목에 관한 주석 외에 예컨대 다음 책을 보라: Brown(Hrsg.), *Maria*, p.125 이하.
로랑탱(*Struktur*, p.73)은 ‘성전에서 아기 예수가 봉헌된 이야기’에서 ‘유년 사화’가 본래 시작된 것이라고까지 여긴다. “아기 예수가 성전에 들어가는 것은 그분의 백성 가운데 ‘영광’의, 다시 말해 야훼 하느님의 종말론적 거주가 장엄하게 시작되는 것이다.”

각할 것이다. 그러나 칼이 의미하는 바는 미카서 4장 9~10절에 따라서 '시온의 딸'의 삶이 해산하는 여인처럼 몸부림치고 신음하는 것으로 표현된 것과도 연관 지을 수 있다. 따라서 여러 해석이 가능하다. 그렇지만 역사비평적 성서주석학의 관점에서 보면, 전혀 다른 두 복음서의 의도를 섞어 놓는 것과 마리아에게 해당하는 '칼'에 관한 진술을 마리아가 십자가 아래서 아들과 함께 수난하는 것과 연관 짓는 것은 수용할 수 없다. 물론 영성 서적을 읽을 때에는 그렇게 연관 짓는 것이 가능하고 또 지당하다. 그러나 루카 스스로 칼이 의미하는 바가 정확히 무엇인지에 대해서는 아무것도 말하지 않는다.

그런데 마리아는 '결정적인 칼'(Schwert der Entscheidung)을 맞았을 뿐만 아니라, 이스라엘과 교회의 입장도 대변한다. "이 두 곳에서 하느님 말씀의 칼을 통해 신앙의 시험이, 알곡과 쭉정이를 가려내는 일이 추락하거나 부활하기 위해 실행된다."[99] 그리고 이렇게 결정으로 이끄는 하느님의 말씀 안에는 당연히 다음과 같은 예언적 약속도 담겨 있다. "이제부터 과연 모든 세대가 나를 행복하다 하리니."

'마리아의 노래'에서 루카는 마리아가 육신의 어머니임을 부각시키지 않고, 하느님 백성의 예형으로서 그 특성을 보여 주는 마리아의 모습을 묘사한다. 마리아는 이스라엘을 대변하고, 이로써 다른 모든 이에 비해 두드러져 보이는 유일한 구세사적 의미를

---

99) Thurian, *Maria*, p.127. '칼'을 결정에 요구되는 '하느님 말씀의 칼'로 이해하는 것은 시대에 뒤떨어진 것이다(히브 4,12 참조). 루카 복음서 2장 24절과 관련해서는 암브로시우스의 책에 이미 기술되어 있다. 다음 책을 보라: G. Söll, *Mariologie* = HDG III.4, Freiburg i. Br., 1978, p.82.

지닌다.

루카의 전승이 연대기적으로 마태오의 전승을 따르더라도, 우리는 이제야 후자에 다가가려 한다. 마리아와 관련된 결정적인 성경적 시각을 전자가 더 명확히 제공해 주기 때문이다.

1.2.4. 마태오 복음서의 '유년기 사화'에 나오는 마리아(1,18~25)

루카는 자신이 쓴 '유년기 사화'에서 특히 마리아에게 주목하는 반면, 마태오는 요셉을 다윗의 후손으로서, 그리고 이로써 예수에게서 실현되는 메시아적 약속의 주역이자 보증으로서 부각시킨다. 유다 법에 따르면 누군가가 어느 가문에 속하느냐는 합법적인 아버지만이 결정할 수 있기 때문이다. 이런 맥락에서 보면, 마리아는 아무런 역할을 하지 않는다. 마리아의 가족 구성원에 관해서 우리는 아무것도 알 수 없으며 찾아낼 수도 없다. 예수가 다윗의 자손임은 요셉을 통해서만 이루어진다.

이는 이른바 '예수 그리스도의 족보'(마태 1,1~17)에서 분명해진다.[100] 이 대목의 앞부분에 나오는 "아브라함은 이사악을 낳고 이사악은 야곱을 낳았으며(…)"라는 문장 구조는 일정한 리듬을 타며 되풀이되다가 요셉에 이르러 완전히 끝난다. 요셉에 관해서

---

100) 이에 관해서는 다음 글을 보라: A. Vögtle, "Die Genealogie Mt 1,2~16 und die matthäische Kindheitsgeschichte", in: ders., *Das Evangelium und die Evangelien*. Düsseldorf, 1971, pp.57~136. 해당 대목에 대한 현대의 주석이 달린 중요한 구절들은 다음 책에 기술되어 있다: Schulte, *Herkunft*, pp.705~715.

는 "야곱은 (…) 요셉을 낳았다"라고 언급되어 있지만, '낳음'의 연결 고리는 더 이상 이어지지 않기 때문이다. 요셉에 관해서는 "마리아의 남편 (…) 마리아에게서 그리스도(메시아)라고 불리는 예수님께서 태어나셨다"[101]라고만 나와 있다. 예수는 다윗의 자손임을 부각하려는 의도를 분명히 지닌 복음사가는 그러한 직선적 노선에서 벗어나, "여기서 불필요해 보이는 어려움들을 만들어 낸다."[102] 이는 오직 한 가지 이유에서 분명하다. 즉, 마태오는 루카와 마찬가지로, 분명히 다른 전승 원천에서 끌어낼지라도, 동정녀 마리아가 어머니임을 대변하지만,[103] 요셉을 거쳐 아브라함과 다윗에게서 기인하는 메시아적 혈통과 마리아를 연결한다. 이로써 복음사가는 다음과 같은 점을 표현하고자 한다. 즉, 예수는 요셉에게서 태어나지 않았을지라도 구약성경에서 드러난 약속의 역사 가운데 서 있다. 더 나아가, 예수는 그 역사의 완성이다. 물론 '놀라운 여정' 위에서 말이다. 이 여정 위에서 하느님께서는 동정 잉태를 통해 이 다윗 가문 안에 전혀 새로운 출발점

101) 『공동 번역 성경』에는 "마리아에게서 예수님께서 태어나셨다"로 표현되어 있다. 그렇지만 원문인 그리스어 성경에는 여기서 동일한 단어(ἐγεννήθη)가 쓰였는데, 예전에는 '출산하다, 분만하다'로 번역되던 말이다. 이에 관해서는 다음 글을 보라: H. Riedlinger, "Mariens Jungfräulichkeit und Gottesmutterschaft", in: M. Seybold (Hrsg.), *Maria im Glauben der Kirche*, Eichstätt-Wien, 1985, p.40. 그와 페쉬(*Jungfrauengeburt*, p.68)도 신학적 수동태로 이해될 수 있는 수동 형태를 가리켜 보인다. 따라서 "마리아에게서 하느님이 태어나셨다"라고도 번역할 수 있을 것이다. 이는 페쉬에게 하느님 자신이 메시아인 성자의 아버지라는 것, 그러니까 메시아는 "단순히 이스라엘 역사로부터 나온 분, 역사의 결과물이 아니라 (…) 그렇게 기다리지 않은, 하느님의 순수한 은총의 선물임"을 '드러내지 않은 채 가리켜 보이는 것'이다(*Ibid.*, p.73). 바로 이 점이 이어서 명확히 전개된다. 낳음을 받은 예수는 "당신의 창조적 힘, 당신의 성령 안에 계시는 하느님"(*Ibid.*, p.76)이시다.

102) 이에 관해서는 다음 글을 참조하라: A. Müller / D. Sattler, "Mariologie", in: Th. Schneider(Hrsg.), *Handbuch der Dogmatik*, Bd. II, Düsseldorf, 1992, pp.155~187, 여기서는 p.160.

103) 이는 마태오가 '아기와 그 어머니'에게 여러 번 초점을 맞추지, '아기와 그 아버지'에 관해서는 결코 이야기하지 않는 사실에서도 드러난다.

을 두셨다.

마리아의 동정 잉태에 대한 마태오의 확신은 특히 마태오 복음서 1장 18~23절에서 잘 알 수 있다.

> 예수 그리스도께서는 이렇게 탄생하셨다. 그분의 어머니 마리아가 요셉과 약혼하였는데, 그들이 같이 살기 전에 마리아가 성령으로 말미암아 잉태한 사실이 드러났다. 마리아의 남편 요셉은 의로운 사람이었고 또 마리아의 일을 세상에 드러내고 싶지 않았으므로, 남모르게 마리아와 파혼하기로 작정하였다. 요셉이 그렇게 하기로 생각을 굳혔을 때, 꿈에 주님의 천사가 나타나 말하였다. "다윗의 자손 요셉아, 두려워하지 말고 마리아를 아내로 맞아들여라. 그 몸에 잉태된 아기는 성령으로 말미암은 것이다."

이 대목에 번역과 관련해서 몇 가지 문제점이 있다는 지적도 있다.

『공동 번역 성경』에 나와 있는 "(…) 탄생하셨다"라고 번역된 '게네시스'(γένεσις)라는 단어는 더 정확히는 "(…) 가문의 출신이었다"로 옮길 수 있을 것이다. 그다음 문장에 '탄생'에 관해 언급되지 않기 때문이다.

"약혼하였다" 대신에 "혼인하였다"로 표현하는 것이 더 정확한 번역이다. 루카 복음서 1장 34절을 비롯해 이 대목에서도 유다인들의 혼인 풍습이 전제되었기 때문이다. 이에 따라 다음 두 가지가 구분되었다.

(1) '에루신'(erûsîn)〔또는 '키두신'(quiddušîn)도〕, 그러니까 법적으로

합당하고 유효하게 거행되었으며 공적으로 인정된 혼인, 남편에게 아내에 관한 모든 권한을 주어 이 권한을 등한시하면 간통으로 여겨진 혼인

(2) '에루신'(erûsîn) 뒤에 1~2년간 친정에서 살고 있는 아내를 자기 집으로 데려오는 것(nîśû'wîn), 아내를 얻는 것(Heimführung)이 구분된 것이다.[104]

이 성경 대목은 마리아와 요셉이 이 '중간 시기'에 있음을, 다시 말해 두 사람은 합당하게 혼인했으며 따라서 마리아는 간통을 저지른 것도 아니고, 요셉에 의해 잉태한 것도 아님을 전제로 한다. '혼인하였다'로 명확히 번역하는 것은 이를 넘어 심오한 의미를 지닌 것이다. 그 의미를 슐테(R. Schulte)는 이렇게 기술한다. "결혼 생활은 단지 (언급될 수밖에 없는) 성행위로부터만, 그리고 성행위에서만 현실성을 지니고 유지되는 것이 아니다. 그렇기 때문에 요셉과 마리아와 관련해서도, 새 계약과 함께 그들은 하느님의 구원 사업에 참여한 부부였으며 그러한 사람들로서 살았다는 것이 주저 없이 전해졌을 것이다." 이로써 "하느님께서는 당신의 아들을 (…) 어느 부부와 다윗 가문에 맡기신다"[105]라는 사실이 더 분명히 밝혀지기 때문이다.

19절에 대해서 칼-하인츠 멘케는 해당 근거가 충분하고 프랑스어권 성서주석학의 전통에 서 있으며, 자유로운 형태로 표현된

---

104) 이와 관련해서는 다음 책들을 보라: H.L. Strack / P. Billerbeck, *Das Evangelium nach Matthäus, erläutert aus Talmud und Midrasch*, München, 1922, pp.45~46; H.L. Strack, *Einleitung zu Talmud und Midrasch*, München, ^{6}1976, pp.45~49; Schulte, *Herkunft*, pp.649~655.

105) Schulte, *Herkunft*, p.683, 116.

다음의 번역을 제시한다. “요셉은 마리아의 비밀을 들추어내고 싶지 않았다. (…) 그는 하느님의 행동에 부합하게 마리아와 함께 조용히 물러나 살기로 결심했다.” 요셉의 ‘두려움’은 자신이 따르고 싶지 않은 하느님의 행동에 대한 ‘경외심’에서 생긴 것이다.[106] 그렇기 때문에 20절은 다음과 같이 번역해야 했을 것이다. “요셉아, 두려워하지(=부끄러워하지) 말고 마리아를 맞아들여라. 마리아가 잉태한 아기는 성령으로 말미암은 것이기 때문이다.”

> “마리아가 아들을 낳으리니 그 이름을 예수라고 하여라.[107] 그분께서 당신 백성을 죄에서 구원하실 것이다.” 주님께서 예언자를 통하여 하신 말씀이 이루어지려고 이 모든 일이 일어났다. 곧 “보아라, 동정녀가 잉태하여 아들을 낳으리니 그 이름을 임마누엘이라고 하리라” 하신 말씀이다. 임마누엘은 번역하면 ‘하느님께서 우리와 함께 계시다’는 뜻이다. 잠에서 깨어난 요셉은 주님의 천사가 명령한 대로 아내를 맞아들였다. 그러나 아내가

---

106) Menke, *Fleisch geworden*, p.42. 다양한 번역 가능성을 놓고 벌어진 토론에 관해서는 다음 문헌들을 보라: R. Schulte, “Ökumenische Besinnung über die Stellung Marians in der christlichen Theologie”, in: Ordinariat der Erzdiözese Wien (Hrsg.), *Ökumenische Besinnung*, Wien, 1981, pp.10~11; ders., *Herkunft*, pp. 66~67. 81 이하.

107) 요셉이 예수라는 이름을 주는 것의 의미는 이렇게 생각해 볼 수 있다. 유다 전승에 따르면, 가장인 아버지가 아기를 무릎 위에 놓고 자기 아이라고 분명히 밝힘으로써 (본인이 그 아기를 직접 낳지 않았더라도) 그 아기는 가족의 ‘법적’ 구성원이 되었다. 그렇게 해야만 아기는 모든 권리와 의무를 지니고 가족의 일원이 되었다. 지금 우리가 다루는 성경 대목을 요약해 보자. “‘성령으로 말미암아 낳게 된 아기’가 다윗의 자손이 되기 위해서는 (…) 통용되는 유다 법에 따라 가족에 대한 저 관례를 따라야 했다. 즉, 다윗 가문에 속하는 가장은 태어난 그 아기를 (…) 아들이라 선언하고 ‘다윗의 아들’이라는 이름을 주어야 했다. (…) 요셉은 이 관례를 따르겠다고 (‘너는 그 아기에게 이름을 주어야 한다!’) 분명히 말한다”: Schulte, *Ökumenische Besinnung*, p.11; ders., *Herkunft*, pp.93~94. 여기서 슐테는 페쉬의 책(*Ausführungsformel*)을 참조한다.

아들을 낳을 때까지 잠자리를 같아하지 않았다. 그리고 아들의 이름을 예수라고 하였다.

이 성경 대목에는 예수의 잉태가 "성령으로 말미암아", 즉 하느님의 창조적인 힘으로 말미암아 이루어졌다는 사실이 두 번 강조된다. 그렇게 주어진 마리아의 동정 모성은 이사야서 7장 14절("보십시오, 젊은 여인이 잉태하여 아들을 낳을 것입니다")에 비추어 볼 때 구약성경적 약속의 실현이라는 주제가 된다.

이때 물론 주목할 점이 있는데, 히브리어 성경에는 '동정녀'가 아니라 '알마'('almah, 젊은 여인, 처녀)로 표현되어 있다. 이는 구약성경의 그 본래적 맥락에서 볼 때 당시의 불안정한 정치적 사태에도 불구하고 왕비가 아들을 낳음으로써 다윗 왕조를 계승시키기 위해 하느님께서 아하즈에게 하신 약속을 표현하고자 한다. 아무튼 내 생각에 이는 가장 개연성 있고 오늘날 많은 신학자가 내세우는 해석이다.[108] 결국엔 "이사야서 7장 14절 내에서 이 '젊은 여인' 내지는 '동정녀'의 정체성에 대한 물음이 (…) 영원히 열려 있어"야 할지라도 말이다.[109] 그리고 마르틴 뢰젤(Martin Rösel)이 주장하는 바처럼, 이사야서 7장 14절은 "구약성경에서

108) 킬리안(Kilian, *Verheißung*, p.68 이하)과 게제(Gese, *Natus*, p.142)는 이러한 해석 역시 큰 어려움들을 가져온다고 지적한다. 게제는 이러한 해석을 강하게 부인한다.

109) Fr. Sedlmeier, *Jes 7,14.* 킬리안도 이와 유사한 견해를 내놓는다: *Verheißung*, pp.93~94; ders., *Jesaja 1~12 = NEB* 17, Würzburg, 1986, p.62. 제들마이어와 킬리안은 가능한 해석에 관해 개관한다. 이때 마리아론을 주제로 다룬 것과 관련해서는 학(Haag, *Immanuelzeichen*, p.19)이 해석한 것이 특히 흥미롭다. "이사야서 7장 14절에 나오는 '알마'('almah)는 (…) 시온의 대리자, 다시 말해 세상 안에 있는 저 '자리', 야훼 하느님께서 다윗 가문의 '남은 자'를 구원된 하느님 백성의 '출발점'으로서 구상하신 곳이다." 베르게스(U. Berges, *Das Buch Jesaja. Komposition und Endgestalt*, Freiburg i. Br., 1998, p.116)도 흥미로운 해석을 내놓고 있다.

가장 많은 주석이 달린 구절"일지라도 말이다.

아퀼라와 테오도투스와 심마쿠스가 '알마'('almah)를 그리스어 '네아니스'(νεᾶνις, 젊은 여인)로 번역한 것과 달리, 『칠십인역』에는 이 단어가 '파르테노스'(πάρθενος, 동정녀)로 번역되어 있다. 더 눈에 띄는 사실은 『칠십인역』에서 이 단어는 통틀어 단지 두 번 그렇게 표현되어 있다는 것이다. 『칠십인역』 전체는 동시에 하나의 번역임을, 그러니까 성경 텍스트를 새로운 상황 속으로 들여보내는 새로운 해석(relecture)임을 생각하면, '알마'('almah)가 '파르테노스'(πάρθενος)로 바뀐 것은 본래적 진술이 당시의 역사적 맥락을 넘어 선명해지고 '결정적인 재해석'이 된 것임을 보여 준다.[110] 이제 '동정녀'는 여기서 '이스라엘의 거룩한 남은 자'로, 메시아를 낳는 '동정녀, 시온의 딸'로 이해될 수 있을 것이다.

그러므로 에른스트 학(Ernst Haag)과 헤르만 크루제(Hermann Kruse)[111]가 이미 이사야서 7장의 원본에 대한 해석을 위해 제안한 것, 즉 '알마'를 '동정녀, 시온의 딸'과 연관 짓는 것은 『칠십인역』에서 실제로 이루어졌다.[112] 마태오는 이 단어를 끌어내어 이

---

110) 제들마이어는 위에 인용된 책, 27쪽에서 회프켄의 책(P. Höffken, *Das Buch Jesaja,* Kapitel 1~39, Stuttgart, 1993, p.82)을 참조한다. 이러한 '재해석'에는 『칠십인역』이 하느님의 예언적 말씀을 원래는 그렇게 나와 있지 않지만 분명히 구원과 연관시킨 것도 포함된다.

111) 다음 글을 보라: H. Kruse, "Alma Redemptoris Mater. Eine Auslegung der Immanuel-Weissagung in Is 7,14", in: *TrThZ* 74(1965), pp.15~36.

112) 이러한 견해를 대표하는 신학자는 코이(A. v. d. Kooji, "Die Septuaginta Jesajas als Dokument jüdischer Exegese, Einige Notizen zu LXX-Jes. 7", in: *Übersetzung und Deutung,* FS A.R. Hulst, Nijkerk, 1977, pp.91~102, 여기서는 p.97 이하)다. 반면에 뢰젤(*Jungfrauengeburt,* p.14)은 다른 견해를 내놓는다. 그에 따르면, 『칠십인역』은 "이집트 알렉산드리아에서 성행한 헬레니즘적인 이해 모델을 토대로 이사야서 7장 14절에 나오는 임마누엘의 탄생을 약속된 구세주가 동정녀에게서 태어난 것으로 파악한다." 그렇지만 헬레니즘적인 유다교에 한 인간이 동정녀에게서 태어난다는 사고가 존재했는지는 매우 의문스럽다. 메시아가 오신다는 사고도 존재했을지라도 말이다. 팔레스티나의 유다교에서는 이러한 사고가 결코 배제될 수 없었다.

제 마리아에게 연관 지으면서 다시 한번 '새로운 해석'(relecture)을 시도한다.[113] 이로써 그가 마리아의 동정 모성과 그녀의 예형론적 의미도 강조한 것은 쉽게 이해되지 않을까? 마리아는 인격 안에서 약속을 실현하는 메시아를 잉태한 '동정녀, 시온의 딸'이다.

이런 해석이 맞는다면, 루카와 마태오는, 자신들이 원천으로 삼은 것과 신학적 관심사가 매우 다름에도 불구하고, 마리아는 동정녀로서 하느님의 어머니라는 것, 그리고 더 나아가 마리아는 이스라엘 역사의 인격적 주축이자 이스라엘 신앙의 예형적 형상이라는 것, 이 두 사안을 놓고 서로 대립하지 않는다.

---

113) 그러나 여기서 분명해지는 점이 있다. 복음사가는 이러한 '새 해석'을 시도하지 않았고, 그가 제시한 이야기는 "동정 잉태라는 사고를 마태오가 편집하기 이전에 이미 포함시켰다"라는 것이다. "마태오는 이러한 사고에 대한 책임이 없다. 그는 마리아가 동정녀임을 이미 잘 알려진 사실로서 가리켜 보인다"(Räisänen, *Mutter Jesu*, p.54). 캄펜하우젠(H. v. Campenhausen, *Die Jungfrauengeburt in der Theologie der alten Kirche*, Heidelberg, 1962, p.18)도 이와 유사한 견해를 내놓는다.

1.3. 요한 복음서에 나오는 마리아

요한 복음서에서 마리아에 관해 명확히 다루는 두 텍스트로 향하기 이전에, 이 복음서가 마태오 복음서와 루카 복음서처럼 예수의 동정 잉태를 알고 있었느냐는 질문에 대해서 논쟁의 여지가 있는 답변으로 잠시 다가가 보고자 한다.

1.3.1. 일반적인 내용

다음 세 가지 사실은 분명하고 이론의 여지가 없다.

(1) 요한 복음서는 '유년기 사화'를 알지 못한다.
(2) 그리스도론적 관심사는 전적으로 예수의 신적 기원으로 향해 있다.[114)]

114) 이때 말씀이 '어떻게'(Wie) 사람이 되느냐는 물음은 제기되지 않는다. 그리고 신약성경 문헌들과 초기 그리스도교 신학에서 선재(先在) 그리스도론과 예수의 동정 잉태에 대한 확신이 어떻게 결부되지 않느냐에 대해서도 답변되지 않는다. 이에 관해서는 다음 책을 참조하라: Brown(Hrsg.), *Maria*, pp.102~103. 251. 나중에야 사람들은 예수의 동정 잉태를 그분이 사람이 되신 '방법'이라고 해석했다. 본래 중요한 것은, 하느님께서 우리에게 오신 것과 하느님과 예수 그리스도의 놀라운 일치에 관한 다양한 견해다.

(3) 사람들이 불신하는 것은 예수를 완전히 '아래로부터' 규정했기에 그가 '위에서 왔음'을 간과하거나 부인하는 데서 생긴 것이다.

이러한 배경하에서 요한 복음서에서 사람들이 예수를 "요셉의 아들"이라고 두 번(1,45; 6,42) 표현한 것이 이해될 수 있다. 특히 6장 42절은 "요한 복음사가는 예수가 요셉의 아들이라는 견해를 갖고 있지 않음"을 보여 준다. "예수를 '요셉의 아들'로 부르는 것은 예수가 주장하는 바를 믿으려 하지 않는 이들이 자기들 편에서 주장하는 것이다. (…) 믿지 않는 이들의 눈에 나자렛 출신의 요셉의 아들로 비치는 사람은 사실 하늘에서 내려오신 분, 하느님의 아들이시다."[115] 이로써 요한 복음서가 예수는 '위에서 왔다'는 사고를 동정 잉태와 결부시키는지에 대해서는 물론 아직 결정되지 않았다. 이 점에 미루어 볼 때, 위 질문은 아직 열린 채로 있다.

일련의 저명한 주석가들[116]은 요한 복음서 1장 12~13절에 대한 아주 오래된 해석에 주목하고 있다. 그 해석에 따르면, '하느님에게서 태어난 존재'에 관한 결정적 진술은 복수로 나와 있지 않고, 따라서 신앙 안에서 새로 태어난 이들과 연관 짓지 않는다.

---

115) Menke, *Fleisch geworden*, p.48.

116) 그들 가운데 일부는 멘케의 책(*Fleisch geworden*), p.50에 나와 있고, 다른 주석가들은 다음 책에서도 볼 수 있다: Brown(Hrsg.), *Maria*, p.272. 주목할 만한 점은 요한 바오로 2세 교황도 1996년 7월 10일 수요 일반 알현 때 해당 대목을 단수로 읽었다는 것이다. 이에 관해서는 다음 문헌을 보라: www.vatican.va/holy_father/john_paul_II/audiences/1996/documents/hf_jp-II_and_19960710_it.html(2012년 12월 7일자 게재).

오히려 단수로 나와 있는 것이 예수 그리스도에게만 관계되는 유일무이한 사건을 문제시한다.

통상적인 해석 (가장 오래된 그리스어 사본)	가장 오래된 텍스트 전승
그분께서는 당신을 받아들이는 이들, 당신의 이름을 믿는 **모든 이에게** 하느님의 자녀가 되는 권한을 주셨다. **이들은** 혈통이나 육욕이나 남자의 욕망에서 난 것이 아니라 하느님에게서 난 사람들이다.	**그분께서는** 당신을 받아들이는 이들, 당신의 이름을 믿는 모든 이에게 하느님의 자녀가 되는 권한을 주셨다. **그분께서는** 혈통이나 육욕이나 남자의 욕망에서 난 것이 아니라 하느님에게서 난 분이다.

두 번째 해석이 맞는다면, 요한 복음서 1장 13~14절("남자의 욕망에서 난 것이 아니라")은 예수의 동정 탄생을 가리켜 보일 수 있을 것이다.

상이한 텍스트가 전승된 것이라는 반론에 대해서 무슨 말을 할 수 있을까? 또 그것에 반하는 의견에 대해서는 어떤 말을 할 수 있을까? 가장 오래된 파피루스 사본과 그리스어 사본(후자는 300년 전에는 나오지 않았다!)에서는 모두 그 대목에서 복수 형태를 쓰고 있다. 반면에 2~3세기에 나온 가장 오래된 성경 인용문들〔유스티누스(?), 히폴리투스, 이레네우스, 테르툴리아누스에게서 그리고 『사도서한』(*Epistula Apostolorum*)에서, 나중에는 암브로시우스와 아우구스티누스에게서도〕을 비롯해 지리적으로 수많은 곳에 유포되어 있던 『옛 라틴어 성경』(*Vetus Latina*) 필사본에는 단수 형태로 표현되어 있다.[117] 알렉산드리아에서만 2세기 말부터 복수 형태로 쓰인 증

117) 더 자세한 내용은 다음 책에 간략히 나와 있다: R. Schnackenburg, *Das Johannes-evangelium*, Bd. I, Freiburg i. Br., 1965, pp.240~241. 다음 문헌들에서 더 상세히 볼 수 있다: J. Galot, *Être né de Dieu. Jean 1,13,* Rom, 1969; P. Hofrichter, *Nicht aus Blut, sondern monogen aus Gott geboren. Textkritische, dogmenge-*

거가 발견되었다. 그렇다면 이제 단수에서 복수로 옮겨간 것에 대해서 설명하는 것이 더 쉬울까? 아니면 복수에서 단수로 옮겨간 것에 대해서 설명하는 것이 더 쉬울까? 테르툴리아누스는 첫째 방식을 확신했다. 그에 따르면 발렌티누스를 추종한 영지주의자들은 그 단어를 복수 형태로 잘못 풀이했는데, 그 이유는 모든 선택된 이들의 '은밀한 씨앗'(geheimen Samen)에 관한 자신들의 이론을 정당화하기 위해서였다.[118] 그 밖에 2세기 말에 그리스도는 "혈통에서 난 것이 아니라"라는 진술을 바로 가현설(假現說)로 평가한 목소리들이 나왔다. 왜냐하면 혈통을 잉태의 소재로 여겼고, 따라서 그리스도는 실제 인간으로 받아들여지지 않았다는 것, "혈통에서 난 것이 아니라"라는 표현을 당시에 권고할 수 없었기 때문이라는 것이다. 이런 까닭에 단수에서 복수 형태로 바뀌었다는 것이다. 정리해 보자. "그리스도론에 근거하여 단수 형태를 쓰는 것은 가현설로 보이거나 마니교의 주장으로 보이기에 삭제해야 하는 것으로 판단되었고, 말씀이 사람이 되신 것은 마리아로부터 이루어진 것이라고 정의한 에페소 공의회에 근거하여 이후 더 이상 사용할 권한을 갖지 못했다."[119]

반대로 복수에서 단수로 옮겨간 것은 설명하기가 더 어렵다. 그렇기 때문에 체계적으로 연구하는 일련의 주석가들과 신학자

---

schichtliche und exegetische Untersuchung zu Joh 1,13~14, = FzB 31, Würzburg, 1978; I. de la Potterie, "la Mère de Jésus et la conception virginale du Fils de Dieu. Étude de théologie johannique", in: *Mar.* 40(1978), pp.41~90. 하우케[M. Hauke, "Die 'virginitas in partu'. Akzentsetzung in der Dogmengeschichte", in: A. Ziegenaus(Hrsg.), *"Geboren aus der Jungfrau Maria"*, Regensburg, 2007, p.92]는 이렇게 생각한다. "지리적으로 유포되어 있는 것은 단수로 이해하기 위한 강력한 논증이다."

118) Cf. Tertullian, *De carne Christi* 19(*CC* 2, p.907).

119) Hofrichter, *Nicht aus dem Blut*, p.165.

들은 요한 복음서 1장 13절에서는 단수로 사용되었다고 언급한다.[120] 이에 대해서 대다수 주석가는 더 회의적이다. 따라서 미국의 '교회 일치를 위한 연구'에서는 마리아에 관해 다음과 같이 말한다. "우리는 압도적인 다수의 텍스트 비평가들과 번역에 근거하여 그 대목에서는 복수로 쓰였다고 해석하는 게 맞다고 본다. 유일한 그리스어 필사본에서 증명되지 않은 해석에 우위를 두는 것은 의문스러울 뿐만 아니라, 이 문맥도 여기서 핵심적인 것은 그분을 받아들이지 않는 자들과 대비되는 믿는 이들의 본성이라고 설명한다."[121]

이처럼 불확실한 원천과 이와 같은 '균형 상태'를 고려할 때 요한 복음서 11장 13~14절을 마리아론에 관한 진술로 고찰할 수는 없을 것이다. 더 정확히 말하자면, 이 구절은 요한 복음서에서 예수의 동정 출생에 대한 역사적 논거로 제시될 수 없다.

1.3.2. '카나의 혼인 잔치'에 나오는 마리아(2,1~12)

/참/고/문/헌/

M.E. Boismard, *Du baptême à Cana*, Paris, 1956, pp.133~159: A. Smitmans, *Das Weinwunder von Kana. Die Auslegung von Jo 2,1~11 bei den Vätern und heute*, Tübingen, 1966; A. Vanhoye, "Interrogation johannique et exégèse de Cana(Jn

---

120) 예를 들면 다음 책들에 그렇게 나와 있다: Potterie, *Mère*, p.59~86; J. Galot, Maria. *La donna nell'opera salvezza*, Rom, [3]2003, pp.127~128; Hauke, *viriginitas*, pp.91~92; Menke, *Geboren*, p.48 이하.

121) Brown(Hrsg.), *Maria*, p.145.

2,4)", in: *Bib.* 55(1974), pp.157~167; I. de la Potterie, "Maternità di Maria e maternità della Chiesa secondo la tradizione giovannea", in: *Atti del* 3° Simposio Mariologocio Internat., Rom u.a., 1981, pp.289~294; Brown(Hrsg.), *Maria*, pp. 145~156; G. Lohfink, "Das Weinwunder zu Kana. Eine Auslegung von Joh 1,1~12", in: *GuL* 57(1984), pp.169~182; Lohfink / Weimer, *Maria*, pp.260~264.

사흘째 되는 날, 갈릴래아 카나에서 혼인 잔치가 있었는데, 예수님의 어머니도 거기에 계셨다. 예수님도 제자들과 함께 그 혼인 잔치에 초대를 받으셨다. 그런데 포도주가 떨어지자 예수님의 어머니가 예수님께 "포도주가 없구나" 하였다. 예수님께서 어머니에게 말씀하셨다. "여인이시여, 저에게 무엇을 바라십니까? 아직 저의 때가 오지 않았습니다." 그분의 어머니는 일꾼들에게 "무엇이든지 그가 시키는 대로 하여라" 하고 말하였다.

거기에는 유다인들의 정결례에 쓰는 돌로 된 물독 여섯 개가 놓여 있었는데, 모두 두세 동이들이었다. 예수님께서 일꾼들에게 "물독에 물을 채워라" 하고 말씀하셨다. 그들이 물독마다 가득 채우자, 예수님께서 그들에게 다시, "이제는 그것을 퍼서 과방장에게 날라다 주어라" 하셨다. 그들은 곧 그것을 날라 갔다. 과방장은 포도주가 된 물을 맛보고 그것이 어디에서 났는지 알지 못하였지만, 물을 퍼 간 일꾼들은 알고 있었다. 그래서 과방장이 신랑을 불러 그에게 말하였다. "누구든지 먼저 좋은 포도주를 내놓고, 손님들이 취하면 그보다 못한 것을 내놓는데, 지금까지 좋은 포도주를 남겨 두셨군요." 이렇게 예수님께서는 처음으로 갈릴래아 카나에서 표징을 일으키시어, 당신의 영광을 드러내셨다. 그리하여 제자들은 예수님을 믿게 되었다.

그 뒤에 예수님께서는 어머니와 형제들과 제자들과 함께 카파르나움으로 내려가셨다. 그러나 그곳에 여러 날 머무르지는 않으셨다.

지금까지 가장 다양한 해석이 나왔고, 여전히 나오고 있는 '카나의 혼인 잔치' 이야기는 공관 복음서의 기적 사화들과 비교될 수 없다. 공관 복음사가들에게는 이미 역사적 사건과 신학적 해석과 메시지가 서로 구분되지 않고 스며들어 있을지라도, 요한 복음서에서는 신학적 진술이 거리를 두면서 첫째 자리를 점하고, 특히 포도주의 기적은 예수의 '영광'을 드러내는 '첫 번째 표징'(ἀρχὴ τῶν σημείων)으로 소개되기 때문이다. 이 표징은 숫자상 '첫 번째'를 의미할 뿐만 아니라, 높은 개연성과 함께 가장 기본적이고 근원적인 사건에 가까운, 말하자면 원형적 표징도 의미한다.

'무대'와 인물들, 행동이 전개되는 상황은 매우 중요하다.[122] 우리가 알고 있듯이, 혼인 잔치는 구약성경에서 계약의 하느님과 그분 백성의 매우 긴밀한 관계를 표현하기 때문이다. 신약성경에서 혼인 잔치는 하느님의 아드님과 그분 교회의 가장 내적인 일치를 가리키는 표징이다(마태 22,2; 요한 3,29; 에페 5,25 이하; 묵시 19,7~8). 따라서 표징의 행동이 된 무대는 '메시아적 특성'을 지닌다. 이 말은 기적의 대상인 포도주에도 적용된다. 포도주는 창조주 하느님께서 주신 좋은 선물, 그분이 내리시는 복의 표징일 뿐만 아니라, 그분이 약속하신 다가오는 영원(永遠, Äon)도 가리켜 보인

---

122) 일련의 주석가들은 "사흘째 되는 날"이라는 시간에 대해서도 더 심오한 신학적 의미를 얻고자 시도한다. 그러나 이러한 시도들은 논쟁의 여지가 있고 때로는 모순되기에, 우리는 이에 다가가지 않는다.

다. 이 영원 안에서 메시아는 포도주가 흘러넘치게 하시고 사람들은 늘 축제 기간을 보내게 될 것이다.[123] 이에 관해서는 예컨대 아모스서 9장 13절이 증명한다. "보라, 그날이 온다. 주님의 말씀이다. (…) 산에서 새 포도주가 흘러내리고 모든 언덕에서 새 포도주가 흘러넘치리라." 이런 까닭에 포도주는 종말론적 잔치(예컨대 이사야서 25장 6절)도 대변한다. 이 종말론적 잔치 때 창조와 역사가 완성될 것이다.

'카나의 혼인 잔치'에서 포도주가 없다는 것은, 이러한 배경에서 구약성경의 계약의 백성은 물로 깨끗해지지만 메시아 시대에 사용할 포도주는 아직 가지고 있지 않다는 것이 표현된 것이다. 이 메시아 시대를 위해 기다린 '흘러넘치는' 기쁨은 지금 우리가 다루는 성경 대목에도 깔려 있다. 기적이 일어나 포도주를 담을 물독들에 미루어 볼 때, 혼인 잔치에 온 손님들은 대략 600리터의 포도주를 마실 수 있다. 이는 그들이 마실 수 있는 양보다 더 많다. 결국, 포도주 기적을 행하시는 분 역시 메시아의 위엄을 가리키는 징후를 통해 드러난다. 그 이유는 이렇다. 알렉산드리아의 필로는 이미 로고스('둘째 위격')를 포도주를 가져오신 분, '오이노페로스'(οἰνόφερος)라고 불렀다. 이제 예수는 물을 포도주로 변화시키면서 자신과 함께 메시아의 혼인 잔치가 시작되었음을 알리신다. 그분은 '새 계약'을 세우시는데, 그 계약은 '더 좋은 포도주'의 표징 아래 있고, '물'을 통해 더 질 낮은 포도주를 없애 버리기 시작함을 의미한다.[124]

---

123) 다음 두 가지가 이와 일치한다. 즉, 구약의 아가에서 두 중심인물의 사랑에는 늘 포도주나 포도나무 또는 포도밭의 표상이 따른다는 것, 그리고 잠언 9장 1~2절에서는 포도주가 '지혜인 여인'의 특별한 선물로서 진리와 통찰의 상징이라는 것이 그러하다.

124) 일부 주석가들은 유다인들의 정결례에 쓰이는 물이 담긴 항아리가 핵심어인 '율법'

새 계약이 세워지는 이러한 '원형적' 사건이 일어날 때 마리아도 '거기에' 있다. 예수와 제자들도 초대를 받았지만, 그들은 먼저 홀로 '거기에' 있는 마리아와 분명히 관계없는 것처럼 보인다. 이 사건이 끝날 무렵에야 처음에는 분리되어 있다가 등장한 인물들이 함께 떠나간다. "그 뒤에 예수님께서는 어머니와 형제들과 제자들과 함께 카파르나움으로 내려가셨다"(12절). 그사이에 무슨 일이 일어났던 걸까?

마리아는 포도주가 동이 난 것을 통해서 신랑과 신부가 곤경에 처했음을 알고, 아들에게 기적을 일으키도록 은밀하게 청한다. 이 역할을 하는 마리아는 이스라엘의 대리자로서 그곳에 존재한다. 예수가 대답하시며 "여인이시여"라고 부른 것은 마리아의 '예형적 역할'을 가리키는 것으로 보인다. 자기 어머니를 그렇게 부른다면, 이는 유다 사회에서 대단히 기이한 것이다. 이와 관련해서는 당시 유다교의 모든 어법과 일상어를 고려할 때 유사한 점이 전혀 없다.[125] 복음사가 자신도 요한 복음서 17장 26절을 제외하고는, 늘 '예수의 어머니'에 관해 이야기한다. 그러나 '여인'이라는 호칭이 사용되었고, 요한은 대체로 마리아의 이름을 부르지 않으므로, 마리아는 여기서, 훗날에는 십자가 옆에서도 개인적 '역할'에서 벗어나 예수의 친어머니로 들어 올려지고, '초인격적인 것'을 가리키는 인물로 묘사된다. 마리아는 이스라엘, '시온의 딸', 메시아에게서 해방을 갈망하는 계약의 백성을 구체화한다.[126] 이 갈망은 이스라엘 백성이 오랫동안 기다려 온 메시

아래에 놓여 있고, 신약의 "은총과 진리"(요한 1,17 참조)를 통해 분리된 구약의 표징이라고 바라본다.

125) 이에 관해서는 다음 책을 참조하라: Ben-Chorin, *Mutter*, p.104.

126) 이에 관해서는 다음 책들도 보라: de la Potterie, *Maternità*, pp.289~294; ders.,

아가 표징을 통하여 신분이 증명될 것이고, 또 증명되어야 한다는 것(요한 복음서에서는 예컨대 2장 18절, 4장 48절 참조), 따라서 메시아적 해방은 표징을 통해서 '구체적으로 볼 수 있다'는 것 역시 포함한다. 우리가 지금 다루는 성경 구절에서 마리아도 참여하고 있는 이러한 기다림에 대해서 예수는 "나와 너 (사이에) 무엇이 있느냐?"며 맞서신다. 이 말은 셈족어(Semitismus)의 특징으로, 성경에서 자주 등장하는데, 방해하거나 부당하다고 여겨진 개입을 물리치기 위해 사용된다. 우리가 지금 다루는 성경 대목의 진행 과정을 보면, 예수는 이렇게 말씀하시면서 결국 기적을 행하실 것을 거부하지 않으신다. 그분은 기적을 일으키신다. 그렇지만 예수가 처음에 거부하신 것 안에는 한 '여인'에게, 즉 구약성경의 계약의 백성에게 하는 요구 사항이 담겨 있다. 즉 신앙을 그저 표징에 고정시키지 말 것, 따라서 사건의 겉모습에만 시선이 머물지 말 것,[127] 아직 '때가 오지 않은' 그분께 주목할 것 등을 요구하는 것이다. 아버지께서 그것을 원하실 때, 그러니까 아들 예수가 십자가에 달렸다가 들어 높여질 때가 비로소 그분의 때일 것이다. 그러한 신앙만이 새로운 구원 질서에 부합한다. 그러한 신앙을 지녀야만 "보지 않고도 믿는 사람은 행복하다"(요한 20,29)라는 말씀을 들을 수 있다. 이런 맥락에서 게르하르트 로핑크에

Mére, p.43.
일련의 주석가들은 '여인'이라는 호칭에서 창세기 3장에 나오는 하와의 역할이 상징적으로 암시되었다고 본다. 이에 관해 간략히 설명되어 있는 다음 책을 보라: Brown(Hrsg.), *Maria*, pp.150~151.

127) 멘케(*Fleisch*, pp.52~53)는 이런 맥락에서 요한 복음서의 다른 대목들(가령 3,1 이하; 4,31 이하)을 옳게 가리킨다. 그 대목들에서도 중요한 것은 전면에 나와 있는 요소들(육신적 탄생, 육적 음식)을 더 심오한 의미로 끌어올리는 것이다. 여기서도 이와 유사한 것이 중요하다. 즉, 참으로 믿는 이는 세상에서 포도주를 충분히 마시고 싶은 자신의 바람을 메시아가 오시어 주실 포도주에 대한 갈망으로 승화시켜야 한다.

따르면, 마리아에게서 다음과 같은 점이 분명해진다.

> "예수가 자기 주변에 모이게 한 저 참된 이스라엘은 살과 피를 통해 사람들을 모이게 하는 곳에서 생겨나지 않고, 사람들이 하느님의 계획 속으로 들어간 곳에서만 생겨난다." 따라서 마리아는 "살과 피에서 나와 종말론적인 이스라엘로 아직 발걸음을 내닫지 않은" 믿는 이들을 대변한다. "그러나 그것은 이런 뜻이다. 마리아는 요한 복음서에서 구약성경의 이스라엘을 대변한다. 물론 (…) 최상의 의미에서 마리아는 오롯이 거기에 있다. 마리아는 이미 들을 준비가 되어 있다. (…) 오직 마리아만이 자기 아들이 행하는 것을 기다린다. (…) 그러므로 마리아는 메시아 시대가 오기를 희망하는 저 이스라엘을, 하느님에 의해서 참된 이스라엘이 되기 위해 모일 준비가 되어 있는 이스라엘을 대표한다."[128]

마리-에밀 브아스마(Marie-Émile Boismard)는 마리아가 예수에게서 당한 '거절'을 달리 이해한다.[129] 그는 예수가 자기 어머니의 청에 대해서 처음에 한 대답을 의문문이라고 여긴다. "아직 저의 때가 오지 않았지요?"라고 본 것이다. 그렇다면 긍정적으로 말해야 한다. 이제 메시아의 때가 온 것이다. 그렇기 때문에 자연적인, 가족의 유대는 더 이상 정당성을 지니지 않는다. 따라서 어머니가 관여하는 것도 그러하다.

---

128) Lohfink / Weimer, *Maria*, pp.263~264.

129) Boismard, *Du baptême*, pp.150~157. 다음 책도 이와 유사한 내용을 담고 있다: Vabhoye, *Interrogation*.

여기서 해석이 그런 방향으로 나아가더라도, 예수의 '거절'에 대해서 마리아가 한 '대답'은 신앙에서 우러나온 것임은 매우 중요하다. 마리아는 일꾼들에게 "무엇이든지 그가 시키는 대로 하여라"(5절)라고 말하고, 이로써 개개인과 당신의 백성을 향한 하느님의 부르심에 부합하는 것, 창조주와 피조물의 관계에 완전히 부합하는 것, 즉 신앙을 실현한다. 중요한 것은 하느님의 말씀을 듣고 지키고 실행하는 것이다(참조: 루카 8,21; 11,28). 이로써 '여인'은 구약성경의 구원 공동체에서 신약성경의 구원 공동체로 옮겨감을 실현한다. 마리아는 '교회의 여성', 교회의 예형, 원형, 상징이 된다. 나중에 골고타에서 '그분의 때가 온' 뒤에야 마리아는 자신의 역할을 이해하고 실행하게 될 것이다. 그러나 지금 이미 그분의 때가 왔음이 선취되었다. 메시아가 포도주를 흘러넘치도록 선사하시고 '혼인 잔치가 벌어지'면서 말이다. 예수가 어머니의 청을 '매몰차게' 거절한 뒤에 마리아의 신앙으로 인해 두 사람은 이제 서로의 입장을 '양해'하게 되었다.[130] 따라서 이 성경 대목의 끝부분도 이해할 수 있다. 1절에서는 예수와 제자들과 어느 정도 '떨어져' 있던 '여인'은 이제 더 이상 홀로 있지 않고, 예수와 그분을 따르는 이들과 함께 떠나간다. 이제 "마리아와 제자들은 메시아적 공동체를 이루고, 방금 당신의 영광을 드러내신 하느님의 아드님에 대한 신앙 안에서 하나가 된다. (…) 이는 주님의 말씀을 듣고 아버지의 뜻을 실행하는 교회의 핵심이다."[131]

130) 이에 관해서는 다음 책을 참조하라: Wilckens, *Maria*, p.252. 이어서 다음과 같은 내용이 덧붙여진다. 즉, 마리아는 다시 십자가 아래 등장한다. "따라서 다시 어머니와 아들이 서로 양해하는 것이 중요하다. 그러나 예수는 자신이 사명이 '다 이루어진'(19,30) 지금 '사랑하시는' 제자에게 어머니를 내맡기신다(19,26~27)"(*Ibid.*, p. 273).

131) Thurian, *Maria*, p.172.

교회의 핵심 안에서 마리아는 결정적 역할을 한다. 그리하여 루돌프 불트만(Rudolf Bultmann)조차 이 성경 구절에 대해 다음과 같이 기술한다. 마리아는 "그 안에서 주님의 어머니라는 특별한 의미가 이제 지당해진 무리에서 유래한다."[132)]

1.3.3. 십자가 아래 서 있는 마리아(19,25~30)

/참/고/문/헌/

• Mußner, *Maria, Mutter*, p.35 이하(Lit.); F. Siegert, "Die Mutter Jesu und der Lieblingsjünger", in: J.C. de Vos / F. Siegert(Hrsg.), *Interesse am Judentum*, Münster, 2008, pp.411~417; I. de la Potterie, "Das Wort Jesu 'Siehe deine Mutter' und die Annahme der Mutter durch den Jünger", in: J. Gnilka(Hrsg.), *Neues Testament und Kirche*, FS R. Schnackenburg, Freiburg i. Br., 1974, pp.191~219; ders., "Le symbolisme de sang et de l'eau en Jn 19,34", in: *Did(L)* 14(1984), pp.201~230; U. Wilckens, "Maria, Mutter der Kirche(Joh 19,26~27)", in: R. Kampling / Th. Södimg(Hrsg.), *Ekklesiologie des Neuen Testaments*, FS K. Kertelege, Freiburg i. Br., 1996, pp.247~266; Cantalamessa, *Maria*, pp.131~197(체계적으로 조명함).

예수님의 십자가 곁에는 그분의 어머니와 이모, 클로파스의 아내 마리아와 마리아 막달레나가 서 있었다. 예수님께서는 당신의 어머니와 그 곁에 선 사랑하시는 제자를 보시고, 어머니에게 말씀하셨다. "여인이시여, 이 사람이 어머니의 아들입니다." 이어서 그 제자에게 "이분이 네 어머니시다" 하고 말씀하셨다. 그때부터

---

132) R. Bultmann, *Das Evangelium des Johannes*, Göttingen, [16]1959, p.81.

그 제자가 그분을 자기 집에 모셨다.

그 뒤에 이미 모든 일이 다 이루어졌음을 아신 예수님께서는 성경 말씀이 이루어지게 하시려고 "목마르다" 하고 말씀하셨다. 거기에는 신 포도주가 가득 담긴 그릇이 놓여 있었다. 그래서 사람들이 신 포도주를 듬뿍 적신 해면을 우슬초 가지에 꽂아 예수님의 입에 갖다 대었다. 예수님께서는 신 포도주를 드신 다음에 말씀하셨다. "다 이루어졌다." 이어서 고개를 숙이시며 숨을 거두셨다.

이 성경 대목도 신학 및 신앙의 역사가 진행되면서 무수히 또 매우 다양한 방식으로 해석되었다. 그렇지만 '신비적인' 내지 '상징적인' 해석만이 요한 복음서에 적합할 것이다.

이 장면을 단지 '역사적'("그것이 지금 이루어졌다!"라는 의미에서)이거나 '가정적-개인적'("예수는 돌아가시면서 당신의 어머니를 염려하신다!"라는 의미에서)으로만 해석하는 것도 참으로 불합리할 것이다. 특히 이 장면은 거의 역사적이지 않기 때문이다. 그 이유는 예수의 어머니가 십자가 아래 서 있었다는 것을 공관 복음사가들은 알지 못하기 때문이다. 그러나 이 장면이 특별한 신학적 중요성을 지니지 않았다면, 요한은 그러한 '장면'을 만들어 내지 않았을 것이다. 십자가 사건 때 벌어진 상황들을 복음사가가 다음과 같이 5가지로 보도한 것은 더 심오하고, 성경의 예언이 대체로 이루어졌음을 알리는 의미를 지니고 있다는 점도 그에 상응한다.

(1) "유다인들의 임금"이라고 적힌 명패가 십자가 위에 달림

(2) 시편 22편 19절에 따라서 군사들이 예수의 겉옷을 나누어 가짐

(3) 마리아와 제자

(4) 시편 69편 22절을 인용하여 묘사한 예수의 죽음

(5) 탈출기 12장 46절, 시편 34편 21절, 즈카르야서 12장 10절에 따라서 예수의 옆구리가 창으로 찔림

이렇게 5가지가 그러하다. 구원 사업과 구약성경에 드러났던 구원에 대한 약속의 실현이 중요하게 여겨지는 이러한 맥락에서 '세 장면' 역시 더 심오한 의미를 지녔음에 틀림없다.

이는 카나에서 일어난 포도주 기적에 관한 구절과 분명히 연관됨으로써 증명된다. '당시에는' '그분의 때'가 아직 오지 않았다. 그러나 이제 때가 왔다(요한 13,1; 17,1). 당시에 예수는 자신의 영광을 드러내기 시작했다. 이제 그 영광은 십자가에 달려 자신을 낮추는 역설적인 모습 가운데에서 드러난다.[133] 따라서 카나에서 어느 정도 선취되었던 것이 이제 실현된다. 카나의 혼인 잔치 때 외에 지금 십자가 아래서 사용된 '여인'이라는 호칭도 그것을 가리켜 보인다. 마리아는 여기서 '개인'으로 서 있지 않고, 카나에서 이미 앞서 구상된 것을 이제 실현하는 인물로 서 있다. 간략히 말하자면, "카나에서 그랬듯이 마리아는 여기서 이스라엘을 대변한다."[134]

마리아는 십자가 아래서도 예수의 육신의 어머니임을 넘어 예형적 역할을 하면서 하느님 백성의 상징, '교회의 여성'으로 묘사

133) Cf. Lohfink / Weimer, *Maria*, p.265.

134) X. Léon-Dufour, *Un bibliste cherche Dieu*, Paris, 2002, p.148.

된다. 십자가에서, 그리고 예수의 죽음에서 그분은 아버지께로 들어 높여지시고, 그분에게 '성령께서 오시기'(παρέδωκεν τὸ πνεῦμα) 때문이다. '새로운 창조'가 시작되고, '새 계약'이 예수의 피와 그분이 보내신 성령 안에서 체결된다. 이로써 모든 일이 다 이루어졌다. 그리고 예수의 과업이 이렇게 완성된 시점은 '유다인들과 이방인들'에게서 교회가 탄생한 때이다. 따라서 다른 신약성경 문헌들에 따르면 부활 날과 성령 강림 날에 교회의 설립이 이루어졌는데, 요한에게 있어서는 십자가 아래서 이루어진다. 요한 복음서에서는 십자가 옆에서 부활과 성령 강림이 동시에 일어난다. 이렇게 교회가 설립되는 상황에 '여인'과 예수가 사랑하시는 제자가 참여했다.

예수는 "여인이시여, 이 사람이 어머니의 아들입니다"라고 말씀하시면서 '교회의 여성'에게 당신이 사랑하시는 제자, 성실하게 믿는 모든 이를 대변하는 제자를 맡기신다. 그리하여 제자들이 진통을 겪으면서 아기를 낳은 어머니(이사 66,7~8 참조)에게 맡겨진다.[135] 그러나 동시에 이로써 마리아 자신도 예수가 사랑하시는 제자인 사도를 통해 대표된 제자단 속으로 들어간다. 이는 카나

---

135) 칸탈라메사(Cantalamessa, *Maria*, p.172)는 이 장면에서 아이가 없는 '시온의 딸'을 약속된 '새로운 자녀'로 본다. 다음 책도 이와 유사한 내용을 담고 있다: de la Potterie, *symbolisme*, pp.217~218.
몇몇 주석가는 이를 넘어 이사야서 66장 7~8절을 바라보면서 여인이 겪는 해산의 진통(요한 16,20~21)은 당연히 주석학적으로 엄밀히 증명할 수 없다고 지적한다. 이 대목에서 예수는 자신의 죽음을 통한 고통스러운 탄생과 제자들의 고통을 가리켜 보이는 듯하다. 일부 주석가들도 시메온이 예언한 내용이 담긴 루카 복음서 2장 34~35절과 묵시록 12장 1절 이하가 유사한 연관성이 있다고 본다. 이렇게 상이한 해석들은 모순되지 않음에 틀림없다. 포르테(B. Forte, *Maria - Mutter und Schwester des Glaubens*, Zürich, 1990, p.92)에 따르면 '텍스트의 상징적 놀이'는 다양한 영역에서 이루어지기 때문이다. 복음사가가 다양한 연관성을 의도했는지 그리고 어느 정도 의도했는지 명확히 증명하기는 어려워 보인다.

의 혼인 잔치에서처럼 신심 깊은 이스라엘 내지 믿기를 바라는 이스라엘을 대표하는 마리아가 "사도들의 교회 안으로 들어간다"[136]라는 뜻이다. "이분이 네 어머니시다"라는 예수의 말씀과 함께 그분이 사랑하시는 제자, 즉 '아브라함의 딸' '시온의 딸' '이스라엘의 거룩한 남은 자'인 '교회의 여성'을 가리켜 보이면서 그리스도를 믿고 또 믿기를 바라는 제자는 자리가 바뀐다. 그리하여 마리아 안에서 구약에서 신약으로 넘어가는 일이 이루어진다. 마리아는 '교회의 어머니'가 되고, 예수가 사랑하신 제자는 이 어머니의 참된 아들이 된다.

십자가 아래서는 '어머니'도 '그 제자'도 이름이 불리지 않는다. 이는 구세사적·'예형적'·'신비적' 의미가 부각되었음을 보여 주는 표징이다. 두 인물은 마리아 안에서 그 형상이 완성되는 교회의 어머니를 가리키는 상징, 표상이다. 따라서 미국과 로마의 가톨릭 진영에서 나온 교회 일치를 위한 합의서에 이렇게 기술되어 있다. "예수의 마지막 말씀들은 마리아에게 교회에서 어머니 역할을 하도록 요청하고, 마리아를 영적 어머니로 받아들이도록

136) Lohfink / Weimer, *Maria*, p.266. 다음 책도 참조하라: H.U. v. Balthasar, *Klarstellung*, Freiburg i. Br., 1971, p.72. "십자가에서 아들은 어머니를 사도들의 교회 안으로 들어오게 했다."
슈나켄부르크(R. Schnackenburg, *Das Johannesevangelium* = *HThKNT*, Bd. III, Freiburg i. Br., 1975, p.324)도 여기에 표현된 상징을 그와 같이 이해한다. 그에게는 이 장면에서 예수가 사랑하시는 제자에게 시선이 집중되어 있다. 십자가 아래서 이스라엘을, 즉 "메시아가 주실 구원을 일부 받을 이스라엘"을 대변하는 마리아는 예수가 당신 자신을 드러내신 것을 가장 많이 신뢰한 그 제자에게 맡겨진다. 반대로 예수가 사랑하시는 제자가 '여인'에게 맡겨지더라도, 그 이면에는 "그리스도교 공동체는 거기서 예수와 자기 자신이 나온 어머니 품(다시 말해 이스라엘)"을 떠올리라는 의도가 숨어 있을 것이다. 이 모든 것은 불트만(*Evangelium*, p.521)의 해석에서 멀리 떨어져 있지 않다. "십자가 옆에 서 있는 예수의 어머니는 십자가의 충격을 극복한 유다계 그리스도인을 표현한다." 반면에 예수가 사랑하신 제자는 이방계 그리스도인을 대변하는데, 이는 "유다계 그리스도인을 자신을 낳은 어머니로 공경하도록" 지시를 받았다.

제자 공동체를 독려한다. (…) 마리아는 예전에 메시아에게 생명을 주었듯이 이제 그리스도교 공동체에 생명을 선사하는(참조: 이사 54,1; 66,7~8) 이스라엘의 인격화로서 여겨진다."[137]

그렇게 보면, 루카 복음서와 마태오 복음서는 물론 요한 복음서에서도 마리아라는 역사적 인물은 예형으로 부각된다. 십자가에 달리신 예수는 이스라엘의 종말론적 공동체, '하느님의 새 가족'을 이루시기에, 이 새 가족은 "마리아와 그분이 사랑하신 제자가 함께 있음으로써 대표된다."[138] 이 새 가족은 성령께서 강림하시기 전에 제자 공동체(마리아와 함께!)가 기도하면서 함께 있음으로써 최초로 이루어진다. 그렇게 마리아에 관한 명확한 성경적 진술이 이 성령의 활동에 관한 진술과 함께 시작되고 끝난다.

중세기에 이르러서야(이에 관해서는 제1권 제2장 3.1.을 보라) 십자가 아래 서 있는 마리아는 아들과 함께 수난을 겪는 '고통의 어머니'(mater dolorosa)라고 바라보게 된다. 이러한 해석에 따라 십자가 아래서 마리아의 영혼이 '칼'에 꿰찔릴 거라고 말한 시메온의 예언(루카 2,34~35)이 이루어진다. 마리아의 이 고통은 심지어 십자가에 못 박힌 분과 함께 느끼는 고통을 넘어선다. 부활 이후의 공동체는 온갖 거부와 반대도 함께 겪었기 때문이라고 하인츠 쉬르만이 그 이유를 댄다.[139]

---

137) Anglikanisch / Römisch-katholische Internationale Kommission(ARCIC), *Maria: Gnade und Hoffnung in Christus*, Nr. 26, 독일어 번역본: Paderborn-Frankfurt, 2006, p.33.

138) Lohfink / Weimer, *Maria*, pp.266~267.

139) Cf. Schürmann, *Lukasevangelium*, pp.129~130.
칸탈라메사(*Maria*, pp.179~180)는 심지어 키르케고르에 이어서 아브라함이 이사악을 제물로 바친 것과의 연관성을 입증하고자 시도한다. 아브라함은 이사악을 되찾은 각자 개인적으로 묵상할 때 십자가 아래 서 있는 마리아의 마음 안으로 들어가 느끼고, 이루 말할 수 없는 고통을, 마리아도 그랬듯이 자식이 죽음과 싸울 때 모든 어머니가 느끼는 그 고통과 마주치는 것은 당연히 합당하다. 가톨릭 신자가 아닌 쇠렌 키르케고르(Soeren Kierkegaard)조차 그것에 주목한다. "그리스도가 '저의 하느님, 저의 하느님, 어찌하여 저를 버리셨습니까?' 하고 부르짖을 때 동정녀 마리아도 아들의 고통과 똑같은 고통을 겪었음에 틀림없을 것이다. '당신의 영혼이 칼에 꿰찔리는 가운데, 많은 사람의 마음속 생각이 드러날 것입니다.' 당신은 참으로 모든 여인 가운데 선택된 분, 하느님의 은총을 받은 분임을 당신도 겸손하게 믿을 것입니다."[140)]

중세기에 비로소 시작된, 십자가 아래 서 있는 마리아의 고통을 이렇게 느낀 것에 비추어 예컨대 제2차 바티칸 공의회 문헌 같은 교회의 가르침도 나왔다. "성모님께서는 당신 외아드님과 함께 극도의 고통을 겪으시며 당신에게서 나신 희생 제물에 사랑으로 일치하셨다"(「교회 헌장」 58항). 그렇게 되는 한 좋을 것이다. 그러나 그다음에는 어떻게 될까? "그리하여 성모님께서는 아드님의 희생 제사에 어머니의 마음으로 당신을 결합시키셨다." 그것을 어디서 알 수 있을까? 역사적으로 볼 때 마리아가 십자가 아래 서 있었다는 것은 결코 확실하지 않다는 사실이 완전히 도외시될 것이다.

그럼에도, '십자가 아래 서 있는 마리아'에 관한 성경 대목에

반면, 마리아에게는 "칼이 실제로 그녀의 영혼을 꿰뚫을" 거라고 키르케고르는 말한다.

140) S. Kierkegaard, *Die Tagebücher, 1834-1855,* München, 1949, p.540(번역이 수정되었음).

본래 깃들어 있는 모든 예형론에 있어서 적어도 한 가지 점에서 마리아의 개인적 차원은 간과될 수 없다. 어머니인 마리아는 십자가에 못 박힌 분의 뜻을 따른다는 것이다. 제자는 어머니에게 맡겨지고(수동적으로!), 어머니는 제자에게 맡겨진다. 다시 말해 마리아가 처음에 행한 것, 곧 어머니가 되기 위해서 신앙을 갖춘 것, '일이 이루어지게 한 것'은 이제 마지막에 이르러 다시 한번 요구된다. 이에 비추어 십자가 아래 서 있는 마리아에게 개인적으로 일어난 일에 관해 중세기에 '미화된 것들'은 성경과 무관하지 않다.

예수의 어머니에 관해서 명확히 언급하고, 예수가 사랑하시는 제자를 아들로 받아들이라는 내용이 담긴 요한 복음서 19장 25~27절은 아무튼 다음과 같은 사실을 전해 준다. "교회는 이미 오래전부터 마리아를 공경했고, 또 기념해 왔다. 어떤 방식으로든 기념해 왔다! (…) 교회는 마리아를 자신의 어머니처럼 공경해야 한다. 그리고 마리아는 교회를 자기 아들처럼 지켜 줄 것이다. 초기 그리스도인들은 마리아를 공경했다!"[141] 오토 페쉬(Otto H. Pesch)는 울리히 빌켄스의 글에 근거하여 이렇게 기술하였다.

---

141) O.H. Pesch, *Katholische dogmatik. Aus ökumenischer Erfahrung*, Bd. II, Ostfildern, 2010, pp.150~151.

1.4. 마리아가 요한 묵시록에 등장하는가?

/참/고/문/헌/

• M. Jugie, *La mort et l'assomption de la Sainte Vierge. Etude historico-doctrinale*, Città del Vaticano, 1944, pp.12~46(묵시록 12장을 주석학적 관점에서 '마리아'와 연관 지어 규명한 책); J. Sickenberger, "Die Messiasmutter im 12. Kapitel der Apokalypse", in: *ThQ* 126(1946), pp.357~427; R. Laurentin, "L'interpretation de la Genèse 3,15 dans la tradition jusqu'au début du XIIIe siècle", in: *BuEtMar* 12(1954), pp.77~156; A. Kassing, *Die Kirche und Maria. Ihr Verhältnis im 12. Kapitel der Apokalypse*, Düsseldorf, 1959; Kurzfassung: ders., "Der heilsgeschichtliche Ort Mariens in der Kirche nach Apk 12", in: *Maria et Ecclesia. Acta Congressus mariologici-mariani in civitate Lourdes anno 1958 celebrati*, vol. III, Rom, 1959, pp.39~60; A. Feuillet, "Le Messie et sa mère d'après le chapître 12 de l'Apocalypse", in: *RB* 66(1959), pp.55~85; Brown(Hrsg.), *Maria*, pp.173~188; H. Gollinger, *Das "große Zeichen" von Apk 12*, Würzburg-Stuttgart, 1971; H. Giesen, *Die Offenbarung des Johannes = RNT*, Regensburg, 1997; F. Tavo, *Woman, Mother and Bride. An exegetical Investigation into the "Ecclesial" Notions of the Apocalypse*, Leuven u.a., 2007; St. Schreiber, "Die Sternenfrau und ihre Kinder(Offb 12). Zur Wiederentdeckung eines Mythos", in: *NTS* 53(2007), pp.436~457; Th. Schmeller u.a.(Hrsg.), *Die Offenbarung des Johannes, Kommunikation im Konflikt = QD 253*, Freiburg i. Br., 2013; 그 안에 특히 다음 글들이 수록되어 있음: M. Karrer, *Hellenistische und frühkaiserzeitliche Motive in der Johannesapokalypse*, pp.32~73; K. Huber, *Perspektiven auf das Gottesvolk im Offb 12~14*, pp.165~185; S. Fellegrini, *Babylon - Die Strategie der Verteufelung(Offb 17,1~19,10)*, pp.186~230; E. Haag, "Ein großes Zeichen am Himmel. Tradition und Interpretation in Offenbarung 12", in: *TThZ* 121(2012), pp.1~23.

대략 6세기부터 사람들은 마리아를 생각하고 묵상하면서 요한 묵시록 12장도 연결시켰다.

그리고 하늘에 큰 표징이 나타났습니다. 태양을 입고 발밑에 달을 두고 머리에 열두 개 별로 된 관을 쓴 여인이 나타난 것입니다. 그 여인은 아기를 배고 있었는데, 해산의 진통과 괴로움으로 울부짖고 있었습니다. 또 다른 표징이 하늘에 나타났습니다. 크고 붉은 용인데, 머리가 일곱이고 뿔이 열이었으며 일곱 머리에는 모두 관을 쓰고 있었습니다. 용의 꼬리가 하늘의 별 십분의 일을 휩쓸어 땅으로 내던졌습니다. 그 용은 여인이 해산하기만 하면 아이를 삼켜 버리려고, 이제 막 해산하려는 그 여인 앞에 지켜 서 있었습니다. 이윽고 여인이 아들을 낳았습니다. 그 사내아이는 쇠 지팡이로 모든 민족들을 다스릴 분입니다. 그런데 그 여인의 아이가 하느님께로, 그분의 어좌로 들어 올려졌습니다. 여인은 광야로 달아났습니다. 거기에는 여인이 천이백육십 일 동안 보살핌을 받도록 하느님께서 마련해 주신 처소가 있었습니다.

그때에 하늘에서 전쟁이 벌어졌습니다. 미카엘과 그의 천사들이 용과 싸운 것입니다. 용과 그의 부하들도 맞서 싸웠지만, 당해 내지 못하여, 하늘에는 더 이상 그들을 위한 자리가 없었습니다. 그리하여 그 큰 용, 그 옛날의 뱀, 악마라고도 하고 사탄이라고도 하는 자, 온 세계를 속이던 그자가 떨어졌습니다. 그가 땅으로 떨어졌습니다. 그의 부하들도 그와 함께 떨어졌습니다. 그때에 나는 하늘에서 큰 목소리가 이렇게 말하는 것을 들었습니다. "이제 우리 하느님의 구원과 권능과 나라와 그분께서 세우신 그리스도의 권세가 나타났다. 우리 형제들을 고발하는 자, 하느님 앞에서 밤낮으로 그들을 고발하던 그자가 내쫓겼다. (…)"

용은 자기가 땅으로 떨어질 것을 알고, 그 사내아이를 낳은 여

> 인을 쫓아갔습니다. 그러나 그 여인에게 큰 독수리의 두 날개가 주어졌습니다. 그리하여 그 여인은 광야에 있는 자기 처소로 날아가, 그 뱀을 피하여 그곳에서 일 년과 이 년과 반 년 동안 보살핌을 받았습니다. 그 뱀은 여인의 뒤에다 강물 같은 물을 입에서 뿜어내어 여인을 휩쓸어 버리려고 하였습니다. 그러나 땅이 여인을 도왔습니다. 땅은 입을 열어 용이 입에서 뿜어낸 강물을 마셔 버렸습니다. 그러자 용은 여인 때문에 분개하여, 여인의 나머지 후손들, 곧 하느님의 계명을 지키고 예수님의 증언을 간직하고 있는 이들과 싸우려고 그곳을 떠나갔습니다.

이 성경 대목은 묵시록 전체의 핵심을 이룬다. 여러 투쟁 모티브를 모아들여 '여인'과 '용'의 대결에 초점을 맞추는 한, 이 대목은 "묵시록 전체의 축소판"(the whole apocalypse in miniature)[142]이라고 볼 수 있다. 묵시록 12장은 구약성경의 다양한 모티브를 활용하지만, 세속적이고 신화적인 모티브도 활용한다. 그리하여 예컨대 산고로 울부짖는 '여인'은 이스라엘 내지 바람에 흔들리는 여인으로서 시온을 가리키는 표상을 제시하고(이사 26,17; 54,1; 66,7~9; 미카 4,9~5,12), 해산의 진통을 통해 메시아 시대가 왔음을 말한다. 태양과 달과 열두 개 별은 요셉의 꿈(창세 37,9)을 가리키지만, "우주의 변하지 않는 요소들"도 가리키는데, 이는 "야훼 하느님과 이스라엘(예레 31,35~36)과 다윗이 맺은 계약의 지속성과 불변성(시편 72,5.17; 89,37~38)을 인상 깊게 표현하기 위해서다."[143]

142) Tavo, *Woman*, p.225. 다음 책에서도 이와 유사하게 표현되어 있다: Giesen, *Offenbarung*, p.52.

143) Haag, *Zeichen*, p.9.

따라서 이 모든, 그리고 다른 많은 표상 및 표상과 결부된 것들은 '여인'을 구약성경의 하느님 백성으로서 기술하고 해석한다. 반면에 머리가 일곱 개이고 뿔이 열 개 달린 용은 다니엘서 7장 8절, 20절, 24절에 나오는 뿔이 열 개 달린 짐승을 연상시킨다. 이 짐승은 세상에서 가장 사악한 존재를 대변하는데, 하느님의 백성을 박해하기 때문이다. 5절은 시편 2편 9절에 기술된 메시아에 관한 말을 인용하고, 이로써 '여인'의 아이를 '아기 메시아'와 동일시한다. 광야 모티브(6절과 14절)는 탈출기에서 끌어왔는데, 하느님께서 당신의 백성을 "독수리 날개에 태워"(탈출 19,4) 보호하시고 인도하셨기 때문이다. 9절은 창세기 3장에 나오는 뱀과 창세기 3장 15절에 명시된, 하느님께서 뱀에게 하신 말씀을 가리킨다. "나는 너와 그 여자 사이에, 네 후손과 그 여자의 후손 사이에 적개심을 일으키리니 여자의 후손은(그는)[144] 너의 머리에 상처를 입히고 너는 그의 발꿈치에 상처를 입히리라." 묵시록 저자는 비유 모티브와 이와 연결된 것들을 이용하여 하느님의 백성은 악을 물리치고 결국엔 분명히 승리할 것임을 묵시록을 읽는 이들에게 확신시켜 주고자 한다.

여기서 우리가 관심을 기울이는 해석과 관련된 중요한 물음은 다음과 같다. 즉 용에 맞선 그 '여인'의 표상이 정확히 누구를 가

144) 17세기부터 '원(原)복음'(Protoevangelium)으로 표현된 창세기 3장 15절에 대한 히브리 성경에는 분명히 남성으로 나와 있다. 그러나 그 자음들(hw)은 이미 마소라 전승에서는 경우에 따라서 여성으로 이해되었다. (여성은 집단, '후손들'의 표현으로서 세세대대 '뱀'과의 싸움에 연루될 것이다.) 그러고 나서 이 여성은 훗날 『불가타』에서 해석의 근거인 '입사'(ipsa)를 만들어냈다. 이에 따라 '여자'는 뱀의 머리에 상처를 입힐 것이다. 이러한 해석은 서방교회에서 마리아론을 더 지속적으로 생각하는 토대가 되었다. 그렇지만 그 후부터 최근 몇십 년 전까지 가톨릭 주석가들도 남성 형태를 진정성 있는 것으로 받아들였고, '여자'를 마리아론적 의미에서 다양하게 해석했고 또 그렇게 해석하고 있다. 이것이 결코 유일하게 가능한 해석이 아니더라도 말이다.

리키느냐 하는 것이다.

이 물음에 대해서 최근에 특별히 진행된 철저한 연구[145]는 다양한 해석을 가능하게 하고, 요한 묵시록의 그 어떤 인물에 대한 물음도 이 물음만큼 상이하고, 부분적으로는 기이하고 모순적인 해석을 발견할 수는 없다고 기술한다. '여인'은 그리스도교 교회를 의미하는 걸까? 아니면 구약성경의 하느님 백성 또는 마리아를 의미하는 것일까? 그렇지 않으면 이 모든 요소 또는 그중 몇 가지의 '조합'을 의미한 걸까? 최근의 연구는 '여인'을 집단적 인물로, 즉 구약성경 및 신약성경의 하느님 백성으로, '하느님의 참된 이스라엘'로 이해하는 것에 견해가 일치한다. 이것은 묵시록 12장에 나오는 열두 개의 별(이스라엘의 열두 지파를 가리키는 상징)로 된 관을 쓴 여인이 17장에 나오는 "대탕녀 바빌론", 즉 이스라엘의 열두 지파인 하느님 백성의 큰 적수로 표현된 여인과 대조되는 것보다 더욱 신빙성이 있어 보인다. 그럼에도 여전히 남게 되는 질문은 마리아가 하느님 백성의 대표로서 성경의 중요한 대목들에 묘사된 것에 비추어 볼 때, 그 여인을 마리아와 연관 짓는 것이 최소한 부차적인 문제가 아니냐는 것이다.

펠리세 타보(Felise Tavo)는 '여인'을 교회와, 더 정확히 말하면 구약과 신약의 교회와 동일시하지만,[146] 마리아론과의 연관성에

[145] Tavo, *Woman*, 특히 p.266 이하를 참조하라. 다음 책도 상세하지만 조금 오래된 개관을 제공한다: P. Prigent, *Apocalypse 12. Historie de l'exégèse*, Tübingen, 1959.

[146] '교회'를 구약과 연관 짓는 것이 요구되는데, 그 이유는 신약성경의 하느님 백성이 아니라 구약성경의 하느님 백성이 메사아를 '낳았기' 때문이다. 이런 까닭에 로핑크와 바이머(*Maria*, p.239 이하)에게는 여인이 구약성경의 하느님 백성보다 우위에 있다고 이해한다. 카러〔M. Karrer, "Ein alter Text neu gelesen. Die Johannesapokalypse", in: *Zur Debatte* 5(2010), p.4〕도 여인을 '모든 개연성을 가지고' 이스라엘로 해석한다. 이로써 묵시록 12장은 "이 문헌의 마리아론적 총합이 아니라 이스라엘 신학적 총합"이 된다.

대해서는 부인한다.[147] 그 이유는 이렇다. 초기 교부들이(6세기 전에) 그러한 것에 관해 아무것도 알지 못했다는 것을 도외시한다면,[148] 마리아와 관련해서 묵시록 저자는 요한 복음서 19장을 알고 있음이 전제되기 때문이다. 추측하건대 그러진 않았을 것이다. 이런 까닭에 마리아론과 결부시켜 해석하는 것은 부차적인 것이고, "이 성경 대목을 조화롭게 읽는 것"만이 가능할 것이다.[149]

이제 다음 두 가지는 분명 맞을 것이다.

(1) 해산의 진통을 겪는 여인은 먼저 '시온의 딸', 즉 하느님의 백성이라는 것은 '메시아가 겪는 고통', 즉 메시아가 주실 구원에 앞서는 고난과 시련 가운데 메시아를 낳음을 의미한다.

(2) 이로써 여인은 언젠가 악의 세력을 궁극적으로 물리칠 신약성경의 교회를 상징한다.

---

147) 마리아의 중요성을 받아들인 최근의 신학자들이 다음 책들에 제시되어 있다: Brown(Hrsg.), *Maria*, p.282; Menke, *Fleisch geworden*, p.58.

148) Cf. Campenhausen, *Jungfrauengeburt*, p.33: "고대 교회에서는 묵시록에 나오는, 태양을 입은 '여인'에 대한 '마리아론적' 해석을 헛되이 시도했으며, 뱀의 머리에 상처를 입힐 여자의 후손들에 관한 예언도 (…) 늘 그리스도와만 연관 지었지, 마리아와는 결코 연관 짓지 않았다." 동방에서는 아마도(!) 히폴리투스에게서 간접적으로, 이어서 살라미스의 에피파니우스에게서 직접적으로, 그리고 서방에서는 카롤링거 시대부터 신중하게 마리아에 대한 해석이 시작되었고, 중세기에 〔최초의 학자들 가운데 하나는 요크의 앨퀸(Alkuin v. York)일 것이다.〕 점점 더 확산되었다. 그럼에도 12세기 초까지 마리아론에 대한 해석은 드물게 나왔으며, 클레르보의 베르나르부터 그러한 해석에 주안점을 두었다. 비오 9세가 '마리아의 원죄 없는 잉태' 교의에 관한 회칙을 반포함으로써 이 성경 대목에 대한 마리아론적 이해가 처음으로 교도권 문헌으로 제시되었고, 그다음 교황들도 마리아의 승천에 대한 교의를 주석학에 근거를 두었다.

149) Tavo, *Woman*, p.288.

그러나 그렇다고 해서 마리아와의 연관성이 배제된 것은 아니다. 그 밖에 확실한 것은 아무것도 없고 묵시록 저자는 요한 복음서 19장을 알지 못했을지라도 말이다. 마리아와의 연관성이 배제되지 않은 것은 바로 '집단적 인격'에 대한 성경적 이해가 역사적 사건의 보편적 인물뿐만 아니라 특별한 인물도 알려 주고 있기 때문이다. 앞에서 보았듯이, 마리아에 관한 루카의 작품들에서도 마리아의 개인적 모습과 교회의 예형론적 역할이 부각된다. 묵시록 저자는 12장과 관련해 마리아를 직접적으로 생각하지 않았음이 분명하다. 그러나 묵시록을 읽는 어느 그리스도인이 '한 여성을 통한 메시아의 탄생'이라는 주제를 다루면서 마리아에 대해 떠오르는 모든 생각을 도외시할 수 있을까?[150] 이런 까닭에 묵시록에 나오는 해석, 즉 고통을 많이 겪고 승리한 여인에 대한 해석은 구약과 신약의 하느님 백성에 근거하여 마리아라는 인격적 형상을 단순하게 즉각적으로 배제해서는 안 될 것이다. 그렇게 볼 때 디터 뵐러(Dieter Böhler)가 다음과 같이 요약한 내용에 동의할 수 있다.

"묵시록에 나오는 '별로 된 관을 쓴 여인'은 매우 복합적인 상징이다. 그 여인은 메시아를 낳은 이스라엘의 열두 지파다. 그녀는

150) 다음 책도 참조하라: Brown(Hrsg.), *Maria*, p.186. "초세기의 어느 그리스도인이 예수의 어머니 마리아를 동시에 생각하지 않은 채 메시아의 어머니에 관해 이야기할 수 있었는지 질문을 던져야 한다." 반면에 묵시록 21장에서 예루살렘은 분명히 12장에 나오는 '여인'과 동일시되어. '신부-도성'으로서 등장하고 예수의 어머니는 동시에 도성의 신부일 수 없을 거라는 것은 전혀 언급되지 않는다고 펠레그리니(Pellegrini, *Babylon*, p.218)는 지적한다. 그러나 바로 이것은 (훗날 다시 드러나게 되듯이) 전혀 모순되지 않는다. 정반대이다! 어머니 - 여인/신부 - 딸이라는 표상들은 서로 밀접한 관련이 있고, 교부 시대로까지, 단테에 이르기까지 서로 겹친다. 단테는 마리아를 "동정녀, 어머니, 당신 아들의 딸(!)"이라고 불렀다(제2부 2장 2.1.1.을 보라).

메시아를 낳은 저 이스라엘 여인, 마리아다. 그러나 마리아는 개인이 아니라 고통을 겪는 열두 지파의 대표자다. 그 여인은 결국 교회, 여전히 곤경 속에 살고 있는 교회다. 환시자 요한은 몇 문장에서 이스라엘과 예수와 교회의 역사를 묘사했다. '별로 된 관을 쓴 여인'의 매우 복합적인 상징 안에서 우리는 구약성경과 신약성경 전체를 요약할 수 있다."[151]

151) Böhler, *Maria*, p.404.

1.5. 성경의 결론과 그 전개 과정의 요약

1.5.1. '삶의 자리'와 성경 본문의 주요 내용

1.5.1.1. 핵심 내용

성경이 역사적 내용을 담고 있고, 과거에 관한 역사적 진술을 하더라도 이는 우선적으로 역사에 근거한 문헌은 아니다. 역사에 근거한 문헌은 역사적 과정이 '외부' 관찰자에게 어떻게 보이는지에 따라 어느 정도 객관적 방식으로 기술한다. 성경은 오히려 우리가 이미 앞에서 보았듯이, 하느님의 구원 활동을 증명한다. 그분의 구원 활동이 믿는 이들에게 어떻게 받아들여지고 이해되었는지, 그리고 그들의 삶이 그것을 어떻게 표현했는지를 증명한다. 마리아에 관한 진술도 이러한 틀 안에 있다. 성경이 마리아에 관해 말하는 모든 것은 주님의 어머니에 관한 전기적 정보를 주려는 것이 아니다. 오히려 예수 그리스도 안에서 하느님의 구원에 대한 신앙을 증명하고, 그러면서 이 구원을 받는 사람이자 "하느님과 함께 일하는 사람"(2코린 6,1)으로서 인간의 위치와 의미도 규명하려는 것이다. 따라서 신약성경도 마리아의 개인적 운명에 관한 관점들을 매우 크게 확대한다. 여기서 마리아가 개인적으로 하느님 아드님의 어머니임은 가장 큰 관건이 아니다. 마리아는 오히려 하느님의 백성, '이스라엘의 거룩한 남은 자들'을 대변한다. 마리아 안에서, 그리고 마리아를 통하여 이들에게 하느님으로부터 주어지는 새로운 시작이 선사된다.

일부 신학자들은 신약성경의 '야누스의 얼굴을 한' 두 가지 마리아론에 관해 이야기한다. 하나는 마리아에 관해 전혀 관심이 없거나(바오로와 신약성경의 나머지 서간들), 마리아를 단지 예수의 어머니로 소개하고(예수의 다른 친척들과 함께), 혹은 마리아를 그녀의 아들에 대한 신앙과 어느 정도 거리를 두고서 바라본다(마르코). 다른 하나는 특히 루카 복음서의 마리아론인데, 이는 마리아를 신앙의 원형으로서 그리고 하느님 백성의 통합이자 상징으로서 주제로 삼는다. 여기서 일종의 긴장이 생기는 것을 부정하기는 어렵다. 그렇지만 이 긴장이 과장되어서는 안 될 것이다. 마리아가 특별한 위치에 있음을 인정하는 복음사가들도 마리아는 신앙의 어두운 길을 갔다고 여러 복음이 동시에 보도하고 있기 때문이다. 이는 구체적으로, 마리아도 하느님의 계획을 곧바로 이해하지 못했다는 뜻이다. 마리아는 자기 아들이 어느 '곳'을 택했는지 알지 못했고, 이 때문에 아들을 "애타게"(루카 2,48) 찾았다. 마리아는 아들이 가족의 모든 유대를 넘어 '자기' 아버지와 관계를 맺었음을 받아들였어야 했다. 마리아는 '아들의 때'가 아직 오지 않았음(요한 2장)을 배워야 했으며, 제자단의 힘든 길을 가고, "칼이 자신의 영혼을 꿰뚫는"(루카 2,35 참조) 길을 가야만 했다. 그렇기 때문에 마르코 복음서의 진술들은 마리아에 관한 다른 성경 문헌들에 '맞서는' 것이 아니라, 마리아가 신앙 안에서 걸어간 길을 강조한 것이다. 이는 마르코가 자신의 복음서에서 "자신의 본래 위격 및 파견에 대한 비밀을 지닌 예수는 죽기 전에 사람들에게서 이해받지 못했음"[152]을 보여 주려는 전체적 의도에도 부합한다.

이와 달리 마태오와 루카는 이미 "마리아를 선택된 자이자 하느님의 순종하는 종으로 부각시킨 유다교-그리스도교적 전승에서 자료를 끌어낸다. (…) 마리아는 단지 예수의 육신의 어머니가 아니라, 오히려 영적 의미에서 하느님과 예수의 말씀을 듣는 예수의 어머니다. (…) 루카 복음서에 따르면, 원시 교회에서는 이미 신학에 근거한 마리아 공경이 시행되었음을 알 수 있다."[153] 이는 단순히 신심 깊은 희망적 관측이 아니다! 왜냐하면 만일 사람들이 결국 '양식사적으로'(formgeschichtlich) 생각하게 된다면, 원시 교회에서는 마리아가 자신이 행복하다는 생각이 모든 세대를 통해(루카 1,48) 형성되고 전해지도록 이끈 것이 과연 무엇이었냐는 질문이 제기되지는 않기 때문이다. 이 진술은 이미 시작된 마리아 공경에서 원시 교회가 자기 삶의 자리를 잡았다는 것만이 유일한 대답일 수 있다고 프란츠 무스너는 말한다. "어떤 사람이 48절ㄴ을 복음사가의 유일한 산물이라고 여겼더라도, 그는 아무튼 루카는 마리아 공경의 창시자이고 교회는 신약성경 정경에 그의 복음서를 수용함으로써 루카의 이 결정을 받아들였음을 인정해야 할 것이다."[154]

루터교 성서주석학자 하이키 레이제넨(Heikki Räisänen)은 루카

152) Knoch, *Maria*, p.27.

153) *Ibid.*, p.54.

154) Mußner, *Maria*, pp.49~50. 같은 저자의 다음 글도 보라: "Lk 1,48~49; 11,27~28 und die Anfänge der Marienverehrung in der Urkirche", in: *Cath* 21(1967), pp.287~294.

복음서의 진술들에 관해 풀이하면서 무스너의 주장에 동의한다. '마리아론'은 몇 대목에서만 그리스도론과 직접 관계되므로, 루카는 마리아로부터 "그리스도인의 어떤 원형을 만들어 냈다. (…) 마리아는 루카 시대에 특별한 공경을 받았다."[155] 요한 공동체에도 이와 유사한 점이 적용될 것이다. 예수가 십자가 위에서 하신 말씀이 예형론적 관점에서 개개인에게 이해될 수 있더라도, 그것은 아무튼 직접적인 진술로서 다음과 같이 설명할 수 있다. 즉, 그 제자는 예수의 어머니를 자신의 어머니로 받아들여야 하고, 어머니는 그 제자를 자기 아들로 받아들여야 한다. 오토 헤르만 페쉬는 그것을 "초기 그리스도인들의 마리아 공경!"[156]이라고 기술한다.

그럼에도 신약성경적 관심사의 첫째 대상은 마리아가 아니라, 구약에서 약속된 메시아가 주실 구원이다. 구원은 예수 그리스도 안에서 일어난다. 더 정확히 말하자면, 이 구원은 마리아와 연관된 것이고, 마리아 안에서, 그리고 마리아에게서 이루어진다. 마리아는 종말에 이르러 구원을 가져오시는 분의 어머니로 선택되었기 때문이다. 물론 이렇게 마리아가 예수의 어머니라는 사실은 '전기적' 내지 '육신적' 차원을 훨씬 넘어선다. 마리아의 자리는 역사에서 중요한 인물들을 키운 다른 어머니들, 마찬가지로 주목과 존경과 공경을 당연히 받아야 했고, 또 계속 받아야 하는 그들의 자리와 견줄 수는 없다. 우리가 신약성경에서 볼 수 있는 (이때에도 그때그때 바라보는 관점들이 다를 수 있다.) 마리아는 단지 예수의 '생물학적' 어머니 그 이상이고, 그저 한 '개인' 그

155) Räisänen, *Mutter*, p.154.
156) O.H. Pesch, *Dogmatik* II, p.151.

이상이다. 마리아는 하느님 백성을 대변하는 인물로 소개된다. 하느님 백성은 마리아를 통하여 대리되는 것이다. 간략히 말하자면, 마리아는 성경에서 근본적으로 '믿는 이'로서 나타난다. 아래에서는 이 주제를 짧게 다루고, 제2권에서 상세히 다룰 것이다.

1.5.1.2. 마리아의 신앙 - 첫 번째 접근

신앙은 하느님께서 인간에게 주신 큰 선물일 뿐만 아니라, 하느님께서 인간을 구원하시는 것과 관계가 있는 개념이기도 하다. 신앙은 하느님께서 세상에서 활동하실 수 있도록 피조물이 취하는 '겸손한 태도'(Hohlform)이다. 그러나 하느님은 전능하지 않으신가? 그분의 행위가 어떻게 피조물의 조건, 즉 '필연적으로 겸손한 태도'에 종속될 수 있을까? 대답은 이렇다. 하느님의 전능하심은 추상적이거나 물질적으로 '모든 것을 할 수 있음'을 의미하는 것이 아니고, 어떤 '조건에 굴복한 것'도 아니며, 그것은 그저 그분 사랑의 힘이다.[157] 이는 하느님께서 인간에게 펼치는 행동이 인간의 자유로운 협력을 전제로 한다는 결과를 가져온다. 사랑은 강제하는 힘이나 무기력한 힘의 관계를 통해서는 생겨날 수 없는 것이기 때문이다. 두 대상의 자유가 상호 작용해야만 사랑이 싹틀 수 있다.

이러한 현실적 모습은 인간관계의 체험에서 뚜렷이 드러난다.

---

157) 이에 관한 더 상세한 것은 제2부 1장 2.2.를 참조하고 다음 책도 참조하라: Greshake, *Gott*, pp.277~283.

사람들은 누구나 자유로이 긍정하고 시인하고 인정해야만 사랑에 관해 말할 수 있다. 반면에 누군가가 상대방 위에 군림하고 그를 조종하고 억압하거나, 누군가가 그저 상대방에 의해서 반사작용을 하거나 그의 위압적인 힘에 짓눌린다면 사랑은 불가능하다. 강요, 우세한 힘, 조종, 억압 등은 사랑의 범주에 들지 않는다. 일치를 원하고 추구함, 애정, 사랑의 응답이 사랑의 범주에 속한다. 이런 의미에서 하느님께서 세상에서 행하시는 것도 인간의 동의와 협력과 늘 결부되어 있다. 이 대목에서 우리는 다음과 같이 말한 쇠렌 키르케고르의 말을 듣고 크게 놀라워하지 않을 수 없다. "사람에게 정말 많은 것을 허락해 주시고, 마치 자유로운 존재인 것처럼 자신에 관한 것을 말할 수 있게 해 주시는 전능하신 하느님의 기적은 실로 상상하기 어려운 일입니다. (…) '너는 나를 원하느냐, 원하지 않느냐?' 대답을 기다리고 계십니다."[158]

하느님께서 기다리시는 이 대답이 바로 신앙이다. 하느님께서 세상에 오시고(그렇게 오시는 것은 창조가 시작된 이후 실제로 이루어지고, 하느님의 아드님이 사람이 되신 사건에서 더할 나위 없이 실현된다) 이렇게 오심이 사랑의 행위라면, 그분은 세상에 오시기 위해 인간의 신앙, 인간의 자유로운 응답인 "예!"를 필요로 하신다. 이 응답과 함께 인간은 하느님의 뜻에 부합한다. 다리의 표상에 빗대어 말해 보겠다. 하느님께서 세상에 오시기 위해 다리를 놓으신다면(다리의 궁극적인 형태는 예수 그리스도, 중개자이시다), 교두보가 필요하다. 이 교두보를 통해 다리를 놓은 일이 세상에 자리 잡을 수 있다. 하느님과 그분의 오심을 위해 이렇게 자리를 마련하는 것,

---

[158] S. Kierkegaard, *Die Tagebücher*, 독일어 번역본: München, 1949, p.405.

또는 다른 표상을 들어 하느님께서 세상에 들어오실 수 있는 '열려 있는 자리'를 이렇게 마련하는 것은 인간이 할 수 있는 가장 숭고한 일이다.

이러한 관점에서 마리아의 신앙을 바라볼 수 있다. 마리아의 신앙은 강생의 전제 조건에 속한다.[159] 이는 '예수의 탄생 예고' 장면에서 하느님의 오심이 마리아에게 전해진 이유다. 중요한 것은 마리아가 천사의 말을 통해 하느님께서 장차 하실 활동에 관한 '정보'를 받은 것이 아니라, 마리아가 신앙 안에서 그것에 대해 "예!"(Fiat) 하고 응답할 수 있는 것이다. 이러한 신앙에 대해 마리아는 엘리사벳으로부터 복된 분이라는 칭송을 받는다. 자신의 삶에서 일어난 일들 안에서 이 신앙을 실현하고 유지하고 지키는 것이 마리아가 실행할 중요한 일이다. 다른 모든 사람의 신앙도 그러하듯, 마리아의 신앙은 단 하루 만에 완성된 것이 아니다. 하느님께 "예!" 하고 응답하는 사람은 초월적인 것에 자신을 내맡긴다. 그는 시련을 겪더라도 자신이 원하지 않는 곳으로(요한 21,18 참조) 평생 가고자 하기 때문이다.

마리아가 최초 혹은 유일한 신앙인은 아니다. 구약성경은 그들의 삶이 신앙으로 표현된 많은 인물을 우리에게 소개한다(히브 11장 참조). 그들 가운데 바오로가 "믿는 모든 사람의 조상"(로마 4,11.17)이라고 부른 아브라함이 눈에 띈다. 그렇다, 아브라함은 신앙의 '선험적 상징'(제1권 제1장 2.2.를 보라)이다. 그러나 마리아 안에서 이 신앙이 완성된다. 더 정확히 말하자면, 이 신앙은 하

159) 그러므로 마리아는 예수의 어머니로서 "첫 제자들에 앞서" 예수가 받은 파견을 믿었고 예수와 그분의 길에 대해서 "확신할 수 있었다"라는 것으로 마리아의 특별한 신앙을 뒷받침하는 것은 충분하지 않다: O.H. Pesch, *Dogmatik* II, p.149.

느님께서 이 세상에 궁극적으로 오심에 대한 응답으로서 결정적 성격을 지니기 때문이다. 하느님께서는 마리아의 신앙 안에서 "이스라엘에 있는 저 최소한의 것"을 찾으신다. "당신의 백성이 성지 순례를 할 마음이 일어나도록 그것이 필요하신 것이다. 적어도 이스라엘의 이 딸이 메시아에게 '예!' 하고 응답할 준비가 되어 있기에, 하느님께서는 시온에, 이스라엘의 거룩한 남은 자들에게 저 최소한의 것을 두셨다. 이방인들을 당신께로 끌어들이시고 이스라엘 중심부에 편입시키기 위해서 그것이 필요하신 것이다."[160] 그러므로 마리아의 신앙은 구약성경의 하느님 백성과 신약성경의 하느님 백성 사이에 있는 '경첩'과 같은 것이고, 그 신앙은 이스라엘 역사의 결정적 장소에 서 있다. 하느님과 인간의 만남이 마리아에게서 정점을 이루고 있기 때문이다.

하느님의 궁극적인 구원은 마리아의 신앙과 분리될 수 없기에, 신약성경 이후 시대에 마리아가 지속적인 성찰의 대상이 된다는 것은 놀라운 일이 아니다. 마리아의 신앙, 그리고 마리아 자신은 인격 안에서 영원히 궁극적이고 종말론적인 구원 사건 속으로 들어간다. 그렇기 때문에 마리아는 마리아 막달레나 또는 그와 같은 인물들처럼, 사람들이 기억하는 단지 과거의 인물이 아니라, 현재의 인물로서 그리스도의 구원이 이루어지는 곳에 생생하게 머물러 있다.

오해를 불러일으키지 않기 위해 여기서 짧지만 힘주어 강조할 점이 있다. 마리아의 신앙은 다른 모든 이의 신앙처럼 자동적인

160) Böhler, *Maria*, p.410.

인간적 행위가 아니라, 근본적으로 하느님의 선물이기에 인간은 그것에 응답해야 한다. 이에 관한 상세한 것은 제2권 제2장을 보라. 하느님께서는 그렇게 인간에게 오시어, 인간이 자유를 펼치게 하시고, 신앙이라는 응답을 통해 인간에게 세상에 머물 수 있을 '곳'을 주신다. 그러므로 인간이 자유롭게 협력한다는 것의 의미는 하느님과 인간이 구원 사업을 '함께 나누는' 일종의 '신인(神人) 협력설'(Synergismus)과 같은 것이 아니다. 오히려 신앙의 '행위'는 근본적으로 받아들이는 것이고, 그러므로 근본적으로 은총이다. 그러나 인간이 거부할 수도 있는 은총이다. 이렇게 보면 수동적인 수용 안에는 능동적인 요소도 포함된다. 그래야만 하느님과 인간의 관계는 자유의 상호 작용, 그리고 이로써 사랑의 상호 작용으로서 이루어질 수 있다.

1.5.1.3. 신적 모성

하느님의 뜻에 대한 응답인 마리아의 신앙은 구체적 대상을 지니는데, 이는 당신 아드님의 어머니가 되기 위해서 하느님의 뜻을 따르라는, 그녀가 받은 부르심이다. 마리아는 신앙을 통하여 그분이 오시어 사람들 사이에 계실 자리를 마련하고, 이로써 "모든 사람이, 더 정확히 말하면 우리가 받게 될 구원 상황 전체"를 바꾸어 놓는다. 이런 맥락에서 "마리아는 강생에 대해 '예'라고 응답함으로써 구원에 직접 협력했다고 (…) 말할"[161] 수 있다는 것은 옳다. 따라서 마리아의 모성은 아들과의 '사적' 관계, 그녀와 아들에게만 관계된 것을 의미하는 게 아니다. (어떤 사람과 하느님과의 관계가 그에게 '사적인 사안'이 아니듯이 말이다.) 요셉 라칭거는 다음과 같이 옳게 지적한다. "그리스도의 유일성은 사람들이 하느님 앞에 함께 존재하고 서로를 위해 존재한다는 사실을 지워 버리지 않는다. 그들은 모두 예수 그리스도와 친교를 이루면서 다양한 방법으로 하느님의 중개자가 될 수 있다."[162] 이 말이 아주 보편적으로 적용될 수 있다면, 하느님께서 세상에 오시는 데 일회적이고, 포기할 수 없으며, 비교할 수 없는 역할을 한 마리아에게는 더욱더 그러하다. 이런 까닭에 마리아는 하느님의 어머니이신 마리아라는 표상, 그리고 마리아가 구원에 '함께 협력함', 즉 구원의 '중개자'라는 사고가 늦어도 리옹의 이레네우스부터 결부되었다는 사실은 놀라운 일이 아니다.

이러한 연관성은 구원을 중개하는 어머니인 마리아로부터 '교회의 어머니'로서의 중개자와 관련된 모습에 이르기까지 또 다른 연상 작용을 불러일으킨다. 다시 말해 한 인격 안에서 마리아가 '이스라엘의 거룩한 남은 자'라면, 이방인들로 구성된 교회는 신앙에 대한 자신의 기본 태도 안에서 이 '남은 자', 즉 마리아에게 연결되는 것을 의미하는데, 그렇게 연결되는 이유는 "아브라함에게 약속된 복"(갈라 3,14)을 마리아를 통하여 받기 위해서다. 또한 그렇게 하느님의 목표에 그분의 피조물들과 함께, 아브라함에게 약속된 구원에 참여하기 위해서다. 그렇기 때문에 루카에 따르면 (사도 1,14) 마리아가 그리스도의 승천 이후에 이루어진 성령 강림

161) K. Rahner, "Rezension zu H. M. Köster, unis Mediator", in: *SW* 9, pp.733~745, 여기서는 pp.739. 741.

162) Ratzinger, *Maria. Gottes Ja*, p.471.

때부터 널리 퍼져 나간 하느님 백성의 핵심에 속한다는 것은 매우 설득력이 있다. 이때 마리아 외에 다른 상징이 있는데, 이 상징은 "미래의, 모든 민족을 감싸 안는 그리스도교 교회의 결코 포기할 수 없는 이스라엘의 핵심을 가리킨다." 그것은 열두 사도라는 '상징'이다. "그들은 교회의 중심에 있는 열두 지파의 백성을 대표한다. 그들은 모든 이스라엘을 모으는 출발점이어야 한다. 그런 다음에 이방인들이 이스라엘에 병합될 수 있을 것이다. 이스라엘은 모이지 않았지만, 열두 사도는 교회의 포기할 수 없는 이스라엘의 토대이다. 그들은 교회의 중심에 있는 열두 지파의 백성이다. 교회는 사도적인 특성을 지닌다고 할 수 있다. 다시 말해 그 핵심 안에 이스라엘적인 특성이 있다. 여러 다른 민족들로 이루어진 믿는 이들의 모임은 이러한 이스라엘적인 핵심의 주변에 자리를 잡았다." 그러나 두 번째로 주어진 이 '사도적인 상징'은 루카에게는 물론 묵시록 12장(열두 개의 별로 된 화관을 쓴 여인!)에서도 '마리아의 상징'과 같은 특성을 지니게 되었다. 따라서 마리아는 "이스라엘적인 특성을 지닌 교회의 핵심"을 의미한다.[163] 마리아와 이스라엘과 교회의 이 관계는 마리아가 신약성경에서 구약성경 및 신약성경의 하느님 백성의 대표자이자 통합으로서, 그리고 '집단적 인격'으로서 등장하는 것보다 훨씬 더 긴밀하다.

이러한 연관성이 먼저 마리아의 구세사적 '역할'을 바라보게 할 수 있다면, 마리아 자신과 그 인격, 마리아의 개인적 위치가 하느님과 사람들 앞에서 무엇을 의미하는지 생각해 보는 것도

[163] Böhler, *Maria*, p.410.

이 시대에 필요한 적절한 질문이 될 수 있었다. 그리하여 신약성경에서 마리아에 관한 진술의 근거가 될 수 있는, 그리고 동시에 마리아론과 성모 신심이 계속 전개될 가능성을 묘사해 주는 일련의 주제들이 거론되었다.

1.5.2. 마리아에 관한 진술들의 역사적 발전

1.5.2.1. 역사적 해석학

성경의 진술들은 확실한 종결점이 없고, 마리아에 관한 진술들 역시 그러하다. 성경의 진술들은 교회 생활의 토대가 되고, 불변하는 '규범'(기준)으로서도 교회 생활 속으로 들어간다. 즉, 성경의 진술들은 자의식을 담고 있는데, 이를 통해 다른 종교들과 교류하도록 성찰을 이끌어 주고, 그뿐만 아니라 전례, 영성, 신심 행위와 같은 실천적 측면으로 전환되기도 한다. 따라서 다른 모든 성경 텍스트가 진술하고 있는 것처럼, 마리아에 관한 신약성경의 진술들은 확정되지 않은 것들이거나, 후대의 역사에서 신앙을 고백하면서 단지 '되풀이'되고 신앙 행위에서 '참된 것으로 간주된' 것들이 아니다. 마리아에 관한 신약성경의 진술들은 활기차고 생명을 선사하는 진술들이다. 이를 넘어 성경에서 증명된 하느님의 계시는 "더 이상 아무것도 말할 게 없기" 때문이 아니라, 예수 그리스도 안에서 하느님에 관해 "모든 것이 진술되었기" 때문에 '종결'되었다. 그러나 이렇게 진술된 것은 성령을 통하여 새롭게 인류 역사 속으로 들어와 실현되고, 그런 가운데 새로운 형태와 형상들도 받아들인다. 진리의 성령께서 우리를 진리 안으로 이끌어 주시듯이 말이다(요한 16,13 참조).

신앙이 이렇게 '계속' 성장하도록 돕기 위해 앞으로 철학적이고 신학적인 인식론과 해석학의 여러 관점과 숙고할 점들을 기술하겠다. 처음엔 그렇게 비칠 수도 있겠지만, 그러한 것들은 우회로가 아니라 필요한 전제 조건이다. 이는 마리아에 관한 진술들의 전개 과정을 더 큰 맥락에서 바라보고 이해하기 위해서다.

(1) 모든 인식은 "알 수 있는 모든 것의 모순되지 않고 일관된 체계 이념" 내지 "의미 전체의 이념"을 전제로 한다(볼프하르트 판넨베르크). 이로써 고립된 개별적인 것은 존재하지 않는다는 것, 모든 개별적인 것은 다른 모든 것과 긴밀히 연관되어 있다는 것이 표현된다. 이러한 연관성은 '의미 전체와 (또는) 중요성 전체'로 묘사할 수 있다. 이를 토대로 개별적인 것이 그 중요성의 측면 전체 안에서 이해될 수 있는 한 말이다. 이러한 총체적 연관성은 개별 학문에 의해 대체로 주제로 다뤄지지 않았거나 그저 단초를 제공하는 정도의 주제로 다뤄졌다. 이러한 총체적 연관성이 주제로 다뤄진다면, 이는 가설적 방식으로 이루어진다. 왜냐하면 사람들이 예전에 그렇게 생각했듯이, '완성된' 진리(자연법칙, 세상 규칙 등)는 없다는 것이 근대의 경험적·자연적 학문 인식 과정에서 드러났기 때문이다. 오히려 그 자리에는 연구 과정에서 분석과 묘사를 통해 얻게 되는 보편화된 것들이 들어서 있다. 이 보편화된 것들은 절대적 타당성을 요구하지 않지만, 가설로써 관찰된다. 또한 실상에 적용되고 실험됨으로써, 그리고 경험적 방

법을 통한 학문적 가설의 입증(Verifikation)과 경험적 관찰을 통한 반증(Falsifikation) 이론, 즉 지금까지의 가설적 인식의 증명이나 개선 또는 배척으로 이끄는 과정과 비교됨으로써 새롭게 전개된다. 따라서 학문적 인식에 대한 근본적 가설은 결코 가볍게 여겨지지 않는다. "바로 가설과 추정 안에서 전개되는 사고는 근대 학문의 사고이고, 그 특별한 합리성을 특징짓는다"[164]라고 판넨베르크는 간명하게 요약한다.

그러므로 경험적 학문의 차원에서, 말하자면 세대에서 세대로 계속 전수될 수 있는 '완성된' 인식은 존재하지 않는다는 것, 인간이 인식하는 것은 새로운 것을 목표로 도중에 있는 과정이라는 것이 이미 드러난다.

방금 언급된 것, 즉 모든 인식 안에 내포되어 있고 모아들일 수 없는 개별적인 것이 그 안에 있는 보편적 의미 및 중요성의 연관성에 대해서는 이른바 정신과학 영역에서 더 명료하게 언급된다. 정신과학의 대상은 의미 있는 행동의 현상, 의미심장한 내용의 체험, 규범과 가치에 대한 물음, 의미, 목표 등이다. 이러한 현상들과 이와 유사한 현상들은 의미 전체와 중요성 전체에 대한 물음을 제기하면서 주제로 다루지 않고서는 학문적 연구와 반성의 대상이 될 수 없다. 그렇지만 그 물음에 대해서는 결코 궁극적으로 대답할 수 없는데, 그 이유는 의미 전체가 인간의 점유를 불허하기 때문이다. 이런 까닭에 이와 관계된 모든 진술은 한시적이고 완성되지 않았으며 불완전한 것으로 이해할 수밖에

164) W. Pannenberg, "Wie wahr ist das Reden von Gott?", in: W. Pannenberg / G. Sauter u.a.(Hrsg.), *Grundlagen der Theologie*, Stuttgart u.a., 1974, pp.29~41, 여기서는 p.31.

없다.

(2) 모든 인식에 적용되는 것은 신앙에 관한 진술에도 적용된다. 신앙의 자기 이해에 따른 이 진술이 신적 계시의 덕분일지라도, 그것은 인간적인, 따라서 역사적이고 최종적인 진술이다. 이 진술은 그와 관련된 하느님의 실재(實在)를, 그리고 이로써 무한한 것, 인간이 이해할 수 없는 어떤 것을 목표로 한다. 그러므로 신앙에 관한 진술은 어떤 개별적 사건에 대해 생각한 것과 동일시될 수 없다. "신앙에 대한 진술은 경향적으로 하느님의 진리에 이르게 하는 인식이다"〔Articulus (fidei) est perceptio divinae veritatis tendens in ipsam〕라고 토마스 아퀴나스는 기술한다.[165] 신앙은 '경향적으로'(in Tendenz) 형성되어 간다. 신앙에 관한 진술이 표현하려는 저 실재를 향해 나아가는 '여정 위에' 있다고 말할 수도 있을 것이다. 신앙에 관한 진술이 '여정 위에' 있는 것은 우리가 사용하는 모든 말과 문장이 끊임없이 변화하는 역사 속에 자기 자리를 잡고 있기 때문이기도 하다. 이 역사 속에서 실재는 달라지는 지평 아래서 보이고 파악된다.[166] 그러나 이로써 그 안에서 신앙이 표현되고, 또 표현될 수 있는 관점들도 늘 새롭게 바뀐다.

---

165) Thomas v. Aquin, *STh* II, 1.6.

166) 우리는 이어서, 대체로 '교의의 전개'라는 제목 아래 다루어지는 신학의 중요한 장(章)을 만날 것이다. 이 주제가 바로 마리아론에 탁월한 역할을 하더라도, 이 주제가 심지어 마리아에 관해 지난 세기에 반포된 두 가지 교의를 통해 신학적 의식 안으로 들어갔을지라도, 여기서는 길고 폭넓게 다뤄질 수 없다. 이에 관해서는 다음 글을 참조하라: K. Rahner, "Assumptio Beatae Mariae Virginis", in: *SW* 9, pp.18~50. 라너는 '교의 전개에 대한 질문'이라는 제목을 달고 자신의 책(*Schr.* I, pp.49~90)에 받아들여서 이 글을 마무리한다. 나아가 다음 글들도 참조하라: K. Rahner / K. Lehmann, "Geschichtlichkeit der Vermittlung", in: *MySal* I, pp.727~787; W. Löser u.a.(Hrsg.), *Dogmengeschichte und katholische Theologie*, Würzburg, 1995.

그러므로 하느님의 실재, 즉 신앙 안에서 우리가 목표로 삼은 그 분의 실재 또한 새롭게, 그리고 다르게 진술되어야 한다. 그렇다, 에마뉘엘 레비나스(Emmanuel Levinas)가 "계시는 그것을 받아들이는 사람을 통해서, 영감을 받은 주체를 통해서 일어난다"[167]라고 말한 것은 어느 정도 옳다. 왜냐하면 '밖에서부터' 일어난 계시 사건과 영이 작용하여 '안에서부터' 그것을 수용하는 것이 분리되지 않고 함께 있어야 비로소 하느님의 발현이 일어날 수 있기 때문이다. 그리고 이러한 수용은 완전히 역사적이므로, 계시 역시 역사적으로 바뀌는 방식으로만 일어난다.

이는 '계시'가 먼저 하느님에 관한 객관적이고 실질적인 진술을 알려 주는 것으로 묘사되지 않고, 특히 제2차 바티칸 공의회 문헌 「계시 헌장」이 그렇게 전개하듯이, 하느님과 인간의 관계 이야기로서 묘사될 때 더욱 타당하다. 이 관계 이야기 안에서 하느님께서는 인간에게 사적으로 당신 자신을 드러내신다. 계시에 관한 실질적 진술은 그 안에서 어느 정도는 부차적으로만 이러한 사적 만남을 증명한다. 그러나 이에 비추어 계시는 완성되지 않은 역사적 실재, 인간적 체험을 새롭게 추론하고 이로써 새로운 해석도 요구하는 실재이다.

(3) 신앙에 관한 진술의 이러한 역동적 성격은 다음과 같은 점에서도 드러난다. 즉, 신앙은 자기 스스로 자명한 어떤 실재를 향해 나아가는데, 이 실재는 예컨대 철학, 예술, 과학과 같은 삶의 다양한 요소들을 비롯해, 문화적이고 사회경제적인 삶의 상황

---

167) E. Levinas, *Jenseits des Seins oder anders als Sein geschieht*, 독일어 번역본: Freiburg-München, ^{2}1998, p.341.

들과 함께 때로는 매우 복잡한 '힘겨루기' 속으로 들어가기도 하면서, 동시에 스스로 변화하면서 존재한다. 지금 우리가 다루는 주제와 관련해서 좀 더 구체적으로 말해 보겠다. 신약성경 이후 시대에 다양한 성경 텍스트들과 개별 전승들 안에서 우리에게 전해진 마리아에 관한 진술들은 그저 새롭게 반영되고 체계적으로 전개되는 것으로 그치지 않았다. 초세기에는 대체로 그리스도론의 역사적 전개와 비교되었고, 이단적인 신앙 체계와 대결하면서 자극을 받았으며, 역사가 흐르면서 마리아의 위치와 중요성에 대한 새로운 질문들도 교회 안에서 제기되었다. 따라서 마리아에 관한 진술들은 흐릿한 불빛 아래서는 길이 어둡게 보이듯이, 특정한 대목들과 일부 요소들에서 새롭게 조명되지만 때로는 과도하게 밝혀지고 낯설어지기도 한다.

1.5.2.2. 상징적이고 '미학적인' 인식

개념적으로 인식하는 것이 실재를 이해하기 위한 유일한 접근방식은 아니다. 인간은 생각하는 존재일 뿐만 아니라 '상징적 존재'이기도 하기 때문이다. 인간은 자신과 자신의 세계를 표상 안에서 이해하는 법을 배우고, 표상들 안에서 해석한다. 세상에 다가가는 이러한 방식은 최근 수십 년 동안 점점 더 큰 관심을 일으키고 있으며, 신학에서도 그러하다.[168] 인간을 '상징적 존재'라

168) 예컨대 다음 문헌들을 참조하라: E. Gräb-Schmidt / R. Preuel, *Ästhetik* = MJTh XXII, Leipzig, 2010; C. Mayer u.a.(Hrsg.), *Das Schöne in Theologie, Philosophie*

고 이해한다는 것은, 인간이 자신의 몸과 (어느 정도는 그것의 연장이라고 이해할 수 있는) 이 세상에 감각적으로 주어진 것들만을 통해 자신의 본질 깊은 곳에 있는 것을 표현한다고 말하지 않는 것이다. 그것은 반대로 상징 안에서 실재의 가장 심오한 본질에 대한 무언가가 그에게도 인식되므로, 그는 상징을 통해서 자기에게 '주어지는' 이 실재와 교류할 수 있음을 말한다. 그 이유에 대해서 칼 라너는 다음과 같이 말한다. "존재하는 것은 자기 자신으로부터 필연적으로 상징적이다. 자신의 고유한 본질을 찾기 위해서 필연적으로 자기를 '표현'하기 때문이다."[169)]

그러한 존재론적 진술을 도외시하더라도, 인간은 스스로 자신을 상징으로 표현하고 상징을 이해하며 이미 주어진 것이라고 가정할 능력이 있다. 예를 들어 보겠다. 서로 사랑하는 연인이 있다. 남자는 여자를 꼭 껴안고, 자신의 뺨을 여자의 뺨에 댄다. 그런 다음 입을 맞춘다. 이는 눈으로 볼 수 있는 '경험적 상황'이다. 그러나 이 상황은 즉시, 그리고 직접적으로 (그러니까 반성과 토론을 거치지 않고서) 두 사람의 사랑을 상징적으로 표현한 것이라고 이해할 수 있다. 그러한 상징적인 또한 미학적인 인식은 나중에 이루어질 구상화에 열려 있고, 그것과 결부될 수 있을지

und Musik, Würzburg, 2013. 나아가 다음 글도 참조하라: W. Fürst, "Was veranlasst die Praktische Theologie heute, Pastoralästhetik zu betreiben?", in: ders.(Hrsg.), *Pastoralästhetik* = *QD* 199, Freiburg i. Br., 2002, pp.31~54. 횝스(R. Hoeps, "Jenseits der Nostalgie. Was ist Bildtheologie", in: *HK Spezial* 2012, pp.29~33, 여기서는 p.33)는 다음과 같이 옳게 설명한다. "이성과 대결하고 그 대상에 관심을 기울이면서 이 이성의 한계도 늘 바라보는 신학은 표상적인 것의 구조와 전개를 주의 깊게 따라갈 것이다." 이어서 최근에 나온 문헌도 이에 관한 내용을 다루고 있다.

169) K. Rahner, "Zur Theologie des Symbols", in: *Schr.* IV, p.278.

라도 어떤 개념을 필요로 하지 않는다. 〔리쾨르(Ricoeur)가 한 말의 의미에서 보면, 상징은 그 자체로 생각할 거리를 준다!〕 아무튼 포옹하고 입을 맞추는 행위와 이와 함께 주어진 상징은 사랑이 무엇인지 개념적으로 분석하는 것보다 사랑의 실재에 훨씬 더 효과적으로 다가갈 수 있다.

그러므로 감각적으로 주어진 것은 상징 안에서 자신을 넘어 '초감각적인 것', 비가시적인 것, 숨어 있는 것을 가리켜 보인다. 그리고 인간적 경험에 비추어 그것들을 규명하고,[170] 나아가 인간적 경험 안에서 떠오르게 한다('대표적 상징' '실제 상징'). 이때 "상징적인 것이 참된가 하는 것은 (…) 그것의 명료함이 실현된 측면에" 있다고 피어앙겔로 세퀘리(Pierangelo Sequeri)는 말한다.[171] 즉, 어느 상징의 진실함은 인간에게 놀라움을 일으키면서 그의 마음에 떠오르고 관철되며 스스로 증명된다(한스 우르스 폰 발타사르). 파울 틸리히(Paul Tillich)는 상징의 '내적인 힘' 또는 '스스로의 힘'에 관해서도 말하는데, 이것들에 근거하여 상징의 실재가 규명된다.[172] 물론 그처럼 효력이 드러나는 '확실함'에도 불구하고 비가시적인 것이 상징적으로 표현되는 것은 늘 희미한 방식으로만, 원

---

170) 우리는 여기서 그리고 이어서 존재론적 의미와 '강조된 의미' 안에 담긴 상징을 받아들인다. 그 밖에도 상징 개념을 모든 표징으로 확대하는 다른 변형된 의미들도 있다. 상징 개념의 넓은 의미에 관해서는 다음 책을 보라: H. Looff, *Der Symbolbegriff in der neueren Religionsphilosophie und Theologie*, Köln, 1955, 특히 pp.13~44.

171) P. Sequeri, "Nur einer ist der 'Gute'. Theologie der Affektion als Umkehr der Ontologie", in: E. Arens(Hrsg.), *Gegenwart. Ästhetik trifft Theologie* = QD 246, Freiburg i. Br., 2012, pp.46~72, 여기서는 p.69.

172) P. Tillich, *Gesammelte Werke*, Bd. V, Stuttgart, 1964, p.196.
틸리히가 초기에 상징을 이해한 것에 관해서는 다음 책을 보라: Looff, *Symbolbegriff*, pp.52~64.

근법적으로, 그리고 불완전하게 이루어진다. 이와 관련해 토마스 프뢰퍼(Thomas Pröpper)는 다음과 같이 기술한다. "따라서 모든 상징은 한시적이다. (…) 따라서 모든 상징은 의심스럽기도 하다. 상징은 자기 자신의 명료함이라는 근거에만 의존하고 있기 때문이다. 상징은 힘을 강요하지 않고 원하지도 않는다. 자유를 근거로, 자유롭게 해석되기를 바라기 때문이다."[173] 상징은 자유로이 받아들여질 수 있도록 '자신을 바친다.'

특정한, 그리고 상세히 기술할 수 있는 상황과 형태에서 드러나는, 현상들의 이러한 상징적인 특성은 매우 다양하다. 이미 주어졌고 지금도 주어지는 현상의 유형에 따라서 자연 상징과 인간학적 상징, 역사의 상징과 예술의 상징 등이 있다. 그러나 모든 경우에 있어서 상징은 자신이 가리켜 보이는 것과 자신이 대변하는 것과 어떤 유사성을 지닌다. 이는 상징에 대한 분석과 복잡한 해석의 역사에서 상세히 드러날 수 있고 계속 심화될 수 있다.[174]

늦어도 칸트 시대부터 미학의 범주 내에서 '상징'이라는 개념이 '떠오르기' 시작했고, "미학이 핵심 개념(Leitbegriff)으로 (…) 부상한다."[175] 미학적 경험 내에서 '아름다운 대상' 내지 '아름다운 것'은 더 심오한, '본래적' 실재의 상징으로 체험된다.[176] 이 실재

---

173) Th. Pröpper, *Erlösungsglaube und Freiheitsgeschichte. Eine Skizze zur Soteriologie*, München, ³1991, p.188.

174) 이에 관해서는 예를 들어 다음 글들을 참조하라: S. Meier-Oeser / O.R. Scholz / M. Seils, "Symbol", in: *HWP* 10, pp.710~739; J. Simon u.a., "Symbol", in: *TRE* 32, pp.479~496; K.-H. Menke, "Symbol V", in: *LThK* 9, pp.1158~1160. 다른 문헌들에도 이에 관해 언급한 글들이 많다.

175) Scholz, "Symbol", in: *TRE* 32, p.723.

176) 이런 맥락에서 칸트의 결정적 '가르침'은 다음과 같다. "아름다운 것은 도덕적 선의 상징이다"〔*Kritik der ästhetischen Urteilskraft,* B 258; A 255 = *WW*(Weischedel)

는 "그 어떤 특정한 (…) 개념이 자신에게 적합하지 않더라도 많은 것을 생각할 마음을 불러일으킨다."[177] 상징으로 이해된 예술작품에서 삶의 '의미 전체'와 동시에 그 안에서 파악할 수 없는 무한함이 나타난다. 프리드리히 셸링(Friedrich W.J. Schelling)은 "유한하게 묘사된 무한한 것은 아름답다"라고 표현한 바 있다.[178]

중세기의 존재론이 존재의 초월적 특성을 관찰하면서 아름다움에 관해 말하기를, 아름다움은 그 복잡한 형상의 완전한 일치 안에서 실현될 뿐만 아니라 진실한 것과 선한 것을 일치시키며 중용을 이루는 것을 통해서 실현된다고 한다. 아름다운 것은 그 안에서 진실한 것이 '선한' 것으로 그리고 선한 것이 '진실한' 것으로 나타나는 것이다.[179] 이는 동시에 자기 자신을 넘어 '초월적인 것'을 가리켜 보이고 이런 방식으로 "의미의 명료함" 내지 "상징적 정확성"〔하인리히 롬바흐(Heinrich Rombach)〕 같은 무언가를 증명하기 위해서다. 그리고 바로 그 안에서 다양한 표징이 존재하고, 변화가 많이 일어나는 이 세상에서 상징의 특성이 생겨난다. 상징의 특성은 아름다운 것으로서 인간이 이해하고 수긍할 수 있는 명료함을 통해 두드러진다.[180] 이 명료함은 그 형상이 일치하는

8, p.461〕. 그렇지만 칸트가 이렇게 도덕적 선을 크게 강조한 것은 상징 안에서 드러나고 존재하는 모든 유형의 '더 위대한' 실재로 확대되었다.

177) Kant, *op.cit.*, B 194; A 190 = *WW* 8, pp.413~414.

178) F.W. J. Schelling, *System des transzendentalen Idealismus(1800)* = *WW* IX/1 (Hist.-krit. Ausgabe), Stuttgart, 2005, p.321.

179) 이에 관해서는 예컨대 다음 책을 참조하라: C. Pöltner, *Schönheit. Eine Untersuchung zum Ursprung des Denkens bei Thomas v. Aquin*, Wien-Freiburg-Basel, 1978.

180) 이러한 노선에서 한스 우르스 폰 발타사르(*Herrlichkeit*, Bd. I, Einsiedeln, 1961, p.34)는 "아름다운 것은 자신을 직접 밝히는 명료함을 이끈다"라고 표현한다. 이러한 명료함은 "이해한 것이 아닌 이해된 것에"(*Ibid.*, p.126) 근거한 것이다. 인간을 "짐처럼 둘둘 싸서 이곳에서 저곳으로 끌고 가는"(Platon, *Phaidros* 250e) 아름다운 것의 이러한 특성은 이미 플라톤에 의해 아름다운 것의 특성으로서 부각되었다. 이에 관해서는 다음 책을 보라: H.-G. Gadamer, *Wahrheit und Methode. Grund- züge*

데서, 그리고 실재를 밝히는 것과 실재로 향하는 것이 통합하는 데서 드러난다.[181)]

여기서 추가로 설명할 점이 있다. 현대 예술의 발전에 비추어 사람들은 예술과 아름다운 것을 동일시하는 것에 대해서 조심스런 태도를 취할 수 있다. 현대 예술이 부분적으로는 아름다운 것을 더 이상 전혀 묘사하려 하지 않고, 추한 것, 섬뜩한 것, 악한 것을 묘사하려 하기 때문이다. 그렇지만 아름다운 것을 의식적으로 피하는 것 내지 아름다운 것에 반대하는 것도 다시 한번 극단적 방식으로, 지극히 변증법적인 방식으로 거부되었거나 지금 거부되고 있는 아름다운 것을 가리켜 보일 수 있다.

그렇게 예술이라는 것이 상징의 우선적 '장소'라면, 이는 종교세계에 더 많이 적용될 것이다.[182)] 루마니아의 저명한 종교학자 미르체아 엘리아데(Mircea Eliade)는 "모든 종교적 요소는 유한한 방식으로 초경험적 실재를 추구하기에 상징성을 지녔다"[183)]라고 말하면서 미래의 다른 많은 사람을 대변한다. 더 정확히 말하자

---

einer philosophischen Hermeneutik, Tübingen, ^{2}1965, p.453 이하.

181) 우리가 사용하는 언어도 이러한 통합을 보여 준다. 우리는 진실의 영역뿐만 아니라 선한 것의 영역에서도 끌어낸 자연이나 예술의 아름다운 대상에 이름을 붙인다. 칸트는 이렇게 기술한다. "색채는 무해하고 소박하며 부드러운 것으로 불린다. 색채는 윤리적 판단을 통해 작용한 정서 상태의 의식과 유사한 것이 포함된 감정을 불러일으키기 때문이다": Kant, *Kritik der ästhetischen Urteilskraft* B 260; A 257 = *WW* 8, p.462.

182) 이에 관해서는 다음 글을 보라: P. Geritz, "Sumbol II", in: *TRE* 32, pp.481~487(Lit).

183) M. Eliade, "Methodologische Anmerkung zur Erforschung der Symbole in den Religionen", in: ders. / J.M. Kitagawa(Hrsg.), *Grundfragen der Religionswissenschaft*, Salzburg, 1959, pp.103~135, 여기서는 p.119.

면, 하느님 혹은 신적인 것은 다수의 상징 안에서 인간에게로 가서 자신을 드러내 보인다. 그렇기 때문에 상징은 부정적 판결("따라서 이것 또는 저것은 '단지' 상징일 뿐이다!"라는 의미에서) 아래 있지 않고, "이것 또는 저것은 다름 아닌 바로 상징이다"와 같은 긍정적 관점 아래 있다. 상징은 하느님께서 직접 두셨고 따라서 계시를 위한, 신적 세계의 생생한 묘사를 위한 적절한 매체로 드러나기 때문이다.[184] 이런 관점에서 에른스트 카시러(Ernst Cassirer)가 다음과 같이 말한 것은 옳다.

> "상징적인 것은 결코 '현세'나 '내세'에, '내재적' 영역이나 '초월적' 영역에 속하지 않는다. 상징적인 것의 가치는 그것이 이러한 대립을 (…) 극복한다는 데서 생겨난다. 상징적인 것은 하나의 것 또는 다른 것이 아니라, '다른 것 안에 있는 하나의 것'을 묘사하고 '하나의 것 안에 있는 다른 것'을 묘사한다. (…) 상징은 자신 안에 깃들어 있는 고유한 형성 법칙에 따라서 의미의 고유하고 독자적이며 자신 안에서 완성된 세계를 구성함으로써 내용을 나누어 받는다."[185]

실재를 규명하기 위해 상징의 위치와 의미를 이렇게 조심스럽게 가리켜 보이는 것은 마리아에 관해 진술하고 거기서 몇 가지 결과를 끌어내기에 충분할 것이다.

---

184) 이에 관해서는 다음 책들을 보라: P. Tillich, *Systematische Theologie*, Bd. I, 독일어 번역본: Stuttgart, ^{3}1967, p.277 이하; ders., *Wesen und Wandel des Glaubens*, Frankfurt, 1951, p.57.

185) E. Cassirer, *Philosophie der symbolischen Formen*, Bd. III, Darmstadt, ^{2}1954 (=1929), p.447.

예수 그리스도가 십자가에서 못 박혀 돌아가신 뒤에 서양의 2천 년 역사를 뒤돌아볼 때, 마리아는 그리스도교에 존재하는 가장 널리 퍼져 있는 상징일 테고, 좀 더 특별하게는 "서구 문화의 가장 강력한 상징"[186]일 것이다. 앞에서 보았듯이, 그것은 성경에서 이미 시작되었다. 성경에서 마리아는 단지 '개인' 그 이상이다. 마리아는 이미 성경에서 본질적으로 하나의 상징이다. 마리아는 한편으로는 신앙과 믿는 이, 이스라엘, 교회를 대변하고, 다른 한편으로는 하느님의 활동을 대변한다. 그리하여 생기 넘치는 모습에서 이른바 자신의 감각적인 탁월함으로 숨겨진 것, 더 숭고한 것, 더 심오한 것을 보여 준다. 여기서 더 심오한 것이란 상징으로써의 마리아가 매우 다양한 특성들과 역할들의 복잡한 '공생'(어머니-동정녀, 가난-부, 개인-집단적 인격, 신앙의 자매-교회의 어머니 등)의 관계를 묘사하는 것보다, 그렇지 않으면 다른 여성들에게는 붙지 않는 수식어들을 묘사하는 것보다 훨씬 더 신비스럽게 보이는 것을 말한다. "상이한 것 또는 시간이 서로 다른 것이 이렇게 마리아 안에서 볼 수 있고, 따라서 유일하고 일회적이며 내적인 '공생'은 그 이후의 마리아 공경과 마리아론에 날개를 달아 주었다."[187] 이뿐만 아니라 마리아의 상징성이 계속 전개되는 결과도 가져왔다. 다시 말해, 특히 미학적 차원에서 보여 주듯이, 형상의 단일성, 그 다양한 관점의 통합과 전체성, 많은 특별한 것을 보편적인 것으로, 많은 상이한 것을 중용을 이루는 것으로 대리할 능력이 있는 이상적인 것이 바로 상징에 속한다. 나아가 '진

186) A. Greeley, *Maria, Über die weibliche Dimension Gottes*, 독일어 번역본: Graz 1979, p.108.

187) H. Grote, "Maria / Marienfrömmigkeit II", in: *TRE* 22, pp.119~137, 여기서는 p.123.

실한 것'과 '선한 것', 실재를 규명하는 것과 실재로 향하는 것의 일치도 상징에 속한다. 인간은 실재를 향해 갈 때 인간 안에서 '경이로움'이 일어난다.

상징의 '논리' 안에는 이제 두 가지 사실이 깃들어 있다. 상징이 특정한 사회에서 퇴색되거나 잊히지 않으면, 그 상징은 역사가 흐르면서 특정한 수식어(형상의 단일성 등)로 상승된다는 것, 그리고 에른스트 카시러의 말을 빌려 표현하면, 상징은 "자신 안에 깃들어 있는 고유한 형성 법칙에 따라서" 형상의 단일성과 자신의 관점의 전체성을, 이상적인 것과 통합적 힘을 명료하게 하고 더 크게 보이게 하며, 경우에 따라서 그것을 보완한다는 것이다. 후앙 두케(João M. Duque)에 따르면, 상징은 "늘 우리 삶을 보완하면서 (…) 전체적인 것을 가리켜 보이기" 때문이다. "(그것은) 우리를 이롭게 하는 질서를 약속한다."[188] 이런 까닭에 추세는 '더 욱더'와 '더 숭고한' 방향으로 나아가게 되고, 상징은 꾸준히 상승하게 된다.

다음과 같은 예들이 있다.

(1) 구약성경 이야기에서 다음과 같은 것들을 생각할 수 있다. 이스라엘 백성의 이집트 탈출을 보여 주는 역사적 상징인 바다의 기적은 원래 단지 '놀라운' 사건〔거센 바람이 불어 바다가 마른 땅이 되는(탈출 14,21 참조)〕에서 바닷물이 갈라지고 물이 둑처럼 서는(탈출 14,22; 시편 78,13) 참된 기적 내지 상징이

188) J.M. Duque, *Die Kunst als Ort immanenter Transzendenz. Zu einer fundamentaltheologischen Rezeption der Kunstphilosophie H.-G. Gadamers*, Frankfurt, 1997, p.93 mit Hinweis auf Gadamer. 해당 장(章) 전체도 보라: pp.91~99.

된다. 그리고 메시아를 가리키는 '근원적 상징'인 다윗 왕조에서 후손이 끊어질 거라고 나탄이 다윗 왕에게 예언한 것으로부터 메시아가 하늘에서 내려와 다스리실 보편적인 평화의 왕국(예컨대 다니 7,14 참조)을 가리키는 상징이 전개된다. 이와 매우 유사한 것이 '예루살렘'이라는 상징에서 나타날 수 있다.

(2) 종교 이야기에서 (구체적으로 불교에서) 다음과 같은 것들을 끌어낼 수 있다. 원래는 단지 붓다의 회개 체험의 상징인 '깨달음의 나무'(보리수)는 '생명나무'의 포괄적 상징으로, '세상의 중심'으로 계속 성장하게 된다. 나아가, 붓다의 유골이 보관되어 있는 스투파(Stûpa, 위쪽이 뾰족한 불탑을 가리키는 말 - 옮긴이 주)는 처음에는 단지 덧없음의 상징이었지만, '세상의 산'으로 격상되고, 처음에는 붓다의 설교를 상징화한 '가르침의 바퀴'는 삶의 바퀴 또는 '생성의 바퀴'로 격상된다.[189]

(3) 인간학적 상징은 때로 종교사적 상징의 토대를 이루기도 하는데, 이와 관련해서도 위와 동일한 것이 적용된다.[190] 그리하여 예컨대 상징을 강조하는 한 과정을 할례의 경우에서도 찾을 수 있다. 할례는 원래 위생적 조처에 불과한 것이었지만, 대부분의 민족에게 있어서 성적 성숙함의 상징이 되었고, 유다교에서는 하느님께서 선택하셨음을 가리키는 상징이 되었다. 반면에 신약성경에서 필요한 할례를

189) 이에 관한 보기들은 다음 문헌들에서 찾을 수 있다: Gerlitz, *Symbol*, p.483; G. Lanczkowski, "Symbol I", in: *RGG* ^{3}6, p.542.

190) 이에 관해서는 다음 글을 보라: K. Galling, "Beschneidung I", in: *RGG* ^{3}1, pp. 1090~1091.

거부하는 것은 그리스도를 통하여 실현된 새로운 구원 경륜의 상징이 되었다.

상징이 지닌 상징성이 내적으로 그리고 외적으로 상승하는 이러한 '논리'에 따라서 마리아론도 전개된다. 마리아론의 표현 형태와 '언어'는 상징성을 지니는데, 즉 "개념적 정의의 언어가 아니라, 미학과 관조(Anschauung)와 표상의 언어"[191]이다. 마리아는 단순히 '개인'이 아니라 상징, 더 정확히 말하면, 역사적으로도 이미 주어진 모든 것에 있어서 먼저 말로 전승되었고, 이어서 예술적으로도 묘사된 상징이기에, 마리아에 관한 말과 그녀를 표현하는 예술 작품들은 최상급 형태를 받아들일 수 있다. 사람들은 마리아에게서 신적 은총의 증명과 충만함을 보여 주는 한계를 알지 못한다. 마리아는 '믿는 이'로서 완전히 이상적 인물로 묘사되고, 모든 긍정적 특성을 지닌 분이라고 여겨진다. 이에 대한 좋은 본보기로 그레고리우스 팔라마스(Gregorius Palamas)의 글을 들 수 있다.

> "하느님께서는 절대적 아름다움의 표상을 만들어 내려 하셨고, 천사들과 인간을 당신의 최고 걸작으로 가장 선명하게 드러내 보이고자 하셨다. 그렇기에 진실한 마리아를 지극히 아름답게 만드셨다. 하느님께서는 마리아 안에서 모든 것을 통합하셨고, 나머지 피조물들에게도 아름다움을 나누어 주셨다. 그리하여 마리아를 모든 볼 수 있는 것과 볼 수 없는 것의 귀감으로 통합하

[191] P. Hünermann, "Kommentar zu Lumen Gentium", in: *HThKzVatII*, p.526,

셨다. 더 정확히 말하자면, 하느님께서는 마리아로부터 당신과 천사들과 인간의 모든 완전함이 혼합된 것, 두 세계를 장식하는 숭고한 아름다움을 만들어 내셨다."[192]

한스 우르스 폰 발타사르에 따르면, 이러한 방식으로 마리아는 "하느님께 위배되지 않는 인간적 소재로부터 하느님의 솜씨(Ars Dei)를 보여 줄 수 있는 것의 (…) 원형"[193]이 된다. 마리아가 이를 넘어 교회의 인격화인 한, 그녀 안에서 '순수한 형상'도 교회 중심부에 있는 것, 그리고 모든 개별 신앙인이 자기 자신과 교회로부터 깊이 갈망하는 것을 받아들인다.[194]

이 모든 것은 그리스도교 신앙 밖에서도 근본적으로 중요하다. "마리아의 표상은 논쟁의 여지가 없이 확실하고, 믿지 않는 이라도 감히 손으로 만질 수 없는 아름다움의 보화라고 간주된다. 자신이 신앙의 표상으로서가 아니라 단지 숭고한 상징으로 이해되고, 평범하고 인간적인 것으로 해석되더라도 말이다."[195] 이때 인간의 갈망과 꿈 혹은 원형을 비롯해 다른 문화적 상징 세계로부터 이렇게 상승하는 상징성의 많은 특징이 나타난다(제1권 제2장 1.2.를 참조하라).[196] 베른하르트 벨테(Bernhard Welte)는 다음과

192) 인용: Vl. Lossky, *Die mystische Theologie der morgenländischen Kirche*, 독일어 번역본: Graz 1961, pp.247~248.

193) Balthasar, *Herrlichkeit*, p.542.

194) "마리아는 아니마(Anima, 남성에게 내재된 여성적 속성 - 옮긴이 주)의 영원한 이상형을 가리키는 상징이 되었다"라는 벤-코린(*Mutter*, p.28)의 진술도 이러한 노선에 있다.

195) Balthasar, *Herrlichkeit*, pp.543~544.

196) 여기서 긴장과 모순도 철저히 '수정된다.' 그리하여 예컨대 '동정녀 마리아'뿐만 아니라 '어머니 마리아'도 인간적 갈망에 상응하는 것처럼 보인다. '자연적' '온전한' 동정성과 헌신하는 어머니임은 '거룩한 것'을 가리켜 보이고, 마리아의 '상징' 안에서 모인다(이때 두 상징의 '역사적 사실성'에 관해서는 이 대목에서 아직 아무것도 언급되

같은 점에 주목한다. 마리아는 여성으로서 영혼 깊은 곳에 존재하는 힘에 영향을 미치고, 이어서 그 힘은 그리스도교 신앙이 꼴을 갖추도록 계속 작동하기에, 신앙의 인물인 마리아는 원형(原形, Urbild)의 영역으로 실제 들어 올려졌다는 것이다.[197] 이러한 노선에서 초기 교부신학은 자기 앞에 제시된 이교도적 상징과 상징의 세계, 즉 신화적 요소를 단순히 기만적이고 그릇되고 급진적으로 상승하는, 따라서 거부해야 하는 것으로 이해하지 않고, 인간의 영혼 깊은 곳에 그리고 인류 역사 속에 숨어 있는, "예수 그리스도에 대한 감춰진 예언"이라고 이해했다. 그것들은 상징을 통해서 "존재나 세속적인 마음의 원형을 가시화한다. 그것들은 결코 자의적으로 만들어 낼 수 없으며, 하느님께서 구세사에서 활동하실 것을 앞서 구상한 것이다."[198]

성경적 전승과 인간의 원형, 문화적 유사성이라는 이러한 '저수지'로부터 완전한 인간, 완전히 천부적 재능과 특성을 지닌 분, 특히 초자연적인 신적 은총과 특권을 완전히 지닌 분이라는 마리아의 모습이 정립된다. 마지막 문구는 교회 안에서 서서히 "모든 이 가운데 가장 아름다운 분(…)"이라는 표현이 만들어진 것에서도 입증된다.[199] 이러한 방식으로 마리아는 동시에 인간에 대

어서는 안 된다).

197) Cf. B. Welte, "Vom Sinn der Marienverehrung", in: *FuA* 55(1979), pp.407~413. 이에 관해 크게 수정한 내용은 다음 글을 보라: ders., "Zur Theorie der Marienverehrung", in: *Zwischen Zeit und Ewigkeit. Abhandlungen und Versuche*, Freiburg i. Br., 1982, pp.272~279, 여기서는 pp.274~275. 그러한 관점에서 쿠르트(Courth, *Zur Situation*, p.173)가 다음과 같이 완전히 비판적으로 질문하는 것은 당연히 옳다. "여기서 마리아를 상징 인물로서 원형적으로 완성하기 위한 경계와 틀은 무엇인가?"

198) A. Rosenberg, *Geleit- und Schlüsselwort zu: H. Rahner, Griechische Mythen in christlicher Deutung*, Basel, [4]1984, p.X.

199) 이에 관해 죌(*Mariologie*, p.177)은 다음과 같이 말한다. "마리아에 관한 표상 신학

한 하느님의 무한한 사랑을 보여 주는 상징으로 존재한다. 우리는 완전히 신뢰하면서 그 사랑 속으로 들어갈 수 있다. 이는 결국 마리아가 '중개자'로 부름을 받은 이유이기도 하다. 이에 관해 요셉 라칭거는 논쟁의 여지가 없는 다음과 같은 말을 남긴다.

> "마음에서 우러나오는 말, 존경이 담긴 사랑의 말이 있다. 사랑의 말이 흔히 그렇듯이, 그 말을 이론적인 절대성 안으로 옮겨 놓으면, 그 말은 틀릴 수 있다. 그렇지만 신뢰가 그 말에 의미를 주고, 충일함을 증명한다(또는 적어도 납득시킨다). 성경의 엄격한 기준에 비추어 볼 때, 그 말에는 충일함이 내포되어 있다. (…) 신심의 내적인 전체 구조 안에서 적법하고 객관적일 수 있는 표현은 아직 신학적 개념의 적절한 표현이 되지 못할 것이다. (…) 서정시에 근접해 있는 진술들도 마찬가지다. 이런 까닭에 그러한 진술들은 철학 교과서에 아직 적합하지 않다."[200]

상징 세계의 '논리'에 근거를 두는 이러한 '최상급의 표현'은 사람들이 진술의 미학적이고 종교적인 상징성을 그 고유한 법칙성과 함께 시야에서 놓치지 않는 한 당연히 맞는 말이다. 우선적으로 중요한 것은 객관적인 마리아 '자체'가 아니라, '무언가에 대한', 즉 인간에게 향하고 마리아 안에서 충만히 드러나는 신적 실재와 관련된 그녀의 상징성이다.[201] 이로써 마리아는 "새로운

의 중심점에서 (중세 이후) 흠 없고 구원을 중개하는 '살아 있는 이들의 어머니'이자 '천상의 여왕'이라는 사고와 형상은 점점 더 뒤로 밀려났다. 사람들은 마리아를 악을 함께 물리치는 분으로 그리고 그리스도인의 완전함의 본보기로 이해하려 했다."

200) J. Ratzinger, *Einleitung zu: Konstitution über die Kirche*, Münster, 1965, p.16.

201) 이러한 맥락에서 휘너만(P. Hünerrmann, *Kommentar*, pp.517~518)은 비트겐슈타인(L. Wittgenstein, *Vorlesungen und Gespräche über Ästhetik, Psychoanalyse*

의미 연관성을 지니게 되었다." 마리아는 표상으로서 "새로운 영역으로 들어 높여졌다. 우리는 새로운 의미 영역으로서 이 표상을 '의미-표상'이라고 부를 수 있다. 생생하고 비가시적인 구원을 가져오시는 하느님께서는 그 영역으로부터 관찰자에게 말씀을 건네신다."[202]

여기서도 어긋난 방향으로 전개될 가능성이 있음은 부인할 수 없다. 다음과 같은 점들을 받아들여야만 이를 사전에 방지할 수 있다. (1) 성경은 마리아라는 상징 인물의 규범적인 규범(norma normans)으로 존재하고 있는데, 적어도 마리아에 관한 모든 진술이 그녀에게 근거를 두고 있으며 성경적 기준에 모순되지 않는다는 의미 안에서 그러하다. (2) 항상 강조되어야 하는 점은 마리아의 상징성이지, 그녀를 우상화하는 것은 아니다.[203] 이 말이 의미

---

und religiösen Glauben, Frankfurt, 2000, pp.11~60)을 주목하는데, 후자에게 미학적 언어는 객관적으로 판단하는 언어보다는 오히려 '적절히 찾아낸' 언어, 마음에 드는 언어, 칭찬하고 인정하는 언어다. 더 상세한 내용은 다음 책에서 볼 수 있다: Wittgenstein, *Philosophische Untersuchungen*, Frankfurt, 1967. 비트겐슈타인에게 공통된 인간적 행위는 언어의 고유한 규범 체계다(예컨대 pp.106~107 등을 참조하라). 그러나 마리아의 언어를 낳은 '공통된 행동'은 바로 신앙, 신심, 예식, 헌신 등이다.

202) Welte, *Zur Theorie*, pp.276~277.

203) 우상과 표상을 처음으로 구분한 사람은 마리온〔J.L. Marion, "Idol und Bild", in: B. Casper(Hrsg.), *Phänomenologie des Idols*, Freiburg-München, 1981, pp.107~132〕이다. 그는 이렇게 기술한다. "우상은 자신이 목표로 하는 관점에서 유래하는 반면, 표상(우리가 다루는 주제와 관련해서는 상징)은 바라보는 것에 맞서 가시적인 것을 (…) 점점 더 비가시적인 것으로 채우면서 요구하는 바를 얻으려고 애쓴다. 비가시적인 것은 모습을 드러내고, 유사하게 나타난다. (…) 그렇지만 이 유사함은 결코 가시적인 것의 불확실한 측면에서 비롯된 게 아니다"(*Ibid.*, p.121). 마리온은 다음 책에서도 이에 관해 다룬다: *Die Öffnung des Sichtbaren*, 독일어 번역본: Paderborn u.a., 2005, p.54. 마리온이 이와 같이 구분한 것에 관해서는 다음 책도 참조하라: Th. Alferi, *"Woüber hinaus Größeres nicht gegeben werden kann …" Phänomenoligie und Offenbarung nach J.-L. Marion*, Freiburg-München, 2007, pp.54~64. 발타사르(*Herrlichkeit*, p.446)는 객관적으로 우상과 상징을 구분한다. 그는 그리스도교 형상의 '명료함'에 관해 말하는데, 이 그리스도교 형상은 "현상 자체로부터 빛나고 분명해지는 것이지, 주체의 욕구 충족 때문에 인지되는 것"이 아니라고 한다.

하는 바는 다음과 같다. 즉, 마리아는 이미 상징('모상')으로 주어지고 나타나는 표징이다. 이 표징은 자신에게서 벗어나 마리아가 상징으로 대변하는 것, 그러니까 하느님으로부터 받은 선택과 하느님께서 마리아 안에서, 그리고 마리아를 통하여 하시는 구원 사업을 대변하는 것을 가리킨다. 반면에 우상화된 마리아의 모습은 인간적으로 뭔가 의도한 결과이고, 무지한 구상이며, 그저 "의식적이고 무의식적인 갈망의 영사막"[204]과 같은 것이다. 하느님에 관한 것을 드러내 보이지도 못한다. 우상은 상징과 반대되는 개념이다. 우상은 "기대 한도를 높이고 열망을 모호하게 하는 것이기에, 그것이 우리에게 좌우되기보다 우리가 그것에 더 좌우된다."[205] 이러한 배경에서 클라우스 슈라이너(Klaus Schreiner)는 마리아 공경에 관한 '문화사 및 사회사'를 기술했는데, 다음 대목에서 마리아 공경이 정점에 달한다.

> "마리아는 유럽 문화에서 역사적으로 가장 매혹적인 인물 내지 상징에 속한다. 천상에서 화관을 받은 나자렛 출신의 여인 마리아는 참되고 의미가 충만한 삶을 추구하는 자신들을 도와줄 수 있다고 확신한 사람들의 꿈과 갈망, 통찰과 경험들, 올바른 길과 그릇된 길이 마리아 공경의 역사 속에 반영되어 있다."[206]

개신교에서 부각된 다양한 의견이 이러한 측면에서 생겨났다

이어서 벨테(*Zur Theorie*, pp.272~279)도 이러한 점을 다룬다.

204) Chr. Eilrich, *Gott zur Welt bringen: Maria. Von der Möglichkeiten und Grenzen einer protestantischen Verehrung der Mutter Gottes*, Regensburg, 2011, p.17.

205) Marion, *Öffnung*, p.54.

206) Kl. Schreiner, *Maria. Jungfrau, Mutter, Herrscherin*, München-Wien, 1994, p.509.

는 것은 널리 알려져 있다(이에 관해서는 제1권 제6장 1.도 참조하라). 루터는 성경의 예형론적 해석에 따라, 그리고 이를 통해 성경의 직접적인 의미에 따라 마리아에 관해 증명된 시각에 관심을 기울였던 반면, 이러한 점은 그다음 시대에는 바뀌었다. 개신교 신학자 미하엘 하이멜(Michael Heymel)조차 이렇게 기술한다. "추측하건대 개신교회들에서 마리아론이 후퇴한 것, 그리고 이로써 마리아에 대한 상징이 결여된 것은 근대 이전의 대다수 성경 주석이 역사비평적 주석으로 인해 점차적으로 내밀렸다는 것에서 주요 원인을 찾을 수 있다."[207] 그리하여 마리아의 상징성을 규명하려는 여러 방법론적인 '무기고'(das Arsenal) 전체도 밀어내졌다. 그렇기에 하이멜은 이렇게 요구한다. "예형론적 성경 해석의 의미를 생각한다면, 신앙의 다른 실재들을 가리키는 상징이자 예형인 마리아에 관해서 말하는 것이 가능해질 것이다."[208]

1.5.2.3. '사건'과 관련하여

실재에 대해 상징적으로 접근하는 것이 개념적으로 인식하는 데 있어서 유일한 '보완책'은 아니다. 신앙이 우리에게 개념적이거나 상징적인 방식으로 실재를 열어 주는 것보다 더 중요한 것은 신앙이 살아나는 것, 다시 말해 실제 삶 속으로 옮겨가는 것이다. 신앙과 관련해서 가장 심오하고 중요한 것은 단지 지적인

207) Heymel, *Jüdische Mutter*, p.330.
208) *Ibid.*, p.430.

'유리알 유희'(Glasperlenspiel)에 머무는 것, 그러니까 사람들이 어느 특정한 '세계관'을 가질 수 있도록 도와주는 지성과 반성의 사안 정도가 아니라는 것이다. 영혼 깊은 곳에 숨어 있는 갈망의 실체를 드러내는 단순히 미학적 표징 체계도 아니다. 성경에서 증언하고 있는 하느님의 계시는 우리의 삶에서 실제로 영향을 미치고자 한다.

그러므로 신앙이라는 것은 "사건 자체와 관련을 맺으면서" 이루어진다. 이러한 관련 속에서 "사건이나 문장의 사실 여부와 이러한 문장을 내부적으로 더 엄격하거나 더 불확실한 논리로 처리할 가능성을 포함하지만, 이 관련성은 이것들만으로 소진되지는 않는다"[209]라고 칼 라너는 지적한다. 오히려 신앙이라는 것은 현재적인 것이고, 삶을 규정하는 '사건'으로서 존재하는 것이기에, 신앙과 관련된 모든 성찰적이고 상징적인 인식은 늘 '너무 늦게' 오고, 결코 완성되는 것도 아니다. 신앙은 지금 경험하는 '사건' 자체에 기초하고, 쇠렌 키르케고르가 말한 것을 따르자면, 신앙의 내용과 동시대에 기초하기 때문이다. 믿는 이가 자신이 실제로 믿는 그 동일한 시대 안으로 필연적으로 들어갈 수밖에 없다. 여기서는 자신이 믿은 것을 규명해야 하는 대상으로서가 아니라, 구체적으로 행동하도록 인격적으로 부르는 것을 체험하게 된다. 이런 까닭에 신앙을 전수하는 것도 전체적으로 볼 때 수많은 가르침을 전해 주는 것을 통해서 이루어지는 것이 아니라, 증언된 것을 실제적 행위를 통해 지금 증언함으로써 이루어진다.

이렇게 '사건과 관련을 맺는 것'은 새로운 역사적 상황 안에서,

---

209) Rahner, *Assumptio*, pp.30. 33.

그리고 변화하는 문제 해결의 상황 안에서 이루어진다. 그렇기에 그것은 거의 강제적인 방식으로 새로운 상황으로 이끈다. 이 새로운 상황은 단순히 논리적이거나 논리에 근거하는 귀결이 아니다. 또는 성경적 진술을 상징적으로 계속 전개하는 것이 아니다. 그러므로 존 헨리 뉴먼(John Henry Newman)이 다음과 같이 기술하는 것은 옳다. "성경은 일련의 사건의 전개로 시작하지만, 그렇게 전개하는 것을 끝맺지는 않는다. 달리 말하자면, 가톨릭교회 가르침의 모든 문장 하나하나를 성경에서 찾으려 하는 것은 잘못된 것이다."[210] 우리는 이렇게도 말할 수 있다. 즉, 교회는 모든 시대마다 성경과 '대화'하도록 이끌고, 이 대화 안에서 교회는 하느님께서 새롭게 말씀을 건네시게 하고, 그분께 새롭게 응답할 수 있다. 바로 이렇게 대화하면서 성경 말씀을 새롭게 깨닫게 되고, 새로운 것이 발견되며, 옛것에 대해 새로운 주안점을 두게 된다.

이런 맥락에서 제2차 바티칸 공의회는 「계시 헌장」 8항에서 '성령의 도우심 아래'(unter dem Beistand des Heiligen Geistes) 사도적 전승이 '진일보'(Fortschritt)하였음을 언급했고, 이를 마리아와 '연상'(Assoziation)시켜 설명했다.

> "전해진 것들과 말씀에 대한 이해가, 마음 깊이 그것을 새겨 간직하는(루카 2,19.51 참조) 신자들의 명상과 공부로써, 영적인 것들에 대한 좀 더 깊은 인식을 통해 쌓이는 경험으로써, 그리고 주

---

210) J.H. Newman, *Zur Philosophie und Theologie des Glaubens* = *WW* VI, Mainz, 1964, p.247.
이 주제와 관련해서 다음 책은 여전히 현실성 있고 중요하다: J.H. Newman, *Über die Entwicklung der Glaubenslehre* = *WW* VIII, Mainz, 1969.

교직 계승을 통해 확고한 진리의 은사를 받은 이들의 설교로써 증진된다. 곧 교회는 그 자신 안에서 하느님의 말씀이 완성될 때까지 세기에 걸쳐 하느님 진리의 충만을 향하여 꾸준히 나아간다."

이렇게 마리아와 연관 지어 '신앙의 문제'를 다룰 때 보편적으로는 마리아를 경배하는 것이, 그리고 개별적으로는 전례와 성지순례, 기도와 기도 체험, 예술과 문학 등이 결정적인 역할을 한다. 이러한 것들은 중세 이후 마리아를 새롭게 통찰할 마음을 불러일으키는 '수단'이 되었다. 그렇다, 그것들은 진리를 발견하기 위한 '추진력'이 되었다. 이와 관련해서 게오르크 죌은 다음과 같이 기술한다.

"신심 생활, 축제와 기도에서 드러나는 그리스도인의 신앙에 대한 확신은 신학을 앞질렀고, 무엇에 대해서 미래의 신학자들이 필요한 근거를 제시해야 하는지 예견하고 직관적으로 간파했다. 이런 관점 아래서 보면, 동방과 서방에서 마리아론이 진보한 것은 결코 오로지 신학의 결과물이 아니라, 영이 이끄신 신앙 감각의 결과물이었다."[211]

제2차 바티칸 공의회가 하느님 백성의 이 '신자들의 감각'(sensus fidelium)에 관해 언급했던 것이 실제로 마리아론에서 구체화되었다.[212] 성령께서 일깨워 주시고 지탱하여 주시는 저 신앙 감

211) Söll, *Mariologie*, p.150.
212) 이에 관해서는 다음 책들을 보라: D. Wiederkehr(Hrsg.), *Der Glaubenssinn des*

각으로 하느님의 백성은 그 가르침을 "사실 그대로 하느님의 말씀으로 받아들이고(1테살 2,13 참조), '성도들에게 단 한 번 전해진 신앙'(유다 3 참조)을 온전히 지킨다. (…) 신자 전체는 신앙에서 오류를 범할 수 없으며, '주교부터 마지막 평신도에 이르기까지' 신앙과 도덕 문제에 관하여 보편적인 동의를 보이게 된다." 신자들의 신앙 감각을 통해 하느님의 백성은 "그 신앙을 더욱 깊이 깨닫고 그 신앙을 실생활에 더욱 충만히 적용한다"(「교회 헌장」 12항). 그러나 신앙이 더 깊이 스며들고 현실화되는 이러한 과정에서 새로운 통찰과 '발견'도 하게 된다. 루터교와 로마 가톨릭교회의 일치위원회가 작성한 교회 일치를 위한 합의서가 말하듯이, 이러한 것들은 "삶과 실제의 형태들이다. 이 형태들 안에서 하느님의 말씀이 적용되고, 이 형태들은 신앙 공동체의 신뢰를 토대로 주목을 받는다." 이는 "단순히 인간적 전통이 아니다. 왜냐하면 이 인간적 전통은 신앙의 성경적 진의(眞意)를 표현하고 또 그것을 명확히 하기 때문이다."[213]

물론 여기에는 다시 한번 특별한 문제가 놓여 있다. 개인적 신앙 체험의 언어와 함께 거행하는 전례의 찬미하는 언어가 어떻게 역사비평적 주석학이나 합리적이고 신앙을 성찰하는 교의의 냉철한 언어로 치환될 수 있을까? 또는 이로써 조화를 이룰 수 있을까? 그리고 그 반대로도 가능할 수 있을까? 여기서 간단히 일치될 수 없거나 전혀 동일시되지 않는, 그래서 때로는 신학적

Gottesvolkes - Konkurrent oder Partner des Lehramtes = *QD* 151, Freiburg i. Br., 1994; Cl. Dillenschneider, *Le sens de foi et le progrès du mystère marial*, Rom, 1954. 이어서 다음 책도 보라: D. Wiederkehr(Hrsg.), *Wie geschieht Tradition* = *QD* 133, Freiburg i. Br., 1991.

213) Lutherisch / Römisch-katholische Kommission für die Einheit. *Die Apostolizität der Kirche*. Studiendokument Nr. 444, Paderborn-Frankfurt, 2009, pp.207~208.

문제들을 가져오는 다양한 언어적인 유희가 등장한다. 이로써 주어진 긴장을 매끄럽게 푸는 해결책은 존재하지 않는다. 삶을 꽉 붙들고 있는 긴장도 단순히 해소할 수 없다.

아무튼 삶에서 겪게 되는 실험(experimentum vitae)은 새로운 발견, 새로운 강조점을 가져다주지만, 동시에 한계나 과장된 상황도 경험하게 해 준다. 과장된 상황은 경우에 따라 성경이 우리에게 전해 주는 본래적인 증언을 훨씬 뛰어넘는다. 따라서 해석학적으로 보면, 다른 진리와 통찰들도 그러하듯 그리스도교 신앙에서 마리아의 위치는 역사적 전승 과정에 함께 참여한다. 이 과정을 우리는 한스-게오르크 가다머(Hans-Georg Gadamer)와 함께 '영향사'(影響史, Wirkungsgeschichte)라고 부를 수도 있다. 이 과정은 가장 먼저 본래 특정한 역사적 맥락에서 주어진 진술들의 내적 가능성을 몰아내고, 자기 자신을 전면에 내세운다. 신학적으로 적용해 보면, 여기서 성령의 작용에 관해서 이야기할 수 있겠다. 성령께서는 현재의 신앙에 영향을 미치시고, '도전과 응전'(challenge and response)이 역사적으로 새롭게 함께하는 가운데 본래의 신앙 고백을 활성화하고, 이로써 신앙 공동체를 "모든 진리 안으로 이끌어 주신다"(요한 16,13). 이렇게 신앙이 계속 새로워지는 것을 거부하게 되면, 그리스도교는 그저 글자에 얽매이는 '책의 종교'(Buchreligion)로 격하될 것이다.

그렇다고 해서 물론 모든 임의적 해석이 가능하도록 문이 열려 있는 것은 아니다.[214] 성경의 증언 내용은 어느 경우이든 그

214) 바로 이것이 개신교 신학이 근본적으로 이의를 제기하는 점이다. 이에 관해서는 예컨대 다음 글을 보라: St. Benkö, "Mariologie in protestantischer und römisch-katholischer Sicht", in: *ThZ* 24(1968), pp.29~39, 특히 pp.29~32.

자체가 분명한 토대이자 무조건적으로 유효한 기준이기 때문이다. 성경의 증언은 새로운 역사적 이해의 측면에서도 비평적인 자극이어야 하고, 그리고 비평적으로 계속 영향을 주는 자극으로서 유지되어야 한다. 오늘날에 이르기까지 말이다. 왜냐하면 그 안에 신앙 안에서의 마리아와의 관계가 서 있는 영향사적 과정은 오늘날의 이해에 대한 우리의 상황도 규정하고, 본질적으로 신앙에 속하는 모든 새로운 이해를 위한 필수적 전제 조건을 이루기 때문이다. 이 관점을 고려하면 칼 라너가 다음과 같이 한 말은 참되다. "신앙을 의식하는 마음이 더 이상 진리이신 하느님의 무한하심과 심오하심 안으로 점점 더 들어가지 않는 교회, 교우들에게 새롭고 깊고 더 잘 깨달은 신앙을 요구할 용기를 내지 못하는 교회, 교우들을 더 이상 자신의 신앙 안에서 성숙시키지 못하는 교회는 죽은 교회일 것이고, 더 이상 살아 계신 하느님의 교회가 아닐 것이다."[215]

이어지는 장에서 마리아의 모습에 관한 다섯 가지 관점을 개별적으로 각각 제시할 것이다. 즉 이어서 다룰 다섯 개 장에서는 마리아론에 관해 '전체적인 면' 또는 '핵심'을 이끌어 낼 것이다. 이것들은 마리아에 관한 네 가지 기본 교의(하느님의 어머니, 평생 동정이심, '원죄' 없이 잉태되심, 성모승천)[216]에 상응한다. 그리고 결국엔 특히 전례에서 드러나는 '창조된 지혜'이신 마리아에 대한 신앙

215) K. Rahner, "Das neue Dogma und wir", in: *SW* 9, pp.496~501, 여기서는 pp.498~499.

216) 이 4가지 기본 교의는 결코 동일한 영역에 있지 않다. 앞의 두 교의는 성경의 직접적인 토대를 지니고 있고, 그리스도에 대한 신앙과 긴밀히 결부되어 있다. 반면에 뒤의 두 교의는 차라리 인간학적 결과물이고, 영성사에 근거하여 앞의 두 교의를 전개한 것이다.

고백에 상응하는 내용이다. 다섯 가지 '단계'에서 역사적 문제에 대한 윤곽이 그려지는데, 여기서는 역사적 태동과 초기에 자리를 찾게 되는 상황에 근거하여 마리아론의 신학적이고 영성사적인 발전 과정이 제시되고, 이를 이해하게 될 것이다. '전체적인 면'에서 체계화하고자 하는 내용은 다음과 같다. 역사 속에서 긴밀히 함께 전개된 다섯 가지 신앙에 대한 통찰이 이런 형태로 다루다 보니 서로 분리되는 단점이 있지만, 마리아에 관한 다섯 가지 기본 진술을 마리아 '자체'에서, 즉 마리아의 고유한 역할과 마리아와 관련된 논리와 문제 제기를 더 명확히 다룰 기회를 제공하고자 한다. 그 밖에 이 모든 주장 안에서 마리아론과 성모 신심을 통합하는 이야기가 제공될 거라는 단순한 생각이 들어서는 안 될 것이다. 오히려 중요한 것은 몇 가지 결정적인 점에서 마리아의 위치와 관련하여 역사적 전개 과정과 새로운 전환점을 제시하는 것, 이때 형성되는 신학적 통찰과 문제를 밝히는 것, 그리고 새로운 신학적 관점에서 해석하는 것이다. 마지막으로 '비가톨릭교회들에서 바라보는 마리아'에 관해 언급하면서〔제7장〕 제1권을 종결할 것이다.

MARIA
ECCLESIA

I

제2장

어머니 마리아와 교회

제 2 장 • 어머니 마리아와 교회

2.1. 마리아의 신적 모성

2.1.1. 간략한 역사적 개요

"가장 오래되고 가장 장엄한 교회의 문헌들 안에는 복음서보다 마리아에 관한 언급이 훨씬 더 적다. 마리아는 사도들의 설교에도 (…) 가장 오래된 신앙 고백에도 나오지 않는다. 보편 공의회의 중심에 서 있지도 않다."[1] 돔브(Dombes) 그룹은 마리아에 관한 교회 일치를 위한 문헌에서 마리아론의 역사적 개요를 이렇게 시작한다. 위에 언급한 내용은 어떤 면에서 어느 정도 맞다. 고대 교회의 문헌들 수효가 많은 것에 비추어 보면, 마리아에 관한 초기 증언은 상대적으로 오히려 적다. 그렇지만 초기 그리스도교에서 마리아에 관해 언급했을 때, 마리아는 당연히 '주님의 어머니' 내지 '하느님 아드님의 어머니'로 표현되었다. 물론 이는 먼저 예수 그리스도에 관한 하나의 표현이고, 그분이 참으로 인

---

1) Gruppe von Dombes, *Maria in Gottes Heilsplan und in der Gemeinschaft der Heiligen*, 독일어 번역본: Frankfurt-Paderborn, 1990, p.20. 캄펜하우젠(*Jungfrauengeburt*, p.5)도 돔브 그룹과 동일한 방향으로 진술한다. "고대 교회는 (아무튼 초세기 동안) 본래의 마리아론을 전혀 알지 못했다는 것, 즉 마리아의 인격과 구원의 중요성을 신학적 주제로 다루지 않았다는 것에 대해서는 아무도 반박할 수 없다." 그리고 초기 신학자들에게 중요한, 마리아에 관한 진술들이 있을지라도, 이 진술들은 그들의 전체 작품에 비해 매우 적은 수에 불과하다.

간임이 이로써 보증되어야 한다.

이런 맥락에서 예컨대 안티오키아의 이냐시오(110년경)는 스미르나 공동체에 보낸 편지에서 하느님의 강생 사건에 대한 온갖 유다교 관련 논쟁과 가현설적이고 영지주의적인 해석에 맞서 이 사건이 '진리'(ἀληθῶς, aletheos)임을 연달아 다섯 번 강조하고, '하느님의 아드님이 실제로 태어나셨음'도 이에 포함시킨다(「이냐시오가 스미르나 공동체에 보낸 편지」, 1 참조). 자신의 편지에서 이냐시오는 이러한 탄생이 사실임을 늘 새롭게 강조한다. "우리 하느님, 예수, 그리스도는 하느님의 구원 계획에 따라서 다윗의 자손으로, 그렇지만 성령으로 말미암아 마리아의 몸 안에 계셨습니다"(「이냐시오가 에페소 공동체에 보낸 편지」, 18,2). 이런 까닭에 이냐시오에게 하느님의 아드님이 참된 어머니에게서 탄생하셨음은 그의 설교의 핵심에 속한다. 마리아는 "참으로 본래 그리스도에 대한 신앙의 구원 표징이다."[2] 리옹의 이레네우스도 이와 유사하게 말한다. 그리하여 2세기 말에 마리아에게서 태어나신 예수 그리스도에 대한 신앙 고백은 신앙의 "분명하고 반박할 수 없는 기본 규범"에 속한다.[3] 이러한 확신은 3세기부터 신앙 고백의 중요한 구성 요소이기도 하다(*DS* 10 이하 참조). 신앙 고백에 등장하는 마리아는 (빌라도 이외에) 하느님의 역사적 행위를 역사적 틀 안에 두는, 유일하게 나오는 이름이다.

마리아가 '주님의 어머니'라는 명백한 진실은 그리스도교 초기에 두 가지 관점, 곧 영지주의적이고 가현설적인 주장과 급진적

---

2) v. Campenhausen, *Jungfrauengeburt*, p.22.

3) K.S. Frank, "Geboren aus der Jungfrau Maria", in: R. Kilian u.a.(Hrsg.), *Zum Thema Jungfrauengeburt*, Stuttgart, 1970, p.97.

이고 네스토리우스주의적인 주장에 의해서 결국 문제시되었다.

(1) 먼저 영지주의적이고 가현설적인 사조에 관해서 언급하겠다. 영지주의의 특성은 일반화해서 다음과 같이 말할 수 있고, 우리가 다루는 점과 관련해서도 그렇게 말하는 것으로 충분할 것이다. 즉, 전체적으로 매우 다양한 영지주의적 체제들에서는 플라톤 사상이 이분법적 경향으로 급진화된 채 전개되었다는 것이 공통점이다. 본래의 플라톤주의에서는 신적 세계와 세속적 세계, 정신과 물질, 영혼과 몸이라는 긴장을 일으키는 양극의 틈이 메워져 있는데, 영지주의에서는 이러한 일치가 깨진다.[4] 영지주의는 우주가 신적 영역과 신에게 저항하는 영역으로 갈라져 있다고 본다. 그리고 인간은 신에게 저항하는 영역에서 권력을 지니는데, 이 권력은 몸과 물질과 가시적 세계에서 드러나고 현실화된다. '코스모스(κόσμος) - 스코토스(σκότος)', 즉 '세상-어둠'은 본래 플라톤 사상에 맞서 강화된, 새로운 영지주의적인 공식이다. 몸 안에 갇혀 있고, 자기 자신에게서 낯설어진 채 영지주의자는 영(πνεῦμα)과 육(σάρξ)의 우주적 부조화의 반향을 느낀다고 주장한다. 그러므로 자신이 갇혀 있는 세계에서, 그리고 육신의 몸에 붙잡혀 있는 인간적 본성에서 벗어나기를 갈망하고, 영적 자기(Selbst)가 본래의 신적 사명으로 '돌아가' 구원되기를 갈망한다. 만일 인간이 죽으면서 영혼이 노예가 된 물질과 접촉하지 못한다면, 그 영혼은 '천상 여행'을 시작할 수 있다. 자신이 선재(先在)

[4] 이에 관해서는 다음 글을 보라: E. Leist, "Biblische und gnostische Seinserfahrung", in: H. Rombach(Hrsg.), *Die Frage nach dem Menschen*, FS M. Müller, Feiburg-München, 1966, pp.326~351.

했던 영의 나라로 돌아갈 수 있는 것이다. 구원은 몸 안에 갇혀 있음에서, 그리고 물질세계의 제약에서 해방된다는 것을 의미하지, 몸의 해방과 죄와 죽음의 세계로부터의 해방을 의미하지 않는다. 영지주의자는 '육'(σάρξ)으로부터 알 수 있는 것은 오직 한 가지, 즉 "그것은 구원받을 수 없다"(μὴ δεκτκὴ σωτηρίας)는 사실만 알고 있기 때문이다. 이런 까닭에 구세주 역시 진짜 몸이 아니라 가짜 몸을 지닐 수 있다. 마리아와 관련해서는 마리아의 모성은 단지 표면적 모성이었을 거라는 결과가 나온다. 이러한 영지주의적이고 가현설적인 배경에서 마리아의 동정녀로서의 모성은 그저 동정녀로서, 즉 몸이 지닌 일반적인 조건을 따르지 않는 사람으로서 이해되고 기려질 수 있었다. 관 속에 흔적을 남기지 않은 채 관을 통해 흐르는 물처럼 하느님의 영적인 아들은 동정녀 마리아를 관통해 지나갔다.[5] 간략히 말하자면, 예수는 마리아에게서 태어났다. 예수는 "마리아로부터가 아니라, 마리아를 통하여 왔다. 동정녀는 그분에게 어머니가 아니라, 그저 하나의 길이었다"라고 테르툴리아누스는 마리아의 위치를 규정한다.[6]

반면에 정교회의 가르침에 따르면, 마리아는 육체를 지니셨던 구세주의 참된 어머니였다. 온갖 가현설에 맞서 이 문제와 관련해서 강조된 것은 마리아의 동정성을 부인하는 데까지 나아갈 수 있었다. 이는 적어도 '출산 중 동정임'(virginitas in partu)과 관련된 것이었다.[7] 이에 맞서 영지주의적이거나 영지주의의 영향을

---

5) Cf. Irenäus, *Adv.haer.* III, 11,3(*FC* 8/3. 101). 몇몇 이단자(영지주의자들, 발렌티누스 추종자들을 의미함)는 "물이 관을 통해 흐르듯이 예수는 마리아를 관통해 갔다는", 다시 말해 예수는 "마리아에게서 아무것도 받지 않았다는" 견해를 지지한다.

6) Tertullian, *Contra Valentinianos* 27, 1(*CC* 2, p.772). 다음 책도 보라: Ders., *De carne Christi* 21, 4(*CC* 2, p.911).

7) Cf. Tertullian, *De carne Christi* 23, 2(*CC* 2, p.914). "마리아는 (없는) 남자와 관련

받은 문헌들에서는 '출산 중 동정임'이라는 확신에 대한 가장 중요한 증거들이 발견된다.

요약해 보자. 마리아의 참된 모성은 이미 초기의 이냐시오가 보낸 편지들에서 증언되었고, 구세주는 참으로 육체를 갖추었다는, 그리고 이로써 참으로 사람이 되었다는 증거도 나왔다.[8] 반대로 구세주가 참으로 사람이 되신 것은 마리아의 참된 모성도 보증했다. 이 두 가지는 서로 해석되었고, 서로 교대로 보증되었다.

(2) 다음으로 급진적이고 네스토리우스주의적인 사조에 관해서 언급하겠다.

3세기부터 5세기까지 예수 그리스도의 참된 본질을 놓고 그리스도론적 논쟁이 벌어졌는데, 이는 결국 예수 그리스도는 참된 하느님이자 참된 인간이라는 확신으로 이끌었다. 그 안에는 마리아는 하느님 아드님의 어머니임이 원칙으로 이미 함께 전제되었다. 그렇지만 예수는 참된 하느님이자 인간이라는 그리스도론의 기본적 확신은 중대한 문제를 가져왔다. 하느님임(신성)과 인간임(인성)은 서로 무슨 관계이냐는 것이다. 그 이유는 이렇다. 만일 예수 그리스도는 자신의 신성에 따라서 고난을 겪을 수 없지만, 자신의 인성에 따라서는 고난을 겪을 수 있다면, 이로부터 신적 로고스는 이처럼 상반된 두 가지 특성에 의해서 당연히 주체가 아닐 수도 있다는 결론이 나오는 것처럼 보이기 때문이다. 그리

해서 동정녀다. 마리아는 출산과 관련해서 동정녀가 아니다(virgo quantum viro, non virgo quantum a partu). 아이를 낳은 여성은 아이를 낳은 것이다. 그녀가 동정녀로 잉태했다면, 출산함으로써 여인이 된 것이다."

8) 다음 책을 보라: J.N.D. Kelly, *Early Christian Doctrines*, London, ^{5}1977, p.492. 이른바 '아타나시우스 신경'에 가장 명확히 나와 있다. 즉, 그리스도는 "마리아의 본질로부터 나온"(*DH* 76) 인간이시다.

고 만일 두 주체가 있다면, 예수 그리스도는 자신의 내적 단일성을 어떻게 찾아낼 수 있는가? 이 물음에 대해서 당시를 지배한 두 신학 학파, 곧 안티오키아 학파(그리스도 안에 있는 신성과 인성 사이의 '이원성'과 '상이성' 강조)와 알렉산드리아 학파(두 본성의 단일성 강조)는 서로 다른 대답을 내놓는다.

이러한 문제 제기와 함께, 각 상황마다 상이한 대답이 나오는 당시의 경향들은 마리아를 바라보는 시각에, 구체적으로 말하자면, 마리아의 모성이라는 '범위'에 대한 물음에 직접적인 영향을 미쳤다. 마리아는 단지 '인간적 실체'인 예수를 낳았는가? 아니면 마리아는 '신적인 실체', 곧 로고스이신 하느님 아드님의 어머니라고 표현하는 것이 합당한 것인가? 마리아는 실제로 '하느님을 낳으신 분'(θεοτόκος)이었을까? 가현설에 맞서는 상황에서는 마리아가 육체를 지닌 인간 예수의 어머니로서 부각되었던 반면, 이제는 초점이 다른 방향으로 옮겨졌다. 이제는 마리아가 사람이 되신 영원한 하느님 아드님의 어머니라고(도) 불려도 되느냐는 물음이 중요해진 것이다. 안티오키아의 이냐시오는 '사안에 따라서' 이미 그렇다고 대답하고, 이렇게 썼다. "우리 하느님(!)이신 예수 그리스도는 마리아에게서 잉태되셨습니다"(「이냐시오가 에페소 공동체에 보낸 편지」, 18). 특히 알렉산드리아 학파도 이 물음에 그렇다고 대답했다. 알렉산드리아 학파는 마리아를 '하느님을 낳으신 분'으로 표현하는데, 이 칭호는 3세기 초에 이집트에서 처음 붙여졌다고 추정된다.[9] 더 정확히 표현하면, 325년경에 알렉산드리

9) 이렇게 처음 붙여진 것은, 먼저 나온 것들이 나중에 추가된 것들에 근거하거나 다른 이유에서 의문스럽기 때문일 것이다. 이에 관해서는 다음 글을 참조하라: M. Starowieyski, "Le titre θεοτόκος avant le concile d'Ephèse", in: *Studpatr* 19 (1989), pp.236~242.

아의 알렉산더는 가현설에 단호히 반대하면서 이렇게 구체적으로 말한다. "우리 주님이신 예수 그리스도는 실제로(ἀληθῶς) 그리고 거짓이 아니라 하느님을 낳으신 분인 마리아에게서 몸을 받으셨다."[10] 아타나시우스도 '하느님을 낳으신 분'이라는 말을 12번 언급한 반면, 알렉산드리아 학파와 라틴 서방은 '사안에 따라서' 그것을 지지하지만 '신학 전문 용어'(terminus technicus)로는 사용하지 않았다.

수도자였던 네스토리우스(Nestorius, †451)가 콘스탄티노플의 총대주교가 되자,[11] 앞에서 언급한 그리스도론 관련 문제(그리스도의 신성과 인성의 관계)와 관련하여 그 도시의 사제들 사이에 뜨거운 논쟁이 벌어졌다. 한쪽에서는 대중 신심의 지지를 받은 게 분명한 '하느님의 어머니'라는 칭호에 대해서 이의를 제기했다. 마리아는 단지 인간 예수를 출산했을 거라는 이유에서였다. 다른 쪽에서는 이 칭호를 열렬히 옹호했다. '하느님을 낳으신 분'이라는 칭호를 거부한 이들에게는 신의 어머니가 신들을 출산했다는 세속적 신화를 물리친 것도 함께 작용했을 것이다. 이는 당시 에페소에서 성행하던 아르테미스 숭배에서 체감했기 때문이다. 아무튼 네스토리우스는 429년에 첼레스티노 1세 교황에게 편지를 썼

'하느님을 낳으신 분' 개념과 개념사에 관해서는 다음 글들을 참조하라: Th. Klauser, "Gottesgebärerin", in: *RAC* 11, pp.1071~1103; W. Delius, *Geschichte der Marienverehrung*, München-Basel, 1963, pp.81~89. 104~111; L. Scheffczyk, "Theotokos", in: *MarLex* 6, pp.390~391.

10) Alexander v. Alexandrien, *ep. ad Alex.Const., bei Theodoret v. Cyrus, Hist. eccl.* 1, 4(*GCS* 82, 23,54)

11) 네스토리우스 및 에페소 공의회 이전 이야기와 그 진행 과정에 관해서는 다음 문헌들을 참조하라: L.I. Scipioni, *Nestorio e il concilio di Efeso: storia, dogma, critica*, Mailand, 1974; H.E. Turner, "Nestorius reconsidered", in: *StudPatr* 13(1975), pp.306~321(Lit.); L.R. Wickham, "Nestorius / Nestorianischer Streit", in: *TRE* 24, pp.276~286(Lit.).

는데, "동정녀이자 그리스도를 낳으신 분을 어떤 의미에서 하느님과 함께 신적 존재로 대하려는"[12] 사람들이 있다는 내용이 들어 있었다. 총대주교 네스토리우스는 그렇게 갈라진 두 분파를 중재할 생각으로 마리아는 '하느님을 낳으신 분'(θεοτόκος)이 아니고 '인간(예수)을 낳은 분'(ἀνθρωποτόκος)도 아니며 '그리스도를 낳으신 분'(χριστόκος)으로 부를 것을 제안했다. '그리스도'는 그분의 인성뿐만 아니라 신성과도 관계되는 칭호이기 때문이다. 이때 네스토리우스는 (자신의 극렬한 일부 추종자들과 달리) "유일한 인격 안에 있는"(ἐν μοναδικῷ προσώπῳ) 인성과 본성의 단일성을 주장한다(*DH* 251ㄴ). 그에게 예수 그리스도 안에는 '두 아들'이 있지 않았다. 마리아는 한 사람만, 사람의 아들만 낳았다.[13]

이러한 논쟁을 배경으로 에페소 공의회가 431년에 개최되었다. 이 공의회에서 네스토리우스는 자신의 주장을 부당하고 음험하다고 비난한 치릴로(Cyrill)로 인해 이단자로 판결받았다.[14] 이 대결에서는 네스토리우스가 같은 편지에서 자신의 적수 치릴로에게, 그는 지속적으로 예수 그리스도의 단일성을 주장하려 했다는 비판도 작용했을 것이다. 그(치릴로)는 그리스도의 인성에 대해서 그랬듯이 신적 로고스(말씀)에 대해서도 이렇게 진술할 거라고 네스토리우스는 말한다. 인성은 신적 로고스에서 분리될 수 없는 성전(聖殿, Tempel)처럼 이해될 수 있지만, 성경에서 말하듯

12) *Nestoriana*, hrsg. v. Fr. Loofs, Heidelberg, 1905, pp.165~166. 인용: Söll. *Mariologie*, p.90.

13) Cf. *Der Brief des Nestorius an Cyrill v. Alexandrien*. 에페소 공의회(451)에서 이 편지가 낭독되었다(*DH* 251ㄴ).

14) 오늘날 네스토리우스는 훨씬 더 잘 이해할 수 있고 더 긍정적으로 평가되고 있다. 이에 관해서는 다음 책을 참조하라: A. Grillmeier, *Jesus der Christus im Glauben der Kirche*, Bd I, Freiburg i. Br., 1978, pp.652~660.

이 성전은 예수의 십자가 죽음 때 허물어지고 사흘 안에 다시 세워질 거라는 것이다. 따라서 예수의 수난과 죽음과 부활에 관한 성경의 진술은 오직 로고스(말씀)의 '성전'과 관계되듯이, 그분의 탄생에 관한 진술도 그렇다는 것이다. 로고스(말씀)가 아니라 로고스(말씀)의 '성전'이 마리아에게서 태어났다는 것이다.

콘스탄티노플 총대주교의 이러한 주장에 맞서 에페소 공의회는 치릴로가 네스토리우스에게 쓴 둘째 편지를 택하여 그 내용을 공의회의 결정으로 선포했다. 그 편지에 이런 내용이 담겨 있다.

> "우리는 이렇게 주장하는 바이다. 참된 단일성과 결부된 본성들은 구분되지만, 성자 그리스도는 신성과 본성을 지닌 한 분이시다. 일치로 인해 본성들의 구분이 두드러지기 때문이 아니다. 오히려 신성과 본성은 이루 말로 표현할 수 없을 정도로 긴밀히 결부되어 일치를 이루고, 한 분이신 주님이자 그리스도이시며 성자를 구성했기 때문이다. (…) 그러므로 거룩한 교부들은 위로를 받아 거룩하신 동정녀를 하느님을 낳으신 분이라 부른다. 말씀이신 그분이 또는 신성을 지닌 그분이 거룩하신 동정녀에게서 존재하기 시작했기 때문이 아니라, 성령께서 감도하신 거룩한 몸이 마리아에게서 태어났기 때문이다"(*DH* 250~251).[15]

이렇게 선포됨으로써 다음과 같은 내용이 표현된 것이다. 마리아는 하느님을 낳은 분이라는 의미는 그녀가 (신화적 상상의 노

---

15) 이 편지에는 일련의 이단 판결을 받은 이들에 관한 내용이 들어 있는데, 그 첫째는 다음과 같다. "임마누엘은 실제로 하느님이시고, 이런 까닭에 거룩하신 동정녀는 하느님을 낳으신 분이라는 (다시 말해 마리아는 육에 따라서 사람이 되신 하느님의 말씀을 낳았다는) 사실을 고백하지 않는 자는 파문한다"(*DH* 252).

선에서) 신(神) 한 명을 낳았기 때문이 아니다. 마리아는 한 인간을 낳았다. 그러나 이 인간은 세상에 태어난 첫 순간부터 하느님의 아드님으로서 그분께 전적으로 받아들여졌다. 달리 말하자면, 마리아는 하느님을 낳은 분은 아니다. 왜냐하면 그녀는 예수 그리스도를 낳았기 때문인데, 이분은 하느님의 영원한 아드님이시고, 그분 안에서 하느님의 아드님이 사람이 되셨으며, 탄생 이래 신성과 인성이 긴밀히 일치를 이루면서 사시기 때문이다. 예수 그리스도는 분리될 수 없는 일치를 이루면서 하느님이시자 인간이시기에, 우리는 마리아가 그분의 어머니로서 그분을 낳았다고 말할 수 있고 또 그래야 한다. 다르게 표현하자면, 마리아가 낳으신 하느님은 성자 하느님, 하느님의 아드님이시다.[16)]

이에 따라 에페소 공의회가 마리아는 참으로 하느님을 낳으신 분이라고 부를 것을 가르쳤을지라도, 이러한 진술이 장엄하게 확정되었다고 말하기는 어렵다. 공의회가 본래 의도한 진술은 그리스도론적 진술이었기 때문이다. 즉, 예수 그리스도가 유일한 주체, '동일한 분'(εἰς καὶ αὐτός), 하느님이시자 사람이시라고 할 수 있지만, 하느님의 아들과 마리아의 아들이라는 두 주체(ἄλλος καὶ ἄλλος)가 결합하여 나온 제삼자는 아니다. 영원하신 하느님의 아드님은 자기 자신의 존재로부터 우리가 사는 세상으로 오셔야만 우리가 구원되기 때문이다. 이렇게 예수 그리스도 안에서 신성과 인성이 무조건 일치를 이룬다는 사실은 마리아의 역할을 바라보

16) 우리는 여기서 이른바 '속성 간의 교류'(Idiomenkommunikation)라는 특별한 경우 앞에 서 있다. 우리가 예수 그리스도에 관한 진술에서 신인(神人, Gottmensch)을 생각하면, 그분의 인간적 특성뿐만 아니라 신적 특성과 활동 방식에 관해서도 말할 수 있게 된다. 한 분이시고 완전하신 신인과 관련해서는 두 본성이 해당되기 때문이다. 그렇지만 신성 또는 인성(그 특성들, 활동 방식)을 바라보면, 이로부터 그때그때마다 신성 또는 인성에 부합하는 특징들만 진술하게 될 것이다.

면 구체화된다. 마리아는 그리스도의 어머니이고, 따라서 하느님 아드님의 어머니, 하느님의 어머니라고도 불릴 수 있다.

이러한 노선에서 콘스탄티노플 공의회(381)에서는 니케아 공의회에서 인정된 신앙 고백('니케아 신경')에 이어서 다음과 같이 규정했다. "그분은 성령과 동정녀 마리아에게서 태어나셨다"(*DH* 150). 그리스어 텍스트에는 예수 그리스도의 두 가지 '근원적인 원칙'(Ursprungsprinzipien) 앞에 동일한 전치사 ἐκ(~에게서)가 있고, 따라서 성령과 마리아가 예수 그리스도가 사람이 되시는 데 균형을 이룬 '공동 원칙'이라고 여긴다. 반면 서방교회는 "성령으로 말미암아 동정녀 마리아에게서"(de Spiritu Sancto ex Maria virgine)라고 번역함으로써, '출생의 원리'에 있어서 다양성을 드러내고 있고, '역할'에 있어서 드러나는 차이를 구분한다. 어떤 경우가 되었든 간에, 마리아는 사람이 되신 하느님 아드님의 어머니로서 궁극적 구원의 신비 속으로 받아들여졌다.

2.1.2. 그리스도교의 이교화(異敎化)인가?

공의회에서 확증되어 마리아를 하느님을 낳으신 분으로 부르게 된 것은 에페소 주민들에 의해서 열렬히 받아들여졌다. 이 도시는 위대한 여신 아르테미스를 신봉하는 곳으로, 아르테미스 신전은 '세계 7대 불가사의' 가운데 가장 탁월하였다. 에페소 주민들이 뜨거운 반응을 보인 것은, 어떤 측면에서는 마리아를 하느님을 낳으신 분으로 고백하는 것이 지금까지 아르테미스를 공경한 문화권 안으로 들어와 이 여신을 떼어 놓았으며, 그다음에는 이를 넘어 지중해 지역의 나머지 여신들도 떼어 놓았기 때문이다. 그 여신들 가운데 아르테미스는 중요한 '발현 형상'이었다. 이와 관련해 게오르크 죌은 다음과 같이 이야기한다.

> "아르테미스 여신의 주요 숭배 지역이던 에페소는 (…) 그리스도교의 마리아 공경의 중심지로 바뀌었다. 여신들을 묘사한 얼마나 많은 화상이나 조상(彫像)이 갑자기 하느님의 어머니인 마리아의 마음에 들고 선호한 작품들이 되었는지 그리스도교 고고학은 거의 파악할 수 없을 것이다. 고대 예술의 기념비적 유산에 있어서는 비문(碑文)이 달라지거나 후광을 그리는 경우가 일반적이었다. (…) 기도와 성가에서 중요한 것은 단지 이름을 바꾸는 것뿐이었다. 심리적 압박을 받지 않고서 공경하는 대상들에 대한 시간을 뛰어넘는 감정과 갈망에 새로운 목표를 정하기 위해서였다."[17]

따라서 이교도적 관습에 그저 새 옷을 입혀서 지속할 필요가 없었고, 지금도 그러하다. 오히려 이 지역에서 그리스도교가 토착화되었다. 더 정확히 말하자면, 계시 종교가 새롭게, 사회문화적으로 앞서 주어진 것과 마주칠 때, 오늘날에도 여전히 유효하고 현실적인 저 외형적 원칙에 따라서 그러하다. 이어서 신앙은 그렇게 문화적으로 앞서 주어진 것들과 연결되고 그것들을 붙잡는다. 그러나 동시에 동화할 수 없는 것과 반대되기도 하는데,

17) Söll, *Mariologie*, p.68.

그러할 때는 그것을 던져 버린다. 바로 이러한 현상이 마리아가 아르테미스 숭배와 관련해서 토착화될 때에도 일어났다.

이로써 마리아가 여러 측면에서 아르테미스에게 '동화'되었다는 것은 마리아론을 전체적으로 규정하는 요인에 대한, 물론 매우 특색 있는 일례일 뿐이다.[18] 이 요인은 다른 맥락에서, 마리아의 상징성(제1권 제1장 5.2.2.)을 다룰 때 이미 언급했다. 상징의 '논리' 안에는 그 상징성을 높이는 것이 들어 있으며, 이는 더 높은 수준으로 형상의 일치와 관점의 통합, 이상적인 강조를 위한 것이라고 그 대목에서 이미 기술했다. 이 과정에서 상징인 마리아의 원형이 다른 문화적 상징 세계로부터, 그리고 근원적 갈망과 꿈에 의해 받아들여져 지극한 아름다움의 광채 속에서, 그리고 이로써 또한 '명료하게' 세워졌다면, 이는 무비판적으로 이루어진 것이 아니고, 신학적 정당화 없이 이루어진 것도 아니다. 이런 맥락에서 많은 초기 신학자에게 이미 성경에서 검증되고 성경에 의해서 해석된 이교도적 신화들은 '그리스도를 바라보며 준비하는' 해석의 징후 아래서 받아들여졌고, 바오로의 다음과 같은 말 속으로 들어갔다. "이 일들은 우리를 위한 본보기로 일

---

18) 헬레니즘 세계에서 마리아가 '하느님의 어머니'로 토착화된 것에 대한 다른 예들은 다음 책에 언급되어 있다: Klauser, *Gottesgebärerin*, pp.1071~1103. 이 책에서 클라우저는 물론 다음과 같은 사실을 언급한다. "지중해 지역의 이교도적 세상은 이시스(Isis)만을 여신으로 받아들였다. 이 여신은 (…) 훗날 마리아처럼 인간과 유사한 감정과 외형을 지녔고 인기도 매우 높았다. 마리아는 물론 한 가지 특성으로 인해 자신의 모든 경쟁자(여신들)를 압도했다. 마리아는 어머니였지만 동정녀였던 것이다"(*Ibid.*, p.1098). 마리아에게 '하느님을 낳으신 분'이라는 칭호가 부여된 것은 '이시스의 도시' 알렉산드리아에서 가장 먼저 이루어졌기 때문에, 이시스와 마리아의 관계는 부정하기 어렵다. 이에 관해서는 다음 문헌들도 참조하라: M. Görg, *Mythos. Glaube und Geschichte. Die Bilder des christlichen Credo und ihre Wurzeln im alten Ägypten*, Düsseldorf, 1992; ders., "Die Göttin Isis und die Heilige Maria - Gottesmütter im Vergleich", in: *US* 59(2004), pp.371~380; Schreiner, *Maria*, pp.196~201; pp.226~229.

어났습니다. (…) 세상 종말에 다다른 우리에게 일어난 것입니다"(1코린 10,6.11).[19] 이제 사람들은 마리아라는 상징이 전개되는 것이 성경적 계시의 근원 밖에서 얼마나 정확히 이루어졌는지, 그 상징은 자신의 본래적 원동력을 그리스도교 신앙의 내부로부터 유지했는지를 놓고 논쟁을 벌일 것이다. 그렇지만 나에게는 전체적으로 에버하르트 뵐펠(Eberhard Wölfel)의 다음과 같은 문장이 설득력 있고 주목할 만하게 보인다.

> "마리아론이 있을 곳은 역사가 아니다(또는 초기에만 역사다). (…) 마리아론에서 우선적으로 중요한 것은 마리아라는 역사적 인물이 아니라 (마리아는 강생의 역사 속으로 들어간다.) (…) 여성적인 것의 본질적 표상이다. 이는 하느님의 창조를 통하여 주어졌고(창세 1,26~28 참조), 모든 물질적이고 인간학적 진술들의 틀과 지평과 경계선을 형성하는 그리스도의 계시를 통해서 해명되었다. (…) 그리스도교 인간상의 태동과 비그리스도교 전통에 동화하는 것에 대한 신학적 평가를 위해 여기서 결정적인 것이 일어난다. 즉, 비그리스도교적인 것의 통합은 선택을 의미한다. 이질적 특징을 동시에 밀쳐 내야만 동화할 수 있다. 바로 그렇게 함으로써 혼합주의(Synkretismus)를 피하게 된다."[20]

---

19) Cf. Rahner, *Griechische Mythen*, p.93. "그리스도교는 (…) (역사적 차원과 영혼 깊은 곳에 있는) 모든 인간적인 것을 포괄하고 그리스도 안에서 신적 계시를 형상화하는 것으로 〔이해되었기〕 때문에, 교회는 자신 있는 몸짓으로 모든 것을, 그리스 정신에 따라서 참된 것과 선한 것에 포함되었던 모든 것을 이미 처음부터 자신에게 은밀히 속한 것으로 가져올 수 있었다." 전체적인 것을 알려면 다음 책도 참조하라: E. Drewermann, *Strukturen des Bösen*, Bd. III, Paderborn u.a., ^{5}1986, pp.514~562, 특히 p.524 이하. 이 책에서 드레버만은 고대 신화에 대한 자신의 긍정적인 관점을 처음으로 전개한다.

20) E. Wölfel, "Erwägungen zu Struktur und Anliegen der Mariologie", in: W.

그렇게 차이가 나고 비판적인 토착화는 예컨대 매우 활발한 퀴벨레(Kybele, 자연이나 풍요한 대지를 상징하는 프리기아의 여신 - 옮긴이 주) 숭배의 환경에서 살았던 로마 교회처럼 특정한 지역 교회들은 오랜 세월 동안 마리아에게 부여된 '하느님을 낳으신 분'(Theotokos, Dei genitrix) 또는 '하느님의 어머니'(Mater Dei)라는 칭호를 피했다는 사실에서 드러난다.[21] 그렇게 피한 것은 혼합주의로 인한 오해를 불러일으키지 않기 위해서였다.

아무튼 마리아와 종교사에 등장한 수많은 여신 간의 유사성은 마리아 공경과 마리아의 신학적 위치에 대해서 그 어떤 근본적 이의를 던질 수 없게 한다. 오히려 정반대다! 이와 관련해 하인리히 마리아 쾨스터(Heinrich Maria Köster)는 다음과 같이 묻는다. "그러한 보편적 기대와 확신 속에서 본성에 대한 갈망 외에 다른 것을 말할 수 있을까?"[22] 여기서 갈망은 무조건 사랑하고 신뢰할 수 있는 어머니, 안전함과 고향을 약속하고 외롭고 삶의 어려움에 처했을 때 지지하고 도움을 주는 어머니에 대한 갈망을 말한다.[23] 그러한 본성에 대한 갈망은 결국 하느님께서 영향을 주지

Schöpsdau(Hrsg.), *Mariologie und Feminismus* = Bensheimer Hefte 64, Göttingen, 1985, pp.71~102, 여기서는 pp.85. 91. 이로부터 혼합주의 개념이 전개될 수 있다. 혼합주의는 "그 종교적 토착화에서 보통 일어나는 일로서 혼합된 가운데 그리스도교가 전파됨"을 명료하게 한다. 이에 관해서는 다음 글을 참조하라: V. Drehsen, "Synkretismus ist nicht gleich Synkretismus, Zum Kriterienproblem bei der Anverwandlung des Fremden", in: A. Lienkamp / Chr. Lienkamp(Hrsg.), *Die "Identität" des Glaubens in den Kulturen. Das Inkulturationsparadigma auf dem Prüfstand*, Würzburg, 1997, pp.39~53. 여기서는 p.37.

21) Cf. Fr. Courth, "Mariologie", in: W. Beinert(Hrsg.), *Glaubenszugänge* II, Paderborn u.a., 1995, pp.299~398, 여기서는 p.341.

22) H.M. Köster, *Die Magd des Herrn. Theologische Versuche und Überlegungen*, Limburg, ²1954, p.358.

23) 이와 관련해서는 다음 책도 참조하라: G. Baudler, *Einführung in symbolisch-erzählende Theologie. Der Messias Jesus als Zentrum der christlichen Glaubenssymbole*, Paderborn, 1982, p.246.

않으실까? 나아가, 종교의 여러 신화 안에는 예수 그리스도 안에서 발견할 수 있는 진리에 대한 일종의 '예비적 결정 기준' 같은 것들이 있지 않을까? 그러한 '예비적 결정 기준'에 대해서 라인홀트 슈나이더(Reinhold Schneider)는 이렇게 말한다. "인간의 영혼 안에서 그러한 지속적인 작용 없이는 진리는 있는 그대로 수용되지 않을 것이다. 인간의 본질, 세상의 본질은 발현한 천사에게 동정녀 마리아가 준 응답의 방향에서 형성되었고, 그러한 방향으로 나아갔다."[24] 칼 구스타프 융(Carl Gustav Jung)도 다음과 같이 옳게 받아들였다. "영적으로 유사하게 준비된 마음이 자신의 표상 세계를 받아들이지 않았다면, 그리스도교는 고대 세계에서 이렇게 신속히 전파되지 않았을 것이다."[25] 이 문제는 제2권 제3장에서 다시 한번 다룰 것이다.

2.1.3. 그 밖의 전개 과정

'하느님을 낳으신 분'이라는 칭호의 신학적 근원을 다루는 주제로 돌아오자. 앞에서 우리는 예수 그리스도의 신성과 인성이 무조건 단일성을 이룬다는 것은 마리아에게 부여된 '하느님을 낳으신 분'이라는 칭호에서 구체화된다는 것을 알았다. 따라서 이 칭호는 일차적으로 그리스도론적 역할을 한다. 이차적 역할에서

---

24) R. Schneider, "Die heilige Frau", in: O. Karrer(Hrsg.), *Maria in Dichtung und Deutung. Eine Auswahl*, Zürich, 1962, p.270.

25) C.G. Jung, *Antwort auf Hiob*, Zürich, 1952, p.126.

야 비로소 이 칭호는 마리아 자신에게 중요성을 지닌다. 마리아는 우리가 신앙 안에서 하느님이자 인간으로 알고 있는 이분의 어머니이므로, '하느님의 어머니'라 불릴 수 있다. 에페소 공의회 이후 이렇게 마리아를 '하느님을 낳으신 분'(라틴어로는 'Deipara' 또는 'Dei Genetrix')으로 고백하는 것은 모든 그리스도교 교회의 확신으로, 이에 대해서는 논쟁의 여지가 없다. 그리스도교 교회들은 신앙 고백 때 공적으로 그렇게 증언한다. 이 칭호를 단호히 수용하는 것이 처음엔 매우 희미했을지라도 말이다. 그래서 동방에서는 안티오키아 학파도, 예를 들면 요한 크리소스토무스, 서방에서는 예로니모와 아우구스티누스도 이 칭호를 사용하지는 않았다. 본인들은 '사안에 따라서는' 이러한 근본적인 확신에 대해서 지지했더라도 말이다. 대략 8세기까지 '하느님을 낳으신 분'(θεοτόκος, Dei Genetrix)이라는 칭호는 여전히 신비적 표상과 매우 긴밀히 결부되었기 때문이다. 또한 이 칭호는 단성론적 '냄새'를 완전히 없애지는 못했기에, 이 칭호와 관련해서는 마리아가 누구냐는 것, 즉 사람이 되신 하느님 아드님의 어머니이냐는 것이 명확하게 주제로 다루어지지는 않았다.[26] 그렇지만 칼케돈 공의회 이후에, 그리고 제2차 콘스탄티노플 공의회(553) 이후에 '하느님을 낳으신 분'이라는 칭호에 대해서 더 이상 그 누구도 진지하게 질문을 제기하지 않았다. 그리하여 마리아를 '하느님을 낳으신 분'으로 고백하는 측면에서 보면 사실은 근본적인 전개 과정은 없었다. 그렇지만 마리아가 어머니임은 그다음 시기에 그때그때마다 새로운 관점에서 바라보게 되었고, 새롭게 강조되었다.

---

26) '하느님을 낳으신 분' 칭호는 이른바 아폴리나리스파 신학자들이 선호하고 심지어 아리우스파도 사용했기 때문에도 이 칭호에 대해서 삼가는 태도를 보이게 되었다.

2.1.3.1. 온전한 모성

이 과정은 교부 시대가 끝날 무렵에 이미 시작되었다. 네스토리우스파와의 대결로 인해 그 중요성이 상실된 후에 '하느님을 낳으신 분'(θεοτόκος) 칭호에 맞서 '하느님의 어머니'(μήτηρ τοῦ θεοῦ) 칭호가 점점 더 우위를 점하게 되었다. 다시 말해 '하느님을 낳으신 분'이라는 표현은 아기를 낳는 과정을 강조하고, 이로써 인성을 지닌 예수를 낳는 데 마리아의 '역할'을 강조한다. 이런 까닭에 그 표현은 단성론을 지지하는 사람들, 즉 그리스도의 신성에 강조점을 두고 그분의 인성은 둘째 자리로 밀어 놓은 신학자들과 그 무리에게 특히 친밀했다. 이와 달리 '하느님의 어머니'(μήτηρ τοῦ θεοῦ)는 어머니와 아들의 깊고 인상을 남기는, 인격적이고 실존적인 관계를 더 부각한다. 어머니임은 먼저 자신의 몸 안에서 자란 새로운 생명체를 단지 '생리학적으로 출산함'을 지극히 훨씬 더 넘어서는 것을 의미한다.

이렇게 어머니임이 심오한 의미를 지닌 것은 여러 시대에 다양한 차원에서 새롭게 발견되었고 언어로 표현되었다. 이때 대체적으로 사회문화적이고 시대적인 변혁이 기폭제가 되었고, 적어도 교회 내에서의 지속적 전개를 추진시켰다. 그리하여 12세기에 서양에서는 정서적이고 '낭만적인' 사랑이 (처음) 발견되었는데,[27] 이 사랑은 신학 전반과 특히 마리아론에 지대한 결과도 가

[27] Cf. E. Cousins, "A Theology of interpersonal Relations", in: *Thought* 45(1970), p.59. 이 시기에 "음유 시인들은 낭만적 사랑을 표현했고, 영성 작가들은 그리스도적 사랑과 신비적 사랑을 탐구했다." 간략히 말하자면, "12세기에 프랑스는 사랑을 위해 사랑 안에 있었다"(J. Casey, *Atheist for God. Spiritual desire in Bernhard of*

져왔다. 이제 두 가지 차원이 관심사의 전면에 등장한다. 이는 예술적 표현에서 볼 수 있는데, 하나는 아기 예수에 대한 마리아의 애정이고, 다른 하나는 마리아가 십자가 아래서 수난하는 아들과 그 고통을 함께 느끼는 것이다〔자코포네 다 토디스(Jacopone da Todis)의 작품 '고통의 어머니'(Stabat Mater) 참조〕. 이런 맥락에서 요한 복음서 19장을 새롭게 읽고 마리아의 영적 모성을 교회를 위한 것으로 해석하게 된다.[28] 마리아는 아들과 함께 수난한 것을 토대로 어머니임이 인정되었고, 이는 결국 마리아는 '공동 구원자'라는 구상으로 이끌었다.

마리아의 모성애에 대한 이렇게 정서적으로 깊이 각인된 시각은 감성적인 바로크 시대와 로코코 시대에 전성기를 누리면서 다시 한번 사람들에게 자극을 주었다.

마리아의 모성은 근대에 이르러 다시금 다른 형태로 새롭게 부각되었다. 더 정확히 말하자면, 이른바 인격주의(Personalismus)와 심리 분석이라는 결과물에서 그러했다. 여기서 아기 예수는 어머니를 통하여 세상에 가장 먼저 마음을 활짝 연다는 것, 그리고 이렇게 세상에 마음을 여는 것은 그의 삶 전체를 특징짓는다는 것이 발견되고 부각된다. 어머니의 애정을 받아야 비로소 아기는 현실 세계에 마음을 열게 된다. 어머니 옆에 있어야 아기는

Clairvaux' Sermons on the Song of Songs, Kalamanzoo, 1988, p.34.). 전체적인 것에 관해서는 다음 문헌들도 보라: P. Dinzelbacher, "Sexualität / Liebe, Mittelalter", in: ders.(Hrsg.), *Europäische Mentalitätsgeschichte*, Stuttgart, 1993, pp.70~89, 여기서는 pp.79~80; P. Rousselot, *Pour l'histoire du problème de l'amour au Moyen Age*, Münster, 1908.

28) 교회 초기에는 요한 복음서 19장을 이렇게 해석한 경향이 거의 없었다. 이에 관해서는 제1부 1장 3.3.을 보고, 다음과 같이 개관한 글도 참조하라: Th. Koehler, "les principales interprétations traditionelles de Jean 19,25~27 pendant les douze premiers siècles", in: *EtMar* 16(1959), pp.5~22.

비로소 의식이 깨어나고, 이로써 자기 자신에게 눈을 뜨게 된다. 어머니 곁에서 아기는 또한 "어머니의 '너'는 아기의 '나'가 아니지만 두 중심인물은 동일한 사랑 안에서 경쾌하게 움직인다는 것, 그리고 (…) 이 사랑은 전적으로 충분한 최고의 선이라는 것"을 결국에는 이해하게 된다고 한스 우르스 폰 발타사르는 말한다. 어머니는 아기에게로 향하면서 이 최고의 선을 가리켜 보인다.[29] 더 정확히 말하자면, 어머니가 아기에게 사랑으로 말을 건네면, 이 작은 존재에게 세 가지 일이 일어난다. 아기는 다음과 같이 의식하게 되는 것이다. (1) 자신은 어머니를 통해서 덕을 입은 자신의 존재와 분리될 수 없다. (2) 다른 사람들에게 관대해야만 자신을 유지할 수 있다. (3) 자신을 열고 내주는 것은 동시에 응답을 위해서, 사명을 위해서 필요하다.[30]

바젤 출신의 신학자(=발타사르)는 이것을 다른 대목에서 더 상

---

29) H.U. v. Balthasar, *Spiritus Creator*, Einsiedeln, 1967, p.13. 다음 책도 참조하라: W. Pannenberg, *Anthropologie in theologischer Perspektive*, Göttingen, 1983, p.224. "어머니는 아이를 위해서 아이의 어린 시절에 자신을 뛰어넘고 자신을 통해서 아이에게 향한 하느님의 사랑을 대리한다." 이에 관해서는 특히 다음 문헌들을 참조하라: H.U. v. Balthasar, *Herrlichkeit* III/1: Im Raum der Metaphysik, Einsiedeln, 1965, pp.945~946; ders., "Der Zugang zur Wirklichkeit Gottes", in: *MySal* II, p.15; F. Ulrich, *Der Mensch als Anfang. Zur philosophischen Anthropologie der Kindheit*, Einsiedeln, 1970. 이에 관한 주석으로 다음 책을 보라: R. Feiter, *Zur Freiheit befreit. Apologie des Christlichen bei F. Ulrich*, Würzburg, 1994, pp.114~127.
부허러-훌덴펠트〔A.K. Wucherer-Huldenfeld, "Geburtszustand und weltoffene Daseinsweise", in: S. Schindler(Hrsg.), *Geburt. Eintritt in eine neue Welt*, Göttingen u.a., 1986, pp.173~191〕와 뮐렌(Mühlen, *In-Wir-Sein*, pp.60~69)을 비롯해 오스터(St. Oster, *Person und Transsubstantiation*, Freburg i. Br., 2010, pp.179~231)도 경험적 아동심리학과 아동사회학을 근거로 들면서 이러한 진술을 뒷받침한다.

30) 발타사르(*Zu meinem Werk*, Einsiedeln, ^{2}2000, p.98)는 어머니와의 관계에서 아이에게 존재의 초월적 특성들도 밝혀진다는 것을 가리키면서 다시 한번 다른 관점을 제시한다.

세히 언급하며 마리아의 모성에 적용한다. 어머니의 미소를 바라보면서 자라나는 아기는 이렇게 깨닫는다. "자신이 받아들여지고 환영받는 세상이 있다. 이러한 근원적 체험을 하는 가운데 아기는 처음으로 자기 자신을 안다. 인간으로 존재하는 모든 것의 토대가 되는 이러한 사건, 그 영향력이 우리 시대에 와서야 당연히 주목받는 이 사건은 성장과 교육의 역할을 동반한다."[31] 어느 누구도 이 세상에 태어나는 것을 자기가 선택할 수는 없기 때문이다. 아기는 어머니를 통해서 '생리학적으로' (육신이 탄생하는 시점에서) 세상에 올 뿐만 아니라, 정신적이고 영적으로도 온전하게 세상에 온다. 그리고 이는 가장 어린 시절에만 그런 게 아니다. 아이는 어머니를 통해서 지속적으로 언어와 역사 속으로, 특정한 사회의 가치 '체제'와 관습 속으로, 그리고 이로써 구체적인 세계의식 및 자기의식 속으로 들어간다.[32] 그렇기 때문에 예수도 이에 대해 자기 어머니에게 감사하게 여긴다. "우리는 예수가 기적을 일으키는 초자연적 아이라는 자의식을 가지고 있기에 어느 누구에게도 감사할 필요가 없다는 것을 받아들여서는 안 된다. 그러면 예수가 참된 인간이라는 사실이 왜곡될 수도 있을 것이다."[33]

---

31) H.U. v. Balthsar, "Maria in der kirchlichen Lehre und Frömmigkeit", in: J. Ratzinger / H.U. v. Balthsar(Hrsg.), *Kirche im Ursprung*, Freiburg i. Br., 1980, pp.46~47.

32) Cf. Oster, *Person*, p.193. "아이는 이 단계에서 부모가 설명해 주고 풀이해 준 세계 외에는 '다른 세계'를 알지 못한다. 그 세계는 아이에게 전체적인 것이다. 이렇게 보면, 세상의 인격적 중요성에 대한 체험은 아이에게 동시에 보편적이고 전체적인 것이다." 여기서 물론 아이는 늘 이미 고유한 본질도 지녔으므로 "아이가 자신의 고유한, 이미 선취되고 마음대로 할 수 없는 다름 속에서도 (…) 인정받고 사랑받아야만"(*Ibid.*, p.195) 부모의 교육이 성공한다는 것도 유의해야 한다.

33) Balthsar, *Maria*, pp.46~47. 이 대목에 그다음 인용도 나와 있다.

따라서 아기 예수는 어머니를 통하여 이스라엘의 신앙으로 인도되어 밀접하게 연결되었다. 마리아는 "아들이 이스라엘의 신앙을 통해 자기 위치를 확인하고, 이스라엘에게 주어진 약속이라는 거울에 비추어 자기 고유의 사명을 인식할 수 있도록 해 주어야 한다. 아들이 바치는 인격적인 기도와 아들 안에 계시는 성령의 작용으로 아들의 이러한 사명이 점점 더 명확히 밝혀지기에, 특히 마리아를 통해서 이루어진 인간적인 노력은 결코 과소평가되어서 안 된다." 이는 특히 마리아가 예수에게 하느님을 '당신'과 '아버지'라고 말하도록 가르친 것이 의미하는 바가 무엇인지 떠올리면 알 수 있다. 현대 그리스도론에서, 특히 최근 수십 년 이래 예수가 하느님을 부르는 (특별한) 호칭에 주목하는 것은 매우 괄목할 만한 중요성을 지닌다. 이로부터 예수의 가장 심오한 본질을 규명하려는 것이다. 또한 개개의 것들을 알지 못하거나 끄집어내어 '집중 조명'하지 않고서도, 어느 정도 확신을 가지고 마리아는 예수가 하느님과 관계를 맺는 데 결정적 역할을 했다는 것에서 출발할 수 있다. 지금까지 다룬 그리스도론에서 거듭해서 주목을 받고 있는 단성론적 경향에 맞서서, "우리에게는 (…) 모든 면에서 우리와 똑같이 유혹을 받으신, 그러나 죄는 짓지 않으신"(히브 4,15) 예수 그리스도가 계시다는 것이 오늘날 올바르게 부각되고 있는 점에 비추어 볼 때, 어머니인 마리아가 '모든 면에서 우리와 똑같은 분'을 키운 것은 탁월한 의미를 지닌다. 마리아는 도저히 간과할 수 없는 중요성을 지닌 채, 하느님이시자 인간인 아들의 삶 속으로 들어간다. 이반 살바도리(Ivan Salvadori)는 예수의 자기의식에 관해 저술한 책에서 심지어 예수의 '원죄 없는 잉태'와 마리아의 '원죄 없는 잉태'는 긴밀한 관계라고 본다(후자에 관해서는 제1권 제4장을 보라). 이 둘은 서로 영향을 미친다.[34)]모성은 그렇게 포괄적인 것이고, 깊은 인상을 남긴다. 따라서 마리아의 모성도 그러하다.

2.1.3.2. 보충 - 마리아 모성의 근본적 원리

다른 측면에서, 더 정확히 말해 해석학적 관점에서 보면 마리아의 모성은 신학적인 역할을 한다.

대략 수백 년 전부터 가톨릭 신학자들은 마리아의 신적 모성에 관심을 기울였다. 이 신적 모성이라는 사실에서 결국엔 마리아에 관한 다른 모든 진술이 기인하고 나올 수 있었는지, 달리 표현하자면 신적 모성은 '근본적 원칙' 내지 '마리아론의 기본적 사고'(칼라너)를 형성하고 있는지, 그 안에 다른 모든 것이 하나의 씨앗처럼 배태되어 나오는 것인지를 다루었고, 지금도 다루고 있다.[35)]

34) 이에 관해서는 다음 책을 보라: Salvadori, *L'autocoscienza di Gesû*, Rom, 2011, p.354 이하. 살바도리는 다음과 같이 생각한다. 그는 "무염시태 교의가 피조물에게 부당하게 부여된 특권이 아니라, 예수에 대한 올바른 이해가 주어진다면 신학적으로 필수적인 개념"이라고 보았다(*Ibid.*).
그 밖에 자기 아기에 대한 어머니 마라아의 '생물학적 결과'도 추측하는 것은 물론 더 의심스러울 것이다. 그러나 동정녀 마리아가 실제로 (그리고 단지 '영적 의미'에서만 아니라) 예수의 어머니였다면, 예수의 "DNA는 그녀와 같았다는 것, 예수는 (…) 마리아의 얼굴을 쏙 빼닮았다는 것", 이 두 가지 결과는 결코 물리칠 수 없다. A. Posender, "Tochter Zion? Maria als jüdische Mutter", in: Th. A. Seidel / U. Schlacht(Hrsg.), *Maria. Evangelisch*, Leipzig-Paderborn, 2011, pp.137~144. 여기서는 p.138.

35) 다음 책에서 역사적 개관을 볼 수 있다: J. Radkiewicz, *Auf der Suche nach einem mariologischen Fundamentalprinzip. Eine historisch-systematische Untersuchung über die letzten hundert Jahre*, Konstanz, 1990(Lit). 나아가 다음 문헌들도 참조하라: A. Müller, "Marias Stellung und Mitwirkung im Christusereignis", in:

하지만 과연 그러한 근본적 원칙이 있을까? 이 물음에 볼프강 바이너르트(Wolfgang Beinert)는 다음과 같이 대답한다. "그러한 원칙이 있다면, 그것으로부터 마리아론 전체의 통일성과 응집력을 볼 수 있을 것이다. 동시에 그 원칙은 마리아 신심이 번성하고 그것에 지나치게 열광적인 태도를 보이는 것에 맞서 적절한 보호와 효과적인 통제 수단을 제공했을 것이다. 마리아에 관한 어떤 문장은 논리적으로 저 근본적인 원칙에서 나와야만 옳을 것이다. (…) 그러한 근본적인 원칙을 찾아내기는 쉬워 보인다. 결국, 사람들이 마리아에 관해 말하고 형성할 수 있는 모든 것은 마리아는 하느님의 어머니라는 구세사적 사실에 근거한다."[36)]

그렇지만 그러한 숙고에 맞서 바이너르트 자신은 이의를 제기한다. 마리아론에 관한 다른 모든 진술을 오직 신적 모성으로부터 끌어내기에 그것만으로 충분하느냐는 것이다. 마리아론의 근본 원칙들에 대해서 지난 세기 50년대를 대표하는 견해들을 모아 요약한 칼 라너 역시[37)] '마리아의 모성'으로부터 다른 모든 진술을 추론하고 구세사에 중요한 마리아의 위치를 이해하기에 그것은 홀로 고립되어 관찰되므로 충분하지 않다는 결론에 이른다. 오히려 마리아 모성의 가장 내적인 본질은 어디에 기인하는지, 그리고 다른 모든 진술을 어느 정도까지 이러한 특별함(마리아는 예컨대 또한 '우리 어머니'라는 것, 마리아는 전체 교회의 모성을 통합한

MySal III/2, pp.407~421(Lit.); H. Steinhauer, *Maria als dramatische Person bei Hans Urs von Balthasar. Zum marianische Prinzip seines Denkens*, Innsbruck-Wien, 2001, pp.26~30; M. Kerkloh, *'…, die in vollkommenester Weise Erlöste'. Die Frage nach einem mariologischen Grundprinzip bei Rahner*, München-Ravensburg, 2005; Hartmann, *Magd*, pp.91~92(Lit.).

36) Beinert, *Heute*, pp.71~72.

37) K. Rahner, *Assumptio*, pp.274~275. 528~529.

다는 것 등등)에 근거를 두는지 물어야 할 것이다. 그러나 이 물음에 대해서는 의견이 서로 갈린다. 왜냐하면 마리아의 모성과 그 '특별함' 외에 다른 '근본 원칙들'도 규명되었고 또 규명되고 있기 때문이다.[38)]

현재 진행되고 있는 토론과 관련해서는 근본적인 원칙에 관한 질문이 옳게 제기되었는지, 예컨대 마리아가 '핵심적 자리를 차지함'에 대해서, 그리고 이와 관련해서 마리아론에 대해서 묻는 것이 더 적절한지, 아닌지를 놓고 의견이 분분하다. 우리는 여기서 마리아론과 관련된 근본적인 원칙에 대한 물음은 더 이상 다루지 않고, 먼저 마리아에 관한 이어지는 기본적인 진술들을 따라가고자 한다.

'하느님을 낳으신 분'이라는 칭호를 두고 벌어진 논쟁들은 원래 당연히 그리스도론적 관점 아래 있었다. 그렇지만 이로써 마리아 자신도 더 주목을 받게 되었다. 마리아가 '하느님의 어머니임'은 구세사적 관점에서 무엇을 의미하는지 질문이 제기될 수밖에 없었다. 그것은 나자렛 출신의 한 여성에 관한 '단순한 사적 전기'로서 분명히 과소평가되었을 것이다. 루카 복음서가 기술하는 '예수의 탄생 예고' 장면은 "공적 구세사의 사건"이 얼마나 중요한가를 보여 주고 있다고 칼 라너는 말한다. 이는 아브라함의 신앙 그 이상인 것이다. 마리아는 "구세주 하느님께서 인류에게 궁극적으로 오시도록 세상의 문"을 연다. 그리고 자유로이 그렇게 한다. "하느님께서 세상에 오려 하시고, 이렇게 세상을 위한

38) 한 가지만 말하자면, 젬멜로트(*Urbild*, p.38)는 마리아의 모성 대신에 교회에 대한 마리아의 원형성을 원칙으로 삼을 것을 제안한다.

무조건적인 구원 의지를 지니셨기에 자신에게 조건을 두시고 그 조건 아래서 하느님의 말씀이 세상에 오고자 하시기 때문이다. 그분을 맞이하는 이들의 자유 속에서 말이다. 그분의 말씀은 자유로이 세상에 오고자 하시기 때문이다."[39]

그런데 공적 구세사에서 결정적 요인이 되는 것은 마리아에게 무엇을 의미할까? 이 질문으로 마리아의 모성에 대한 새로운 차원이 다시 한번 열린다. 마리아는 처음에 온갖 영지주의적-가현설적 논쟁에 맞서 예수가 참된 인간임을 가리키는 표징이자 보증으로 보였고, 이어서 '하느님을 낳으신 분'이라는 칭호 아래 자기 아들이 참된 하느님이심을 가리키는 기준으로 이해되었다. 따라서 마리아가 예수의 어머니라는 사실은 이미 매우 일찍부터 전체 교회로 퍼져 나갔다. 물론 그렇게 되기 위해서 뭔가 다른 것이 전제되었다. 즉, 사람들은 마리아를 이해할 때 그녀가 예수의 어머니이기 '이전에' 한 명의 신앙인으로 바라보았고, 그리하여 교회의 원형으로 이해할 수 있었다. 이런 노선에서 아우구스티누스는, 자기 이전의 많은 교부처럼, 마르코 복음서 3장 31절 이하 내지 마태오 복음서 12장 46~47절과 관련하여 다음과 같이 기술한다. "마리아는 이제 실제로 아버지의 뜻을 실행했다. 그러므로 그리스도의 어머니로서 그리스도의 제자인 것은 마리아에게 의미가 더 크다. 그리스도의 어머니로서 그리스도의 제자인 것은 더 복되다."[40] 이러한 시각은 어떤 결과를 가져올까?

---

39) K. Rahner, "Die Unbefleckte Empfängnis", in: *Schr.* I, pp.223~237; 여기서는 pp.225~226. 228.

40) Augustinus, *serm. Denis* 25, 7(Morin, p.163).

2.2. 교부신학 안에서 마리아의 모성과 교회의 모성

초기 교회는 마리아의 모성을 예수와의 관계에서만 보지 않는다. 오히려 마리아의 모성은 교회의 모성에 가깝고, 또 이와 동일시된다. 여기서 어떤 표현이 가장 적절한지는 더 규명되어야 할 것이다.[41] 교회는 영적이고 정신적인 실재이기에, 이런 맥락에서 모성은 물론 더 나아가 유사한 의미, 즉 영적이고 정신적인 근원, 그리고 특별한 보살핌과 지원이라는 의미를 지닐 수 있다. 구체적으로 말해서 중요한 것은, 교회를 통하여 전해지는 신앙의 말씀과 세례를 통해 인간은 요한 복음서 3장 2~3절의 의미에서 태어나고 새로 태어난 자로서, 즉 예수 그리스도의 형제자매로서 교회 안에서 그리고 교회를 통해서 동반된다는 점이다. 이제 마리아의 모성과 교회의 모성이 매우 긴밀하고 개별적으로 규명해야 할 관계로 들어간다면, 이로써 마리아의 모성이 얼마나 확대되는지, 또 어느 차원까지 확대되는지 질문이 제기된다.

알로이스 뮐러는 비록 많이 인용되었지만, 비판적인 평가도 일부 받았던 자신의 책 『교회 - 마리아. 마리아와 교회의 단일성』(*Ecclesia - Maria. Die Einheit Marias und der Kirche*)[42]에서 마리아와

---

41) 이에 관해 최근에 나온 문헌이 다음 책에 소개되어 있다: A. Dittrich, *Mater Ecclesiae. Geschichte und Bedeutung eines umstrittenen Marientitels* = *BDS* 44, Würzburg, 2009.

42) Freiburg(Schweiz), ^{2}1955. 뮐러는 마리아와 교회 사이에 '완전한 속성의 교류'(com-

교회를 원형이자 모상으로, 경우에 따라서는 예형이자 반(反) 예형으로 제시하고 단일성으로서 내보이는 저 교부들의 진술 대부분을 종합하고 해석했다. 마리아와 교회의 단일성을, 특히 이 둘은 동일한 어머니 역할을 한다는 것에 근거를 두는 단일성을 그는 심지어 마리아에 관한 교부신학의 진술의 결정적 요소로 부각시킨다. 여기서 제시되는 텍스트들의 맥락에서 마리아와 교회의 이러한 관계를 어떻게 이해할 수 있을까?

마리아에 관한 거의 모든 진술이 그러하듯, 어머니인 마리아가 어머니인 교회와 동일하다는 명제 역시 오랜 역사를 지니고 있다. 이 명제는 2~3세기에 시작되어, 늦어도 4세기부터 여러 교부에게서 두루 발견되었다. 다음 두 가지 진술이 이 명제 안에 결부되어 있다. 하나는 마리아의 중요성으로부터 출발한다는 것이고, 다른 하나는 교회의 중요성으로부터 출발한다는 것이다. 이 두 요소를 차례로 살펴보자.

2.2.1. 마리아 - 새 하와, "살아 있는 모든 것의 어머니"(창세 3,20)

매우 일반적인 관점에서 볼 때 마리아가 구원의 중개자라는 것은 신약성경에 비추어 거의 논쟁의 여지가 없다. 결국 마리아

---

municatio idiomatum)가 지배한다는 것을 보여 주고자 한다(*Ibid.*, p.6). 같은 주제에 관해서는 다음 책도 보라: H. Rahner, *Maria und die Kirche*, Innsbruck u.a., [2]1962. 같은 방향으로 연구한 코트알렘(H. Coathalem, *le parallelisme entre la sainte Vierge et l'Eglise dans la tradition latine jusqu'à la fin du XII siècle*, Rom, 1954)은 이에 맞서 해당 문헌들을 정확히 분석하지 않은 채 체계적으로 개관한다.

는 세상의 어머니로서 구원 자체이신 그리스도를 중개했다. 그러나 이러한 직접적인 '구원의 중개'가 의미하는 바는 참되고 직접적인 구원의 중개자를 단지 낳은 것을 의미할까? 마리아의 신앙은, 그리고 마리아는 단지 육신의 어머니임만이 아니라, 하느님의 아드님이 세상에 오시기 위한 본래의 관문임은 확실하다. 이는 루카에게서 적어도 암시적으로 드러난다. 그런데 마리아는 관문이라는 점에서만, 그러니까 출발점에 서 있다는 점에서만 구원의 중개자일까? 이와 관련해서 마리아를 그 이상으로 볼 수 있는 것은 아닐까? 근대 신학이 마리아론을 고찰한 모든 것은 특히 이미 일찍이 바오로를 통해 증명된 것, 즉 바오로가 아담과 그리스도의 유사성을 표현한 것과 유사하게 하와와 마리아의 유사성을 출발점으로 하여, 이로부터 마리아의 보편적 (어머니 같은) 구원의 중개자 역할을 이끌어 낸다. 여기서는 이것이 옳게 이루어지는지 중점적으로 다루어 보겠다.

이미 유스티누스(†165년경)에게서 이에 대한 신학적 고찰의 징후를 감지할 수 있다. 그는 마리아가 보편적이고 구세사적인 역할을 한다고 인정하는데, 이는 가장 대표되는 해석 중 하나이다. 그는 하와와 마리아가 긴밀한 유사성이 있다고 본다. 레오 쉐프칙(Leo Scheffczyk)은 하와와 마리아 사이의 이러한 유사성을 심지어 마리아에 대한 교부신학의 특정한 기본 사고로 간주하는데, 마리아의 모성은 이러한 기본적 사고에 비해 뒤로 물러나 있다.[43] 이는 의혹을 불러일으킬 수 있다. 그럼에도 하와와 마리아

43) Cf. Scheffczyk, *Mariengestalt*, pp.212~213. 다음 책도 이와 유사한 내용을 담고 있다: Semmelroth, *Urbild*, pp.21~22.

를 나란히 놓고 비교하는 것은 마리아의 중요성을 계속 규명하고 전개하는 데 중요한 요소였다.

알려진 바에 따르면, 하와와 마리아의 이러한 유사성은 유스티누스에게서 처음 나타난다.

> “그분(그리스도)은 동정녀에게서 태어나셨고, 이는 뱀으로 인해 야기된 죄가 시작된 동일한 길 위에서 죄도 없애기 위한 것임을 우리는 알고 있다. 하와는 동정녀였고 타락하지 않았지만, 뱀의 말을 받아들인 뒤에는 불순종(παρακοή)과 죽음을 낳았다. 반면에 동정녀 마리아는 천사가 기쁜 소식을 전해 준 기쁜 소식을 (…) 신앙과 기쁨으로 받아들였다.”[44]

여기서는 먼저 불행과 구원의 ‘시작’에 관한 언급만 있는데, 하와는 불행을, 마리아는 구원을 대변한다. 그러나 널리 퍼져 있는 추론에 따르면 하와로 인한 불행의 ‘영향’은 전(全) 역사와 인류 전체와 연관되기 때문에, 마리아의 신앙도 단지 ‘출발점’, 구원의 시작 그 이상으로 작용해야 한다. 여기서 유스티누스가 하와와 마리아의 유사성을 바오로가 말한 아담과 그리스도의 유사성으로 연결하려고 의도했는지, 이때 이른바 ‘원(原)복음’(das Protevangelium)인 창세기 3장 15절을 염두에 두었는지는 열린 채로 남아 있다.[45]

---

44) *Dial.* 100, pp.4~5(*PTS* 47, pp.242~243).
독일어 번역본 개정판: K. Greschat / M. Tilly, *BKV-Ausgabe Justinus, Dialog mit dem Juden Tryphon*, Wiesbaden, 2005, p.202. 여기서는 ‘파라코에’(παρακοή)가 ‘죄’라고 명확히 번역되어 있지 않다. 이에 반대하는 다음 글을 참조하라: G. Kittel, “ἀκούω ecc.”, in: *ThWNT* I, pp.216~225, 여기서는 p.224.

45) 유스티누스의 글을 정확히 해석하고 그의 다른 문헌들 및 사상적 유래를 규명하는 내용은 다음 책에서 볼 수 있다: Hofmann, *Maria*, pp.24~61(Lit.). 다음 글도 참조하라: M. Durst, “Justin der Martyrer”, in: *MarLex* 3, pp.490~491.

유스티누스가 이렇게 하와와 마리아의 유사성을 처음으로 조심스럽게 가리킨 것은 2세기 후반 리옹의 이레네우스가 구세사적 관점에서 작업하여 완성되었다.[46] 간단히 말하자면, 그가 구상한 것은 '아나케팔라이오시스'(ἀνακεφαλαίωσις, 라틴어로는 recapitulatio, '그리스도를 머리로 하여 하나가 되는 것' - 옮긴이 주), 즉 죄로 인해 타락하고, 이로써 떨어져 나간 창조 세계를 머리이신 예수 그리스도를 통하여 새롭게 통합한다는 생각으로 특징지어진다. 이는 구세주가 죄로 인해 부패한 역사를 다시 한번, 유사한 방식으로 걸어가시고 정복하시며 존립하게 하시고, 그리하여 하느님께서 원하신 본래 모습으로 역사를 완성하시고 세상과 함께 하느님의 구원 '경륜'(οἰκονομία, eokonomia)을 완성하심으로써 이루어진다. 그리스도교 신앙의 이러한 최초의 숭고한 '체계적 구상'에서 바오로(로마 5,14; 1코린 15,22.43)에게로 거슬러 올라가는 아담과 그리스도의 유사성은 결정적 역할을 한다. 그리스도는 아담에 의해서 빗나간 역사의 '매듭을 푸시고',[47] 이러한 방식으로 하느님께서 본래 예견하신 새로운 방향을 역사에 제시하신다.

바로 이런 맥락에서 마리아가 등장한다. 유스티누스에게서 처음 발견된 하와와 마리아의 유사성은 아담과 그리스도의 유사성과 더불어 계속 전개되었다.[48] 그리스도가 자신의 생명과 죽음을 통하여 아담의 죄를 원래의 무죄한 상태로 돌려놓으셨듯이,

---

46) 이에 관해서는 다음 책들을 보라: Müller, *Ecclesia*, pp.53~76; M. Hofmann, *Maria*, pp.61~118(Lit.).

47) Cf. Irenäus, *Adv. haer* III, 22,4(*FC* 8/3, pp.278~279). 여기서는 물론 특별히 마리아와 연관 짓는다.

48) Müller, *Ecclesia*, pp.52; ders., *Marias Stellung*, pp.400~401. 뮐러는 두 가지 유사성이 "공통적 토대, 즉 원복음"을 지니고 있음을 보여 주고자 한다. 그렇지만 이는 논쟁의 여지가 있다. 다음 책을 보라: M. Hofmann, *Maria*, pp.103~104.

마리아는 순종을 통하여 하와의 죄를 그렇게 되돌려 놓았다.

> "불순종한 동정녀로 인해 인간이 벌을 받고 죽었듯이, 인간은 여기서도 하느님의 말씀에 순종한 동정녀를 통하여 생명을 받았다. (…) 그리스도 안에서 아담의 원상회복이 필요했기 때문이다. 그래야 죽어야 할 것이 불멸성에 의해 삼켜질 수 있다. 동일한 것이 하와와 마리아에게 적용된다. 동정녀가 동정녀를 대변하면서 동정녀의 불순종을 동정녀의 순종을 통해 없애기 위해서다."[49)]

> "어떤 이(하와)가 하느님을 거역하고 불순종의 길로 잘못 나아갔듯이, 이분(마리아)은 하느님께 순종하라는 충고를 마음 깊이 새겼다. 동정녀 마리아가 동정녀 하와의 대변인(advocata)이 되기 위해서다. 그리고 인류는 한 동정녀로 인해 죽음에 연루되었듯이, 한 동정녀를 통해서는 죽음으로부터 해방되었다. 동정녀의 불순종이 동정녀의 순종을 통해 상쇄되면서 말이다."[50)]

게오르크 죌에 따르면, 이러한 확신과 함께 "고대 교회에서 마리아론의 전환"이 시작되었다.[51)] 이레네우스에게서 다음과 같은 점이 명료해졌기 때문이다. 즉, 마리아는 구원의 '출발점'에 서고, 세상의 구원자이신 그분을 위하여 '관문'이 되면서 '그리스도론적' 역할을 할 뿐만 아니라, 신앙으로 순종함으로써 하느님의 구원

---

49) Irenäus, *Dem. ev.* 33(*FC* 8/1, pp.55~56). 이레네우스의 다음 책도 유사한 내용을 담고 있다: *Adv. haer.* III, 22,4(*FC* 8/3, pp.278~279).

50) Irenäus, *Adv. haer.* V, 19,1(*FC* 8/5, p.153).

51) Söll, *Mariologie*, p.36. 그다음 대목에 관해서도 이 책을 보라.

계획이 세상에서 실행되도록 기여하면서 '구원론적' 중요성도 지닌다. 불순종과 불신으로 인해 세상에 죽음을 가져온 하와와 달리, 마리아는 그리스도를 따르면서 신앙과 순종을 보여 준 인간의 '새로운 시조'가 되었다. 이를 넘어 마리아는 '변호인'(advocata)이라 불린다. 물론 위 텍스트에서 마리아는 하와의 '대변인'인 것에 국한되었다. 간략히 말하자면, 이레네우스가 단호히 말하듯이 "순종하는 마리아"(Maria obaudiens)는 여기서 "구원의 원인"(causa salutis)으로 보이고 그렇게 묘사된다.[52] '둘째 아담'의 행위에 온전히 상응하면서 말이다. 그분에 관해서는 이렇게 말할 수 있다. "한 사람의 순종을 통해서 (…) 많은 사람이 죄를 용서받고 구원을 받게 되었다"(per obaudientiam unius hominis … iustificari multos et percipere salutem).[53] 그러므로 마리아는 이레네우스가 그렇게 표현했듯이, 그리스도와는 현저히 다른 분, 하느님의 구원 계획(dispositio)과 긴밀히 결부된 분이다.[54] 그리스도가 아담의 '원상회복'(recapitulatio)이고, 따라서 타락한 인류의 '원상회복'이듯이, 마리아는 하와의 '원상회복'이다. 이에 따라 마리아는 암시적으로

52) "실제 원인은 구원이다"(Causa facta est salutis): Irenäus, *Adv. haer.* III, 22,4(*FC* 8/3, p.278).

53) Irenäus, *Adv. haer.* III, 18,7(*FC* 8/3, p.236).

54) Cf. Irenäus, *ibid.*, III, 21,7(*FC* 8/3, p.266): "오직 마리아만이 하느님의 구원 계획에 협력한다"(sola Maria cooperante dispositioni).
이레네우스가 작업한, 그리스도의 행위에서 드러나는 현저한 차이점들을 호프만(*Maria*, pp.65. 89 이하)이 잘 부각시킨다. 원래 구원 활동은 그리스도의 순종에서 명료해진다. 그렇지만 여기서도 상응하는 점에 주목해야 한다. "아담은 하와를 통해서야 비로소 다른 모든 사람을 위한 존재, 즉 인간의 근원과 뿌리가 될 수 있었다. 마찬가지로 그리스도는 마리아를 통해서야 비로소 새 아담이 될 수 있었다. (…) 참된 인간의 근원 안에는 동시에 하와가 저지른 죄와 반대되는 움직임이 있다. 이런 의미에서 나자렛 출신의 동정녀가 한 '예' 응답은 그리스도의 구원 사업에 인과 관계가 있는 전제 조건이었다. 이에 근거하여 개신교 신학자 델리우스(W. Delius)는 이레네우스가 진술한 것들은 '중개자 마리아에 관한 가르침의 싹을 품고 있다'라고 확신했다"(*Ibid.*, p.91).

동시에 전 인류의 '원상회복'일까? 하와가 "살아 있는 모든 것의 어머니"라는 이유로 그렇게 될 수 있을까?[55] 이러한 결과는 '논리적'이지만 비유적이고, 따라서 조금 다르게 차별화를 두고 있는 교부신학의 사고하에서도 부합할까? 아무튼 유스티누스와 이레네우스를 통해서 이렇게 하와와 마리아의 유사성에 대한 토대가 마련된 후에 다음과 같은 확신이 교회 안으로 들어왔다. "하와의 죄가 불행을 가져왔듯이, 신앙에서 비롯된 마리아의 모성은 전 인류의 구원을 위해 중요했다."[56] 이러한 실상은 나중에 예로니모에 의해서 다음과 같은 짧은 표현을 통해 마음속에 각인된다. "하와를 통하여 죽음이 왔고, 마리아를 통하여 생명이 왔다(Mors per Hevam, vita per Mariam)."[57] 제2차 바티칸 공의회도 이 표현을 받아들였다(「교회 헌장」 56항 참조).

위에 제시된 마리아에 관한 진술에서 교회의 구원론적 중요성을 위한 객관적 관계가 감지될까? 이 질문에 대한 긍정적인 대답이 이레네우스가 이러한 관계를 강조하고 자신의 해석에 있어서도 물론 의견이 분분한 글보다 훨씬 더 쉽게 이해된다. 이런 맥락에서 강생에 대한 예언이 중요하다.

> 몇몇 예언자는 "하느님의 말씀과 그분의 피조물과의 합일을 명료하게 했다. '말씀이 사람이 되셨고', 하느님의 아드님이 사람의 아들이 되셨기 때문이다. 그분은 순결한 분으로서, 그리고 깨끗한 길 위에서 순결한 모태를 여셨다. 더 정확히 말하자면, 사

55) 이렇게 '하와, 살아 있는 모든 것의 어머니'를 마리아에게로 단호히 '옮겨간 것'은 물론 살라미스의 에피파니우스(†403)가 처음이다.

56) A. Müller, *Marias Stellung*, p.453.

57) Hieronymus, *ep. 22,21*(*CSEL* 54, p.173).

람들을 하느님께로 다시 태어나게 하고 당신 자신이 순결하게 만드신 모태를 여셨다"[58)]

어떤 모태를 통해야 사람들이 하느님께로 다시 태어날 수 있을까? 위 문장 앞부분에서 간접적으로 주제로 삼은 마리아의 모태일까? 아니면 우리가 그것을 통해 새롭게 살도록 '쇄신시키는' 교회의 모태일까? 사람들은 우리 부활의 도구인 '마리아의 모태'에 반대하여, 이러한 생각은 이레네우스에게 결코 떠오르지 않고 최초의, 일회적 사고로서 그렇게 짧은 부차적 발언에서는 거의 등장하지 않을 거라고 말한다.[59)] 그렇지만 '교회의 모태'에 대해서는 찬성하여, 이레네우스는 재탄생, 즉 부활에 대한 사고를 신앙과 세례에 대한 사고와, 그러니까 교회의 수식어인 위대함과 종종 결부시킨다고 말한다.

그러므로 위 텍스트에서 언급된 '모태'를 먼저 교회와 연관 짓는다면, 이레네우스는 마리아의 출산과 교회의 출산을 긴밀한 연관성에서 본다는 사실이 성립한다. 마리아의 모태로부터 그리스도의 탄생을 통하여 그분에게 이루어지는 것은, 신앙을 통하여 교회의 모태로부터 재탄생하는 것, 즉 세례에서 우리에게 실현된

---

58) Irenäus, *Adv.haer.* IV, 33,11(*FC* 8/4, p.271). 이 텍스트에 대해서는 다음 책들을 참조하라: M. Hofmann, *Maria*, p.98 이하; Müller, *Ecclesia*, p.69 이하.

59) 물론 어머니 마리아-교회로부터 다시 태어남으로 이해하는 다른 텍스트도 있다. "인간이 하느님께서 놀랍게 그리고 예기치 않게 구원을 위해 선사하신 새로운 탄생, 신앙을 통하여 동정녀로부터 새롭게 태어나지 않는다면, 어떻게 죽음을 피할 수 있겠는가?"〔*Adv. haer,* IV, 33, 4(*FC* 8/4, p.288)〕. FC-판을 편찬한 브록스(N. Brox)는 이 텍스트를 오로지 그리스도의 탄생과 연관 지어 해석한다. "여기서 (에비온파에 맞서) 중요한 것은 그 현실성(=예수의 탄생이라는 현실성)이지, 세례 때 (그리스도인의) 탄생이 아니다." 그렇지만 여기서 마리아와 교회로부터의 탄생을 하나로 보는 이러한 해석 또한 불가능한 게 아니다.

다. 알로이스 뮐러는 위 텍스트로부터 마리아와 교회의 단일성과 동일성을 결과로 끌어낸다.[60] 이는 심하게 과장된 것이리라. 마르쿠스 호프만이 선호했던 것, 즉 마리아와 교회라는 두 실재를 '오버랩'한 표현이 더 옳을 것이다.[61] '마리아 - 교회'가 지닌 개인적이고 집단적인 중요성이 '오버랩'되었음을 이해하기 위해서는 초기 유다교 신학에 따라서 이스라엘은 하느님과 맺는 계약에 "예!" 하고 응답함으로써 하와의 불순종을 상쇄했다는 사실 또한 결코 하찮은 것이 아니다. 이로써 하와와 마리아 사이에 구조적으로, 정확히는 동일한 예형적 유사성이 생겨났다. 신약성경에서는 이미 마리아가 교회의 예형임이 받아들여졌다. 따라서 개인적이고 집단적인 중요성은 서로 영향을 주며 함께 간다는 것을 이해할 수 있다. 아무튼 이레네우스에게는 둘은 아주 긴밀한, 신비스런 관계에 있다는 것이 분명하다. 이 관계는 핵심어인 '신앙' 안에서 표현되고 결국엔 두 인물을 동일시하고자 한다.

또 다른 텍스트도 마리아와 교회는 매우 가깝다는 생각이 들게 한다. "마리아는 교회를 위해 부르짖고, 예언한다"(Maria clamabat pro ecclesia prophetans).[62] 이에 따라 대변자 같은 마리아 안에 교회가 있는 것처럼 보인다. 이는 다음과 같은 뜻이다. 마리아가 그리스도의 구원 사업에 협력하듯이, 교회도 그러하다. 그리고 교회

---

60) Müller, *Ecclesia*, p.73; ders., *Marias Stellung*, p.401.
이 대목에 대해서 다음 글은 더 신중하게 표현한다: M. Weyermann, "Die Typologien von Adam-Christus und Eva-Maria und ihr Verhältnis zueinander", in: *IkaZ* 88(1998), pp.213~218, 여기서는 p.218. 이레네우스는 "마리아의 출산 행위와 교회의 출산 행위를 (신앙을 통하여) 강하게 동일시하기까지 한다. 마리아와 교회 사이에 동일시하는 관계가 생겨난다. 이레네우스는 머리이신 그리스도를 당신의 지체들과 동일시하는 데에서 이러한 관계의 근거를 두고 있다."

61) M. Hofmann, *Maria*, pp.100. 117. 그다음 내용에 대해서도 p.229 이하를 참조하라.

62) Irenäus, *Adv. haer.* III, 10,2(*FC* 8/3, p.84).

가 그리스도의 구원 사업에 협력하듯이, 마리아도 그러하다. 이런 상황에서 이후 이레네우스에게 근거하여 마리아는 '그리스도의 협력자'로서 하느님의 구원 사업에 '함께 영향을 미침'이라는 사고가 점점 더 전개되었고, 중개자로서의 마리아의 역할이 부각되었다. 그러나 동시에 이처럼 마리아가 구원을 중개하는 '역할'은 즉시 교회의 활동 및 구원을 중개하는 중요성과 함께 하나로 보이게 되었다.

이레네우스의 뒤를 이은 첫 번째 사람은 테르툴리아누스(대략 160~220년)이다. 그러나 바로 그에게서 앞에서 다룬 유스티누스와 이레네우스의 글에서는 뒤로 물러났던 사실이 명료해진다. 초기 교회에서는 교회의 모성이 마리아의 모성보다 비교할 수 없을 정도로 더 중요해진 것이다. 그렇기 때문에 테르툴리아누스는 어머니인 교회를 위해 바치는 기도는 알지만, 어머니인 마리아에게 바치는 기도는 알지 못한다. 이에 더해 그는 하느님의 부성과 하느님 아버지께 바치는 기도를 규명하면서 다음과 같이 기술한다.

> "아버지 안에서 아드님도 부름을 받으셨다. 그분은 '나와 아버지는 하나다'라고 말씀하셨기 때문이다. 어머니인 교회도 제외되지 않았다. 네가 아버지와 아드님을 인정하고, 이로써 어머니도, 아버지의 이름 안에 포함되듯이 아드님의 이름 안에도 포함된 어머니도 인정한다면 너는 진실하기 때문이다."[63]

63) Tertullian, *De oratione* 2(*CC* 1, p.258). 이 텍스트는 선재하는 교회(이 교회는 이어서 예수의 어머니의 '어머니'가 된다)의 사고를 전제한다. 이에 관해서는 그다음 내용을 보라.

이에 따라 테르툴리아누스는 교회를 영적 어머니로 이해하여 예수의 어머니라고도 본다![64]

어느 경우이든 다음과 같이 긴밀한 관계가 이루어진다. 인간이 교회 안에서, 그리고 교회를 통하여 신앙 안에서 그리스도를 맞아들이듯이, 마리아는 신앙을 통하여 그리스도를 맞아들였다. 교회가 (그리고 그 안에서 개별 그리스도인이) 그리스도를 낳듯이, 마리아는 그분을 낳았다. 교회가 자신을 "어린양의 (아내가 될) 신부"(묵시 21,9)라고 생각하듯이, 마리아도 그러하다. 교회가 자신을 동정녀로 생각하고 충만하게 열매를 맺듯이, 마리아도 그러하다. 마찬가지로 무수한 성경적 표상이 교회와 마리아와 연관 지어진다. 알로이스 뮐러는 알렉산드리아 학파의 신학에서 교회와 마리아의 관계를 연구한 결과를 다음과 같이 요약한다. 사람들은 "이레네우스와 히폴리투스가 마리아 안에서 교회를 인식하지 않고서는 마리아에 관해 결코 말하지 않았던 것처럼, (…) 교회 안에서 그리스도의 신비스런 몸을 품은 어머니를 함께 언급하지 않고서는 동정녀이자 어머니인 교회에 관해서 결코 더 이상 말하지 않았다."[65] 그리고 많은 텍스트에서는 마리아에 관해 언급하는지, 또는 교회에 관해 언급하는지가 결코 분명하지 경우도 있다.

---

64) 이와 관련해서는 다음 글을 보라: C. Conybeare, "Die jungfräuliche Kirche und die jungfräuliche Mutter", in: *ARW* 9(1906), pp.73~86. 이렇게 교회가 어머니임에 맞서 마리아는 둘째 자리에 있다는 것은 몇몇 텍스트의 내용과도 일치한다. 그 텍스트들에서 테르툴리아누스는 마리아를 믿는 이들의 예형이 아닌, 믿지 않는 시나고그(구약성경을 상징하는 여인상 - 옮긴이 주)의 예형으로 해석한다!

65) *Ibid.*, p.130; p.148에 요약해 놓은 내용도 보라.
물론 초기 그리스도교 신학에서는 말하자면 죄를 지은 하와에 맞서 두 '상쇄하는 실재', 곧 마리아와 교회가 있다는 사실이 생겨난다. 둘은 서로 '오버랩'되고, 적어도 간접적으로 거의 동일시된다. 물론 교회가 우위를 점한 가운데 말이다. 4세기에 이르러서야 둘은 직접적으로 동일시된다. 이에 관해서는 다음 책을 보라: M. Hofmann, *Maria*, pp.357~463.

그렇지만 어느 경우이든 교회는 일차적 실재이다. 말하자면 구원을 중개하는 어머니와 유사한 원칙이다. 마리아가 아닌 교회가 교부신학의 모든 주목을 받으면서 중심에 서 있다. 이브 콩가르(Yves Congar)의 단호하고 설득력 있는 논증과 함께 그렇게 표현할 수 있다.[66] 따라서 다음 단계에서는 교회의 모성 내지 어머니인 교회가 바로 구원의 중개자라는 주제를 다루겠다. 이로부터 어머니와의 관계를 바라보기 위해서다.

2.2.2. '태초의 교회'

교회가 여인으로 인격화되는 것은 성경에 온전히 상응한다. 앞에서 이미 보았듯이, 성경에는 하느님의 백성 이스라엘(그리고 이와 대등한 것으로 예루살렘, 시온, 유다 등이 있다.)이 여인의 표상으로 표현되어 있다. '여인인 교회'라는 이러한 표현을 어떻게 보아야 할까?

2.2.2.1. 갈라티아 4,22~31

바오로는 아브라함의 두 아들 이스마엘과 이사악의 어머니들의 이야기(창세 16,5; 21,2 참조)를 다음과 같이 풀이하면서 '여인으

66) Y. Congar, "Marie et l'Église dans la pensée patristique", in: *RSPhTh* 38(1954), pp.1~38.

로서의 교회'의 존재 방식(modus loquendi)을 이해한다.

> 아브라함에게 두 아들이 있었는데 하나는 여종에게서 났고 하나는 자유의 몸인 부인에게서 났다고 기록되어 있습니다. 그런데 여종에게서 난 아들은 육에 따라 태어났고, 자유의 몸인 부인에게서 난 아들은 약속의 결과로 태어났습니다. 여기에는 우의적인 뜻이 있습니다. 이 여자들은 두 계약을 가리킵니다. 하나는 시나이 산에서 나온 여자로 종살이할 자식을 낳는데, 바로 하가르입니다. (…) 그러나 하늘에 있는 예루살렘은 자유의 몸으로서 우리의 어머니입니다. 성경에 이렇게 기록되어 있습니다. "즐거워하여라, 아이를 낳지 못하는 여인아! 기뻐 소리쳐라, 환성을 올려라, 산고를 겪어 보지 못한 여인아! 버림받은 여인의 자녀가 남편 가진 여인의 자녀보다 더 많기 때문이다." 형제 여러분, 여러분은 이사악과 같이 약속의 자녀입니다. (…) 그러므로 형제 여러분, 우리는 여종의 자녀가 아니라 자유의 몸인 부인의 자녀입니다.

'천상 예루살렘'이라는 사고와 함께 바오로는, 마지막 날에 모습을 드러내고 이스라엘의 흩어진 이들을 모아들이며 자유로이 사는 것을 보증하는 선재하는 하느님의 도성에 관한 유다교적 사고를 받아들인다.[67] 그렇지만 일련의 유다교 문헌들과는 달리 바오로에게 이 '천상 예루살렘'은 '지상에 있는 예루살렘'과 긍정

---

67) Cf. Fr. *Mußner, Der Galaterbrief = HThKNT*, Freiburg i. Br., 1974, pp.325~326. 나아가 다음 글도 참조하라: Ch. Markschies, "Himmlisches und irdisches Jerusalem im antiken Christentum", in: M. Hengel u.a.(Hrsg.), *La cité de Dieu*, Tübingen, 2000, pp.303~350, 여기서는 특히 p.306 이하, p.330.

적으로 연관되지 않고 대비된다. 또한 그것은 앞으로의 구원을 위한 게 아니라, '우리의 어머니로서', 즉 그리스도를 믿는 이들의 어머니로서 지금 이미 와 있다. 프란츠 무스너가 기술하듯이, 이 하늘에 있는 예루살렘은 "'어떤 식으로든지' 믿는 이들이 지상에서 모이는 곳인 교회와 관련이 있다. '천상 예루살렘'과 교회는 (…) 간단히 동일시되지 않더라도 말이다."[68] 아무튼 "천상 예루살렘이 어머니임은 (…) 들어 높여진 분이 그리스도교 공동체에서 구체적인 구원 활동을 하시는 데에서"[69] 드러난다. 하나의 계약은 율법에 의해 규정되었고, 다른 하나의 계약은 신앙에 의해 규정되었다는 내용을 우리가 받아들인다면, 이는 무엇보다 예수 그리스도에 대한 신앙이다. 바오로는 여기서 그 신앙을 '우리의 어머니'라고 바라본다. 폴리카르포(†167?)가 초기에 필리피 신자들에게 보낸 편지[70]뿐만 아니라, 나중에 유스티누스가 순교한 일[71]도 이러한 생각에 관심을 갖게 한다.

다른 초기 그리스도교 문헌들에서는 신앙이 아니라 (갈라티아

---

68) *Ibid.*, p.326.
체르빅(M. Zerwick, *Der Brief an die Galater*, Düsseldorf, 1964, p.89)은 '천상 예루살렘'을 교회와 더 명확히 동일시한다. 하늘에 있는 예루살렘은 "바오로에게 예수 그리스도의 교회로서 이미 이 지상에 와 있다. 비록 감춰져 있고 아직 완성되지 않았더라도 말이다." 헹엘(M. Hengel, "Die 'auserwählte Herrin', die 'Braut', die 'Mutter' und die 'Gottesstadt'", in: M. Hengel u.a.(Hrsg.), *La cité de Dieu*, Tübingen, 2000, pp.245~285, 여기서는 p.280)은 그것이 묵시록 21장 2절과 일치한다고 말한다.

69) Mußner, *Galaterbrief*, p.327.

70) 신앙은 "우리 모두의 어머니"다: *PolycPhil* 3, pp.2~3(*KAV* 5, p.46).

71) 여기에 다음과 같이 나와 있다. "우리의 참된 아버지는 그리스도이시고, 우리의 어머니는 그분에 대한 신앙이다"(인용: J.B. Mauer, *Die Polykarpbriefe* = *KAV* 5, Göttingen, 1995, p.47).
바르덴헤버(O. Bardenhewer, *Geschichte der altkirchlichen Literatur*, Bd. I, Freiburg i. Br., 1902, p.193)는 유스티누스의 순교를 "의심할 여지 없이 당국의 판결 문서에 근거한 참된 보고"라고 기술한다.

서 4장 22절 이하에 묘사된 표상의 측면과 똑같이) (위에 있는) 교회가 '어머니'로 여겨졌다고 『헤르마스의 목자』(130년경)와 『클레멘스의 둘째 편지』(130년과 150년 사이)에 나와 있다. 이 (위에 있는) 교회는 '세상이 시작된 때'부터 하나의 실재이다. 이 교회는 선재(先在)한 것이다. 이러한 사고는 유다교에 의해 (그리고 플라톤의 이념 세계에 의해 입증되어) 그리스도교에 제시되었을 뿐만 아니라, 그리스도가 왜 '그렇게 늦게' 역사 속으로 들어왔고, 그분의 구원이 '이제야 비로소' 작용하는 것인지 이교도적 주변 세계가 던진 물음을 통해서도 강화되었다. 이 물음에 대한 한 가지 대답은 교회의 자기 이해였다. 교회는 "시간을 초월한 실재로서, 그 근원은 육화라는 역사적 사건 이전부터, 창조 세계 또는 적어도 인류의 시작과 함께 이미 생겨났고",[72] 따라서 그리스도와 결속되어 늘 이미 구원에 작용했다. 이에 관한 오래된 텍스트들을 살펴보자.

2.2.2.2. 『헤르마스의 목자』

초기 그리스도교 문헌인 『헤르마스의 목자』[73]에서 저자는 자

[72] Y. Congar, "Ecclesia ab Abel", in: M. Reding(Hrsg.), *Abhandlungen über Theologie und Kirche*, FS K. Adam, Düsseldorf, 1952, p.80.

[73] 이에 관해서는 다음 문헌을 보라: Die Edition(Ü., Einleitungen und Kommentar) von N. Brox, *Der Hirt des Hermas = KAV* 7, Göttingen, 1991. 나아가 문헌비평적으로 연구한 다음 문헌들도 참조하라: A. Frank, *Studien zur Ekklesiologie des Hirten, II Klemens, der Didache und der ignatiusbriefe unter besonderer Berücksichtigung der Idee einer prärxistenten Kirche*, München, 1975, pp.7~185; A. Buckenmaier, *Universale Kirche vor Ort*, Regensburg, 2009, pp.166~171.

기를 '교회'라고 말한 어느 '늙은 여인'의 환시를 보았다고 전한다. 그 여인은 노파다. "그녀는 모든 피조물 가운데 첫째이고 늙었기 때문이다. 그리고 세상은 그녀를 위하여 창조되었다."[74)]

교회의 선재(先在, Präexistenz)에 관해 여기서 표현되는 사고는 저자에게도 잘 알려진 유다교 전통에 근거를 두었을 것이다.[75)] 이에 따르면 이스라엘(또는 토라)을 위해 (대개는 여인과 어머니로도 표현되어)[76)] 세상이 창조되었다.[77)] 그리하여 유다교 신학자들은 그리스 철학과 교류하고 로고스(우주 전체에 질서를 세우고 우주에 스며드는 이성으로서)의 선재에 관한 표상을 접하면서 실제 세계에는 이스라엘에 '뿌리내린', 세상의 설계도를 이루고 하느님께서 지으신 창조 세계의 목표를 기술하는 토라가 있다는 것을 명확히 표현하고자 했다.[78)] 이러한 기본적 사고는 초기 그리스도교 신학의 전면에서, '목자'에 의해서도 받아들여졌으며, 교회 안에서 구체화되었다. "2세기에 (…) 모든 학파는 천상적 본질의 의인

74) *Hirte der Hermas, Vis.* 2, 4,1(*KAV* 7, p.104). 이와 유사한 생각이 다음 문헌에도 담겨 있다: *Vis.* 1, 1,6(*KAV* 7, p.79).

75) 가장 중요한 인용문 출처가 다음 책에 나와 있다: Frank, *Studien*, pp.97~98. 프랑크는 p.67 이하에서 여기서 유다교 색채를 띤 『시빌라 예언서』(*Sibyllenapokalypse*)가 나올 수 있었다고 실제로 믿는다. 그렇지만 그 밖에 플라톤 사상도 선재하는 '원형'에 대한 그의 구상과 함께 한 가지 역할을 할 수 있었을 것이다.

76) 예를 들면 *4 Esdra* 10,7; 10,44(Riessler, pp.290. 293).

77) Cf. *4 Esdra* 6; 55.59(Riessler, pp.270~271). 여기서도 초기 유다교의 지혜에 관한 생각들이 명시되어 있다. 이에 관한 상세한 내용은 다음 책에서 볼 수 있다: H. Schlier, *Der Brief an die Epheser*, Düsseldorf, 1957, pp.49~51.
우리가 뒤에서 다룰 교회의 선재에 대한 물음은 다음 책들을 보라: Schlier, *op.cit.*, pp.49~50; Buckenmaier, *Universale Kirche*, p.146 이하.

78) 프랑크(*Studien*, pp.98~99; 378~391)는 묵시 문헌에서 과격화된, 이스라엘이 선택받았다는 사고를 근본 원인으로 부각하면서 유다교의 선재에 관한 진술을 이해하는 데 약간 다른 강조점을 둔다. "참으로 무력하고 정치적으로 무의미한 시기에, 철저히 무너지는 위태로운 상황에서 이스라엘은 자신의 신학적 현실성과 창조에 대한 신앙에 근거하여 세상을 위해서 존재해야 한다는 것을 통찰한다"(*Ibid.*, p.101).

화인 교회를 그리스도와 그리고 한 단계 위에서 지혜와 그리고 하느님의 말씀과 동일시하는 견해에 일치했다"라고 코니베아레(C. Conybeare)는 요약한다.[79)]

선재하는 '창조 때부터 있었던 교회'(Ecclesia primigenia)라는 개념은 이미 교부 문헌 전체에 두루 깔리게 되었다.[80)] 곳곳에서 교회는 단지 신약성경의 하느님 백성만을 포용하는 것보다 더 폭넓게 포용한다는 견해가 옹호되었다. 교회는 이스라엘도 포함시킨다. 그렇다, 교회는 인류 전체를 포함시킨다. 그렇게 되는 한, 세상을 구원으로 이끄시는 하느님의 구원 경륜이 교회에서 실현된다. 그렇기에 초기 교회의 신학자들에게는 '아담으로부터의'(ab Adamo) 교회나 '아벨로부터의'(ab Abel) 교회 등만 존재하지 않았고, 에페소서 1장 4절에 비추어 "세상 창조 이전부터" 이미 교회가 존재한다. 그리하여 오리게네스는 다음과 같이 기술한다.

> "너는, 교회는 구세주가 세상에 오신 뒤에야 신부 또는 교회라 불렸다고 생각해서는 안 된다. 교회는 인류가 시작되었을 때부터 그리고 세상이 창조된 때부터 생겨났다. 또는 바오로가 이 신비의 근원을 일찍이 찾아 밝혔듯이, 오히려 '세상 창조 이전에' 존재했다. (…) 그러나 시편(74,2)에도 이렇게 쓰여 있다. '주님, 당신께서 애초부터 모아들이신 무리를 기억하소서.' 교회에 '모인' 첫 번째 토대는 바로 '처음에' 마련되었기 때문이다."[81)]

---

79) Conybeare, *Jungfräuliche Kirche*, pp.75~76. 다음 책도 같은 내용을 다루고 있다: Congar, *Ecclesia*, pp.79~108.

80) 먼저 나온 보기로서 이냐시오가 에페소 공동체에 보낸 편지 앞부분도 보라. 거기서 교회는 "오래전부터 예정된"(προωρισμένη πρὸ αἰώνων)이라고 표현되어 있다.

81) Origenes, *Hohelied Kommentar* II, 독일어 번역본: 인용: H.U. v. Balthasar, *Geist und Feuer*, Salzburg, [2](출판연도 없음), pp.210~211. 이 주제에 대한 다른 중요한

서방교회에서는 아우구스티누스가 다음과 같은 본보기를 제시했다. "교회는 주님께서 이 세상에 오시고 태어나신 뒤에 거룩하게 된 이들에게서만 발견되는 게 아니다. 거룩해진 모든 사람이 교회에 속한다."[82] 인류 역사의 각 단계에서 하느님의 원래 계획이 실현되기 때문이다. 이 계획은 '때가 되어'(in illo tempore) 궁극적으로 모습을 드러내고, 그리스도와 그분 교회와의 풀릴 수 없는 혼인에서 실현된다. 이런 까닭에 까마득한 옛날에 살았던 의인들은 교회와 그리스도에게 속한다. 그들은 그분을 믿었고, 그분의 백성에 속한다.[83]

교부 문헌들은 다음 책들에서 볼 수 있다: de Lubac, *Meditation*, pp.47~56; ders., *Histoire et Esprit. L'intelligence de l'Ecriture d'après Origène*, Paris, 1950, p.260 이하; pp.340~341.

로이머〔J. Reumer, "Die altchristliche Idee einer präexistierenden Kirche", in: *WuW* 9(1942), p.16〕는 이 내용을 다음과 같이 요약한다. "이 모든 진술은, 교회는 어떤 식으로든지 세상 창조 이전에 시작되었다는 점에서, 그리고 특정한 관점에서 보면 교회는 다른 창조물에 앞서 있다는 점에서 어느 정도는 분명히 일치한다."

82) Augustinus, *serm.* 4, 11(*CC* 41, p.28). 이에 관해서는 다음 글을 보라: W. Geerlings, "Inkarnation und Kirche. Zur Corpus-Christi-Vorstellung des hl. Augustinus", in: G. Röwekamp(Hrsg.), *Fußnoten zu Augustinus. Ges. Schriften Wilhelm Geerlings*, Turnhout, 2010, pp.47~70, 특히 pp.65~66. 아우구스티누스는 말년에 이르러 '아벨로부터의 교회'(Ecclesia ab Abel)라는 '암호' 아래 교회의 '선재'를 가장 먼저 다룬 사람이기도 하다. 젊은 시절에는 교회의 시작을 인간의 시작(아담으로부터)에 두었고, '하느님의 영원함' 속에 두기까지 했다〔"아버지 하느님과 어머니인 교회는 (…) 그들 자신이 영원하기 때문에 영원한 생명을 낳습니다"; *serm. 22*, 12(*CC* 41, p.301)〕 이렇게 바뀐 것은 두 '나라'에 관한 자신의 학설을 계속 전개한 것과 관련이 있을 것이다. 아벨은 '하느님의 나라'를 대변하고, 카인은 '사탄의 나라'를 대변한다(죄짓기 전의 아담은 반대 감정이 양립하는 인물인 반면). 전체적인 것에 관해서는 다음 문헌들을 참조하라: Congar, *Ecclesia*; J. Beumer, "Die Idee einer vorchristlichen Kirche bei Augustinus", in: *MThZ* 3(1952), pp.161~175; D. Sattler, "Ökumenische Annährungen an die Ecclesia ab Abel vor dem Hintergrund von Dominus Jesus", in: A. Franz(Hrsg.), *Was ist heute noch katholisch?* = *QD* 192, Freiburg i. Br., 2001, pp.87~113.

83) 몇몇 초기 그리스도교 문헌이 그리스도 이전의 믿는 이들은 오늘날의 우리와는 다르게 구원받지 않았다고 여겼더라도, 그들은 완전히 '동등한 권리를 가지고서' 우리에게 속한다는 사고가 2/3세기부터 퍼졌다. 이에 대한 표징은 고대로 거슬러 올라가는, 구약성경의 의인들에 대한 공경이다. 이에 관해서는 다음 책을 보라: Congar, *Ecclesia*, pp.81. 100까지(Lit.).

『헤르마스의 목자』로 돌아가자. '늙은 여인'은 이어서 그다음 환시에서 자기 자신에 관해 말한다. "얘들아, 내 말을 들어라. 나는 주님의 자비를 통하여 너희를 소탈하고 순수하고 성실하게 키웠다."[84] '키웠다!' 그러니까 늙은 여인은 자신을 '어머니'로, 바로 '어머니인 교회'로 소개한다. 그녀가 그리스도인들을 '나의 자녀들'이라고 부른 것도 이에 상응한다.[85] 이 늙은 여인은 이어서 (그녀의 자녀들이 회개하여 새롭게 된 뒤에) 그다음 환시에서 젊어진다. 그리하여 환시를 받은 이는 이렇게 말한다.

> "보라, 젊은 여인이 나를 향해 오고 있다. 마치 신방에서 나온 것처럼 장식한 모습으로 말이다. 흰색 신발을 신고, 이마에는 머리띠를 두르고 베일로 머리 전체를 가리고 있다. 그녀의 머리카락은 백발이었다. 나는 젊은 시절의 얼굴에 미루어 그녀가 교회였음을 알아차렸다."[86]

따라서 이 형상은 '신부'로서, 그리고 '지상 교회'에서 중개하는 일종의 '천상적 인물'로서 그리스도인들과 그들의 책임자들에게 맞선다. "사람들은, 선재하는 교회는 가시적 세상 속으로 걸어가면서 (…) 그 시기에 실현된다고 말할 수 있다."[87] 따라서 (태초에 생겨난) 교회는 두 가지로서, 즉 어머니('늙은 여인')와 신부(혼례복을 입은 동정녀)로 표현된다.

---

84) *Vis.* 3, 9,1(*KAV* 7, p.148).
85) *Ibid.* 및 *III*, 9,4(*KAV* 7, p.152).
86) *Vis.* 4, 2,1(*KAV* 7, p.160).
87) Brox, *Hirt*, p.152.

알베르트 프랑크(Albert Frank)는 『헤르마스의 목자』를 포함해 교회의 선재를 주제로 한 다른 초기 그리스도교 문헌에 관해 기술한 자신의 책에서 다음과 같이 논증하며, 그러한 진술들이 지닌 모든 신학적 연관성을 부인한다.[88] 그 문헌들은 "비록 부분적으로 전례적 규정으로서, 그리고 후기 유다교의 신학적 견해로 증명되기는 하지만, 아무것도 특별히 그리스도교 사상을 가리켜 보이지 못한다. 그러나 그 모든 것은 후기 유다 문헌에서 유사성들이 발견된다. (…) 그 문헌들은 교회의 그리스도교 신학으로 받아들여지지 않는다."[89] 물론 이는 하나의 추론이다. 교회의 선재에 관한 진술들은 (당시에 성행한 호교론적 이유에서) 이미 다른 데서부터(aliunde) 받아들여졌기 때문에 오늘날 더 이상 커다란 중요성을 지니지 못하고, 당연히 지극히 반박할 여지가 없는 것으로 여겨질 수 있다.[90] 특히 예컨대 미하엘 메스(Michael Mees)처럼 『헤르마스의 목자』에 관해 해석하는 다른 중요한 신학자들이 여기서 관련되는 교회의 선재에 관한 진술들의 중요성과 의미를 강조하기 때문이다. 그들은 교회를 "하느님께서 가장 사랑하시는 개념(Idee)이라고 여겼고, 이 개념은 영원으로부터 그분 앞에 존재한 것, 시간이 흐르면서 실현된 것이다."[91]

---

88) Cf. *ibid.*, p.183. 선재에 관한 진술들은 "'목자'에게도, 오늘날의 교회론에도 신학적 연관성을 지니지 않는다. (…) 그 진술들은 자신의 교회를 창조의 맏물로 이해하는 초기 그리스도인들의 자의식에 관한 기록물로 평가되어서는 안 되고, 신학사적·문학적 보기로 평가되어야 한다. 이러한 사고가 그리스도교 문학과 신학 속으로 스며들 수 있었듯이 말이다."

89) *Ibid.*, pp.103. 178.

90) 다음 책도 이러한 내용을 담고 있다: Brox, *Hirt*, pp.524~525.

91) M. Mees, "Der Hirte des Hermas und seine Aussagen über den Heiligen Geist", in: *Kat.* 47(1981), pp.343~355, 여기서는 p.335.

『헤르마스의 목자』에 마리아에 관한 언급은 전혀 없지만, 교회를 '어머니'와 '신부'로 표현하며 가능성을 열어 놓고 있다. 그렇다, 이는 후대에 마리아와 관련해 해석될 것이라는 의향을 내비치는 것이다.

2.2.2.3. 『클레멘스의 둘째 편지』

『목자』에 담긴 사고와 유사한 내용이 『클레멘스의 둘째 편지』에서 발견된다.[92] 이 문헌은 우리에게 남아 있는 가장 오래된 그리스도교 설교집 가운데 하나로, 십중팔구는 『클레멘스의 둘째 편지』 2,1에서 명확히 언급된 이사야서 54장 1~2절에 연결된 것이다. 여기서 설교의 목표는 원래 신앙에 관한 지침이 아니라 올바른 도덕적 생활을 요구하는 것이다. 설교에서 중요한 것은 공동체가 '몸'을 거룩하게 유지하는 것이다. 이런 맥락에서 이 편지에 다음과 같은 내용이 나온다.

> "그러므로 형제 여러분, 우리가 하느님 아버지의 뜻을 실행하면, 우리는 해와 달 이전에 창조된 첫 번째 교회, 영적인 교회에 속합니다. 그러나 주님의 뜻을 실행하지 않으면, 우리는 성경에 쓰여 있듯이 '나의 집을 강도들의 소굴로 만들어 버린' 무리에 속

92) 이에 관해서는 다음 문헌들을 보라: Ü. und Einleitung von Kl. Wengst, in: *Schriften des Urchristentums*, Darmstadt 1984, pp.203~280(Lit.); R. Knopf, "Der zweite Clemensbrief", in: *Die Apostolischen Väter = HNT*, Tübingen, 1923, pp. 151~184; Frank, *Studien*, pp.186~252.

합니다. 따라서 우리는 구원받기 위해 생명의 교회에 속하도록 선택해야 합니다!

그러나 살아 있는 교회는 그리스도의 몸임을 여러분이 알지 못한다고 나는 생각하지 않습니다. 하느님께서는 사람을 남자와 여자로 창조하셨다고 성경이 말하기 때문입니다. 남자는 그리스도이고, 여자는 교회입니다. 나아가 예언서들과 사도들은, 교회는 지금에야 생겨난 게 아니라 처음부터 생겨났다고 말합니다. 예수 그리스도, 우리 주님처럼 교회도 영적이었습니다. 그러나 그분은 우리가 구원되도록 마지막 때에 모습을 드러내셨습니다. 그러나 영적인 교회는 그리스도의 몸에서 모습을 드러냈고, 우리 가운데 하나가 자신(교회)을 몸으로 지키고 멸망하지 않게 하면 그는 성령 안에서 자신(교회)을 맞아들일 거라고 우리에게 전합니다. 몸은 영의 모상이기 때문입니다. 이제 이 모상을 멸망시키지 않는 사람은 그 원형을 맞아들일 것입니다.

그러니 이렇게 생각하십시오. 형제 여러분! 영에 참여하는 몫을 받도록 육신을 지키십시오. 그러나 몸은 교회이고 영은 그리스도라고 우리가 말한다면, 결과적으로 교회를 거스르는 것입니다. 교회를 거스르는 사람은 영에, 즉 그리스도께 참여하는 몫을 나누어 받지 못할 것입니다."[93]

하느님께서는 사람을 남자와 여자로 창조하셨다는 창세기 1장 27절의 내용은 여기서 (교부 문헌들에서도 그렇게 해석하듯이) 에페소서 5장 32절에 따라서 그리스도와 교회와 연관된 저 '신

93) *2Kl* 14, 1~2(Wengst, pp.257~258).

비'로 이해된다. 그리스도와 교회는 '선재'하고, 그렇기 때문에 '영적'(geistliche)이다. 이어서 이 둘은 영의 표상인 '몸 안에서' 모습을 드러낸다. 이때 교회는 '그리스도의 몸'이다. 이러한 확신으로부터 몸을 거룩하게 유지하라는 윤리적 결과가 나온다.

교회의 선재에 관한 그러한 유형의 사고와 창세기 1장 27절에 명시되어 있는 그리스도와 교회와의 연관성은 영지주의 영역에서도 발견되는데,[94] 특히 발렌티누스적 색채를 띤 영지주의에서 발견되고, 이를 토대로 다음과 같이 받아들여진 게 분명하다. 그 둘은『클레멘스의 둘째 편지』에서 몸을 거룩하게 유지하라는 반영지주의적 훈계에 따라 '강조점을 바꾸었다'는 것이다.

따라서 이 텍스트의 의도는 교회론적이 아니라 인간학적이고 훈계하는 측면을 지녔더라도, 그 배경에는 선재하는 어머니와 신부(내지 동정녀)인 교회의 표상이 깔려 있다. 이 텍스트 전체가 이사야서 54장 1절과 연관되고 교회와 관련해서 해석되는 한, 교회는 어머니다.[95] 그리고 교회는 신부(동정녀)다. 교회는 여기서 '신부-상징'으로 표현되고 선재하는 그리스도와 밀접하게 '결속된' 존재로 그려지기 때문이다.[96]

---

94) Cf. Wengst, p.276. 이에 관해서는 다음 책에 상세히 나와 있다: Frank, *Studien*, pp.230~251. 345~363.

95) "'환성을 올려라. 아이를 낳지 못하는 여인아!'라는 말씀은 우리를 두고 하는 것이라고 그는 생각한다. 우리 교회에 자녀들이 선사되기 전에 교회는 열매를 맺지 못했기 때문이다"(2,1).

96) 그리스도와 교회가 이렇게 선재적으로 연결되어 있는 것은『디다케』11,11의 배경이 되기도 한다. 이에 관해서는 다음 책에 나와 있는 주석을 보라: K. Niederwimmer, *KAV* 1, pp.221~222. '처음부터 생겨난 교회'에 관한 이 모든 문헌에서 교회가 신부임은 교회가 어머니임과 완전히 구분되어 있지 않다. 영지주의적 사고에 따르더라도 그리스도와 교회가 연결되어 있다는 사고는 상황에 따라 그때그때 지속되었다.

알베르트 프랑크는 앞에서 언급된 '해석학적 표본'을 이 텍스트에도 적용한다. 『클레멘스의 둘째 편지』에 표현된 생각들은 영지주의자들에 의해서 받아들여졌기 때문에 독자적 진술을 가지고 있지 않고, 영지주의적 모델의 '형식적 결과'에 불과하다. 따라서 그러한 생각들은 단지 "정신사적 관심사를 요구할 수 있지만, 신학적 연관성을 요구할 수는 없다."[97] 이는 마치 빗나간 방향으로 총을 연달아 빠르게 쏜 결과처럼, 이교도적인 신화의 수용과 관련해 전반적으로 언급된 것들을 통해서 이미 나왔다(제1권 제2장 1.2.를 보라). 물론 프랑크는 『목자』와 『클레멘스의 둘째 편지』에서 교회는 "이스라엘로부터 자신의 본질"을 규정한다고 하면서, 이전의 자기 진술을 나중에 수정한다. 교회는 "이스라엘의 어깨 위에 있다."[98] 그러나 이는 말하자면 단지 '기본적으로' 타당할 뿐이고, 유다교로부터, 따라서 이스라엘로부터 받아들인 교회의 선재에 관한 진술에 대해서는 그 어떤 결과도 지니고 있지 않다.

이제 교회의 선재에 관한 진술은 옆으로 밀어 놓고(뒤에서 이 주제로 돌아올 것이다) 교회를 신부이자 어머니로 표현한 것으로 시선을 돌리자. 교회에 대한 두 수식어는 이미 고대에도 긴밀히 연관되어 있음을 알 수 있다. 예를 들어, '리옹으로부터 온 순교자의 편지'(177/178)에서 알 수 있다. 이 편지에는 살해당한 순교자들에 관해 언급되어 있는데, 그들은 지상 삶을 마치고 다시 생명으로 부름을 받았다는 것이다. "그리고 동정녀 마리아가 그들을 살아있는 모습으로 다시 맞이한 것은 그녀에게 큰 기쁨이었다."[99] 따

97) Frank, *Studien*, p.252.
98) Frank, *Studien*, pp.469~470.

라서 이미 2세기 말에 '어머니인 교회'라는 표상은 우리가 텍스트의 보기들에 비추어 보았듯이, 소아시아나 시리아 등의 동방에서 유래한[100] 표상으로, "전체 교회의 공동선"[101]과 관련해서 시작한 것이다. 치프리아누스는 이 표상에 기대어 다음과 같이 표현한다. "교회를 어머니로 가지지 못한 사람은 하느님을 아버지로 가질 수 없다."[102]

교회의 모성, 종종 동정녀와 신부에 대한 표상을 통해 균형을 이룬 표상에 관해 기술한 이 모든 문헌에서 마리아에 관한 언급은 전혀 없다. 오히려 신앙과 성령과 따라서 참된 새 삶의 중개자인 교회의 세례수인 모태가 중심을 이루고 있다. 이로써 같은 품에서 나온 모든 이의 일치를 비롯해서, 교회가 사람들을 돌보고 모범적 태도를 보이는 것도 주요 주제로 다뤄지고 있다. 그런데 그것과 마리아의 모성은 어떤 관계일까?

---

99) 다음 책에서 전승되었다: Eusebius, *Hist. Eccl.* 5, 1,45(*SC* 41, p.18).

100) 다음 책을 보라: J.C. Plumpe, *Mater Ecclesia. An Inquiry into the conception of the Church as Mother in Early Christianity*, Washington, 1943, p.124.

101) K. Delahaye, *Erneuerungen der Seelsorgsformen aus der Sicht der frühen Patristik*, Freiburg i. Br., 1958, p.42.

102) Cyprian, *De eccl. unit.* 6(*SC* 500, p.188). 루이 마리 그리뇽 드 몽포르(*Das Goldene Buch der Hingabe an Jesus durch Maria*, 독일어 번역본: Maria Roggendorf, [26]2007, p.164)가 이러한 진술에서 교회라는 단어를 마리아로 바꾼 점이 눈에 띈다.

2.2.3. 마리아와 교회: 동일성과 차이점

2.2.3.1. 이브 콩가르가 제시하는 해석의 열쇠

마리아와 교회의 관계를 의인화와 의인화의 관계로 이해하는 것, 성경이 아브라함, 예루살렘, 시온 등과 마리아도 하느님 백성의 인격화라고 표현하고 지명하면서 이미 그렇게 한다는 것은 분명히 옳다. 그런데 마리아가 교회를 자신의 모습으로 표현한다는 것에 대한 궁극적인 근거는 무엇일까?

이브 콩가르는 인격화와 인격화된 것이 '제3의 것'(tertium quid) 안에서 하나된 것으로 본다. 그것은 하느님의 계획이다. 인간 안으로 들어오시고, 인간과 깊이 결속하시며('혼인'), 인간에게 새로운 탄생을 선사하시고, 당신의 신적 생명에 참여하게 하시는 하느님의 계획인 것이다. 이 계획이 완전히 실현된 것이 교회다. 교회는 하느님의 계획에서 첫째이므로, "첫 피조물이다. (…) 일련의 예고 후에 그리고 무엇보다 하느님의 말씀이 강생한 뒤에 교회가 이 세상에 세워질 수 있고, 마지막 때에야 실현될지라도 말이다."[103] 마리아는 이 '천상 교회'(=하느님의 계획에 들어 있는 교회)와 비교해서 볼 수 있다. 마리아는 "교회의 표징이고 예형이며, 교회가 영적 어머니임을 알린다."[104] 따라서 마리아는 때가 되어 천상 교회가 비록 유일하게는 아니지만, 결정적이고 탁월하게 실현되었음을 표현한다. 마리아 안에서 하느님과 인간의 궁극적인

103) Congar, *Marie*, p.10.
104) *Ibid.*, p.9.

혼인이 이루어진다. 하느님의 아드님이 그녀 안에서 태어나셨기 때문이다. 이런 맥락에서 마리아는 아드님이 사람이 되시고, 구원 활동을 하신 것에서 비롯된 교회를 모범적으로 대변한다. 그렇지만 마리아 안에서 이루어진 것은 그 안에서 말씀(로고스)과 인간이 하나가 되는 "구원 경륜의 한 요소일 뿐"이다. 유일한 신비가 지속되는 가운데 "마리아는 교회 안에서 이루어지는 것의 시작을 대표한다. (…) 그것은 오시는 분의 유일하고 동일한 신비이다. 그러므로 인간 안에서 말씀(로고스)이 태어나셨다고 말할 수 있다."[105] 그러므로 하느님의 계획은 마리아보다 더 포괄적인데, 하느님의 계획인 천상 교회는 실현될 수 있고, 마리아 안에서 첫 정점에 이르렀다.

이해를 위한 이와 같은 핵심 사항에 근거해서 콩가르는 교부 문헌들을 다음과 같이 해석하는 방식을 비판한다. 이 교부 문헌들은 (천상 교회의 이 '제3의 것'을 도외시하면서) 마리아와 교회를 단지 동일시하거나, 마리아 자신 내지 그녀의 신앙을 교회가 태동한 뿌리로 보거나, 이레네우스식으로 말하자면, 마리아를 보편적 구원 중개자로서 불행을 가져온 하와를 원상회복시킨다고 보고 있다. 하와를 원상회복시킨 것은 마리아가 아니라 교회다. 그렇기 때문에 교부 문헌들에서 성경의 중요한 거의 모든 여인은 교회의 예형이라 불리고, 따라서 그들이 하와를 원상회복시킨 이들이라 불린다. 앞에서 이미 언급된, "하와를 통하여 죽음이 왔고, 마리아를 통하여 생명이 왔다"라는 예로니모의 말 역시 과

105) *Ibid.*, p.36.

도하게 해석되어서는 안 된다. 이 말을 변경하여 아우구스티누스는 "여자를 통하여 죽음이 왔고, 여자를 통하여 생명이 왔다"(Per ferminam mors, per feminam vita)[106]라고 말했기 때문이다. 그렇지만 히포의 주교는 이 말을 마리아와 연관 지은 것이 아니라, 예수의 부활을 전한 여인들과 연관 지은 것이다!

이브 콩가르가 제시하는 이러한 해석의 노선은 핵심을 이루는 게 분명하지만, 성경에서 나타나는 의인화의 본질을 간과하고(여기서 예형은 단지 '첫 번째 실현' 그 이상이다), 텍스트 내용을 라틴계 교부들(아우구스티누스!) 편에 치우쳐 읽을 위험이 약간 있다. 동방 신학에서는 마리아와 교회가 동일하다는 점을 힘주어 강조하고, 마리아는 교회의 본보기적 실현이라는 콩가르의 해석은 뒤에 놓고 있다.

2.2.3.2. 동방교회의 동일화

마리아와 교회를 엄격하게 동일시하는 것은 먼저 완전히 똑같다는 사실을 보여 주는데, 특히 동방 신학에서는 성경적 표상을 마리아와 교회에 구분 없이 동일한 방식으로 적용한다. 앙리 드 뤼박은 이러한 동일함을 '교회가 바치는 기도에 맞춰' 다음과 같이 요약한다.

---

106) Augustinus, *sermo* 232, 2.2(*PL* 38, p.1108).

"하나는 다른 하나와 똑같이 새 하와다. 하나는 다른 하나와 똑같이 동일한 방식으로 낙원과 낙원의 나무이고, 그 나무의 열매는 예수다. 그 나무는 네부카드네자르가 꿈에서 본, 세상 한가운데 서 있는 큰 나무다. 하나는 다른 하나와 똑같이 계약의 궤, 야곱의 사다리, 하늘의 문, 우리 주님이 들어가시는 저 동쪽 문(성전 문), 이스라엘의 하느님께 길을 열어드린 저 열린 문이다. 하나는 다른 하나와 똑같이 산꼭대기에 있는 요새, 기드온의 양털 뭉치, 성전의 지성소, 솔로몬의 왕관이다. (…) 하나는 다른 하나와 똑같이 하느님의 도성, 위대한 왕의 도시, 시편 저자가 그 위대함을 노래한 신비스런 저 도시다. 하나는 다른 하나와 똑같이 잠언에 나오는 강인한 여인, 신랑을 위해 치장한 신부, 뱀과 적대 관계에 있는 여자, 여인은 태양을 입고 용을 물리친다고 묵시록이 기술한, 하늘에 있는 표징이다. 하나는 다른 하나와 똑같이 (그리스도에 따르면) 집이거나 지혜의 식탁 또는 심지어 (그리스도에 따르면) 지혜 자체다. 하나는 다른 하나와 똑같이 '새로운 세상' '놀라운 창조'다(…)."[107]

앞에서 언급했듯이, 마리아와 교회를 엄격히 동일시하는 것은 알렉산드리아의 치릴로가 기술한 설교집에도 나와 있다. 그는 에페소에서 개최되고 있던 공의회와 연관 지어 설교를 했는데, 이 설교는 "고대에 마리아에 관한 가장 널리 알려진 설교"[108]로 간주된다. "에페소 공의회에서는 네스토리우스의 주장에 반대하여

107) de Lubac, *Méditation*, p.275 이하(거기에 성경 인용 구절이 명기되어 있음; Ü.: *GG*).

108) 뮌히-라바허(G. Münch-Labacher, Cyrill, in: *LacL* 149.)는 그렇게 생각한다.

성 마리아에 관해 그가 제시한 7가지 명제를 무효라고 선언했다" 라고 전승된 문헌의 서론에 나와 있다.[109] 그 설교가 실제로 치릴로에게서 유래했는지 아니면 후대에 추가된 것인지는 매우 불분명하다.[110] 그렇지만 그것은 우리에게 중요하지 않다. 이 대목에서는 당시에 신앙과 신학에서 널리 퍼져 있던 사고들을 언급하기 때문이다.

치릴로의 설교는 마리아의 칭호와 위대한 행위를 계속 언급하면서 시작한다. 그중에는 역사적 인물로서 마리아에게 해당될 수 없는 것들도 있다. 예를 들면, "당신을 통하여 예언들이 이루어졌나이다. (…) 당신을 통하여 죽은 자들이 되살아났나이다. (…) 당신을 통하여 모든 믿는 이들이 거룩한 세례를 받았나이다. (…) 당신을 통하여 교회들이 전 세계에 세워졌나이다" 등등이 있다. 다음의 맺음말이 이러한 수수께끼 같은 표현들에 있어서 일종의 '해결책'을 제시한다.

> "우리는 언제나 동정녀이신 마리아를, '이에 따라서'(δῆλον ὅτι!) 거룩한 교회와 그 아드님이자 흠 없는 신랑을 기리나이다. 그분은 영원히 찬미 받으소서. 아멘."

이 문장에서 마리아와 교회는 전혀 더 이상 구분되지 않는다. 마리아는 거룩한 교회다. 하느님의 아드님과 마리아의 관계조차 아드님이자 신랑이라는 이중 형상을 구분 없이 수용한다. 마리아

---

109) Cyrill, *Hom, div.* 4(=*PG* 77, p.992).

110) 이에 관해서는 다음 문헌들을 보라: J. Mahé, "Cyrille d'Alexandrie", in: *DThC* III, pp.2497~2498; Münch-Labacher, *Cyrill*, p.149.

는 교회다. 교회는 마리아다.[111)]

시리아 교회에서도 마리아의 모성과 교회의 모성을 단호한 방식으로 동일시한 일련의 초기 문헌들이 발견되었다. 예를 들어 시리아의 에프렘은 「주님의 탄생하심에 대한 찬미가」에서 이렇게 기술한다.[112)]

> "오 교회여! 그대는 복되도다.
> 이사야 예언자에게서 다음과 같은 환호를 받았으니 말이다.
> 보라, 동정녀가 잉태하여 아들을 낳으리라.
> 오, 교회의 신비가 드러났도다."

마리아와 교회는 이렇게 동일시된 측면이 있다. 그럼에도 불구하고 둘의 본질적 차이를 끌어낸다면, 이는 마리아가 교회의 '실제 상징', 교회의 "보편적이고 구체적인 것"(universale concretum)[113)]이라고 표현된 데에서 찾을 수 있을 것이다.

---

111) 물론 이것으로 교회의 모든 것이 기술된 것은 아니다. 가장 심오한 본질을 지닌 교회만이 기술된 것이다. 그 밖에 교부 시대에도 교회의 공동체 생활은 그 다양한 활동(복음 선포, 전례, 봉사, 지도)과 함께 물론 매우 구체적으로 개별 지역 교회와 그 공동체에서 영위되었다.

112) 인용: H. Rahner, *Maria*, p.23. 다음 글도 참조하라: K. Krüger, "Maria-Kirche in der älteren syrischen Väterliteratur", in: *Maria et Ecclesia. Acta Congressus mariologici-mariani in civitate Lourdes anno 1958 celebrati*, vol. III, Rom, 1959, pp.109~136, 여기서는 pp.116~117.

113) 이 표현은 발타사르에게서 유래하며, 여기서는 '구체적 인격'으로서 보편적 인류를 받아들이시고 대리하시며 그렇게 묘사되는 그리스도를 가리킨다. 이에 관해서는 다음 글들을 보라: W. Löser, "'Universale concretum' als Grundgesetz der oeconomia revelationis", in: *HFTh* II, pp.108~121; E.-M. Faber, "Universale concretum bei Hans Urs von Balthasar", in: *IKaZ* 29(2000), pp.258~273. 이 표현은 뮐러(A. Müller, *Ecclesia*, p.76)에 의해서 마리아에게 적용되는데, 발타사르(*Der antirömische Affekt*, Freiburg i. Br., 1974, p.165)는 그의 견해에 전적으로 동의한다.

2.2.3.3. 서방교회의 구분: 암브로시우스와 아우구스티누스

서방에서도 어머니인 교회와 어머니인 마리아 사이의 매우 긴밀한 관계가 부각되었다. 서방에서는 교회가 신앙을 전달하면서 마리아가 낳은 그 '몸'의 지체, 즉 '온전한 그리스도'의 지체를 낳는다는 사실을 중요하게 생각했다.[114)]

암브로시우스가 마리아에 관해 표명한 견해의 배경이 된 것은, 그가 동정녀의 삶을 참된 열매를 맺기 위한 삶이라고 교회 내에서 매우 높이 평가했다는 점이다. 이런 맥락에서 그는 서방에서 처음으로 명확히 교회와 새 하와인 마리아를 매우 긴밀히 결부시킨다. 그에게 마리아는 '교회의 예형'(typus ecclesiae)이다. 또는 '교회의 형상'(figura ecclesiae)이기도 하다. 마리아는 "동정성에 손상을 입지 않았으며, 그럼에도 혼인한 교회의 원형이다. 동정녀인 교회는 우리를 영을 통해서 맞아들였다. 동정녀인 교회는 고통의 외침 없이 우리를 탄생시킨다."[115)] 암브로시우스의 사고는 분명히 플라톤적 지평에 서 있는 것이라고 여긴다면, 그에게 '예형'은 역사를 뛰어넘는 완전한 '원형'(Urbild), '본보기'(Vorbild), '모델'(Muster)을 의미

---

114) 이에 관해서는 다음 책을 참조하라: H. Rahner, *Maria*, pp.54~63.

115) Ambrosius, *Exp. ev. sec. Luc 2,7*(CSEL 32/4, p.45).
암브로시우스의 가장 중요한 마리아-교회 관련 텍스트들은 다음 문헌들에서 볼 수 있다: J. Huhn, *Das Geheimnis der Jungfrau-Mutter Maria nach dem Kirchenvater Ambrosius*, Würzburg, 1954; ders., "Ambrosius v. Mailand", in: *MarLex* I, pp.26~129(Lit.). 나아가 다음 문헌들도 보라: A. Müller, "L'unité' de l'église et de Marie chez les pères des IV et V siècle", in; *Marie et l'Eglise*, vol. I. = *BSFEM* 16(1951), pp.27~38, 여기서는 pp.32~34.; M. Hofmann, *Maria*, pp.414~452. 암브로시우스와 아우구스티누스의 생각에 있어서 마리아의 위치가 다른 것은 다음 글에서 볼 수 있다: G. Madec, "Marie, vierge et mère selon S. Ambroise et S. Augustin", in: ders., *Lectures Augustin* = *EAug* 168, Paris, 2001, pp.281~293.

한다.[116] 마리아를 이렇게 표현함으로써 결과적으로, 하느님께서 인간과 함께 세우신 원래의 계획이 '원형'인 마리아 안에서 이미 실현되었다는 것, 반면에 그 계획은 '모상'(Abbild)인 교회 안에서 실현될 수 있다는 것도 암시되었다. 이와 반대로 암브로시우스에게는 '모상'인 교회에 관해 언급된 모든 것이 마리아에 관해 언급된 모든 것에도 적용된다. "교회의 표상(형상) 속에서 마리아에 관해 예언된 모든 것은 얼마나 좋은가!"[117]

마리아와 교회의 동정성뿐만 아니라, 그 '풍요함'도 하나가 된다. 밀라노의 주교는 그것을 다음과 같은 표현을 통해서 명료하게 설명한다. 즉, 마리아의 모태 안에서 그리스도는 '밀알'로 자라난다. 그러나 이로써 동시에 밀도 많아지게 된다(acervus tritici). 밀알 하나로부터 그렇게 되는 것이다. 다시 말해 그리스도인들이 많아지게 된다. 그렇기 때문에 마리아의 신적 모성과 함께 영적 모성도 미래의 믿는 이들에게 선사되었다. 마리아의 모성이 교회 안에서 그리고 교회를 통하여 실현되듯이 말이다.[118] 같은 맥락에서 다음과 같이 동일시되고 병행되는 것도 있다.

> "그분(그리스도)은 하느님의 백성이 다시 태어도록 거룩한 동정녀인 교회의 고요하고 티 없이 깨끗한 모태를 여셨다. (…) 그분은

116) 훈(Huhn, *Geheimnis*, pp.144~169)은 암브로시우스에게 있어서 예형 개념은 매우 상이한 의미를 지닌다는 것을 개별적으로 보여 준다. 이 개념은 오히려 결핍된 의미에서("이 또는 저 '구약성경적' 사건은 '단지' 앞으로 올 것의 예형이다"라는 의미에서) 사용될 수 있지만, 플라톤이 말하는 '원형'을 긍정적으로 이해하는 데에도 사용될 수 있다. 콩가르(*Maria*, p.15)는 아주 일반적으로 말해서 교부들의 예형 개념은 문헌학적으로 밝혀질 수 없고 연관성에서 나온 것이라고 강조한다.

117) *De inst. virg.* 14(*PL* 16, p.341).

118) Cf. Ambrosius, *ep.* 63, 33(*CSEL* 72, p.252). "동정녀는 세상의 구원을 낳았고, 동정녀는 우주의 생명을 낳았다."

흠 없이 깨끗하게 태어나시기 위해 당신 어머니의 모태를 여신 분이기도 하다."[119]

암브로시우스는 위에 언급한 문헌들과 다른 많은 문헌에서 "동정녀이자 어머니인 마리아와 동정녀이자 어머니인 교회는 긴밀한 관계에 있으므로 둘은 더 이상 구분되지 않는다"[120]라고 본다.

중요한 것은, 전체 교회에 의해 적용되는 것은 모든 개별 지체에 의해서도 언급되어야 한다는 것이다. 오리게네스가 제시한 것[121]과 마찬가지로 모든 그리스도인이 마리아의 존재와 같다는 암브로시우스가 "즐겨하던 생각"(후고 라너)이 부각될 수 있다. 두 가지 예만 들겠다.

"한 영혼이 그리스도에게로 향하기 시작한다면, 그 영혼은 '마리아'라 불린다. 다시 말해 그 영혼은 그리스도를 낳으신 분의 이름을 갖는다. 그 영혼은 이제 영적 방식으로 그리스도를 낳은 영혼이기 때문이다."[122]

---

119) Ambrosius, *Exp. ev. sec. Luc 2,57*(*CSEL* 32/4, p.73).

120) Huhn, *Ambrosius*, p.128.
주목할 만하게 언급된 점은, 암브로시우스는 그리스도의 구원 활동에 대한 마리아의 모든 '협력'은 단호히 부인한다는 것이다. 마리아가 분명히 협력한 것은 그녀가 준비한 데에서 알 수 있지만〔"이로써 모든 사람에게 구원이 주어졌습니다": *Exp. ev. sec. Luc 2,17*(*CSEL* 32/4, p.51)〕, 동시에 이것도 타당하다. "예수께서는 모든 사람의 구원을 위해 별도의 도움을 필요로 하지 않았다"〔*ep.* 14, 110(CSEL 82, p.294)〕. 그리고 동일한 것이 그분의 수난에서 구체화된다. "그리스도의 수난에 도움을 준 것은 아니다"〔ders., *De inst. virg.* 49(*PL* 16, p.318)〕.

121) Cf. 예컨대 Origenes, *In Cant hom.* 2(*SC* 37). "그리고 당신이 합당한 존재라면, 당신에게서 하느님의 아들이 태어날 것입니다."

122) Ambrosius, *De inst. virg.* 20(*PL* 16, p.271). 다음 문헌에도 이와 유사한 내용이 들어 있다: Ambrosius, *Exp. ev. sec. Luc 10,24*(*CSEL* 32/4, pp.464~465). 여기서 핵

"모든 영혼은 하느님의 말씀을 믿고 받아들이고 낳는다. (…) 육에 따라서 한 영혼만 그리스도의 어머니이더라도, 그리스도는 신앙에 따라서 하느님의 말씀을 받아들이는 모든 영혼으로부터 태어나신다."[123)]

아우구스티누스가 암브로시우스와 연결되어 있더라도, 마리아에 관해 그가 진술한 것의 배경은 다르다. 그가 주안점을 둔 것은 동정녀의 삶을 산 마리아의 중요성이 아니라, 마리아가 영향을 주고 받고 있는 그리스도론적이고 교회론적인 연관성이다. 따라서 아우구스티누스는 마리아와 교회의 관계에 대한 질문에서도 자신의 위대한 스승과 다른 강조점을 가진다. 그는 결과적으로 자신의 스승처럼, 플라톤의 '원형과 모상의 도식'을 생각하지 않기 때문에 그럴 수도 있을 것이다.

아우구스티누스에게 교회는 우선적으로, 바오로에게 그랬던 것처럼, '머리'이신 그리스도와 깊이 일치하는 저 '몸'이라고 규정된다. "여러분은 모두 그리스도 (예수님) 안에서 하나입니다"(갈라 3,28)와 "우리는 여럿일지라도 한 몸입니다"(1코린 10,17)라는 두 문장은 그에게 가장 중요한 성경적 연관성을 드러낸다. 이미 동

심은 이렇다. "너는 그리스도의 어머니일 수 있다는 아버지의 뜻을 실행하라." 암브로시우스는 이러한 사고를 오리게네스에게서 물려받은 게 분명하다. 오리게네스는 이렇게 말한다. "하느님께서는 성인들이 태어나도록 모태를 여신다. 그러나 이는 영적 이해에 따른 것이다. 주님은 영혼이 하느님의 말씀을 낳도록 그 영혼의 모태를 여신다. 그 영혼은 하느님의 어머니가 될 것이다"〔*Selecta in Genesim*(*PG* 12, p.124)〕. 오리게네스〔*Fragm. 281 zu Mt 12,46~47*(*GCS* 41/1)〕도 이렇게도 말한다. "아이를 낳지 못하는 모든 영혼은 (…) 예수의 어머니다." 또는 이렇게 말한다. "네가 그럴 만하다면, 네 안에서도 하느님의 말씀이 태어날 것이다"(*Cant. Hom.* 2). 오리게네스에 관해서는 다음 문헌도 보라: *Luc. 22,4*(*SC* 87, p.302).

123) Ambrosius, *Exp. ev. sec. Luc 2,26*(*CSEL* 32/4, p.55).

방 신학은, 특히 오리게네스와 알렉산드리아의 치릴로는, 이에 근거해서 오롯이 일치라는 사상이 강조된 교회상에 대해서 구상했다.[124] 이러한 일치, 더 정확히 말하면 사랑의 형태에서 구체화되는 일치는 아우구스티누스에게 의해서 '그리스도의 몸'인 교회에 관해 무수히 언급됨으로써 다시 한번 더욱 강조되었다.[125] 그렇지만 그리스도와 교회를 동일시하는 경향을 띠고 드러난 성경의 이러한 표상은 그를 통해서 어느 정도 보완되고, 오히려 차이를 강조하는 신랑과 신부의 표상을 통해서 균형을 유지하게 된다.[126] 이러한 표상은 그의 기본 구상에서도 바오로와 동일한 것으로 드러나고(참조: 2코린 11,2; 에페 5,25 이하), 동일한 맥락에서 초기 알렉산드리아 신학자들(오리게네스)에 의해서도 이미 다루어진 것이다. 그리스도의 신부이자 '어머니'인 교회는 우리에게 그리스도의 형제자매를 낳아 준다. 현실적 존재인 교회로 다가가는 두 가지 방법을 아우구스티누스는 마리아에게로 향한 몇몇 텍스트를 통해서 이끌어 낸다. 『고백록』에는 다음과 같이 나와 있다.

> "우리의 생명이신 그분(그리스도)은 우리에게로 내려오시어 우리의 죽음을 떠받치시고 생명의 충일함으로 죽음을 물리치셨다.

124) 이에 관한 중요한 문헌들은 예컨대 다음 책에 나와 있다: St. Ackermann, *Kirche als Person*, Würzburg, 2000, p.15 이하.

125) 아우구스티누스의 교회상에 관해서는 다음 책을 보라: J. Ratzinger, *Volk und Haus Gottes in Augustins Lehre von der Kirche*, St. Ottilien, ^{2}1992.

126) "확실히 우리는 성경을 통해 가장 성스러운 결혼에 대해 알고 있습니다: 신랑이시며 신부이시며 교회이신 그리스도가 계십니다"〔Augustinus, *ep. ad Cath.* 7,17(*BA* 28, 546)〕. 이에 관한 아우구스티누스의 다른 문헌들은 다음 책에 나와 있다: A. Müller, *Ecclesia*, pp.188~193. 여기서 일치에 대한 신랑과 신부의 표상은 근본적으로 결코 대립하지 않는다. 창세기 2장 24절에 따르면 남자와 여자는 '한 몸'이 되기 위해 서로 결합하기 때문이다.

그리고 우리가 거기서 나와 당신에게로 돌아와야 한다고 우레 같은 목소리로 외치셨다. 그분이 우리에게 오신 저 고요한 신비 속으로, 먼저 동정녀의 모태 안으로 돌아가야 한다. 이 모태 안에서 그분은 인성과, 죽을 육신과 혼인하셨다. 아무도 죽지 않게 하시기 위해서였다."[127]

이에 따라 교회의 지체인 우리는 주님께서 당신의 피조물과 혼인하신 그 '동정녀의 모태 안으로' 돌아가야 한다. 그곳은 이제 의심할 여지 없이 마리아의 모태다. 그곳에서 결과적으로 '오직 그리스도'뿐만 아니라 '온전한 그리스도', 그러니까 우리 모두도 함께 태어났다.[128] 따라서 마리아의 모태와 교회의 모태는 실제적으로 하나가 된다. 그렇지만 이로부터 마리아와 교회가 전적으로 동일시된다는 결과가 나오는 것은 아니다. 그 이유는 이렇다. 이 텍스트와 이와 유사한 많은 텍스트에서 교회가 그러하듯이, 그리스도의 '신부'는 원래 마리아가 아니라는 것에 주목할 수도 있기 때문이다. 하느님의 말씀이 인간과 '혼인'하는 것은 본래 이 말씀이 '몸'과 결합하면서 이루어지기 때문이다. 강생하신 하느님의 아드님이 (개인적) 인성과 하나가 되면서 말이다. 이러한 혼인에 있어서 마리아의 모태는 단지 '신방'(新房)을 의미하는 것이지, 신부 맞은편에 있는 다른 대상이 아니다.[129]

---

127) Augustinus, *Conf.* 4,12, 19(v. Balthasar, pp.99~100). 다음 문헌도 이와 유사한 내용을 담고 있다: Augustinus, *serm. Denis* 25,8(Morin, p.163); *sermo* 291, 6(*PL* 38, 291, 6).

128) 이때 아우구스티누스의 몇몇 문헌에서는 마리아의 모태가, 다른 문헌들에서는 교회의 모태가 우선적일 수 있다.

129) Cf. 예컨대 Augustinus, *serm.* 291, 6(*PL* 38, p.1319); *In Ps. 90*, 2.5(*CC* 39) 등등. 이로써 주어진 문제점은 나중에 다룰 것이다(제2부 1장 2.3.1.을 참조하라).

나아가 아우구스티누스는 수많은 문헌에서 마리아와 교회가 물론 매우 큰 '유사성'을 지녔다는 사고를 벗어나지는 않았다는 점에 주목할 수 있다.

> "교회가 어떻게 (…) 그리스도의 신부인지, 그러나 그렇다는 것을 아십시오. 이는 통찰하기가 더 어렵지만, 그럼에도 교회가 그리스도의 어머니임은 참됩니다. 그 원형인(in ipsus typo) 동정녀 마리아는 교회에 앞서갔습니다. 여러분에게 묻겠습니다. 마리아가 그리스도의 지체들을 낳지 않았기 때문이라면 어찌하여 마리아가 그리스도의 어머니입니까? 여러분은 그리스도의 지체들입니다. 누가 여러분을 낳았습니까? 나는 여러분의 마음속에서 들리는 소리를 듣습니다. 그 소리는 어머니인 교회입니다. 이 거룩하신, 공경하올 어머니 마리아도 이와 유사합니다(Mariae similis). 마리아는 출산하셨지만, 동정녀이십니다. 마리아가 출산하셨다는 것을 나는 여러분을 통해서 증명합니다. 여러분은 마리아에게서 태어났습니다. 그리스도께서 교회를 낳으셨습니다. 여러분은 그리스도의 지체들이기 때문입니다."[130]

> "그대가 정확히 관찰하면, 그리스도께서 그들을 낳으셨다는 것을 알게 될 것입니다. 세례받은 이들은 그분의 지체들이기 때문입니다. '여러분은 그리스도의 몸이고 그분의 지체들입니다'라고 바오로 사도는 말합니다. 따라서 교회가 그리스도의 지체들을 낳는다면, 교회는 마리아와 지극히 유사합니다(simillima)."[131]

130) Augustinus, *serm. Denis* 25, 8(Morin, p.163).
131) Augustinus, *serm. Guelferb* I, 8(Morin, p.448), '유사성'(similitudo)에 관해서는 다

"마리아는 육신적으로 몸의 머리를 낳았다. 교회는 영적으로 저 머리의 지체들을 낳았다. 마리아와 교회에 있어서 동정성은 풍요함을 방해하지 않는다."[132]

간략히 표현해 보자.

"육에 따라서 마리아에게 부여된 것을 교회가 영에 따라서 소유한다. 마리아는 한 분을 낳았고, 교회는 많은 이를 낳고 있다. 이 많은 이는 한 분을 통하여 하나가 된다."[133]

레오 1세 대 교황은 아우구스티누스의 충실한 제자로서 이러한 생각들을 수용하고, 다음과 같은 탁월한 말을 찾아낸다. "그는 자신이 준 물을 어머니에게 주었습니다"(Dedit aquae quod dedit matri).[134] 다시 말해, 하느님께서는 당신의 힘을 통해 교회가 신적 생명을 낳게 하는 세례수에 당신이 마리아에게 주신 것, 즉 하느님을 낳게 하는 능력을 주신다.

마리아와 교회의 '유사성'과 관련해서 아우구스티누스에게 마리아 내지 교회의 신앙은 원래 결정적 역할을 한다. 이는 특히 다음 텍스트(마태 12,46~47에 대한 주석)에서 분명해진다.

음 문헌들도 참조하라: *serm.* 192,2(*PL* 38, pp.1012~1013); *serm.* 213, 7(*PL* 38, p.1064).

132) *De virgin.* 2(*BA* 3, p.112). 이렇게 육신적으로 태어난 것과 영적으로 태어난 것을 대립시키는 것은 물론, 아우구스티누스에게는 예수가 마리아에게서 태어난 것도 마리아의 신앙, 따라서 '영'의 덕분이라는 것으로 인해 상대화된다. Cf. Augustinus, *Ench.* 10,34(*BA* 168): 그리스도는 "인간의 정욕에 의해서가 아니라, 그의 어머니의 신앙으로 잉태된 것이고, 동정녀에게서 태어나셔야만 했습니다."

133) Augustinus, *serm.* 195, 2(*PL* 38, p.1018).

134) Leo d. Gr. *serm.* 25, 5(*CC* 138, p.123).

"마리아는 이제 실제로 하느님의 뜻을 실행했다. 따라서 그리스도의 어머니로서 그리스도의 제자가 된 것은 마리아에게 더 중요하다. 그리스도의 어머니로서 그리스도의 제자가 된 것은 더욱 복되다. (…) 어떤 여자가 '선생님을 배었던 모태는 행복합니다' 하고 주님께 말하자, 주님께서는 '하느님의 말씀을 듣고 지키는 이들이 오히려 행복하다'라고 이르셨다(루카 11,27~28). 그러니 마리아도 행복하다. 하느님의 말씀을 듣고 지켰기 때문이다. 마리아는 모태 안에서 육을 지켰다기보다는 오히려 영 안에서 하느님의 말씀을 지켰다. (…) 영 안에 있는 것은 모태에 배었던 것 이상이다. 마리아는 거룩하다. 마리아는 복되다. 그러나 교회는 동정녀 마리아 그 이상이다. 마리아는 교회의 일부(portio), 거룩한 한 지체, 탁월한 한 지체, 모든 것 위에 있는 한 지체, 그러나 몸 전체의 한 지체이기 때문이다."[135]

마리아는 사람들이 신앙에 이르는 데 함께 작용한다는 내용, 즉 마리아의 교회론적 역할에 관한 진술들도 그녀의 신앙 의미에 관한 이러한 진술에 덧붙여진다.

"그리스도의 어머니는 전체 교회다. 마리아는 하느님의 은총을 통하여 그분의 지체들인 믿는 이들을 낳기 때문이다. 그리스도

[135] Augustinus, *sermo. Denis* 25, 7(Morin, p.163).
호프만(Fr. Hofmann, "Mariens Stellung in der Erlösungsordnung nach dem hl. Augustinus", in: *Alma Socia Christi. Acta Congressus mariologici-mariani Romae 1950*, vol. V/I, Rom, 1952, pp.87~100, 여기서는 p.96)은 이 텍스트의 마지막 부분이 실제로 진실한지 충분한 이유를 들어 질문을 제기한다. 마리아의 신앙이 마리아가 예수의 어머니임보다 우위에 있다는 것과 관련해서는 다음 문헌도 보라: Augustinus, *De s. virg.* 3(*BA* 3, p.114): "그러므로 마리아는 그리스도에 대한 신앙을 깨닫고 더욱 행복해졌다."

의 어머니는 또한 아버지의 뜻을 실행하는 저 신심 깊은 영혼이다. (…) 마리아는 하느님의 뜻을 실행하므로, 육에 따르면 그리스도의 어머니지만, 영에 따르면 자매이자 어머니다. (…) 영에 따르면 마리아는 우리 머리이신 구세주의 어머니가 아니다. 영에 따르면 오히려 마리아 자신이 그분으로부터 태어났기 때문이다. (…) 그러나 마리아는 아주 분명히 우리 자신인 지체들의 어머니다. 믿는 이들이 교회 안에서 태어나도록 사랑으로 협력했기 때문이다. 믿는 이들은 저 머리이신 분의 지체들이고, 마리아는 육에 따르면 그분의 어머니다."[136]

이렇게 신앙으로부터 규정되는, 마리아와 교회의 유사성과 관련해서 아우구스티누스에게 교회는 더 포괄적인 실재(마리아는 '단지' 교회의 일부이자 지체다)이기에, 그는 마리아와 교회는 단순히 같다는 사실을 인식하지 않는다.[137] 아우구스티누스에 관해서는 사실 콩가르의 해석이 맞다(제1권 제2장 2.3.1.을 보라). 이에 따르면 (천상) 교회는 더 포괄적인 것이지만, 마리아는 그 교회를 실현하기 위한 단지 한 단계, 더 정확히 말하면 가장 탁월한 첫 단계다. 이런 까닭에 히포의 주교에게 있어서 마리아의 위치는 결코

---

136) *De s. virg.* 5~6(*BA* 3, pp.116~117). 이렇게 많이 인용되었고 제2차 바티칸 공의회 문헌 「교회 헌장」 53항에도 명시된, 마리아는 "신자들이 교회 안에서 태어나도록 사랑으로 협력하셨다"라는 문장은 배타적으로 마리아 편에서 해석되어서는 안 되고 포괄적으로 해석되어야 한다. 문맥에 비추어 아우구스티누스는, 믿는 이가 사랑으로 그리스도를, 전 그리스도를 낳는 한 그는 그리스도의 어머니라고 여기기 때문이다.

137) 전체적인 것과 관련해서는 다음 글들을 참조하라: I.M. Dietz, "Maria und die Kirche nach dem hl. Augustinus", in: *Maria et Ecclesia. Acta Congress mariologici-mariani in civitate Lourdes anno 1958 celebrati,* vol. III, Rom, 1959, pp.201~239; Fr. Hofmann, "Marias Stellung in der Erlösungsordnung nach dem hl. Augustinus", in: C. Feckes(Hrsg.), *Die heilsgeschichtliche Stellvertretung der Menschheit durch Maria*, Paderborn, 1954, pp.131~143.

전체 교회와 대조를 이루지 않고, 분리되지도 않는다. 비록 그가 마리아를 부각시키더라도 말이다. 마찬가지로 아우구스티누스는 마리아에게 바치는 기도와 마리아 쪽에서 바치는 청원 기도도 알지 못한다. 그러나 순교자들에게 바치는 기도와 순교자들 측에서 바치는 청원 기도는 알았을 것이다!

아우구스티누스가 암브로시우스에게서 받아들인 또 다른 사항은 다음과 같다. 마리아가 그랬던 것처럼 교회는 이를 똑같이 행하는데, 즉 그리스도를 (믿는 이들 안에서 신앙을 통하여) 낳는 것이 개개인의 삶 속에서 다시 한번 되풀이된다. 개개인 역시 그리스도를 '낳아야' 한다.[138] 다시 말해 자신 안에서 그분의 모습이 되고, 자신으로부터 그분의 삶을 표현해야 할 뿐만 아니라, 다른 사람들에게 '신앙의 어머니'가 되어야 한다.[139]

이런 의미에서 아우구스티누스에게 있어서도 개개인은 말씀을 받아들이고, 낳고, '마리아'가 되어야 한다. 그러나 개개인은 자신뿐만 아니라, 다른 사람들을 위해서도 그렇게 해야 한다. 그런 가운데 자신의 신앙을 입증함으로써 그리스도를 위하여 다른 사람들을 만나고, 그분을 그들의 마음 안으로 들여보낸다. 그러므

---

138) 이와 관련해서는 다음 글들을 보라: H. Rahner, "Die Gottesgeburt", in: *ZkTh* 59(1939), pp.333~418; ders., "Geburt aus dem Herzen", in: *Gloria dei* 4(1949), pp.88~99; ders., *Maria*, pp.91~102.

139) Cf. Augustinus, *sermo Denis* 25, 7~8(Morin, pp.163~164). "그분께서 '보라, 나의 어머니와 나의 형제들아!' 하고 말씀하신 대상은 여러분임을 유념하시오. 여러분이 어떻게 그리스도의 어머니가 되겠습니까? '항상 나의 아버지의 말씀을 듣고 그분의 뜻을 실행하는 사람이 그러하다.' (…) 우리는 그리스도의 어머니로 불리도록 실제로 노력합니까? 그렇게 해야 합니다! (…) 동정녀 마리아가 육으로 그리스도를 낳았듯이, 그리스도의 지체들은 성령으로 태어납니다. 이러한 방식으로 여러분은 그리스도의 어머니입니다. 여러분에게서 멀리 떨어져 있는 것, 여러분을 벗어나 있는 것은 아무것도 일치할 수 없습니다. 여러분은 아들이 되었습니다. 지금은 어머니이기도 합니다." 다음 문헌도 보라: Augustinus, *De virg.* 6(*BA* 3, pp.118~119). 다음 책에 상세한 내용이 나와 있다: Congar, *Maria*, p.30.

로 개개인은 자신의 개인적인 삶 속에서 교회가 전체로서 행하는 것을 행해야 하고, 교회가 그렇게 존재하듯이 자신도 그래야 한다. 즉, 하느님 아드님의 어머니가 되고, 그리스도를 낳고, 그분께 새로운 형상을 드려야 한다. 이러한 어머니 표상은 다른 대목에서도 신부나 자매의 표상으로 대체될 수 있다.[140]

따라서 아우구스티누스에게서 교회와 개개인, 그리고 특히 마리아의 '영적 모성'(maternitas spiritualis)에 대한 토대를 찾을 수 있다. 그렇지만 그에게는 포괄적인 '교회의 모성'이 특별한 '마리아의 모성'보다 더욱 중요하다.

교부 시대에 나온 이렇게 몇 안 되는 사례에 비추어 볼 때, 교회와 마리아는 완전히 녹아들 때까지 서로 긴밀히 연결되어 있다는 것이 분명해진다. 일부 진술들에서는 그 진술들이 마리아에게 또는 교회에게, 그렇지 않으면 둘 모두에 적용되는지 결코 명료하지는 않다. 아힘 디트리히는 다음과 같이 옳게 요약한다. "실제적 구원의 실재인 교회와 구세사적 인물인 마리아는 별반 구분되지 않는다. 역사적 그리스도와 영적인 그리스도가 서로 구분되지 않듯이 말이다. 이어지는 역사에서 그러하듯, 마리아는 신학 안에서 독자적 인물로 다루어지지 않는다."[141]

---

140) Cf. Augustinus, *De virg.* V, 6(*BA* 3, p.118). 이 대목에서 마리아-관계는 과도기 없이 자매라는 수식어로 넘어간다. 이러한 사고는 아시시의 프란치스코까지 이어지는데, 그는 믿는 이들에 관하여 다음과 같이 말한다. "그들은 우리 주 예수 그리스도의 배우자이자 형제이며 어머니입니다. (…) 우리가 사랑으로 그분을 몸과 마음으로 모실 때 우리는 그분으로 가득 찹니다. (…) 그리고 우리는 거룩한 행위를 통해서 그것을 이루어 냅니다"("Lettera a tutti i fedeli", in: *Fonti Franxescane*, Padua, [4]1990, p.155). 루터(M. Luther)에게서도 이와 유사한 것을 찾을 수 있는데, 다음 문헌을 보라: Luther, *WA* 7, pp.189~190.

141) Dittrich, *Mater*, p.71. 저자는 다음과 같이 더 인용한다. "'영 안에서 들어 높여지신 주님과 영 안에서 어머니인 교회'는 고대 교회가 지닌 신앙 의식의 중심이다"(K. Delahaye, "Maria Typus Ecclesiae", in: *Alma Socia Christi* V/I, Rom, 1952,

이 지점에서 다시 한번 뒤돌아보면, 요셉 라칭거가 다음과 같이 간명하게 기술한 통찰이 올바른 것이었음이 증명된다. "훗날 마리아론이 될 모든 것은 먼저 교회론으로서 구상되었다."[142]

앞에 언급된 교부 문헌들 가운데 상당수에는 '교회 - 마리아'에 대해 인간적인 관계에서 유래하는 표상들이 매우 신속하게, 그리고 거의 과도기 없이 다음과 같이 바뀌었다는 점도 확인할 수 있다. 즉, '마리아 - 교회'는 예수의 어머니이고, 자매이자, 딸이라는 것을 보여 준다. 그때그때의 연관성은 어느 표상이 적합한지에 따라 결정된다. 중요한 것은, 이 모든 표상은 지극히 긴밀한 인격적 관계와 가까움을 표현한다는 것이다.

---

pp.25~45, 여기서는 p.43).

142) Ratzinger, *Erwägungen*, p.22. 이러한 통찰은 알로이스 뮐러에게서 유래한다. 다음 책을 보라: A. Müller, *Fragen*, p.301. "마리아는 초세기에 잊혔거나 잃어버린 게 아니라, 교회 신학(교회론)에서 지켜지고 부각되었다."

2.3. 어머니 - 중개자 - 교회를 '뛰어넘는' 공동 구원자

2.3.1. 서방교회의 마리아론에서 일어난 변화들

중세가 시작되면서 마리아의 중요성과 위치와 관련된 큰 변화가 신앙과 신학 속으로 들어왔다. 마리아는 여전히 교회와 매우 긴밀한 관계에 있는 것으로 보였는데, 이는 '존자'(尊者) 베다(Venerabilis Compliator Beda, †735)[143]와 루페르트 폰 도이츠(Rupert v. Deutz, †1129)[144]에게서 알 수 있다. 또한 마리아에 관해 이야기하는 신약성경 문헌도 교회와 연관 지어졌다. 나아가 (우리에게 그리스도의 생명을 전해 주는) '어머니'인 교회와 (주님과 순결하고 아주 긴밀한 관계에 있는) '신부'인 교회와도 연관 지어졌다.[145] 그렇지만 대략 카롤링거 왕조 시대(7~8세기)부터 교회의

143) 그는 예컨대 교회를 '하느님의 어머니 교회'(Dei Genitrix Ecclesia)라고 표현한다. 다음 책을 보라: Beda Ven, *In Luc. evangel.* I, 2,6(*CC* 120, p.48).

144) 로페르트 폰 도이츠[*De op. SpS.* I, 8(*CCM* 24, p.1829)]는 이렇게 말한다. "첫 교회(prioris ecclesiae = 그리스도 이전의 교회)의 최상의 일부였던 복되신 동정녀는 하느님 아버지의 신부가 될 자격을 갖추셨다. 그리하여 새 교회의 원형과 하느님 아드님의 신부가 될 수 있으셨다."

145) 이때 교회와 마리아는 신부임은 특히 중세 중기에 정점에 달한 아가서 주석에서 관철되었다. '신부'에 대한 해석은 여기서 마리아 - 교회 - 개별 영혼으로부터 중단 없이 서로 뒤섞이면서 바뀌는 경우가 일반적이다. 이에 관해서는 다음 글을 보라: H. Riedlinger, "Maria und die Kirche in dem marianischen Hoheliedkommentaren des Mittelalters", in: *Maria et Ecclesia. Acta Congresus mariologici-mariani in*

'영적 모성'은 마리아와 그녀의 '영적 모성'과 결부되었다. 이와 관련해 예컨대 아우구스티누스는 교회와 개별 신앙인에 관해 언급했고, 마리아가 '영적 어머니임'이라는 사실을 교회가 '영적 어머니임'보다 더 높은 단계에 두고 크게 부각시켰다.[146]

이는 서양 철학과 신학이 (경험 및 사고 지평에 있어서 시대의 포괄적 변화 속에서) 더 이상 일차적으로 신학적인, 즉 그리스도론적인 질문을 던지지 않고, 오히려 인간학적 주제로 향한 것과 관련이 있었다. 이때부터 특히 인간에게, 더 정확히 말하면 개인으로서 하느님 앞에서, 그리고 우주 안에서의 자신의 위치에 관심을 두게 되었다. 이러한 지평에서 마리아는 특별한 역할을 하기에, 이 시기부터 서양 인간학의 일부는 어느 정도 마리아와 관련해서 전개되었다. 철학적 명제, 즉 존재하는 것이 작용하는 원칙에 더 가까이 있을수록 이 원칙에도 더 많이 참여한다는 것에 근거하여 사람들은, 마리아가 모든 은총의 원리이신 자신의 아들에게 가장 가까이 있는 분이고, 또한 은총을 가장 많이 받았으며, 따라서 이 은총을 사람들에게도 전해 줄 수 있다는 결론을 이끌어 냈다. 신학적 명제로부터도 동일한 것이 결과로 나왔다. 코린토 2서 3장에 따르면, 하느님께서 선택하신 사람은 이에 합당하게 준비하고, 하느님께서는 이에 필요한 능력을 그에게 선사하신다는 것이다. 간략히 말하자면, 마리아가 하느님 아드님의 어머

---

civitate Lourdes anno 1958 celebrati. vol. III, Rom, 1959, pp.241~289.

146) 마리아의 영적 모성에 대한 사고는 매우 오래되었다는, 이따금 제기되는 주장은 내가 보기에 심하게 과장된 듯하다. 로랑탱("Maria als Urbild und Vorbild der Kirche", in: *MySal* IV/2, pp.316~337, 여기서는 p.330)도 그렇게 생각한다. 마리아의 '영적 모성' 개념은 교회의 가르침과 신심의 영역에서 중세기부터 탁월한 자리를 점했다. "오래된 문헌들은 10세기 무렵까지 이에 관해서 끝까지 침묵하거나 매우 삼가며 의견을 표명했을지라도 말이다." 약간 다른 것은 교회의 모성 안에 마리아가 늘 이미 신비스럽게 감춰져 있다고 사람들이 보는 것이다.

니로 선택받은 것은 다른 사람들을 위해 사용할 수 있는 특별한 은사와 카리스마를 갖춘 것과도 연관이 있다.[147] 그리고 마리아가 이렇게 특별한 은총을 받고 사명을 받은 것에서 인간의 이상과 본보기가 우리에게 제시된다.

이때 다음과 같은 점도 간과되어서는 안 된다. 즉, 초세기에 주류를 이룬 그리스도론이 특정한 교의로 종결이 되고, 마리아에 관한 진술이 전개되기 위해 뒤로 물러난 뒤에, 한 개인인 마리아에 관한 관심이 점점 더 증대되었다. 이런 이유에서도 마리아에 관한 진술이 전개되면서 이른바 '마리아론 특권'이 점차 부각되었는데, 마리아는 생각해 낼 수 있는 온갖 영예로운 칭호를 받았다는 것이다. 이로 인해 마리아는 점점 더 교회에서 분리되었다.

마리아의 배타적인 영적 모성에 맞서 경험적 차원에서 교회의 '영적 모성'이라는 사고가 점점 더 뒤로 물러난 것에 대한 또 다른 요인이 있다. 교회는 중세에 '영적 실재'가 아닌 공적이고 사회적인 단체(christianitas)로 먼저 체험되었고, 또 그렇게 여겨졌다. 이 때문에 예전에 나온 교회에 관한 진술, 그리고 교회의 '예형'으로서의 마리아에 관한 진술은 점점 더 뒤로 물러났다. 서양에서 태어난 이들은 모두 그리스도교 신앙으로 연결되어 있다고 당연시하며 이를 강제적으로 받아들임으로써 그들에게 어머니인 교회를 통해 '새로 태어남'에 대한 체험은 사라졌다. 이에 상응하여 무게 중심이 마리아의 인격으로 옮겨갔다. 아우구스티누스에게는 신앙 안에서 마리아의 '영적 잉태'가 중요하게 여겨졌고, 이에 근거해서 '영적 잉태'로부터 '육적 잉태'가 결과적으로 나왔는

147) Cf. Thomas v. Aquin, *STh* 27, 5c und 4c.

데, 중세기에는 모든 것이 마리아의 육적 모성에, 그리고 이로써 그녀와 그리스도와의 가까움에 관심이 집중되었다. 이어서 이를 근거로 해서 배타적인 영적 모성이라는 사고가 생겨났는데, 마리아는 무엇보다 은총을 중개하고 청원 기도를 바친다는 내용이다.[148)]

7세기부터 동방의 영향을 받아 계속 전개된 마리아 공경 또한 마리아에 대한 새로운 시각에 중요한 역할을 했다.[149)]

우리가 알고 있는 바와 같이, 마리아는 그리스도교 공동체에서 존경받은 인물, 다시 말해 성인으로 기려지고 기도의 청원을 중개했던 첫 번째 인물이 결코 아니다. '잠재의식 속'에 있는, 신약성경에서 이미 암시된 마리아 공경을 도외시하면(제1권 3.3.과 5.1.1.을 보라), 사람들이 기도 안에서 부른 사람은 먼저 순교자들

---

148) 마리아에게 (그리고 약한 정도에서 다른 성인들에게도) 모든 청원이 집중되는 것은 그 밖에 서양에서 성령론에 관한 지식이 부족함을 드러낸다. 로마서 8장 26절에서 성령께서 "우리를 대신하여 간구해 주신다"라고 쓰여 있는 것은, 말하자면 마리아에게로 옮겨간다. 이는 영성사에서 로욜라의 이냐시오 성인이 쓴 『영신 수련』에 이르기까지 지속적인 결과를 가져왔다. 이 책에서 많은 묵상의 끝에 나오는 기도를 위한 삼중 담화는 하느님 아버지와 그리스도와 마리아에게로 향하지, (원래 기대한 바와 같이) 성령께로는 향하지 않는다. 그러나 이냐시오는 젊은 시절에 읽었던, 작센의 루돌프(Ludolf v. Sachsen)의 책에서 그것을 배웠는데, 루돌프에게도 성령은 머리에 떠오르지 않았다. 이에 관한 모든 문제성에 대해서는 제2권 제3장 1.2.를 보라.

149) 마리아 공경의 역사에 관해서는 다음 문헌들을 보라: Delius, *Geschichte*; H. Grote, "Maria / Marienfrömmigkeit II: Kirchengeschichtlich", in: *TRE* 22, pp.119~137 (Lit.); H. Graef, *Maria, Eine Geschichte der Lehre und Verehrunf*, Freiburg i. Br., 1964; G. Söll, "Maria in der Geschichte von Theologie und Frömmigkeit", in: *Hmar*, pp.92~231. 다음 책에도 많은 자료가 담겨 있다: G. Ge. Meerseman, *Der Hymnus Akathistos im Abendland*, Bd I-II, Freiburg(Schweiz), 1958, p.1960. 중세기의 '변화'에 관해서는 다음 글을 보라: C.M. Piastra(Hrsg.), *Gli studi di Mariologia medievale. Bilancio storiografico. Atti del I Convegno Mariologico della Fondazione E. Franceschini(7~8 November 1997)*, Florenz, 2001. 특별히 개신교에서의 마리아 공경에 관해서는 다음 책을 참조하라: Eilrich, *Gott*.

이었다. 명확한 마리아 공경은 훨씬 뒤에 시작되었다. 그것이 언제 생겨났는지 정확한 시기를 두고서는 의견이 분분하지만, '당신의 보호 아래'(Sub tuum praesidium)라는 오래된 기도[150]를 배제한다면, 동방교회에서 마리아를 불러들인 사실에 대한 가장 오래된 언급은 나지안주스의 그레고리우스의 작품에서 볼 수 있다.[151] 서방교회에서 이에 관해 가장 먼저 언급된 예는 6세기에 이르러서야 세둘리우스 첼리우스(Sedulius Caelius)의 찬미가 「거룩하신 어버이시여, 하례하나이다」(Salve sancta parens)에 나와 있다. 이때 최초의 전례 기도는 마리아를 부름으로써 기리는 성격을 지녔다.[152] 또한 4세기까지 마리아 축일, 마리아상, 마리아의 교회는 없었다. 이처럼 마리아가 빠진 현상은 카롤링거 왕조 시대부터 사라졌다. 이제 마리아에게 바치는 기도와 마리아를 부르고 구원을 중개해 달라는 청원이 넘친다. 이때부터 증가한 마리아 축일들, 특히 근대에 그 삶의 여러 '신비들'과 다양한 특성과 태도 아래 마리아를 핵심으로 하는 이 축일들은 그때까지 마리아

150) 이에 관한 문헌들이 있다: O. Stegmüller, "Sub tuum praesidium. Bemerkungen zur ältesten Überlieferung", in: *ZkTh* 74(1952), pp.76~82; R. Iacoangeli, "'Sub tuum praesidium'. La più antica preghiera mariana", in: S. Felici(Hrsg.), *La mariologia nella catechesi dei Padri*, Roma, 1989, pp.207~240. 초기(3세기와 그 이전)의 성립 연대 확인에 대해서는 다음 글이 잘 뒷받침하고 있다: H. Förster, "Früheste Zeugnisse der Marienfrömmigkeit in Ägypten", in: P.L. Hofrichter(Hrsg.), *Auf der Suche nach der Seele Europas: Marienfrömmigkeit in Ost und West*, Innsbruck-Wien, 2007, pp.25~41, 여기서는 pp.29~30.

151) Cf. Gregor v. Nazianz, *De or.* 24,10(*PG* 35, p.1180).

152) Cf. H. Barré, *Prières anciennes de l'Occident à la Mère du Sauveur*, Paris, 1962. 추가하면, 17세기에 이르기까지 마리아 공경은 '흠숭, 숭배'를 뜻하는 '아도라치오'(adoratio), '프로스쿠네시스'(προσκύνησις)라는 단어와 결부될 수 있었다. 그때까지 두 단어는 오늘날 연결 짓는 것보다 훨씬 더 넓은 의미를 지녔기 때문이다. 예컨대 황제에게도 '아도라치오'와 '프로스쿠네시스'라는 말이 사용되었다. 훗날에야 비로소 오직 하느님께만 적용되는 흠숭(προσκύνησις, λαθρεία)과 성인들에게 사용되는 '공경'(δουλεία)〔경우에 따라서는 심지어 마리아에게 적용되는 '공경'(ὑπερδουλεία)〕이 구분되어 쓰였다.

를 바라본 구세사적 관점을 구원론적 관점으로 바꾸는 데 기여했다. 그리고 '그리스도교의 객관적 구원론'으로부터 '주관적 공경 형태'를 만드는 데도 기여했다. 이 '주관적 공경 형태'는 결국 적잖은 부분에서 때로는 '과도함'으로 이끌었다.

우리는 더 중요한 관점에 주목해야 한다. 새로 전교하게 된 일부 게르만 민족에게서 나타난 그리스도를 향한 양자론(養子論, Adoptianismus)적 경향에 맞서야 했던 카롤링거 왕조 시대가 있었고, 그리고 그 이후 그리스도론은 단성론(單性論, Monophysitismus)적 색채를 강하게 띠고 전개되었는데, 이때는 (그러기 위해서 나란히, 경우에 따라서는 '대신해서') 마리아의 위엄 있고 구원을 중개하는 역할이 강조되었다. 왜냐하면 예수 그리스도가 단성론에 가깝게 이해되는 추세에서 그분의 신성, 탁월함, 저 멀리 계심, 재판관으로서의 주권은 크게 부각된 반면, 그분이 하느님과 인간의 중개자라는 사실은 뒤로 물러났기 때문이다. 이런 까닭에 완전히 한 인간으로서의 새 '중개자'에 대한 질문이 제기된다. 이 중개자는 그리스도의 탁월한 신성을 중개하는 것이다. 그리고 바로 이 자리에 마리아가 들어온다.[153] 마리아는 '중개자를 위한 중개자'로 부름을 받는다. 성경적 표현과 상징들이 점점 더 마리아에게로 옮겨간다. 이것들은 원래 하느님께 적용되는 것인데,

153) 이 말은 하느님의 상과 그리스도의 상이 규범에서 벗어나고 그분들의 진노하시는, 복수하시려는 면이 부각되고 신앙 안에서 깨닫게 될 때 더욱더 타당하다. 바로 마리아가 자비로운 중개자, 즉 진노하시는 하느님의 심판 앞에서 교회와 개개인을 지켜주는 중개자 역할을 하게 되었다. 또한 이 특별한 역할로 인해 마리아는 다른 교회와 분리되었다. 마리아가 중개자임에 대한 주목할 만한 근거를 몇몇 중세 초기 신학자(루페르트 폰 도이츠, 고트프리트 폰 아드몬트)에게서 찾을 수 있다. 이에 따르면, 마리아는 대변자, 그리스도께서 그녀에게서 받은 '인성'의 인격화다. 이에 관해서는 다음 책을 보라: Ditttrich, *Mater*, pp.172. 174.

예컨대 '피난처' '보호' '희망' '지혜' 등을 들 수 있다. 클레르보의 베르나르의 문헌에서 다음과 같은 내용을 읽을 수 있다.

> "분명 그리스도는 하느님과 사람들을 이어 주시는 매우 강력한 중개자이시다. 그런데 사람들은 그분 안에 있는 하느님의 권능을 두려워한다. 인성이 신성에 의해서 삼켜진(absorpta) 것처럼 보인다. 그분의 본질이 달라져서가 아니라, 그들이 신성하게 생각하게 되면서 그리된 것이다. 그리스도 옆에서 사람들은 그분의 자비뿐만 아니라 그분의 심판도 찬미한다. (…) 죄인이 그분께 다가가기를 두려워하지 않겠는가? (…) 그러니 우리에게는 이 중개자 옆에 있는 중개자를 필요로 한다. 이때 마리아보다 우리에게 더 유익이 되는 존재는 아무도 없다."[154]

마리아는 우리에게 가까이 있고, 가장 순수한 자비이자 선이기 때문이다! 그러므로 하느님께서는 "우리가 마리아의 손을 거치지 않고서 나온 것은 아무것도 가지지 않기"를 바라신다고 '마리아의 합창단원'이라고 불리던 베르나르는 말한다.[155] 따라서 중세 이래로 마리아가 교회의 근원적 원형이라는 사고에서 벗어나 그리스도와 함께 교회의 중개자가 되었다. 더 정확히 말하자면, 그리스도와 개별 신앙인의 중개자가 된 것이다. 그리하여 마리아는 하느님과 사람들 사이에서 자신의 자리를 점한다. 마리아는 사람

---

154) Bernhard v. Clairvaux, *Sermo in Dom. infra Octavam Assumpt. B.M.V.* I(*WW* 8, pp.594~595). 다음 책도 보라: Congar, *Christus*, pp.61~62. 바오로 6세는 마리아가 하느님의 무시무시한 심판에서 중개한다는 견해를 "소박한 생각"이자 "유치한 이해"라고 어느 수요 일반 알현 때 말했다(*OR* vom 17./18. August 1964).

155) Bernhard v. Clairvaux, *Sermo 3 in vigi;ia nativ. Domini* 10(*WW* 7, p.174).

들에게 끊임없이 모든 은총을 중개하고,[156] 이로써 교회 안으로 들어온다. 따라서 마리아는 '온전한 그리스도'를 낳은 것으로 그치지 않고, 모든 신앙인 안에서 그분을 지속적으로 새롭게 낳는다. 간략히 말하자면, 마리아는 많이 인용된 표현으로, 캔터베리의 안셀무스의 말에 따르자면, '하느님의 어머니이자 우리의 어머니'이다. 이런 관점에서 마리아는 대변자이자 구원의 중개자로서, 교회 '맞은편에서', 더 정확히 말하면 교회 '위에서', 성인들의 통공(communio Sanctorum) '위에서' 부름을 받는다.[157]

마리아의 '영적 모성'에 근거하여 마리아를 '교회의 어머니'라고 표현할 수 있다. 이는 페리에르의 베렌가우두스(Berengaudus v. Ferrières, 850년경)가 쓴 묵시록 주석에 처음 나온 것으로,[158] 원래

---

156) 이런 맥락에서 머리와 지체를 이어 주는 '목'(collum)으로서의 마리아 표상이 제시된다.

157) 마리아는 일찍이 '중개자'(μεσιτεύσυμα)로 부름을 받았다. 마리아를 처음으로 명확히 그렇게 가리킨 사람은 셀로이시아의 바실리우스〔468년경, Or. 39,5(*PG* 85, p.444)〕다. 그보다 먼저 나지안주스의 그레고리우스〔*or. 9 ad Greg. Nyss.* 5(PG 35, p.837C)〕는 순교자들이 신성시하는 것을 중개한다(μεσιτεύσυσι)고 말했다. 마리아에게 해당하는 '중개자'(medatrix) 칭호는 테오필로스가 라틴어로 번역하면서 최초로 전승되었다. 마리아의 모성이라는 사고의 전개 과정에서 (물론 중세기부터 비로소!) 요한 복음서 2장(마리아는 "포도주가 없구나" 하며 대변자로서)과 19장(마리아는 예수의 사랑받는 제자와 그리고 따라서 제자단의 '어머니'로서)에 대한 해석도 점점 더 역할을 한다. 최근의 연구에 따르면, 에페소 공의회 이전에 이미 탄생한 마리아 찬가 '아카티스토스'에서 마리아는 "지상과 천상을 잇는 다리"로 불린다. 이 찬미가에 관해서는 다음 책들을 보라: Meerssemann, *Hymnus*;; L.M. Peltomaa, *The Image of the Virgin Mary in the Akathistos Hymn,* Leiden u.a., 2001. 베르나르의 클레르보의 영향으로 '마리아를 통하여 예수에게로'(Per Mariam ad Jesum)라는 원칙이 생겨났다. 이에 관해서는 다음 글을 보라: G.L. Müller, "Mittlerin der Gnade", in: *MarLex* 4, pp.487~491, 여기서는 p.488. 그런데 어떤 의미에서 마리아가 중개자일까? 마리아가 세상에 구원자 예수를 전해 주었다고 해서 그런 것인가? 또는 그리스도의 구원 사업에 마리아가 참여해서 그런 것인가? 이 질문은 오랫동안 열려 있었고, 엄밀히 말하면 지금까지도 그러하다.

158) 이에 관해서는 다음 책을 보라: Dittrich, *Mater*, pp.9~10.

베다의 책에 등장하는 칭호이지만, 여기서는 성령과 관련해서 요청된 것이다. 영은 교회의 어머니시다. 마리아를 교회의 어머니로 표현한 자신의 진술에 대해 베렌가우두스가 제시한 '논증의 논리'는 먼저 전승과 아우구스티누스의 주장에 따른 것이다. 마리아는 그리스도의 어머니이고, '온전한 그리스도'는 머리와 지체들을 포용한다. 따라서 마리아는 '머리의 어머니'(mater capitis)로서, '교회인 몸의 어머니'(mater corporis quod est ecclesia)이기도 하다. 따라서 '교회의 어머니'이다.[159] 게다가 이 칭호는 베렌가우두스에게 있어서, (그리고 부분적으로는 나중에) 아우구스티누스에 의해 붙여진 칭호와 마찬가지로 '교회의 어머니이자 딸'(mater et filia ecclesiae)이라는 칭호로 인해 균형을 이룬다.

따라서 "영향사적으로 아우구스티누스를 실제 '(마리아) - 어머니 - 교회'라는 사고의 원조로 보아야 한다"[160]라는 아힘 디트리히의 주장 역시 맞는다면, 이 칭호에서는 아우구스티누스가 말한 마리아와 교회의 유사성이 전제되어 있는 것이다.

이런 방식으로 마리아는 점점 더 특별한 개인적 인물, '그리스도의 협력자'(sosia Christi), '자비의 어머니' '은총의 어머니' 등으로 보인다. '영적 모성'과 함께 마리아는 구원이 필요한 사람들의 공동체인 교회와 함께 존재한다. 그렇다, 마리아는 교회 위에 있으며, 물론 늘 (강조점을 달리하여) 봉사하면서 그리스도의 신비 속으로 들어간 것으로 보인다. 그렇지만 '어머니인 교회'(mater

159) 사안에 따라서 이렇게 논증하는 과정은 세비야의 이시도르에게서 처음 발견되는데, 그는 마리아를 "우리 머리의 어머니이자 신앙의 어머니"(Mater nostri captis et mater fidelium)라 부른다. 이에 관해서는 다음 책을 보라: Dittrich, *Mater*, p.78.

160) Dittrich, *Mater*, p.57.

Ecclesia)에 대한 교부들의 구상은 '교회의 어머니'(mater Ecclesiae)라는 구상으로 말미암아 자취를 감추게 되었다. 교회는 먼저 제도로 보이고 '그리스도의 몸'으로는 보이지 않았기에, 이 칭호가 비교적 드물게 남아 있을지라도 말이다. 마리아 = 교회라는 동등한 위치에서 내려와 교회는 아래에 존재하고, 마리아는 위에 존재하게 되었다. 게다가 점점 더 '하늘과 지상의 여왕'으로서 여겨지고 공경을 받게 되었다.[161] 핵심을 정리하자면, 마리아는 더 이상 일차적으로 예수의 '도구적인 주역' 역할이 아니라, '자신 안에 서 있는' 하늘의 여왕이다.

이 모든 것에 있어서 물론 간과되어서는 안 될 점이 있다. 사람들은 마리아를 과도하게 위로 들어 높였지만, 이로 인해 그 어떤 경우에도 마리아와 하느님 백성 사이의 거리와 차이가 벌어지지 않았다는 것이다. 마리아는 여전히 무수하게 많은 여성과 동일시된 인물로도 남아 있었기 때문이다. 그 여성들은 마리아를 "도달할 수 없는 초인으로 경험한 게 아니라, 임신과 분만, 가난, 배제됨, 피난, 아들을 잃어버림 등 여자가 겪는 위험과 고통을 체험한 인물로 보았기 때문이다."[162] 이로부터 괴로움을 겪고 궁핍에 내몰린 사람은 마리아와 '함께 묶여서 외치고 있다!'라는 결과가 나왔다.

지금까지 기술된 이러한 마리아 공경의 전개는 대략 12~13세

---

161) Cf. Eilrich, *Gott*, p.140 이하. 아일리히가 주세페 시뇨리(G. Signori)를 바라보면서 그렇게 추측하듯이, 그것이 마틸데, 테오파누, 아델하이트 같은 왕비 내지 황제비에게서 실현되었듯이, '하늘의 여왕'을 주제로 삼는 데 여성의 새로운 사회적 지위도 역할을 하는지에 대한 질문이 그때까지 제기되었을 것이다.

162) Schreiner, *Maria*, p.500.

기부터 점차 상승되었다. 정신사적으로 볼 때 인간의 주체성과 특히 감성과 감정이 발견되고 반영되었기 때문이다('베르나르의 시대' '중세 기사의 사랑을 위한 봉사'[163]). 이와 관련해 "인간은 자신이 그 안으로 들어가 맺은 객관적 관계보다 더 큰 의미를 얻는다"라고 르네 로랑탱은 간명하게 기술한다.[164] 다른 사회적 제도들과 유사하게, 교회는 점점 더 하나의 제도로서, 말씀과 성사와 신적 질서를 계속 전하기 위해 하느님으로부터 제정된 실재로서 무조건 구원과 관련된 제도로 이해된 반면, 개인적 구원을 위해 개인이 천상의 세계와, 그 가운데 특히 마리아와 맺는 '감정적인' 관계는 원래 중요한 역할을 했다. 마리아의 특별한 위치는 특히 그녀가 받은 충만한 은총('원죄 없는 잉태' '하늘에 올림을 받음')을 바라보더라도 점차적으로 강조된다. "대중의 마리아 공경은 냉철한 신학에서 점점 더 분리되었고, 마리아에 관한 대중 문학이 퍼졌는데, 이 대중 문학은 신학적 비판에 거의 굴복하지 않았다. 부분적으로는 지나치게 환상적인 마리아 이야기들이 서방에서 인기를 조금 얻을 수 있었다."[165]

이러한 변화 과정에서 다음과 같은 일들도 일어났다. 원래 마리아의 "예!"라는 응답, 그리고 이로써 하느님의 아드님이 사람이 되시는 데 마리아의 중요성이 결정적 역할을 하고, 마리아의 모성이 예수 그리스도가 유일한 구원의 중개자가 되는데 (객관적

163) '중세 기사의 사랑을 위한 봉사'가 궁정의 엘리트 계층의 사안이었던 반면, '하늘의 여왕'에 대한 정서적인, 모든 이에 의해서 그리고 하층 계급에 의해서도 실행된 공경은 말하자면 이 '중세 기사의 사랑을 위한 봉사'의 '민주화'를 의미했다.

164) R. Laurentin, *Kurzer Traktat der marianischen Theologie*, 독일어 번역본: Regensburg, 1959, p.95.

165) Dittrich, *Mater*, p.222.

으로) 중요한 역할을 한 것으로 이해되면서, (서방에서는) 2세기부터 마리아의 삶 전체, 그러나 특히 (요한 복음서 19장에 근거해서) 예수가 십자가에 달렸을 때 마리아의 역할에 대한 시각이 확대되었다. 그리고 이에 상응하여 그리스도의 구원 사업에 대한 마리아의 협력이 발견되고 강조되었다.

이미 오리게네스의 저작에서 요한 복음서 19장에서 마리아에게 초점을 맞춘 것이라고 여겨지는 최초의 징후가 발견된다. 그는 다음과 같이 기술한다.

> 성경의 의미를 다음과 같이 이해하는 사람은 아무도 없다. "나는 예수의 품에 안겨 쉬지 않았고 그분에 의해서 마리아에게 받아들여지지 않았다. 따라서 마리아는 나의 어머니도 되었다. (…) 마리아에게 예수 외에 다른 아들이 없다면, (…) 그러나 예수가 자기 어머니에게 '이 사람이 어머니의 아들입니다'라고 말했다면, 그분은 '여기에 있는 이 사람이 당신이 낳으신 예수입니다'라고 말했을 것이기 때문이다. 따라서 (세례받고) 완성된 모든 이는 더 이상 스스로 살지 않는다. 그 사람 안에 그리스도께서 살고 계신다. 그렇기 때문에 그에 관해 마리아에게 이렇게 말할 수 있다. '이 사람이 어머니의 아들, 그리스도입니다.'"[166]

오리게네스가 이렇게 이해한 이면에는 우리에게 이미 알려진

166) Origenes, *Das Evangelium nach Johannes*, hrsg. v. R. Gögler, *I,4,* Einsiedeln u.a., 1959, p.100. 번역본은 약간 변경되었다. 오리게네스는 루카 복음서 2장 34~35절(마리아를 두고 한, 고통의 칼에 관한 말)을 요한 복음서 19장과 결부시킨 최초의 인물이기도 하다. 이에 관해서는 다음 문헌을 보라: Origenes, *In Luc. hom. 17*(*FC* 4/1, pp.201~202).

마리아와 교회를 동일시한 것이 가장 중요한 의미로 숨어 있다. 이 둘은 그리스도를 낳았으므로, 교회 안에서 새로 태어난 이는 마리아를 어머니로 두고 있다. 그렇지만 중세부터, 추측하건대 클레르보의 베르나르 때부터, 사람들은 요한 복음서 19장이 증언하고 있는 내용, 이렇게 마리아의 가장 중요한 의미를 넘어 그 이상을 바라보았다. 사람들은 예수가 제자단의 상징인 요한에게 "이분이 네 어머니시다"라고 하신 말씀에 따라 마리아를 우리 모두에게 어머니로 주셨다는 견해를 옹호하는 것에 그치지 않고, 무엇보다 마리아가 십자가 아래서 함께 수난하면서 구원을 위한 그리스도의 수난에 동참했고, 바로 이런 까닭에 우리의 '어머니'가 되었다는 점을 부각시켰다.[167] 따라서 15세기부터 마리아에게 이미 오래전부터 타당하다고 여겨졌던 '중개자'라는 칭호 이외에, 다소 문제의 여지가 있을 수 있는 '공동 구원자'라는 칭호가 함께 달렸다.[168] 이 칭호가 문제시된 것은 이 칭호가 오직 그리스도에게만 합당하다는 점, 그리고 마리아가 이 칭호와 관계된 부분의

---

167) 발타사르(*Der dreifache Kranz,* Einsiedeln, ³1979, p.52)는 이렇게 마리아가 함께 수난하는 것을 알고 있다. 아들의 수난을 동의하는 것은 마리아에게 "자신이 고통을 겪는 것보다 더 힘든 일"이었다. 그는 그것을 어디서 알았을까? 또는 마리아는 십자가 아래서 자신이 사랑한 아들을 "그(아들)의 뜻과 아버지의 뜻으로 떠나보내"야만 했다는 것을 어디서 알았을까?(*TL* II, 328?). 물론 여기서도 적용되는 말이 있다. "경건함에 대해 묵상하는 것은 허용됩니다." 그러나 진실한 신학이 그것에 근거를 둘 수 있을까? 아무튼 새롭게 이해된 십자가 장면에 비추어 '마리아, 교회의 어머니'라는 칭호가 이해가 된다. 마리아가 우선적으로 교회의 어머니인 까닭은 아들과 함께 수난하면서 십자가 아래 서 있었고 거기서 산고의 고통을 겪으며 교회의 자녀들을 낳았기 때문이다.

168) 이에 관해서는 다음 책의 부록을 보라: Hartmann, *Magd,* pp.290~304: Corredemptrix-Lehre bis zum II. Vaticanum. 그 대목에 많은 문헌도 기재되어 있다. 마리아가 공동구원자라는 사고는 확대되어, 사람들은 대략 15세기부터(피렌체의 안토니우스) '마리아의 사제직'에 관해 이야기했다. 이에 관해서는 다음 책을 보라: R. Laurentin, *Die marianische Frage,* 독일어 번역본: Freiburg, 1965. '마리아의 사제직'(sacerdocium Mariae)이라는 사고는 여성 사제직에 대한 최근의 토론에서 다시 역할을 하고 있다!

경계를 넘어선 것이 아닌가 생각했기 때문이다. 게다가 이와 함께 마리아의 '역할'이 옮겨졌다. 교부 시대에는 마리아를 무엇보다 '온전한 그리스도'의 어머니로서, 그리고 이로써 '교회의 어머니', 즉 모든 믿는 이의 어머니로서 보았다면, 이제는 구원을 위한 그리스도의 희생과 관련하여, 그리고 이로써 우리의 구원을 위해 마리아의 중요성이 강조되었다. 그러나 이로써 마리아는 유일한 형상으로서, 이번에는 '고통의 어머니'로서 다시 한번 전면에 등장했고, '교회의 어머니'라는 칭호는 더 이상 조직신학적인 측면에서 마리아와 연관되어 이해되지 않고, "예수의 모든 유일한 제자는 마리아와 그녀의 모성에 개인적으로 의존하는 것"이라고 이해된다. 이러한 의존은 마리아의 개인적으로 탁월한 위치에서 비롯된 것이지, "구세사 및 하느님과 인간과의 계약의 본질적이고 보편적인 구조 차원에서 (…) 중개자라는 원리"[169]에서 비롯된 것이 아니다.

이렇게 마치 목판에 그림을 그리듯이 여기서 짧게 묘사한 전개 과정과 관련해서 토마스 아퀴나스는 매우 냉철한 입장을 지녔다는 것을 언급하지 않을 수 없다. 그는 마리아가 구원에 참여하는 것에 대해서도, 마리아가 구원을 중개하는 역할과 대변하는 것에 대해서도 언급하지 않는다. 마리아의 결정적 역할은 "예!" 하고 응답함으로써 모든 이를 위해 대변하면서, 구원 사건에, 즉 하느님의 아드님과 인간의 '혼인'에 동의했다는 것에 있다.[170] 마

[169] L. Scheffczyk, "Die Mittlerschaft Marias", in: ders., *Glaube in der Bewährung. Ges. Schriften zur Theologie* III, St. Ottilien, 1991, pp.300~320, 여기서는 p.309.

[170] Cf. *STh* III, 30,1. "(…) 하느님의 아들과 인간 사이에 일종의 영적인 혼인이 있음을 보여 주기 위함입니다. 그러므로 천사가 예수님의 잉태를 알려 주었을 때는 인간 본성에 따른 동의보다는 동정녀의 동의를 구했습니다."

리아는 모든 은총의 충만함이신 그리스도를 낳았기에 이러한 충만함을 모든 이에게 계속 전해 주었다. 그러나 토마스는 마리아가 실제로 구원의 중개자가 될 수 있음에 대해서는 언급하지 않았다. 몇몇 대목에서 마리아를 그리스도의 사랑과 신앙의 본보기로 제시했을 뿐이다.[171]

2.3.2. 반종교개혁적 경향

종교 개혁기가 지난 뒤(종교개혁자들에게 있어서 마리아의 위치에 대해서는 제1권 제7장 1.2.를 보라) 마리아는 이른바 반종교개혁(가톨릭의 쇄신) 과정에서 결정적인 신학적이고 영적인 구심점이 되었다. 마리아 공경이 새롭게 전성기를 맞이했다. 새로운 마리아 축제와 성모 신심 형태가 많이 생겨났거나 전체 교회의 지지를 받았다.[172] '어떤 말로도 마리아에 대해 결코 충분하게 설명할 수 없었다'(De Maria numquam satis)[173]라는 원칙이 마리아 공경의 기본

171) 전체적인 것과 관련해서는 다음 책을 보라: R. Schenk, "Thomas v. Aquin", in: *MarLex*, pp.399~405.

172) 더 자세한 것은 다음 글에 나와 있다: A. Heinz, "Maria in Liturgie und Frömmigkeit des Marianischen Jahrhunderts", in: B. Schneider(Hrsg.), *Maria und Lourdes*, Münster, 2008, pp.56~85, 여기서는 p.60 이하.

173) 루이 마리 그리뇽 드 몽포르("Über die wahre Hingabe an Maria", in: ders., *Das goldene Buch*, pp.149~182, 여기서는 p.154)에게서 이러한 표현이 발견된다. 그에게 있어서 이 원칙은 심지어 상승되어 다음과 같이 표현된다. "마리아는 지금까지 충분히 찬미 받지도, 강조되지도, 공경받지도, 사랑받지도, 섬김을 받지도 않았다. 마리아는 더 많이 찬미와 공경, 사랑, 섬김을 받을 만하다." 그렇지만 이 원칙의 내용적이고 형식적인 변경은 근대 전체의 신학사와 영성사를 걸쳐서 드문드문 발견된다. 이러한 '기본 원칙'을 로랑탱(*Marianische Frage*, p.30)이 다음과 같은 방식으로 더 상세히 기술한다. "마리아는 유일무이하다(유일성의 원칙). 마리아는 모든 것 안에서

원칙이 되었다. 근대에 싹튼 '주체에로의 전환'(Wende zum Subjekt)이 가톨릭에서는 마리아에게 고정되었다. 마리아의 특별한 위치, 마리아만이 하느님에게서 받은 은사와 사명이 모든 가능한 방식으로 강조되었다['특권 마리아론'(Privilegienmariologie)]. 이를 보여 주는 외적 표징은 특히 아기 예수를 안고 있지 않은 마리아를 묘사한 작품들이다. 이 같은 현상은 19세기까지 예외가 되어 이때부터 신속히 증가했다.[174] 이제 마리아는 하느님으로부터 특전을 받은 인물로서 (그리고 일차적으로 하느님 아드님의 어머니로서만이 아니라) 유일무이한 위치를 점한다. 특히 영향력이 지대했던 프랑스 학파(École française) 아래서 그리스도와 마리아는 하나라는 사실이 크게 부각되었다. 그리하여 원래는 그리스도에게 적용된 특성과 수식어가 거의 모두 마리아에게도 적용되었다. (아무튼 생각해 볼 여지가 있는) '마리아, 교회의 어머니'라는 칭호는 계속 퍼져 나갔지만, 이는 조직신학적 측면에서 교회와의 연관성 없이 그렇게 진행된 것이었다.[175] 이와 관련해 루이 마리 그리뇽 드 몽포르(Louis-Marie Grignion de Montfort, 1673~1716)는 마리아가 '머리'와 함께 '지체'도 낳았지만, 이와 관련해서 교회로부터 나온 것에 대해서는 더 이상 아무런 언급이 없다는 것에 대해서 강조

다른 그리스도인들 가운데 탁월하다(탁월성의 원칙). 마리아는 모든 것 안에서 그리스도를 닮았다(유사성의 원칙). 전능하신 하느님께서는 마리아 안에서 탁월한 일을 할 수 있으셨고 또 그렇게 하셨다(관습의 법칙)."

174) 이에 관해서는 다음 글을 참조하라: W. Speyer, "Der Verfall des Marienbildes in der westlichen Kunst der Neuzeit", in: P.L. Hofrichter(Hrsg.), *Auf der Suche nach der Seele Europas. Marienfrömmigkeit in Ost und West*, Innsbruck-Wien, 2007, pp.219~237.

175) 여기서는 사람들이 근대의 학문적 이상에 연결된, 증대되는 합리주의적 신학에서 더 이상 예형과 상징의 본질을 이해하지 않았다는 것도 작용했을 것이다. 이로써 마리아와 교회의 적절한 관계를 규정하기 위한 문이 먼저 닫혀 버렸다.

할 수 있다고 했다. 마리아는 (하느님 아버지의 또는 그리스도의) '신부'라는 주제로 더 많이 다루어졌다.

신학적 측면에서 볼 때 종종 광신적이고 무비판적인 과도함에 기인하고 있는 마리아론에 대한 이러한 추세는 특히 바로크 및 로코코 시대에 (대개는 계몽된 철학과 신학의 단계를 지나서) 경건하고 열성을 지닌 대중들에 의해서 공경의 형태로 바뀌었다. 따라서 사람들은 19세기 중반부터 '마리아의 전성시대'에 관해 이야기했다.

마티아스 요셉 쉐벤(Matthias Joseph Scheeben)은 마리아론이 더 새롭게 전개되면서, 이제 탁월한 위치를 점했다고 말한다. 그에 관해서 칼 바르트는 이렇게 말한다. "(그는) 독일어권에서 근대에 로마 가톨릭교회가 낳은 가장 위대한 신학자이다."[176] 쉐벤에게 있어서 마리아와 교회의 관계는 다시 마리아에 대해 포괄적 시야를 지니는 토대가 된다. 삼위일체론의 관점에서 그는 마리아를 '아버지의 딸' '그리스도의 신부'(또는 '그리스도의 어머니' 내지 '신부인 하느님의 어머니'),[177] '성령의 성전'으로 묘사한다. 마리아는 "자신의 기본적인 중개 행위, 구세주를 잉태하는 데 동의함으로써 인간과 그리스도를 유일하게 중개하는 위치에 있음에 근거하여" 그러한 존재로 비친다. "인류에게 구원의 은총을 선사하면서

176) K. Barth, "Brief an J. Scheiwiller vom 22.1.1944". 이는 다음 책에 언급되어 있다: E. Busch, *Karl Barths Lebensbrief*, München, 1975, p.428.

177) '신부인 하느님의 어머니'라는 칭호는 쉐벤〔*Handbuch der katholischen Dogmatik*, Bd. III, Freiburg i. Br., 1925(=1882), p.489 이하〕에게 마리아론의 가장 중요하고 본래적인 핵심이다. 하느님의 아드님이 마리아의 품으로 들어가는 것은 영적-정신적 혼인과 다름없다. 이 혼인 안에서 하느님의 아드님은 육에 따르면 그분의 아드님이고, "영에 따르면 그분의 영적 신랑이다"(*Ibid*., p.492, Nr. 1590).

그리스도 옆에서, 그리고 그리스도 아래서 구원의 실제적이고 효과적인 중개자로서"[178] 말이다.

그러나 마리아는 동시에 교회의 원형이자 본보기다. 마리아는 "자신 안에서 교회의 생각이 원래 그리고 가장 완전한 방식으로 실현되었기에 교회의 본보기다. 마리아는 동시에 교회에 속하고 뿌리이자 심장으로서 교회의 중심 지체를 이루기에, 그리스도 옆에 서 있는 초자연적 원칙으로서의, 교회의 사고 역시 가장 구체적이고 살아 있는 형태를 유지한다."[179]

간략히 말하자면, 마리아는 "자신 안에서 구원의 은총을 중개하는 교회를" 대리한다. 그럼에도 마리아와 교회가 완전히 일치하는 것은 없다. 마리아의 모성과 교회의 모성은 "하나로 합류한다. (…) 그렇지만 그다음에 마리아의 모성은 늘 교회 모성의 뿌리와 영혼을 형성한다. 따라서 마리아의 모성이 교회 안으로 들어가 작용해야만 교회가 생겨나고 영향을 미칠 수 있다." 그렇지만 둘은 "모든 방면에서 상호 관계를 이루거나 오히려 성삼위의 '상호 내재'(Perichorese) 관계를 이룬다. 둘 다 상대 안에서만, 그리고 상대와 함께 인식될 수 있는 내적 결속과 유사성을 이루는 것이다."[180] 사람들이 여기서 '성삼위의 상호 내재 관계' 개념을

---

178) Scheeben, *Handbuch*, p.624, Nr. 1834.

179) *Ibid*., p.504, Nr. 1613.
'그리스도 옆에 서 있다'는 사고에 대해 쾨스터(*Magd* 1947, p.67)는 이의를 제기한다. 쉐벤에게 있어서 신부인 마리아가 교회에 협력한다는 것은 '보완하는 성격'을 지녔기 때문이라는 것이다. 그러나 교회의 신앙은 그리스도의 구원하는 힘과 행위의 독점성과 충분한 자족(自足)을 내포한다는 것만큼 더 분명한 것은 아무것도 없다.

180) *Ibid*., pp.614. 618, Nr. 1811. 1818~1819.
쉐벤은 '공동 구원자'라는 칭호를 문제가 있다고 여긴다는 점도 언급되어야 한다. 이 칭호는 간결하다는 장점이 있지만, 그리스도와 동등한 위치에 놓을 수도 있을 것이다. 이런 까닭에 그는 '구원 사업에서 구세주의 협력자'(adjutrix redemptoris in redemptione)라는 칭호를 선호한다. *Ibid*., pp.594~595, Nr. 1775~1776을 보라.

진지하게 받아들인다면, 이는 마리아가 교회 안에서, 그리고 교회는 마리아 안에 있고, 이 둘은 서로 묘사하고 대리한다는 것을 의미한다.

여기서 마치 목판화를 그리듯 짧게 기술된 쉐벤의 사고는 20세기에 큰 주목을 받았고, 제2차 바티칸 공의회 이후에야 다소간 자취를 감추게 되었다.

2.4. 제2차 바티칸 공의회에서 전개된 토론과 전환점

2.4.1. 제2차 바티칸 공의회 이전의 신학적 상황

2.4.1.1. 전반적 특징들

마리아론과 관련해서 지난 두 세기를 돌아보면, 무엇보다 구원을 위한 마리아의 중요성(은총의 중개, 공동 구원자)에 초점이 맞춰졌음을 알 수 있다. 이는 대중이 주체적 감정을 지니고 마리아 공경을 했기에 태동한 것으로, 꽤 '자유롭고 유동적인' 신학에서만 아니라, '어떤 말로도 마리아에 대해 결코 충분하게 설명할 수 없었다'라는 원칙을 고수하며 사변적인 색채가 짙었던 신학에서도 드러난다. 20세기 초반에야 비로소 그 안에 결여되었던 점이 밝혀졌는데, 그것은 마리아 문헌에 대한 역사비평적 해석과 진지하게 맞대면하는 것, 그리고 지금까지 옹호된 마리아에 관한 가르침과 실제 이루어지는 신심을 비판적으로 검증하는 것이었다. 그러고 나서 제2차 바티칸 공의회 이후에야 마리아에 대한 온갖 과열 현상에 맞서 '단순화하고 정화하고자 하는' 반대편의 움직임이 맹렬히 일어났다.[181)]

'마리아의 승천'(Assumptio Mariae, 제1권 제5장을 보라)이 교의로 제정되면서 마리아에게 새롭게 관심을 기울이게 되었고, 이 작업은 '기이하게' 진행되었다. 왜냐하면 이 교의에 관한 회칙은 마리아를 유일한 인물로 묘사하려 했고, 이로써 '특권 신학'의 틀에 서 있기 때문이다. 특히 마리아와 교회의 관계에서 그러하다. 이에 관해 알로이스 뮐러는 1956년에 다음과 같이 설명했다. "시간이 지나면서, 거의 무(無)로부터 그리고 동시에 곳곳에서, 몇 해 전부터 마리아와 교회의 관계에 대한 문제가 혜성처럼 등장했다."[182] 더 정확히 바라본다면, 이와 관련된 한 가지 문제는 마리아와 교회를 근본적으로 배열할 때, 교회의 우위성을 내려놓지 않고 마리아를 다시 교회보다 부각시키지 않고서, 마리아의 우위성과 '특권'을 지키는 것이었다. 이 문제 역시 공의회를 앞두고 신학적 논쟁이 벌어졌다. 이 논쟁은 루르드에서 마리아를 주제로 다룬 회의(1958)에서 격화되어,[183] 만장일치의 결과는 얻지 못했다. 이른바 마리아에 대한 교회의 예형론적 견해가 이른바 마리아에 대한 그리스도 예형론적 견해에 맞섰던 것이다. 이 전문 용어는 하인리히 마리아 쾨스터에 의해서 도입되었다.[184]

이와 연관되고, 루르드에서도 다룬 두 번째 문제 역시 만장일

181) 이에 관해서는 다음 책을 보라: J. Ratzinger, "Das Problem der Mariologie", in: *ThRv* 61(1965), pp.73~82, 여기서는 p.75.

182) A. Müller, "Fragen und Aussichten der heutigen Mariologie", in: J. Feiner / J. Trütsch / Fr. Böckle(Hrsg.), *Fragen der Theologie heute*, Einsiedeln u.a., ^{3}1960, pp.301~318, 여기서는 p.308. 저자는 다음과 같이 말을 잇는다. "이는 성급하다는 것, 이렇게 전개하는 것은 갑작스럽다는 것을 보여 준다. 10년 전에는 마리아 문헌에서 그에 관해 아무것도 발견하지 못했다."

183) 이 회의에서 발표된 논문들은 나중에 16(!)권으로 출간되었다: *Maria et Ecclesia. Acta Congress mariologici mariani in civitate Lourdes*, 1958, 16 Bände, Rom, 1959~1962.

184) 이에 관해서는 다음 글을 보라: Fr. Courth, "Der mariologische Beitrag von H.M. Köster", in: *Mar.* 48(1986), pp.170~178, 여기서는 pp.172~173.

치의 결과를 얻지는 못했다. 마리아는 객관적 구원에 있어서 그리스도 편에서 함께 영향을 미쳤느냐 아니면 주관적 구원에 있어서만, 그러니까 오직 그리스도만을 통하여 개개인에게 이루어진 구원을 중개할 때에만 영향을 미쳤느냐는 질문이 제기되었던 것이다. 이와 연관해서 즉시 새로운 질문이 제기되었는데, 이러한 중개는 정확히 어디서 이루어지느냐는 것이었다. 이 질문은 마리아를 주제로 다룬 회의를 혼란으로 빠트렸고, 이른바 마리아 시대의 종식을 알렸다. 그러고 나서 '마리아와 관련된 문제'[185]라는 주제로 제2차 바티칸 공의회 안으로 들어갔다.

이에 관해 계속 언급하기 전에 공의회 이전에 마리아가 구원의 중개자라는 사실과 관련된 긴박했던 문제를 더 상세히 다루겠다.

2.4.1.2. 공동 구원자로서 마리아에 관한 토론들

마리아가 하느님의 (객관적) 구원 사업에 참여했다는 것(적어도 마리아가 하느님 아드님의 어머니가 될 준비가 되어 있었다는, 구원의 전제 조건을 이루는 데 협력했고 이런 맥락에서 구원을 중개했다는 의미에서)은 아무리 늦게 봐도 이미 이레네우스에게서 밝혀졌다. 이를 넘어 마리아는 (주관적) 구원을 얻는 데에도 역할을 한다는 것(적어도 사람들을 위해 마리아가 '대변'한다는 의미에서)은 '성인들의 통공'과 연결

185) 이 핵심어는 르네 로랑탱이 도입한 것이다. 이에 관해서는 다음 책을 보라: R. Laurentin, *Marianische Frage*.

된 그녀의 특별한 위치로부터 결과로 나온 것이다. 이러한 관점에서 마리아는 (모든 성인과 교회 전체와 개개인도 그렇게 할 수 있는 바와 같이) 하느님께 다른 이들을 위한 구원을 간청한다.[186] 그렇지만 마리아의 정확한 '구세사적 위치'와 관련해 이렇게 모든 신학자의 다양하고 갈라진 입장에서 여전히 결정적인 질문들은 열려 있다.

근대부터는 강조점이 오히려 마리아가 엄밀한 의미에서 '객관적 구원'에 (다시 말해 이 구원이 그리스도의 십자가 죽음에서 실현되는 한) 참여했는지, 따라서 마리아가 엄격한 의미에서 '공동 구원자'(corredemptrix)인지에 대해 궁금해 하는 질문에 놓이게 되었다. 대(大) 알베르토(알베르투스 마그누스)와 보나벤투라의 주장에 몇 가지 근거를 둔 채, 이 문제는 일련의 신학자들에 의해 19세기와 20세기(21세기에 들어와서도 여전히!)[187]에 받아들여졌다. 마리아는 그리스도에게 종속되었고 완전히 의존하지만, 구원에 실제적으로 영향을 미쳤다는 의미에서 공동 구원자다. 십자가 아래서 아들의 희생에 함께 고통당하고 그것을 받아들였기 때문이다.[188] 이 신학자들에게는 요한 복음서 19장 26절 이외에 창세

186) 여기서 마리아의 이러한 청원은 "개별적이고 간헐적인지", 즉 그때그때마다 "현실적으로" 생각될 수 있는 것인지, 또는 "존재와 결부된" 것인지, 다시 말해 "어머니와 아들이 항상 결속된 것으로부터 싹트고 마리아의 전 존재를 요구하는" 것인지는 우선 열린 채로 있다(Scheffczyk, *Mittlerschaft*, p.319).

187) 이렇게 확신하는 몇몇 대표자가 다음 글에 언급되어 있다: K. Rahner, "Probleme heutiger Mariologie", in: *WW* 9, pp.681~703, 여기서는 p.682. 최근의 상황에 관해서는 다음 글을 보라: A. Villafiorita Monteleone, "Die Mitwirkung Marias an der Erlösung: status quaestionis der neueren Diskussion", in: *FKth* 29(2013), pp. 22~36.

188) 마리아의 협력에 관한 이러한 사고가 구체화되면서 결국엔 과도한 수준까지 이르렀다. 그리하여 비오 9세의 조언자인 조반니 벤투라(Giovanni Ventura, †1861)의 글들이 널리 알려졌다. 그에게서 예수가 마리아를 통해 '함께 십자가에 못 박혔음'이라는 사고를 급진화하면서 마리아는 구원 협력자라는 사고가 발견된다. "마리아는 예수를

기 3장 15절(여자가 뱀을 물리침)도 중요한, 심지어 결정적 역할을 한다. 이 신학자들 가운데 몇몇은 레오 13세부터 비오 12세에 이르기까지 교황들이 공포한 가르침을 자신들의 방향으로 해석하려고 시도하기도 했다.[189)]

다른 신학자들〔가령 베른하르트 포슈만(Bernhard Poschmann), 하인리히 렌너츠(Heinrich J.W. Lennerz), 프란츠 디캄프(Franz Diekamp), 모리스 드 라 테이(Maurice de la Taille)〕은 이러한 입장에 대해서 격렬하게 반대한다. 그에 대한 신학적 논거가 불충분하고, 따라서 예수 그리스도가 유일한 중개자임은 명료하지 않으며, 그 자신이 구원받는 대상이었던 마리아가 이 구원의 원인이 될 수는 없다는 것이다.[190)]

포기함으로써 그를 십자가에 못 박고 죽게 했다. 그리고 마리아의 아들이 아니라, 우리 죄인들은 어머니의 이러한 고결한 태도로부터 유익을 얻었다"(인용: Dittrich, *Mater*, p.380). 쾨스터(*Magd*, p.135)는 당시의 경향을 이렇게 요약한다. "마리아가 그리스도와 활동하면서 이루는 단일성은 (일련의 신학자들에 따르면) 진실성 있게 여겨진다. 따라서 지각하는 것은 도구적 원인인 마리아를 주요 원인인 그리스도와 구분하는 것에 반대된다. (…) 그리스도와 마리아는 서로 뒤섞여 활동한다." 이렇게 규정하는 것에 맞서 그(*Ibid.*, pp.137~147)는 올바르게 탁월한 사고를 전개하고, 자신의 해결책(위를 보라)을 제시한다.

189) 이와 관련해서는 다음 두 문헌을 참조하라: H. Seiler, *Corredemptrix. Theologische Studie zur Lehre der letzten Päpste über die Miterlöserschaft Mariens*, Rom, 1939, pp.51~98; Köster, *Magd*, pp.131~132. 여기서 한 가지 예만 들겠다. 비오 12세는 회칙 「신비체」(*Mystical dorporis*, 108항, 독일어 번역본: Luzern, [6]1956, p.45)에서 마리아는 '둘째 하와'로서 아들이신 하느님을 십자가 아래 제물로 바쳤다고 언급한다. 그렇지만 이렇게 언명했음에도 비오 12세는 '공동 구원자'(corredemptrix) 칭호에 대해서는 매우 유보적인 태도를 취했다. 이에 관해서는 다음 책을 보라: Laurentin, *Urbild*, pp.332~333. 비오 12세의 개인 비서인 예수회원 로베르트 라이버(Robert Leiber SJ)는 이와 관련하여 훗날 다음과 같이 말했다. 중개자와 공동 구원자라는 칭호와 관련해 "비오 12세 교황은 서거하기 몇 주 전에, 루르드에서 마리아론에 관한 회의가 끝난 직후에 두 가지 문제는 지극히 불명료하고 아직 때가 아니라고, 자신은 재임하는 동안 그에 대해 입장을 표명하기를 의식적으로, 의도적으로 피했다고 밝혔다. (…) 교황은 이러한 태도를 바꾸겠다고 생각하지 않았다"(인용: Mühlen, *Una mystica*, pp.466~467).

190) 그레고리오 대학교에서 재직한 나의 은사님도 그렇게 생각했다. 다음 글을 보라: Juan Alfaro, "Significatio Mariae in Mysterio salus", in: *Greg* 40(1959), pp.9~37, 여기서는 pp.35~36.

이런 대립적 상황에서 하인리히 마리아 쾨스터가 중요한 중재안을 제시했고,[191] 이에 대해 르네 로랑탱은 "그것은 독일 신학을 대표하는 가장 탁월한 작품"[192]이라고 말한다. 그렇지만 칼라너는 중대한 논증을 제시면서 이에 대해서 의문을 제기했다. 이러한 논쟁은 모범적 성격을 지니고 있기에 조만간 해결될 거라 생각되었다.[193]

쾨스터는 어머니인 마리아가 객관적 구원에 협력했음은 확신하지만, 그리스도가 유일한 중개자임은 (이를테면 마리아는 그리스도의 구원 활동에 참여한다고 생각함으로써) 결코 왜곡하지 않는다. 따라서 그는 말하자면 마리아에게 줄 '자리'를 '찾는다.' 이 자리는 이미 그리스도의 활동에 의해 '점령'되지 않았지만, 마리아가 주관적 구원에 협력했음(그러니까 개개인을 위해 구원을 받아들인 것)만을 말하는 것이 아니다. 이 '자리'는 그리스도와의 관계에서 마리아의 "아주 상이한, 바로 상반되는 구세사적 역할"을 명료하게 해야 한다. 쾨스터가 찾은 '자리'는 하느님께서 당신의 구원 활동에서 개개인에게만 아니라 인류 전체에게, 그리고 이어서 개인에게도 향하신다는 것을 인식할 때 비로소 볼 수 있다. 이러한 (개개인에게 영향을 미친 것에 근거한) 가정에 비추어 보면, 마리아는 오직 그리스도만을 통하여 이루어진 구원을 받아들이기에 전 인류의 대리자다. 그러나 마리아를 통해서 이렇게 받아들여진 것은 개인의 주관적 수용에 선행되기에, 그것은 '객관적'

---

191) 쾨스터(*Magd* 1947, ²1954)는 이어서 깊이 있고 범위를 넓혀 내용을 펼친다: in: ders., *Unus Mediatior, Gedanken zur marianischen Frage*, Limburg, 1950.

192) Laurentin, *Mutter Jesu*, p.130.

193) 이에 관해서는 다음 책을 참조하라: D. Matuschek, *Konkrete Dogmatik. Die Mariologie Karl Rahners*, Innsbruck-Wien, 2012, pp.252~258.

구원 사건에 속한다.

라너는 쾨스터의 입장을 다음과 같이 요약하고〔라너는 그의 책 『주님의 종』(*Magd des Herrn*) 제1판에 나오는 문장들을 인용한다〕, 자신이 비판한 점도 기술한다.

> 마리아는 "〔쾨스터에 따르면〕 구원에 작용하지 않고, 근본적으로, 처음으로 그리고 모든 것을 포용하면서 인류를 위한 구원의 문을 연다. 인간에 대한 하느님의 적극적인 구원 행위는 그리스도에 의해서 수행된다. 마리아는 인류 편에서는 구원을 수동적으로 받아들이는 행위, 구원 사건의 인격성과 양극성 때문에 동등하게 필요한 인격적 행위를 수행한다. 그리스도는 하느님 편에 서 계신다. 마리아는 정점으로서 인류 편에 서 계신다. '마리아는 객관적 구원의 영역에서 인류 전체를 위하여 그 일을 수행한다. 이는 개개인이 주관적 구원의 영역에서 성사를 받으며 자기 자신을 위해 일을 수행하는 것이다. 개인 하나하나가 사효성을 지닌 성사(opus operatum)를 받는 주체라는 사실, 그리고 성사적 효과가 실현되도록 그에게 요구된 수용 의지가 반대될 경우에 말이다'(321). 마리아는 (…) '정점이다. 즉 계약의 역사에서 구원을 위한 하느님과 인간의 만남에서 인격적으로 마주하는 것이 정점에 이른다'(153). 그런데 (라너는 여기서 비판을 가한다.) 어떻게 마리아가 이 정점일 수 있을까? 다시 말해 인류가 '인격적으로 마주하는 것'(Personalpol)은 왜 이미 그리스도를 통하여 온전히 이루어지지 않았을까?"[194]

[194] Rahner, *Probleme*, pp.684~685.

라너는 이 마지막 결정적인 문장에서 쾨스터의 입장을 비판한다. 쾨스터의 견해에 따라서 예수 그리스도를 바라보는 시각에는 숨겨진 단성론적 경향이 드러난다는 것이다.[195] 라너는 이렇게 묻는다. "신적인 인격이 그에게 어떤 가능성을, 즉 인간을 향한 하느님의 은총 가득한 사랑의 움직임에 대해서 그의 본성을 통해 우선적으로, 그리고 결정적으로 '예!'라고 말할 수 있는 가능성을 없애 버리는가?"[196] '위격적 일치'(hypostatische Union)는 하느님께서 우리의 '곁'에도 서 계신다는 것을 의미하지 않는가? 하느님께서도 인류의 '정점'에 계시지 않은가? 마리아 역시 그렇지 않은가? 이러한 비판에 대해 쾨스터는 이의를 제기한다. 구원이 필요한 인류의 정점에 구세주가 위치해 계시고, 이런 상태에서 인류는 구원을 받아들이거나 거부할 수 있다는 것이다.[197]

라너가 두 번째로 비판하는 점은 이렇다. 쾨스터는 '대리자'(Stellvertreterin)인 마리아 안에 인류 전체의 자유 행위가 존재하고,

---

195) 이에 비추어 보면, 쾨스터는 예수의 독자적인, 인성적 '자아'를 알지 못한 것이다. 실제로 쾨스터(*Magd*, p.313)는 이렇게 기술한다. "예수의 인성은 그것에 적어도 심리적 독자성을 부여하려는 모든 시도를 반대한다. 자신의 뜻에 따라서가 아니라 한 위격의 뜻에 따라서 그런 것이다. 그 위격이 활동하는 것은 하느님이 활동하시는 것이다." *Ibid*., p.112도 보라.
라너에 이어서 특히 포슈만(B. Poschmann)과 레츠〔Rez, in: *ThR*(1948), pp.44~46〕, 발타사르(*TD* III, pp.329~330)가 쾨스터를 비판한다. (물론 이들은 라너보다 더 신중을 기하고 라너 자신도 비판한다.) 다음 책에 다른 저자들이 언급되어 있다: Hartmann, *Magd*, p.112 이하.
수에넨스(L.-J. Suenens) 추기경은 다음과 같이 구분 지으면서 독자적 방식으로 논쟁을 벌인다. "천사에게서 예수의 탄생 예고 소식을 들으면서 마리아는 참으로 인류의 대리자가 된다. 마리아는 신약성경에서 인류의 이름으로 '예' 하고 응답한다. 여기서 마리아는 실제로 하느님과 인간 사이에 서 있다. 이와 달리 골고타에서는 그리스도가 인류를 대리하고, 자신을 제물로 바친다. 예수가 중개자임은 어머니 마리아가 중개자임을 포함한다. 마리아의 희생은 아들의 희생 안에서 명료해진다"(*Maria im Plan Gottes*, Freiburg, 1963, pp.109~110).

196) Rahner, *Probleme*, pp.685~686.

197) Cf. Köster, *Magd*, p.115.

각 개인은 자기 자신을 위해 이 행위를 다시 한번 되풀이해야 하거나, 혹은 '용인'해야 하더라도, 마리아 옆에서 모든 이가 참여한다고 가정하게 된다는 것이다. 그러나 라너에게 이는 "동의할 수 없는 생각"이다.[198] 그에게 한 사람이 다른 사람 편에서 자신의 구원을 '받아들인다는 것'은 있을 수 없다.

그런데 (라너에게 반문한다면) 구약성경에서 이미 하느님과 인간의 관계는 계약의 관계이고, 거기서는 (신랑과 신부라는 상징어로 표현되어) 하느님의 백성 내지 인류는 모두 계약을 맺으시려는 하느님과 마주 보고 서 있고, 더 정확히 말하면 때로는 특별히 위임받은 '대행인들'(Agenten) 안에서 그렇지 않은가?[199] 이 말은 교회에도 적용되어, 교회는 그러한 '집단적 인격'으로서 그리스도 맞은편에서 "자신의 가장 탁월한 지체인 마리아를 통하여 대리되지 않을까?"[200]

그렇지만 만일 마리아를 통한 이러한 '대리'가 '구원을 받아들이는 것'이라고 우리 모두에게 이해된다면, 라너에게 그러한 '대리'는 가능하지 않다. 이로써 라너는 〔『한 분이신 중개자』(*Unus Mediator*)에 대한 그의 서평에서〕 이미 자신만의 해결책을 암시한다. '구원을 받아들이는 것'이 그렇게 이해된다면, 이는 다른 사람의 자유로운 행위를 대체하는 것이 아니라, 오히려 다른 사람들을 위해 새로운 객관적인 행동 가능성을 열어 주려는 현실적인 것을 확립하는 방식이라고 이해된다. 마리아는 바로 그것을 행한다. 하느님 아드님의 어머니가 되고, 그리하여 하느님께서

---

198) Rahner, *Probleme*, p.698.

199) Cf. Köster, *Magd*, p.116 이하.

200) Cl. Dillenschneider, *Le Mystère de la corédemption mariale. Théories nouvelles*, Paris, 1951, p.132.

모든 사람을 구원하시기 위해 이 세상에 오실 수 있도록 "예!"라고 응답하면서 말이다.[201] 라너는 이렇게 말한다. "마리아 안에서 그리고 마리아의 자유를 관통하여 하느님의 핵심적 행위가 이 세상에서 이루어졌다. 아드님이 강생하시면서 하느님은 이 세상을 받아들이셨고, 이는 취소할 수 없는 일이 되었다."[202] 이제 우리가 두 가지 관점에서, 즉 하느님의 강생과 십자가에서의 구원 사건은 동일한 사건에 속한다는 것, 그리고 마리아는 자신이 하느님의 어머니임을 받아들이면서 무조건 이루 헤아릴 수 없는 것 속으로 들어갔으며 마리아의 이러한 희생은 십자가 옆에서도 뒤로 물러서지 않았다는 것에서 출발하면, 십자가에서의 구원 사건에 마리아가 협력한 것은 수많은 개개인을 받아들인 행위를 통해 이루어진 게 아니라, 마리아가 신앙으로 "예!" 하고 응답함으로써 구원의 전제 조건을 수용한 것을 통해 이루어진 것이다. 마리아의 "예!"는 사람들을 구원하는 것이 아니지만, 그것은 실제적 구원을 가능하게 하는 것의 일부가 된다.[203] 그러나 이렇게 구원이 가능한 것은 하느님을 통하여 이루어지므로, 마리아는 구원을 받아들일 준비를 할 수 있게 된 것이다. 동시에 마리아는

---

201) Rahner, *Probleme*, p.737 이하. 라너도 이와 유사하게 생각한다(*Mut*, pp.21~22). 마리아는 "은총을 받은 이가 아니다. 마리아는 중개자가 아니다. 그러나 은총과 중개자임을 자유로이 받아들인다. 이렇게 받아들임은 우리 모두를 위해 구세사에서 단 한 번에 〔'예수의 탄생 예고' 장면에서〕 이루어졌다."
이에 맞서 구원은 먼저 전 인류를 대신하여 마리아에게서 이루어지기에 하느님은 다른 사람들에게 구원을 베풀지 않으신다고 사람들이 말한다면, 이는 라너에 따르면 "공동 구원자에 관한 이론이다. 왜냐하면 그것은, 하느님께서 십자가 아래서 마리아가 보인 숭고한 행위도 그러한 행위로 (여기서도 '받아들임'을 언급한다면) 바라보시는 한 하느님께서 품으신 구원 의지는 실현될 것임을 말하기 때문이다. 인과 관계의 질서에서 그리스도는 더 이상 유일무이한 중개자가 아닐 것이다. 오히려 마리아가 하느님께서 베푸시는 구원의 틀에서 (단지 종속될지라도) 부수적 원인일 것이다."

202) Rahner, *Assumptio*, pp.256~257.

203) Cf. Rahner, *Assumptio*, p.264.

"인류 구원을 위한 절대적이고 급진적인 인물이다. (…) 따라서 마리아는 구원받은 이와 교회의 원형이다."[204] 이와 관련해서 마리아는 구원의 전체 여정에서 중요한 것을 "가장 잘 표현하고 실현하는 인물"이다. 다시 말해 개개인의 사적인 구원은 "언제나 모든 이의 구원과 존재론적으로 결부되어 있고 이들에게 중요한 의미를 지닌다."[205] 달리 말하자면, 마리아가 완전히 구원되었고 은총을 충만히 받은 인물인 한, 마리아는 구원의 여정에서 보편적으로 통용되는 연대를 가장 높은 수준으로 실현한다. "모든 이는 모든 이에게 중개자다. 개개인은 하느님에게서 사랑받은 존재이기 때문이다. 개개인이 구원을 바라는 수많은 형제자매를 자기 옆에 두고 성인들의 통공 안에서 그들과 함께 결속되어 있는 한 말이다."[206]

사람이 되시어 우리 옆에 서 계시는 분은 그리스도이지, 우리의 구원을 위해 "예!" 하고 응답한 마리아가 아니라는 쾨스터의 견해에 대해 라너가 처음 비판한 것에 맞서서, 레오 쉐프칙의 다음과 같은 견해가 지지를 얻게 되었다. 즉 예수는 구원이 필요한 사람들에게 속하지 않았고, 그리고 구원을 받아들일 필요가 전혀 없었고, 받아들일 수도 없었다는 것이다.[207] 이것이 비록 빈약한 반대 의견일지라도, 한스 우르스 폰 발타사르가 지적했던 다른

---

[204] Rahner, *Maria*, p.518.
바로 이러한 견해를 쉐프칙이 다음 글에서 다시 비판한다: "Mariologie und Anthropologie", in: D. Berger(Hrsg.), *Karl Rahner: Kritischen Annäherungen*, Siegburg, 2004, pp.299~313. 그는 라너의 마리아론에 대해 "인간학으로 편협하게 이끌었다고, 인간과 과도하게 균등한 관계에 놓았다"라고 비난한다(p.313). 이로써 마리아의 특별한 위치가 평범해졌다고 비난을 가한다.

[205] Rahner, *Assumptio*, pp.294. 320.

[206] Rahner, *Maria*, p.564.

[207] Scheffczyk, *Mariologie*, p.302.

부분에서 더욱 중요하게 작용했다. 즉, 죄지은 사람들은 요한 복음서 1장 11절에서 이야기하는 것처럼, 그분의 강생을 기꺼이 받아들이지 않았다. "그분께서 당신 땅에 오셨지만 그분의 백성은 그분을 맞아들이지 않았다." 그러므로 강생을 결정하신 말씀(로고스)은 말하자면 마리아의 "예!"라는 응답 아래서 모든 이에게 해당될 수 있는 일종의 '예외'가 필요하셨다. "마리아는 모든 이와 함께 있다. 마리아는 '원죄 없이 잉태되었기' 때문이다. 그리고 이런 까닭에 마리아는 다정하게 모든 이에게 끝없이 향할 수 있으며, 그들과 나눌 수 있고, 또 무조건 연대할 수 있다." 마리아가 감사하는 마음으로 이 세상에 오시는 구세주에게 "예!" 하고 말한다면, 이는 결코 자신만을 위해서가 아니라 처음부터 모든 이를 위해서 그렇게 하는 것이다.[208] 그리스도는 인류 혹은 교회 편에만 서 계시지 않는다. 그분은 인류와 교회 맞은편에도 서 계신다. 그분은 교회의 신랑일 뿐만이 아니라, 동시에 교회의 신부이시다! 물론 교부들에게는 그리스도와 인류의 관계에 신랑과 신부의 표상만이 아니라, 다음과 같은 사고도 포함하고 있다고 미하엘 슈마우스는 말한다. "전체 인류가 그리스도의 인성 안에 통합되었다. 그리스도에 대한 양측의 해석은 긴장을 일으키지만, 그런 가운데 의견이 일치하면서 전체적인 그리스도의 표상이 완전히 보완된다."[209] 이렇게 단언하더라도 물론 뚜렷하게 밝혀진 것은 아무것도 없다. 문제는 열린 채 남아 있다.

---

208) *TD* III, p.331.
209) Schmaus, *Dogmatik* V, p.363.

2.4.2. 제2차 바티칸 공의회의 마리아론

「교회 헌장」 8장에 관한 **/참/고/문/헌/**

• J. Galot, "Maria, Typus und Urbild der Kirche", in: G. Baraúna(Hrsg.), *De Ecclesia*, Bd. II, Freiburg i. Br. - Frankfurt, 1966, pp.477~492; Mühlen, *Una mystica*, pp.468~478; J. Ratzinger, *Einleitung zu Konstitution über die Kirche*, Münster, 1966; O. Semmelroth, "Kommentar zum 8. Kapitel von Lumen Gentium", in: *LTh.Erg.* I, pp.326~347; R. Laurentin, *Mutter Jesu - Mutter der Menschen. Zum Verständnis der marianischen Lehre nach dem Konzil*, 독일어 번역본: Limburg, 1967; J. Ratzinger, "Die Ekklesiologie des Zweiten Vatikanums", in: *IkaZ* 15(1986), pp.40~52; I. Eggermann, *Die 'ekklesiologische Wende' in der Mariologie des II. Vaticanums und 'Konziliare Perspektiven' als neue Horizonte für das Verständnis der Mutterschaft Marias*, Altenberge, 1993; Hünermann, *Kommentar*, pp.263~582; Söll, *Mariologie*, pp.238~240; Lohfink / Weimer, *Maria*, pp.288~298.

신학적으로 볼 때, 제2차 바티칸 공의회는 마리아에 관한 완전한 가르침을 명확히 전개하려 하지 않았고(「교회 헌장」 54항 참조), 마리아론에 대해서도 더 새로운 어떤 것은 제시하지 않았다.[210] 그렇지만 이와 관련해서 논쟁이 벌어졌고, 결국엔 「교회 헌장」에 마리아에 관한 장을 넣게 되었다. 그리하여 신학과 신심 영역

---

[210] 공의회의 마리아론은 길고 폭넓게 다룰 수 없으며, 몇 가지 핵심과 관련하여 특히 이번 장의 주제 내에서만 다루겠다. 프랑스어권과 영어권에서는 제2차 바티칸 공의회에서 규정된 마리아론에 관한 문헌이 이루 헤아릴 수 없을 정도로 많은 반면, 독일어권에서는 더 새롭고 포괄적인 학술서가 여전히 부족하다. 서유럽권에서 나온 가장 중요한 저서들이 다음 책에 나와 있다: Forte, *Maria*, p.256. 독일어권에서 나온 관련 저서들은 다음 책에 나와 있다: Dittrich, *Mater*, pp.573~574. 공의회에서 마리아론을 놓고 벌어진 논쟁과 소동에 관해서는 다음 글에 짧게 언급되어 있다: K.-H. Menke, "Ein Spielball heftiger Kontroversen, Das mariologische Schlusskapitel der Kirchenkonstitution", in: *IkaZ* 43(2012), pp.652~668.

에서 자유롭고 새롭게 출발하는 (어떤 이들의 눈에는 새롭게 쇠퇴하는) 길이 열리면서 사람들은 종전과 다르게 냉철함과 집중하는 태도를 지니게 되었고 성경과 교부신학에 대해서도 비판적 입장을 취하게 되었다.

이러한 새로운 기본 입장은 다음과 같은 현상들에서 나타난다.

(1) 공의회는 다수의 주교(280~500명)가 원한 교의(모든 은총의 중개자로서의 마리아, 공동 구원자로서의 마리아, 교회의 어머니로서의 마리아)에 관해서 규정하기를 거부했다.

(2) 마리아의 중요성을 인식하게 된 상이한 두 관점, 즉 마리아를 그리스도 편에 세우면서 구원적 역할을 강조하는 관점(그리스도 예형론적 관점)과 마리아를 교회 편에 세우면서 인간학적 역할을 강조하는 관점(교회 예형론적 관점)에 직면하여, 공의회는 일종의 '결선 투표'에서 후자 쪽으로 결정을 내렸다. 이에 대한 가시적 표현은 공의회 문헌에 마리아에 관해 따로 언급하기를 거부하고, 대신에 「교회 헌장」에 마리아에 관한 진술을 넣기로 결정한 것이었다(겨우 17표를 더 얻어서!). 이 같은 결정을 두고 요셉 라칭거는 "공의회의 영적인 분수령"이라고 일컬었다.[211] 이로써 "마리아를 그리스도와 나란히 놓고 바라보는 것은 이제 분리되는데 (…) 교회의 영역에서 그 위상이 떨어졌기" 때문이다.[212] 바로 이런 까

211) J. Ratzinger, "Erwägungen zur Stellung von Mariologie und Kirchenfrömmgkeit im Ganzen von Glaube und Theologie", in: ders. / H.U. v. Balthasar, *Maria – Kirche im Ursprung*, Einsiedeln-Freiburg, ^{5}2005, pp.14~30, 여기서는 pp.16. 67~68.

212) Ditrich, *Mater*, p.675.

닭에 이른바 '마리아 시대의 막'도 내리게 되었다.

마리아에 관한 고유한 문헌이 거부되면서 '마리아, 교회의 어머니'라는 칭호도 거부되었다. 이를 놓고 공식적 투표는 시행되지 않았더라도 말이다. 그러나 주요 인물들(공의회 교부들 및 고문들)이 이에 맞서 발언했다(예컨대 로랑탱, 콩가르, 칼 라너, 필립스 등). 마리아는 이러한 방식으로 교회 '위'에 있을 것이기 때문이라는 것이다. 따라서 그 칭호는 신학적으로 부적절할 뿐 아니라,[213] 교회 일치 차원에서도 부적당한 것이고, 해를 가져올 수도 있을 것이라 했다〔베아(A. Bea)〕. 나아가 동방교회에서는 그 칭호를 전혀 모를 거라고도 했다〔멜키트 지역의 총대주교 막시모스 4세 세이그(Maximos IV. Saigh)〕.

바오로 6세 교황은 전혀 다른 견해를 지지했다. 그는 한편으로 조심스럽게 삼가면서도, 다른 한편 분명한 태도를 보이면서 공의회 문헌에 '마리아, 교회의 어머니' 칭호를 받아들이도록 힘썼다. 그렇게 되지 않자, 교황은 독자적으로 1964년 11월 21일에 「교회 헌장」(*Lumen Gentium*)을 장엄하게 공포하면서 마리아를 '교회의 어머니'로 선언했다. 이는 공의회에 참석한 소수 임원에게는 일종의 화해 행위이기도 했지만, 교황의 개인적 확신의 표현(또는 그 이상)이기도 했다.[214]

---

213) 몇몇 신학자는 이런 맥락에서 (추측하건대 아주 진지하지는 않게) 이미 프란치스코 살레시오와 코르넬리우스 데 라피데(Cornelius de Lapide)에게 떠오른 생각, 곧 마리아가 교회의 어머니이고 교회는 우리의 어머니라면 결과적으로 마리아는 우리의 '할머니'라는 생각을 되풀이한다.

214) 이 점에서 바오로 6세(와 다른 많은 공의회 교부들)가 교회 제도와 마리아의 위치에 대한 견해에서 구조의 유사성이 있다고 보는 것은 주목할 만하다. 바오로 6세는, 교황은 교회 '안'에는 물론 교회 '위'에도 있다는 것에 최상의 가치를 두었듯이, 마리아에게도 교회 '안'에서만 아니라 교회 '위'에서의 역할도 부각시키려 했다. 이에 관해

(3) 비록 두 가지 관점, 곧 그리스도 예형론적 관점과 교회의 예형론적 관점은 그 자체로 두 가지 상이한 신학적 입장을 지니고 있더라도, 교회와 신학과 신심에서 마리아 위치의 중요성에 관한 견해에 있어서는 그 두 가지 관점이 서로 긴밀히 연관되었다. 마리아론에 대해 그리스도 예형론적 입장은 실제로(!) 다수가 지지했고, 교회의 예형론적 입장은 소수가 지지했다. 특히 이런 까닭에 많은 '그리스도 예형론 지지자'는 「교회 헌장」에 마리아에 관한 진술을 넣을 때, 마리아를 그리스도 아래 놓고 마리아의 중요성과 그녀에 대한 '공경'을 제한해야 한다고 여겼다. 그리고 이는 어느 정도는 옳은 점이 있기로 하다. 공의회에서는 마리아를 교회의 빛에서 바라본 것이지, 교회를 마리아의 빛에서 바라본 게 아니고, 따라서 마리아와 교회의 상호 관계를 주제로 삼지는 않았기 때문이다.[215] 그리하여 교회의 예형론적 관점 쪽으로 결정이 내려진 것은 실제로 동시에 '어떤 말로도 마리아에 대해 결코 충분하게 설명할 수 없었다'(De Maria numquam satis)[216]라는 원칙을 거부하는 것이었다. 그 대신에 (아힘 디트리히가 정확히

서는 다음 책들을 보라: Laurentin, *Mutter Jesu*, pp.15~16; Dittrich, *Mater*, pp.861~862.

215) 이러한 움직임은 공의회 이후에야 싹텄다. 예컨대 라칭거(*Ecclesiologie*, p.52)는 마리아에 관한 공의회의 진술을 외침의 표지로 이해하고 다음과 같이 확신한다. "교회는 기구가 아니다. 교회는 단순히 제도가 아니다. 또한 다른 사회적 기구도 아니다. 교회는 인격이다. 교회는 한 여성, 어머니다."

216) 이 원칙은 특히 라틴계 문화권 출신의 수많은 공의회 교부들에게 중요한 역할을 했다. 그래서 콩가르는 어느 보고서를 작성하면서 마리아론에 관한 당시의 추세를 이렇게 기술한다. "매우 강력한 그룹들은 점점 더 많이 '제공'하는 데 지대한 관심을 기울였다. 따라서 그렇게 '제공'된 것은 서서히 점점 더 높이 쌓였다." 이어서 그는 "마리아론을 과장하고 극대화하는 곡예사들"에 관해 이야기한다. "(…) 더 많이 과장하기 위해서 이 곡예사들이 규정한 표현들이 〔준비하고 있는〕 텍스트에서 사용되었다": 인용: J.A. Komonchak, "Der Kampf für das Konzil", in: G. Alberigo / Kl. Wittstadt(Hrsg.), *Geschichte des Zweiten Vatikanischen Konzils*, Bd. I, 독일어 번역본: Mainz-Leuven, 1997, pp.189~401, 여기서는 p.294.

지적하듯이) "이제는 오히려 '마리아에 관해서는 아무것도 과도하게 말하지 마라'(De Maria ne quid nimis)는 원칙이 현대 신학의 표현이라 여겨지고, 전통적인 것은 마치 불편한 짐처럼, 그러나 교회 일치 운동은 주요한 기준으로 간주되었다."[217)]

이런 이유로 「교회 헌장」 60항에서도 그리스도는 중개자임이 크게 강조되었다. 어머니인 마리아의 사명을 언급했다고 해서 그리스도가 중개자임이 희미해지거나 약화되어서는 안 된다는 것이다. 「교회 헌장」 62항에 '중개자'라는 칭호가 나오지만, 실제적 신심 생활에 관해 단지 확인하고, 인용하는 정도의 진술처럼 보인다. 거기에 이렇게 명시되어 있다. "그 때문에 동정녀께서는 교회 안에서 (교회에 의해서가 아니라!) 변호자, 원조자, 협조자, 중개자라는 칭호로 불리신다."[218)] 이 중개자 칭호는 예수 그리스

---

217) Dittrich, *Mater*, p.675.

218) 뮐렌(*una mystica*, p.470)은 여기서 마리아에게 해당된 '역할'은 성경에서 "분명히 그리고 우선적으로 성령께 부합하는 것"이라고 언급한다. 따라서 그에게는 마리아에 대한 이러한 무비판적인 표현들에 있어서 마리아론의 영적 결여가 분명해진다.
라칭거(*Einleitung*, p.16)는 위에 언급된 공의회 텍스트를 다음과 같이 해석한다. "공의회가 마리아는 중개자로 부름을 받았다고 언급함으로써 이 용어는 정확한 신학적 개념의 중요성을 지니지 않는다는 것이 가시화되었다. 이 용어는 기도와의 관계에서 분리되어서는 안 되고 부적절한 실용성으로 옮겨가서도 안 되는 칭호다. (…) 다시 말해 그것은 마음의 말, 존경이 담긴 사랑의 말이다. 흔히 사랑의 말이 그러하듯, 사람들이 그 말을 추상적인 완전함 안으로 옮겨 놓고는 그 말을 신뢰하고 의미를 부여하며 과도함을 정당화할 (또는 적어도 변명할) 경우에 틀릴 수 있는 말이다. 그러나 성경의 엄격한 기준에 비추어 보면, 그 용어에는 의심할 여지 없이 과도함이 배여 있다."
"이와 관련해 나의 작은 경험을 소개하겠다. 1966년 박사 학위 취득을 앞두고 칼 바르트를 방문한 적이 있다. 그때 그는 라칭거가 쓴 바로 이 책을 책상 위에 펼쳐 놓고 읽고 있었다. 바르트는 그 책을 내게 보여 주었고, 그는 그것에 대한 내 생각을 물었다. 그리고 내 생각이 가톨릭 신자의 특별한 견해인지 또는 다른 신학자들도 지지하는지도 물었다. 그는 물론 제2차 바티칸 공의회의 마리아론을 비판했다. 공의회는 "마리아론 전체를 의무상 당연히 함께 자주 함께 떠올리게 하지만, 모든 중요한 진술들에서 마리아론은 명확하지 않거나 장식용으로만 필요로 했다"(K. Barth, *Ad*

도와 함께 한 단계 위에 설 수 없게 하거나, 같은 범주 안에 둘 수 없게 한다("connumerari numquam potest", 「교회 헌장」 62항). 이 칭호는 마리아가 "순전히 피동적으로 하느님께 이용당하신 것이 아니라 자유로운 신앙과 순종으로 인류 구원에 협력하신 것"(「교회 헌장」 56항)에 따른 것이다. 따라서 마리아가 협력함은 하느님과 그분의 구원 의지를 위해 자신을 내어놓는 것, 「교회 헌장」 58항에 명시되어 있듯이 '동의하는 것'이다. 이렇게 협력함은 물론 인류 전체에 보편적 영향을 미치기에, 마리아는 '제공하는 자'이기도 하다. 마리아는 자신이 받은 것을 계속해서 주고, 이로써 모든 믿는 이의 (영적인) 어머니가 된다(「교회 헌장」 63항 참조). 신학적 전통에서 흔히 간결하게 언급하듯이, 마리아는 '머리'의 어머니로서 한 몸의 '지체들'의 어머니이기도 한 때문이 아니다. 마리아는 몸의 머리이신 '영적 그리스도'의 어머니가 아니다. 오히려 마리아는 신앙 안에서 그리스도를 낳았기에 '믿는 이들의 어머니'인 것이다. 여기서 이미 인용된, 아우구스티누스의 중요한 말을 다시 한번 떠올려야 한다. "그리스도의 어머니는 전 교회다. 교회는 자신의 지체들인 신자들을 하느님의 은총으로 태어나게 하기 때문이다. (…) 영에 따르면 마리아는 우리의 머리이신 구세주의 어머니가 아니다. 마리아는 오히려 영에 따라서 그분에게서 태어났기 때문이다. (…) 분명히 (그리스도의) 지체들의 어머니시다. 저 머리의 지체인 신자들이 교회 안에서 태어나도록 사랑으로 협력하셨기 때문이다."[219] 이런 노선에서 마리아의 '협력'은

Limina Apostolorum, Zürich, 1967, p.66).

219) *De. s. virg.* 5~6(*BA* 3, pp.116~1117). 인용문의 끝 문장은 「교회 헌장」 53항에 나와 있다.

올바른 방식으로 다음과 같은 점으로부터만 이해될 수 있다. 즉, 사제직을 수행하는 하느님 백성이자 그 지체들의 개개인인 전 교회에 해당되고 요구되는 것, 곧 하느님의 구원 은총, 특히 신앙, 희망, 사랑을 받아들이고 서로를 위해 구원의 중개자가 되는 것으로부터만 이해될 수 있다. 서로를 위해 기도하고, 하느님 앞에서 대리자로서 투신하며, 하느님의 말씀을 전하고 성사를 받고 봉사하면서 그렇게 할 수 있다. 세례받은 모든 이가 그렇게 서로를 위해 포괄적으로 봉사하는 가운데 마리아의 중개자 역할과 모성은 교회와 관련하여 비로소 그 고유성을 얻게 된다.[220)]

마리아가 중요하게 다뤄진 몇몇 신학 분야에서는 중요한 위치에서 다뤄진 것과는 달리, 마리아가 공동 구원자 역할을 한 것에 대해서는 그 징후가 보이지 않는다. 「교회 헌장」 58항에 이렇게 명시되어 있다. "이렇게 복되신 동정녀께서도 (…) 십자가에 이르기까지 아드님과 당신의 결합을 충실히 견지하셨다. 거기에 하느님의 계획대로 서 계시어(요한 19,25 참조), 성모님께서는 당신 아드님과 극도의 고통을 겪으시며 당신에게서 난 희생 제물에 사랑으로 일치하시어 아드님의 희생 제사에 어머니의 마음으로 당신을 결합시키셨다." 그렇지만 이 대목은 단호한 표현들('결합' '함

220) 젬멜로트(*Kommentar*, p.338)는 다음과 같이 기술한다. 마리아의 협력과 중개 행위는 "구원된 모든 이에게 해당되는 저 구원을 위한 연대의 영역에 속하지만, 그리스도의 중개 영역에는 속하지 않는다." 그렇지만 제2차 바티칸 공의회 문헌에서는 마리아와 교회의 협력 관계가 불명료한 채로 있다. 게다가 「교회 헌장」 61항 끝부분에서 마리아는 "은총의 세계에서 우리의 어머니"라고 언급함으로써, 이것이 지속적이고 그때그때마다 '실제적' 모성 = 구원의 중개와 연관되는지 또는 그저 구세사적-일회적 역할과 연관되는지가 결코 명확하지 않다. 이에 관해서는 「교회 헌장」 62항에 불확실하게 나와 있다. "은총의 계획 안에 있는 이러한 마리아의 모성은 주님 탄생 예고에 신앙으로 동의하시고 십자가 밑에서도 흔들리지 않고 간직하셨던 그 동의에서부터 모든 뽑힌 이들의 영원한 완성에 이르기까지 끊임없이 지속된다."

께 고통을 겪다' '사랑으로 일치하다')을 사용함으로써, 다분히 의도적으로 뜻을 모호하게 한 듯하다. 아무튼 명료하지 않고 정확하지도 않다. 사람들은 마리아론에 대한 다양한 구상을 하나의 공통점 아래 두고자 한듯하다. 따라서 위 문헌에 나와 있는 '사랑으로 일치함' 같은 표현을 몇몇 신학자(특히 스페인 문화권 출신)는 마리아가 고통을 통해 그리스도의 구원 행위에 적극 협력했다고 여겼고, 반면에 다른 신학자들(쉐벤 견해를 따르는 다수)은 마리아가 '교회의 인격 안에서'(in persona Ecclesiae), '첫 번째 구원받은 이'로서 구원을 받아들였거나, 마리아가 십자가 아래 있는 것은 원래의 '예!'라는 응답을 고수했음을 말하는 것이라고 여겼다. 그러나 어느 경우이든 마리아의 협력과 관련하여 공의회에 참석한 이들 다수에게 다음과 같은 점은 명확했다. "교회의 원형인 마리아는 (…) 교회와 동일한 방식으로 그리스도 맞은편에 서 있고, 그분을 섬긴다. 그러나 머리이신 그분처럼 행동하거나 통치하지 않는다."[221]

마리아와 성령과의 관계도 불충분하게 설명된 채로 남아 있다.[222] (비록 마리아가 성령의 '경당'이라고 언급되었을지라도 말이다.)

이에 비추어 사실상 다음과 같이 말할 수 있다. "불명료함과 설득력 없음, 이 두 가지는 공의회가 마리아에 관해 진술한 대목에서 나타난 점이다."[223] 따라서 "공의회가 마리아론에 관해 진술한

---

221) L. Scheffczyk, *Maria im Glauben der Kirche*, Bd. II, Wien, 1980, p.59.
222) 이에 관해서는 다음 책을 보라: Mühlen, *Una mystica*, pp.473~483.
223) Dittrich, *Mater*, p.679.

점들은 사람들에게 영감과 자극을 불러일으켰을 거라는 것"[224]은 그 어디서도 분명하지 않다는 것은 놀라운 일이 아니다.

한 가지 예외는 있다! 공의회는 「교회 헌장」 55항에서 마리아가 구약성경에 뿌리를 두었음을 강조하고, 마리아를 특히 '시온의 딸'로 묘사한다. 이 칭호는 매우 오래되었지만, (우리가 알고 있듯이) 신약성경에 나오는 마리아에 관한 진술에 근거한 것이다. 그리고 이 진술을 토대로 교부 시대의 견해들이 나왔다. 루페르트 폰 도이츠는 자신의 신학에서 구약과 신약의 연속성을 중시하면서, (그는 처음으로 구약성경의 아가를 마리아론과 교회론의 관점에서 일관성 있게 해석하고 그리스도가 구약 시대에 계셨다고 확신한다.) (앞에서 언급한 바와 같이) 심지어 이렇게 표현한다. "첫 교회(prioris ecclesiae = 그리스도 이전의 교회)의 최상의 일부분이었던 복되신 동정녀는 하느님 아버지의 신부가 될 자격을 갖추셨다. 그리하여 새 교회의 원형과 하느님 아드님의 신부도 될 수 있으셨다."[225] 볼프강 바이너르트는 이 대목을 올바르게 해석한다. 그의 견해에 따르면, 마리아는 "두 교회의 연결점이 되고, 그 안에서 유다교 회당은 마지막 정점에 이르고, 그리스도의 교회와 연결된다. 따라서 두 교회는 하나의 교회, 보편적 교회가 된다."[226]

중세 중기까지 명확하게 보였던 것, 즉 마리아가 구약성경에 뿌리를 두었음, 그리고 마리아에 대한 중요성은 적어도 14세기부터 차츰 자취를 감췄다. 유다인들이 유럽에서 사는 것이 서서

---

224) Hünermann, *Kommentar*, p.536.

225) Rupert v. Deutz, *De op. SpS* I, 8(*CCM* 24, p.1829).

226) W. Beinert, *Die Kirche - Gottes Heil in der Welt. Die Lehre von der Kirche nach den Schriften des Rupert v. Deutz u.a.*, Münster, 1973, p.353.

히 문제 있는 것으로 여겨졌고, 수많은 일에서 거부감이 일어났기 때문이다. 아힘 디트리히에 따르면, 이에 상응하여 그리스도가 유다 혈통임이 무시되었다. '시온의 딸'인 마리아에 관해서도 사람들은 더 이상 아무것도 들으려 하지 않았다. 대신에 고딕 대성당에 인물들을 조각하면서, 믿지 않는 유다교 회당과 믿는 교회가 대비되게 했다.[227] 제2차 바티칸 공의회 때에야 비로소 여기에 새로운 강조점을 두었고, 그것은 공의회 이후 (그리스도교는 유다교에 뿌리를 두었음이 신학적으로 새롭게 발견됨으로써 권장되어) 다시 한번 지지를 받고 계속 이어졌다.[228]

마리아에 관한 공의회의 진술들이 지닌 가장 중요한 의미를 간략히 요약한다면, 이렇게 말할 수 있다. 공의회는 마리아와 관련된 과거의 모든 간과된 것들을 교회로 위치시키고, 교회 안에 배열시키고자 했다. 그러나 이러한 시도가 실제로는 "마리아의 빙하 시대"[229]로, "전반적으로 마리아론의 쇠퇴"[230]로 이끌었다. 이는 특히 공의회가 마리아를 교회의 원형으로 보지만, 이러한 생각을 마리아와 교회의 '원형적 동일함' 쪽으로 보완하지 않았기 때문이고, 따라서 마리아와 교회가 신부로서의 동일함을 간과한 데에 원인이 있을 것이다. 한스 우르스 폰 발타사르는 이러한 방향에 대해 이의를 제기하는데, 힐다 슈타인하우어(Hilda Stein-

227) Dittrich, *Mater*, p.847.

228) 이러한 노선에서 마리아론에 관한 새로운 구상과 논문들이 나왔다. 예를 들면 라칭거, 로랑탱, 로핑크와 바이머, 멘케가 이에 기여했으며, 드 라 포트리(*Maria nel mistero dell'alleanxa*, Genua, ^{2}1992)와 뵐러(Böhler, *Maria*)도 기여했다.

229) G. Söll, *Abschied von Maria?*, Donauwörth, 1974. 이 표현은 추측하건대 레겐스부르크 교구의 루돌프 그라버(Rudolf Graber) 주교에 의해서 나온 것으로 보인다.

230) Ratzinger, *Erwägungen*, p.22.

hauer)가 이를 다음과 같이 요약한다.

> "교회가 마리아와 그리스도의 관계를 마리아의 모성을 토대로 규정하고, 마리아가 십자가에 못 박히신 분의 신부임을 언급하지 않았다는 점에서 발타사르는 (…) 마리아론에 대한 공의회의 한계를 본다. 공의회는 마리아와 교회의 관계를 최소한도로 규정한 것이다. 이는 신부와 마리아가 동일함을 삭제한 데서 비롯된 것이다."[231]

이렇게 '최소한도를 지향하는 시각'은 최근에 와서야 아주 서서히, 그리고 작은 행보를 하는 가운데 다시 사라진 듯 보인다. 그렇지만 이런 '최소주의'에 대한 비판적 관점에서 간과해서는 안 될 점이 있다. 제2차 바티칸 공의회는 역사로부터 나온 어떤 '잔해'를 치운 것은 아니냐는 물음이다. 따라서 공의회가 개최되지 않았다면, 바오로 6세가 오랜 전통과는 거리를 두며 다음과 같이 말한 것도 듣지 못했을 것이다.

> "사람들은 소박한 마음으로 하느님의 어머니를 주님보다 더 자비로운 분으로 생각합니다. 미숙하게 이해한다면, 주님을 마리아보다 더 엄격한 분으로 여기게 되고, 이 때문에 주님께 벌 받을까 두려워서 하느님의 어머니에게로 달아나게 됩니다."[232]

---

231) Steinbauer, *Maria*, pp.498~499.

232) Paul VI., *Ansprache zum Fest der Aufnahme Marias in den Himmel*, in: *OR* 17(1964.08.18.).

2.4.3. 요약

마리아가 하느님의 아드님이신 예수의 어머니라는 사실은 신약성경에서 근거한, 그녀에 관한 가장 근본적인 진술이다. 그러나 이를 넘어 마리아는 이미 성경에서 "이스라엘의 거룩한 남은 자(들)"로서, 그리고 모든 믿는 이의 조상인 아브라함(로마 4,17 참조)과도 비슷한 '신앙인'으로서, '믿는 이들의 어머니'로서 묘사되기에, 마리아의 모성은 그리스도교 초기에 이미 널리 알려졌다. 따라서 마리아의 모성은 교회의 모성과 함께 하나가 되었다. 이 둘이 전혀 동일시되지 않은 경우에는 마리아의 모성에 대한 물음이, 다시 말해 하느님과 그분이 베푸시는 구원의 단일성과 함께 마리아를 통하여 이루어지는 중개에 대한 물음이 일관성 있게 제기되었다.

'하느님을 낳으신 분'이라는 마리아에 대한 칭호가 이미 단일성을, 다시 말해 그리스도 안에 있는 신성과 인성의 단일성을 대변한다. 마찬가지로 마리아와 교회는 동일하다는 데까지 나아가는데, 이는 차이가 거의 없는 유사성은 단일성이라는 사고를 대변한다. 더 정확히 말하자면, 그리스도와 그분 '몸'과 그분의 각 지체의 단일성을 대변한다. 그분의 '몸'인 교회 안에서, 그리고 교회의 구성원인 개개인 안에서 하느님은, 그리고 그분의 말씀은 세상 속으로 들어가 '새롭게 태어나기'를 바라시고, 개개의 형상을 받아들이고자 하신다. 교회와 그 각 지체는 다른 이들에게 '신앙 안에서 어머니'가 되어야 하고, 또 그렇게 될 수 있다(오리게네스, 암브로시우스, 아우구스티누스).

마리아가 '개인적으로' 예수의 어머니임과 마리아는 교회의 어머니임, 개개인의 어머니임을 동일시하는 생각이 이후 산산이 부서졌기에, 요셉 라칭거가 다음과 같이 지적하는 것은 옳다. "마리아는 특권을 지닌 인물로서 은총을 가득 받고, 이로써 우리에게서 아주 멀리 떨어져 있는 개인임을 묘사하고, 교회는 다시 비인격적이고 순전히 제도적으로 보였다는 사실은 마리아론과 교회론에 똑같은 손상을 입혔다."[233] 이에 관해서는 뒤에서 상세히 언급할 것이다. 마리아가 교회 공동체에 모인 많은 사람을 통합하고 표현하며 대리할 수 있다는 것을 어떻게 생각할 수 있는가 하는 문제도 규명할 것이다. 특히 교부신학에서 빈번히 언급된 '처음부터 생겨난 교회'(ecclesia primigenia)는 어떤 교회인지, 그리고 이 교회와 마리아는 무슨 관계인지에 대한 물음이 남아 있다.

먼저 마리아에 관한 교의, 곧 마리아의 동정성으로 시선을 돌려 보자.

---

[233] J. Ratzinger, "'Welchen Begriff hatte das Zweite Vatkanische Konzil von der Gesamtkirche?' Vortrag vom 27.2.2000 im Vatikan", in: *Die Tagespost*, Beilage März, 2000, p.8.
다음 책도 이와 유사한 내용을 담고 있다: Balthasar, *Klarstellungen*, p.72.

MARIA
ECCLESIA

I

제3장

동정녀 마리아와 교회

제 3 장 • 동정녀 마리아와 교회

3.1. 초기 교회의 전개 과정

이제 우리는 마리아의 동정성에 대한 역사적 전개 과정을 따라가면서 그것을 확신하게 되는데, 이때 두 가지를 함께 생각해야 한다. 마리아와 교회의 모성에 대한 사고는 여전히 건재하다는 것(앞 장을 보라)과 교회의 동정성에 대한 확신도 여전히 깨어 있다는 것이다. 다시 말해 마리아의 신적 모성을 믿는 것과 마찬가지로, 여기서도 (마리아의 동정성에 관해 언급하면서) 마리아라는 개인적 형상만 바라보는 것으로 그치지 않고, 순결한 교회의 형상으로도 바라본다는 뜻이다.

마리아의 동정 모성에 관한 성경적 진술은 두 가지 측면에 따라서 전개되었다. (이는 '동정 출산'이라는 핵심어 아래 오늘날 종종 짧게, 그리고 '사건'이라는 관점에서 매우 부적절하게 다루어지고 있다. 우리 역시 부적절하지만 널리 퍼져 있는 표현을 복잡한 실상에 대한 '약어' 또는 '암호'처럼 사용한다.) 아무튼 마리아의 동정 모성에 대한 사고가 계속 전개되는 과정에서 두 가지 주요 요인이 밝혀졌다. 첫째, 사람들은 마리아의 동정성에 관한 성경적 진술을 그 논쟁에 맞서서 단호하게 강조했다. 둘째, 사람들은 성경 이야기에서 드러나는 '틈을 메우려' 시도했다. 이렇게 두 가지 측면에서 마리아에 관한 내용이 계속 전개된 동기는 다양하다. 사람들은 예수 그리스도가 하느님의 아드님임을 놓고 벌어진 논쟁에 맞서 그분의 기적적인 출생을 논거로 들고자 했다. 나아가 마리아는 초기 그리스도인들이 지향했던 동정성이 그 본질적 요소인 금욕주의의 좋은 본보기로 점점 더 부상했다. 결국, 특히 동방교회의 전례에서 마리아는 '지극히 깨끗하신 분'으로 공경받았다. 이 칭호는 곧바로 동정성을 연상시켰다.

3.1.1. 마리아의 동정성과 그에 관한 논쟁

한스 캄펜하우젠(Hans Frhr. v. Campenhausen)에 따르면, 예수의 동정 잉태는 2세기 중엽까지 결코 자명한 교의로 곳곳에서 옹호되지 않았으며,[1] 교회 탄생 초기에 이미 유다계 반대자들, 그러나 그리스도교로 개종한 유다계 에비온파(이들은 예수가 세례받을 때 비로소 하느님의 아들이 되었다고 여겼다)도 이에 대한 의문을 제기했다. 그들이 성경에 근거해 확신한 것과는 달리, 다른 유다계 무리는 예수가 마리아의 간통으로 인해 합당하지 않은 방식으로 출생했다고 주장했다.[2] 켈소스(Kelsos)는 오리게네스와 나눈 대화

---

1) 다음 책을 보라: Campenhausen, *Jungfrauengeburt*, p.17 등등. 신학사적 전개 과정에 대해서는 다음 책도 참조하라: Frank, *"Geboren"*.

2) 예수의 혈통과 관련해 탈무드에 나오는 매우 부적절한 소재들은 다음 책에서 비판적 시각에서 가려내졌다: J. Maier, *Jesus von Nazareth in der talmudischen Überlieferung*, Darmstadt, 1978. 색인에서 핵심어 '동정 탄생'을 보라. 주제와 관련해서는 최근에 나온 다음 문헌들도 참조하라: D. Boyarin, *Sehnsucht nach dem Christentum?;* ders., Zurück ins Mittelalter, in: A. Bedenbender(Hrsg.), *Judaeo-Christentum. Die gemeinsame Wurzel von rabbinischem Judentum und früher Kirche*, Paderborn-Leipzig, 2012, pp.121~158, 여기서는 pp.148~188. 예수의 혈통

에 어느 유다인을 등장시켰는데, 이 유다인은 "어느 처녀의 아들로 자처할 수밖에 없다"라며 예수를 비난했다고 한다. 그리고 그의 어머니는 가난한 목수의 아내였고, 판테라라는 이름의 병사와 간통을 저질러 남편에게서 쫓겨났으며, 이곳저곳을 떠돌다가 예수를 남몰래 낳았다고 한다.[3] 이런 방식으로 사람들은 예수가 메시아라는 사실과 그분의 특별한 위치와 중요성에 대한 주장에서 쉽사리 벗어날 수 있었다. 추측하건대 예수가 합당하지 않은 방식으로 출생했다는 비난은 유다교의 중산층 남자들을 넘어, 이교도 무리에게도 전해졌을 것이다. 그들 내에서 예수의 동정 잉태는 제우스의 아들인 페르세우스의 동정 탄생 신화와 비교되어 언급되었으며, 이 때문에 그것은 심한 조소의 대상이 되었다. 이런 까닭에 학식이 깊은 유다인이었던 트리폰(Tryphon)은 유스티누스와의 대화에서 다음과 같이 말한다.

에 관한 다른 많은 소재는 탈무드에서 비롯된 게 아니라, 후대에 나온 것이다. 이에 관해서는 다음 책을 보라: Schreiner, *Maria*, pp.417~423.

3) Origenes, *c. Celsum* I, 28.32(*FC* 50/1, pp.249. 259). 이에 관해서는 다음 책을 보라: Brown, *Birth*, pp.534~542.
켈소스의 버전보다 분명 더 오래된 것이 있다. 2세기에 나온 문헌〔Pilatusakten II, 4, in: W. Schneemelcher(Hrsg.), *Neutestamentliche Apokryphen* (독일어 번역본), Bd. I: Evangelien, Tübingen, ³1959, p.330(F. Scheidweiler)〕에는 몇몇 의로운 유다인은 예수가 간통으로 인해 태어났다는 의견에 맞섰다고 나와 있다. 그들은 이렇게 말했다고 한다. "우리는 예수가 혼인 전의 관계에서 태어났다는 것에 이의를 제기한다. 우리는 요셉은 마리아와 혼인했으며 예수의 탄생에 그 어떤 부정한 짓을 저지르지 않았음을 알고 있다. (…) 우리는 요셉과 마리아의 혼인식에 참석했기 때문이다." 이에 관해서는 다음 문헌에 설명되어 있다: Scheidweiler, *op.cit.*, I, p.330. "이러한 설명이 무언가를 말해야 한다면, 그 이면에는 다음과 같은 생각이 숨어 있는 게 분명하다. 마리아가 혼인 전에 간통했다면, (몸에서 그 가시적 결과가 아직 나타나지 않았을지라도) 적어도 그에 대한 소문이 돌았을 테고 요셉은 혼인을 포기했을 것이다. 따라서 예수의 어머니는 간통했다는 비난으로부터 자신을 지킬 수 있었다." 그 밖에도 예수는 요셉과 마리아의 혼전 결합에서 태어났다는 견해도 있었던 것으로 보인다. 이러한 견해에 맞서 마태오 복음서에 기록된 족보를 변형한 말이 나왔는데, 시로-시나이티쿠스 사본에는 이런 문장이 명시되어 있다. "요셉은 동정녀 마리아와 혼인하여 예수를 낳았다"(마태 1,16 참조).

"당신들(그리스도인들)은 그리스인들처럼 그렇게 무언가를 이야기 하는 것을 부끄러워해야 합니다. 이 예수는 인간으로서, 인간에게서 태어났다고 주장하는 편이 더 나았을 겁니다. (…) 그렇지만 그것은 기적 이야기라고 빗나간 생각을 해서는 안 됩니다. 그래야 그리스인들처럼 어리석다며 책망받지 않게 될 것입니다."[4)]

마리아의 동정 모성에 대한 그러한 문제 제기와 논쟁에 직면하여, 그리스도인들 편에서는 그리스적이고 신비적인 사고와의 모든 유사성이 반박되었을 뿐만 아니라, 성경적 보도의 명료성과 그 심오한 신학적 의미 역시 크게 부각되었다. 아타나시우스는 이 의미를 간명하게 표현한다. "아드님이 동정녀에게서 태어났다는 것은 그분의 신성을 가장 확실히 증명하는 것이다."[5)] 마리아의 모성이 예수 그리스도가 참된 인간임을 대변하듯이, 마리아의 동정성은 그분이 하느님에게서 왔음을 대변한다. 여기서 말하는 동정 잉태는 루카 복음서 1장 35절에 언급된, 성령께서 인간 아버지의 자리에서 그 역할을 수행한다는 뜻이 아니다. 만일 그랬다면, 예수는 일종의 '반신'(半神, Halbgott)처럼 보였을 것이다. 오히려 마리아가 품은 아기는 온전히 하느님의 선물, 그분은 인류와 함께 위대한 '새로운 시작'을 하시는 것이다. 성령의 활동과 관련해서는 (현대 신학의 관점에서도) "아버지가 낳으시는 것이 아니라, 창조적 활동이라고 생각해 볼 수 있다." 그것은 "아드님의 강생과 함께 시작되는 새로운 창조"를 가리켜 보인다. "첫 창

4) Justin, *Dial. e. Tryphon* 67(*PTS* 47, p.185). 독일주교회의-개정판(p.147)에 따라서 내용이 다소 변경되었음.

5) Athanasius, *De incarn.* 18(*SC* 18, p.241).

조 때 하느님의 영이 물 위를 감돌고 있었듯이, 마리아 안에서, 그리고 마리아에게서 새 아담이 생겨났을 때에는 마리아를 덮으셨다."[6]

그렇기 때문에 톨레도 제2차 시노드에서 "순결한 동정녀는 남자를 알지 못했고, 성령을 통하여 잉태되도록 자신을 내어 드렸다"(*DH* 533)라고 표현한 것 역시 어느 정도 문제는 있다. 성령께서는 한 인간의 아버지와 같은 방식으로 잉태하게 하셨던 것이 아니라, 아주 새로운 것을 창조하시기 때문이다. 이레네우스는 이미 이런 노선에서 생각하고 다음과 같이 적었을 것이다. 하느님의 아드님은 "순결한 분으로서, 그리고 깨끗한 길 위에서 순결한 모태를 여셨다. 더 정확히 말하자면, 사람들을 하느님께로 다시 태어나게 하고, 당신 자신이 순결하게 만드신 모태를 여셨다."[7] 이 텍스트는 그 해석에 있어서 논쟁의 여지가 있더라도(이 텍스트는 교회 또는 마리아와 관계된 것인가? 제1권 제2장 2.1.을 보라), 순결한 모태가 열리는 것은 적어도 마리아와 동정 잉태 및 출산을 바라보게 하고 이어서 (그것과 나란히) 교회의 모태도 바라보게 한다는 것을 암시한다. 마리아와 교회는 새로운 방식으로 새롭게 낳는다. 여러 측면에서 이레네우스를 추종하는 테르툴리아누스도 이를 명료하게 표현한다. "새로운 탄생의 창시자는 새로운 방식으로 태어나실 수밖에 없었다."[8]

이러한 기본적 확신이 관철되었기에, 예수의 동정 잉태를 고백

---

6) M. Kreuzer, "'Empfangen durch den Heiligen Geist'. die Wirkweise des Heiligen Gistes bei der Menschwerdung des Sohnes Gottes", in: A. Ziegenaus(Hrsg.). *"Geboren aus der Jungfrau Maria"*, Regensburg, 2007, pp.74~87, 여기서는 p.85.

7) Irenäus, *Adv. haer.* IV, 33,11(*FC* 8/4, p.271).

8) Tertullian, *De carne Christi*(*SC* 216, p.280).

한 것은 교회 가르침의 본질적 요소가 되었다. 살라미스의 에피파니우스(†403)가 마리아의 동정성에 관해 이 문제의 논쟁자들에게 "누군가가 질문을 받고서 즉시 '동정녀'라고 추가하지 않은 채, 어디서 그리고 언제 '마리아'라는 이름을 감히 말하려 했겠는가!"[9]라며 소리쳐 알린 것은 적어도 3세기 이후에는 적절한 진술이라고 여겨질 수 있다. 그렇기 때문에 당시에는 (그리고 오늘날까지도) 마리아의 동정성을 단호히 '교의로 제정할', 다시 말해 교도권이 구속력 있게 규정할 필요가 없었다. 예수의 동정 잉태와 마리아의 동정성에 대한 확신은 코린토 2서 7장 25절 이하에서 바오로가 한 말과 더불어 교회 안에서 동정 생활을 점점 더 높이 평가하는 데로 이끈 것은 놀라운 일이 아니다. 이는 그렇게 나아가 (그리고 이로써 훨씬 더!), 예로니모는 요비니아노(Jovinian)와 헬비디우스(Helvidius)[10]에게 맞서, 마리아와 예수의 동정성을 본보기로 삼지 않은 자는 모두 '더럽혀졌을' 것이라는 내용으로 설교했다. 이러한 인간학적 귀결은 다시 한번 더 강화되어 마리아론적이고 그리스도론적인 전제 조건에 반론을 제기했다. 동정 생활의 원형 자체인 마리아는 동정녀로 보여야 했고,[11] 따라서 예수는 '더럽혀지거나', 그리고 이로써 '부정한' 성적 관계의 열매일 수 없다는 것이다.

이는 두 번째 요소와 긴밀히 연관되어 있었다. 서방교회에서는

---

9) Epiphanius v. Salamis, *Haer.* 78,6(*GCS* 37, p.456).

10) 헬비디우스가 주장하기를, 마리아는 예수가 탄생할 때까지 동정녀였지만 가족 전체의 모범적인 어머니였기에, 혼인하지 않은 사람들뿐만 아니라 혼인한 이들에게도 본보기였을 거라는 명제를 주장했다. 요비니아노의 다음 원칙도 이와 유사한 뜻이다. "동정녀가 잉태했지만, 동정녀가 낳은 것은 아니다"(Virgo concepit, sed non virgo generavit). in: Ambrosius, *ep.* 15,4(extra coll.)(*CSEL* 82/83, p.305).

11) Cf. 예컨대 Origenes, *In Matth. X,17*(*GCS* 10, p.21).

점점 더 아우구스티누스의 원죄론이 관철되었다는 점이다(제1권 제4장 2.를 보라). 이에 따르면, 원죄는 생식 행위를 유발하는 성적 욕구를 통해 옮겨진다. 이에 비추어 사람들은 그리스도께서 결코 죄를 짓지 않으셨음을 고백했다. 칼 수소 프랑크(Karl Suso Frank)가 다음과 같이 분명하게 인식하듯이 말이다. "그리스도는 동정녀에게서 잉태되시고, 태어나셔야 했다. 그리스도는 그 어떤 남자도 아버지로 두고자 하지 않으셨다. 육적 방식으로는 사람들에게 오려고 하지 않으셨기 때문이다. 그러한 표현에는 성을 반대하는 모티브가 깃들어 있음이 분명하다. 따라서 (당시의) 금욕적인 무리에서는 아우구스티누스의 이론을 감사하는 마음으로 수용했다."[12]

그렇게 비잔틴 제국의 교회를 비롯해 서방 그리스도교에서도 마리아의 동정성에 대한 가르침이 관철되었고, 수백 년 동안 논쟁을 일으키지 않은 채 지나왔다. 사람들은 신앙 안에서 강생하신 하느님의 아들 예수 그리스도가 인간을 향한 하느님의 더할 나위 없는 선물이고, 오직 하느님의 자유 의지에서 비롯되었다고 확신했기에, 성경에서 명백히 증명된 그분의 동정 잉태 역시 즉시 분명해졌다. 그 잉태 안에서 인간을 향한 하느님의 참으로 놀라운 선물이 드러났다.

12) Frank, *"Geboren"*, p.115.

3.1.2. 출산 중 동정: 성경 진술의 보완

빌헬름 슈네멜허(Wilhelm Schneemelcher)는 신약 외경에 관한 자신의 책 '머리말'에서 외경의 다양한 '유형들'을 제시한다. 그 가운데 하나는 특히 '보완'이라는 모티브로 특징지어졌다. 다시 말해 "예수 생애의 특정한 사건들은 복음서에서 끌어내어 어느 정도 각색된 것이다."[13] 특히 이른바 '유년기 복음'이 이에 속하는데, 그것에 적용되는 말이 있다. 오스카 쿨만(Oskar Cullmann)은 일반적인 형식을 통해 다음과 같이 표현하였다. "예수의 역사적 삶에 관해 기술한 내용들에서 틈이 벌어질 때마다 사람들은 전설을 추가하곤 했다. (…) 그 틈을 메우기 위해서였다."[14] 이에 따라서 외경에 속하는 '유년기 복음'의 서사적 관심사는 이 '틈'으로 향했지만, 동시에 예수가 간통으로 인해 태어났다는 일부 유다인들의 주장에 맞서 예수의 동정 출생을 명백히 입증하고자 애썼다. 또한 마리아의 변함없는 동정성을 예수의 형제자매들에 관해 성경에서 언급한 내용과 조화를 이루게 하려고 애썼다. 반면에 예수 그리스도에 대한 본래의 성경적 보도에서 드러나는 압도적인 신학적 관심사는 오히려 뒤로 물러났다. "이제 (…) 마리아와 요셉은 자신의 이야기에 관심을 기울이는 주요 인물이 된다."[15] 따라서 외경은 어느 정도 "전기(傳記, Biographie) 장르에 가깝다."[16] 이 말은 특히

---

13) Schneemelcher, *Apokryphen*, p.49 이하.

14) O. Cullmann, "Kindheitsevangelien(Einleitung)", in: Schneemelcher, *Apokryphen*, pp.272~279, 여기서는 p.272.

15) Schneemelcher, *Apokryphen*, p.274.

16) G. Schneider, "Einleitung zu; *Apokryphe Kindheitsevangelien*", in: *FC* 18, pp.7~93, 여기서는 p.13.

마리아와 그녀의 동정성과 관련해 적용된다. 호교론자들이 마리아의 동정성을 옹호하는 것은 그들에게 가장 중요한 주제들 가운데 하나다.[17)]

당시 외경에 속한 '유년기를 담은 복음서들' 가운데 특히 150년에서 200년 사이에 나왔고 초기 교회에서 높이 평가된 것으로 야고보 원(原)복음서(Protoevangelium)를 들 수 있는데, 이 원복음서는 마리아론이 계속 전개되는 데 지대한 영향을 주었다. 예수가 동정녀 마리아에게서 탄생하는 과정이 이 원복음서에서 처음으로 크게 부각되었다. 마리아가 해산하는 것을 도와주었던 산파는 그 뒤에 곧바로 만난 어느 여인(살로메)에게 다음과 같이 외쳤다.

> "'살로메, 살로메, 지금까지 결코 본 적이 없는 장면을 말해 주겠어요. 어느 젊은 여인이 아기를 낳았는데, 동정은 그대로 보존되었어요.' 이 말을 듣고 살로메가 이야기했다. '주님, 나의 하느님은 그렇게 참으로 살아 계시는군요. 하지만 내 손가락을 〔마리아의 모태 안으로〕 집어넣고, 그녀의 상태를 살펴보지 않고서는 동정녀가 아기를 낳았다는 사실을 못 믿겠어요.' 그러고 나서 살로메는 그쪽으로 가더니, 그녀의 상태를 살펴보려고 자신의 손가락을 집어넣었다."[18)]

이 텍스트에는 마리아는 동정녀로서, 즉 남자의 관여 없이 잉

---

17) 외경에 속하는 마리아론에 관해서는 다음 문헌들을 참조하라: Schneider, *op.cit.*; E. Cothenet, "Marie dans les apocryphes", in: *Maria*, vol. 6, hrsg. v. H. du Manoir, Paris, 1961, pp.71~156.; ders., "Le Protévangile de Jacques", in: *ANRW* II, 25,6(1988), pp.4252~4269.

18) "Protoevangelium des Jakobus 19,3~20,1", in: *Apokryphe Kindheitsevangelien* (*FC* 18, pp.131~132); Schneemelcher, *Apokryphen*, p.288.

태했을 뿐만 아니라, 동정을 보존한 채, 즉 '모태가 열리지 않은 채', 그리고 산고 없이 출산했음에 대한 확신이 표현되어 있다.[19] 마리아에 대한 이러한 확신에서 새로운 행보가 이루어졌다. 마리아의 동정성이 성경에 따라 먼저 마리아는 요셉과 성적 관계를 거치지 않았고, 따라서 예수는 두 사람 사이에서 태어난 게 아니라는 것〔'출산 이전의 동정성'(virginitas ante partum)〕과 연관 지은다면, 이제 외경의 진술에 근거하여 마리아는 '출산 중 동정임'(virginitas in partu)이라는 확신이 생겨난 것이다. 야고보 원복음서는 많은 지역에서 정경으로 분류되었기 때문에, '출산 중 동정임'은 사도적 전승의 한 요소라고 간주되었다.

이와 관련된 일부 외경들, 예를 들면 「솔로몬 송가」와 「이사야 승천」 등에서는 예수의 동정 출생은 "예수가 자연적이고 인간적인 방식으로 생겨나는 데 필요한 나머지 것들"을 없애는 추세로까지 나아갔다.[20] 이 문헌들은 자신의 '삶의 자리'(Sitz im Leben)를 영지주의나 가현설에 두고 있기 때문이다. 영지주의나 가현설에서는 몸 혹은 육체의 과정과 완성은 의미가 없거나 과소평가되었고, 심지어 나쁜 것이라고 판단되었다. 이에 맞서 교회에서 가르치는 신학은 마리아의 참된 모성(제1권 제2장을 참조하라)을 강조했

19) 고통을 겪지 않고 임신한 뒤에 산고를 겪지 않고 출산하는 것은 모세와 앞으로 오실 메시아를 향한 초기 유다교 신학도 주장했다(이에 관해서는 다음 책을 보라: Hofmann, *Maria*, p.223 이하). 이에 비추어 보면, 이에 해당하는 진술들은 단순히 '하늘에서' 떨어진 게 아니다!

20) *Ibid*., p.300.
그렇게 된 것은 예컨대 (이미 언급한 바와 같이) 많은 영지주의자에게 예수는 마리아에게서가 아니라 단지 마리아를 통해서 태어났다는 것, 그 이유는 물이 관을 통해 흐르듯이 예수는 마리아를 통해서 거쳐 갔다는 것으로 인해서다(제1부 2장 1.1.을 참조하라). 이런 까닭에 캄펜하우젠(*Jungfrauengeburt*, p.37)은 '출산 중 동정임'을 '영지주의자들의 발명품'이라고 간주한다.

지만, 동정 출산에 관한 외경의 전승에도 관심을 기울였다. 따라서 이러한 점에서 "전통을 고수한다는 것은 두 전선(戰線)을 동시에 가지고 있는 전쟁에서 필요한 것"이 되었다.[21] 이처럼 딜레마에 빠지게 된 상황을 보스트라의 티투스(Titus v. Bostra, 360년경)는 다음과 같이 기술한다. "아드님이 참으로 인간이었다면, 그분이 태어날 때 마리아의 동정이 손상을 입지 않았다는 것이 어떻게 가능했을까? 그러나 마리아가 동정을 보존했다면, 아드님의 몸은 단순히 가상(假象)이지 않았을까? 그렇지만 몸은 고통 없이 누군가를 관통해 갈 수 없다."[22]

그러므로 교회는 두 가지 사명을 지녔다. 첫째, 교회는 마리아가 참된 어머니, 즉 가현설적으로 이해되지 않은 어머니임을 증명해야 했다. 둘째, 교회는 마리아는 언제나, 그리고 '출산 중에도 동정'이었다고 주장해야 했다. 여기서 긴장이 생겨났고, 이 긴장은 해소되지 않았다. 이러한 딜레마에도 불구하고 3~5세기의 위대한 신학자들에게서, 그리고 교회의 신앙 의식에서도 마리아는 '출산 중 동정임'에 대한 확신이 관철되었다.

서방교회에서 이것은 마침내 요비니아노(Jovinian, 4세기 말)와 대결한 결과물로 드러났다. 그는 반(反) 금욕적 입장을 지니고, 혼인 전 동정 생활의 우월함을 부인하는 맥락에서 마리아가 출산할 때 동정을 보존했다는 것도 부인했다. 그는 393년에 열린 로마 시노

21) Söll, *Mariologie*, p.30. 이로 인해 예컨대 테르툴리아누스는 '출산 이후의 동정성'을 알고 있었지만, 가현설과 영지주의와 격론을 벌이는 가운데 '출산 중 동정임'과 '출산 이후의 동정성'을 반대하게 되었다.

22) Titus von Bostra, *In Lucam*, 인용: M. Hauke, "Die 'virginitas in partu'. Akzentsetzungen in der Dogmengeschichte", in: A. Ziegenaus(Hrsg.), *"Geboren aus der Jungfru Maria"*, Regensburg, 2007, pp.88~131, 여기서는 p.89.

드에서, 그리고 같은 해에 암브로시우스가 의장을 맡아 개최된 밀라노 시노드에서 유죄 판결을 받았다. 이때 암브로시우스는 로마 신경에 나오는 "성령으로 말미암아 동정녀 마리아에게서 태어나신 분"(generatus a Spritu Sancto ex Maria Virgine)이라는 문구에 비추어, 이 문구를 "잉태와 함께 시작되어, 주님께서 마리아를 통하여 인간으로 태어나는 전 과정"으로 해석한다.[23] 이 노선에서 암브로시우스는 또한 다음과 같이 설명한다. "예수가 탄생할 때 마리아의 온전한 몸이 손상을 입었다면, 예수는 더 이상 동정녀에게서 태어난 게 아닐 것이다. 그렇다면 교회는 예수가 동정녀 마리아에게서 태어나셨다고 잘못 고백했을 것이다."[24] 레오 1세 대교황은 칼케돈 공의회에서 이런 방식으로 해석되었다는 점을 관심 있게 여겼다(*DH* 291, 299 참조). 649년에 로마에서 개최된 라테라노 시노드에서 마리아는 '출산 중 동정임'에 대한 가르침이 드디어 증명되었다(*DH* 503 참조). 그리하여 일련의 신학자들은 이 가르침이 바로 '확정'되었다고 간주했다. 그리고 일부 사람들도 그렇게 간주하고 있다.[25]

---

23) E.M. Toniolo, "Maternità divina e verginità di Maria nel magistero della Chiesa dal 392 al 649", in: G. Liccaro u.a.(Hrsg.), *Atti del Convegno Internazionale di studi Mariologice*, Neapel, 1993, pp.75~103, 여기서는 p.80.
신경에 대한 이러한 '폭넓은' 해석에 대해 암브로시우스는 처음으로 서방교회에서 에제키엘의 환시에 근거를 둔다. 이에 따르면, 하느님의 영광은 잠겨 있는 문을 통해 성전 안으로 들어온다(에제 44,2). 이어서 예로니모와 아우구스티누스가 이 상징에 관심을 가지고 다루었으며, 그것은 잠겨 있는 문을 통해 들어오신, 부활하신 예수와 비교됨으로써 더 보완되었다. 이에 관한 자세한 내용은 다음 책을 참조하라: I. Hauke, *virginitas*, p.107 이하.

24) Augustinus, *Ench.* 10,34(*BA* 9, p.168).

25) Cf. K. Rahner, "Dogmatische Bemerkungen zur Jungfrauengeburt", in: K.S. Frank u.a.(Hrsg.), *Zum Thema Jungfrauengeburt*, Stuttgart, 1970, p.156. 교회의 보편적 가르침은 이 점에서 "분명하고 불변하므로 이 '평생 동정'(semper virgo)은 (…) 교회의 신앙 고백에 속한다고 말해야 한다."

이 가르침은 또한 일련의 시노드와 공의회들〔예컨대 제2차 콘스탄티노플 공의회(*DH* 427)〕이 마리아에게 '평생 동정녀'(ἀειπαρθένος)[26) 라는 칭호를 부여함으로써 강조되었다. 이는 출산 이전과 출산 중과 출산 이후를 모두 포함하는 영예로운 칭호다. 이때 특별히 마리아는 '출산 중 동정임'을 명확히 고백하지 않으면, 사람들은 요셉과 마리아는 결혼 생활을 이어 갔다고 (성경에서 '예수의 형제들'에 관해 언급된 것에 근거하여) 확신한 이들을 충분히 반박할 수 없다고 생각했다. 마리아가 '출산 중에도 동정'이라는 신앙은 말하자면, '출산 이전의 동정성'과 '출산 이후의 동정성'을 잇는 '연결 고리'였다. 간략히 말하자면, 동정녀라는 '개념'은 당시의 이해를 위해 마리아의 동정 출산이라는 사실도 분명히 포함시켰다. 최근에야 이에 대한 의문이 제기되었다. '출산 중 동정임'에 대한 확신은 신약성경의 진술에서 근거를 거의 입증하지 못하기 때문이다.

이는 벨기에 주석가 이그나스 드 라 포트리(Ignace de la Potterie)의 책이 출간된 이후인 1978년부터 조금 달라진 듯 보였다.[27) 이 주석가는 요한 복음서 1장 13절을 (우리가 앞에서 이미 밝힌) 단수 형태로 보면서 다뤘다. 그리스도이신 그분은 "혈통이나 육욕이나 남자의 욕망에서 난 것이 아니라 하느님에게서 나신 분

26) 이 칭호는 살라미스의 에피파니우스가 '살라미스 신경'에 대해 상세히 풀이하면서 처음으로 알아듣기 쉽게 설명했다(*DH* 44) 알렉산드리아의 베드로가 이 칭호를 처음으로 사용했을 것이다.

27) I. de la Potterie, "La Mère de Jésus et la conception virginale du Fils de Dieu", in: *Mar.* 40(1978), pp.41~90.
이 연구를 위해 벌어진 가장 중요한 토론에 관한 내용은 다음 책에서 볼 수 있다: Hauke, *virginitas*, p.91.

이다.” 드 라 포트리에 따르면, 이 표현은 동정녀에게서 태어난 예수의 근원뿐만 아니라, 마리아는 출산할 때 동정을 보존했음도 가리켜 보인다. “혈통에서 난 것이 아니라”라는 표현은 피를 쏟지 않고서 태어났음을 의미하기 때문이다. 피를 쏟는 것은 구약 성경에서 여자가 출산 후에 바치는 속죄 예식의 원인이다(레위 12,5.7 참조). 복음사가는 피를 쏟는 것을 배제하면서 동정 잉태(이는 그다음에 나오는 “남자의 욕망에서 난 것이 아니라”는 것을 두고 한 말이 아니다)뿐만 아니라, 동정 출산도 주제로 삼는다. 드 라 포트리에게 동정 출산은 동정 잉태를 가리키는 표징이다.

벨기에 주석가가 이렇게 해석하는 것은 가능하다. 그러나 이 해석은 요한 복음서 1장 13절을 설명하는 것에 좌우되고, 이 대목과 다른 대목들에 대한 다양한 해석은 그러한 추론의 ‘불확실함’을 드러낸다.

이그나스 드 라 포트리와 유사하게 아리스티데 세라(Aristide Serra)도 초기 문헌들에 근거하여 마리아는 ‘출산 중 동정임’을 확신하고자 했다.[28] 그는 예로니모가 처음으로 관찰한 것, 즉 루카 복음서 2장 7절에 마리아에 관해 언급된, “그들은 (마리아가) 아기를 포대기에 싸서 구유에 뉘었다”라는 문장을 가리키는데, 여기서는 적어도 고통이나 나약함을 내보이지 않는다. 그는 또 메시아 시대에는 창세기 3장 16절에 근거해서 전해지는 내용, 즉 산고가 사라진다는 것을 기대하는 동시대의 유다교 문헌들을 떠올린다. 2세기에 들어설 무렵에 나온 ‘바룩 묵시록’ 73장 1절과 7

28) A. Serra, “Vergine”, in: S. de Fiores / S. Meo(Hrsg.), *Nuovo dizionario di Mariologia,* Cinisello Balsamo, 1985, pp.1424~1454l; ders., “… e lo avvolse in fasce …”(Lc 2,7b), in: ders., *C'era la madre di Gesù …(Gv. 2,1). Saggi dii esegesi biblico-mariana(1978~1988),* Milano-Roma, 1989, pp.225~284.

절에는 다음과 같이 기술되어 있다. "여자들은 임신하여 더 이상 고통을 겪지 않을 것이다. 그들이 낳은 아기를 빛에 넘겨주면 모든 고통이 사라질 것이다." 세라에게는 이사야서 66장 5절 이하 같은 성경 대목들도 하나의 역할을 한다. 이런 대목에서 새로운 세상에 대한 하느님의 갑작스런 요구를 상징으로 알 수 있기 때문이다. "진통을 겪기 전에 해산하고 산고가 오기 전에 사내아이를 출산한다."[29] 그다음 구절들이 보여 주듯이, 여기서는 아이를 낳는 여인으로 상징되는 예루살렘이 관건이더라도, 시온의 딸인 마리아와 예루살렘의 긴밀한 관계는 마리아가 '출산 중 동정임'을 분명히 증명한다는 것도 드러낼 것이다. 바룩 묵시록뿐만 아니라 몇몇 랍비 문헌도 메시아 시대에 여자가 진통 없이 출산하는 것을 시온이 구원받는 표징으로 보기 때문이다.[30]

이렇게 가리켜 보이는 것들은 주목할 만하다. 그럼에도 '출산 중 동정'이라는 것에 견고한 성경적 근거를 두려는 이러한 시도들은 분명 의심의 여지가 있을 것이다. 그 시도들은 적어도 마리아가 지닌 동정성의 '온전함'을 가리켜 보이는 체계적이고 신학적인 논증 뒤에 머물러 있다.

그러나 '출산 중 동정임', 그러니까 '동정 출산'이 이제 구체적이고 개별적인 측면에서 의미하는 바가 무엇인지는 종종 열려 있거나, 아니면 종종 구미가 별로 당기지 않는 반성의 관점에서 밝혀졌다. 사람들은 대체로 출산 과정이 밝혀지지 않았음, 처녀

29) 이미 이레네우스[*Dem.* 54(*FC* 8/1, p.71)]는 이 아사야 대목을 예수가 동정녀에게서 탄생한 것과 연관시켰지만, '출산 중 동정임'과는 연결 짓지 않았다.

30) 다음 책을 참조하라: Serra, *Vergine*, p.1447.

막이 손상을 입지 않음, 임신과 출산의 고통이 없음, '태반'이 나오지 않았음(sine sordibus) 따위를 가리켜 보였다.

그러나 그러한 '특성들'이 마리아의 참된 모성과 비례하듯이, 20세기 중반까지 한결같은 문제가 남아 있었다. 독일 신학자인 게르하르트 루트비히 뮐러(Gerhard Ludwig Müller)가 다음과 같이 설명하는 것은 옳다. "개별적으로 다르게 평가된 부인과(婦人科)와 관련된 세부적인 사항들이 이러한 교의적 내용들을 규정하는 것은 아니다. 오히려 신앙의 진의(眞意)를 토대로 마리아는 참된 어머니임을 고백해야 한다. 따라서 마리아와 당신을 드러내 보이시는 하느님과의 기본 관계는 끊어진 것, 다시 말해 '훼손된' 것이 아니다."[31] 이런 까닭에 마리아는 '순결하신 어머니'(mater inviolata)라고 불린다.

그런데 그것은, 다른 모든 모성은 '손상을 입었음'을 의미하는 걸까? 그렇게 부여된 특성 이면에는 어떤 유형의 모성과 결혼 생활이 감춰져 있는 것은 아닐까?[32] 이러한 표현 방식 이면에는 가현설의 기본 태도, 곧 예수는 (그리고 예수가 마리아에게서 탄생했다는 것에 비추어서도) 참된 인성을 지녔고, 이로써 '모든 면에서 우리와 똑같은 존재'임을 주장하려는 의도가 숨어 있지 않을까? 또한 그것은 "마리아는 어느 정도에서 인간적인 면을 잃게 되었는가?"[33]라는 물음도 내비치지 않을까? 사람들은 '동정 출산'

---

31) G.L. Müller, *Maria – die Frau im Heilsplan Gottes*, Regensburg, 2002, p.211.

32) 다음 책에 나오는 일시적 보도 역시 바람직하지 않다: Ps.-Melito v. Sardes B 1(Hrsg. M. Haibach-Reinisch). "너희가 성관계를 통해 받지 않을 것을 무덤에서 사라지는 일을 겪지 않게 하라." 다음 홈페이지에서 그 내용을 불러올 수 있다: www.tdx.cat/ bitstream/handle/10803/2028/03.LBR_presencia.pdf.txt;jsessionid=55F95774F7E4139CECE089286D5EE7BC(2013년 2월 25일자 게재).

33) J. Duquesne, *Maria. Die Mutter Jesu*, 독일어 번역본: Darmstadt, 2004, p.91.

이라는 방식에 관해 특정하게 상상하면서 마리아는 (산고를 겪으며) 아기를 낳았다고 여전히 말할 수 있을까?

20세기 중엽에, 특히 알로이스 미터러(Alois Mitterer)가 예수의 출생 과정에서 나타난 모든 '특성'을 배제한 채 저술한 『교의와 성가정의 생물학』(*Dogma und Biologie der Heiligen Familie*)[34]이 출간된 뒤에 다시 한번 '출산 중 동정임'의 '세부 사항들'에 대한 논쟁이 한창일 때, 칼 라너는 한 가지 원칙을 기술했다. 이 원칙은 오늘날까지 권위 있게 통용되고 있으며 앞으로도 그럴 것이다.

> "전승의 핵심에 근거하여 교회의 가르침은 이렇게 말한다. 즉, 마리아의 (산고를 겪은) 출산은 (아기와 그 어머니로부터) 그녀의 잉태도 그러하듯, 현실성 전체에 비추어 볼 때 (이 '동정녀'의 온전한 인간적 행위로서) 자신 안에서도 (그리고 단지 잉태에 비추어서만 아니라) 이 어머니와 일치하고, 따라서 일회적이고 놀랍게 '동정을 보존했다.' 우리가 (그 자체로 이해될 수 있는) 이 문장으로부터 이 과정의 구체적인 개별 사항들에 관한 분명하면서도, 모든 이에게 의무를 지우는 말을 끌어낼 수 없을지라도 말이다."[35]

이에 맞서 뮐러와 사틀러(*Mariologie*, p.183)는 다음과 같이 주장한다. "마리아가 산고 없이 출산하는 모습에서 믿는 이들은 원죄로 인한 고통스러운 결과에서 벗어나려는 희망이 실현되었음을 인식한다. 그렇지만 하와는 죄를 지은 뒤에 산고를 겪으며 아이들을 낳게 된다. 사람들이 이런 의미에서 '출산 중 동정임'을 구세사적-예형론적이고 표본적-인간학적으로 이해한다면, 여기서 그리스교적 고행에서 육체를 적대시하는 추세가 극명해진다는 불신이 사라진다."

34) Wien, 1952.
이 책과 관련해서는 다음 글을 보라: W. Dettloff, "Virgo - Mater. Kirchenväter und die moderne Biologie zur jungfräulichen Mutterschaft Marias", in: *WiWei* 20(1957), pp.221~226.

35) K. Rahner, "Virginitas in partu". Ein Beitrag zum Problem der Dogmenentwick-

3.1.3. 출산 이후의 동정

/참/고/문/헌/

• J. Blinzler, *Die Brüder und Schwestern Jesu = SBS 21*, Stuttgart, 1967; A. Vögtle, "Mt 1,25 und die Virginitas B.M. Virginitis post partum", in: *ThQ* 147(1967), pp.28~39; H.J. Brosch / J. Hasenfuss(Hrsg.), *Jungfrauengeburt gestern und heute*, Essen, 1969; L. Oberlinner, *Historische Überlieferung und christologische Aussage. Zur Frage der "Brüder Jesu" in der Synopse*, Stuttgart, 1975; Brown(Hrsg.), *Maria*, pp.213~215; R. Pesch, *Das Markusevangelium = HThKNT*, Bd. I, Freiburg i. Br., 1976, pp.322~325; Fr. Refoulé, *Les frères et soeurs de Jésus*, Paris, 1995; R. Pesch, *Über das Wunder der Jungfrauengeburt. Ein Schlüssel zum Verstehen*, Bad Tölz, 2002; J. Kreiml, "Die Virginitas post partum. Zum Verständnis der 'Brüder und Schwestern' Jesu", in: A. Ziegenaus(Hrsg.), *Geboren aus der Jungfrau Maria*, Regensburg, 2007, pp.132~147.

'출산 이후의 동정성'에 대한 견해, 그러니까 마리아가 예수를 낳은 뒤에도 동정녀였다는 확신은 '출산 중 동정임'에 대한 가르침보다 약간 뒤에 관철되었다. 이로써 사람들은 "마리아의 동정성을, 마리아는 계시하시는 하느님과 매우 인간적이고 인격적으로, 그리고 구세사적으로 중요한 관계임을 말하는 것"[36]으로 이해했다고 게르하르트 루트비히 뮐러는 기술한다. 마리아의 "예!" 응답과 이로써 그녀와 하느님과의 '티 없이 깨끗한 관계'는 그녀

lung und Überlieferung, in: *Schr.* IV, p.205. 이와 관련해서는 다음 책도 보라: Matuschek, *Konkrete Dogmatik*, pp.350~355.

독일주교회의에서 펴낸 『가톨릭 성인 교리서』(Kevelaer u.a., 1985, p.177)에도 수록된 라너의 이러한 견해에 맞서 하우케(Hauke, *virginitas*, p.88 이하)는 격렬히 반기를 든다.

36) G.L. Müller, *Maria*, p.220.

의 삶 전체를 규정하므로, 마리아는 예수를 낳은 후에도 부부 관계를 갖지 않았다.

예수를 낳은 뒤에도 마리아는 동정녀라는 확신에 맞서 '예수의 형제와 자매들'에 대한 성경의 언급이 전면에 나와 있다. 마르코 복음서 6장 3절에는 예수의 네 형제와 누이들이 언급되어 있다. 다른 복음서들과 사도행전, 바오로 서간들도 예수의 형제와 자매들에 관해서 이야기한다. 이는 마리아가 예수를 동정으로 잉태했을지라도 출산 후에 다른 아이들을 낳았고 따라서 동정으로 머물지 않았음을 의미하는가?

주석학적 관점에서 이 문제의 핵심은 '아델포스'(ἀδελφός)라는 단어가 어떤 의미의 '형제'로 번역될 수 있느냐는 것이다. '아델포스'에 해당하는 히브리어와 아람어('äch 내지 'ăchā)는 좁은 의미에서는 '형제'이지만, 넓은 의미에서는 '친척'도 가리킬 수 있기 때문이다. 따라서 마르코는 자신이 속한 셈족 전통에 따라 사용한 말인 '아델포스'를 친척(사촌, 이복형제 등등)으로 이해했던 것이 아니었을까? 아무튼 히브리어를 모른 채 마르코 복음서를 읽는 이들은 '아델포이'(ἀδελφοί)를 친형제자매로 여겼음에 틀림없다. 그렇다면 그리스적 세계에서 살았고, 그리스적인 것을 토대로 생각했던 루카와 바오로에 대해서는 어떻게 설명할 수 있을까? 이 두 성경 저자는 어째서 정확히 그리스어로 '친척'이라는 단어를 사용하지 않은 걸까?[37]

---

37) 여기서 제기되는 문제들과 주석학적 자료가 다음 책에 조금 기술되어 있다: Pesch, *Markusevangelium*. 페쉬는 이런 결과를 내놓는다. "공평한 주석학은, 마르코 복음서 6장 3절은 예수에게 네 형제와 자매들이 있음을 역사적으로 증명한다는 확신만 허용한다"(*Ibid*., p.324). 같은 노선에서 듀케누(Duquesne, *Maria. Die Mutter Jesu*,

교회 전승은 이 물음과 무관하게, 그리고 마태오 복음서 1장 25절의 "그(요셉)는 아내가 아들을 낳을 때까지 잠자리를 같이하지 않았다"〔여기서 '까지'(ἕως οὗ)라는 말은 마리아와 요셉이 예수가 태어난 뒤에는 잠자리를 같이했음을 무조건 의미하는 것은 아니다〕라는 말의 정확한 의미와도 상관없이 마리아는 평생 동정으로 머물렀다고 결정을 내렸고, 따라서 신약성경에 언급된 예수의 형제들을 이해시키기 위해 여러 대안을 제시했다. 예를 들면, 2세기 중엽에 야고보원복음서(9,2)에서 유래한 대안이 있다. 이에 따르면, '예수의 형제들'은 요셉이 앞서 혼인하여 낳은 자식들이었다(예컨대 알렉산드리아의 클레멘스와 오리게네스가 이 해결책을 따랐다). 예로니모는 다른 견해를 제시했는데, 이에 따르면 예수의 형제들은 실제로 외가쪽 사촌들(이종사촌, consobrini)이었다.[38)]

문제 해결을 위해 마르코 복음서 6장 3절에 언급된 이름들에 그다지 특별하게 주목하지 않는 것도 도움이 되는데, 이 이름들의 일부는 십자가 아래 서 있는 여자들의 이름이 언급될 때(마르 15,40.47) 되풀이된다. 이 문제는 상세히 다루어졌고, 특히 미국의 '교회 일치를 위한 연구'에서도 마리아와 관련해 다루어졌는데,

---

pp.95~117)는 레풀(Fr. Refoulé)의 견해를 토대로 다음과 같이 단언한다. 즉, 어느 사촌을 가리키기 위해 바오로가 야고보를 예수의 형제라고 표현한 것은 아무것도 말하지 않는데, 다른 대목들에서는 (예컨대 바오로가 바르나바의 사촌에 대해 이야기할 경우에) 구체적이고 차별화를 둔 그리스어 '아네피오스'(ἀνέφιος)를 사용하기 때문이다. 그리스어 '아델포스'(ἀδελφός)가 그 의미 범주에 사촌을 포함시키지 않는다는 것은 완전히 배제되었다. 크라이믈은 앞의 책에서 이와 반대된 결과를 내놓는다.

38) 블린츨러(*Die Brüder und Schwestern Jesu*, pp.145~146)도 많은 논거를 제시하면서 이러한 해결책을 지지한다. 그는 특히 다음과 같이 기술한다. "마르코 복음서 3장 21절, 31~35절과 요한 복음서 7장 2~5절에서 주님의 형제들이 예수에게 취한 그러한 솔직하고 보살피는 태도는 중동 지역에서 손아래 형제들이 맏형에게 취한 태도로 생각할 수 없다. (…) 따라서 마르코 복음서 3장과 요한 복음서 7장에 나오는 주님의 형제들은 예수보다 나이가 더 많거나 적어도 그들 가운데 대변자임에 틀림없다."

거기서는 다음과 같이 결론을 내렸다.

> "이 연구에 참석한 이들은 마르코 복음서 15장 40절(과 15장 47절 등)에 근거하여 예수와 마르코 복음서 6장 3절에 언급된 형제와 자매들이 어떤 관계인지 규정할 수 없다는 것에 견해가 일치했다. 우리는 어떤 해결책이 가장 개연성이 있는지를 놓고 의견이 일치하는 것을 목표로 삼지 않았다. (…) 〔예수의 형제와 자매들의 정확한 의미에 대한〕 이 질문에 크게 주목했을지라도, 이 형제들(과 자매들)은 분명히 예수의 육신적 형제와 자매들, 그리고 이로써 마리아의 자녀들과 분명히 동일시된다고 주장할 수 없다."[39]

돔브 그룹의 견해도 이와 동일한 방향으로 나아간다. 교회 일치를 위해 이 그룹에서 펴낸 문헌인 『하느님의 구원 계획과 성인들의 통공 안에 있는 마리아』(*Maria in Gottes Heilsplan und in der Gemeinschaft der Heiligen*)에 이렇게 기술되어 있다. "우리는 신약성경 문헌들이 이 문제를 해결하는 데 충분한 근거를 제시하지 않는다는 사실을 수용할 수밖에 없다. 그때그때 주장하기 위해 제시된 근거들은 정반대로 나아가기 쉬운 추측에 불과하다."[40] 아무튼 예수의 형제와 자매들에 관한 신약성경의 언급은 초기 교회의 신앙 의식에서 별반 반향을 일으키지 못했다. '평생 동정' 이신 마리아에 대한 신앙은 완전히 도외시하더라도, 이와 관련된

---

39) Brown(Hrsg.), *Maria*, pp.66~67.

40) Gruppe von Dombes, *Maria*, p.102. 다음 책도 이와 유사한 내용을 담고 있다: Gnilka, *Markus*, pp.234~235.

신약성경 대목들을 '주목하지 않음'으로써 초기 교회에서 "예수의 가족은 그가 활동을 시작한 뒤에 탄생한 교회를 통치할 것을 요구했다는 것, 말하자면 왕조로서의 요구를 표명했다는 것이 저지되었다는" 가설은 단지 가설로써 제공된다. "(…) 예수가 자신의 가족을 물리쳤다는 내용이 나오는 마르코 복음서의 대목들도 부분적으로 그것을 설명했을 것이다."[41]

역사적으로 볼 때, 이 모든 것은 예수의 형제와 자매들의 정확한 의미에 대한 물음이 열려 있다는 것을 분명하게 말할 뿐이다. 그러나 이는 '출산 이후의 동정성'에 맞서서 실제로 관철할 수 있는 역사적 논거를 제시할 수 없다는 것 역시 의미한다. 우리는 예로니모와 함께 다음과 같이 간명하게 말할 수 있다. "우리는 하느님께서 동정녀에게서 태어나셨다는 것을 믿는다. 〔성경에서〕 그것을 읽기 때문이다. 우리는 마리아가 출산 후에 부부 관계를 가졌다는 것을 믿지 않는다. 〔성경에서〕 그 같은 내용을 읽을 수 없기 때문이다."[42]

아무튼 고대 교회에서는 "동정 잉태, 출산 중 동정임, 출산 이후의 평생 동정"(Virgo concipit, virgo parit, permanet virgo post partum)이라는 확신이 관철되었다.[43] 마리아는 예수를 잉태하고 낳은 후에도 동정녀였으며, 따라서 요셉과 잠자리를 같이하지 않았다. 이러한 일치된 견해의 배경과 원동력은 마리아가 본보기로 여겨진 생활 방식인 동정 생활이 교회 내에서 점점 더 높이 평가

41) Duquesne, *Maria*, pp.115~116. 듀케누의 이러한 견해는 적어도 매우 옳기에, 예수의 가족이 실제로 왕조라고 믿는 추세는 교회의 첫 세대에게서 증명되었다.

42) Hieronymus, *Adv. helv.* 19(*PL* 23, p.219).

43) 예를 들어 다음 책을 보라: Leo d. Gr., *serm.* 22, 2(*CC* 138, pp.91~92).

된 것이리라. 동정은 〔특히 바오로가 강조하여(1코린 7,25 이하)〕 모든 덕의 진수로, 신앙생활의 원대한 목표로 간주되었다. 동정을 잃은 것은 당시의 사고에 비추어 육신적 통합의 상실을 의미했다. 이는 그리스어 '프토라'(φθορά, 타락)로 표현되었는데, 죄에도 적용되는 개념이다. 따라서 동정을 잃은 것과 죄는 긴밀히 연관되어 있었다. 이는 마리아를 '지극히 깨끗하신 분'으로뿐만 아니라, '평생 동정이신 분'(ἀειπαρθένος)으로도 공경하는 이유 그 이상이다. 그리고 마리아의 이 동정성이 (서양에서 그렇듯이) "육신적인 것뿐만 아니라 정신적인 것"(nom solum corpore, sed etiam mente)[44]으로 이해되었을지라도, 육신적 요소는 마음의 순결을 위한 무조건적·통합적 요소다. 마음의 순결은 육체적인 것에서 '상징적으로' 표현된다.

동정 출산에 대한 논쟁과 이에 근거해 유발된 성찰은 마리아의 위치와 관련된 강조점이 서서히 옮겨지는 계기가 되었다. 마리아의 신적 모성과 동정성에 관한 진술은 원래 예수 그리스도가 하느님의 아들임 및 메시아이신 그분을 통하여 실현된 구원에 대한 신앙과 전적으로 관련이 있었다. 따라서 역사적 전개 과정에서 마리아의 동정성은 마리아 자신과 그 호칭들, 마리아의 '특권'에 주목하는 데 초점을 두었다.

---

44) 예컨대 다음 책을 참조하라: Ambrosius, *De virg.* 2,7(*PL* 16, p.220). 또는 다음 책도 참조하라: Augustinus, *Serm*, 215, 4(*PL* 38, p.1074): "몸보다 먼저 정신을 지각하라"(Prius mente quam corpore concipiens). 이와 관련해서는 다음 글을 보라: J. Pintard, "Le principe 'Prius mente quam corpore' dans la patristique et la Théologie latine", in: *Etudes Mariales* 27(1970), pp.25~58.

3.2. 마리아의 동정성에 관한 최근의 토론

/참/고/문/헌/

• E. Norden, *Die Geburt des Kindes. Geschichte einer religiösen Idee*, Darmstadt, ³1958; M. Dibelius, *Jungfrauenssohn und Krippenkind*, Heidelberg, 1933, pp.3~79; E. Brunnder-Traut, "Die Geburtsgeschichte der Evangelien im Lichte der ägyptologischen Forschungen", in: *ZRGG* 12(1960), pp.97~111; M. Görg, *Mythos, Glaube und Geschichte. Die Bilder des christlichen Credo und ihre Wurzeln im alten Ägypten*, Düsseldorf, 1992, pp.97~121; J. Hasenfuss, "Die Jungfrauengeburt in der Religionsgeschichte", in: H.J. Brosch / J. Hasenfuss(Hrsg.), *Jungfrauengeburt gestern und heute*, Essen, 1969, pp.11~23; E. Nellessen, *Das Kind und seine Mutter = SBS 39*, Stuttgart, 1969, pp.79~109; H.M. Köster, "Die Jungfrauengeburt als theologisches Problem seit D. Fr. Strauß", in: Brosch / Hasenfuss, *Jungfrauengeburt*, pp.35~87; J.A. Saliba, "The Virginal-Birth Debate in Anthropological Literature. A Critical Assessment", in: *ThSt* 36(1975), pp.428~454; H.U. v. Balthasar, "Empfangen durch den Heiligen Geist, geboren von der Jungfrau Maria", in: W. Sandfuchs(Hrsg.), *Ich glaube*, Würzburg, 1975, pp.39~49; Söll, *Mariologie*, p.241 이하; A. Ziegenaus, "Jungfräulichkeit II.", in: *MarL* 3, pp.460~481; Perella, *parto*, pp.95~213; E. Drewermann, "Die Frage nach Maria im religionswissenschaftlichen Horizont. Die scheinbare 'Grundlosigkeit' der Mariologie", in: *ZM* 66(1982), pp.96~117; Th. Schneider, *Was wir glauben. Eine Auslegung des Apostolischen Glaubensbekenntnisses*, Düsseldorf, 1985, pp.232~251; P. Planck, "Gottesgebärern und Immerjungfrau", in: H. Petri(Hrsg.), *Christsein und marianische Spiritualität*, Regensburg, 1984, pp.69~76; W. Kasper, "Brief zum Thema 'Jungfrauengeburt'", in: *IKaZ* 16(1987), pp.531~535; P. Birkhofer, *Natus ex Maria virgine. Darstellung der Aussagen von J. Ratzinger über die Jungfräulichkeit Mariens und seiner Auseinandersetzung mit möglichen Schwierigkeiten bei diesem Bekenntnis*, Dipl.-Arbeit Freiburg, 1989; G.L. Müller, *Maria*, pp.124 이하(Lit.); A. Dittrich, *Protestantische Mariologie-Kritik. Historische Entwicklung bis 1997 und dogmatische Analyse*, Regensburg, 1998, pp.49~59(압도적 다수의 개신교 신학자들이 부인하는 '동정 출산'에 관해 상세히 개관함); R. Pesch, *Über das Wunder der Jungfrauengeburt. Ein Schlüssel zum Verstehen*, Bad Tölz, 2002; Kl. Berger, *Die Bibelfälscher. Wie wir um die Wahrheit betrogen werden*, München, 2013, 특히 pp.234~243.

초기 교회에서 마리아의 동정 모성에 대해 제시되었던 논거들은 이후에도 유지되었다. 특히 그 표징이 부각되었다. 즉, 하느님께서는 마리아의 동정 잉태 아래서 역사적으로 아주 새롭게 시작하셨는데, 이는 무에서 이루어진 창조와 예수의 부활과 비교할 수 있다. 근대에 이르러서야 다양한 이유에서 예수의 동정 잉태와 출생을 비롯해 마리아의 평생 동정이심에 대한 신앙은 큰 혼란에 빠졌다. 어떻게 다르게 전개될 수 있었겠는가! 톨레도 제11차 시노드(675)는 동정 출산에 관해 이미 이렇게 말한 바 있다. "이 동정 출산은 이성으로는 이해할 수 없다. 동정 출산은 전례가 없는 일이다. 사람들이 이 동정 출산을 이해할 수 있다면, 그것은 놀라운 일이 아닐 것이다. 사람들이 다른 보기를 들 수 있었다면, 동정 출산은 유일무이한 사건이 아닐 것이다"(*DH* 533). 이런 측면에서 유럽 계몽주의의 물결을 타면서 동정 출산은 급진적 계몽주의자들이 그저 비이성적으로 꾸며낸 일처럼 부인되었고, 소박한 전설 내지 사기로 평가되었다. 덜 과격하게 말하자면, 예수의 특별한 중요성이 신화적으로 구체화된 것으로 이해되었다. 이러한 혼란은 오늘날까지 이어지고 있다. 하인리히 쾨스터가 1969년에 "대학의 개신교 신학부에서는 (…) 동정 출산과 관련하여 큰 회의가 일고 있다"[45]라고 기술한 이후부터 이러한 회의는 개신교 영역에서만 일어난 것에 그치지 않고, 가톨릭 영역에서도 크게 일어났다. 안톤 치게나우스(Anton Ziegenaus)는 2007년에 그 실상을 다음과 같이 요약했다. "〔주석가〕 다수는 동정 출산에 대해서 삼가는 태도를 취하거나 거부하고 있다."[46]

---

45) Köster, *Jungfrauengeburt*, p.47.
이에 관해 최근에 나온 다음 책을 참조하라: Berger, *Bibelfälscher*, p.235 이하.

여성신학은 이해할 만한 이데올로기적 이유에서 그것과 다른 태도를 취한다. 급진적 페미니스트인 크리스타 물라크(Christa Mulack)에게 마리아의 동정성은 "신성, 남성미, 전능함을 동의어로 여기는 광적인 남성 숭배에 젖은 세상"[47]에 좌우되지 않음을 의미한다. 카타리나 할케스(Catharina J.M. Halkes)는 더 단호히 표현한다. "동정녀는 (…) (누구누구의) 어머니, 딸, 아내로서 '비롯된' 삶을 사는 여성을 의미하는 것이 아니라, 온전해지기 위해 스스로 성장한 여성, 인격체로서 흠 없는 여성, 자기 자신에게 속해 있고 자기중심에서 나와 다른 사람들에게, 하느님께 열려 있는 여성을 의미한다. 이러한 성숙 과정을 거치면서 동정녀는 풍요로워지고, 삶을 내어 준다. '동정녀'뿐만 아니라 '어머니'도 새로운 독창력을 지닌다. (…) 어머니와 동정녀, 이 두 요소만이 여성을 온전한 인간으로 함께 만든다. (…) '동정녀'와 '어머니'가 여기서 의미한 바와 같이, 이 둘은 단지 여성으로만 그치지 않고, 인간의 사명을 보여 주고 남자든 여자든 모든 사람 안에서 고유한 색채를 지닌 태도, 마음가짐을 표현한다는 것은 거의 더 이상 설명할 필요가 없다."[48]

---

46) A. Ziegenaus, "Der christologische Gehalt der jungfräulichen Mutterschaft", in: ders.(Hrsg.), *"Geboren aus der Jungfrau Maria"*, Regensburg, 2007, pp.44~57, 여기서는 p.54.

47) Chr. Mulack, *Maria. Die geheime Göttin im Christentum*, Stuttgart, 1985, p.91.

48) C.J.M. Halkes, "Eine 'andere' Maria", in: *US* 32(1977), pp.323~337, 여기서는 pp.332~333.
여성신학에서 마리아에 관한 지극히 '다채로운' 성찰 쪽으로는 더 나아가지 말아야 할 것이다. 최근에 출간된 다음 문헌에서 이를 개관할 수 있다: *Oktober-Heft von concilium* 44(2008), "Die vielen Gesichter Marias". 마리아를 페미니즘적 관점에서 해석하는 것을 반대하는 두 문헌이 있다: W. Schlichting, *Maria. Die Mutter Jesu in Bibel, Tradition und Feminismus*, Wuppertal u.a., 1989; S. Heine, "Maria, die Mutter Jesu in der feministischen Theologie", in: M. Kießing(Hrsg.), *Maria, die Mutter unseres Herrn*, Lahr, 1991, pp.121~135. 슐리히팅은 이 글(134쪽)에서 다음

그러므로 동정녀는 '여성의 자율성을 나타내는 일종의 상징'이다. 그러나 이로써 여성신학에서도 (동정성에 대한 높은 평가에도 불구하고) 동정녀는 그 육체적 현실성이 아닌, 그 상징성, 그 '태도'를 의미한다는 것이 드러난다. 이런 맥락에서 여기서도 전통적으로 이해된 '동정 출산'은 이미 앞에서 언급한 것, 즉 근대에 제기된 문제 아래 있음을 알게 된다.

마리아의 동정성이 문제시된 이유들은 무엇일까?

다음 두 가지 기본 선택은 더 규명되어야 할 일련의 내용적 논증들 외에 마리아의 동정 모성에 대한 부인이나 문제 제기 또는 새로운 해석의 가장 보편적인 형식적 배경을 이룬다.

(1) 예수를 강생하신 하느님의 영원한 아드님으로 고백하기를 거부하는 것이다. 그러한 거부는 강생이 참된 것임을 처음부터 생생하게 보여 주는 표지인 예수의 동정 잉태에 대한 확신을 막는 것이다.
(2) 하느님께서 세상에서 펼치시는 놀라운 활동, 즉 이 세상의 모든 인과 관계를 뛰어넘는 활동 가능성에 대해 논쟁하는 것이다.

동정 출산을 부인하는 것은 이 두 가지 선택 중 하나에 기인하기 때문에, 논증과 반증에 관해서 토론하는 것은 더욱 어렵다.

과 같이 기술한다. "예수의 어머니 마리아는 여성 신학에서 수많은 얼굴을 가지고 있다. 그것은 바로 여성 신학 자체가 상반된 얼굴들을 가지고 있음을 말하는 것이다. 여성이라는 신원을 확인하려는 시도는 가부장적 역할이라는 진부한 생각에 너무나 쉽게 숨은 채 있다. (…)."

요한 볼프강 폰 괴테(Johann Wolfgang von Goethe)가 1822년 2월 2일에 칼 프리드리히 바흐만(Karl Friedrich Bachmann)에게 다음과 같이 보낸 편지에서 그 이유를 알 수 있다. "모든 논거는 어느 주제에 대해 처음에 확정된 견해가 달라진 것에 불과합니다. 이런 까닭에 우리 선조들은 '네 원칙을 부인하는 사람과는 싸우지 마라'라고 슬기롭게 말했던 겁니다." 그럼에도 둘째 선택과 관련해서는 '하느님께서 세상에서 펼치시는 (놀라운) 활동'이라는 문구를 이해하기 위해 적어도 몇 가지 요소를 정확히 규명해야 할 것이다.

3.2.1. 하느님은 세상에서 활동하시는가? 어떻게 활동하시는가?

위에 언급된 선택(하느님께서 세상에서 펼치시는 놀라운 활동 가능성에 대한 논쟁)의 배경을 이루는 것이 있다. 근대에 태동한 자연과학의 세계상인데, 이에 따르면 비판적이고, 객관적이며 경험적인 검증을 통과한 것만이 실제적이다. 이 원칙은 특히 우연적이고 되풀이될 수 없는 개별 사실과 연관이 있는 역사학에 단지 대략적으로 적용될 수 있지만, 역사적 사실을 주장하기 위해서는 적어도 원전에 대한 비판적 시험이 요구되고, 주장된 사실이 경험적으로 증명할 수 있는 다른 사실들과 유사하고 상관관계가 있다는 것도 제시되어야 한다. 이 두 조건은 동정 출생이라는 '사실'에 대해서는 분명 충족될 수 없다. 원전과 관련해서는 "예수의 동정 잉태는 원칙적으로 역사적으로 증명할 수 없다."[49] 이는 물론 역으로 "원칙적으로 역사적으로 반박할 수 없음"도 의미한다는 점에서 크게 일치한다. 그리고 동정 출생은 우리 인간에게 흔히 일어나는 사건들의 상관관계와 무관하다는 것은 명백하다.

이렇게 근대에 태동한 자연과학의 세계상을 전제한 것은 신앙인마저도 쉽사리 다음과 같은 입장을 취하게 한다고 요셉 라칭거는 말한다.

> "그는 생명체와 물질에 이르기까지 하느님께서 세상에서 구체적으로 활동하시는 것을 적절하지 않다고 여기고 거기서 벗어나려 한다. (…) 세상에서 전혀 믿을 수 없는 것 역시 하느님께 불가능한 것이라는 생각 속에는 하느님은 세상의 역사를 완성하실 수 없고 역사는 하느님께 도달할 수 없다는, 다시 말해 하느님께서 영향을 미치시는 영역은 정신적 영역에만 국한된다는 전제가 은밀히 숨어 있다."[50)]

사실, 모든 현실적 대상은 객관적이고 경험적으로 검증할 수 있고, 또 그래야 한다는 관점에서 출발한다면 하느님이 세상에서 활동하신다는 것(동정 출생이 사실이라면, 이것 역시 하느님의 활동에 속한다는 것)을 과연 분명히 생각할 수 있을까? 다음 두 가지 대안, 곧 근본주의적 입장에서 하느님은 세상에서 일어나는 일들의 원인에 '객관적으로' 개입하신다고 믿거나, 아니면 세상에서 일어나는 일들의 인과 관계는 제한적이라고 단정하고 하느님의 활동을 자

49) E. Nellessen, "Die Verkündigung der Menschenwerdung", in: Brosch / Hasenfuss (Hrsg.), *Jungfauengeburt*, p.185.

50) Ratzinger, *Tochter Zion*, pp.57~58.

연과학적 비판으로는 도달할 수 없는 '주관적' 차원(내적 위로와 평화, 어려움을 극복하기 위해서, 지탱하기 위해서, 사랑을 위해서 필요한 내적 힘과 에너지)에 국한하는 것이 실제적이지 않을까?[51]

이러한 당혹스러움에 또 다른 현상이 추가된다. 칼 라너가 이미 이 현상을 지적했는데, 하느님에 대한 우리의 생각이 급진적으로 바뀌었다는 것이다.

> "우리는, 우리 그리스도인도 하느님께서는 우리가 사는 세상에서 시간적으로나 공간적으로 촘촘히 개입하지 않으신다고 생각하는 데 서서히 익숙해지고 있다. (…) 그렇다면, 그리고 예전에는 하느님께서는 적어도 특정한 경우에도 세상이 앞으로 나아갈 때마다 시간적으로나 공간적으로 개입하셨다고 믿었다면, 이전 시대와 우리 시대 사이의 심성(心性)에서 실제로 엄청난 변화가, (…) 오늘날 우리에게 매우 큰 어려움을 주는 변화가 등장했다."[52]

바로 이러한 변화를 마리아의 동정 잉태에 대한 비판적 태도에서도 알아차릴 수 있다.

이제 우리는 이 주제를 다루는 범위에서 '기적'이라는 포괄적 문제를 더 이상 길고 폭넓게 논할 수 없다.[53] 1970년대부터 새

---

51) 이에 관해서는 다음 책을 보라: Chr. Böttigheimer, *Wie handelt Gott in der Welt? Reflexionen im Spannungsfeld von Theologie und Naturwissenschaft*, Freiburg i. Br., 2013.
그 밖에, 신적 활동이 '내적 영역'에 '제한'됨으로써 신앙은 학문적 사고의 논박에서 벗어났을 거라는 견해는 물론 하나의 환상이다. '내적'(=주관적) 차원 역시 경험 심리학 측면에서 '가설' 없이 '하느님'을 설명하고자 애쓰기 때문이다.

52) K. Rahner / K. Weger, *Was sollen wir noch glauben*, Freiburg i. Br., 1979, pp. 75~76.

롭게 벌어진 신학적 토론으로 시선을 돌리면서 제기된 질문들을 조금 규명하겠다.

외부에서 세상 속으로 들어오시고 세상의 '일상적인' 법칙을 폐기하시거나, '방해하시는' 하느님의 특별한 활동이라는 의미에서 기적에 대해 근대적 사고 안에서 새롭게 문제를 제기하였다. 라너의 제자인 벨라 바이스마르(Béla Weissmahr)는 (당시에 널리 퍼졌던 진화론의 문제에서 출발하여) 새로운 이론을 전개했는데, 많은 신학자가 그 이론에 관심을 지니고 다뤘다.[54] 이에 따르면, 하느님은 "피조물이 야기한 고유한 활동"을 통해 늘 간접적으로만 활동하신다.[55] 직접적인, 그러니까 외부에서 세상 속으로 들

53) 기적의 물음에 관한 문헌은 매우 많다. 특히 다음 문헌들을 참조하라: Weissmahr, *Gottes Wirken in der Welt. Ein Diskussionsbeitrag zur Frage der Evolution und des Wunders*, Frankfurt, 1972; H. Kessler, "Der Begriff des Handels Gottes. Überlegungen zu einer unversichtbaren theologischen Kategorie", in: H.U. v. Brachel / N. Mette(Hrsg.), *Kommunikation und Solidarität*, Freiburg (Schweiz)-Münster, 1985, pp.117~130; ders., "Was heißt: Gott handelt? Über Gottes Wirken in der Welt und an der Welt", in: ders., *Den verborgenen Gott suchen*, Paderborn, 2006, pp.90~103; Th. Schneider / L. Ulrich(Hrsg.), *Vorsehung und Handeln Gottes* = *QD* 115, Freiburg i. Br., 1986; Kl. Berger, *Darf man an Wunder glauben?* Stuttgart, 1996; Chr. Büchner, *Wie kann Gott in der Welt wirken? Überlegungen zu einer theologischen Hermeneutik des Sich-Gebens*, Freiburg i. Br., 2010(Lit.).

54) 엄밀히 말하자면, 그 이론은 라너에게서 유래한 것이다. 라너는 1961년에 (물론 약간 다른 맥락에서) 이렇게 기술했다. 창조주는 "피조물의 활동 옆에서 활동하지 않으시기에 피조물이 활동하지 않는 것에 영향을 미치시는 게 아니라, 피조물의 능력을 능가하고 앞지르는 활동에 영향을 미치신다"〔K. Rahner, "Die Hominisation als theologische Frage", in: P. Overlage / K. Rahner, *Das Problem der Hominisation* = *QD* 12/13, Freiburg i. Br., 1961, pp.13~90, 여기서는 p.84〕. 반면에 그가 나중에 펴낸 책〔*Grundkurs des Glaubens. Einführung in den Begriff des Christentums*, Freiburg i. Br., 31976, p.94〕에서 분명해지는 점이 있다. 라너는 다음과 같은 견해를 내세우면서 자기 제자의 생각에 관심을 지니고 다룬다. "하느님은 세상에 영향을 미치시지만 원래 세상 안에서는 활동하지 않으신다. 하느님은 인과 관계의 연결 고리를 지탱해 주시지만, 한 자체로서 당신의 활동을 통하여 이 원인의 연결 고리 안으로 들어가시는 게 아니라 그 원인들 가운데 하나로서 들어가시는 것이다." 다음 책들에도 이와 유사한 생각이 담겨 있다: Ladislaus Boros, *Piet Schoonenberg und Andrés Torres Queiruga*; Böttigheimer, *Wie handelt*, p.1163 이하.

어오시는 하느님의 활동은 "명백한 모순이라고" 표현할 수밖에 없는 상황이다.[56] 세 가지 이유에서 그렇다. 첫째, 그러한 직접적인 활동은 창조 세계의 고유한 현실과 독자성을 존중하지 못할 것이기 때문이다. 둘째, 그러한 직접적인 활동은 세상이 앞으로 나아가는 데 있어서 '방해'를 의미할 테고, 연결된 세상에서 실재하는 '장소가 없다는 사실'을 드러낼 것이기 때문이다. 셋째, 그러한 직접적인 활동은 창조주가 최초로 야기한, 초자연적 인과 관계를 피조 세계의 일정한 인과 관계와 혼동할 것이기 때문이다. 하느님은 모든 실재(實在)의 근원이시고, 그러한 분으로서 모든 실재 위에 계신다. 하느님은 하나의 실재가 아니시다. 모든 실재 안에서 탁월한 원인이시더라도 말이다. 사람들이 이 결과를 부인하려 한다면, 하느님은 모든 피조물의 인과 관계의 초자연적 원인으로서, 유한한 (둘째) 원인을 중개하심으로써만 세상에 계시고 활동하실 수 있다는 결과가 나온다. 하느님의 활동은 그분이 피조물을 활동하게 하시는 데에서 생겨난다. 그러나 이는 동시에 피조물의 모든 활동은 그것의 인과 관계에, 그리고 하느님께서 처음부터 마련해 놓으시고 가능하게 하신 인과 관계에 기인한다는 것도 의미한다. 이는 세상에서 하느님으로부터 새로운 것이 생겨날 수 없다는 뜻이 아니다. 그러한 새로운 것에 의해서도 유효한 것이 있기 때문이다. "피조물이 활동하면서 가져오는 모든 것, 완전함이 증대하는 것, 세상 안에서 생겨나는 새로운

55) Weissmahr, *Gottes Wirken*, p.71.

56) *Ibid.*
바이스마르는 하느님의 근원적인 창조 활동을 단호히 배제한다. "세상의 창조는 의심할 여지 없이 하느님의 한 가지 활동이기 때문이다. 이때 모든 둘째 원인은 철저히 제외되었다"(*Ibid.*).

것은 온전히 하느님에 의해서 비롯되었고 또 온전히 피조물에 의해서 비롯되었다. 하느님께서 무언가를 점점 더 많이 가져오실수록, 피조물은 점점 더 적극적으로 행동하게 된다."[57)]

한스 크리스티안 슈미트바우르(Hans Christian Schmidbaur)는 이러한 입장에 반기를 든다. 그에게 "하느님은 세상에서 간접적으로만 활동하실 수 있다는 명제는, 하느님은 세상 안에서 일어나는 사건의 직접적인 원인이실 수도 있느냐는 물음에 의해 예리하게 분리될 수밖에 없다."[58)] 오히려 자연적 원인은 하느님의 특별한, 직접적인 활동에 의해 붙잡히고 나아가 인도될 수 있는데, 그 이유는 피조물은 처음부터, 그리고 항상 하느님에게서 나와 그분을 향해 가는 초자연적 움직임 안에 있기 때문이라고 슈미트바우르는 토마스 아퀴나스에 기대어 말한다.[59)] 크리스티네 뷔

---

57) Weissmahr, *Gottes Wirken*, p.131. 바이스마르는 자신의 글["Gibt es von Gott gewirkte Wunder? Grundsätzliche Überlegungen zu einer verdrängten Problematik", in: *StdZ* 191(1973), pp.47~61, 여기서는 p.56]에서 다음과 같이 기술한다. "피조물은 뜻하지 않은 일을 야기할 수 있기 때문에, 하느님께서는 뜻하지 않은 일을 가져오실 수 있다. 언제나 피조물의 활동을 통해서 간접적으로 활동하시더라도 말이다. (…) 내 생각에, 하느님은 세상에서 피조물의 힘을 통해서만 영향을 주실 수 있지만, 피조물은 야기할 수 없는 예기치 않은 사건을 세상에 일으키실 수 있다. 자연과학적으로 철저히 인식하거나 계산할 수 있는 것보다 내적 세계의 원인들로부터 늘 더 많은 것이 가능하기 때문이다."
다음 책도 이와 유사한 내용을 담고 있다: A. Torres Queiruga, *Die Wiederentdeckung der Schöpfung*. 독일어 번역본: Darmstadt, 2008, pp.84~122. 해당 장은 '하느님은 창조주를 만드신다'라는 제목을 달고 있다.

58) H. Chr. Schmidbaur, *Gottes Handeln in Welt und Geschichte. Eine trinitarische Theologie der Vorsehung*, St. Ottilien, 2003, p.372. 다음 글에도 이와 유사하게 비판하는 내용이 들어 있다: J. Negel, "Weil die Welt nicht ganz dicht ist … Eine philosophisch-theologische Erörterung der Frage nach dem Wirken Gottes in der Welt", in: W. Eisele(Hrsg.), *Gott bitten? Theologische Zugänge zum Bittgebet* = *QD* 256, Freiburg i. Br., 2013, pp.102~185, 여기서는 pp.120~127.

59) Cf. *ibid.*, p.390 이하.
이와 관련하여 토마스의 견해에 대해서는 다음 책도 보라: Büchner, *Wie kann Gott*, p.233 이하. 뷔히너는 먼저 다음과 같이 지적한다. 토마스는 하느님께서 모든 것에 영향을 미치신다는 것을 하느님만이 영향을 미치신다고 이해하지 않는다는 것

히너(Christine Büchner) 같은 신학자도 같은 방향으로 나아가는데, 그녀는 장뤼크 마리옹(Jean-Luc Marion)에 이어서 실재(實在)가 지닌 성격, 즉 무조건적으로 '주고자 하는 성격'(Gabe-Charakter)을 강조한다. 실재는 근본적으로 '자기를 내어 줌'(Sich-Geben)을 통해서만 인간에게 해명되고, 이는 다시 한번 하느님과 그분의 활동과 관련해서 극명하게 드러난다고 해서 선험적으로 그것을 사실이라고 단언할 수는 없다. 그러한 사실이 마치 원래 그래야 하는 것처럼 말이다.

이 두 가지 입장이 다르더라도, 실제적 차이는 그다지 크지 않다. 두 입장은 모두 하느님께서 피조물이 야기한 유한한 원인들을 수단으로 하여 세상 안에서 활동하신다는 점에서 출발한다. 이때 바이스마르에게는 피조물이 야기한 원인으로 가능한 것과 함께 하느님께서 세상 안에서 활동하실 수 있는 것의 정도와 기준도 주어진 것처럼, 그렇게 갈라질 수도 있다.[60] 물론 바로 이것이 '동정 출산' 문제라는 결과를 가져왔을 것이다. 그 이유는 이렇다. 자연 세계에 단성 생식이라는 현상이 있다면, 언제나 동성, 그러니까 여자의 후손만 중요하게 여겨질 것이기 때문이다. 남자의 동정 잉태는 자연과학적으로 볼 때 불가능하다. 물론 여기서 이런 물음이 제기된다. "피조물의 원인에 자발적으로 다가갈 수 있거나, 다가갈 수 없는 게 무엇인지 우리는 궁극적으로 알고 있는가?" 그렇더라도, 슈미트바우르는 이에 맞서 유한한 모

이다. 왜냐하면 하느님께서는 "당신의 선하심이 풍부하기 때문에 (…) 피조물과도 인과 관계의 존엄성을 공유하신다"(*STh* I, 22,3).

60) 물론 이러한 상황은 바이스마르에게 전혀 명료하지 않다. 아무튼 그는 이렇게 기술한다. "세상에 있는 존재는 (…) 스스로 성장해야 한다. 그렇지만 그의 능력에 대한 조건은 궁극적인 존재자의 자기(Selbst)가 아니다. 오히려 존재자의 자기는 제일원인이신 하느님의 활동과 조화를 이루어야 한다."

든 것을 무조건 뛰어넘고 물론 피조물이 야기한 (자신을 넘어선) 원인도 늘 해결해 주시는 하느님의 능력을 부각시킨다.

두 입장은 모두 하느님의 '놀라운 활동'(동정 출산처럼)이 외부에서 개입하거나 방해하는 게 아니라 연결된 세상이 야기한 원인 안에서, 그리고 원인을 통해서 이루어지는 것임을 보여 주고자 한다. 하느님께서 급진적으로 주도권을 쥐시고 새로운 것을 두고자 하실 때조차, 인간의 협력 없이는, 다시 말해 인간 편에서 수용하고 함께 행동하지 않고서는 그렇게 하실 수 없다. 이로써 우리가 제기한 물음은 아직 많은 것을 얻지 못했지만, 적어도 '기적이라고 여겨지는 것'이라는 인상은 한 걸음 뒤로 물러났고, 따라서 '동정 출산'이라는 선험적 명제를 순전한 '신화적 개념'(Mythologumenon)으로 약간 변경하게 되었다.

3.2.2. '신화적 개념'으로서의 동정 출산?

마리아의 동정 모성과 관련해서는 신화가 핵심이라는 명제는 그 '선구자'인 다비드 프리드리히 슈트라우스(David Friedrich Strauß) 이후 20세기 초에 이른바 종교 역사학파인 에두아르트 노르덴(Eduard Norden), 마르틴 디벨리우스(Martin Dibelius) 등에게서 정점에 달했다. 이 학파는 대중 신화에서, 특히 초기 그리스도교의 문화적 배경에서 동정 출산과 유사한 수많은 것을 주목하게 해 주었다.[61] 이와 관련된 문헌들 가운데 특히 헬레니즘 및 이집트 문화권 배후에서는 '거룩한 혼인'(ἱερὸς γάμος)이라는 사고가 이따금 작용했다. 이에 따르면, 어느 신은 인간 여자와 결합하여 그녀와 함께 신의 아이를 낳는다. 종교 역사학파 시대가 지나갔을지라도, 오늘날까지 이집트 고고학자들은 다음과 같은 견해를 옹호한다. "성탄의 기적에 관한 모든 이야기는 (…) 이집트에서 명확히 증명될 수 있다. (…) 우리는 헬레니즘-이집트에서 일어난 신비들이 유다-그리스도교 '설화'가 형성되는 데 영향을 주었다는 것을 상상하기 어렵다."[62]

최근에 오이겐 드레버만(Eugen Drewermann)이 이 기본 명제에 관심을 가지고 이 문제를 다뤘다. 그에 따르면, 예수의 동정 잉태에 대한 확신은 역사적 이성으로도, 철학적 이성으로도 정당함이 입증될 수 없다. 그러나 이로부터 여기에는 기만이나 소박함, 거짓이 있었다는 결과가 나오는 건 아니다. 오히려 정반대다! 그리스도교 신앙은 신적 진리가 모습을 드러냈고, 특히 인간의 심오한 본질을 해석하는 종교 신화에서도 그렇다는 것을 인정해야 한다. 그리고 다음과 같은 점을 명료하게 규명해야 한다. "모든 시대와 모든 지역의 사람들이 믿었다면, 그리고 종교사에서 서로 무관하게 늘 진실한 것으로 여겨진 것은 신적 진리를 요구한다. (…) 하느님께서는 인간을 그렇게 창조하셨으므로 특정한 종교적 내용이 진실성 없이 인간 의식에 늘 명료함을 강요한다는 것은 생각할 수 없는 일이다."[63]

---

61) Cf. Norden, *Geburt*; Dibelius, *Jungfrauensohn*, pp.3~79. 동정 출산이 이집트에서 유래했다는 것과 관련해서는 특히 다음 책들도 보라: Brunnder-Traut, *Geburtsgeschichte*; Görg, *Mythos*. 종교 역사학파의 연구에 비판적으로 대결하는 내용은 다음 책들에서 볼 수 있다: Gnilka, *Matthäusevangelium*, pp.22~33; Hasenfuss, *Jungfrauengeburt*, pp.11~23; Nellessen, *Kind*, pp.79~109.

62) E. Brunnder-Traut, *Pharao und Jesus als Söhne Gottes*. 인용: H. Küng, *Credo*, München-Zürich, 1992, p.63.

이러한 노선에서 마리아론은 "모든 생명의 근원이신 하느님의 어머니에 관한 가르침으로" 이해할 수 있고, 실제로 그렇게 인정할 수 있다. 마리아론은 "사실 종교사적으로 모든 개별 사항에 있어서 인류의 가장 오래된 종교적 사안에 속한다."[64] 동정 어머니의 표상 안에서 "어느 한 문화권에서 고유한 성에 따른 역할 규정 내에서는 살 수 없고 의식에 허용될 수 있는 모든 것이 살고 있다."[65] 그러면서 오이겐 드레버만은 다음과 같이 말한다. "신앙은 종교사의 증명과 '영혼의 증명'을 타당한 것으로 여기는" 대신에 "주석학과 역사의 '증명'에 기대려 하고",[66] 이로써 자기 자신을 얼마나 많이 잃게 되는지 알아채지 못한다는 것이다.

여기에 언급된 종교사적 유사성에 대해서는 무엇을 말할 수 있을까?

원칙적으로 이 종교사적 유사성에 대해서는 질문을 던질 필요가 없다. 그 이유는 이렇다. 우리가 신앙 고백을 하듯이, 예수 그리스도는 인류가 가는 모든 길의 완성이라면, 하느님께서 다른 종교들 안에서도 활동하신 것이 그분 안에서 아주 명료하고 진실하게 드러난다면, 인류의 종교 안에서 예감과 갈망, 소원과 희망을 찾게 할 수 있는 것은 바로 그리스도 사건과 그 영향사에서 만날 수 있어야 하기 때문이다. 그다음에는 거의 모든 문화권에

63) Drewermann, *Frage*, p.99.

64) 한스 큉도 이 점을 관심을 가지고 다룬다(*Christsein*, München-Zürich, 1964, p. 554). 그는 이렇게 확신한다. "동정 출산에 관한 신화는 고대에 널리 퍼져 있었고, 심지어 (…) 페르시아와 인도, 남아메리카에서도 발견되었다. 따라서 그 신화는 결코 특별히 그리스도교적인 게 아니다."

65) Drewermann, *op.cit.*, pp.98~99. 108.

66) *Ibid*, p.109.

서 나타나는 여성적이고 모성적인 요소에 의해서, 그리고 이 요소와 신적인 것과의 특별한 관계에 의해서도 중요시되어야 한다.

다른 한편으로, 비교 종교사의 측면에서 드러나는 한 가지 중요한 원칙을 주시해야 한다. 즉, "유사성은 계보(系譜, Genealogie)와 동일하지 않다. 외형적 유사성은 근원이 동일하다는 결과를 허용하지 않는다."[67] 실제로 동정 잉태를 종교사적 현상으로 철저히 분석한 것은 성경과 고대 종교들의 현저한 차이를 보여 준다.[68] 이에 따르면, 고대 종교들에서 신적 아이의 잉태는 어느 신과 어느 인간의 성적 합일을 통하여 이루어진다(hieros gamos). 그리고 이 결합의 열매는 '혼합된 존재'(teios aner), 혹은 신인(神人), 다시 말해 절반은 신이고 절반은 인간이다.

그러한 일종의 혼합의 결과는 성경이 제시하는 것과는 거리가 아주 멀다. 창세기 6장 1절 이하에서는 혼합이 심지어 '악'으로 평가된다. 루카나 마태오에게서도 혼합의 흔적은 조금도 발견되지 않는다. 동정 잉태는 인간 아버지가 신적 존재로 대체되는 것을 의미하는 것이 아니기 때문이다. 오히려 창조주 하느님의 영이 인간의 새로운 창조에 작용하시고, 그 안에서 하느님께서 당신 자신을 온전히 드러내 보이실 수 있다. 또한 그리스도교 신앙

67) Beinert, *Heute*, p.92. 바이너르트는 죌(*Mariologie*, p.8)의 견해를 재수용한 게 분명하다. 이와 관련하여 중요한 점을 다음 책에서도 볼 수 있다: H, Rahner, *Griechische Mythen*, pp.25~26.

68) 그 밖에 라너(*Griechische Mythen*, p.121)가 다음과 같이 표명한 것은 옳다고 본다. "예수의 동정 출생에 대한 신앙을 헬레니즘 세계의 신화와 신지학(神智學, Theosophie)적 체계에 비추어 설명하고자 시도한 종교역사적 연구의 다채로운 체계들은 그때그때마다 저절로 다시 사라졌다." 치게나우스(*Der christologische Gehalt*, p.55)도 이렇게 기술한다. "복음서들이 탄생한 시기에 누군가는 그러한 신화들을 진지하게 받아들였을까? 신들의 연애 사건은 부도덕하고 웃음거리, 그러니까 희극의 대상에 불과했다."

에 따르면, 예수는 '혼합된 존재'가 아니라, 강생하신 하느님의 아드님, 온전히 인간이자 온전히 하느님이시다. 그렇기 때문에 요셉 하젠푸스(Josef Hasenfuss)는 모든 중요한 종교사적 유사성을 살펴본 뒤에 이렇게 언급했다. "비교 종교사는 동정녀 마리아를 통하여 하느님의 영으로 말미암은 주님의 탄생에 대해 도덕적이고 종교적인 진지함, 혹은 내용과 관련된 것인 동등함을 부여하지는 않았다. 여러 외형적 유사성이 있을지라도 말이다." 그럼에도 그는 "루카가 살았던 이집트-헬레니즘 문화권에서 나온 동정 출산이라는 신학적 개념을 받아들이는 것을 (…) 물론 증명된 것은 아니지만 가능한 것이라고"[69] 여긴다.

특별히 종교사적 유사성에 관해 드레버만이 표명한 견해와 관련해서는, 그의 신학적 구상 전체에 대해서 근본적 질문이, 신화의 원형적인 것에 맞서 역사적인 것의 중요성과 관계에 대한 질문이 제기된다.[70] "결코 없었지만, 영원히 있는 것"〔살루스트(Sallust)〕이라고 그가 표현한 것은 신화에 속한다. 드레버만은 결국 인간 의식과 느낌과 정서의 그리고 특히 잠재의식의 근본 구조에 근거를 둔다. 반면에 성경은 하느님께서 역사 안에서, 다시 말해 일회적으로, 주도적으로, 새롭게 활동하신다고 강조한다. 이에 따라 역사적 사실 또한 특별한 게 아니다. 하느님의 아드님이 세상에 오신 것은 처음부터 역사적 사실이므로, "동정 잉태의 진실"은 바로 "인간의 영혼에서 이끌어 낼 수 있는 사실성(독창성)에서 찾아야지" "이 신화 뒤에 숨어 있는 갈망 속에서"[71] 찾으면 되겠는가?

69) Hasenfuss, *Jngfrauengeburt*, pp.22~23.

70) 이에 관해서는 다음 책을 보라: A. Görres / W. Kasper(Hrsg.), *Tiefenpsychologie Deutung des Glaubens? Anfragen an E. Drewermann* = *QD* 113, Freiburg i. Br., 1988.

3.2.3. '신학적 개념'으로서의 동정 출산?

역사비평적 연구는, 비록 종교학 연구의 일부 결과도 넘겨받았을지라도, 비교종교학과는 다른 길을 택했다. 역사비평적 연구가들은 특히 원전의 불확실함을 지적했다. 사실, 마리아의 동정 잉태와 동정성과 관련해서 증인들의 보도에 반기를 드는 논증은 판명하기가 어렵다. 칼-하인츠 멘케의 말을 빌리면, "어느 역사가는 그러한 주장(동정 잉태에 대한 주장)을 지지하기 위해 적어도 마리아와 가장 가까운 여자 친척의 믿을 만하고 일관된 증명이 필요할 것이라는 사실을 아무도 부정하지 않을 것이다. 루카는 그것을 해 줄 수 없다."[72] 그런데 그것과 관계되는 진술은 출처가 어디인가? 그리고 바오로와 요한은 동정 잉태를 언급하지 않았다는 놀라운 사실의 측면에서 그 정확한 의미는 무엇인가? 이로부터 사람들은 이 이야기를 전혀 알지 못했거나, 그리스도에 대한 신앙 고백을 위해서는 언급할 가치가 없다고 간주했다는 결과를 끌어내야 하는가?[73] 그렇다, 예수의 탄생 예고 장면에서 동정 출산에 관해 명료하게 이야기하는 루카조차 여러 대목(2,27.41.43.48)에서 요셉과 마리아는 분명히 '예수의 부모'라고 언급한다. 볼프

---

71) Menke, *Fleisch geworden*, p.90.
이는 물론, 성경에도 진리가 신화의 형상으로 지속된다는 것을 배제하지 않는다. 그러나 예수 그리스도에 대한 핵심 진리도 이에 속할까? 그것은 "예수를 자기 구원(자신의 본성에서 벗어남)을 위한 대리 매개자로 상대화하는" 그리스도론으로 이끌지 않을 거라는 것을 사람들이 수긍할 수 있을까? 그리고 그것은 인간이 하느님에 관해 "자기 영혼 깊은 곳에서 적어도 넌지시 이미 알고 있지 않았을"(*Ibid.*) 것은 아무것도 전달받을 수 없다는 결과를 가져오지 않을까?

72) Menke, *Fleisch geworden*, p.37.

73) Cf. G.L. Müller, *Maria*, p.165.

강 바이너르트는 이렇게 묻는다. "그(루카)는 자신의 복음서 1장을 잊은 걸까?"[74] 앞에서 여러 번 언급된 미국의 '종교 일치를 위한 연구'는 다음과 같이 요약한 내용을 끌어낸다.

> "그리스도교 초기에 많은 그리스도인은 동정 잉태에 관해 아무것도 알지 못한 듯하다. 이는 예수가 출생이 합당하지 않다는 이유로 종종 비방을 받은 것보다 더 기이하다. 동정 잉태에 관해 아무것도 알지 못한 그리스도인들이 이러한 비방에 어떻게 대답했겠는가? 둘째로, 사람들은 동정 잉태라는 단순한 사실만 아니라, 예수의 탄생과 얽혀 있던 모든 기이한 상황에 관한 이야기도 계속 퍼뜨리지 않았을까? (…) 이 모든 것에 비추어 우리는 복음서에 학문적으로 접근함으로써 동정 잉태의 역사성을 논증할(또는 부인할) 만한 방법을 알지 못한다."[75]

그럼에도 이런 질문이 제기된다. "오늘날의 역사비평적 주석학에 따르면 이른바 동정 출산에 관한 성경적 진술은 어디서 유래하는가?"

일련의 신학자들은 당시의 문학적 장르를 가리켜 보인다. 이

---

74) Beinert, *Maria*, p.89.

75) Brown(Hrsg.), *Maria*, pp.84~85.
페쉬(*Dogmatik* I/1, p.856)도 이와 유사하게 '강요당한 결론'에 이른다. "마태오와 루카가 이미 예수의 유년 복음서를 썼던 1세기 말에 예수는 메시아이자 하느님의 아들로 증명되고 선포되었다. 이것이 예수가 특별한 방식으로 인간 세상에 왔음을 가리켜 보인 것과 결부되거나 전혀 근거가 제시되지 않은 채 말이다." 현재 개신교 신학에서 일치된 견해를 보이는 것도 이러한 노선에서 움직인다. 이에 관해서는 다음 책을 보라: Eilrich, *Gott*, pp.182~206. 내용을 간략히 요약하면, "교의학적 해석도, 기초신학의 맥락에서 내놓은 해석도 (…) 예수의 동정 잉태에 관해 말하는 데 꼭 필요한 것을 납득시키지 못한다"(*Ibid.*, p.196).

문학적 장르에 따라서 유다교와 이어서 초기 그리스도교에서 나타나는 종교적 진리는 이야기하는(서사적) 방식으로, 그러나 전설적이라는 방식으로 표현되었다(미드라시). 그 명제에 따르면, 신약성경 저자들은 예수의 유년기 이야기를 구약성경의 말씀과 표상을 토대로 만들어 냈을 것이다. 예수 그리스도에 관한 결정적인 신학적 진리를 설화적 형태로 내놓기 위해서였다. 볼프하르트 판넨베르크(Wolfhart Pannenberg)는 이러한 관점에서 예수의 동정 잉태를 전설의 옷을 입힌 신학적 개념이라고 표현한다. 판넨베르크에 따르면 전설은 역사적 보도로 이해될 수 없지만, 두 가지 진술의 역할은 무조건 참된 것일 수 있다. "먼저 '그리스도 양자론'에 맞서서, 예수는 처음부터 온전히 하느님에게서 났다는 사고가 핵심이다. 이는 사도신경에 나오는 '성령으로 인하여 (…) 나시고'(natus est Spiritu Sancto)라는 표현에 드러나 있다. 가현설에 반대하는 관점에서 '동정녀 마리아께 잉태되어'(ex Maria virgine)라는 표현도 결코 포기할 수 없다. 예수의 근원, 그분의 탄생은 이미 참으로 인간적 사건이다."[76)]

'그리스도 양자론'에 반대할 의도로 이렇게 동정 잉태를 이해하는 것은 심지어 (물론 신중한 형태로) 교회의 '공식' 문헌 안으로 들어갔는데, 물론 지역에 따라서만 그러하다. 지금까지 여러 번 발행되었고 많은 논쟁이 벌어진 『화란 교리서』[77)]에는 다음과 같이 명시되어 있다.

---

76) W. Pannenberg, *Grundzüge der Christologie*, Gütersloh, [6]1982, p.149.

77) *Glaubensverkündigung für Erwachsene*. 독일어 번역본: *Ausgabe des Holländischen Katechismus*, Nijmegen-Utrecht, 1968.

"복음서는 예수의 인간적 혈통과 더불어 예수는 하느님에게서 났음도 보여 준다. (…) 하느님께서 이스라엘에 약속하셨던 모든 후손 가운데 예수는 정점에 있다. (…) 이는 복음사가 마태오와 루카가 예수는 남자의 욕망에서 난 것이 아니라는 데에서 표현되어 있다."[78)]

다른 신학자들은 루카 복음서 2장을 세례자 요한에 관한 진술이 '상승된 것'으로 해석하고자 (이는 보편적으로 수용되었음) 할 뿐만 아니라, 이런 맥락에서 예수의 동정 잉태도 문학적 '상승 수단'으로 이해하려 (세례자 요한이 생겨날 때 하느님이 특별히 개입하셨다면 예수의 경우에는 다시 한번 훨씬 더 개입하셨다는 의미에서) 시도한다. 또 다른 신학자들은 마태오 복음서 1장과 루카 복음서 1장을 구약성경의 진술(가령 이사야서 7장)이나 첫 그리스도인들의 그리스도에 대한 신앙 고백을 토대로 창의적으로 구상된 것이라고 설명한다. 따라서 그것들 안에는 그리스도에 대한 사고가 부차적으로 깔려 있을 것이다.[79)]

---

78) *Ibid.*, pp.84~85.
『개신교와 가톨릭 공동 주석서』(*EKK*), 389~399쪽에 나와 있는 이 구절은 로마 교황청 검열위원회의 항의를 받았다. "교리서는, 거룩하신 어머니는 (…) 언제나 동정녀로 공경받으신 분으로 계신다는 것, 명확한 말로 표현하면 교리서는 예수의 동정 잉태라는 사실을 가르치라는 것"이 요구되었다. "예수의 동정 잉태가 지닌 상징적 의미"를 명확히 밝히는 것이 중요하다(*Ergänzung zur Glaubensverkündigung für Erwachsene*, Freiburg i. Br., 1969, p.9). 이 교리서에 나오는 다음 대목은 로마 교황청의 요구에 부합했고, 동정 잉태에 대한 새로운 '논증'으로 여겨졌다. "이 세상에 오시는 하느님의 아드님이 하느님께서 순결한 마음을 선사하신 한 어머니의 겸손한 '예' 응답을 통해 잉태되었다는 것은 지극히 타당했다. 영원으로부터 아버지의 아드님이시고 인간으로서도 보통의 부자 관계와 달리 아버지와 더 긴밀히 결부되신 그분은 완전한 의미에서 하느님 외에 다른 아버지를 가지지 않았다는 것 역시 타당했다"(*Ibid.*, p.47).

79) 예컨대 푁틀레(Vögtle, *Offene Fragen*, p.52)가 그러한 견해를 옹호한다. 그리고 나서 다음과 같이 자백하더라도 말이다. "이사야서 7장 14절의 예언은 (…) [동정 출산에

한스 큉(Hans Küng)이 후자의 입장에 대한 본보기를 제공하는데, 큰 호응을 얻은 그의 책 『왜 그리스도인인가?』(*Christsein*)에서 역사비평적 연구를 토대로 다음의 요약을 이끌어 낸다.

> "탄생 이야기에서는 (…) 예수가 성령으로 말미암아 동정녀에게서 탄생했다는 것이 역사적이고 현세적인 사건의 형태로 보도된다. 이러한 설명과 함께 루카 이전에 이미 널리 알려져 있던 '하느님의 아들'이라는 칭호를 예수에게 적용하는 것에 대한 하나의 원인(aitia)이 주어져야 한다는 것이 루카가 기술한 것으로부터 나온다. 사람들은 그러한 이야기를 기원을 알려 주는 전설이라 부른다. 따라서 하느님의 아들에 관한 신학적 개념은 하나의 이야기처럼 구체적으로 채색된다."[80]

최근에 루돌프 페쉬(Rudolf Pesch)는 마르틴 디벨리우스의 견해를 재수용하면서, 전혀 다른 해석의 길을 택했다. 그는 초기 유다교의 놀라운 출생〔이삭, 야곱(…)〕에 관해 재구성된 이야기에서 하느님의 활동이 특별히 부각되어 있으므로, 이를 '하느님께서 낳으심'으로 표현해야 하지만, 동시에 인간 아버지를 통한 '낳음'은 결코 배제되지 않는다는 것을 가리켜 보인다.[81] 이와 관련하

관한〕 진술을 밝혀낼 수 없었고, (…) 『칠십인역』에 나오는 '파르테노스'(παρθένος)도 마찬가지였다"(*Ibid.*, p.45).

80) *Ibid.*, p.446.

81) R. Pesch, *Wunder*, p.96 이하.
이미 아돌프 폰 하르낙(Adolf v. Harnack, *Beiträge zur Einleitung in das Neue Testament*, Leipzig, 1911, p.101)은 성령으로 말미암은 잉태는 인간 어머니를 배제하지 않듯이, 하느님의 영에 의한 탄생 역시 유다적 사고에 따르면 세상의 아버지를 배제하지 않는다는 명제를 옹호했다.

여 예컨대 알렉산드리아의 필로는 "주님께서는 이사악을 낳으셨다"[82]라고 기술한다. 이렇게 전승된 것은 바오로가 갈라티아서 4장 28~29절에 쓴 것에서 받아들인 게 분명하다. 바오로가 보기에 이사악은 성령으로 말미암아 태어난 아브라함의 아들이다. 따라서 여기서 신적 행위와 인간적 행위는 유사성을 지닐 수 있다. 이와 관련해 예컨대 필로는 "아브라함이 아내 사라와 잠자리를 같이하니, 사라가 임신하여 이사악을 낳았다"라고 기술하는가 하면, 이렇게도 기술한다. "하느님께서 사라의 모태를 열어 주시어 아브라함에게 사라에게서 나온 아들을 주셨다."[83] 이에 따라서 인간적 행위와 신적 행위는 배제되지 않는다. 이는 우리가 다루는 주제와 관련하여 다음과 같은 뜻이다. 즉, 요셉은 예수의 실제 아버지였고, 동시에 예수는 '동정녀의 아기'로서 온전히 하느님 아버지에게서 왔다. 페쉬는 이렇게 기술한다. "이스라엘과 초기 교회 공동체에서 계시의 현실성 문제가 그다지 잘 받아들이지 않는 후대의 신심이 남아 있었기에, 하느님 아드님의 아버지이신 하느님과 그분의 인간 아버지인 요셉 사이에 경쟁이 있었다고 추측하는 경향도 있었다."[84]

---

82) 인용: R. Pesch, *Wunder*, p.99. 신적 생식에 관한 이러한 초기 유다교의 전승은 거의 영향사를 가지고 있지 않았는데, 그 이유는 다음과 같다. "유다인들의 반그리스도교 논쟁은 확실히 그들을 제거하기 위한 노력이었다"〔Ch. Perrot, "Les récits d'enfance dans la Haggada", in: *RechScRel* 55(1967), pp.467~518, 여기서는 p.489〕. 페쉬는 페로의 이러한 견해를 찬성한 것이다.

83) 인용: R. Pesch, *Wunder*, p.99. 이는 물론 알려지지 않은 유다 저자인 '가명 필로'가 70년에서 132년 사이에 쓴 것이지만, 그의 작품은 라틴어로만 전승되었다. 이에 관해서는 다음 문헌을 보라: *SC* 230.

84) R. Pesch, *Wunder*, p.101.
페쉬는 자신의 명제에 대해 복음서에서 근거도 찾을 수 있다고 여긴다. 예를 들면, 예수의 신적 혈통에 대해 확신한 마태오 복음서가 그럼에도 아주 거침없이 예수를 "목수의 아들"(마태 13,55)이라고 부르거나 마리아가 예수에게 "네 아버지와 내가 너를 애타게 찾았단다"(루카 2,48) 하고 말하는 대목이 그러하다.

여기서 추가할 점이 있다. '동정녀'(처녀)라는 개념도 초기 유다교 문헌에서는 부분적으로 다른 의미에서, 그저 생물학적 의미에서만 적용되었다는 사실이다. 따라서 필로(Philo)에게 있어서 사라는 이사악을 낳았지만, '동정녀'(처녀)이다. 요아힘 그닐카(Joachim Gnilka)는 페쉬의 견해에 동의하면서 이렇게 설명한다. "필로에게 가장의 아내가 지닌 동정성은 하느님께서 순결한 영혼과만 결합하신다는 확신에서 비롯된 것이다. 다른 시각에서 보면, 이는 하느님께서 필요로 하시는 인간은 그분의 뜻에 온전히 내맡겨야 함을 의미한다."[85]

'동정성' 개념이 오늘날에는 거의 오로지 성적 영역에서 적용되는 것과 달리, 신약 시대에는 훨씬 더 폭넓게 적용되었음을 바오로도 보여 준다. 코린토 2서 11장 2절에서 그는 이렇게 기술한다. "나는 하느님의 열정을 가지고 여러분을 위하여 열정을 다하고 있습니다. 사실 나는 여러분을 순결한 처녀로 한 남자에게, 곧 그리스도께 바치려고 그분과 약혼시켰습니다." 여기서 처녀임은 분명히 공동체/교회가 주님께 깨끗하게, 마음이 나뉘지 않은 채, 온전히 바친다는 것을 의미한다. 어느 처녀가 아직 '순결'하고 따라서 근원적인 것의 광채를 발하듯이, 공동체는 신앙생활을 하면서 그리스도와 함께 시작된 새로운 창조의 광채로부터 무언가를 비추어야 한다(2코린 5,17 참조).

요약해 보자. '자연적' 생식 과정을 배제하지 않는 동정 잉태를 이해하기 위해 이렇게 초기 유다교 문헌에 비추어 얻게 되었고

---

85) Gnilka, *Das Matthäusevangelium*, I, p.26.

초기 그리스도교 신학에서 입증된 통찰에 대해 페쉬는 두 가지 자유를, 곧 예수 그리스도의 신적 생식(生殖) 및 혈통을 무조건 주장할 자유뿐만 아니라, 요셉은 완전히 예수의 인간 아버지임을 강조할 자유를 준다.

이러한 해석 방식은 몇몇 신학자, 예컨대 오토 페쉬에게 생물학적 관점에서 고대인들이 생식과 탄생을 어떻게 이해했는지를 놓고 빚어진 의견 충돌에서 나온 새로운 질문 제기에 대해서도 답을 제시하게 했다. 그 질문은 이렇다. "복음사가들이 예수는 참으로 하느님의 아드님임을 확신하고 이를 표현하려 했다면, 당시의 지식 및 사고 지평에 따라서 '생물학적' 동정을 주장해야 하지 않았을까?" 고대에는 오직 남자의 정자만이 새 생명을 만든다고 믿은 반면, 여자는 (씨앗이 자라는 밭이라는 의미에서) 이 새 생명을 키우는 밭에 불과했기 때문이다. 그러니 하느님 자신이 이 아기의 아버지이심을 표현해야만 했다면, 복음사가들은 인간 아버지의 협력은 배제하고 하느님의 힘, 곧 성령께서 관여하시어 인간 정자의 '역할'을 넘겨받으시게 해야 한다고 '강요'받지 않았을까?[86] 그러나 지금은 이러한 가정의 세계상은 바뀌었다. 1827년에 여자의 난세포(난자)가 발견되면서 이후로 생식 과정이 새롭게 이해되었다. 사람들은 여자가 인간이 생겨나는 데 결정적인 남자의 정자를 받아들이는 '물질'(materia)을 수동적으로 준비하는 것에 그치지 않고, 염색체 절반을 통해 새 생명이 형성되는 데

86) 물론 이것을 마치 성령께서 작용하실 때 그 어떤 성적 사건이 관건이거나 성령께서 남자의 성적 역할을 넘겨받으시는 일이 관건이라고 이해해서는 안 될 것이다. 그렇기 때문에 강생과 관련하여 "성령에 의해서 만들어졌음" 또는 "하느님에 의해서 만들어졌음"이라고 표현하는 것은 잘못된 것이다. 성령 내지 하느님은 '생산자'가 아니라 '창조주'이시다. 강생은 완전히 창조적 사건, 물론 무로부터의 절대적 창조가 아니라, 동정녀 마리아의 몸에서 인간 예수가 생겨난 사건이다.

적극적으로 협력한다는 사실을 알게 되었다. 이를 바탕으로 페쉬는 다음과 같은 결론을 이끌어 낸다. "이로써 인간 예수는 절반은 생물학적으로도 마리아의 아들이다. 이는 학문적으로 논쟁의 여지가 없을뿐더러, 성가에도 나오듯이 예수는 '하느님과 마리아의 아들'이라는, 교의적으로 늘 강조된 사실에도 부합한다." 그러나 페쉬는 이를 토대로 질문을 던진다.

> "그렇다면 인간 예수는 절반만 하느님의 놀라운 기적이란 말인가? 여기서 우리는 '기적'은 하느님의 아드님 안에서 생겨나고, 예수가 하느님의 아드님이심은 '다른 영역'에 있다는 사실을 알면서 피해서는 안 된다. 이는 맞다. 그러나 예수의 동정 잉태가 예수가 하느님의 아드님이심에 대해 주어야 하는 표징은 하느님께서 인류에게 주시는 유일한 선물을 가리키는 표징이다. 이 표징 자체가 절반만이 아닌 온전한 기적이라면, 한 인간의, 어머니의 고유한 '기여'로부터 절반만 나오는 게 아니라고 말할 것이다. 따라서 예수의 유년기 복음을 생물학적으로 이해해야 한다고 주장하는 이들은 이 복음이 오늘날의 생물학적 인식의 조건 아래 기존 교리가 말하려는 것과 반대되는 것을 말하는 것은 아닌지 자문할 수밖에 없다."[87]

물론 그러한 견해들은 이미 고대에, 그리고 이어서 근대 초기까지, 특히 아리스토텔레스가 새 생명이 만들어질 때 남자의 정자가 유일한 원인이고 여자는 수동적 역할을 한다고 확신하는

---

87) O.H. Pesch, *Dogmatik* I/1, pp.865~866.

입장〔특히 갈레노스(Kl. G. Galenos) 같은 의학자들에 의해서〕 외에 다른 입장은 적어도 균형을 이뤄야 한다고, 즉 '여자의 난자'가 두 번째로 필요하다고 확신한다는 사실을 간과하고 있다. 일련의 스콜라 학자들이 후자의 입장을 넘겨받았고, 마리아에게도 그런 입장을 취했다.[88] 그럼에도 문제는 물론 생겨났다.

이 모든 비판적 이의 제기에 대해서 과연 무슨 말을 할 수 있을까?

---

88) 이에 관해서는 다음 글을 보라: D.M. Balme, "Zeugenlehre", in: *Lexikon der Alten Welt* III, pp.3331~3333. 다음 책도 참조하라: Delius, *Geschichte*, pp.172. 182 이하.

3.3. 다양한 논쟁들

3.3.1. '신화적 개념'과 '신학적 개념'

우리가 먼저 마리아의 동정 모성에 관한 말은 앞서 주어진 전승에 근거를 둔 것이 아니라, 가령 마태오에 의해 '신학적 개념'으로서, 구체적으로는 '미드라시'로서 이사야서 7장 14절을 토대로 해서 '창의적으로' 전제된 것이라는 명제를 설정한다면, 이는 동의할 만한 내용인가?

히브리 성경의 이사야서 7장 14절은 아기를 낳을 한 '여인'(추측하건대 여왕을 의미할 것이다)에 관해 이야기한다. 여기서는 사실 동정 잉태라는 사고에 대한 흔적이 없다. 『칠십인역』에 전승된 대목은 다르다. 여기서는 여인이 '젊은 여인'이라고 명확히 표현되어 있다. 그런데 이 말은 무엇을 의미한 걸까? 아마도 (우리가 제1권 제1장 2.4.에서 살펴보았듯이) 메시아를 낳게 될 '동정녀, 시온의 딸'을 의미할 것이다. 그러나 이는 분명 생물학적 의미에서 어느 특정한 여인에게서 이루어진 '놀라운 출산'이라는 의미에서가 아니다. 이것이 의미하는 바는 다음과 같다. 즉, 마태오는 "어느 유다인도 앞서서 메시아의 동정 출생을 가리키는 것으로 해석하지 않은" 구약성경의 이사야서 7장 14절을 제시했다.[89)]

그런데, 그러고 나서 어떻게 동정 잉태라고 해석하게 되었을까?

특히 한스 큉처럼 생각하는 신학자들도 이와 유사한 질문을 제기한다. 그들에 따르면, 동정 잉태는 예수를 하느님의 아들로 고백한 데에서 나온 원인을 규명하는 과정에서 나온 한 가지 결과였다. 구약성경에서 임금은 '하느님의 아들'이라는 칭호를 가졌다는 것(가령 시편 2,6), 그러나 이로써 인간 아버지는 배제되지 않았다는 것은 모든 유다인에게 알려져 있었다. 물론 이스라엘의 모든 아이는, 임금은 '정상적인' 아버지를 가졌다는 것을 알고 있었다. 그렇다면 어찌하여 예수는 하느님의 아들임에 대해 원인을 규명하기 위해 재차 던지는 질문이 동정 잉태라는 구상으로 이끌어야 했을까?

볼프하르트 판넨베르크는 그에 반대해서 (그리고 『화란 교리서』에 대해서도) 다음과 같은 이의를 제기하였다. 마태오 복음서와 루카 복음서가 제시하는 대목들로부터는 '그리스도 양자론'과 가현설에 반대하여 예수가 하느님의 아들임을 증명할 수 있는 것은 (그리고 이를 위해 전설을 수단으로 삼을 수 있는 것은) 아무것도, 전혀 아무것도 합당하다고 볼 수 없다는 것이다. 오히려 많은 것은 반대로 예수 그리스도가 참된 하느님이시자 인간임에 대한 신앙은 나중에야 비로소 예수의 유년기 사화에 더 큰 관심을 가지도록 이끌었음을 가리켜 보인다는 것이다. 여기서 더 나아가 보자. 본래 『화란 교리서』에 나와 있듯이, 마태오와 루카는 이런 방식으로 "전 인류의 가장 깊은 갈망을 표현한다"라고 간단히 말할 수 있을까? 해당 대목에서는 이에 대해 전혀 아무것도 가리켜

89) Brown(Hrsg.), *Maria*, p.82.

보이지 않는다. 그렇다면 구세주는 하느님이시자 인간이심을 그분의 동정 잉태 사화에서 표현하도록 야기한 게 무엇일까?

초기 유다교 문헌(가령 필로의 문헌)은 가부장적 사회에서의 동정 잉태를 영적 의미에서 확신하고 있다고 루돌프 페쉬가 지적한다.[90] 그렇지만 여기서 의문이 제기되는 텍스트들은 필로가 가장의 아내를 우의적인 방식으로 해석하는 것, 다시 말해 '덕행'이라고 해석한 것에 비추어 신약성경의 유년기 사화와 직접 연관된 것이라고 할 수 있을까?[91] 그럼에도 여기에 중요한 논거가 제시되어 있다. 초기 유다교에는, 그리고 바오로에게 있어서도, 하나의 구상이 분명히 존재했다. 이에 따라서 동정성과 동정 잉태는 '생물학적' 실재라고 해석되지 않았고, 하느님으로 말미암은 동정 잉태와 자연적인, 즉 인간 아버지를 통해서 이루어진 생식은 대안이라고 간주되지 않았다.

이는 성경의 견해에 따라서 육신적 아버지는 아기를 생기게 한 이로 간주되었지만, 모태 안에 본래 품게 된 존재는 하느님 자신을 통하여 이루어졌다는 것과도 관련이 있다. 이와 관련해서는 욥기 31장 15절, 시편 139편 13절, 마카베오 2서 7장 22~23절을 보라. "아담이 흙으로 빚어졌듯이, 임신과 출산을 통해 인간의 창조가 되풀이된다."[92] 이러한 견해를 배경으로 하여 동정

---

90) 이와 관련해서는 다음 문헌들도 보라: Perrot, *récits*, pp.467~518; Menke, *Fleisch geworden*, pp.90~91; K. Schubert, "Die Jungfrauengeburt im Lichte frühjüdischer Quellen", in: *ThG*(B) 16(1973), pp.193~199.

91) 필로가 이렇게 비유적으로 표현한 의도는 이스라엘 민족의 족장들이 자신의 아내와 '선정적'으로 결합했음을 부인하고 대신 '덕'에서 나온 그들의 삶을 부각시키려는 데에서 나왔을 것이다.

92) Dittrich, *Mater*, p.914.

잉태와 자연적 생식은 오늘날 자주 표현되듯이 그렇게 급진적인 대안은 아니다.

그렇지만 루돌프 페쉬의 견해에 대해서는 이런 물음이 제기될 수밖에 없다. "복음사가들은 자신들의 진술에 담긴 역사적이고 경험적이며 생물학적인 진실을 확신하지 않았던 것일까?" 이 물음에 대해서는 적어도 마태오가 자신의 복음서를 "(…) 예수 그리스도의 족보"라는 말로 시작한 방식을 먼저 이야기해야 한다. 루카도(예컨대 루카 1,2~3 참조)도 그렇듯이, 마태오는 실제 사건을 보도하려 한 것이다. 물론 이는 당시에는 '사실'과 그것의 전달에 대해 오늘날과 다른 구상이 있었다는 것을 배제하지 않는다. 당시에는 사실과 그에 대한 해석이 엄격히 분리되지 않았다. 경우에 따라서는, 긍정적으로 표현하면 '사실'이 전해졌으므로 그것을 묘사하는 방식에서 신학적 해석 및 이로써 신앙에 결정적인 가장 중요한 의미가 드러났다. 따라서 신앙을 위해 결정적인 중요성은 때로는 환상으로 가득 차 보이는 표현 방식이 아니라, 찾아내어야만 하는 가장 중대한 의미를 지니고 있다.[93] 그렇다면 예수의 (생물학적) 동정 잉태는 '사실'에 속할까, 아니면 표현 방식

---

93) 이 말은 물론 성경 전체에 해당한다. 사실은 신앙과 관련된 게 아니라, 그 묘사 방식에서 파악할 수 있는 '목적'이 중요한 것이다. 페어바이엔(Verweyen, *Mariologie*, p.176)은 이 점을 주목하지 않았기에 그의 논증은 지극히 짧다. "마리아에 대한 신앙은 (…) 그녀의 생물학적 순결함을 필수적으로 연관된 것으로 가지고 있다. 그것을 의심하는 자는 이로써 그리스도교 전통이라는 아름다운 가지에만 아니라 이스라엘이라는 나무줄기에도 톱을 갖다 대는 것이다. 그 이유는 이렇다. 사라의 '푹 꺼진 모태'는 어찌하여 자연과학적으로 관찰되어야 할까? 실제로는 임신할 수 있는 게 아닐까? 따라서 아브라함의 신앙은 결국 해명될 수 없는 것에 대한 한 열매이지 않았을까?" 그러나 아브라함의 신앙은 실제적 사실로 전제되었으므로, 이는 아브라함의 신앙을 능가하는 마리아의 신앙에도 적용될 테고, 이 신앙에 필수적으로 연관된 것은 '그녀의 생물학적 순결함'이리라.

에 속할까?

전자에 관해서는 이렇게 이야기할 수 있다. 루카와 마태오의 보도에 있어서는 두 텍스트가 분명히 서로 무관하게 탄생했고 완전히 다르게 '구성된' 것임에 주목하게 되지만, 둘이 다름에도 불구하고 공통점이 있다. 예수의 동정 잉태를 표현한다는 것이다.[94] 이는 적어도 두 복음사가가 예수의 동정 잉태를 단지 표현 방식이 아니라, 사실로 여겼다는 것을 가리키지 않을까? 그리고 복음사가들은 자신들이 예수의 동정 잉태에 관해 발견한 전승 안에 그것에 대한 근거를 두려고 하지 않았을까?[95]

이렇게 논거가 이리저리 갈라지는 점을 고려할 때, 적어도 역사비평적 관점에서 문제가 열려 있어야 하는 건 아닌지 의문이 제기된다. 그러나 그리스도교 신앙의 주요 내용, 역시 의문이 제기되는 것처럼 보이는 주요 내용을 고려할 때 문제는 열려 있을 수 있고, 또 그래도 되지 않을까? 이 점에 있어서 그리스도교 신앙에서 일종의 '이중 진리'에 이르러도 되지 않을까?[96]

---

94) 슐테(*Herkunft*)는 그리스도의 족보에 관한 성경 텍스트들을 해석하는 데 집중하는 현대 주석학을 전면 공격하면서 '동정 잉태' 개념을 격렬히 거부한다(*Ibid.*, pp.123. 211. 275~373 등). 마찬가지로 '선재' 개념(*Ibid.*, p.374~442)과 '강생'(육화) 개념(*Ibid.*, pp.467~470)도 부인한다. 그에게 하느님은 예수를 한 동정녀의 모태에서 생겨나게 하셨다는 이른바 '유년 사화'의 단순한 진술과 함께 "모든 게 충분하고 명료하게 주어졌다"(*Ibid.*, p.216). 그러나 그는 이로써 실제로 대두되는 문제들에서 벗어나는 게 아닐까?

95) 이 모든 것에 있어서 동정 출생을 '명확히' 증명하는 성경 텍스트들 외에 암시하는 점도 많다는 사실을 간과해서는 안 될 것이다. 예를 들면, 마르코 복음서 6장 3절에 예수에 대한 완전히 기이한 칭호인 "마리아의 아들"이라고 나와 있거나 마르코 복음서 3장 31~32절과 마태오 복음서 12장 46~47절에서 '아버지'를 인급하지 않는 점이 눈에 띈다.

96) 역사비평적 질문 제기의 영역에서 그리고 교의적 관점에서 교회의 신앙에서 나타나는 '이중 진리'의 문제성에 관해서는 다음 글을 보라: R. Pesch, "Gegen eine doppelte Wahrheit. Karl Rahner und die Bibelwissenschaft", in: K. Lehmann(Hrsg.), *Vor dem Geheimnis Gottes den Menschen verstehen*, FS K. Rahner, München-Zürich, 1984, pp.10~36.

특히 여기서 고려해야 하는 두 가지 신앙 진리가 있다. (1) 그리스도론과 관련된 것이다. 예수 그리스도가 '완전히 인간적인' 방식으로, 그러니까 실제 아들로서 마리아와 요셉에 의해 생겨났다면, 그분을 영원하신 하느님의 아드님으로, 그분 안에서 하느님께서 우리에게 아주 가까이 오셨다고 믿을 수 있을까? (2) 마리아론과 인간학과 관련된 것이다. 교회에서 늘 인정된 마리아의 특별한 위치가 크게 훼손되지 않았을까? 또한 마리아가 모범을 보여 완성된 동정 생활이 그 숭고한 가치를 잃지 않았을까?

3.3.2. '동정 출생'과 그리스도론의 연관성

하느님의 아들인 예수와 그의 동정 출생에 대한 질문에 현재 저명한 신학자들은 두 가지 상반된 대답을 내놓고 있다.

첫째 대답은 수십 년 전에 요셉 라칭거가 옹호한 입장에서 모범적으로 설명되었지만, 그러한 입장은 시간이 지나면서 완전히 자취를 감췄다.[97] 라칭거는 자신의 책 『그리스도교 신앙 어제와 오늘』(*Einführung in das Christentum*, 1. Aufl. München, 1968)에서 간명하게 규명한다.

---

97) 칼 라너도 이와 비슷한 입장을 보인다. 당시에 라칭거도 이미 그랬듯이, 그 역시 육신적 동정성을 강조한다. 육신적 동정성과 정신적 동정성을 분리하는 것은 구체적인 성경적 사고에 어긋나기 때문이다. 나아가 그는 다음과 같이 언급한다. "마리아가 예수의 어머니이듯 요셉 역시 예수의 인간 아버지였다면, 마태오가 의로운 사람이라 묘사하고 구세사에서 역할을 지닌 그는 구세사에서 유일한 방식으로 중요한 위치에 있었음을 안정해야 했을 것이다. 교회가 마리아의 중요한 위치를 인정하듯이 말이다"(*Dogmatische Bemerkungen*, p.146).

"예수의 잉태는 새로운 창조이지, 하느님을 통하여 이루어진 게 아니다. 이로써 하느님은 예수의 생물학적 아버지가 아니고, 신약성경과 교회 신학은 이 보도에서 내지는 그 안에서 알려진 결과에서 예수는 참된 하느님이심에 대한, 예수는 '하느님의 아드님이심'에 대한 근거를 결코 알지 못했다. (…) 교회의 신앙에 따르면, 예수가 하느님의 아드님이심은 그분이 인간 아버지를 가지지 않았다는 것에 기인하지 않는다. 예수가 인간 세계의 평범한 부부에게서 태어났다면, 그분이 하느님이심에 관한 가르침은 나오지 않았을 것이다. 신앙이 이야기하는, 예수는 하느님의 아드님이심은 생물학적 사실이 아니라 존재론적 사실이기 때문이다. 예수는 하느님의 아드님이심은 유한한 시간 안에서 일어난 사건이 아니라, 영원하신 하느님 안에서 일어난 사건이기 때문이다. (…) 예수의 잉태는 하느님의 새 아들이 생겨남을 의미하는 게 아니라, 하느님께서 인간 예수 안에서 아들로서 피조물인 인간을 당신께로 끌어당기시므로 그분 자신이 인간이심을 의미하는 것이다."[98]

라칭거마저 시간이 지나면서 이러한 입장을 약화시키고 결국엔 완전히 철회시켰을지라도,[99] 그 입장은 일련의 신학자들(가령

---

98) *Ibid.*, p.222.
이 구절 때문에 라칭거의 책은 당시 폴란드 교회의 수장인 비신스키(S. Wyszinski) 추기경에 의해서 관할 교구 금서 목록에 올랐다!

99) Ratzinger, *Tochter Zion*, p.50. "동정 출생은 아들의 필수적인 근원이고, 이러한 근원은 메시아에 대한 희망과 관련해서도 지속적이고 이스라엘을 넘어서는 의미를 지닌다." 이에 대해 라칭거는 다음과 같이 기술한다. "이로써 나는 (…) 예수가 하느님의 아드님이심은 그분이 정상적인 부부에게서 태어났음을 배제하지 않을 거라는, 자주 인용된 나의 견해의 한계를 분명히 밝히고 싶다. 이러한 견해로 나는 사고의 생물학적 영역과 존재론적 영역의 차이를 명료하게 부각시키려 했고, 니케아 공의회와 칼

루돌프 페쉬가 두드러진 인물이다)에 의해서, 예나 지금이나 지지를 받을 것이다. 페쉬는 히브리서 4장 15절(이에 따르면, 예수는 "모든 면에서 우리와 똑같이 유혹을 받으셨지만, 죄는 짓지 않으셨다")을 성경적 근거로 제시하면서 묻는다. "그분이 (참으로 인간적으로) 태어난 방식도 이 '모든 면'에 속하지 않을까?" 여기에 더 추가해 보자. 초기 교회의 중요한 원칙이 있었다. "〔강생하신 예수 그리스도에 의해서〕 받아들여지지 않은 것은 구원되지도 않았다"(Quod non est assumptum non est sanatum). 그러나 이는, 루돌프 페쉬에 따르면 인간이 생겨나는 방식에 적용됨을 의미한다. "〔예수의〕 인성 안에 받아들여지지 않은 것은 구원되지 않았기에, 예수가 인간 아버지를 가지지 않았다면 인간 아버지와 아들은 구원되지 않았을 것이다."[100)]

원래 라칭거가 자신의 책 『그리스도교 신앙 어제와 오늘』에서 주장했고, 오늘날에도 여전히 다른 신학자들에 의해서 계속 환영받은 입장에 대해 강한 의구심이 제기되었고 지금도 제기되고 있다. 당시에 이미 한스 우르스 폰 발타사르는 라칭거에 맞서 다음과 같이 기술했다.

> "'하늘에 계신 아버지'와 유일회적 관계에 있었던 이 남자(예수)는 모든 면에서 그분께 감사하고 그분을 믿고 응답하셨을까? 동시에 다른 아버지에게도 감사하셨을까? 거칠게 말하자면, 그분

케돈 공의회의 존재론적 진술은 그러한 것으로서 동정 잉태에 관한 진술과 동일하지 않다는 것을 분명히 하고자 했을 뿐이다. 둘(영원하신 아버지와 영원한 아드님이신 예수의 위격적 일치, 그리고 인간 예수에게는 지상의 아버지가 없음) 사이에 두 영역이 완전히 다름에도 풀릴 수 없는 깊이 일치하는 점이 있다는 것은 논쟁의 여지가 없겠지만, (내가 시인하듯이) 나에 의해서도 충분히 명확히 언급되지 않았다."

100) R. Pesch, *Wunder*, p.176.

은 두 아버지를 가지셨을까? 두 아버지에게 감사하는 것은 그분을 인간적으로 압박하지 않았을까?"[101]

그런데 이는 반증을 제시하는 것일까? 인간 아버지와 신적 아버지를 가지고 있다는 사실로부터 실제로 경쟁 상황이 빚어지는 것일까? 믿는 이는 모두 (예수의 경우처럼 동일한 의미에서가 아니더라도) 인간 아버지와 천상 아버지를 가지고 있지 않은가?

게르하르트 루트비히 뮐러와 칼-하인츠 멘케는 다른 방식으로 논거를 댄다. 두 신학자는 유사하게 사변적으로 숙고하면서 예수의 실제적 동정 잉태가 부인된다면 예수 그리스도는 참된 하느님이자 인간이심과 강생의 진리에 의문이 제기된다고 본다.

멘케에게 강생은 신적 말씀(로고스)이라는 위격이 나자렛 예수라는 인격과 결합하거나 어느 인격이 먼 훗날 하느님에 의해서 그분의 자기 계시를 위해 '양자로 삼아지는' 것(그러면 하느님과 인간은 실제로 결코 일치할 수 없다)을 의미하는 게 아니라, 하느님께서 한 인간의 본질이 되심을 의미한다. 이런 까닭에 다음과 같은 말은 타당하다. "하느님께서는 마리아 안에서 그리고 마리아로부터 인간 예수를 창조하신다. 성령을 통하여 아들이 아버지에게로 가도록 삼위일체 관계 안으로 받아들이시면서 말이다. (…) 〔이때〕 이 창조 행위의 독창성은 (…) 태초의 창조 행위(무로부터의 창조)와 비교할 수 있지만, 이로써 하느님이 인간 예수를 세상 속에서,

[101] Balthasar, *Empfangen*, pp.42~43. 다음 책들도 보라: Balthasar, *Maria*, p.50; ders., *Marianische Prägung*, p.267; ders., *Klarstellung*, p.69. 발타사르는 두 아버지의 있을 법한 '경쟁'에 대한 이러한 명제를 칼 바르트에게서 넘겨받은 게 분명하다(주석 603을 보라).

즉 마리아로부터 창조하시는 것과는 구분된다."[102] 그러나 멘케에 따르면, 동정 잉태와 예수가 마리아와 요셉 사이에서 태어났음을 부인하는 것은 이 사건과 모순된다. 그 이유는 이렇다. "하느님께서 당신 자신으로서 (…) 알리시는 인간이 태어난 첫 순간에 삼위일체 내의 로고스의 위격과 다른 인격이 아니라면, 그는 먼저(!) 그저 창조된 인격일 수 없다. (…) 하느님께서 (…) 요셉에 의해서 생겨나고 마리아에게서 태어난 인격에게 나중에 당신 자신을 알리신다면, 그러한 '자기 계시'는 하느님께서 강생하신 것이 아닐 것이다."[103]

게르하르트 루트비히 뮐러도 이와 매우 유사하게 논거를 제시한다.

> "인성(구체적으로는 인간 예수)이 역사 속에서 하느님의 현존이 되려면, 먼저 인성이 하느님을 하느님이시게 하는 행위를 통해 직접 존재해야 하고, 하느님도 그 행위 안에서 자신을 역사적으로 드러내 보이고자 하셔야 한다. 그렇지 않으면, 예수 안에는 두 가지 존립 행위가 있을 것이다. 즉, 예수는 하느님을 통하여 직접 존재하거나 창조된 존립 행위를 통해 〔예수의 부모에 의하여〕 존재하게 되는데, 후자를 통해서는 예수가 하느님에게서 완전히 분리된다. 이 행위는 순전히 만들어진 것이기 때문이다. 따라서 하느님 자신이 예수의 존립 행위이셔야만 창조주와 피조물의 절

102) *Ibid.*, p.116.

103) *Ibid.*, p.125 이하.
다음 책도 이와 유사한 내용을 담고 있다: Ders., *Jesus ist Gott der Herr*, Regensburg, 2008, p.65.

대적 차이가 극복될 수 있다."[104] "그러므로 '아래로부터의 그리스도론'이 '성령을 통하여 동정녀 마리아에게서 잉태됨'(conceptus de spiritu sancto ex Maria virgine)이라는 사건을 규명하지 않으면 '양자' 그리스도론이나 그저 증명을 위한 그리스도론으로 전락할 수밖에 없을 것이다."[105]

그렇지만 두 신학자가 매우 유사하게 논거를 댄 이 주장은 설득력이 별로 없다. 그들은 예수가 참으로 부부에게서 태어났을 경우에는 하느님의 행위, 즉 하느님의 아드님이 인간 예수와 하나가 된 것이 예수가 인간으로 생겨나도록 추가되었다는 관점에서 출발한 것이다. 그렇게 '추가'된 경우라면 사실 두 신학자가 옳았을 것이다. 그런데 그 사건은 왜 그렇게 이해될 수 없는 걸까? 부모가 예수를 낳는 그 순간에 하느님은 지금 생겨나는 형상(=예수)을 온전히 소유하시고, 그 형상을 인격화하시며, 그 형상을 향해 마음을 여시고, 이렇게 생겨나는 인간 예수는 하느님의 자기 계시가 되지 않았는가? 이로써 "피조물과 하느님의 일치는 (…) 창조 자체로부터 나오는 존재(요셉에 의해서 생겨나고 마리아에게서 태어난 인간)의 가능성에 비추어서는 밝혀질 수 없다"라는 명제의 의도도 유지되었을 것이다.[106]

내 생각에는 멘케의 다음 문장도 다소 불명료하게 남아 있다. "이 창조 행위의 독창성은 (…) 태초의 창조 행위(무로부터의 창조)

---

104) G.L. Müller, *Maria*, pp.193~194. 이 인용문이 나오는 장(章)은 원래 다음과 같은 제목으로 출간된 책에 들어 있었다: *Was heißt: Geboren von der Jungfrau Maria?* = *QD* 119, Freiburg i. Br., [2]1991. 그 후에 위 제목으로 바뀐 것이다.

105) *Ibid.*, p.186.

106) Menke, *Fleisch geworden*, p.134.

와 비교할 수 있지만, 이로써 하느님께서 인간 예수를 세상 속에서, 즉 마리아로부터 창조하시는 것과는 구분된다." 예수의 인성은 실제로 '무로부터의 창조'에서 나온 것일까? 아니면 마리아에게서 유래한 '물질'(materia)에서 나온 것일까? 전자의 경우라면, 마리아는 왜 예수의 실제 어머니로 표현되는 것일까? (예수는 예컨대 자기 어머니와 유전적으로 비슷하지 않은가?) 후자의 경우라면, '무로부터의 창조'는 관건이 아니란 말인가? 그렇다면 이 '물질'을 준비하는 데 요셉도 왜 관여하지 않았을까 하는 질문이 새롭게 제기된다.

이 사건은 아주 멀리서 그사이에 드물게 등장한 신학적 확신, 곧 생식 행위에서 부모는 인간에게 물질적으로 전제된 것을 마련하고 하느님께서 이 전제된 것이 만들어지는 순간에 불멸의 영혼을 지어내신다는 확신과 비교할 수 있을 것이다(결코 동일시되지 않는다!). 그리스도론적 문제와 관련하여 비교되는 점은 여기서도 동일한 순간에 하느님과 인간이 행동한다는 것, 그리고 하느님과 인간은 각자 고유한 방식으로 행동의 '결과'에, 새 인간이 생겨나는 데 기여한다는 것이다.

현대 신학이 그 주류에 있어서 한 인간의 구성에 대한 이러한 시각을 더 이상 공유하지 않고 (그 안에 몸과 영혼의 이원론이라는 큰 위험성이 내포되어 있기 때문에) 그 대신에 하느님의 창조 행위가 (온전한) 인간이 생겨나는 것에서 지속되도록 부모에게 전권이 위임되었다는 관점에서 출발하더라도, 이러한 '오래된' 입장은 예수가 사람으로 구성되는 것과 유사한 것이라고 볼 수 없다(유사성과 동시에 더 큰 비유사성에 근거해서). 그런데 왜 요셉과 마리아가 예수를 낳지 않았다는 것일까? 하느님께서는 생식 행위에서 당신만이 실현하실 수 있는 것을 실현하지 않으셨는가? 즉, 그분은 시작하는 생명을 존립하게 하시고, 그 생명을 인격화하시며, 그렇게 전적으로 당신께 속하도록 만들지 않으셨는가? 왜 그렇지 않다는 것일까? 이런 이유로 나는 뮐러와 자틀러(D. Sattler)의 다음과 같은 추론을 반대하기가 어렵다. "인간 아버지가 없다는 사실이 예수를 하느님의 아들로 만드는 것은 아니기에, 생물학적이고 생리학적으로 이해된 동정 잉태(남자의 정자가 결여되었다는 의미에서)를 수용하는 것은 예수가 참으로 하느님의 아드님이시라는 신앙 고백의 필수 조건이 결코 아니다."[107)]

예수의 동정 잉태에 관한 가르침의 본래 목표는 예수와 함께 전혀 새로운 것, 일회적인 것이 시작되었다는 것, '새 아담'은 인간이 아닌 하느님의 주도하심 덕분이라는 것에 있을 것이다. 칼 라너도 이런 노선에서 다음과 같은 논거를 제시한다. 하느님의 강생은 '아래로부터의' 역사의 결과가 아니라, "위로부터 급격히 아래로 내려오신 것이다. (…) 그분은 세상으로부터가 아니라 위로부터 오셨기 때문에, 마리아는 동정녀다."[108)]

따라서 마리아의 신적 모성과 그녀의 (육신적인) 동정성 사이에 필연적 관계가 없을지라도, 마리아의 동정성이 절대적인 새로운 것에, 하느님 아드님의 강생이라는 불가해한 신비에 적합한 표징을 보여 주는 한, 그러한 관계는 결코 '자의적인 것'이 아니

---

107) Müller / Sattler, *Mariologie*, pp.181~182.
라너(*Dogmatische Bemerkungen*, p.140)도 이렇게 기술한다. "객관적으로나 호교론적으로 중요한 의미를 지닌 내적 진리이겠지만, '위격적 일치'라는 형식적이고 추상적인 개념은 동정 출생을 요구하지 않는다는 것을 분명히 말할 수 있다."

108) Rahner, *Maria*, *SW* 9, p.547.

다(혹은 아닐 것이다). 이는 칼 바르트가 마리아 육신의 동정성이 참된 것임을 힘주어 주장한 이유이기도 하다. "신비는 기적에 기인하지 않는다. 그러나 기적은 신비에 기인한다. 그리고 기적은 신비를 증명한다."[109] 저 신비는 피조물의 모든 가능성을 뛰어넘고, 그렇기 때문에 세상이 '무로부터'(ex nihilo) 창조된 것과만 비교할 수 있다. 이는 이 '무로부터'와 유사한 표징, 곧 동정 잉태 안에 스며들어 있다.[110] 따라서 칼 바르트가 다음과 같이 지적하는 것은 옳지 않을 수도 있다. "한 가지는 단언해도 좋을 것이다. 즉, 사람들이 이 기적에서 달아나려 한다면, 여기에는 실제로 신비를 더 이상 이해하지 않고 그 진가를 인정하지 않은 신학이, (달리 표현하면) 표징과 함께 사건마저도 거부하는 신학이 영향을 미친 것이다."[111]

3.3.3. 마리아론과 인간학의 연관성

마리아가 예수를 (생물학적 의미에서) 동정으로 잉태하지 않고 '자연적 방식으로' 그분의 어머니였다면, 교회 안에서 마리아의

---

109) K. Barth, *KD* I/2, p.221.

110) 다른 대목에서 칼 바르트는 이런 점도 지적한다. 요셉이 예수의 (생물학적) 아버지임을 받아들인다면, 강생 사건에서 하느님만이 작용하신다는 것은 모호해진다는 것이다. 하느님은 "당신의 영원한 아들의 영원한 아버지로서 인간 아버지를 옆에 두고자 하지 않으신다"(*KD* I/2, p.213). 또 다른 대목(*KD* I/2, p.199 등)에서 바르트는 육신적 동정성을 '빈 무덤'과 비교한다. '빈 무덤' 역시 급진적인 새로운 시작, 예수의 진정한 부활과 함께 주어진 이 시작을 가리키는 표징이다.

111) *KD* IV/1, p.227.

탁월한 위치가 언급될까? 이 질문은 점점 더 화급히 제기된다. 초기 교회에서 이미 마리아는 교회 안에서 실현된 모든 동정 생활의 '맏이'(ἀπαρχή)라고 확신했기 때문이다. 따라서 마리아라는 구심점이 없다면 동정 생활은 그 궁극적인 토대를 잃는 것인가?

이러한 질문의 측면에서 볼 때, 동정성은 성경에서는 물론 교부들에게도 생물학적 차원의 의미보다 더 심오한 의미를 지녔음을 힘주어 강조해야 한다. 게르하르트 로핑크와 루트비히 바이머는 이 의미를 다음과 같이 요약한다.

> "하와는 교부들이 자주 강조하듯이 동정녀였다. 하느님께 불순종하기 전에 그녀는 완전한 아름다움과 하느님의 창조를 통합하는 빛을 발했기 때문이다. 그녀의 동정은 어머니가 된다고 해서도 손상을 입지 않았을 것이다. 하와의 동정은 손상되지 않은, 파괴되지 않은 창조를 의미했기 때문이다. 이에 상응하여 교부들은 교회의 동정성과 관련하여 구원된 창조 세계는 빛을 발할 것을 무엇보다 항상 먼저 요구했고, 이어서 새 창조에 부합하는 올바른 삶을 살 것을 요구했다."[112]

이는 분명히 맞다. 그러나 다른 관점들이 추가된다. 마리아의 동정성과 마찬가지로 교회의 동정성은 마리아는 하느님의 종임을 연상시킨다. 그리고 그것은 다시 하느님과 그분의 구원 의지를 철저히 따른다는 것을 말한다. 그리하여 오리게네스는 "저는 주님의 종입니다" 하고 마리아가 한 말과 관련해서 다음과 같이

---

112) Lohfink / Weimer, *Maria*, p.271 mit Verweis auf Delahaye, *Maria*, pp.82~84. 88~89.

기술한다. “마리아는 이렇게 말하는 듯하다. ‘저는 주님께서 항상 원하시는 것을 쓰기 위해 존재하는 납(蠟)으로 된 칠판입니다. 쓰시는 분은 당신이 원하시는 것을 쓰실 것입니다. 만물에 대해 주님께서 원하시는 것이 이루어지소서.’”[113] 이런 까닭에 교부 시대에도 동정성에 부가된 덕목은 훗날처럼 순결이 아니라 순종, 혹은 자신을 내맡기는 것이었다.[114] 따라서 교회 역시 동정성을 지녔다고 표현된다. 신앙 안에서 하느님께 순수하고 나뉘지 않고 온전히 헌신하는 것은 교회가 하느님의 종임에 속하기 때문이다(2코린 11,2를 보라).[115] 특히 순교자들(남자들은 배제된 게 아니다!)이 동정녀로 표현되는데, 그 이유는 생명을 바침으로써 자신의 신앙을 증명했기 때문이다(묵시 14,4). 그렇다, 동정을 잃는 것, 그러니까 (생리학적인) 동정을 ‘상실하는 것’은 순교자-동정녀들에게 있어서 로마 제국에서 강제로 처형당하는 것과 결부되었고, 그들이 지킨 동정을 높이 평가하는 데 아무런 영향을 미치지 못했다! 간략히 말하자면, 초기 교회에서 동정이란 깊고도, 훨씬 더 넓은 의미를 지녔다. 이런 까닭에 다음과 같이 말하는 것은 타당하다. “신앙은 ‘동정을 지키는 것’이어야 한다. 남자들의 신앙도 그러하다. 믿는 이들은 동정을 지켜야 한다.”[116]

---

113) Origenes, *hom, in Luc.*, fragm 17(*FC* 4/2, p.408). 독일어 번역문에는 내용이 약간 변경되었음.

114) Cf. Detttloff, *Virgo*, pp.225~226.

115) 교회가 이렇게 나뉘지 않고 헌신하는 것은 때로는 내용적으로 통합된 교회의 신앙으로 축소된다. 예컨대 헤게지프(Hegesipp)가 자신의 책〔*Kirchengeschichte* IV, 22,4 (*SC* 31, p.200)〕에서 에우세비오에 관해 언급한 문장을 보라. “당시에 사람들은 교회를 동정녀라 불렀다. 교회는 잘못된 가르침으로 인해 몰락하지 않았기 때문이다.” 이와 관련해서는 다음 책들도 참조하라: H. Rahner, *Maria*, p.41 이하; M.F. Ferrouard, “L'Église Vierge et la virginité de l'esprit”, in: *BA* 71, pp.935~937.

116) R. Pesch, *Wunder*, p.171.

이런 의미에서 마리아는 동정녀였다. 그렇다, 마리아는 모든 동정의 정점이자 총합이었다. 마리아는 믿는 이 그 자체이기 때문이다. 마리아는 '몸과 영혼을 다해' 자신의 삶을 온전히 하느님께 내드리고, 그분의 부르심을 따르고, 자신이 받은 파견을 수행한다. 이를 토대로 루돌프 페쉬는 다음과 같이 요약한다.

> "마리아가 남자를 알지 못했다는 신앙의 이야기를 신학적인 언어로 표현한다면, 그녀는 하느님의 약속만을 신뢰하고 하느님께서는 그녀에게 은총을 베푸시고 그녀와 함께하시기를 바란다는 뜻이다. (…) 마리아는 당신 백성에 대한 하느님의 약속이 실현됨과 메시아의 도착을 바라보면서 (…) 혼인 가능성, 자신의 혼인 가능성, '남자의 욕망' '혈통'을 신뢰하지 않는다. (…) 마리아는 오로지 하느님의 가능성을, 그분께는 '불가능한 일이 없음'을 신뢰한다. (…) 그 이유는 이렇다. 하느님의 아드님이 우리에게 오시는 것은 절대적인 기적이다. 그분은 남자의 욕망에서 나실 수 없고, 동정녀의 자발적인 '예!'라는 응답 아래서만 잉태되실 수 있다."[117]

그렇게 본다면, 마리아를 영원한 동정녀로 만드는 것은 무언가를 '거부하는 것'(Ent-Haltung)이 아니라, 그녀의 '태도'(Haltung)이다.[118] 그렇기 때문에 이미 일련의 교부들이, 예컨대 시리아의

---

117) *Ibid.*, p.172 이하.

118) Müller / Sattler, *Mariologie*, p.183(mit Verweis auf C.J.M. Halkes). 발타사르("Wer ist die Kirche?", in: ders., *Sponsa Christi*, Einsiedeln, ^{3}1971, p. 171)도 이러한 노선에서 다음과 같이 언급한다: "마리아가 보존하는 육신적 동정은 내적 동정성의 육적인 측면이다. 이는 마리아의 영적 신앙의 배타성을 의미한다. 그리고 교부들이 동정성을 기리는 것은 교회의 동정성을 비롯해 하느님께 봉헌된 동정

에프렘(추측하건대 가장 먼저)이, 이어서 아우구스티누스와 앙키라의 테오도투스(Theodot v. Ankyra)가 마리아는 '자신의 귀를 통하여', 다시 말해 말씀을 듣고 응답하면서, 하느님의 아드님을 잉태했다는 견해를 옹호한 것은 더 깊은 의미도 지닌다. 그렇다, 마리아가 신앙을 받아들인 것과 예수의 제자가 되도록 부르심을 받아들인 것에서 몇몇 신학자는 심지어 마리아의 고유한 품위와 특별한 위치를 인지한다.[119] 그리하여 예컨대 아우구스티누스는 루카 복음서 11장 28절을 해석하면서 다음과 같이 말한다.

> "따라서 마리아는 그리스도의 몸을 잉태함으로써 그리스도의 신앙을 받아들였기에 행복하다."[120]

> "마리아에게는 자신이 그리스도의 어머니인 것보다 그리스도의 제자라는 것이 더 큰 의미를 지닌다. 마리아에게는 자신이 그리스도의 어머니보다 행복한 제자라는 것이 더 큰 의미를 지닌다. 마리아에게는 예수를 모태에 품은 것보다 정신 안에 품은 것이 더 큰 의미를 지닌다."[121]

녀들과 개개인의 동정성, 혼인한 신자들의 동정성도 그 범주에 포함되며, 근본적으로 마리아의 동정성을 의미한다. 마리아의 동정성은 일차적으로 신부를 만나시는 하느님께 취하는 인격적 태도를 표현하는 것이다."

119) 네벨〔J. Nebel, "Der Preis der Jungfrau in der aktuellen römischen Liturgie", in: A. Ziegenaus(Hrsg.), *"Geboren aus der Jungfrau Maria"*, pp.191~251〕이 마리아에 관한 전례 문헌들을 살펴보다가 다음과 같은 사실을 찾아낸 것도 주목할 만하다. "전례 문헌들에는 동정성을 토대로 조명될 수 있었을(!) 마리아에 관해 묵상한 내용이 적잖이 있다. 그러나 이것은 실제로 맞지 않는 이야기다. (…) 마리아는 자기 아들의 제자라는 것은 육신적 동정성보다 더 풍요로운 선물을 의미한다. 이로써 영적 동정성이 육신적 동정성보다 우위임이 내포되어 있다"(*Ibid.*, pp.213. 243).

120) Augustinus, *De s. virg*. 3(BA 3, p.114).

121) Augustinus, *Sermo Denis* 25, 7(Morin, p.162).

이를 토대로 아우구스티누스는 마음과 신앙의 동정성과 몸의 동정성을 구분하는데, 전자의 경우는 교회 전체는 물론 참된 개별 신앙인에게도 해당한다.

> "모든 교회는 동정녀라 불린다. (…) 이 동정성은 어디서 생겨나는가? 몸 안에서 생겨나는 것이 아니다. 동정성이라는 것은 소수의 여자에게만 적용되는 것이 아니기 때문이다. 만일 동정성이 남자들에게서도 언급될 수 있다면, 이는 남자 중 일부만이 교회 안에서 몸의 거룩한 통합이 이루어짐을 의미하는 것이다. (…) 그러나 (교회의) 모든 지체는 영 안에서(in mente) 동정을 보존한다. 이 영적 동정성은 무엇인가? 온전한 신앙, 강한 희망, 진정한 사랑이다."[122]

교회를 이렇게 동정녀로 표현하는 것은 교부들의 문헌에서 줄곧 볼 수 있고, 결국엔 「교회 헌장」 64항에도 다시 한번 명시되어 있다.

사람들이 동정성의 가장 심오하고 핵심적인 의미를 바라보고, 이 의미가 교회 생활에서 실제로 실현된다면, 이는 독신 생활을 높이 평가하는 데 긍정적인 영향도 미칠 것이다. 많은 믿는 이가 '순결한 동정녀'로서 하느님의 부르심을 듣고 그것을 따르려 애

---

122) Augustinus, *In Joh 13,* 12(CC 36, p.137). 다음 문헌들도 이와 유사한 내용을 담고 있다: Augustinus, *En. in Ps 147,10*(*CC* 40, p.2146); *Serm. Guelfer*b, I, 8(Morin, p.447). 이에 관해서는 다음 책을 보라: M. Agterberg, *Ecclesia-Virgo. Étude sur la virginité de l'Église et des fidèles chez saint Augistin*, Louvain, 1960. 동정녀와 동정성의 이 '영적' 개념은 독일 신비주의 안으로까지 들어간다. 이에 관해서는 특히 다음 글을 참조하라: Meister Eckhart, Pr. 2: Intravit Jesus in quoddam Castellum, in: *WW* I, hrsg. v. N. Largier, Frankfurt, 1993, pp.24~37.

쓴다면, 이로써 그들 가운데 다수가, 어쩌면 장차 훨씬 더 많은 이가 '육신적 동정성'을 실현한다는 것, 다시 말해 '하느님 나라를 위하여' 독신 생활에로의 부르심을 듣고, 그 부르심을 따르도록 애쓰고 공적 표징이기도 한 그런 삶을 산다는 것도 생각할 수 있을 것이다. '영적인 동정'을 보존하는 삶을 더 깊이 살 때에만 그 생생한 표현 방식들[123] 중의 하나인 '하느님 나라를 위한 독신 생활'은 영적으로 참된 뜻과 그 의미, 그리고 신뢰성과 설득력을 얻게 된다. 그렇게 볼 때, 교회 안에서 동정 생활의 의미와 중요성은 결코 육신적인 동정성과 육신적인 동정 잉태에 '달려 있지' 않다.

마리아의 동정성이라는 주제로 돌아가자. 마리아는 '육신적인' 동정성 역시 실현하는 이들에 속하는가? "육욕에서 생겨나지 않고 가장 순결한 마리아의 모태에서 생겨난 인성"을 받아들이는 것은 하느님의 아드님에게 '더 적절하지' 않을까? 그리고 그 모태가 남자의 정자와 남녀 양쪽의 욕망에 의해 '더럽혀지지 않은' 것은 마리아에게 더 적절하지 않을까? 그리스도인들은 수백 년에 걸쳐 아우구스티누스의 주장에 근거하여 그러한 생각은 혼인의 본질에 크게 모순된다고 여겼을까? 마치 '성생활'은 '하느님의 어머니가 되는 데 합당'하지 않은 것처럼 말이다![124]

이에 따라 마리아에게 생물학적 의미에서의 동정성은 연관시

---

[123] '하느님의 나라를 위한' 독신 생활은 삶의 내적인 동정성에 대한 하나의 표현 방식이자 표징이다. 다른 숭고한 표징은 성사적 혼인, 즉 하느님과 인간의 결합을 가리키는 모상으로 살게 되고(에페 5,32), 혹은 '작은 교회'(ecclesiola)로, 작은 이들을 위한 교회라고 이해된다.

[124] R. Pesch, *Wunder*, p.98.

키지 말고, 그녀의 동정성을 단지 하느님께 온전히 헌신하기 위한 영적 실현이라고 이해할 수 있을까? 그러나 이런 주장에 맞서 이는 "마리아의 동정성이 반으로 갈라짐을 의미할 것"[125]이라고 이야기하게 되지 않을까? "일차적으로 동정성의 영적 차원은 (…) 분명히 육신적 차원"을 포함하지 않을까? 아무튼 그렇게 되면 전자는 완성된 형태로 살게 되지 않을까?[126] 이런 까닭에 (레오 쉐프칙이 주장한 것처럼) 육신적이지 않은 동정성에는 '신학적 진지함'이 결여되어 있는 것이 아닐까? 이 물음에 그는 다음과 같은 근거를 댄다. "육체성이 (…) 구원 실현을 위한 매개체로서 진지하게 여겨질 수 있는 한, 구원 실현에 가장 적극적으로 참여하는 인간에게 있어서 육신적인 것이라는 매개체는 배제될 수 없다. 이 매개체는 지속되는 동정성 안에서 자신에게 가장 적절히 표현된다."[127] 결국엔 칼 라너도 동일한 노선에서 다음과 같이 언급한다.

> "마리아 안에서 완전히, 그리고 은총과 새 생명에 대한 모든 관점에서 하느님으로부터 형성되는 것은 '몸에 대한 것 역시' 그래야 한다. 그러나 이는 영원한 동정성 안에서도 나타난다. (이와 관련해서는 단지 주어질 수 있는 것은 단순히 같은 뜻이 아니라고 말할 수 있다.) (…) 영원한 동정성은 저 신앙, 곧 은총을 초자연적인 것으로 받아들이고 이 태도를 유지하기 위해 (아주 긍

125) A. Ziegenaus, *Maria in der Heilsgeschichte. Mariologie = Katholische Dogmatik* 5, Aachen, 1998, pp.232~287. 여기서는 p.243.

126) Hauke, *virginitas*, p.136.

127) L. Scheffczyk, "Exegese und Dogmatik zur virginitas post partum", in: *MthZ* 28 (1977), pp.291~301, 여기서는 pp.297~298.

> 정적인 의미를 실현하기 위해) 세상적인 것은 '지나가게' 하는 신앙을 드러내고, 표현하는 것이다. 그리하여 모든 그리스도인의 내적 태도라고 여길 수 있는 것("은총은 오고, 이 세상은 물러가라": 『디다케』 10,6)이 영원한 동정성 안에서 '더 잘' 나타나고 '육화'되고 있는데, 이는 '하느님의 나라'가 이미 도래했기 때문이다. 그러나 이것이 동정성의 의미라면, 가장 완전한 방식으로 구원받은 이(마리아)는 영원한 동정성을 지녀야 한다. 적어도 하늘나라가 그녀의 몸에 궁극적으로 온 순간에 말이다."[128]

전체적인 것은 다른 관점에서 다시 한번 다음과 같이 표현할 수 있다. 즉, 마리아가 오직 그리스도에게만 속해 있다면, 한 남자에게도 속할 수 있는가? 볼프강 바이너르트는 이렇게 묻는다. "자신은 하느님의 사랑으로 충만해 있다고 아는 이는, 자기 옆에 더 이상 다른 것을 두지 않고 하느님 안에서 사랑할 수 있는 것만" 중요하게 여기기 않을까? 그는 다음과 같이 말을 잇는다. "성적인 관계를 포기하는 것 자체가 반드시 결정적인 사항은 아니지만, 그 시작이 하느님과 관련된 어떤 것이 새롭게 시작된다는 것을 의미할 수는 있다."[129] 혼인을 포기하는 것이 '결정적인' 어떤 것이 아니고, 단지 그것을 통해 '이해할 만한' 어떤 것이 있다면, 이러한 생각은 결국 매우 가설적인 것으로 남게 될 것이다.

---

128) Rahner, *Assumptio*, SW 9, p.283.

129) W. Beinert, *Maria. Spiegel der Erwartungen Gottes und der Menschen*, Regensburg, 2001, p.137.

3.3.4. 열린 결론?

성경이 보도하고 있는 마리아의 동정성이라는 문제를 어떻게 이해할 수 있느냐는 질문을 놓고 대답들이 이리저리 갈리는 것은, 단지 영적으로나 정신적으로, 그리고 동시에 육신적 관점으로만 추측하고자 해서 그런 것 같다. 마리아의 동정 모성에 대한 문제는 '생리학적' 의미에서는 답변할 수 없다고 여기는 듯한데, 특히 그것은 (아무튼 칼 라너에 의하면) "진리를 따르는 교계 제도에서 비교적 부차적인 자리를 차지하고"[130] 있기 때문이다. 이는 주석학 차원에 비추어서만이 아니라, 그리스도론적이고 인간학적인 의미에서도 그렇다는 말이다. 그러나 이 문제에 답변하기 위한 독자적 능력이 역사적인 원천과 신학적인 반성을 넘어 교회의 신앙 의식에 이르지 못하는 것은 아니냐는 물음이 제기된다. 동방과 서방에서 수백 년간 뿌리내린 규범적 신앙의 전통은 마리아의 동정성을 실제로 생물학적으로도 이해할 수 있다는 점을 대변할 수는 없을까?[131] 더 단순히 질문하면, 교회의 신앙 전

130) Rahner, *Dogmatische Bemerkungen*, p.147.

131) 이러한 규범적인 신앙 전승에 관한 가장 중요한 문헌들이 다음 책에 나와 있다: G.L. Müller, *Maria*, p.130. 1960~1922년 사이에 나온 문헌들에 관해서는 다음 책도 보라: Perella, parto, pp.106~152. 교도권이 낸 많은 의견 표명을 보면, 마리아의 동정성을 단지 영적으로 이해하는 것이 배제되었다. 예컨대 제1차 라테라노 공희회가 밝혔듯이(DS 503), 마리아는 인간의 관여 없이(sine virili semine) 잉태했음이 크게 부각되었기 때문이다. 그러나 이 대목 역시 전혀 명료하지 않다. 따라서 예컨대 페쉬(*Wunder*, p.187)는 포스터("Idiomenkommunikation", in: *LThK* ²5, p.609)의 책에 나오는 한 문장을 인용하면서 다음과 같이 지적한다. 남자의 정자 없이 동정 잉태를 한 것이라고 언급되는 주체는 인간 예수가 아니라, 아버지에 의해서 태초에 낳은 말씀(로고스)이라는 것이다. 그러나 이것이 의미하는 바는 다음과 같다. "예수는 성령으로 말미암아 생겨났고 평생 동정이신 마리아에게서 태어난 것에 관한 진술들이 '위격적 일치 과정'과 관계된 것인 한, 〔그 진술들은〕 인간 예수와 연관 지어질 수

승은 역사비평적 연구와 사변적 설득력을 보완하거나 대체할 수 있거나, 더 솔직하게 묻자면, 명료화할 수 있을까? "역사적으로(historisch) 증명할 수 없는 역사적(geschichtlich) 사실은 그렇게 신앙 고백을 통해 증명될 것이다. 부족한 역사적 증명은 보완될 테고, 벌어진 틈은 계시를 통해 메워질 것이다." 알로이스 뮐러는 이렇게 가톨릭 진영에서 선호되는 처리 방식에 대해서 지적하고, 이에 반대하면서 큰 의구심을 품는다.[132] 그렇지만 이러한 문제점은 여기서 제기만 되고 대답을 받지 못할 것이다. 이로써 망망대해와 같은 더 큰 문제가 나타나기 때문이다.

나는 개인적으로 이렇게 생각한다. 마리아의 육신적 동정성에 관해 이야기하는 결정적 관점은 바로 이것이다. 하느님께서 당신의 아드님으로 강생하시면서 역사 속에 급진적인 새로운 시작을 하셨다고, 인간의 능력에서 생겨나는 게 아니라 가장 순수한 선물인 시작을 두셨다고 고백하는 것은 그리스도교 신앙에 속한다는 것이다. 예수 안에서 세상의 '정상적인' 진행이 중단되고 전혀 새로운 것이 시작된다는 것이 예수의 동정 잉태 안에서 지극히 명료해지고 생생하게 모습을 드러낸다. 칼 라너도 그렇게 바라본다. "하느님의 무한한 자비가 위로부터 신속히 내려온다. 아드님이 강생하신다. 그분은 우리 인간의 모습을 취하실지라도, 그분의 인성 안에서 영원하신 하느님의 자유 행위가 위로부터 순수한 영향을 미친다."[133] 같은 노선에서 클라우스 헴멀레(Klaus Hemmerle)도

없다."

132) A. Müller, *Glaubensrede über die Mutter Jesu*, Mainz, 1980, p.66.
이런 점에서 라너(*Dogmatische Bemerkungen*, p.156)는 강조점을 달리 둔다. 그에게도 중요한 것은 (적어도 '출산 중 동정임' 가르침에 있어서) 단순히 조형미를 강조하는 교의가 아니라, "이미 초기에 (…) 교회의 신앙 의식을 통해 훨씬 더 근본적인 사실들로부터 (…) 끌어낸 결과"다.

이렇게 언급한다. "마리아는 전적으로 하느님께 의탁했으므로, 동정녀로서 스스로는 잉태할 수도 없었고 출산할 수도 없었다. 이런 점에서 마리아는 인류 전체가 직면한 현실을 가리켜 보인다. 즉, 인간은 하느님을 낳을 수 없다. 오직 인간에 의해서는 결코 이루어질 수 없는 일이 마리아 안에서 하느님에 의해서 이루어진다."[134] 바로 이런 의미에서 마리아의 육신적 동정성은, 안티오키아의 이냐시오가 그렇게 표현했듯이 "크게 외치고 있는 신비들" 가운데 하나이다(「이냐시오가 에페소 공동체에 보낸 편지」 18,2~19,1).

그렇다면 무엇이 남아 있을까? 마리아의 동정 모성이 (생물학적 의미에서도) 경험적 사실인지 아닌지는 규명될 수 없는 게 분명하다. 그러나 아무튼 여기서 중요한 것은 기적이나 난해한 사실이 아니다. 마리아의 동정 모성은 단지 하나의 표징일 수 있다.[135] 더 정확히 말하자면, 그것은 신앙의 공공연한 표징, 안티오키아의 이냐시오에 따르면 "크게 외치는 신비" "하느님께서 그 안에 현존하시는 이 인간 예수는 피조물의 잠재된 능력으로부터는 나올 수 없음"[136]을 보여 주는 표징, 또한 하느님께서 이 세상에 오시도록 응답한 마리아는 자신의 모든 차원에서, 육신적 차원에서도 순수한 개방, 순수한 헌신, 순수한 신앙을 보여 주는 표징이다. 미하엘 슈나이더(Michael Schneider)의 생각 역시 표징에 대한 이러한 시각에 잘 들어맞는다. 그는 마리아의 동정 모성은 신앙과 예수의 탄생 예고를 통해 비로소 의미를 지닌다고 해석한

---

133) K. Rahner, *Maria, SW* 9, p.547.

134) Kl. Herrerle, "Trinität und Maria", in: ders., *Leben aus der Einheit*, Freiburg i. Br., 1995, pp.156~176, 여기서는 p.160.

135) 특히 페쉬(*Dogmatik* I/1, pp.858~859)도 이것을 강조한다.

136) G.L. Müller, *Maria*, p.128.

다. "한 여인이 (증명된 바와 같이) 남자를 알지 못한 채 임신을 했다면, 동정 잉태의 사실성은 '중요하지 않다.' '빈 무덤'이 (그것 자체를 받아들이기 위해) 예수 부활에 대한 증명이 아니듯 말이다. 예수의 탄생 예고가 비로소 이해할 만한 표징이 될 수 있다. 의미가 없는 사실은 불투명하게 남아 있고, 사실이 없는 의미는 텅 빈 채 남아 있다."[137] 이 말은 마리아뿐만 아니라 동정녀인 교회에도 적용된다. 교회가 동정녀인 까닭은 교회는 순수한 개방, 순수한 헌신, 순수한 신앙 안에서 충만해 있기 때문이다.

137) M. Schneider, Das Marienlob der Frühen Kirche, in: www.kath.de/zentrum/archiv_texte/vortrag_radio_2011/13_2011.pdf(2013년 1월 31일자 게재).

MARIA
ECCLESIA

I

제4장

원죄 없이 잉태된 마리아와 교회

제 4 장 • 원죄 없이 잉태된 마리아와 교회

- 4.1. 교회의 거룩함과 마리아의 거룩함
- 4.2. 마리아의 무염시태
- 4.3. 새로운 해석들

4.1. 교회의 거룩함과 마리아의 거룩함

4.1.1. 거룩하지만 죄 있는 교회

주님의 어머니에 관한 신약성경의 소박한 진술부터 시작해 1854년에 반포된 '원죄 없이 잉태된'(무염시태), 즉 마리아는 존재하는 첫 순간부터 지극히 거룩하고 무죄했음에 관한 교의에 이르기까지의 여정은 간극이 매우 큰 것처럼, 연관성이 없는 것처럼 보인다. 성경 그 어디에도 이 주제에 대해서는 아무런 말도 하지 않은 듯 여겨진다. 오히려 반대로 마르코는 예수의 어머니를 아직 믿지 않는 이들에 속한다고 여기고 있고, 요한은 새로운 것을 향해 아직 전환하지 않은 무리에 속한다고 간주한다. 역사적으로 볼 때, 실제로 지금 우리가 다루는 이 주제는 마리아가 아니라 다른 부분에서 시작되어야 한다. "훗날에 마리아론이 될 모든 것은 먼저 교회론으로 구상되었다"[1]라고 요셉 라칭거가 내세운 원칙이 여기에 꼭 들어맞는다. 바오로에게서, 또는 바오로가 쓴 것으로 추정되는 서간들에서 깨끗하고 흠 없는 대상은 먼저 교회 내지 믿는 이들이기 때문이다. 그들은 세상 창조 이전에

1) Ratzinger, *Erwägungen*, p.22.

이미 하느님 앞에서 "거룩하고 흠 없이"(sancti et immaculati) 살도록 선택되었다(에페 1,4). 그리스도의 죽음을 통하여 하느님께서는 우리와 화해하시어, 우리가 "거룩하고 흠 없는"(sanctos et immaculatos) 사람으로 살게 해 주셨다(콜로 1,22). 이러한 노선에서 바오로는 공동체에 다음과 같이 호소한다. "나는 하느님의 열정을 가지고 여러분을 위하여 열정을 다하고 있습니다. 사실 나는 여러분을 순결한 처녀로 한 남자에게, 곧 그리스도께 바치려고 그분과 약혼시켰습니다"(2코린 11,2).

교회(구체적으로는 코린토 공동체)는 여기서 그리스도의 '신부'라고 표현된다. 바오로는 고대 혼인식 날에 신부를 데리고 들어가는 사람처럼, 마치 그리스도가 재림하실 때처럼 교회를 '순결한' 신부로 주님께 인도해 주고자 한다. 물론 그러고 나서야 교회가 비로소 '순결해'지는 것은 아니다! 바오로에게 교회는 이미 지금 죄에서 해방되어(로마 6,18), 깨끗이 씻겨졌고 거룩하게 되었으며(1코린 6,11), 예수 그리스도 안에서 거룩하게 되었다(1코린 1,2). 그리하여 새로운 삶을 살아갈 수 있게 되었다(로마 6,4). 이렇게 하느님께서 주신 깨끗함(순결함)은 '그리스도의 날'까지 보존되어야 한다. 교회가 이렇게 깨끗하고 거룩한 것은 에페소서 5장 25~27절에서 다시 한번 강조되는데, 이 대목에서 그리스도와 그분 교회가 맺은 부부 관계는 혼인한 부부의 본보기로 소개된다.

> "남편 여러분, 그리스도께서 교회를 사랑하시고 교회를 위하여 당신 자신을 바치신 것처럼, 아내를 사랑하십시오. 그리스도께서 그렇게 하신 것은 교회를 말씀과 더불어 물로 씻어 깨끗하게 하셔서 거룩하게 하시려는 것이었습니다. 그리고 교회를 티나

> 주름 없이 아름다운 모습으로 당신 앞에 서게 하시며, 거룩하고 흠 없게 하시려는 것이었습니다."

특히 이 신약성경 본문에 따르면, 이미 초기부터 교회는 깨끗하고 거룩하며 무죄하다고 표현되었고, 또 기려졌다. 사람들은 라틴어 성경인 『불가타』에 기술된 에페소서 5장 27절(non habenttum maculam, 흠 없게)에 상응하여, '흠 없는 교회'(ecclesia immaculata)에 관해 이야기했다. 이 표현은 구약성경의 아가서에 나오는 '애인'의 말을 통해서 '나의 흠 없음'(immaculata mea)으로서 뒷받침되었다. '애인'은 이미 일찍이 교회와 동일시되었는데, 이는 예전에 이미 구약성경의 하느님 백성이 '애인'과 동일시된 것과 같다. 따라서 "나는 거룩한 교회를 믿습니다"라는 문구도 신앙 고백(사도신경) 안으로 받아들여지게 되었다. 이로써 라칭거가 다음과 같이 표명한 견해는 참된 것임이 입증되었다. "성경과 초기 교부들의 문헌에 '흠 없음'에 관한 가르침, 즉 흠 없는 교회에 관한 가르침이 나와 있다. '흠 없음'에 관한 가르침은 여기서 먼 후기의 마리아론처럼 교회론을 통해서 선취된다."[2)]

그러나 교회에 관한 진술은 머잖아 마리아에게로 옮겨가게 되었다. 이와 관련해 게르하르트 로핑크와 루트비히 바이머는 다음과 같이 말한다.

> "초세기 그리스도인들은 교회의 거룩함과 영광스러움을 깊이 의식했다. 그들은 물론 자신들이 무능하다는 것과 실제 교회는

2) Ratzinger, *Tochter Zion*, pp.66~67.

신앙이 부족하다는 것도 알았다. 그럼에도 그들은 자신들이 선택받았다는 것과 순결한 동정녀이자 어머니인 교회가 내는 광채를 붙들었다. 어떻게 그렇게 할 수 있었을까? 그들은 어려움을 겪는 가운데서도 교회의 순수한 표상인 마리아를 점점 더 많이 바라보았기에 그렇게 할 수 있었던 것이다. '흠 없는 교회'를 어떻게 직접 체험할 수 있었을까? 손상되지 않은 온전한 교회의 상이 사라질 위험에 처하게 되자, 그들은 이상인 마리아 안에서 굳세어졌다."[3]

사람들은 자신들의 '거룩하지 않음'을 이미 잘 알았기에, 거룩함을 마리아에게로 옮겼다는 의미에서 이러한 일종의 '견제론'(Entlastungstheorie)이 등장한다는 것에 대해서는 이의가 제기될 수도 있었을 것이다. 그렇지만 다른 한편으로는 거룩함의 그러한 인격적 실현 없이 '거룩한 교회'에 관한 진술은 비인격적인 추상적 표현으로 또는 결코 도달하지 못하고, 그래서 추상적 이상으로 머물지 않느냐는 물음이 실제로 제기될 수 있다.

이 문제를 계속 추적하기에 앞서 기본적으로 던져야 할 질문이 있다. "교회는 왜, 그리고 어떤 관점에서 거룩하다는 것인가?" 먼저 '거룩함'이라는 개념을 이해하지 않고서는 이 질문에 대답할 수 없다. 대답은 다양하다.

• 이사야서 6장 3절에 "거룩하시다"라는 말이 세 번 나와 있듯

3) Lohfink / Weimer, *Maria*, p.277. 다음 책도 이와 유사한 내용을 담고 있다: L. Scheffczyk, *Maria. Mutter und Gefährtin Christi*, Augsburg, 2003, p.144.

이, 하느님은 먼저, 그리고 무엇보다 거룩하시다. 하느님은 "이스라엘의 거룩하신 분"(이사 12,6 등)이시다. 거룩함은 하느님의 본질을 표현한다. 하느님은 피조물을 능가하시는 분이고, 피조물과는 "전혀 다른 분"[4]이시다. 그렇기 때문에 하느님의 아드님이신 예수 그리스도 역시 완전히 하느님의 영역에 속하고, "하느님의 거룩하신 분"(마르 1,24 등)이시다.

- 신약성경의 교회와 구약의 하느님 백성은 바로 이로부터 유래하기에 거룩하다. 거룩하신 하느님의 "소유가 되어"(탈출 19,5; 1베드 2,9) 거룩한 것의 영역에도 속하도록 부름을 받았고, 또 선택되었기 때문이다. 그러므로 거룩함은 그 심오한 본질에 따라서 '윤리적 특성'이 아니고, (거룩함이 그 안에서 드러나거나 드러날 수 있더라도, 그러나 무엇보다 드러나야 하더라도) 이런 까닭에 교회의 거룩함을 믿는 것은 교회가 죄를 지었다는 사실을 배제하지는 않는다. 교회의 거룩함을 선언한다는 의미는 "그리스도와 교회가 연결된 것은 풀릴 수 없음을 선포한다는 뜻이다."[5]
- 교회는 특히 거룩하다. 신자들이 무엇보다 세례성사 때 그 몫을 나누어 받는 그리스도의 구원 행위를 통해서 교회는 깨끗해지고 거룩해졌으며, 이런 까닭에 하느님을 위하여 '선별되었기' 때문이다. 그러나 이렇게 선별된 것은 배제된 것이 아니라, 즉시 다른 사람들을 위해 파견을 받은 것이기도 하다. 그 이유는 이렇다.

---

4) '거룩한'(kados, ἅγιος, sanctus)에 대한 성경에 바탕을 두고 있고 분리되거나 제외된 것으로 여겨지는 개념들은 하나의 뿌리에서 유래한다는 사실도 이것에 부합한다.

5) Y. Congar, "Die Wesenseigenschaften der Kirche?", in: *MySal* IV/I, pp.357~502, 여기서는 p.463.

- 하나의 사명이 '거룩함'과 동시에 그리고 본질적으로 결부되었기 때문이다. 구약의 하느님 백성처럼 신약성경의 교회는 하느님께서 거룩하시듯이(레위 11,44; 1베드 1,15) 자신도 거룩해지도록 부름을 받은 것으로 그치지 않고, 자신의 거룩함을 말하자면 세상에 '감염'시켜야 한다. 이 세상도 '거룩해'지게, 즉 하느님께 속하게 하려는 것이다.
- 여기서 거룩함은 앞으로 실현될 과제일 뿐만 아니라, 이미 지금 주어진 하느님의 은사이기도 하다. 아버지의 사랑이 교회에 선사되었고, 그리스도는 교회의 머리이시고, 교회는 그리스도의 몸이며, 영의 은사가 교회 생활 전체에 스며드는 한 말이다.

그러므로 그리스도의 활동뿐만 아니라 성령의 활동을 통해서도 거룩함의 은사가 교회에 작용했다. 여기서 그리스도는 거룩한 백성을 얻으셨고, 말씀과 성사와 사랑을 실천하는 능력을 통해 이 백성을 끊임없이 거룩하게 하시고, 성령은 '거룩함의 영'(2테살 2,13 참조)으로서 항상 새롭게 교회의 지체들을 거룩한 지체로 변모시키신다.[6] 그렇지만 하느님의 성화 은사를 받아들이는 자들이 이 은사를 활용하지 않고 남용하는 한, 성령의 그 힘은 인간의 거룩하지 않음, 약함, 죄 가운데 나타난다. 그렇기 때문에 '거룩한 교회'는 언제나 동시에 '죄지은 교회'이기도 한다.

[6] 시간이 지나면서 거룩함을 이해하는 데 있어서 큰 변동이 일어났다. 본래 교회는 인격적인, 더 정확히 말하면 심지어 인격체 사이에 존재하는 '성인들의 통공', 즉 하느님을 통하여 말씀과 성사 안에서 거룩해진 이들의 공동체로 이해되었다. 그러나 그 다음에는 (자기-)성화의 윤리적 요소가 전면에 나오게 되어서, 거룩함은 개별적으로 되었고 본래의 인격적인 '성인들의 통공'으로부터 '거룩한 교회', 즉 거룩해진 '제도'가 되었다.

캐나다의 한 대학교의 신학 교수였다가 본당 사제가 된 유진 피터슨(Eugene H. Peterson)은 어중간한 상태에 있고, 죄짓고 거룩하지 않은 교회의 이러한 실제 모습을 자신과 다른 사람들에게 강렬하게 투영하면서 다음과 같이 설명한다.

> "성령께서는 내가 맡은 공동체 구성원들로부터 무언가를 형성하신다. 이 공동체는 좌절한 이들, 몸이 망가졌거나 불구가 된 이들, 성적 혹은 정신적으로 학대받은 이들, 정서적으로 불안정한 이들, 수동적이거나 공격적이거나 신경증적인 이들로 구성되었다. 그 가운데 오십여 명의 남자들은 이미 수십 번 실패했고, 자신들은 결코 아무것도 할 수 없으리라고 생각한다. 결혼 생활에서 억눌리고 무시당하고 학대받은 여성들은 그럼에도 자기 삶에 충실하고자 애쓴다. 어떤 사람들은 병적 욕망을 지닌 자녀나 배우자와 함께 살고 있다. 나병에 걸린 이들, 눈먼 이들, 귀먹은 이들, 상습적으로 죄짓는 자들이 있다. 그런가 하면 새롭게 회개하고 많은 에너지와 열정을 지닌 이들, 나이 든 거룩한 이들도 일부 있다. 이 거룩한 이들은 사람들이 어떻게 기도하고 경청하고 견뎌 내는지 알고 있다. 그리고 거리를 두는 다수의 사람은 단순히 여기저기서 모습을 드러낸다. (…)
> 그렇게 내 앞에는 마음이 뜨거운 사람들, 마음이 차가운 사람들, 미지근한 사람들이 있다. 또한 그리스도인들, 어중간한 그리스도인들, 거의 그리스도인 같은 사람들이 있다. 그들이 나를 찾아오리라는 생각은 내게 결코 들지 않았을 것이다. 그러나 모든 공동체는 사람들이 오랫동안, 다정하게 바라볼 만하다. 그러기 위해서는 시간이 필요하다. 그러나 우리가 그렇게 하면, 이것이

실제로 교회임을 갑작스레 알아차리게 될 것이다. 이것이 성령에 의해서 형성된 공동체다. (…)
바오로는 자신의 서간에서 그리스도인들을 '거룩한 이들'(Heilige)이라 부른다. 이는 관습적 의미에서 맞지 않다는 것을 누구나 알고 있다. 실제로 '좋지' 않은 그리스도인들도 있다. 그럼에도 바오로는 우리를 '거룩한 이들'이라고 표현한다. 따라서 더 나은 모습을 내보이는 공동체를 찾는 것은 헛된 일이다. 이는 전혀 다르지 않았다. 그렇지만 하느님께서는 이렇게 가장 나쁜 사람들과의 관계를 똑바로 유지하시려는 것에 몰두하신 듯하다. (…)
나는 가장 좋은 사람들을 이 세상에서 가려내는 데 시간을 보내시는 어느 하느님께 나에 관해 아뢰기가 어렵다. 그 하느님이 가장 좋은 사람들을 세상에서 선별하시는 것은 그들을 중간 상태의 거룩한 이들로 만드시어, 이들과 함께 이상적인 신앙 공동체를 이루시기 위해서다."

이렇게 기술한 뒤에 피터슨은 자신에게 편지를 보낸 어느 친구의 견해에 동의하면서 그 편지 내용을 인용한다. "교회는 죄로 물들어 있으며, 여러 관점에서 볼 때 다가가기 어렵다네. 교회는 오랫동안 주저 없이 돈벌이에 눈먼 자들과 결탁했고, 군대와 동맹을 맺었으며, 세계 정책을 뒤흔드는 거물들의 비위를 맞추었네. 그럼에도 누군가에게는 아무것도 변화되지 않았지. 하느님께서는 교회의 깊고 깊은 심연 한가운데서, 그러니까 거기서 당신을 흠숭하는 사람들 한가운데서 늘 활동하신다네. 여기서 하느님은 당신의 일을 하시고, 때로는 바로 여기서 다시 십자가에 못 박히신다네. 예수님이 말씀하신 교회가 바로 이 교회라네. 그분은 이 교회를 세우고자 하시고, 지옥은 이 교회를 결코 정복하지 못할 것이네."

피터슨은 바로 이것이 거룩한 교회라고 확신한다. 이곳에는 "기적이 깃들어 있다. 교회의 이 심연으로부터 굳건한 확신이 울려 퍼진다. 찬미의 멜로디가 울려 퍼지고, 그런 가운데, 때로 전혀 예상치 않게, '부활!'이라는 말을 듣게 된다. 우리는 치유와 용서에 관한 말씀을 듣고, 강론과 기도 말씀도 듣는다. 결함을 지녔지만 교회의 이 내장에 중심을 둔 사람들은 서로 '거룩한 사람'이라고 부르기를 부끄러워하지 않는다."[7]

이렇게 길면서도 매우 현실성 있는 글은 우리가 '거룩한 교회'라고 신앙 고백을 할 때 어떤 역설이 숨어 있는지 극명히 보여 줄 수 있다. 이런 까닭에 사람들은 오랜 시기 동안 교회의 가르침과 신학에 있어서 '죄인들의 교회'와 '죄지은 교회' 사이에서 입장이 완전히 갈라졌다. 사람들이 후자를 거부한 이유는, 개개인이 저지른 죄는 성사와 교회의 가르침과 교계 제도의 객관적 거룩함을 근절할 수 없기 때문이다. 이에 맞서 교부들은 이미 교회가 죄지을 수 있다는 것에 관해서도 단호히 이야기했다. 교회의 거룩함은 '소유물'이 아니라 늘 새롭게 '외부로부터' 얻어야 하고, 이때 타격을 받거나 변경될 수도 있다는 것을 그들은 알았다. 그렇기 때문에 교회는 '거룩한 동정녀'일 뿐만 아니라 '순결한 창녀'(casta meretrix)[8]이기도 하다. 그러나 이 창녀는 거룩해지

---

7) E.H. Peterson, *Jesus und seine Nieten. Von unmöglichen Christen und katastrophalen Gemeinden*〔빈(Wien) 대교구가 2012년 6월에 출간했음〕.

8) 이에 관해서는 다음 글들을 보라: H.U. v. Balthasar, "Casta meretrix", in: *Sponsa Verdi*, Einsiedeln, 1961, pp.203~305; Chr. Böttigheimer, "Heiligkeit und Sündig-

기를 중단하지 않고, 그리스도의 '순결한 신부'가 되기를 멈추지 않는다. 특히 몬타누스파와 노바시아노파, 도나투스파를 비롯해 요한 후스(Johannes Hus, 혹은 얀 후스)와 얀세니우스파와 대결하는 가운데(참조: DS 1201~1206; 1220~1224; 2474~2478) 사람들은 순전한 '흠 없는 교회'에 대한 구상을 늘 거부했다. 이는 물론 여기서 이미 '의로우면서도 죄인'(simul justus et peccator)이라는 프로테스탄트의 원칙을 표현하는 것을 의미하지도 않는다. '죄지은 교회'에 관해 말할 때마다 사람들은 교회 안에서 언제나 거룩함에도 작용하시는 성령의 결코 고갈되지 않는 힘을 꼭 붙잡고 있기 때문이다.

제2차 바티칸 공의회[9])가 진행되면서 비로소 일련의 신학자들에게서 그때까지 통용된 '죄지은 교회'라는 개념을 거부하거나 회피하고자 하는 변화가 일어났다.[10]) 교회는 하느님께서 주신 선물(그리스도와 영이 현존하시는 공간, 말씀을 듣고 성사를 받는 장소)일 뿐만 아니라, 공통된 신앙을 지닌 신앙인들에 의해서 형성된 '우리'이므로, 죄인들(우리는 모두 예외 없이 죄인이다!)의 '부족한 신앙'을 드러내고 교회의 구성원인 '우리'도 드러내며, 그 가시적 형상을 볼품없게 만든다. 그리고 하느님의 거룩하신 영이 개개인을 붙잡고

---

keit der Kirche", in: K. Hilpert(Hrsg.), *Zukunftshorizonte katholischer Sexualethik* = *QD* 241, Freiburg i. Br., 2011, pp.146~161, 특히 p.150 이하(Lit.)

9) 공의회가 이 사안을 매우 '신중하게' 다루고 해당 문헌에서 먼저 전통적인 표현("교회는 자기 품에 죄인들을 안고 있다": 「교회 헌장」 8항)이 반복되더라도, 곧이어 이런 문장에 나온다. "거룩하면서도 언제나 정화되어야 하는 교회는 끊임없이 참회와 쇄신을 추구한다."

10) 특히 다음 문헌들을 보라: K. Rahner, "Sündige Kirche nach den Dekreten des Zweiten Vatikanischen Konzils", in: *Schr.* VI, pp.321~347; ders., "Kirche der Sünder", *op.cit.*, pp.301~320; M. Kehl, *Mit der Kirche fühlen*, Würzburg, 2010, pp.15~25.

당사자가 하느님의 영에 붙잡힐 때에도 그는 즉시 거룩해지지 않는다. 이 말은 예컨대 세례 때 거룩해지는 일에도 적용된다. 세례받는 이들은 그것을 "그때 일어난 사건이 아니라 많은 역동적 단계를 거치는 지속적인 과정이라고" 이해해야 한다. "세례는 (…) 사람들이 갑자기 죄의 어둠에서 벗어나고, 하느님 은총의 거룩함을 누리는 순간적인 사건이 아니다." 오히려 "세례받으면서 새로운 삶이 선사되었고 (…) 영이 현존하시고 작용하심으로써 당사자에게 구원의 가능성이 열리며, 이 가능성은 세례받은 이의 전 삶에서 펼쳐지고 죽음과 부활에서 완성될 것이다."[11] 그런 뒤에야 인간은 거룩함에 이르게 된다.

거룩함은 전체로서의 교회뿐만 아니라 개개인의 삶과도 관계된 것으로, 영이 작용한 과정이다.[12] 이 과정에서 피조물의 거룩함이 교회의 본래적인 신학적 '정체성'으로서 지속되고, 길을 내며, 동시에 은사와 과제를 지니고 있다. 무엇보다 은사로서 그러하다! 교회는 그 본질에 따라 그리스도의 구원 행위에 근거를 둔 응답이자, 하느님께서 역사 속에서 당신 자신을 알리시도록 성령께서 작용하신 응답이기 때문이다. 이런 까닭에 교회는 "자기를 실현하면서 수용하고 응답하는 방식으로 아버지와 모든 사람에 대한 예수 그리스도의 구원을 가져오는 사랑에" 참여한다. "(…) 따라서 그분에 의해 선사된 불멸의 거룩함도 유지하게 된다."[13] 물론 교

11) K. Gasecki, *Das Profil des Geistes in den Sakramenten. Pneumatoligische Grundlagn der Sakramentenlehre*, Münster, 2009, p.186. 이 책에 폴란드의 중요한 신학자 바츨라프 흐리니에비스(Waclaw Hryniewicz)의 성령론이 설명되어 있음.

12) 이에 관해서는 다음 책도 보라: O.H. Pesch, *Dogmatik* II, pp.111~121.

13) Kehl, *Mit der Kirche*, p.21.

회는 앞에서도 언급했듯이 '과정 중에'(im Prozess) 있다. 이것이 마리아에게서는 다르게 적용되었을까? 마리아는 역사를 넘어선 인물로서 영이 작용하신 역사적 과정과 발전을 대변했을까?

이제 본 주제로 돌아가자. 먼저 마리아가 완전히 무죄하다는 확신을 얻게 된 과정을 조금 더 면밀히 따라가 보겠다.

4.1.2. 거룩하고 죄 없는 마리아

마리아의 거룩함에 관한 신학적 성찰을 시작했을 때에는 공관복음서에 나오는 마리아 모습에 전적으로 근거하여 마리아가 걸어간 신앙이 강조되었다. 이에 따라, 예를 들어 테르툴리아누스는 다음과 같은 점을 부각시킨다. "그분(예수)의 어머니도 그분의 추종자라고 입증되지 않는다."[14] 마리아도 아들의 일로 큰 충격을 받았다.[15] 마리아도 신앙의 나그넷길을 가야만 했다. 그렇기 때문에 다수의 교부와 초기 신학자들(그중에는 이레네우스, 테르툴리아누스, 크리소스토무스, 바실리우스 같은 탁월한 인물들이 있었다)은 마리

14) Tertullian, *De carne Christi* 7(*CC* 2, p.288).

15) 오리게네스[*In Luc. hom.* 17, 6(*FC* 4/1, p.200)]는 이렇게 말한다. "마리아가 주님의 수난 때 충격을 받지 않았다면, 예수는 그녀의 죄를 위해 죽은 게 아닐 것이다. (…) 따라서 마리아도 당시에 아들에 대해서 당황스러웠다." 오리게네스는 이러한 관점에서 루카 복음서 2장 34절에 나오는 '칼'에 대해서도 해석한다. 나아가 다음 문헌도 보라: Origenes, *In Luc. hom* 20, 4(226). 마찬가지로 다음 문헌도 보라: Basilius, *ep*, 260, 7(*PG* 32, p.968). '하느님을 낳으신 분'이라는 칭호를 열렬히 지지한 알렉산드리아의 치릴로조차 아들의 수난에 대해 큰 충격을 받고 십자가 아래 서 있는 마리아의 태도에서 약함과 부족함을 알아보았다[Cf. Cyrill, *In Joa* XII, 19, 25(*PG* 74, p.662)].

아가 모든 면에서 완전히 '무죄한' 것은 아니라고 여겼다.[16] 다른 한편으로, 루카는 예수의 탄생 예고 장면을 전하면서 성령께서 마리아에게 특별한 방식으로 작용하신다고 말하고 있다("은총이 가득한 이여, 기뻐하여라. 주님께서 너와 함께 계시다"). 그다음 시기(3~4세기)에 하와와 마리아의 유사성이 관철되면 될수록, 마리아와 죄를 지었으며 또한 죄를 가져온 하와를 대조시킨 점도 당연히 부각되었다. 결국, '뱀을 짓밟은 여인'으로 이해된 마리아는 뱀의 지배 아래 놓이지 않게 되었다.[17] 하느님 아드님의 어머니인 마리아는 이를 넘어 그리스도를 통하여 열린 은총의 세계로 받아들여져 충만한 은총을 지니고 있다고 이해되었다(여기서 '충만함'은 양적 의미가 아니라 '심오한' 의미에서 이해되어야 한다).[18]

다른 사실들이 여기에 추가되었다.

(1) 간통을 저지른 '아내 이스라엘'은 장차 다시 아가서에 나오는 '흠 없는 신부'가 되리라는 구약성경의 약속과 "이스라엘의 남은 자들은 불의를 저지르지 않고 거짓을 말하지 않

---

16) 이에 관한 더 정확한 내용과 문헌은 다음 책들에 나와 있다: Rahner, *Assumptio*, pp.279~280; *TD* II/2, pp.294~295.

17) 존 헨리 뉴먼은 훗날 이렇게 기술한다. "나는 '마리아의 원죄 없는 잉태'에 대한 가르침을 마리아는 둘째 하와라는 태초의 가르침에서 직접 나온 결과로 기술했다"(J.H. Newman, *Maria im Heilsplan*, hrsg. v. Brigitta zu Münster, Freiburg i. Br., 1953, p.40).
8세기에는 역사비평적 주석학의 압력을 받게 되어 창세기 3장 15절에서는 '입사'(ipsa)가 아닌 '입세'(ipse)로 읽어야 하고 따라서 '뱀을 짓밟은 자'는 여자(마리아)가 아니라 남자(그리스도)라는 것이 인정될 수밖에 없었더라도(제1권 제1장 4.를 보라), 사람들은 이 문장의 앞부분에 시선을 돌리고 "너와 그 여자 사이에 (일으킬) 적개심"을 적어도 마리아의 시각에서 해석했다.

18) 다음 글도 참조하라: A. Riches, "Deconstructing the Linearity of Grace. The Risk and Reflexive Paradox of Mary's Immaculata 'fiat'", in: *IJSTh* 10(2008), pp.179~194.

는다"(스바 3,13)라는 사고는 '이스라엘의 거룩한 남은 자'이자 그것들을 실현하는 마리아와 연관 지어진다.

(2) 신약성경에서 세례받은 모든 이에게 적용되었고(로마 1,2; 에페 1,4; 1베드 2,5 등), 따라서 '가장 뛰어난 제자'인 마리아에게도 적용되는 '거룩한'이라는 수식어는 그리스도교 초기에는 동정성과도 긴밀한 관계에 있었다.[19] 이에 따라 바오로는, 남편이 없는 여자와 처녀는 "몸으로나 영으로나"(1코린 7,34)[20] 거룩해져야 한다고 이야기한다. 이런 까닭에 마리아의 '무죄함'(ἀειπαρθενία)에 대한 신앙은 그녀의 특별한 거룩함의 확신으로도 상승했다.

(3) 점차적으로 시작된 마리아 공경은 마찬가지로 마리아의 거룩함을 부각하는 데 기여했다.

마리아는 무엇보다 전례와 성경 묵상에서 유다 제식의 거룩한 공간과 기구(가령, 성전, 계약의 장막, 계약의 궤)와 예형적으로 동일시되었다는 점이 추가되었다. 구약성경에서 거룩한 대상과 마리아의 이러한 유사성을 통해 그녀의 거룩함에 초점이 맞춰졌다. 아직 더 일반적인 점이 있다. 마리아 공경이 시행되면 시행될수록, 마리아의 특별한 거룩함에 대한 확신이 점점 더 커졌다는 것이다. 말하자면 마리아 안에 거룩한 이와 구원 중개자와 본보기가 응축되어 있었다. 중세 후기부터는 조형 예술도 이에 특별한 역

19) 순전히 언어적으로 보면, 그리스어 '프토라'(φθορά)는 육체적 통합의 상실, 따라서 동정의 상실뿐만 아니라 '죄로 인한 파멸'도 의미할 수 있었다.

20) 나지안주스의 그레고리우스[*Or.* 38, 13(*PG* 36, pp.325~326)]는 이 말에 다음과 같이 덧붙인다. 그리스도는 "먼저 영을 통하여 영혼과 몸이 깨끗해진 동정녀에게서 태어나셨다." 이것으로 '앞선 구원'(praeredemptio)이라는 훨씬 뒤에 나온 사고를 의미한 건 아니라고 죌(*Mariologie*, p.65)이 규명한다.

할을 했다. 조형 예술은 마리아 안에서 경우에 따라서는 성경과 동떨어진 인물의 이상을 묘사한다. 예를 들어, 아기 예수를 안고 있지 않은 마리아, 그러니까 '그 자체로 순수한 이상'이 표현된 것(제1권 제2장 3.2.를 참조하라)이 있는데, 이는 당연히 의심할 여지가 있게 전개된 것이다!

(4) 교회의 오랜 전승에 따르면, 그리스도의 구원 행위 '이전에도' 그리스도론적 의미에서 이미 '거룩한 이들', 심지어 '거룩한 이방인들'이 있었고, 이는 단지 예외로 그치지 않았다.[21] 아우구스티누스의 강력한 적대자인 펠라기우스(Pelagius, 약 350~425)는 이 전승을 관심 있게 다뤘다. 펠라기우스는 모든 인간이 완전히 타락했다는 명제를 내세우던 아우구스티누스의 원죄론을 논박하기 위해서였다. 그는 전폭적으로 그리스 교부들의 노선에 서서, 모든 이가 죄를 지었다고 쓰여 있는 로마서 5장 12절을 제한적으로 다시 해석한다. 많은 사람이 죄를 지었지, 모든 사람이 죄를 지은 것은 아니라는 주장이다.[22] 그리고 이 '모두가 아닌 이들에' 하느님의 어머니 마리아도 속한다고 펠라기우스는 주

21) 이에 관해서는 다음 글을 보라: G. Philips, "La grâce des justes de l'Ancien Testament", in: *EthL* 23(1947), pp.521~556; Congar, *Ecclesia*. 이는 현대 주석학에도 완전히 부합하는데, 특별히 '의로운 이'로 부각된 세 인물, 곧 아벨과 에녹과 아브라함이 그때그때마다 모든 민족의 '시조'였던 한 그러하다. 이에 관해서는 다음 책을 보라: Lohfink / Weimer, *Maria*, p.106.

22) 이미 오리게네스 / 루피누스는 로마서의 이 대목에서 중요한 것은 "모든 사람과 많은 사람은 같다"(omnes hominus et multos hominis idem)라고 언급했다〔Origenes, *In Rom 5,1*(*FC* 2/3, p.36)〕. 이에 관해서는 다음 책도 보라: K.H. Schelkle, *Paulus, Lehrer der Väter. Die altkirchliche Auslegung von Röm 1-11*, Düsseldorf, ^{2}1959, p.191. 이는 그리스 교부 주석학에서 통하는 설명이었다고 쉘클레는 강조한다.

장한다.

아우구스티누스는 펠라기우스의 이러한 해석에 반기를 들었다. 그는 모든 사람이 죄를 지었고, 펠라기우스가 언급한 구약성경 및 이방인 출신의 의로운 이들도 죄를 지었다고 주장한다. "거룩한 동정녀 마리아에게서 등을 돌렸다. 마리아와 관련해서 나는 주님의 영광을 위하여(propter honorem Domini) 그 어떤 의문도 제기하지 않겠다. 죄에 관해 이야기한다면, 우리는 마리아가 은총을 가득히 받았음을 알고 있다. 이렇게 마리아에게 은총이 가득한 것은, 마리아는 전혀 죄를 짓지 않으신 분을 잉태하고 낳을 자격이 있었기에 모든 측면에서 죄를 쳐부수기 위함이다."[23] 이렇게 제한을 둔 것에 대해서는 아우구스티누스가 훗날 율리아누스 엘클라누무스(Julian v. Eclanum)와 대결할 때 철회했다. 마리아도 원죄와 관계있었고, 마리아도 죄에서 벗어나 '다시 태어나'야 했다는 주장이다.[24]

아우구스티누스에게 있어서 펠라기우스의 견해와 다른 점은 그리스도 이전에 '의롭고' '믿는 이들'이 있었다는 것(아우구스티누스도 이러한 확신을 강력히 옹호한다)이 아니고, 이들 역시 중개자인 예수 그리스도를 통해서만 유일하게 구원받았다는 것이다.[25]

동방교회들은 다른 신학적 견해를 주장했다. 동방교회들은 서방교회의 원죄론을 알지 못했고, 수용하지도 않았기에 특히 전례

---

23) Augustinus, *De nat et. grat*. 36, 42(*ALG* I, p.496), 독일어 번역은 약간 변경되었음.

24) Cf. Augustinus, *Op. imperf.* 4, 122; 6, 22(*PL* 45, pp.1417~1418; p.1553). 이 텍스트를 놓고 벌어진 토론에 관해서는 다음 문헌들을 보라: Söll, *Mariologie*, pp.85~86; I.M. Dietz, "Ist die Heilige Jungfrau nach Augustinus, 'Immaculata ab initio'?", in: *Aug* 4(1954), pp.362~411(Lit).

25) 수많은 문헌이 명시되어 있는 다음 책을 보라: Congar, *Ecclesia*, p.82 이하, p.100.

에서, 그러나 자신들의 신학 문헌들에서도, 마리아의 거룩함과 무죄함을 기렸고, 마리아를 '가장 순결한 분'이자 '가장 거룩한 분'이라고 공경했다. 그리하여 시리아 및 비잔틴 신학에서는 마리아에 관한 강력한 말들이 나오게 되었다. 동방교회의 가장 위대한 신학자로 간주되는 사람 중의 하나인 그레고리우스 팔라마스(Gregorius Palamas)는 어느 강론에서 이렇게 말했다. "오직 마리아만 하느님과 전 인류(στᾶσα μεταξύ) 사이에 서 계십니다. 마리아는 하느님께서 사람의 아들로 오시게 했고, 사람들을 하느님의 아들이 되게 하셨습니다. 마리아는 지상을 천상으로 들어 높이셨고, 인류를 하느님께 다가가게 하셨습니다."[26)]

물론 이 비잔틴 신학자들 가운데 일부는 원래 나지안주스의 그레고리우스에게서 비롯된 견해, 즉 예수의 탄생 예고 때, 그러니까 하느님의 아드님이 잉태될 때 마리아에게 더할 나위 없는 거룩함이 선사되었다는 견해를 지지했다.

결국엔 1854년에 반포된 '마리아의 원죄 없는 잉태'(무염시태) 교의로까지 이어져 계속된 가르침은 서방교회가 받아들인 신학, 즉 아우구스티누스에게서 비롯된 원죄론을 전제로 한 것이다. 이제 이 원죄론을 조금 규명해 보자.

---

26) 인용: Söll, *Mariologie*, p.141.

4.2. 마리아의 무염시태

4.2.1. '무염시태' 교의의 전제 조건 - 아우구스티누스의 원죄론

아우구스티누스가 진정 '원죄론의 아버지'인지,[27] 또는 자기보다 앞서 이미 전개된 가르침들을 요약하고 심화하고, 어느 정도 '체계화'했던 것인지에 대해서는 여전히 의견이 분분하다. 두 입장을 통해서는 중요한 주장들이 대립적으로 제시될 수 있으니 중립적 입장에 서야 한다. 다음과 같은 것이 중립적 입장일 수 있다. 즉, 아우구스티누스 이전에 이미 물려받은 죄악[혹은 해악(害惡, Übel)]에 관한 이론은 있었지만, 그렇다고 원죄론은 없었다. 이는 아담으로부터, 그리고 아담의 죄에 근거하여, 이 세상에 출현한 모든 사람이 해악에 물들었다는 견해가 옹호되었다는 뜻이다. 인간의 정신적 능력이 감퇴되었고, 따라서 인간은 과오를 범하는 쪽으로 기울어졌으며, 충동을 억제하기가 힘들어졌고, 이기주의적 성향을 지녔으며, 무엇보다 죽음을 피할 수 없게 되었다. 이런저런 해악의 결과물은 해악으로 인해 인간의 자유에 드리워진

27) 다음 책에서 이 명제를 폭넓게 다루고 있지만, 이 책의 내용에 대해서는 여전히 의견이 분분하다: J. Gross, *Die Entwicklungsgeschichte des Erbsündendogmas*, Bd. I-IV, München-Basel, 1963~1972.

'짐' 때문에 실제로 모든 인간은 개인적으로 죄를 짓고, 하느님 앞에서 죄인이 된 것이다. 그러나 물려받은 해악 자체는 죄가 아니다. 죄의 원인 역시 원래는 죄가 아니다. 죄의 원인은 어느 경우이든 인간의, 물론 물려받은 '화'(禍, Schaden)로 인해 죄로 기울어질 경향이 강한 인간의 자유라고 할 수 있다.

아우구스티누스에게 있어서 '새로운 점'은 다음과 같은 것이리라. 그에 따르면, 아담이 지은 죄의 결과로 인간에게 '해악'이라는 '물려받은 짐'이 나타날 뿐만 아니라, 추가적으로 그리고 무엇보다 죄 자체의 '상태', 하느님과 적대적 관계에 있고 또 그분에게서 멀어지게 되므로 부모를 통해 세상에 태어난 모든 인간은 처음부터 죄인이라는 것이다. 왜냐하면 그(아담) 안에서, 즉 아우구스티누스에 따르면 아담 안에서 모두 죄를 지었고(로마 5,12), 그(아담) 안에서, 그리고 그를 통해서 모든 이가 죄인이 되었으며, 그리스도를 통하여 구원되지 않았기 때문이다. 현대 주석학이 (그러나 이미 그리스 교부들의 주석학도) 이렇게 전혀 다르게 이해한 로마서의 이 구절이 히포의 주교에게는 물려받은 죄를 가장 명백히 증명하는 것이었다. 게다가 전례와 관련된 논증도 나왔다. 즉, 교회는 갓난아이들에게, 그러니까 아직 자유를 이용할 줄 모르는 아기들이 '죄를 용서받도록'(in remissionem peccatorum) 세례를 준다. 실제로 자신들의 자유 때문에 죄를 지은 성인들에게 하듯이 동일한 말로 세례를 주는 것이다.[28] 아우구스티누스

28) 아우구스티누스는 "죄를 용서받도록"(in remissionem peccatorum)이라는 문구에 죄가 복수 형태로 표현되어 있다는 것, 따라서 이는 결코 원죄를 의미할 수 없다는 것을 전혀 주목하지 않은 게 분명하다. 죄가 복수 형태로 표현된 것은 성인 세례 지원자의 개인적 죄가 관건이기 때문이다. 그러나 아우구스티누스는 원죄가 존재하지 않음을 개인적 죄와 동일시한다.

에 따르면, 이는 갓난아이 안에도 이미 벌 받아 마땅할 죄가 존재할 경우에만 의미를 지닌다. 그렇게 되면 모든 인간은 처음부터 개인적으로 결정하게 되고, 죄인들로 구성된 '유죄 판결을 받은 집단'(massa damnata)에 속하며, 하느님께서는 그리스도의 구원 행위를 통해 은총을 내리시면서 몇몇 사람(소수!)을 구제하신다. 그렇게 이해된 원죄는 모든 인간에게로 이어지고, 성적 욕망은 여기서 죄를 저지를 '욕구'로 비화되고, 따라서 '죄지은 몸'(caro peccati)이 되는 척도이다.

원죄에 대한 구상은 당시에 새로웠고, 또 사람들을 깜짝 놀라게 했으므로, 히포의 주교는 자기 본당에서조차 비판받았으며, 자신을 변호해야만 했다. 아우구스티누스가 자신의 견해에 대해서 성경을 비롯해서 당시 앞서가는 신학에(그가 그렇게 이해했듯이!) 근거하여 수많은 논증을 제시했더라도, '새로운' 원죄론의 본래 모티브는 훨씬 더 근본적인 것이었다. 그 모티브는 특별히 새로운 사고 및 경험 지평이었는데, 아우구스티누스가 이에 대해 의견을 표명하면서 이 새로운 지평은 그다음 시대에 영향을 미쳤다.[29]

이 새로운 지평은 다음과 같이 기술될 수 있다. 즉, 일회적이고 유일무이하며, 의지와 자유를 지녔으며, 특히 하느님께 자신을 직접 내맡기는 체험으로 특징지어진 개인 존재의 차원들이 아우구스티누스에게서 그때까지 듣지 못한 방식으로 모습을 드러냈다. 고대의 인간은 (고대인의 특성은 동방 신학에서 오랫동

29) 다음 책에 이에 관한 내용이 더 상세히 나와 있다: G. Greschake, *Gnade als konkrete Freiheit. Eine Untersuchung zur Gnadenlehre des Pelagius*, Mainz, 1972, pp.234~246.

안 유지되었다.) 더 광활한 우주에 속한 일부로 이해되었고 (그리스도교 관점에서 볼 때) 포괄적이고 '우주적'이며 구세사적인 과정 내에서 은총을 받았고 구원으로 인도된 존재로 여겨진 반면, 아우구스티누스는 이렇게 우주에 종속되고 붙잡혀 있는 상태로부터 벗어났다고 체험하고, 개개인으로서 인격적 하느님 앞에 선다고 체험한다.

인간이 이러한 방식으로 새롭게 체험하고 하느님 앞에 서는 체험을 하더라도, 인간은 실제로 (아우구스티누스는 이를 몸소 체험했다.) 철저한 부자유, 자신에게 묶여 있음, 충동, 하느님 사랑과 이웃 사랑을 전혀 하지 못함을 발견한다. 인간은 상반된 의지 행위를 하면서 내적으로 갈라지는 체험을 하고, 따라서 자신은 무너졌으며 무력하다고 느낀다. "우리는 마음을 다스리지 못한다"라고 아우구스티누스는 외친다.[30] 죄에 물든 인간의 본성은 하느님의 자비를 통해서만 철저히 쇄신되어야 한다.

아우구스티누스는 이전 신학보다 훨씬 예리하게 무엇이 죄이고, 동시에 무엇이 악행을 저지른 인간을 파멸시키는지 발견한다. 그러나 동시에 구원의 절대적 필요성과 위대함도 완전히 새롭게 규명한다. 아우구스티누스가 볼 때, 하느님과 자기 자신에게서 멀어진 인간에게는 구원의 은총이 필요하다. 이 은총이 그의 내면 깊은 곳에서 마치 눈으로 볼 수 없는 힘처럼 그에게 참된 자유를 (이는 하느님과 이웃에 대한 참된 사랑이다.) 선사하는 것이다. 인간처럼, 즉 원죄로 인해 악으로 기울어지는 모든 인간처럼, 그 역시 은총을 통해 마음속에 새로운 중력(重力)을 직접적으로, 신비

---

30) Augustinus, *De dono persev.* 13,33(*ALG* VII, p.380).

롭게 지녀야 한다고 생각했다. 그래야 자유를 발견하고 온전해질 수 있다. 이에 따라 아우구스티누스는 『고백록』에서 다음과 같이 기술한다. "주님, 당신께서는 제 주변을 맴돌던 저를 (…) 변모시키십니다. 당신께서는 제가 모든 것을 갖춰 놓았던 제 등 뒤에서 저를 끌어내십니다."[31] 아우구스티누스에 따르면 하느님의 활동을 어떻게 이해해야 하는지 이 문장에서 명료해진다. 직접적으로, 인간의 주체성 안으로 파고들어 와 ("그의 등 뒤에서") 그를 철저히 변모시키는 것이다. 그리스도의 구원을 가져오는 은총이 인간에게 내리고, 절대적인, 즉 하느님께서 선사하신 새로운 시작을 보증해야만, (아우구스티누스에 따르면) 그 은총이 완전히 이해될 수 있다.

그러나 이로부터 다음과 같은 결과도 나온다. 은총의 측면에서 볼 때 인간의 자유는 없으며, 은총은 오히려 유일하고 전적이며 단호한 주도권을 가지고 있다는 것이다. 인간이 협력하기 전에, 은총은 물론 자유를 선사해야 한다. 따라서 아우구스티누스는 인간을 순전히 수용적 존재이고, 하느님의 은총 행위에 완전히 의탁하는 존재라고 이해한다. 인격적이고 영혼 깊은 곳에서 이루어지는 이 은총 행위는 순수한 선물로서만 받아들여질 수 있다. 바오로가 코린토 1서 4장 7절에서 "그대가 가진 것 가운데에서 받지 않은 것이 어디 있습니까?"라고 한 말은 아우구스티누스가 가장 선호한 성경 말씀 가운데 하나다. 그는 『회고록』(*Retractationes*)에서, 인간의 자유는 무엇을 지향할 수 있고, 하느님의 은총은 무엇이냐는 질문을 던지면서 오랫동안 괴로웠다고 고백한다. 그리고

---

31) Augustinus, *Conf.* VIII 7, 16(Bernhart, p.392).

이러한 노고의 결과를 중요하고 널리 알려진 문장에서 다음과 같이 요약한다. "나는 인간 의지의 자유를 가지고 이 문제를 풀려고 애썼지만, 하느님의 은총이 승리했다."[32]

이 표현에서 그때부터 최근에 이르기까지 서방교회의 은총론을 특징짓는 한 가지 요인이 명료해진다. 하느님의 은총과 인간의 자유는 경쟁하는 원인들로서 규정되며, 이에 따라 하나(은총)가 다른 하나(인간의 자유)를 '이긴다'는 것이다. 그러나 이는 결과적으로 이런 뜻이다. 하느님의 은총이 크면 클수록 인간의 자유는 더욱더 줄어들고, 또 그 반대로도 그렇다는 것이다. 이로써 주어진 (풀릴 수 없는) 문제들은 즉시 이른바 서양의 은총론 및 자유론의 운명적 결과를 만들어 낸다. 그 이유는 이렇다. 하느님의 은총과 인간의 자유가 경쟁 관계로 규정되면, 하느님의 위대함이 인간의 무력함 안에서 드러나고, 이어서 인간은 하느님이 주님이심을 흐리게 하며, 그 책임은 전적으로 인간에게 있기 때문이다. 이러한 노선은 아우구스티누스에게서 시작되어 마르틴 루터에게로 곧장 이어진다. 루터는 원래 아우구스티노회 수도자였고, 본인이 직접 말한 것처럼, 이 수도회 창립자의 "책을 읽은 것으로 그치지 않고 탐독했다."

32) Augustinus, *retract.* II, 1(*BA* 12, p.450).

4.2.2. 교의로 규정되기까지 힘든 여정

5세기부터 서방교회에서 점점 더 관철된 아우구스티누스의 원죄론(그의 은총론의 배경이 됨)을 토대로 마리아론이 전개되면서 결정적 요소가 제시되었다. 모든 인간은 비록 '물려받았을지라도' 원죄로부터의 구원이 필요하지만, 실제적 죄의 상태에 놓여 있기(하느님과 적대적 관계에 있고 또 그분에게서 멀어진 결과로) 때문에, 마리아도 죄에서 풀려나야 한다는 것이다.[33] 그런데 그것은 어떻게 해서 교회가 공경하던 마리아의 지극히 순결함과 지극히 거룩함과 잘 들어맞게 되었을까? 아우구스티누스에 이르기까지, 그리고 이를 넘어 마리아의 거룩함과 무죄함에 관한 견해가 제한적으로만 옹호되었다는 것은 놀라운 일이 아니다. 이때 (적어도 서방교회에서 원죄론이 전제 조건이 된 선에서) 문제는 마리아가 개인적 죄에서 벗어난 것(이는 전반적으로 어려움 없이 받아들여졌다)이 아니라 원죄에서 벗어났다는 것이었다. 이에 상응하여 본래 나지안주스의 그레고리우스가 주장한 내용, 즉 마리아는 천사가 예수의 탄생을 예고할 때 모든 죄에서 벗어나 깨끗해졌다는 견해가 오랫동안 관철되었다.

마리아는 세상에 존재한 첫 순간부터 원죄에서 해방되었다고 단호히 주장한 서방의 첫 신학자는 파샤시우스 라드베르트(Pascha-

[33] 이는 마리아가 예수와 달리 부부의 성적 결합을 통해 태어났고 따라서 '죄의 육신'을 지녔다는 것보다 더욱더 중요했다. 이와 관련하여 아우구스티누스 제자인 루스페의 풀겐치우스〔Fulgentius v. Ruspe, *ep. 17,13 ad petrum diaconum*(*CC* 91A, p. 571)〕는 다음과 같이 말했다. 마리아의 몸은 "확실히 죄에 있습니다"(fuit utique peccati).

sius Radbert)일 것이다. 교회가 그리스도 축일과 마리아 축일을 기리듯이 마리아 탄생 축일을 기리는 사실에 주목하면서 그는 다음과 같이 추론한다.

> "복되신 동정녀 마리아가 모태에서 거룩해지지 않았다면, 마리아의 탄생 축일은 결코 기려질 수 없을 것이다. 그러나 전 교회의 권위에 따라서 이 축일이 기려지고 있기 때문에, 마리아는 모든 원죄에서 벗어났으며(eam ab omni originali peccato immunem fuisse) 마리아를 통하여 하와에게 내린 재앙이 거두어졌을 뿐만 아니라 모든 이에게 축복이 선사되었다는 것은 확실하다."[34)]

그럼에도 이러한 입장을 토대로 다음과 같은 질문이 단호히 제기되었다. 그렇다면 그것은 모든 인간에게는 구원이 필요하다는 것, 그리고 구원의 보편성과 무슨 관계에 있느냐는 것이다. 이 문제에 대해 가장 먼저 내비쳐진 해결책은 캔터베리의 안셀무스〔와 그의 제자 이드머(Eadmer)〕에게서 발견된다. 그는 자신이 강력히 주장한 내용, 즉 그리스도의 구원 행위와 속죄 행위의 필요성을 그리스도 이전 시기로도 넓혔다. 물론 이어서 새로운 물음이 제기되었다. 바로 구원 사건이 언제 마리아에게 영향을 미쳤느냐는 것이다. 마리아의 어머니 모태 안에서였을까? 또는 예수의 탄생 예고 때였을까? 그렇지 않으면 언제? 이 모든 가능성을 열어 놓을 때 전제가 된 점이 있다. 마리아는 특정한 시기에, 비

34) Paschasius Radbert, *De partu virg.* I(*PL* 120, p.1372). 여기에 언급된 논거 외에 마리아는 무원죄성을 주장했던 급진적인 아우구스티누스파에게는 다음과 같은 논거가 큰 역할을 했다. 즉, 마리아가 잉태될 때 티 없이 깨끗하고 원죄가 없어야 이 원죄가 예수에게도 물려지지 않았을 거라는 것이다.

록 매우 짧은 시기일지라도[35] 원죄에 갇혀 있었고, 나중에야 원죄에서 해방되었다는 것이다. 그 밖에 13세기부터는 마리아의 완전한 무원죄성을 주장하는 개별적 목소리들도 나왔다. 이러한 견해에 맞서 대다수 신학자가 보편적인 구원의 필연성을 주장한 반면〔실제로 위대한 신학자들(클레르보의 베르나르와 토마스 아퀴나스를 포함해 둔스 스코투스에 이르기까지)은 롬바르두스(Lombardus)의 『신학 명제론집』에 근거하여 마리아의 무원죄성을 부인했다〕, 수많은 지역의 교회에서는 (물론 로마에서는 아니고!) 원죄 없이 잉태된 마리아 축일을 기렸는데, 물론 아주 정확하게 이야기한다면 축일의 의미로 공경한 것은 아니었다. 그러고 나서 신학자들은 이 축일 대상을 다시 한번 아주 다르게 이해했다.[36] 그렇지만 시간이 지나면서 마리아가 처음부터 무죄했다는 것에 대한 관습적 이유들이 점점 더 많이 제시되었다. 그래야만 마리아와 '뱀'의 심각한 적대적 관계(창세기 3장 참조)가 납득될 수 있었을 것이다.

'보편적 구원의 필요성 또는 마리아의 무원죄성'이라는 딜레마에 대한 신학적 해결책은 요한 둔스 스코투스(Johannes Duns Scotus, 1308)가 비로소 이끌어 냈다. 마리아가 한순간이라도 죄의 세력 아래 있다면, 이는 그리스도의 거룩함과 모순되는 것이라고 그는 여겼고, 다른 신학자들 역시 그렇다고 생각했다. 마리아가

35) 이는 13세기 초부터 많은 위대한 스콜라 신학자들(가령 보나벤투라, 토마스 아퀴나스, 겐트의 하인리히)의 해결책이었다. "임신 직후"(cito post comceptionem).

36) 많은 신학자는 이 축일의 참뜻을 상대화하려고 애썼다. 그리하여 예를 들어 토마스 아퀴나스는 이렇게 기술한다. "로마 교회는 복되신 동정녀의 잉태를 기념하지는 않지만, 그 축제를 기념하는 사람들의 관습은 용인합니다. 따라서 그러한 축일을 완전히 거부할 수는 없습니다. 그러나 잉태 축일을 거행한다는 사실만으로 그녀가 잉태될 때 거룩했다는 사실을 이해할 수는 없습니다. 그러나 그녀가 무죄하게 된 날이 언제인지 알 수 없기 때문에, 그녀가 잉태된 날에, 잉태된 것을 기념하는 것이 아니라, 무죄하게 된 것을 기념한다"(*Sth* III, 27,2 ad 3).

원죄에서 해방되었을 경우에, 그리스도는 보편적 구원자임이 약화될 것이라는 다른 주장에 맞서(토마스 아퀴나스도 이렇게 주장했다), 마리아는 모든 인간이 빠져 있는 원죄에서 해방되도록 그리스도를 통하여 은총을 받았기에 구원된 것이라고 대답했다. 모든 죄로부터 보호받는 그러한 구원은 죄에서 해방된 마리아보다 심지어 더 높게 평가될 것이다. 그가 쓴 결정적인 문장이 있다.

> "마리아에게 중개자의 은총이 먼저 내리지 않았다면, 마리아는 아담의 본성을 따르고 모든 이에게 공통된 혈통으로 인해 원죄에 빠졌을 것이다. 다른 사람들에게 그리스도가 필요하고, 그분의 희생을 통해 그들이 이미 저지른 죄가 용서받을 수 있는 것처럼, 마리아에게도 우리와 마찬가지로 중개자이신 그리스도가 필요했다. 그래야 그분이 죄에 앞서 오시어, 마리아가 결코 죄를 짓지 않았을 것이다. 그렇지 않으면 마리아 자신이 죄를 저질렀을 것이다."[37]

둔스 스코투스가 파리 종교재판소에 갇힐까 두려워하여 매우 조심스럽게 제시한 이 신학적 해결책은 즉시 여러 신학교와 수도회들(이들에 의해서 이따금 구속된 정치적 단체들을 포함해)이 이미 수십 년 전부터 벌여 온 논쟁 속으로 들어갔다. 이들은 수백 년 전부터 논쟁을 벌이며 서로 이단이라거나 신앙을 훼손시킨다며 비

37) Duns Scotus, *Ordinatio* III, 3,1(인용: Söll, *Mariologie*, p.175). 그럼에도 둔스 스코투스는 예컨대 토마스의 입장처럼 다른 신학적 입장들도 가능하다고 여겼지만, "탁월함이 마리아의 특성임은 인정받을 만하다"〔videtur probabile, quod exellentius est a*ttribuere* Mariae(III, 3,1, 10)〕라는 원칙에 근거하여 마리아는 '앞서 구원받은 자'로 결정했다.

난했다. 상대편에서 그리스도가 보편적 중개자임을 약화시킨다고 주장하거나, 반대로 마리아의 특별한 위치와 거룩함을 경시한다고 질책했기 때문이다.[38] 그렇지만 점점 더, 특히 바젤 공의회 및 트리엔트 공의회가 준 자극을 통해서도, 그리고 (종교개혁에 맞선 가톨릭의 쇄신 운동에서) 대중의 신학과 신앙 안에서 마리아의 원죄 없는 잉태에 대한 확신이 관철되었고, 그 추종자들로 하여금 그에 상응하는 구속력 있는 신앙을 규정하도록 투신하게 했다. 〔이와 연관된 목표를 지닌 공동체들이 설립되었고, 마리아의 원죄 없는 잉태를 자기 피를 흘리면서까지 옹호하며 서약의 의무를 지녔다(피의 서약).〕 이 모든 일에서 예수회원들이 특별히 중요하고도 주도적인 역할을 했다.

이렇게 정서적 차원에서 일부 무의식적인 동기들도 작용했다. 악이 이 세상에서 마지막 단어가 아니기를 바라는 원의, 흠 없고 순결한 형상에 대한 갈망, 마리아처럼 승리한 은총의 몫을 나누어 받으려는 희망을 사람들이 품게 된 것이다. 또한 당시의 교회적 상황과 사회적 상황이 중대한 영향을 미쳤다. 슈테판 자머스키(Stefan Samersky)가 다음과 같이 옳게 강조하듯이 말이다.

> 종교개혁자들의 근본적 비판에 맞서 "원죄 없이 잉태되신 마리아는 교회의 새로운 정체성을 대변한다." 마리아는 "악과 이단을 몰아내며 승리하는 교회의 상징이 된다. (…) 따라서 원죄에 물들지 않은 마리아는 오래된 가르침 및 제도인 교회의 순결을

---

38) 교의사에서 이러한 대결에 관해 자세한 내용을 알 수 있다. 나아가 다음 두 책도 보라: Müller, *Marias Stellung*, p.428 이하(Lit.); R. Gay-Canton, *Entre dévotion et théologie scolastique. Réceptions de la controverse médiévale autour de l'Immaculée Conception en pays germaniques*, Turnhout, 2011.

> 대변한다"라고 트리엔트 공의회에 따라 새롭게 발견되었듯이 말이다. 마리아는 "승리하는 가톨릭교회의 최고 표징이 된다. 가톨릭교회는 종교적이고 종파적인 관점에서는 물론 특히 군사적인 관점에서도 승리한다. 원죄에 물들지 않은 마리아는 군대의 깃발(가톨릭 연맹) 위로 나타났고, '총사령관'으로 묘사되었다." 따라서 "마리아는 더 이상 개별 신앙인들의 관심사를 먼저 들어주지 않고, 국가와 로마 교황청 배후에서 중대한 역할을 했으며, 개혁 수도원들에 의해 대중에게 더 다가가게 되었다."[39]

마리아의 원죄 없는 잉태 문제에 오랫동안 매우 삼가는 태도를 보였던 로마 교황청은 시간이 지나면서 마리아의 무원죄성에 대한 견해를 점점 더 지지했지만, 명료하고 궁극적인 결정을 내린 건 아니었다. 교회의 모든 부서에서 이에 상응하는 원의를 제시했더라도 말이다. 비오 9세가 비로소 그 사안을 궁극적으로 밝히기로 결정했다. 교황은 수많은 신학적 감정을 의뢰했으며, 전 세계의 주교들에게도 문의했다. 답변한 603명의 주교 가운데 546명은 마리아의 원죄 없는 잉태에 관한 가르침을 교의로 반포하는 데 찬성했고, 소수만이 입장을 표명하지 않았으며, 다른 소수의 주교는 기회를 놓쳐 주저했다. 그럼에도 로마 교황청에서도 특히 확신을 제공해 주는 성경적 근거가 부족하다고 여겼고, 오랫동안 (그리고 크게!) 상반된 신앙 전승을 이유로 나온 다른 목소리들도 있었다.[40] 이런 까닭에 다시 한번 새롭게 신학적으로 연구와 조

---

39) St. Samerski, "Neuer Wein in alten Schläuchen? - Marienverehrung und Josephskult in der Neuzeit", in: *Zur Debatte*, Heft 5(2009), pp.31~33, 여기서는 p.31.

40) 성경의 근거가 부족한 것과 관련해서는 신학적 감정을 맡았던 사람 중 하나인 페로네(J.B. Perrone)가 다음과 같이 언급했다. 마리아의 원죄 없는 잉태는 "서로 얽혀 있

사가 시행되었지만, 그것은 대체로 교회의 '오래된 활동'과 '살아 있는 전승'을 가리켜 보였다. 교회의 '살아 있는 전승'은 특히 '기도의 규칙'(lex orandi)을 통해서 인지할 수 있고, 이는 '신앙의 규칙'(lex credendi)을 규정한다. 그리하여 마리아의 원죄 없는 잉태에 관한 가르침이 1854년 12월 8일에 교의로 반포되었다.

> "인류의 구세주이신 예수 그리스도의 공로에 주목하고 전능하신 하느님의 특별한 권위와 은총에 근거하여 가장 복되신 동정녀 마리아는 잉태된 첫 순간에 원죄의 모든 오점으로부터 보호받았다는 가르침은 하느님에 의해서 천명되었고, 따라서 모든 신자가 흔들림 없이 그리고 한결같이 믿어야 한다"(*DH* 2803).

4.2.3. 이 교의가 지닌 문제

마리아의 원죄 없는 잉태에 관한 교의는 (마리아가 하늘에 올림을 받음에 관한 교의를 다룰 때와 유사하게) 다음과 같이 많은 특별한 문제를 가져왔다.

(1) 형식적 측면에서

㉠ 이 교의는 성경에서 실제로 확신할 만한 토대를 가지고 있지 않은 듯하다.

고 수축되어 감추어져 있지만, 매우 밀접한 것"(인용: Söll, *Mariologie*, p.208)이라고 성경에서 밝혀졌다고 한다.

㉡ 교회가 앞서 확정적으로 내린 신앙에 관한 결정들과 달리 이 교의는 신앙의 본질을 위협하는 논쟁에 대한 답이 아니다. 따라서 이 논쟁에 대해서도 결정을 내려야 할 것이다. 아무튼 이 교의는 신앙의 핵심을 건드리지 않고서 교회 내에서 대결한 것들을 종결지은 것이다.

㉢ 신학적 토론이 이렇게 확정적으로 종결된 것은 여기서 보편 공의회를 통해서가 아니라, (주교단에 문의는 했더라도) 처음으로 교황 단독으로 이루어졌다.

(2) 내용적 측면에서

이 교의는 마리아 개인에게 완전히 초점이 맞춰져 있으며, 마리아를 '유일무이한 탁월한 분'으로서 원죄가 없다고 선언한다.[41] 이로써 이미 중세기에 점점 더 부각된 '특권 마리아론'(Privilegien-Mariologie)이 새롭게 정점에 달했고, 이는 바로 이러한 유일무이한 '특전'으로 인해 마리아가 교회에서 고립되고 분리되는 결과를 가져왔다. 또한 마리아 자신을 바라보며 전개된 신심행위가 우위를 점함으로써 신앙의 핵심이 왜곡되는 위험을 불러오게 되었다.

41) 이 교의와 관련된 교황 회칙인 「형언할 수 없는 하느님」(*Ineffabilis Deus*)에 나오는 다음 대목도 참조하라. "이런 까닭에 하느님께서는 모든 천사와 모든 성인 앞에서 마리아에게 신성에서 나오는, 천상의 모든 은총을 넘치도록 주셨다. 그러므로 마리아는 죄의 모든 오점으로부터 영원히 벗어나 지극히 아름답고 완전해져서, 무죄하고 거룩함이 충만한 분으로 인식되었다. 사람들이 마리아를 하느님 아래서 그 어떤 방식으로든 더 위대하게 상상할 수 없고, 하느님 외에 어느 누구도 마리아를 이해할 수 없듯이 말이다"(*DH* 2800).

(3) 해석학적 측면에서

이 교의는 아우구스티누스 원죄론의 기본 형태를 전제로 한다. 이 원죄론의 특성 가운데 몇 가지는 중세기의 대다수 신학 학파에 의해서 이미 오래전에 거부되었을지라도(가령 성적 욕망을 통해 원죄를 물려받게 되었다는 아우구스티누스의 견해나 물려받은 개인적 죄의 정체성), 적어도 두 가지 죄의 '양상'은 풀릴 수 없이 결부되었다는 확신이 관철되었다. 여기서 이런 질문이 제기될 수 있다. 현대 신학에서 실제로 그렇게 이루어지듯이, 아우구스티누스가 제시한 '원죄'의 기본 형태가 계속 거부되고 대안적 입장이 표명된다면, 원죄에 대한 이러한 구상과 함께 이루어지는 것은 과연 무엇일까? 그리고 이것은 마리아와 1854년에 반포된 교의에 어떤 결과를 가져올까?

이 세 가지 복합적인 문제를 아래에서 규명해 보겠다.

(1)과 (2)에 대하여

이 교의와 관련된 회칙에서 성경을 통해 증명이 되었는가 하는 문제가 제기되더라도, (예컨대 의심의 여지가 있는 『불가타』에서 이른바 '원복음'인 창세기 3장을 가리키면서) 실제로 교의로 정해질 때에는 교회에 전수된 실제적인 신앙, 그러니까 제2차 바티칸 공의회가 훗날 '신자들의 (신앙) 감각'(sensus fidelium)이라 부른 것을 증거로 내세운 것은 탁월한 역할을 했다. 그렇게 증거를 내세우는 것은 성령께서 친히 이 '감각'을 얻게 해 주시거나 얻지 못하게 하신다는 것, 교회는 잘못된 길을 갈 수 있다는 가정 아래서만 설득력이 있다. 그런데 그것은 어느 경우이든 전제

될 수 있는 것일까? 아니면 어떤 다른 기준이 필요할까? 다시 말해 그것은 교회의 특정한 신앙 표명이 적어도 성경에 부합하는 것이라고 증명될 수 있는 성경을 필요로 할까? 그렇지 않으면 '신앙 감각'을 통해 (예로부터 교회 안에서 통용되는) 신앙을 증명하는 기능에서 신앙을 뒷받침하는 기능이 된다. 그러나 이것은 언제나 거부되었다. 교회의 다른 전승들에 대해서도 동일한 것이 적용된다. 즉, 이 전승들은 신앙을 증명할 수는 있지만, 신앙을 뒷받침할 수는 없다.

이것이 전제될 경우, 오늘날의 시각에서 다음과 같은 질문이 제기될 수 있다. 교의가 의미한 것에 해당하는 성경적 토대(성경을 통한 증명이 아닌)나 피상적 관찰을 할 수 있는 것보다 성경과 신앙의 더 심오한 층을 벗겨 내고 언어화할 수 있는 토대가 있느냐는 것이다.

그러한 새로운 성찰은 (이 책에서 이미 여러 번 다루었듯이) 성경에서 마리아가 '특전을 지닌 한 개인'(privilegierte Privatperson) 그 이상이라는 사실에서 출발할 수 있다. 마리아는 오히려 육화한 존재, 대리자, 구약성경 및 신약성경의 하느님 백성을 통합한 존재로 이해될 수 있다. 더 나아가, 마리아는 피조물이 모든 죄와 과오를 범하고 모든 미로와 우회로에 들어서더라도, 이 피조물을 목표로 이끄시는 하느님의 본래 계획이 실현된다는 사실을 대변한다. 이에 관해서는 뒤에서 더 언급될 것이다. 여기서는 1854년에 반포된 교의는 (앞으로 규명되어야 할) 진실을 표현한 것이라고 추측하는 정도로 그치겠다. 당시에 공의회 참석자들은 이 진실을 시종일관 전혀 주목하지 않았고, 따라서 그 가장 심오한 의미를 나중에야 비로소 규명했다.

(3)에 대하여

이른바 '원죄'에 대한 신학적 이해는 최근에 이르러 많은 신학자에게 있어서 완전히 새롭게 바뀌었다.[42] 이는 마리아에 관한 교의를 해석하는 데 지대한 결과를 가져왔다. 그 이유는 이렇다. 아주 일반적으로 볼 때, 그때그때 우위를 점하는 '자명한' (세계관적·사회문화적·신학적 유형의) 전제 조건들은 교회의 신앙 이해 속으로, 그리고 이를 통해 모든 최종적인 신앙의 결정 속으로도 함께 들어간다는 것이 통용되기 때문이다. 그러나 이러한 전제 조건들은 구속력이 없거나 그럴 수밖에 없는데, 구속력 있는 신앙의 정의 속에서 구속력 없이 함께 결정되기 때문이다. 그러므로 그러한 전제 조건들이 변경되고 다른 전제 조건들이 그 자리에 들어서면, 교의에 대한 이해도 다른 형태를 받아들이게 된다.[43] 따라서 신앙 자체는 바뀌지 않는다. 오히려 신앙의 '개념

42) 전통적인 원죄론 및 최근의 해석을 놓고 벌어진 논쟁을 상세히 다룬 내용을 다음 글들에서 볼 수 있다: Th. Pröpper, *Theologische Anthropologie*, Bd. II, Freiburg i. Br., 2011, pp.981~1091; G. Essen, "Da ist keiner, der nicht sündigt, nicht einer …", in: Pröpper, *Anthropologie* II, pp.1092~1156. 새로운 원죄 신학의 추세가 다음 책에 간략하면서도 깊이 있게 요약되어 있다: P.H. Welte, *Ins Böse verstrikt. Versuch einer Neuinterpretation der Erbsündenlehre*, Münster, 2009. 라너의 원죄 구상과 관련해서는 다음 책을 보라: J. Bolewski, *Der reine Anfang. Dialektik der Erbsünde in marianischer Perspektive*, Frankfurt, 1991, pp.92~217. 라너의 '정신'을 토대로 하여 나온 다음 문헌들도 보라: K.-H. Weger, *Theologie der Erbsünde* = *QD* 44, Freiburg i. Br., 1970; P. Schonenberg, "Der Mensch in der Sünde", in: *MySal* II, pp.845~941. 나아가 다음 책들도 보라: Greshake, *Gnade*, p.295 이하; ders., *Erlöst in einer unerlösten Welt*, Mainz, 1987, pp.58~71.

43) 이에 관해서는 다음 글을 참조하라: K. Rahner, "Dogmen- und Theologiegeschichte von gestern für morgen", in: *Schr.* XIII, pp.11~47, 여기서는 pp.19~20. "교의와 전적으로 결부된 진리 역시 실제로 함께 생각한 가운데, 표상 모델 및 당연히 함께 전수된 이해 방식 아래서 언급될 수 있고 전수될 수 있다. 이러한 이해 방식은 그렇게 언급될 때 나뉘지 않고 당연히 함께 전수되며, 나중에는 전혀 구속력이 없거나 심지어 잘못된 것으로 드러난다. (…) 그렇게 융합된 것들이 있는데, 이것들은 진리의 역사성에 있어서 결코 피할 수 없다." 그렇기 때문에 "교회의 교의사 역시 우리가 오늘날 거의 상상하기 힘든 변화를 가져온다는 것은 놀라운 일이 아니다"(*Ibid.*, p.43).

화'와 '동사화'(말로 표현함)가 역사적 변화 과정 안에 있는 것이다. 신앙을 표현하는 것으로 적용되는 것은 그것이 '해당 사안에 다가가는 것'(tendit ad rem: 제1권 제1장 5.2.2.를 참조하라)이라 할 수 있다. 다시 말해 그것은 '신앙의 문제'를, 우리가 결코 '순수한 형상' 아래에서만이 아니라, 항상 특정한 사고 유형, 역사적 지평, 먼저 주어진 구상화 아래서 이해하게 되는 '실재'를 목표로 삼는다는 것이다. 그러한 변화 과정을 거치고 역사가 흐르는 가운데 결국엔 특정한 신앙 진술이 의미한 바가 무엇인지 점점 더 명확히 밝혀진다. 원죄를 이해할 때 변화의 측면에서 이러한 점이 가리키는 것은 결국 무엇을 의미할까?

현대 신학에서 원죄가 의미하는 것을 칼 라너는 다음과 같이 규정했는데, 이에 동의한다. 즉, 원죄는 "개인적으로 자유로이 결정하기 위해 모든 사람이 앞서서 직면하는 보편적인 불행 상황이다. 그럼에도 이 불행 상황은 역사이지 인간의 본질이 불변하는 것은 아니며, 인간을 통해서 생겨난 것이지, 단순히 피조성과 함께 주어진 것은 아니다."[44] 이렇게 "인간의 본질이 불변하는 것이 아닌 불행 상황"이라는 표현으로 아우구스티누스에게 맞서 개인적 죄와 원죄 사이에 뚜렷한 경계선이 그어졌다. 아무튼 둘 사이에 특정한 유사성이 있다. 더 정확히 말하자면, 이 두 가지 죄의 개념들은 그 핵심적 진술을 겨냥한 것이지만, 오히려 애매하고, 이 때문에 거의 어쩔 수 없이 오해를 일으키게 되었다. 그 이유는 이렇다. 실제로 이른바 아담에게서 '물려받은'(ererbte) 죄는 죄가 아니라(죄가 개인적 자유의 행위라는 것이 본질적으로 죄에 속한다

[44] Rahner, "Theologische zum Monogenismus", in: *Schr.* I, p.306.

면), "은총이 결여된 것"(Manko an Gnade, 한스 우르스 폰 발타사르)이기 때문이다. 은총이 결여되었기에 삶의 목적을 하느님께 둘 수 없게 되는 것이다. 그리고 이는 어느 순간 다시 한 개인이 죄를 짓도록 이끌어 가는 '불행 연관성'(Unheiligzusammenhang)이 생겨나는 원인이다. 바오로는 자신의 서간에서 이 '불행 연관성'을 '죄'(단수 형태로)라 일컬었고, 개인적 과오와 명확히 구분한다. 이렇게 "은총이 결여된 것"과 그 결과로 나오는 '불행 연관성'의 원인은 (신학적 전통에 따르면) 처음부터 개인적이고 역사적인 죄이다〔신학 전문 용어로는 '최초의 원죄'(peccatum originale originans)〕. 이것은 앞으로 더 규명되어야 한다.

먼저 이런 질문이 제기된다. "이 '역사적' 죄는 어디서 생겨나는가?" 창세기 3장에서 핵심은 역사적 사건의 보고 자체가 아니라 '어떤 기원을 알려 주는 이야기', 즉 죄가 무엇인지, 죄는 어떻게 생겨나는지, 죄로부터 어떤 결과가 나오는지를 기술하는 것이므로, 우리는 이 질문을 성경의 구체적인 면과 연관 지을 수 없으며 어느 정도는 깊이 숙고한 것에 기대야 한다. 그러기 위해서 '원죄'론의 두 가지 새로운 해석의 방향에 접근하여 규명해 볼 수 있을 것이다.[45]

---

45) 하우케〔M. Hauke, "Die Unbeflekte Empfängnis Mariens und die Neuformulierung der Erbsündenlehre. Ein Beispiel für die kritische Funktion der Mariologie", in: M. Hauke u.a.(Hrsg.), *Sedes Sapientiae* = *MarJ* 9(2005) Bd. I., pp.5~37〕는 원죄론의 그러한 새로운 해석에 반기를 드는데, 이는 마리아의 유일한 특전을 상대화하지 않으려는 것이다.

4.3. 새로운 해석들

4.3.1. 죄와 자유

4.3.1.1. 두 가지 징후

(1) 몇몇 신학자와 철학자는 진화론적 세계관의 틀에서 원죄를 규정하려 한다. 이는 예컨대 다음과 같이 보일 수도 있다. 즉, 모든 실재(實在)는 생성 과정에 있는 것, 다시 말해 이 과정에서 그때그때 주어진 것은 끊임없이 새롭고 복잡하고 '더 높은' 형태로 넘어서는 것이 진화의 본질에 속한다. 이는 인간 영역에서 무의식적으로 이루어지는 반면, 인간이 지상에 나타났을 때에는 그 자유가 함께 요구되었다. 이러한 배경에서, 예를 들어 로베르트 슈패만(Robert Spaemann)은 원죄를 (가설적으로!) "〔인류의 시조에게〕 특정한 순간에 감행할 것으로 예정되었고 신적 요구를 통해 가능해진 어떤 행보를 거부하는 것"이라고 생각한다. 그렇지만 이 '행보'를 하는 대신(이를테면 하느님과 더 가까워지거나 더 깊이 친교를 이루는 것), 인간은 죄를 짓고 '자연스러운 상태'에 있었다. 그러나 "이 상태는 원래대로 있지 않고 정도를 넘어섬으로써 자연스럽지 않게 되었다."[46] 이렇게 하느님을 넘어서면서 죄를 짓고 거

부함으로써 '자연스러우면서도 부자연스러운' 상태가 생겨났다. 미래의 모든 인간은 이러한 상황에서 태어나게 되고, 그 상황은 인류와 개개인이 과오나 죄와 연루되도록 이끈다. 예수 그리스도 안에서 다시금 '새로운 행보'를 할 수 있을 때까지 말이다.

(2) 다른 신학자들은 진화론적 세계관의 '토착화'를 포기하고, 죄와 자유의 '본질'에 주목한다. 이때 인간은 하느님과 친교를 이룬다는 규정이 출발점이 될 수 있다.[47] 토마스 프뢰퍼(Thomas Pröpper)는 이것 역시 인간은 하느님의 모상이라는 성경적 진술의 핵심에 따라 어떻게 이해될 수 있는지 상세히 제시한다.[48] 프뢰퍼에 따르면, 인간은 하느님과 친교를 이룬다는 규정이 인간은 자유를 지녔다는 규정과 동일한 의미, 다시 말해 인간은 하느님을 위하여 규정된 자로서 스스로 규정한다는 것과 동일한 의미를 지닌다. 두 가지, 곧 인간은 하느님의 모상이라는 것과 인간은 자유를 지녔다는 규정은 인간이 지닌 최고의 가치를 언급하는 것이다. 이 두 가지가 의미하는 바는 인간은 하느님 안에서만, 그리고 오직 그분과 함께 있을 때만 자기 본질의 실제적 한계를 극복할

46) R. Spaemann, "Über einige Schwierigkeiten mit der Erbsündenlehre", in: Chr. Schönborn / A. Görres / R. Spaemann(Hrsg.), *Zur kirchlichen Erbsündenlehre*, Fribourg, [2]1994, pp.37~66, 여기서는 p.64.
이보다 앞서 다음 책들에 이미 이와 유사한 생각이 담겨 있다: A. Hulsbosch, *Schöpfung, Sünde und Erlösung im evolutionistischen Weltbild*, Wien, 1965; M. Flick / Z. Alszeghy, *Il peccato originale*, Brescia, 1972.

47) 특히 칼 라너를 포함한 이 신학자들의 드넓은 시각에서 나 역시 위에 언급된 텍스트의 요약에 이어 독자적으로 구성하고자 시도했다. 다음 책들을 보라: G. Greshake, "Die Freiheit und das Böse, Gott und der Teufel. Ein Plakat", in: B.J. Claret (Hrsg.), *Theodizee. Das Böse in der Welt*, Darmstadt, 2007, [2]2008, pp.15~35. 다음 책들을 먼저 보라: Ders., *Gnade*, p.280 이하; ders., *Erlöst*, pp.55~79.

48) Pröpper, *Anthropologie*, Bd. I, pp.177~185.

수 있고, 영원한 것 안에서 자신의 본향(本鄕)을 발견할 수 있다는 것도 내포한다.[49] 그렇지만 인간은 자유를 지녔다는 규정이 일차적으로 의미하는 바는, 인간은 자유로워지기 위해서 자유롭다는 것이다.

이러한 전제를 토대로 '원죄'를 새롭게 이해할 수 있다(나 역시 이것을 선호한다). 자유로워지기를 지향하면서 인간은 스스로 자유에 대한 끝없는 갈증을 죽이려고, 모든 한계를 뛰어넘으려고, 그리고 이러한 방식으로 자신의 행위를 통해 만들어진 세상에서 고향을 발견하려고 애쓴다. 또는 자유를 하느님께서 주신 영원한 생명에 무한히 참여하는 것이라고 여긴다. 자기 자신과 모든 피조물을 하느님의 선물로 이해하고, 더 큰 은총을 받기 위해 준비하고 마음을 열면서 말이다. 자유를 실현하기 위해서 이 두 가지 가능성을 놓고 결정을 내려야 한다. 결정하는 것이 한동안 억제될 수 있을지라도, 결정은 유한한 자유의 본질에 속한다. 훗날 중요한 결정을 내릴 때 의식하거나 성찰하지 못하더라도, 우리는 살면서 필연적으로 결정을 내려야 한다. 일종의 매우 중대한 선택을 할 때 인간은 두 가지 방법 가운데 하나를 자유로이 결정한다. 이때 물론 결정하기 '전'에, 인간이 실제로 두 가지 방법 안에서 참된 자유를 발견하는지는 아직 전혀 '드러나지' 않는다. 성경과 신앙의 전승에 따르면, 자유는 그 속성이 하느님의 선물임을 거부할 때 완전히 노예 신분으로 전락하게 된다고 확신한다. 아무튼 자유에 주어지는 '근본 선택'(optio fundamentalis)은 구체적 형

49) 헤겔의 정의에 관해서는 다음 책을 참조하라: G.W.F. Hegel, *Ästhetik*, Bd. I (Glockner), Stuttgart, 1927, p.142. "자유는 정신의 최고 규정이다. 먼저 그 완전히 형식적인 면에 따르면, 자유는 주체가 맞은편에 서 있는 대상 안에서 낯선 것, 한계, 제한을 두지 않고 그 대상 안에서 자기 자신을 발견할 때 생겨난다."

상의 선택이자 동시에 자기 본질의 실현이다. 이러한 선택 안에는 이후 이어지는 모든 자유 행위 이전에 미리 징후가 주어진다. 근본 결정이 바뀌지 않는 한, 이어서 내리는 모든 결정은 현재로 남아 있기에, 말하자면 인간이 살면서 내리게 되는 개별 결정 안에서 '육화'가 된다.

그렇게 내린 결정의 방향은 자유 자체의 본질도 규정한다. 자유가 고유한 행위로 여겨지면, 이 자유는 독립적 '개체의 자유'가 되어, 하느님의 자유를 포함해 다른 모든 자유에 맞서 경쟁하고 투쟁하게 되며, 또 이를 고수하려고 애쓰게 된다. 자유가 하느님의 선물에 마음을 여는 것이라고 여겨지면, 이 자유는 '관계 실현'으로 드러난다. 이 '관계 실현'은 참여하는 것에 근거를 두고 있으며, 따라서 계속 참여하도록 보증할 수 있다. 다른 자유를 인정하고, 그 자유에 헌신하면서 말이다. 그러므로 이 자유는 (간략히 말하면) '대화의 자유'[50]라고 이해되고, 그러한 것으로서 (헤겔이 말하듯이) 다른 대상 안에 "한계와 제한을 두지 않고, 그 대상 안에서 자기 자신을 발견한다."

자유 실현을 위한 두 가지 가능성은 위험을 내포하고 있다. 첫째 경우에는 목표에 결코 도달할 수 없는 것처럼 보인다. 그 이유는 이렇다. 나는 자유와 맞서 있는 모든 한계와 제한을 실제로 물리칠 수 있을까? 절대로 그럴 수 없다! 그렇지만 자유에 대한 갈망에 따라서 단지 '시시포스의 행운'(알베르 카뮈)만 남아 있는가? 시시포스는 사후에 지옥에 떨어져 큰 바위를 산 위로 계속

---

50) 이 자유의 본질은 다음 책에 '우리의 역사에서 자유의 새로운 실현'이라는 제목 아래 상세히 분석되어 있다: Mühlen, *Im-Wir-Sein*, pp.152~180. 우리는 뒤에서 다시 한 번 자유의 본질에 관해 다루면서 자유를 구체적으로 '혼인식의 자유'로 규정지을 것이다.

밀어 올리면서 이 행위가 헛되다는 것을 알았지만, 그럼에도 '더 강한 자'이자 '자유로운 자'로서 자신의 운명을 의식하고 받아들였을까? 그는 실제로 그렇게 했을까? 여기서 더 나아가 보자. 자유를 추구하는 것은 모든 한계를 없애는 것으로서 결국엔 외부 세력에 의한 모든 결정에 맞서 가차 없는 투쟁으로 이끌고, 각자 자신에게 주어진 제한에 맞서 자신의 자유를 관철하려 하기에 모든 이에게 맞서 투쟁으로도 이끌지 않을까?

자유의 둘째 형상 역시 위험을 안고 있다. 즉, 나는 자신의 한계를 인정해야 하고, 이 한계를 스스로 넘지 못하는 무능함은 나 자신을 포기하게 하고 하느님께 의지하게 하므로, 더 이상 내 삶을 주도할 수 없다. 그리고 다음과 같은 사실을 누가 알고 있을까? 하느님은 실제로 그렇게 좋은 분이라고 여겨질까? 나는 하느님 옆에서 온전한 자유를 누리는가? 하느님은 나에게 최상의 것을 주실까? 하느님은 냉정하고 편협하지 않으실까? 나는 하느님이 주시는 자유를 '기대'할 수 있을까? 달리 말하자면, 이것이 참으로 신앙인 한, 나는 하느님께 자신을 맡겨 드리는 것, 그분께 마음을 여는 것(믿는 것), 모든 것을 그분에게서 기대하고 그분과 관계를 맺으며 살고 활동하는 것을 감행할 수 있을까?

어느 경우이든 자유를 위한 결정은 두려움을 일으킨다. 첫째 경우에는 내가 바라는 완전히 자유로운 삶의 목표를 달성하지 못할까 두려움이 든다. 둘째 경우에는 하느님의 선물을 헛되이 기다리면서 '멍청이'처럼, 따라서 자유롭지 못한 자로 서 있게 될까 두려움이 든다.

인류에게 일어났던 최초의 사건(Ur-Geschehen)에서 인간은 자유를 위해 결정하기를 사실상 거부했다. 하느님에 대한 신앙 안에서 자유에 대한 갈망을 포기해야 하고 "자기실현의 대체물을 영원히 이용하지 못할까"[51] 하는 두려움에서 그는 차라리 자신이 하느님과 같은 존재임을 약속해 주는 '사과'를 딴다. 다른 사람으로 인해 제한받고 그를 받아들이면서 '자신을 희생해야 한다'는 두려움에서 그는 하느님을 거부하고 그 사람도 거부한다. 그리고 그 사람을 자신의 자유를 실현하기 위한 '수단'으로만 이용하지, 공통된 자유 영역을 열기 위한 동반자로 여기지 않는다.

이때 하느님께 맞서 내리는 결정과 이웃에 맞서 내리는 결정은 나란히 있지 않지만, 단순히 동일시되는 것도 아니다. 오히려 여기서는 (보이지 않는) 하느님은 인간을 통하여, 인간에게 드러나신다는 일반적 원칙이 통한다. 이로부터 자유라는 '최초의 사건' 역시 '하느님 앞에서'(coram Deo)가 아니라, '인간 앞에서'(coram hominibus) 일어났다는 결과가 나올 수도 있을 것이다. 이는 '최초의 인간'이 처했던 상황에도 크게 부합한다. 우리가 고생물학을 통해 알게 되었듯이 말이다. 이 학문이 결코 신앙의 '규범' 기능은 하지 못하더라도, 우리가 유념해야 할 점이 있다. 최초의 '인간'(homo sapiens)은 그의 정신적 능력과 관련해서, 재능이 탁월하고 크게 발전한 문화인이라기보다는 오늘날의 어린아이들과 견줄 만했다는 것이다. 그러나 그가 신학적 의미에서 인간이라면, (이는 다른 학자들이 인간에 대해 내린 규정과 동일하지 않은 게 틀림없다.) 여기에는 동물과 달리 그에게는 '초월성'의 길이 열렸다는 것, 다시 말해 그는 (완전히 소박한 형태에서) 하느님의 생

[51] A. Görres / K. Rahner, *Das Böse*, Freiburg i. Br., 1982, p.100.

각을 이해했다는 것, 그의 내면에서는 영원에 대한 끝없는 갈망과 자유로움에로의 의지가 생겨났다는 것이 포함된 것이다. 여기서 그는 어쩔 수 없이 다른 사람이라는 '요인'(Faktor) 앞에 서 있어야 했다. 다른 사람은 나의 무한한 삶의 의지를 방해하고 제한만 하는 존재이고, 이 때문에 그를 편협하게 여기고 깎아내려야 하는가? 그렇지 않으면 나는 그에게서 삶은 본질적으로 인간이 받은 선물이라는 것, 따라서 이 선물을 계속 전해 주고 다른 사람과 공통된 자유 영역에서 살아야 한다는 것을 배우는가? (그리고 실제로 결정을 내릴 때 이러한 경험을 입증하는가?) 이 질문에 부정적인 대답이 나오고 자아는 현실 세계와 최종적으로 관련된 것으로 입증된다면, '원죄' 같은 그 무엇이 생겨날까?

이것을 헤겔은 바로 악(Böse)이라 규정한다. 악은 "보편적인 것〔=공통된 자유 영역〕에 관한 고유한 특별함을 원칙으로 만들고, 그것을 행동으로 실현하려는 자유 의지"[52]이다. 이러한 '자의적 행동'은 대등한 두 가지 가능성을 놓고 그때까지 중립적 상태에서 '뜻밖의' 결정을 내리는 것이 아니라, 인간이 원래 내린 중립적이지 않지만 긍정적인 결정을 토대로 하느님의 모습을 지니고 그분과 같아지려고 애쓰는 것이다. 이로써 '대화의 자유'에, 그러니까 다른 사람을 인정하고 믿고 신뢰하는 것에 몰두함으로써 자신을 실현하는 것이다.

따라서 자유라는 최초의 사건과 원죄를 생각해 볼 수 있다. 원죄는 하느님을 믿지 않는 것과 다른 사람을 인정하기를 거부하

52) G.W. Hegel, *Grundlinien der Philosophie des Rechts* §139(Studiengabe, Fischer-Bücherei), p.151.

는 것이 핵심이다. 이렇게 숙고한 것을 토대로 '원죄'(신학 전문 용어로는 'peccatum originale originatum')에 새롭게 다가가는 길을 찾아낼 수 있다.

4.3.1.2. 인류가 처한 비구원적 상황

인간의 자유는 본질적으로 자리를 잡은 자유다. 다시 말해 인간의 자유는 서로 함께 누리는 자유의 그물망 안에 있고, 이 그물망에 의해 (구체적으로는 사회적이고 역사적인 상황에 의해) 함께 표현된다. 달리 말하자면, 자유는 순전히 개인적인 것으로서, 자신 안에 고립되어 있는 것으로서 존재하지 않는다. 자유는 다른 자유들과 어울리면서 실현된다. 이에 관해 칼 라너는 다음과 같이 말한다. (그는 스콜라 철학과 독일 관념론 및 그 이후의 자유론의 논제에서 결론을 도출해 낸다.)

> 자유는 "시간과 공간이라는 매개물 안에서만 실현될 수 있다. 그러한 소재가 자유 안에 먼저 주어져야 한다. 자유는 그 소재 안에서 자신을 표현해야 하고 육화되어야 한다. (…) 주체는 자신을 실현하면서 자신이 밀어낸 것을 제자리에 두거나 변화시킨다. 자유로운 주체는 자신에게로 돌아가면서 다른 주체의 영역으로 가고, 자신을 발견하기 위해 자신과 거리를 둔다. (…) 그렇기 때문에 자유의 순수한 내면성은 결코 존재할 수 없다. 자유를 실현시키는 외면성은 필연성과 더불어 자유의 자기실현에

속한다. 낯설고 실제적인 이 영역은 이제 동시에 그 안에서 주체와 주체가 소통하는 열린 영역이다. 자유는 그 본래적 주체성이 상실되지 않은 채 역사적 주체들의 공통된 영역에서 실현된다. 나는 나의 자유를 실현하면서 다른 사람의 자유 영역을 함께 규정한다. 내가 그 사람의 자유 자체를 바꾸지는 못하지만, 그의 자유가 실현되는 영역은 바꿀 수 있다. 그리고 이는 그의 주체적 자유를 실현할 수 있게 한다. 자유는 언제나 구체적인 자유의 영역에서 실현된다."[53]

그렇기 때문에 자신의 고유한 정체성은 다른, 혹은 공통된 사회적 영역을 통해 전해 받은 것이다. 사회학자 페터 베르거(Peter L. Berger)는 이런 명제를 제시한다. "우리의 사회적 장소는 우리의 태도뿐만 아니라, 우리의 존재도 규정한다."[54] 이는 물론 최초 인간의 자유 행위는 예외로 한 것인데, 이 자유 행위는 그러한 공통된 자유 영역을 가장 먼저 마련해 놓았지만, 발견하지는 못했다. 여기서 이미 원죄의 특성이 드러난다. 전통 신학이 주장한 바와 같이, 원죄의 특성은 '아담'이 '특별한 은총' 상태에서 죄를 지었다는 것에서 생겨나지 않는다. '아담'은 (오늘날 우리와 달리) 자신의 상황, 자신의 유한함, 자신이 하느님께 속해 있고 자신의 순수한 자유 의지가 욕정에 묶여 있음에 대해서 아주 명료하게 결정을 내렸다. 우리가 바라는 것처럼, 낙원이 이렇게 특별하고 완전한 상태에 놓여 있었더라면! 기본 선택을 내려야 하는 (위에서 다룬) 필연성은 그 위험과 함께, 그리고 이와 결부된 두려움과 함

53) K. Rahner, *Gnade als Freiheit*, Freiburg i. Br., 1968, p.50.
54) P.L. Berger, *Einladung zur Soziologie*, 독일어 번역본: München, 1971, p.106.

께, 본질적으로 피조물의 자기실현에 속해 있지, 인식력 내지 의지력이 저하되어 '나중에 과오를 범한' 결과가 아니다.

그럼에도 '최초의 결정'은 일회적인 것이다. 이 결정의 특별함은 여기서 단지 '연대기적 시작'이 아니라, 일종의 '역사적 근원'이 시작한 것에 근거를 둔 것에 있다. 발생하는 모든 것을 함께 만들어 가고 형성하는 것은 근원적인 것에 속한다. 이는 아담 이후에 인류가 자기기만과 자기모순으로 말미암아 원래 자유에 대해서 잘못된 결정을 내렸고, 이 때문에 '대화의 자유'를 위한 중요한 기회가 더 이상 생기지 않는 '영역'에서 살고 있음을 의미한다.[55] '아담'이 다른 사람의 자유에 맞서 자신의 자유를 사용했기에, 공통된 자유의 영역이 변형되었다. (이어서 그는 또한 자유로운 결정을 잘못 내림으로써도 또한 변형되었다.) 그는 또한 그의 부정적인 영향을 통해 이후의 부정적인 자기 결정에 대한 멈출 수 없는 견인력을 펼치게 된다. 간략히 말하자면, '인간 앞에서' 실현되는 최초의 '개체의' 자유는 우리 모두가 사는 세상의 '소재' 안에서 '구체화'되고, 이로써 후대 사람 모두의 자유 실현에 대한 전제 조건들은 함께 손상을 입는다.[56]

이때 자유의 '육화'는 단지 개별적인 사적 행위에서 이루어지

---

55) 렝스펠트(Lengsfeld, *Adam*, pp.242~249)는 자기모순으로 각인된 이 '새로운' 세상에 '존재론적' 강조점을 둔다. 이때 그는 죄에 근거하여 새로운 시간과 공간을 체험할 수 있다는 것도, 다시 말해 거기서 필연적으로 개인적 죄로 이어지는 '분리된 역사성'이 생겨날 수 있다는 것도 받아들인다.

56) 호핑(H. Hoping, *Freiheit im Widerspruch. Eine Untersuchung zur Erbsündenlehre im Ausgang von I. Kant*, Innsbruck-Wien, 1990, p.286)은 쇤넨베르크와 라너도 주장한 원죄에 대한 구상에 반기를 든다. "인간에게 주어진 자유의 상태는 죄에 의해서도 규정될 수 있다. 이 상태는 인간의 자유가 스스로 죄로 인해 규정되지 않게 하는 외적 기준으로 남아 있다." 그렇지만 사람들이 인간의 자유가 '외적으로' 자리 잡은 것을 동시에 그 자유의 '내적' 본질로 인식하고 규정하면, 그러한 구상은 무의미해질 것이다.

지 않는다. 오히려 사회적 태도의 부정적 형태에서, 나쁜 표현 방식과 행동 방식에서, 공통된 것, 곧 생활 공간, 가치, 질서를 파괴하는 행동에서 이루어진다. 배반, 비방, 누설, 음모, 착취, 권력 투쟁, 각축전, 다른 사람들을 이용하여 마구 밀고 나가는 것 등등 같은 현상을 생각해 보라. 그러한 행동 방식들이 누적되거나 첨예화됨으로써 부당한 구조, 관계, 제도가 생겨난다. 부당한 제도 안에서는 하느님과의 관계가 불가능해지고, 공동생활을 해치게 되며 치명적 상처를 입게 된다. 이로써 동시에 왜곡된 자유 실현의 '이상'이 선호되고 감염되어 펼쳐지므로, 개개인의 자유 실현의 근원성은 어쩔 수 없이 억눌리고, 앞서 주어진 사회적 불행 속으로 들어가게 된다. 그렇게 자기 자신 안에서 구부러지고, 인류 역사는 끝없는 자유를 위한 투쟁으로 인해 전망 없는 상태에 빠지게 된다.

그렇게 원죄(Ursünde)는 '물려받은 죄'(Erbsünde)가 되었다. 다시 말해 세상에 태어난 사람은 누구나 인류가 직면한 '불행한 영역'으로 들어간다. 인류는 처음부터 그로 하여금 잘못된 결정을 내리도록 '예정해' 놓았거나, (다른 비유를 들면) '자기 자신의 소용돌이 속으로 끌어들인다.' 따라서 개개인의 구체적인 죄는 늘 숙명('물려받은 죄')이자 동시에 과오('개인적 행위')이다. 이로써 오해된 '원죄' 개념은 (라너에 따르면) "그리스도교 관점에서 다음과 같은 역사 신학을 철저히 통찰하여 간략히 표현한 것이다. 즉 죽음, 탐욕, 법, 헛됨을 비롯해 우리의 욕정 때문에 선과 악을 분별할 수 없음과 같은 죄로 인해 규정된 상황은 역사에서 중단될 수 없으며,"[57] 이에 따라 인간을 불가피하게 개인적 죄와 과오로 몰아넣는 극한 상황이 만들어진다. 파울 벨테는 이러한 현상을 '장애', 이를테면 자기 탓은 아니지만 보고 듣는 능력이 약화된 것이라고 비유한다.

> "무신론이 지배하는 세상에서 인간은 하느님 현존의 표지를 보지 못할 때가 빈번하다. 사람을 단지 유용성에 따라 평가하는 사회에서 인간은 늙고 장애가 있는 이들의 가치에 가볍게 눈을 감는다. 귀가 마비될 정도로 굉음을 내고 성과와 성공을 강조하는 세상에서 인간은 하느님의 부르심, 양심의 소리, 이웃의 도와 달라는 외침을 듣지 못한다. 이렇게 눈이 멀고 귀가 먹은 것이 개인적 죄의 성격을 지닌 건 아니지만, 도덕적이고 종교적인 영역에서 하느님과 이웃과 자신과의 관계에 방해를 의미하는 한, 그것은 죄와 흡사하다."[58]

바오로가 죄라 일컫고, 또한 (개인적) 죄와 정확히 구분하는 것, 즉 세상을 지배하는 재앙의 세력이라는 이 어두운 결과는 하느님께서 새로운 자유의 영역을 열어 주지 않으시면 불가피하게 개인적 죄로도 이어진다. 이 새로운 자유의 영역은 악으로 종결되지 않고, '대화의 자유'로 초대하며, 하느님과 그리고 이웃과 친교를 이룰 수 있게 해 준다.

---

57) K. Rahner, "Erbsünde", in: *HTTL* 2, pp.155~164, 여기서는 p.163.

58) Welte, *Böse*, p.77.

4.3.2. '원죄에서 벗어남'의 의미

그러한 (또는 이와 유사한) '물려받은 죄'(원죄)에 대한 이해에 근거하여 마리아의 무원죄성에 관한 교의는 결과적으로 예전과 전혀 다르게 기술되었다. 이에 따라 마리아는 원죄에 물들지 않았다고 (반면에 다른 사람들은 원죄에 물들었다고) 더 이상 말할 수 없게 되었다. 원죄는 개인적 죄와 함께 그 어떤 비교할 만한 특성을 묘사하는 것이 아니라, 누구나 (마리아와 요셉도) 직면하는 특정한 사회적 상황이 존재하기 때문이다. 이른바 원죄를 없애는 것은 '용서'나 '남겨진 것'을 의미하는 것이 아니라, 그 결과에서 해방됨, 불행한 상황으로부터 구해 내짐, 필연적으로 개인적 죄로 몰아대는 악의 세력권에서 벗어남을 의미한다.

그것은 '마리아의 원죄 없는 잉태' 교의와 관련해 구체적으로 무엇을 말하는가?

한 가지 대답을 얻기 위해 우리는 다시 한번 몇몇 새로운 원죄론의 가설에 기대야 한다. 이에 따르면, 인간은 본질적으로 사회적 존재이고, 자신의 (자유로운!) 정체성을 '사회적 상호 작용'[59] 안에서만 발견한다. 그러나 인간은 그러한 존재로서 하느님께서 원하셨다면 다음과 같은 결과가 나온다. 즉, 하느님의 은총도, 그러니까 그분의 가까움과 사랑, 그분의 약속과 위임은 먼저 내면에 갇힌 개개인을 목표로 하지 않고, 공통된 자유의 영역과 관계

59) 이 개념과 그 역사에 관해서는 다음 책을 참조하라: K. Rahner, *Identität und Sozialität. G. H. M. Meads Theorie der Interaktion und ihre Bedeutung für die theologische Anthropologie*, München-Mainz, 1971, 특히 p.24 이하.

된다. 이 자유의 영역 안에서 개개인들은 서로 하느님의 가까움과 사랑, 약속과 위임을 표현하고 전해 주며, 그리하여 구체적으로 자유를 가능하게 하고 현실화하며 일깨우고 자극하게 된다. 따라서 하느님의 근원적 은총은 구체적으로 공통된 자유의 영역에서 실현된다. 그런데 이 자유의 영역이 죄와 그 결과로 인해 '불행한 영역'으로 전락했다면 어떻게 해야 할까?

그러한 조건 아래서는 하느님께서 새로운 시작을 선사하시고, 새로운 사회적 영역을 마련해 주셔야만 새로운 은총과 자유가 가능하다. 이 새로운 영역에서 새로운 은총을 체험하게 되고 자유가 실현될 수 있는 것이다. 이때 새로운 은총 체험과 자유 체험의 '구조'는 언제나 동일한 구조다. 인간은 자신의 사회적 환경 안에서 '요인들', 가령 교육과 방향성이 선사하는 요인들(신앙 전승의 말씀과 가르침, 약속, 문화적 제도와 질서)만 아니라, 긍정적 체험과 다양한 형태의 만남을 통해서도 발전한다. 인간은 이러한 체험과 만남을 주도할 수 없으며, 그것들을 전혀 당연한 것이 아닌 우연하고 놀라운 것으로 체험하게 된다. 또한 이러한 체험과 만남은 그에게 더 숭고한 삶을 알려 주고 삶의 충만함도 약속해 준다. 간략히 말하자면, 이러한 체험과 만남은 그가 내면 깊은 곳에서 바란 것을 선사해 주지만, 그것을 스스로 만들어 낼 수는 없으며, 자유로운 가운데 필요한 것으로 가지게 된다.

하느님의 그러한 '새로운 시작', 하느님께서 마련해 놓으신 그러한 새로운 영역에 관해 구약성경은 다양한 방식으로 우리에게 전한다. '새로운 것'은 예컨대 부르심(노아, 아브라함, 모세), 이집트 탈출 사건, 계약 체결과 그 갱신, 율법 제정과 그 개정, 바빌론 유배와 귀환 등과 같은 현상을 통해 드러났다. 신약성경에서는 그리스도와의 만남에서 그 궁극적인 모습이 발견된다. 따라서 예수 그리스도가 다스리시는 영역인 교회에 믿는 이는 세례를 통하여 받아들여진다. 내용적 측면에서 하느님의 '새로운 시작'은 그분의 격려 말씀과 구원에 대한 약속, 다정한 이끄심에 따른 행복한 삶을 통해서, 용서 및 화해 가능성과 그럴 능력을 통해서, 사람들의 관계에 유익을 주는 하느님의 법에 대한 기쁨을 통해서, 미사 참례 때 받는 구원 체험을 통해서, 결코 마르지 않는 희망이라는 선물(로마 5,5 참조)을 통해서 정해졌다.

그러나 우리가 '계시 사건'이라 부르는 것의 영역 밖에서도 우리는 (하느님의 보편적 구원 의지를 진지하게 받아들인다면) 그러한 새로운 시작을 받아들일 수 있고, 또 그래야 한다. 그렇다, 새로운 시작은 '처음부터 생겨난 교회'(ecclesia primigenia)에 대한 교부들의 확신에 따른 필연적 결과로 요구되어야 한다. 이 '처음부터 생겨난 교회'는 이미 구약성경 및 신약성경의 '영역' 밖에서도 실현되었던 것이다. 이런 까닭에 성경에 그 이름들이 개별적으로 언급된 바와 같이(아벨, 에녹, 노아 …) '거룩한 이방인들'만 있었던 것이 아니고, 종교 및 문화 공간도 존재했다. 이러한 공간은 인간을 신앙과 희망과 사랑 안에서 깨어나게 했고, 참된 자유가 생겨나게 했으며, 또 이를 깨어 있는 자세로 보존하게 했다.[60)]

이러한 배경에서 1854년에 반포된 교의는 하느님께서 언제나 새롭게 인간에게 다가오신다는 보편적 맥락에서 이해할 수 있다.

---

60) 이로써 물론 중요한 질문이 제기된다. 하느님의 이러한 보편적 구원 행위는 예수 그리스도 안에서 그리고 그분을 통하여 일어난 구원 사건과 어떤 관계에 있느냐는 것이다. 인간의 해방은 모든 이의 구세주 곁을 지나가고서는 이루어지지 않는가? 이 물음은 뒤에서 다룰 것이다.

마리아 안에서 그렇게 이루어졌듯이, 하느님의 그러한 '새로운 시작'은 외로운 운석처럼 하늘에서 뚝 떨어진 것이 아니기 때문이다(로핑크와 바이머). '새로운 시작'은 또한 단순히 개인의 보이지 않는 내면에서 이루어지지 않는다. 마리아는 오히려 이스라엘의 신앙 전승을 따르는 '삶의 흐름'에 서 있다. 이 신앙 전승 안에 그러한 새로운 시작이 늘 존재했던 것이다. 이 '삶의 흐름'에서 마리아는 자신의 신앙을 "남아 있는 자들의 온갖 불충함에서 정화된 신앙을 통해서 받아들였다. 〔베른하르트 랑에마이어(Bernhard Langemeyer)는 특히 이 점을 강조한다.〕 이렇게 남아 있는 자들로부터 도래하는 하느님 나라를 위해서 마리아가 응답한 순수하고 조건 없는 "예!"가 역사적으로 해명되었다. 이 응답은 구세사적으로 하느님에 의해서 가능하고, 얻게 된 것이었다."[61] 따라서 마리아에 대해서는 유일하지는 않지만, 특별하다는 말이 적용된다. 마리아는 세상이 직면한 '불행' 속에 서 있고, 이런 맥락에서 세상의 '죄'의 몫도 나누어 받으며, 그 유혹의 세력에 내맡겨졌다.[62] 하지만

61) B. Langemeyer, "Konziliare Mariologie und biblische Typologie", in: *Cath* 21 (1967), pp.295~316, 여기서는 p.313.

62) 특히 칼 라너는 이 견해에 맞서 단호히 이의를 제기했다. '마리아는 원죄로부터 보호받음'은 다른 모든 사람과 달리 마리아는 인간이 있었던 낙원 같은 '원시 상태'를 실현했음을 의미한다는 것이다. 마리아는 구원받았음은 그녀에게도 불행 상황이 앞서 주어졌음을 전제로 한다. 마리아도 원죄와 함께 존재한 악에 대한 '책임' 아래 서 있었고, 마리아가 구원받은 것은 하느님을 통하여 죄에서 해방된 덕분이다. 젬멜로트(*Kommentar*, p.329)도 이와 유사하게 생각한다. 마리아는 '인간이 낙원에 있음'을 실현하지 않았다는 것은, "자신이 구원받았음을 고통을 느낄 수 있는 몸에서(in carne passibili) 알았다"라는 것에서 이미 드러난다(Rahner, "Theologisches zum Monogenismus", in: *Schr.* I, pp.253~322, 여기서는 p.309). 그렇기 때문에 '일반적 견해'(sententia communis)로 통하는, 마리아는 욕정에서도 벗어났다는 진술이 나에게는 더 의문스러운 것으로 보인다. 마리아는 모든 죄에서 해방되었다는, 신학과 영성에서 내놓는 명제 역시 성경도, 5세기 전의 교회 전승도 증거로 끌어낼 수 없다. 마리아에게서도 은총의 승리가 육신의 약함 안에서 이루어졌다. 마리아는 모든 죄에서 해방되었음과 관련해 칼 라너는 물론 달리 평가한다. 그는 이러한 특성을 마리아는 완전히 구원받은 자라는 사실로부터 추론해 낸다. 이에 관해서는 뒤에서 더 다룰

하느님의 은총으로 악의 세력에 굴복하지 않고, 불행을 가져온 '아담의 일'(Werk Adams)을 따라 하거나, 그 일에 협력하지 않았다. 마리아의 특별한 위치, 다른 모든 사람과 구분되는 탁월한 위치는 하느님께서 그녀에게 '새로운 자유'를 선사하신 것에서 나온 결과다. 하느님께서 새로운 자유를 주셨기에, 마리아는 악에 물든 세상 한가운데서 단지 스스로 '새로운 시작'을 하는 것으로 그치지 않고, '새로운 시작'이 된 것이다.[63] 마리아는 "전 인류를 대신해서"(토마스 아퀴나스) 하느님께 완전한 "예!"라는 응답을 드렸고, 정신과 영은 물론 자신의 몸과도 관계된 "예!"라는 응답을 드렸다. 그리하여 그녀의 몸은 하느님의 아드님이 세상에 오실 수 있는 관문이 된 것이다.

따라서 마리아는 이스라엘의 살아 있는 신앙 전승 아래 서서 하느님의 급진적인 '새로운 시작'을 받아들였다. 이 '새로운 시작'은 '연대기적으로' 예수 그리스도 안에서 일어난 구원 사건에 앞서 있더라도, 그분을 바라본 가운데, 그리고 그분을 통하여 이루어졌으며, 그분 안에 근거를 두고 있다. 마리아는 죄에서 풀려났

것이다.

63) 이에 관해 벨테(*Ins Böse*, pp.103~104)는 감명 깊게 묘사한다. "원죄로부터 보호받음은 하느님께서 태아에게 의식이 없게 해 주셨음을 의미하는 게 아니라, 잉태된 순간에 이루어진 기적을 말한다. 마리아는 원죄로부터 보호받음은 오히려 더 숭고한 기적을 의미한다. 마리아는 성장하면서 그리고 나병 환자들과 사마리아인들에게 편견을 지니고 있고 로마인들과 그들에게 빌붙은 자들을 증오하는 세상 속으로 들어가면서 늘 하느님의 보호를 받고 깨달음을 얻었으며 강해졌다. 따라서 마리아는 (자신의 삶을 이끄시는) 불가해한 하느님에 의해서, 종종 냉정하거나 적대적인 사람들에 의해서, 자신에게 주어진 율법과 부과된 의무에 의해서 결코 자신의 내면에서 멀어지지 않았다. 마리아도 죄에 물든 세상과 사회에서 살았기에, 그녀 역시 죄의 압박과 소용돌이에 내맡겨졌고, 불신과 증오로 얼룩진 세상의 일부였다." 그러한 구상에 맞서 나에게는 발타사르의 다음과 같은 견해가 강한 호기심을 불러일으키는 것으로 보인다. 그에 따르면, 마리아는 이미 저지른 죄 때문이 아니라, "자신이 저지를지도 모를" 죄 때문에 그리스도를 통한 구원이 필요하다는 것이다. 이에 관해서는 다음 책을 보라: Steinhauer, *Maria*, p.281.

지만, “구원받아야 할 모든 사람과 함께 아담의 혈통 안에 결합되어 계신다”(「교회 헌장」 53항). 그렇다, 마리아는 죄에서 벗어나 우리에 앞서 구원받았다(「교회 헌장」 52항 참조). 그 이유는 모든 사람에게 구원 은총이 선사되고, 이 구원 은총은 각자에게 악과 죽음의 세계에서 각자에게 준비된 하느님의 구원 계획에 참여하고 협력할 수 있다는 것이 전제되어야 하기 때문이다.[64] 그러나 마리아는 하느님 아드님의 어머니로 정해진 분으로서, 이를 ‘특별한 방식으로’ 실행한다. 이로써 마리아는 하느님의 모든 ‘새로운 시작’의 정점이자 통합이다. 이를 위해 마리아는 그에 상응하는 은총을 유지한다. 이 은총은 ‘죄를 막기 위한 것’으로서 구원의 최소 수단이 아니라, 가장 순수한 형태를 지닌 구원이기에 마리아는 “가장 완전한 방식으로 구원되었다.”[65] 이런 맥락에서 마리아는 (제2차 바티칸 공의회 문헌 「교회 헌장」 56항에서 콘스탄티노폴리스의 게르마누스의 말을 인용한 것) “온전히 거룩한 분, 죄의 온갖 더러움에 물들지 않은 분으로, 이를테면 성령께서 빚어 만드신 새로운 인간이라고 불렀다.” 이로써 마리아는 하느님과 대화를 나누면서 전 인류에게 매우 중요한 “예!”라는 응답을 드릴 수 있었다.

그러한 시각을 배경으로 칼 라너와 함께 이런 물음을 던질 수 있다. 그렇게 이해된 (앞서 주어진 ‘불행 영역’으로 이해된) ‘원죄’와 관련하여, 그리고 그렇게 이해된 (‘하느님의 새로운 시작’으로 이해된) 구원과 관련하여 마리아와 다른 사람들 사이에 실

64) 이와 관련해서는 다음 책을 참조하라: G.L. Müller / K.J. Wallner, *Was bedeutet Maria uns Christen? Die Antwort Konzils*, Wien, 1994, p.15.

65) Rahner, “Die Unbefleckte Empfängnis”, in *Schr.* I, pp.223~237, 여기서는 p.229.

제로 '질적인' 구분이 존재하느냐는 것이다. 라너는 이렇게 대답한다. 마리아는 앞서 구원받았듯이, 다시 말해 그리스도의 구원 사업에 협력하면서 하느님의 은총을 통하여 악의 소용돌이에 빠지지 않았듯이, 다른 모든 사람도 하느님의 구원 의지가 있다는 사실로부터 출발할 수 있다는 것이다. 그리고 하느님의 이 구원 의지는 언제나 앞서 주어졌고, 그러한 것을 통해서 인간을 굳세게 하므로 인간은 적어도 종국엔 악의 소용돌이에 빠지지 않는다는 것이다. 따라서 라너에게는 모든 인간은 두 가지 '실존적인 것'에 의해 규정된다는 사실이 출발점이 될 수 있다. 한편으로는 그를 유혹하려 애쓰는 악의 세력에 의해서 규정되고, 다른 한편으로는 그를 이끌어 주시는 하느님의 구원 의지에 의해서 규정된다는 것이다. 달리 말하자면, 모든 사람은 "자신이 아담의 혈통이라는 것과 앞으로는 그리스도에게로 향한다는 것, 이 둘 사이에서 변증법을 펼치며 개인적인 결정을 내린다."[66] 이를 토대로 라너는 다음과 같이 추론한다. "우리는 원죄에 대해서 '더 변증법적으로' 말해야 하지 않았을까? 하느님의 자비가 그리스도 안에서 가장 실제적인 것이 아니라면, 원죄는 가장 위험한 것이고 출구 없는 것이라고 말해야 하지 않았을까?"[67] 그러나 하느님의 자비는 가장 실제적인 것이다. 그러므로 실제로 모든 사람은 처음부터 하느님의 자비 아래에, 불행이라는 출구 없음에서 구해내고자 하시는 그분의 강력한 자비 아래에 서 있다. 그렇지만 이는 (시기적으로 볼 때) 개개인에게 다를 수 있다. 동일한 사람 안

66) Bolewski, *Anfang*, p.224 mit Verweis auf Rahner.

67) K. Rahner, "Das Dogma von der Unbefleckten Empfängnis Mariens und unsere Frömmigkeit", in: *Schr.* III, pp.155~167, 여기서는 p.159. 전체와 관련해서는 다음 책도 보라: Bolewski, *Anfang*, p.64 이하.

에서 두 가지 '실존적인 것' 사이에 감도는 긴장이 시간적 순서와는 아무런 관계가 없더라도 말이다.[68] 오히려 결정적인 것은 삶의 단계마다 개개인에게 선사된 은총이 당사자를 위한 하느님의 구원 의지에 근거한다는 사실이다.

이에 따라 실제로 다음과 같은 의문이 들 수 있다. 라너가 말했듯이, '마리아의 원죄 없는 잉태'에 있어서 결정적인 것은 다른 사람들에게는 은총이 '나중에야' 주어진 것과 대조적으로, 시간적으로 '이미 처음부터' 주어졌느냐는 것이다.[69] 이런 까닭에 라너는 자신의 초기 저서들에서 사람들이 그리스도의 은총을 비로소 세례 때에야 받는 것이 아니라, 마리아처럼 존재하는 첫 순간부터 받는 것인지에 대해서 숙고한다. 그렇지만 그는 그와는 다르게 해석하는 교회 전승을 고려하여 이를 조심스럽게 물리치고, 마리아와 우리 사이에는 시간적 간극이 있음을 의식하면서, 오직 마리아만이 우리의 경우와는 전혀 다른 방식으로 앞서 구원받은 분임을 가리키는 표지를 주시한다. 그렇지만 훗날에는 자신이 초기에 '숙고한 것들'을 다시 한번 다루면서, 다음과 같은 명제로

68) 이런 까닭에 이 교의에 앞서 토마스학파와 스코투스학파 사이에 벌어진 논쟁을 "'몇 분간의 싸움'이라고 규정한" 개신교의 논박은 시대에 뒤떨어진 것이다. 개신교에서 그렇게 규정한 이유는 "마리아는 존재하기 시작한 첫 순간에 이미 원죄로부터 보호받았거나 곧이어 '거룩해'졌다는 것은 중요하지 않기 때문이다"(Rahner, *Assumptio*, p.582).

69) K. Rahner, "Das marianische Jahr", in *SW* 9, pp.571~579, 여기서는 p.576. 라너에 따르면, "마리아의 탁월한 거룩함에 관해 전승이 진술한 것들은 마리아는 본래 은총 상태에 있었음을 의미한 게 아니라, 처음부터 하느님의 구원 의지를 받아들였음을 의미한 것"이라는 생각마저 들게 할 수도 있었을 것이다(Rahner, *Unbefleckte Empfängnis*, p.23). 이렇게 시간을 뛰어넘는 구원 의지를 주목하는 가운데 우리가 세례 때 받는 은총 또한 실현된 것임을 알게 된다. 그렇지만 이어서 "은총이 정확히 언제 실현되느냐가 원래 중요한가?"라는 질문을 던질 수 있다. "누군가는 자신이 태어난 지 이틀이 아니라 십사 일 뒤에야 세례받았다는 것을 매우 유감스러워했다"(*Ibid.*).

변환시킨다. "'마리아의 원죄 없는 잉태' 교의 안에 그 시작은 시간적인 것으로, 우리의 경우와는 다르다는 것이 필수적으로 내포되어 있는 것은 아니다. 우리 역시 자유롭게 살고 구원받기 위한 은총을 세례 때에야 받는 것은 아니다."[70] 이로써 마리아가 받는 은총과 인류가 받는 은총은 매우 긴밀한 관계에 있다.

그렇다면 구분되는 것이 더 이상은 없을까? 이를 규명하기 전에 라너가 숙고한 점들을 성경에 근거하여 더 상세히 다루어 보겠다.

4.3.3. 선행하는 은총

일련의 신약성경 대목들은 그리스도 안에서 "만물이 창조되었습니다. (…) 만물이 그분을 통하여 또 그분을 향하여 창조되었음"(골로 1,16)을 명확히 증명한다. 이미 "세상 창조 이전에 우리는 그리스도 안에서 선택되었다"(에페 1,4 참조). "모든 것이 그분을 통하여 생겨났으며"(요한 1,3), 이런 까닭에 "그분께서 세상에 계셨다"(요한 1,10). 그분은 강생하시면서 세상에, 다시 말해 그분께 사로잡히고 그분에 의해서 새로워진 실제 세계로 오신 것이다. 이렇게 구원을 가져오시는 하느님의 현존하심은 특별히 명백한 방식으로 구약성경 전체에서 증명된다. 바오로에 따르면, 그리스

70) K. Rahner, *Münsteraner Mariologievorlesung*(라너가 뮌스터 대학교에서 1967~1968년 겨울 학기에 마리아론을 강의하고 이를 책으로 펴내기 위해 녹음한 것을 기록한 원고), p.154. 이와 관련해서는 다음 책을 보라: Bolewski, *Reiner Anfang*, p.222.

도는 생명을 주는 바위로서 이미 이스라엘과 함께 광야를 지나가신다(1코린 10,4 참조). 그분은 모세와 예언자들에게 말씀하신 분이다(요한 5,46 참조). 구약성경의 율법은 영적인 것이다(로마 7,14). 율법은 그리스도를 향해 있는 감시자(갈라 3,24)이고, 따라서 그분을 위해 일종의 '입문서 역할'을 수행한다. 간략히 말하자면, 피조물은 그리스도 안에서, 그리고 그리스도를 통하여 창조되었고, 만물을 충만케 하시는 그분을 향해 있으며(에페 1,23), 실제로 처음부터 예수 그리스도 안에서 하느님의 은총을 지녔으며, 이 은총에 감싸여 있었다. 여기서 중요한 것은 단지 '역사를 초월하는 말씀'이 아니라, 예수 그리스도, 즉 모든 피조물의 시작부터 구세주로서 하느님 앞에 서 계신 분이다.

그렇기 때문에 하느님은 당신께 매우 중요한 자유로운 피조물을 빚으시는 것을 '감행'할 수 있으셨다. 그분은 처음부터 당신의 '활동'을 통하여 피조물의 자기 파괴와 자기 탓으로 인한 죽음에서 구해 내기로 결정하셨기 때문이다. 이런 노선에서 베드로 1서 1장 19절을 이해할 수 있을 것이다. 이 대목을 보면, 어린양이신 그리스도께서는 당신의 피로 우리를 구원하시려고, 세상 창조 이전에 이미 뽑히셨다고 나와 있다.[71] 이런 맥락에서 리옹의 이레네우스의 생각도 음미해 볼 수 있을 것이다. "하느님의 말씀, (…) 우리 주님은 마지막 때에 사람이 되시어 이 세상에 사셨으며, 눈

71) 이에 관해 칼 바르트는 다음과 같이 기술한다. "사람이 되시어 인간이 저지른 죄를 짊어지셔야 했던 이 아드님을 바라보시는 하느님께서는 인간과 당신이 창조하신 온 세상을 처음부터 사랑하셨다. 피조물이 비천하고 신성을 지니지 않았으며 신성을 거슬렀음에도 불구하고 피조물을 창조하신 것이다. 이런 까닭에 하느님은 당신의 아드님 안에서 피조물을 사랑하셨다. 그 아드님은 인간이 저지른 죄 때문에 배척당하시고 당신의 눈앞에서 죽임을 당하신 것이다."
H. Küng, *Rechtfertigung*, Einsiedeln, 1957, p.130 이하. 이 책에 나와 있는 부록 '영원하신 하느님 안에 계시는 구세주'도 보라: pp.277~288.

에 보이지 않는 방식으로 창조된 만물을 결속시키셨다. 그리고 그분은 창조 세계 전체 안으로 들어가 십자가에 못 박히셨다. 하느님의 말씀이 만물을 다스리시기 때문이다. (…).”[72] 즉, 만물을 창조하신 말씀은 피조물 안에서 이루어지는 모든 것을 위하여 그 피조물 안에 머무시면서, 더 정확히 말하면 십자가에서 당신 자신을 비우는 모습으로, 따라서 의지를 가지고 이미 처음부터 지극한 사랑을 보여 주시고 피조물의 상처를 치유할 수 있으셨다. 이런 이유에서만 하느님께서는 피조물에게 '모험을 감행할' 수 있으셨다. 그분은 처음부터 “몸소 모험 속으로 함께 들어가시어 길이 없는 것을 통해 길을 여셨기”[73] 때문이다. 당신 아드님의 (악을 '극심하게' 겪는) 고난을 통해서 말이다. 이런 의미에서 (칼 라너와 한스 우르스 폰 발타사르도 그렇게 생각하듯이) 창조 세계 전체는 이미 앞서 구원되었다. “더 정확히 말하자면, 피조물이 창조되기 이전에, 그리고 이로써 피조물에게 가능하거나 실제적인 사건이 일어나기 전에 그러하다.”[74] 그 이유는 바로 이러하다. 하느님께서 (폭동과 모반이 일어나는 상황에서도 “예!”를 고수하는)

---

72) Irenäus, *Adv. Haereses* V, 18, 3(*FC* 8/5, p.150).
다음 책도 이와 유사한 내용을 담고 있다: ders., *apost.* 34(*FC* 8/1, p.56). 이 텍스트는 물론 그와 같이 이루어진 것과는 달리 해석될 수도 있다. 이와 관련해서는 다음 책을 보라: Brox, *FC* 8/5, p.150. 일련의 신학자들은 십자가를 '세계영혼'(Weltseele)이라는 플라톤의 말에 기대어 언급하는데, 이 세계영혼은 그리스적인 X 형태로, 다시 말해 모든 차원에서 전 세상을 지배하는 것이다. 그러나 우리는 여기서 라너(*Ibid.*, p.59 이하)의 견해를 따른다. 그는 십자가의 우주적 차원을 다룬 교부들의 다른 유사한 문헌들을 다루고 있는데, 특히 다음 문헌이 중요하다: Justin, *apol.* I, 60, 1(Girgenti, p.152).

73) Balthasar, *Klarstellung*, p.44.

74) H. Steinhauer, “Vorerlöst zu uneingeschränkter Solidarität. Vom Privileg der Mutter Jesu zur Bestimmtheit der ganzen Schöpfung”, in: K.J. Wallner(Hrsg.), *Auditorium Spiritus Sancti* = FS zum 200-Jahr-Jubiläum der Phil-Theol. Hochschule Heiligenkreuz, Langwaden, 2004, pp.379~392; Steinhauer, *Maria*, pp. 120~127.

아드님을 세상에 보내심으로써, 죄가 생겨날 위험을 다시 한번 막으시고, 그리하여 피조물의 행복을 보증하시는 가운데, 완전히 실제적인 죄 중에서도 피조물이 '영원히' 앞서 구원받게 되었기 때문이다. 구원은 하느님의 무조건적인 구원 의지에 근거한 것이다. 그리고 인간은 언제든지 하느님께 "예!"라는 응답을 드릴 수 있고, '구원받은', 그러니까 참으로 자유로운 삶을 실현하는 가운데 그렇게 응답할 수 있다는 것을 통해서 드러난다. 이로부터 마리아가 '나온다.' 마리아 안에서 하느님의 이러한 '순수한 빛'이 명료한 방식으로 환히 빛난다. 마리아는 유일한 방식으로 장차 하느님의 어머니가 된다. "세상 어딘가에 있더라도 그분의 말씀에 절반이 아닌 온전한 응답을, 대략적이 아닌 정확한 응답을 드려야 하기 때문이다. 그분 자신이 오시는 곳이라면 더욱 그러하다. 그분은 세상에 받아들여지셔야 한다. 그렇지 않다면 결코 세상에 오실 수 없을 것이다."[75]

그러나 피조물의 이 "예!"라는 응답 이전에 무수한 "예!"라는 응답이 있었다. (그리고 다른 무수한 "예!"라는 응답이 이어진다.) 그렇기 때문에 구약성경 전체에 늘 다시 은총, 그러니까 하느님께서 주시는 해방, 그분의 가까움과 사랑으로 가득 차 있다는 사실은 놀라운 일이 아니다. "아브라함 때부터 하느님 백성의 역사는 하느님의 구원 행위로 가득 차 있다."[76] 아우구스티누스의 원죄론은 바로 이 점을 부각시켰다. 그가 이것을 특별히 강조하지 않았고, 다른 맥락에서 그리스도 이전에 그리스도교 신앙이

---

[75] H.U. v. Balthasar, *"Du krönst das Jahr mit deiner Huld"*. Radiopredigten, Einsiedeln, 1982, p.237.

[76] Lohfink / Weimer, *Maria*, p.353.

‘선재했음’을 주장하였으며, 그리스도 이전에 하느님의 영으로 충만했던 사람들이 있었음(제2권 2장 2.2.를 보라)을 알고 있었을지라도 말이다. 바오로가 “모든 사람이 죄를 지었습니다”(로마 3,23)라고 기술하듯이, 불행 및 죄의 역사만 있는 것이 아니라, 하느님께서 근본적으로 열어 주신, 거듭 새롭게 시작되고 입증된 구원의 역사도 있다. 이 구원의 역사에서 하느님은 예컨대 이스라엘에 참되고 좋고 행복한 삶을 선사하시고, 이러한 삶은 실제로도 사람들에게 받아들여지고 실현된다(히브리서 13장에서 선조들의 신앙을 기리는 내용을 보라). 구원은 예수 그리스도에 달려 있는 것이 아니라, ‘그분을 바라보는 가운데’ 선사되고 이루어지는 것이다. 그러므로 모든 은총은 ‘예수 그리스도의 은총’이다. 모든 피조물과 구원의 역사는 이 은총을 받았기에, ‘이전의 것’(예를 들어 구약의 백성이 인류의 구원을 위해 선택된 것)은 ‘나중의 것의 힘을 받아서’(예수 그리스도를 통한 역사적 구원) 이루어진다. 이에 관해 칼 라너는 다음과 같이 요약한다.

> “그리스도의 은총이 그분 이전에 이미 세상에 있었고 작용했다면, 그리스도 이전의 그러한 은총에 의해 받쳐진 사건들은 자신의 내적 (감춰져 있더라도) 신학을 토대로 그리스도 사건 자체를 향하여 역사의 ‘내재적’ 과정을 전개한다. 따라서 저 사건들이 있었기에 이 사건이 일어난 것이라고, 이 사건이 앞으로 일어나야 하기에 저 사건들이 있었다고 사람들이 말하는 것도 옳다.”[77]

[77] Rahner, *Assumptio*, p.258.

마리아도 이와 긴밀히 연관되어 있다. 그러나 홀로 있지는 않다. 노아와 아브라함과 모세도 있었고, (…) 결국엔 '마리아'가 있기 때문이다. 더 정확히 말하자면, 마리아는 '원죄'라는 불행에 연루되지 않고, 하느님께서 새로운 시작을 선사해 주시며, 구원의 길을 열어 놓으신 모든 사람을, 또한 예수 그리스도 안에서 이루어진 '역사적' 구원 사건 이전의 사람들도 통합한다. 사람들의 신앙을 근거로 한 그러한 '구원 이전의 구원'은 (앞에서 간략히 살펴보았듯이) 아우구스티누스도 알고 있었다. 그래서 그는 예컨대 그리스도 이전 시기에 살았던 '의인들'에 관해 이렇게 기술한다. "그들은 신앙(fides!)을 통하여 당시에는 아직 이루어지지 않았지만, 훗날에야 비로소 강생하신 그리스도의 지체가 되었다."[78] '신앙'은 〔'처음부터 생겨난 교회'(ecclesia ab initio)와 마찬가지로〕 전적으로 '처음부터 세상에서 생겨난 것'(inde ab initio mundi)으로 간주된다. 달라지는 것은 외적인 역사적 조건이고, 이러한 조건 아래서 신앙이 표현된다. 이제 신앙은 하느님의 강생에 대해 '암묵적으로'(implizit) 또는 '명확히'(explizit) 알고 있거나, 그 강생 사건을 바라는지를 표현해야 한다. "신앙이 아닌, 일시적 변화들이 있다"(Tempora variata sunt, non fides).[79] 이에 관해 예컨대 예레미야

---

78) Augustinus, *De grat. Chr.* II, 26, 31(*ALG* II, p.438) 등등. 이와 관련해서는 다음 책을 보라: Dietz, *Jungfrau*, p.376 이하.

79) Augustinus, *En. in ps.* 50, 17(*CC* 38, p.612). 이런 까닭에 아우구스티누스 역시 다음과 같이 아주 일반적으로 기술할 수 있었다. "오늘날 '그리스도교'라 불리는 사안 자체는 이미 옛날 사람들에게 존재했다. 그렇다, 그리스도교는 인간이 지상에 등장했을 때부터 이미 존재했다. 그리스도가 사람이 되시어 이 세상에 오셔서야 비로소 탄생한 게 아닌 것이다. 그때부터 참된 종교는, 이미 앞서 존재했던 이 종교는 그리스도교라 불리기 시작했다"〔*retract.* I, 13,3(*BA* 12, p.342)〕. 다음 책도 보라: Augustinus, *Contra adv. leg et proph.* I, 35(*PL* 45, p.623). 또한 이 책 제2부 2장 2.2.2.도 보라. 이와 관련된 (초기의!) 토마스의 견해가 다음 책에 간략히 언급되어 있다: P. Hünermann, "Juden auf dem Weg des Heils. Eine theologische Refle-

(1,5)는 다음과 같이 명확히 표현한다. "모태에서 너를 빚기 전에 (…) 내가 너를 성별하였다." 이사야(49,1.5)도 이렇게 표현한다. "주님께서 나를 모태에서부터 당신 종으로 빚어 만드셨다." 그러나 하느님의 그러한 '앞선 행동'은 단지 개개인에게만 해당되지 않고, 그저 시간적으로 '앞서' 나오는 것도 아니다. 그것은 (말하자면 '초자연적') 표징으로, 이 표징 아래 창조 세계 전체와 (특별한 방식으로) '공적' 구세사와, 그리고 이로써 옛 계약도 있다.[80)]

이런 맥락에서 로핑크와 바이머는 '마리아의 무원죄성'에 대한 교의를 '섭리에 따른 것'으로 간주한다. 마리아와 (그리고 확대된 의미에서 신약 전체와) 구약의 하느님 백성과의 관계를 표현하기 위해서다. 그렇지만 더 나은, 어쩌면 훨씬 더 중요한 행보를 감행해야 할 것이다. 즉, 마리아는 옛 계약만 아니라 인류의 전체 역사를 대변한다. 인류의 역사 곳곳에 '예수 그리스도를 바라보는 가운데' 죄라는 불행에서 벗어난 구원이 존재한다. 이처럼 선행된 은총은 (역사적으로 볼 때) 그리스도 사건에 집중되어 있음이 분명하다. 여기서 "세상의 구원이 하느님의 행위로서 최종적으로 이루어지기"[81)] 때문이다. 그러나 세상의 구원은 여기서

---

xion auf die Frage von Offenbarung und Geschichte im Ausgang von Dei Verbum", in: H. Frankmölle / J. Wohlmuth(Hrsg.), *Das Heil der Anderen* = *QD* 238, Freiburg i. Br., 2010, pp.420~459, 여기서는 p.428 이하.

80) 이런 노선에서 뮐러와 자틀러(*Mariologie*, p.185)도 이 교의를 다음과 같이 해석한다. "신학적으로는 납득할 수 있지만 사상적으로는 공감하기 힘든, 마리아는 앞서 구원받았다는 사고는, 이것이 먼저 시간적 '앞섬'을 표현한 게 아니라 마리아의 신앙 행위를 가능하게 하는 조건을 (초월적 의미에서) 떠올리게 하는 것이라면 그다지 까다롭게 여겨지지 않는다. 마리아의 신앙 행위는 예수 그리스도 안에서 역사적으로 (그리고 이로써 결정적인 시기와 결부되어) 드러난 하느님의 한결같은 구원 의지에서 볼 수 있을 것이다." 그렇게 본다면, 예컨대 그레고리우스 팔라마스(Gregorius Palamas)가 다음과 같이 한 말도 의미를 얻을 수 있다. "마리아는 자신에 앞서 살았던 이들의 원인이다. 마리아는 자신의 뒤를 따른 이들의 선구자다. (…)"(인용: Söll, *Mariologie*, p.140). 이에 관한 문제점들은 제2권에서 다룰 것이다.

비로소 시작된 것이 아니라, 그 누구도 능가할 수 없는 인물 안에서 드러난다. 더 정확히 말하자면, 세상의 구원은 마리아의 "예!"를 통해서 철회할 수 없이, 그리고 불가피하게 역사 속으로 들어온다. 이로써 마리아는 은총이 '집중된' 이 사건 속으로 철저히 받아들여졌기에, 마리아는 선행된 은총을 아무도 능가할 수 없는 형태로 세상에 '옮겨 놓았기'에, 마리아 자신은 "인간의 구원이 절대적이고 급진적으로 이루어진 인물이고, 가장 완전하게 구원받은 자, 따라서 구원받은 자와 교회의 원형이다."[82] 칼 라너가 마리아론에 관한 자신의 책에서 다음과 같이 핵심 문장을 쓰고 있듯이 말이다.

이 대목에서 (더 상세한 내용은 제2권 제4장 2.2.2.를 보라.) 이미 다음과 같은 질문이 제기될 수 있다. "선행된 은총과 관련된 측면에서 역사적 강생과 예수 그리스도의 수난과 십자가를 통한 구원은 무슨 의미를 지니는가?" 이 질문에 대답하기 위해 두 가지 관점에서 간략히 다루어 볼 수 있겠다.

첫째, 은총을 통하여 '이미 능가했다'라는 사실이 결코 예수의 십자가의 의미를 부정하거나 축소할 수 없다. 그러나 그것은 구원이 의미하는 바의 차원을 넓힌다. 이미 리옹의 이레네우스에게서 밝혀진 것처럼, 구원은 단지 죄에서 해방된 것보다 훨씬 더 큰 것이었다. 하느님의 아드님을 통한 구원은 그에게도 심지어 우선적으로, 인간이 불멸의 것과 완전한 영광으로 '인도되는 것',

---

81) Rahner, "Unbefleckte Empfängnis", in: *Schr.* I, p.229.

82) Rahner, *Maria*, *SW* 9, p.518. 다음 글도 보라: ders., "Mariologie", in: *LThK* ²7, p.86.

그리고 하느님께서 사랑과 자비를 드러내 보이시는 것을 의미했다.[83] 이런 관점에서 마리아의 원죄 없는 잉태 또한 더 긍정적인 측면에서, 다시 말해 우선적으로 죄와 책임에서 '처음부터 해방된 존재'로서가 아니라, 순수한 피조물의 토대로서 보일 수도 있을 것이다. 그리고 모든 사람에게 적용되는 '선행된 은총'은 하느님의 영광을 향한 매혹적인 길이 열려 있는 것으로, 죄에서 해방된 의미에서 특히 '과거를 극복하는 것'으로 이해되어야 할 것이다(이러한 측면이 조금이라도 부인되지 않고서).

둘째, 하느님의 행동은 운석처럼 하늘에서 뚝 떨어지는 것은 아니라고 매우 보편타당하게 말해야 할 것이다. 그렇게 말한 사람은 앞에서 언급된 내용, 즉 라너가 다음과 같이 한 말의 의미에서 이미 준비가 되어 있는 사람이다. "그리스도의 은총이 그분 이전에 이미 세상에 있었고 작용했다면, 그리스도 이전의 그러한 은총에 의해 받쳐진 사건들은 자신의 내적 (감춰져 있더라도) 신학을 토대로 그리스도 사건을 향하여 역사의 '내재적' 과정을 전개한다." 또한 하느님의 구원 활동을 이미 그리스도 '이전에', 또는 겉으로 보기에 그리스도와 '무관하게' 타당하고 매우 효과적이며, 또 그러한 것으로 체험하게 되면, 인간은 창조 세계에 대한 하느님의 활동이 어느 정도까지 나아갈지 스스로 알 수는 없다. 하느님께서 그 어떤 경우에도 창조 세계에 꾸준하게 머무르신다면, 실제로 당신의 계약과 약속을 결코 철회하지 않으실까? 사람들이 의식적으로, 그리고 자유로이 하느님에게서 아주 멀어

---

83) 이러한 노선에서 벨테(P.H. Welte, 오랫동안 대만에 있는 대학의 교의신학 교수로 재직했음)는 자신이 연구한 것을 '구원 — 어떻게 그리고 무엇으로부터?'라는 제목을 달아 최근에 책으로 펴냈다. 구원론을 체계적으로 기술한 것으로, 이러한 방식으로 이해에 대한 아시아적 전제 조건들에 부합하는 책이다.

지려고 애쓰고 그렇게 있기를 바란다면 어떻게 될까? 그렇게 되면 인간은 제멋대로 살게 되고 숨이 막히면서 스스로 지옥에 떨어지게 될까? 인간이 늘 새로운 모습으로 들이닥치는 악의 세력을 차단할 수 있으려면 어떤 방법과 수단이 있을까?

이 모든 질문과 이와 유사한 질문들은 구세주 예수 그리스도가 오실 때까지 열린 채로 있다. 마찬가지로 인류의 전 역사도 열려 있다. 이런 까닭에 제2차 바티칸 공의회가 다음과 같이 말한 것은 옳다. "실제로, 사람이 되신 말씀의 신비 안에서만 참으로 인간의 신비가 밝혀진다"(「사목 헌장」 22항). 이 모든 것은 예수 그리스도를 통한 역사적 구원 사건에서 실제적으로 영향을 미쳤으며, 또한 해명되었다. 칼 라너에 따르면, 그리스도 안에서 비로소 하느님의 자기 계시 사건은 "돌이킬 수 없게 되었고, 따라서 종말론적으로 승리한 것으로서 역사적으로 드러났다."[84] 그리스도로부터 비로소 창조주와 피조물 사이에 놓인 도랑만이 아니라, 거룩하신 하느님과 죄지은 인간 사이에 놓인 도랑도 메워졌다는 것, 또한 처음부터 이미 늘 메워져 있었다는 것이 명료해진다. 하느님께서는 '근원 안에서 그리고 근원으로부터'(ἐν ἀρχῆ καί ἀπ' ἀχρῆς) 인간에게 완전하고도 급진적으로, 또한 무조건적으로 당신 자신을 알려 주셨기 때문이다. 그리스도로부터 비로소 우리는 알고 있다. "하느님은 당신 곁에 인간을 두셨다"[85]라는 사실을.

이런 의미에서 궁극적인 완성과 하느님의 모든 구원 은총의 충

84) K. Rahner, "Der eine Mittler und die Vielfalt der Vermittlungen", in: *Schr.* pp. 218~235, 여기서는 p.231.

85) 바흐(J.S. Bach)의 성탄 오라토리오의 마지막 부분임. 이 가사로 추정되지만, 피칸더(Picander)에 따르면 정확하지 않음(=Chr. Fr. Henrici).

만함이 그리스도 사건 안에서 비로소 이루어졌다. 이 그리스도 사건 안에서 자유를 가능케 하는 토대는 한계를 없애고 급진적으로 양도하는 하느님의 사랑이 그 자체로 피조물의 구체적인 자유의 영역으로 들어오고, 급진적 사랑으로 자신 안에 갇혀 있는 부자유의 악순환을 끊어 버리며, 자유의 궁극적이고 규범적인 이상을 향하고, 그리하여 역사의 조건들 아래서 더 이상 철회할 수 없고 탁월하게 머무는 공통된 자유의 영역을, 곧 교회를 세운다.

4.3.4. 절대적 예정설 - 마리아와 다른 사람들은 차이가 나는가?

이렇게 살펴본 뒤에 이제 우리는 '원죄'로부터 보호받음의 측면에서 마리아와 우리 사이에 본질적 차이가 있는가 하는 물음으로 돌아간다. 이런 관점에서 마리아와 다른 사람들을 매우 긴밀히 결부시키는 저 신학자들(가령 칼 라너)조차 둘 사이에는 본질적 차이가 있다고 여긴다. 그들에 따르면, 하느님의 선행하는 은총은 모든 인간 삶 위에 있는 가운데 우리 옆에서 그때그때 열려 있는 자유의 역사 속으로 들어간다는 것이다. 다시 말해 우리 인간은 '원죄' 아래, 즉 유해하고 우리에게 개인적 죄를 짓도록 이끄는, 그릇된 방향으로 나아간 역사의 '압박' 아래 있는가 하면, 우리가 신앙 안에서 받아들이는, 하느님의 유익한 은총 의지 아래 있기도 하다. 우리가 그때그때마다 어떤 대상에게 향하는 것은 우리의 자유와 관계된 일이다. 주어진 은총을 받아들이느냐 거부하느냐는 우리 역사의 박진감을 만들어 낸다. 우리의 자유는 제약을 받기에 이 은총이 우리에게는 '열려' 있는 반면, 마리아에게는 다르다. 그 이유는 이렇다. 많은 신학자에 따르면, 하느님은 당신 아드님이 사람이 되게 하심으로써 무조건적으로 우리의 세상과 역사 속으로 들어오고자 하셨기 때문이다. 이를 위해 그분께는 한 사람이 필요했다. 그리하여 하느님은 이 사람을 준비해 놓으셨고, 이 사람은 하느님의 강생 행위에 마찬가지로 무조건 "예!" 하고 응답했다. 바로 이 사람이 마리아인 것이다. 마리아는 "예!"를 위해 우리와 다르게 무조건 선택되었다. 다시 말해 마리아는 고유한 개인적 결정을 내리기 위해 '오직 은총으로', 그리고 앞서서 하느님으로부터 능력을 받고 그분에 의해서 떠받쳐졌기에, 그녀의 신앙, (그러나 이는 그녀의 개인적 자유 없이는 실현되지 못했을 것이다!) 그리고 이와 함께 "예!"라는 응답은 하느님께서 세상에 오시는 데 있어서 인간이 지녀야 하는 '겸손한 태도'(Hohlform)가 될 수 있었다. 이러한 무조건적인 선택에 대해서, 엄격한 의미에서 그 무조건적인 예정에 대해서 예컨대 현대 신학의 두 거장인 한스 우르스 폰 발타사르와 칼 라너는 다음과 같이 강력하게 주장한다. 발타사르에게 있어서는 마리아의 "예!"라는 응답은 "자유로운 것으로서 이미 (…) 인류 구원을 위한 하느님의 핵심적인 결정 속으로" 함께 들어가 있었다. 그리고 라너는 이렇게 생각했다. 마리아가 "거룩한 이와 완전히 구원받은 이가 되는 것을 원하지 않았더라면, 실제로 우리 앞에 서 계시는 그리스도는 하느님께서 원하시는 그런 모습이 아니었을 것이다."[86] 달리 말하자면, 그리스도가 사람이 되시기로 예정된 것과 마리아

---

86) *TD* II/2, p.276; Rahner, *Unbefleckte*, p.233.

의 "예!"라는 응답은 하나가 된다. 하느님께서 이 둘을 무조건 원하셨기 때문이다. 마리아가 무조건 선택된 것은 무조건적임에 근거한 것이다. 하느님께서는 무조건 사람이 되기를 바라셨고, 그러기 위해서 인간 어머니가 필요하신 것이다. 그렇기 때문에 하느님께서는 "당신이 특별한 방식으로 부르시고 선택하신 이들이 죄를 짓거나 거부할지도 모르는 것과 상관없이 사람들이 저지르는 죄에 맞서 당신의 구원 의지를 관철하신다. 이렇게 하느님께서는 당신의 구원 의지를 무조건 관철하시고, 바로 인간이 저지를지도 모르거나 실제로 저지른 죄에 맞서 그렇게 하신다"[87]라고 헤리베르트 뮐렌(Heribert Mühlen)도 강조한다.

요약해 보자. 이런저런 신학자들의 견해에 따르면, '하느님의 어머니가 되기' 위해 요구된 "예!"라는 응답은 마리아의 신앙을 통해 실제로 이루어졌고, 하느님 편에서 보면 이 "예!"라는 응답을 위해 무조건적인 예정이 요구되었으며, 따라서 이 "예!"라는 응답에 의문을 제기할지도 모를 온갖 악을 앞서 막는 것도 역시 요구되었다. 바로 이 점이 신학자들에게는 1854년에 반포된 교의의 골자이기도 하다. "마리아가 '원죄 없이 잉태되었음'은, '예!' 하고 제약 없이 응답하기 위해 필수적임을 말하는 것이다."[88] 그

---

87) H. Mühlen, "Der Aufbruch einer neuen Verehrung Maria", in: *Maria im Geheimnis der Kirche* = Sonderheft *Cath.* 29(1975), pp.145~163, 여기서는 154. 다음 책도 이와 유사한 내용을 담고 있다: ders., *Una Persona*, pp.486~487.

88) H.U. v. Balthasar, "Maria in der kirchlichen Lehre und Frömmigkeit", in: Ratzinger / H.U. v. Balthasar, *Maria, Kirche im Ursprung*, Einsiedeln-Freiburg, [5]2005, pp.87~111, 여기서는 p.93. 발타사르는 다른 대목(ders., *Klastellungen*, p. 71)에서 이렇게 기술한다. "마리아는 왜 '원죄 없이 잉태'되셨을까? 누군가는 '전체 인류 대신에' (토마스 아퀴나스가 말하듯이) 하느님께 이스라엘의 완전한 응답인 '예'를 아뢰어야 했기 때문이다. 그의 응답으로 강생하시는 분이 지상에서 머무실 자리를 찾기 위해서다." 그러나 이로부터 다음과 같은 질문이 단호히 제기된다. 마리아의 "예"는 실제로 자유로운 "예"였느냐, 그렇지 않으면 마리아도 "아니요" 하고 말할 수

렇기 때문에 마리아 안에서 하느님의 은총이 아주 특별하게, 다시 말해 확실히 작용한다. 이에 따라 마리아와 다른 사람들의 차이는 그녀의 "예!"라는 응답이 무조건적으로 예정되었다는 것에서 드러난다. 우리의 경우와 달리 마리아의 "예!"라는 응답은 하느님의 아드님이 강생하시기 위한 필수적 '요인'이었기 때문이다. 이를 위해 다시 마리아의 '원죄 없는 잉태', 즉 하느님께서 원하시고 이루신 그녀의 거룩함은 그렇기 되기 위한 조건이다.

이러한 논증은 첫눈에는 설득력 있는 것처럼 보인다. 그렇지만 그것은 마리아의 자유와 관련해서, 그리고 우리의 자유와 관련해서도 무엇을 말하고 있는 것일까? 마리아가 우리 모두를 위해 했던, 신앙에서 우러나온 "예!"라는 응답이 사실은 전혀 자유롭지 않았다면, 우리의 "예!"라는 응답은 왜 자유로워야 하는가? 이에 상응하여 실제로 모든 신학자도 마리아는 자신이 무조건 예정되었음에도 불구하고 아주 자유로이 활동했다고 강조한다. 그런데 어떻게 해야 무조건적인 예정과 자유가 함께 갈 수 있을까? 이 지점에서 하게 되는 신학적 차원의 '재주넘기'는 주목할 만하다. 일례로 하인리히 쾨스터의 견해만 살펴보자.

> "인간의 마음과 의지를 다스리시는 하느님의 위력이 당신의 구원 계획을 위해 가장 결정적인 이 순간에 거부라는 파국에 맞서

있었겠느냐는 것이다. 발타사르라면 이것이 전혀 불가능하다고 여겼을 것이다. 그 이유는 이렇다. (발타사르의 이러한 견해와 관련하여 다음 책에 이렇게 요약되어 있다: Steinhauer, *Maria*, p.232.) "마리아의 자유는 (…) 그녀는 절대적 자유에 의해 자기완성을 위한 조건으로 자유로운 존재임을 선물로 받았기에 결정된 것이다." 그런데 자유로운 동의는 무슨 뜻인가?

당신 은총의 내밀하면서도 강한 힘을 통해 확실해졌다는 것은 의심의 여지가 없다. 그럼에도 구원을 가져오시는 그리스도와의 만남을 위해 하느님과 인간에게 (…) 유효한 법은 억압되었을 테고, 이는 자유를 희생시켰을 것이다. (…) 하느님께서는 탁월한 신적 수단을 이용하시므로, 가장 순결한 모태에서 원죄 없이 잉태되도록 섭리하심과 준비하심, 그분이 품으신 의지는 확실한 것에 그치지 않고, 자유와 기쁨을 주면서 충만해진다. 이렇게 하느님께서는 은총을 베푸시고 인간은 순종하면서 행복과 영광을 발견하게 되었다."[89]

이러한 '미사여구'를 배경으로 해서 나중에 아우구스티누스의 자유론이 나오게 되었다. 아우구스티누스에 따르더라도 하느님께서는 감정이 없는 돌이나, 이성과 의지가 없는 피조물을 대하듯이 우리와 함께 행동하지 않으신다.[90] 그러나 그분은 인간의 의지를 그렇게 대하실 수 있으므로, (또는 실제로 그렇게 대하시므로) 인간의 의지는 인간을 억압하지 않고서 확실히 언제나 선을 실제로 원하고 실현한다. 하지만 그것은 서로 조화를 이룰 수 있을까? 억압하지 않고서 확실한 영향을 줄 수 있을까?

아우구스티누스에 따르면 의지, 즉 인간의 자유는 (아주 일반적으로 말하자면) '움직일 수 있다'라는 이유로 인해서 실제 '움직일' 수 있다. 행동의 명확한 동기와 매혹적인 의미의 목표가 눈앞에 제시되므로, 인간은 어떤 일에서 만족과 기쁨과 희열(delectari)을 맛보게 되고, 또 자유로이 결정하여 자신이 움직이게 되는

89) Köster, *Magd*, p.123.
90) Cf. Augustinus, *De. pecc. mer.* 11, 5,5(*ALG* 1, p.172).

것을 스스로 인정한다.[91] 하느님도 이러한 노선에서 인간을 대하신다. 하느님께서는 은총을 베푸시어 인간의 마음 깊은 곳에 사랑이 스며들게 하시므로, 인간의 의지는 그것에 만족하고 자기애(Selbstliebe)로부터 돌아올 수 있다. 또한 그것에 실제로 확실히 만족하고, 영에 의해 인도되며, 하느님께서 자신에게 계획해 놓으신 것을 조건 없이 행하게 된다.[92] 따라서 외부로부터 그 어떤 불가피한 것도 생기지 않고, 내부로부터도 그 어떤 압박도 받지 않는다. 인간의 의지는 죄 아래서 움직이지도 않고, 자신에게 맞서 은총 아래서도 움직이지 않는다. 오히려 단지 자신과 함께, 그리고 자신에게 근거하여 작용한다. 그러나 아우구스티누스는 하느님의 은총을 인간 의지의 내적 핵심이라고 이해하기에, 은총의 작용 측면에서 볼 때 인간에게는 자유로이 뭔가를 결정할 만한 명확한 기준이 없다. 은총은 결정이 내려진 것이다. 자유로이 선택하고 결정을 내릴 만한 그러한 단호한 의지 외에 인간 안에는 '주요 지점'이 없다. 선택은 언제나 이미 내려졌다. 아담의 자손인 인간은 어쩔 수 없이 죄 아래 서 있다. 인간은 하느님께 선택받은 자로서 사랑에 응답하기 위해 실수를 저지르지 않고 움직인다.[93] "하느님의 자비는 인간의 힘에 갇혀 있지 않기 때문이다. 따라서 인간이 원하지 않으면, 그분이 베푸신 자비는 보람이 없

---

91) 예를 들어 다음 문헌을 참조하라: Augustinus, *Simpl.* I, 2,21 f(*CC* 44, p.53 이하) 등등.

92) 예를 들어 다음 문헌들을 참조하라: Augustinus, *grat. Chr*, I, 14,15(*ALG* II, p.342); ders., *gest.* III, 5(*ALG* II, p.206).

93) Cf. Augustinus, *perf. just.* IV, 9(*ALG* II, p.136). "그러나 의지가 죄를 지었기 때문에 죄를 짓게 되는 필연성이 뒤따랐고, 마침내 모든 약점이 치유되고, 그러한 자유가 주어졌으며, 필요에 따라 결코 죄를 짓지 않고 행복하게 살아야 하는 자발적이고 행복한 필연성이 계속되었다."

게 된다."[94] 하느님은 몸소 인간의 의지 행위를 일으키지 않으시지만, 은총을 베푸시어 인간이 의지를 원하게 하시므로, 인간은 하느님께서 원하신 올바른 행동을 하기로 무조건 결정하게 된다.[95] "그러므로 우리는 그렇게 원한다. 그러나 하느님께서는 우리 안에 의지도 두신다. 그러므로 우리는 활동한다. 그러나 하느님께서는 우리 안에서도 당신의 뜻대로 활동하신다."[96] 이로부터 다음과 같은 결과가 나온다. 하느님께서 우리의 의지로 내리는 결정에 영향을 미치신다면, (그분이 우리에게 올바른 의지를 주시든지, 우리를 "아니요!" 상태에 두시든지 간에) "바로 이 의지의 표현 안에 그분의 자비와 심판이 담겨 있는"[97] 것이다.

아우구스티누스의 이러한 '독창적인' 구상을 외형적 측면에서 보면, 인간의 자유는 하느님의 활동 아래서 '구제'되었다. (인간 스스로 '결정'한 것이다.) 그렇다, 인간의 자유는 하느님을 통하여 비로소 올바른 행동을 하기 위한 상태에 이르렀다. 그러나 인간의 자유가 내리는 자기 결정 이면에는 하느님의 예정(豫定, Praedestination)이 숨어 있다. 이 신적인 예정은 하느님의 불가해한 심판에 따라 확실히 관철되는데, 하느님께서는 전능하시기에 당신이 원하시는 것을 무조건 원하실 수 있기 때문이다. 따라서 인간은 자신이 원하는 대로 사안을 바꾸거나 돌릴 수 있다. 그렇지만 인간은 이로써 하느님의 손안에 있는 '인형극의 인형'(Marionette)처럼 머물러 있게 된다. 본인은 그것을 의식하지 않고서 자기 결

94) Augustinus, *Simpl.* I, 2, 13(*CC* 44, p.38).

95) 이와 관련해서는 다음 글을 보라: G. de Broglie, "Pour une meilleure intelligence du 'Correptione et Gratia'", in: Augustinus Magister. *Congrès international Augustinien*, Bd. I, Paris, 1954, pp.317~337.

96) Augustinus, *don. pers.* XIII, 33(*ALG* VII, p.378).

97) Augustinus, *praed. sanct.* IV, 11(*ALG* VII, p.262).

정에 따라 행동한다고 여길지라도 말이다. 마리아도 그럴까? 마리아의 (단지 겉으로 보기에) 자유로운 "예!"라는 응답 이면에는 신적인 '강제성' 내지 '결코 달리 어찌할 수 없음'이 숨어 있는 것일까? 그리고 마리아는 교회를 대변하기에, 그것은 결국 우리 모두에게 해당되는 게 아닐까?

우리는 여기서 이 문제를 상세히 다루기 어렵다. 그렇지만 무조건적인 예정의 이면에는 성경적 진술에 부합하지 않는 하느님 상과 그분의 전능하심이 숨어 있다는 것이 드러날 것이다. 성경에 따르면, 하느님께서 피조물을 아주 자유로운 상태에 두시어, 이 피조물이 독자적으로 당신의 사랑을 자유로이 느끼게 하신다는 것은 그분의 전능하심과 모순되지 않는다. 피조물에게 그렇게 자유를 주시는 것은 하느님의 전능하심을 전제로 하기 때문이다 (제2권 제1장 2.2.1.을 보라). 전능하시고 자유로우신 하느님께서는 피조물을 창조하시고, 그에게 자유를 주기로 결정하셨다.[98] 그런데 이것이 마리아에게 적용된다면 마리아 역시 경우에 따라서는 "아니요!"라고 응답할 수 있고, 그리하여 하느님의 구원 계획은 수포로 돌아갈 테고, 따라서 하느님 자신도 실패하리라는 것을 의미하지 않을까? 이는 과연 생각할 만한 일인가? 사람들이 하느님의 흘러넘치는 충만함 속에 숨어 있는 무한한 '피조물의 가능성'을 바라본다면 그럴 수 있겠다는 생각이 든다. 하느님께서는 인간과 함께 언제나 새롭고 예기치 않은 시작을 하실 수 있다. 그분은 인간의 자유가 '언젠가 한 번' 당신의 수고에 마음을 열기를 기다리신다. 이것은 억측이 아니라, 오히려 그러한 '새로운 시

98) 이에 관해서는 다음 책을 보라: Pröpper, *Anthropologie* I, p.634 등등.

작'으로 각인되고 빈번한 실패에도 불구하고 목표에 도달하는 구세사 전체를 보여 준다.[99)]

이런 까닭에 오늘날까지 많은 신학자가 비록 모든 사람에게 적용하는 것은 아니지만, 마리아에게는 적용하는 무조건적인 예정을 (아우구스티누스식으로) 풀이하는 것을 그냥 수용하기는 어렵고, 따라서 (토마스 프뢰퍼가 상세히 지적하듯이) 이는 모순되는 것으로 보인다.[100)] 그렇기 때문에 마리아와 우리의 차이점을 무조건적인 예정과 연관 지어 규정해서는 안 된다. 그런데 왜 차이점을 찾게 되는 것일까? 무조건적인 예정이라는 명제를 옹호하는 칼 라너마저 다음과 같은 점을 중요시한다.

> "우리와 거룩하신 동정녀의 긍정적인 유사성이 모든 차이보다 더 중요하다. (…) 그렇기 때문에 마리아의 원죄 없는 잉태는 강력히 주장된, 거룩하신 동정녀의 특권 같은 것을 의미하는 것이 아니라, 이유 없이 단순히 모든 차이를 부인해서는 안 된다는 것을 의미한다. 우리는 원래 이 예정설을 다음과 같은 관점에서 이해할 수 있고, 또 그래야 한다. 즉, 세상은 중대한 죄를 범했음에도 불구하고, 언제나 하느님의 흘러넘치는 은총에 감싸여 있고, 하느님께서는 처음부터 죄지은 세상에 대해서도 '과오를 용서하기 위한' (원죄 사건 이후에 적용되는) 구원 의지를 두셨

99) 여기서 마리아는 그 특별한 선택을 받음으로 인해 하느님께 매우 가까이 다가갔고, 이 가까움은 마리아의 자유가 (자유로이!) 하느님을 원하는 쪽으로 기울어지도록 작용한다는 것을 계산해야 할 것이다. 그럼에도 마리아는 자유로이 머무른다. 이러한 생각은 이미 토마스 아퀴나스에게서 찾을 수 있다. 토마스는 '기울어짐'(inclinare), 즉 강요받지 않는 의무(Muss)에 대해 이야기한다. 신화(Mythos)는 천사의 타락에 근거하여 '하느님과 매우 가까운 본성'(natura Deo valde propinqua)은 하느님을 거부할 가능성도 있다고 말한다.

100) 이와 관련해서는 다음 책을 보라: Pröpper, *Anthropologie* II, pp.981~1025.

으며, 따라서 우리와 마리아의 분명한 차이를 부인하지 않고서 전체적으로 보면, 죄는 언제나 이미 하느님의 더 큰 은총으로 인해 뒤로 밀려났고, 이렇게 뒤로 밀려났음은 결국엔 (마리아는 처음부터 은총을 받았고, 우리는 살면서 비로소 은총을 받는다는 의미에서) 시간적 차이에서는 전혀 증명될 수 없다."[101]

이 대목을 요약하면 이런 뜻이다. 하느님의 '선행하는' 은총은 (우리가 희망하듯이) 우리에게도 베풀어진다. 물론 우리의 경우에는 은총이 시간적 차이라는 제약을 받게 되고, 이 시간적 차이는 개개인마다 다르다. 그렇기 때문에 은총의 '선행됨'이 마리아처럼 존재하는 순간부터 즉시 실현되는 '거룩한 이들'이 존재한다는 것도 배제되어서는 안 된다. 앞에서 언급된 구약성경의 거룩한 인물들(예레미야, 이사야 …)이 이를 보여 주는 표징일 수 있다. 그러나 이러한 시간적 차이는 결국 결정적 중요성을 지니지 않는다는 것도 언제나 유효하다.

아직 한 가지 물음이 남아 있다. '원죄로부터 보호받음' 외에 마리아의 무죄함은 어떤 역할을 하느냐는 것이다.[102] 마리아가 모든 죄에서 해방되었다는 것은 트리엔트 공의회가 '교회의 가르침'으로 선포한 것이고(*DH* 1573), 1854년에 반포된 회칙(*DH* 2800)에서도 입증되었다. 그런 측면에서 보면 하느님의 은총은 두 가지 형태로 나타날까? 마리아의 경우에는 모든 죄를 막아 주는 은총이고, 반면 죄에 의해서도 삶이 늘 함께 결정되는 우리의 경우

101) Rahner, *Unbefleckte*, p.154.
102) 이에 관해서는 다음 책을 보라: A. Müller, *Marias Stellung*, p.436 이하.

에는 죄를 용서하는 은총일까? 그러한 차별화는 깊은 의미를 지닐 수 있다. 그러한 차별화는, 우리 모두는 우선 '분노하는 자녀' 이고, 이 분노하는 자녀는 용서하시는 은총을 통하여 비로소 '사랑의 자녀'로 됨을 명료하게 할 뿐만 아니라, (칼 라너가 말하듯이) "역사적으로, 시간이 지나면서 드러난다는 것, 우리 자신은 단지 이런 분노하는 자녀일 뿐이고, 오직 하느님의 은총에 의해서만 신적 사랑의 자녀라는 것, 그리고 우리 스스로는 그리스도를 위하여 우리가 원래 되어야 하는 존재 쪽으로 (마리아와 다르게) 단호히 결정을 내리지 못한다는 것도 명료해진다."[103] 그러므로 죄지은 (또는 대다수는 죄를 지은) 우리와 거룩하신 마리아 사이의 차이는 인간이 저지른 죄와 과오의 측면에서 볼 때 은총을 무조건 받을 만한 자격이 없음을 부각하는 데 '기여'할 것이다. 우리는 그것을 그렇게 볼 수 있다.

그러나 다른 측면에서 이런 질문이 제기된다. 이러한 점에서도 마리아가 우리 '가련한 죄인들'에게 더 가까이 다가올 수 없느냐는 것이다. 이 질문은 다음 두 가지 이유에서 나온 것이다.

(1) 신학과 교회의 가르침이 죄와 무죄함에 관해 언급했다면, 여기서 죄는 매우 형식적인 의미에서 언급된 것임을 유념해야 한다. 그것은 대죄, 다시 말해 인간이 하느님께 단호히 "아니요!" 하고 말하는 것, 하느님과의 관계를 끊어 버림, 하느님의 자녀임을 상실하는 것이다. 그러한 것은 마리아에게 결코 해당되지 않는다. 그러한 것은 마리아가 받은

103) K. Rahner, "Das Dogma von der Unbefleckten Empfängnis Mariens", in: *GW* 9, p.586.

선택, 그녀의 신앙과 준비된 자세, '주님의 종'에 부합하지 않기 때문이다. 그러나 이런 까닭에 인간은 온갖 과오와 불완전함도 멀리해야 한다. 트리엔트 공의회 문헌(*DH* 1515)에 따르면, '욕정'(Concupiscentia)은 그 자체로 죄는 아니지만, 구원받은 이들 안에도, 따라서 마리아 안에도 있다고 말하고, 이는 동시에 우리는 (그리고 마리아는) 복합적인 본질을 늘, 그리고 완전히 통합할 수 없음을 의미하는데, 이러한 욕정도 죄지은 후의 인간 본질에 속하지 않는가? 그렇기 때문에 하느님과 이웃의 외침에 주목하지 않음, 몰이해, 공격적 태도, 의기소침, 권태 따위는 인간의 본질에 속한다.[104] 그러한 태도는 개개의 경우에 그리스도교 전통이 '소죄'라 부르는 것일 수 있다. 그러나 그러한 태도는 개인적 책임과 별반 또는 전혀 관계가 없는 '인격에 앞서는' 행위일 수도 있다. 내 생각에, 욕정에서 비롯되는 그러한 태도는 마리아에게서 (예수 자신에게서도 그러하듯이) 전혀 볼 수 없다. 이로부터 우리 자신을 다시 한번 바라보게 되고, 적잖은 사람들이 은총의 작용으로 실제적 중죄, 그러니까 하느님을 저버리는 것을 막을 수 있었다고 그들에 대해서 조심스럽게 말할 수 있을 것이다. 이러한 관점에서 마리아와 다른 사람들의 차이는 지난날에 빈번히 그

104) 라너(*Maria*, p.553)는 이런 맥락에서 마리아의 삶에서 '승리를 거둔 것'을 약간 가리켜 보인다. "마리아는 찾았다. 마리아는 두려워했다. 마리아도 모든 것을 알지는 못했다. 마리아는 울었다. 마리아는 자기 삶 구간 구간에서 자문할 수밖에 없었다. (…) 마리아는 아들에게 이렇게 물을 수밖에 없었다. '얘야, 우리에게 왜 이렇게 하였느냐?'(루카 2,48) (…) 마리아에 관해 두 가지를 기술할 수 있다. 마리아는 아들이 말한 것을 이해하지 못했다. (…) 마리아는 사도들의 교회에서 눈에 띄는 역할을 하지 않았다."

렇게 비쳤던 만큼 크게 중요하지 않다는 것이 드러난다.

(2) 죄는 실제로 용서받을 것이고 하느님 앞에서 더 이상 존재하지 않는다는 것을 진지하게 받아들인다면, 무죄함과 용서받은 죄의 차이는 첫눈에 판단했던 것처럼 그렇게 크지 않을 것이다. 성경(루카 15,11~32)에 나오는 '돌아온 탕자'는 다시 손에 반지를 끼고 좋은 옷을 입게 된다. 이 옷과 반지는 시편 45편에 나오는 임금님 딸이 한껏 화사하게 꾸민 것과 입은 금실로 수놓은 옷만큼 아름답고 값지다.

피조물의 모든 실제 세계 배후에는 인격적 형상을 지닌 순결한 교회가, 즉 마리아가 서 있다. 피조물이 죄로 인해 여전히 불완전하고 견디기 힘들고 절망하고 어둠 속에 있더라도 말이다.

MARIA
ECCLESIA

I

제5장

승천한 마리아와 교회

제 5 장 • 승천한 마리아와 교회

5.1. '마리아를 하늘로 불러올리심'이라는 사고의 근원

마리아는 특별히 거룩하다는 확신이 (역사적으로 볼 때) 신약성경에서 증명된 교회의 거룩함에 근거한 것이라면, 마리아가 하늘로 불러올림을 받았다는 신앙은 (다시 역사적으로 볼 때) 전혀 다른 근원을 가지고 있다. 마리아의 죽음에 관해 5세기 이후에 등장한 전설, 이른바 '이전(移轉, Transitus, 여기서 '트란지투스'는 지상에서 하늘로 승천함을 의미함 - 옮긴이 주) 기사' 내지 '이전 전설'이 그것이다.[1]

이와 같은 이전에 대한 '전설'이 나오기까지의 과정에 대한 관련 내용을 칼 라너는 다음과 같이 기술한다.

---

1) 이와 관련되고 또 이 교의가 제정되기까지의 전개 과정에 관한 역사적 자료가 다음 책에 명시되어 있다: K. Rahner, "Assumptio Beatae Mariae Virginis", in: K. Rahner, *GW* 9, Freiburg i. Br., 2004, pp.3~392. 이 책은 특히 두 작품(M. Jugie, *La mort et l'assomption de la Sainte Vierge*, Città del Vaticano, 1944; K. Balič, *Testamonia de Assumptione B. V. Mariae ex omnibus saeculis*, vol. I-II, Rom, 1950)에 바탕을 두었으며, 1950년에 이 교의가 제정된 것을 계기로 집필되어 1951년에 완성되었지만 교회 인가를 받지 못했다. 이와 거의 동일한 역사적 자료가 추려지고 동일한 방식으로 해석되었으며, 1977년까지 나온 다음 문헌들에서 그 자료를 볼 수 있다: Delius, *Geschichte*, pp.148~156. 189~190; Söll, *Mariologie*, pp.69~70, pp.112~134, p.144 이하, p.195 이하, p.215 이하; Fr. Courth, "Aufnahme Marias in den Himmel", in: *LThK* 1, pp.1216~1220. 이 주제를 문화사적 관점에서 다룬 내용을 다음 책에서 볼 수 있다: Schreiner, *Maria*, pp.465~479.
여기에 언급된 문헌들은 역사적 전개 과정을 모범적으로 기술하므로, 가장 중요한 역사적 기본 노선들만 반복적으로 제시된다.

> "오늘날 우리가 역사적으로 알 수 있는 한, 교회 초 세기 때에는 거룩한 동정녀의 지상에서의 삶이 어떻게 끝났는지 알지 못했고, 이 질문이 진지하게 다뤄지지도 않았다. (…) 사람들은 마리아의 무덤도 알지 못했으며, 거룩한 동정녀가 지상에서의 삶을 어떻게 마쳤느냐는 질문도 신학적으로 명료하게 다뤄지지 않았다. (…) 우리는 심지어, 5세기 초반까지는 마리아의 삶이 어떻게 끝났는지 명확히 언급되지 않았다는 논증을 수용한다. 팔레스티나 지역의 전통에 정통했던 에피파니우스(Epiphanius, †403)는 동정녀가 임종을 어떻게 맞이했는지(자연사했는지, 순교했는지, 아니면 계속 살았는지) 자기는 아는 바가 전혀 없다고 단호히 말했다. (…) 5세기 중반 이전에 이미 예루살렘 인근에서 사람들은 축제를 하나 지내고 있었다. 8월 15일에 복되신 동정녀를 기념한 축제였다. (…) 그러나 그 축제 내용은 우리가 제기하는 질문과 큰 관련이 없다."[2]

5세기에 접어들면서 마리아의 사후 운명에 관한 '이전 전설'이 등장하기 시작했다. 더구나 많은 점에서 (마리아는 사후에 즉시 하늘에 올림을 받았는지, 그렇지 않으면 중간 시기를 지낸 뒤에야 그렇게 된 것인지, 마리아의 영혼만 하늘에 올림을 받았는지, 아니면 몸과 영혼이 모두 그렇게 된 것인지 등등) 일관성 없는 이야기들을 놓고 "펼쳐졌던 자유로운 상상" 이면에는 다음과 같은 진지한 관심사 내지 중대한 질문이 숨어 있었다. 마리아는 신적 모성을 지녔으니, 특별히 완성된 존재임을 기대할(혹은 '주장할

---

2) Rahner, *Assumptio*, *GW* 9, pp.51~52. 59.

만한' 혹은 믿을) 수 있느냐 하는 것이다. 살로니키의 요한(Johannes von Saloniki, 610~649)이 말하듯이, 마리아는 그리스도와 "변함없이 한 몸을 이루니"(σύσσωμος ἐγ ἀφθαρσίᾳ), 몸이 부패하는 일은 없어야 하지 않겠느냐는 것이다.[3] 이 질문은 마리아의 무덤과 유골이 그 어디서도 발견되지 않았다는 점에서 '일종의' 역사적 근거도 가지고 있었다. '이전 전설'로 인해 시작된 '충격'은 이후 점점 더 '경건한 생각'으로 바뀌었다. 그리하여 늦어도 7세기부터 예루살렘에서는 하느님의 어머니께 봉헌된 기념 축제로, 원래는 아직 '의미를 확정하지 않은' 성당 건립 기념 축제를 '마리아의 선종' 축제로 지내게 되었다. 후기 교부 시대 및 중세 초기 신학의 영향을 받은 이들은 하느님 어머니에게 주어진 종말론적 운명(마리아는 임종을 어떻게 맞이했는지, 마리아는 어떤 방식으로 완성되었는지)이 정확하게 어찌 되었는지를 놓고 오랫동안 의견이 크게 갈라졌는데, 그럼에도 결국에는 마리아가 사후 즉시 하늘에 올림을 받았다는 방향으로 사고가 전개되었다. 특히 위(僞)-아우구스티누스의 작품 『복되신 동정 마리아의 승천』(*De Assumptione B. Mariae Virginis*)[4]을 통해 이런 방향이 제시되었고, 또 그렇게 계속 나아갔다. 그리하여 12세기 중엽부터 신학에서는 마리아가 하늘에 올림을 받았다는 명제가 점점 더 보편화된 견해가 되었다.

이에 대한 논증은 결국 다음 세 가지 확신에 근거를 두고 있다.

---

3) Ps.-Modestus v. Jerusalem, *Encomium 14*(*PG* 86, p.3312).

4) in: *PL* 40, pp.1142~1148(12세기 초에 나왔음). 이 작품은 카롤링거 왕조 시대의 어느 신학자가 쓴 것으로 추정된다. 그에 관해 델리우스(*Geschichte*, p.153)는 이렇게 기술한다. "이 책을 쓴 위-아우구스티누스는 서양에서 승천 신학의 토대를 세운 최초의 신학자이다. 중요한 것은, 그는 숙고할 때 '이전 전설'에서 출발하지 않고, 로마서 11장 33절에서 절정에 달한 신학적 반성을 한다는 것이다."

(1) 하느님의 아드님을 품었다가 태어나게 한 몸, 동정이 손상되지 않고 그대로 유지된 마리아의 몸은 부패할 수 없다.
(2) 마리아의 무죄함과 마리아가 그리스도와 함께 구원 사업에, 그러니까 죄를 없애는 데 긴밀히 연관되었다는 사실은 마리아 자신도 죄와 죽음을 실제로 물리쳤음을 의미한다.
(3) 마태오 복음 27장 52~53절에 따라 구약성경의 의인들이 무덤을 열고 그리스도와 함께 되살아났다면,[5] 이는 마리아에게 더욱더 해당되어야 한다.

부활이 예수 그리스도에게만 국한되지 않는다는 것은 사실 매우 오래된 확신이다. 이런 노선에서 특히 안티오키아의 이냐시오는 부활은 이미 이루어졌다고, 예컨대 구약성경의 예언자들은 성조들(!)과 사도들과 함께 "아버지께로 가는 문이신 그리스도를 통하여 갔다(!)"(「이냐시오가 필라델피아 교회에 보낸 편지」 9,1)고 강조한다. 그들은 영적인 차원으로 바라볼 때 제자들이었고 그분을 기다렸으므로, "그분은 그들을 (…) 죽은 이들 가운데서 일으키셨다(!)"(「이냐시오가 마그네시아 교회에 보낸 편지」 9,2). 이 문헌들을 비롯해 이와 유사한 문헌들에서 한 가지 전승이 명료해진다. 유다교에서

---

5) 이 성경 대목과 이와 연관된 전승에 관해서는 다음 문헌들을 참조하라: H. Zeller, "Corpora Sanctorum", in: *ZkTh* 71(1849), pp.385~465; Rahner, *Assumptio*, pp.204~218; M. Riebl, *Auferstehung Jesu in der Stunde seines Todes? Zur Botschaft von Mt 27,51b~53*, Stuttgart, 1978.
마태오 복음서 27장 51~52절은 마르틴 부버(Martin Buber, "Zwei Glaubensweisen", in: *WW* I, München-Heidelberg, 1962, pp.746~747)가 이에 관해 해석한 점에 비추어 읽어도 좋을 것이다. 우리는 "어느 유일한 사람의 부활은 유다교의 신앙 세계에서 표상의 범주에 속하지 않는다는 것을 떠올려야 한다. 어느 개인이 개인으로서 부활했다면, 이 신앙의 세계에는 그 어떤 영역도 없다는 사실이 성립한다." 달리 말하자면, 부활이 있다면, 이 부활은 어느 개인에게만 국한될 수 없다.

순교자 신학이 계속 전개되는 가운데 사람들은 순교자들과 죽은 부족장들의 육신적 부활에 관해 알고 있었다는 것이다.[6)]

위에 언급된 세 가지 논증과 관련해 라너가 이렇게 말하는 것은 온당하다. "그것들은 매우 중요하다. 하지만 오히려 사람들이 앞서 일종의 포괄적이면서도 충분한 반성이 이루어지지 않은 통찰을 했다는 사실에 대해 추후에 반성하고, 또 이 사실을 뒷받침하고 있다는 인상을 적잖게 들게끔 하고 있다."[7)] 이와 같은 '포괄적인 통찰'은 결국 마리아가 지니고 있는 '전체적인 형상'을 통해서 선명해진다. 이에 따라 "마리아가 죄인의 죽을 운명에 단순히 떨어질 수 있다는 것, 구원받은 이로서 구원의 공동 원칙인 마리아가 〔오히려〕 그리스도 안에서 '새 피조물'의 완성을 특별한 방식으로 체험해야 했다는 것"[8)]은 불가능해 보였다. 그럼에도 불구하고 신학자들은 이 질문을 우선적으로 크게 다루지는 않았다. 예컨대 대(大) 알베르토는 마리아의 승천에 관한 진술을 '증명된 것'으로 여겼을지라도 말이다. 반면에 토마스 아퀴나스는 그것을 '경건하게 믿을 만한 것'(pie creditur)으로만 보았다. 그렇

---

6) 이에 관한 상세한 내용은 다음 책을 보라: G. Greshake / J. Kremer, *Resurrectio mortuorum. Zum theologischen Verständnis der leiblichen Auferstehung*, Darmstadt, ^{2}1992, pp.180~181.
일부 신학자들〔그중에는 대(大) 알베르토, 보나벤투라, 젊은 시절의 토마스 아퀴나스, 벨라르미노(R.F.R. Bellarmin), 수아레즈 같은 걸출한 신학자들도 있다〕은 예수와 마리아 외에 다른 사람들도 종말론적 부활을 맞이했다는 이론을 옹호한다고 다음 두 책에 언급되어 있다: Rahner, *Assumptio*, pp.99~100; C.L. Rossetti di Valdalbero, *Novissimus Adam*, Città del Vaticano, 2010, p.229.

7) Rahner, *Assumptio*, p.76.

8) *Ibid.*, p.112.
이러한 확신은 사람들이 동일한 것을 특히 구원과 관련해 중요한 다른 인물들(예컨대 세례자 요한, 사도 요한, 성 요셉 등등)에게서도 받아들인 것보다 오히려 더 크게 들 수 있었다. 이와 관련해서는 앞에 언급된 문헌도 보라.

지만 늦어도 16세기 이후부터 마리아의 몽소승천(蒙召昇天, Assumptio)에 대한 가르침에 반기를 든 저명한 신학자는 더 이상 없었다. 이 신앙의 토대가 된 논증의 근거는 물론 절대적인 것은 아니었다. 비록 성령께서 빛을 비추고 계신다는 사실을 당시 사람들은 이미 알았고, 또 이를 강조했을지라도 말이다.

마리아의 무염시태에 대한 신앙은 몸의 부패(죄의 결과)에 대한 질문과 긴밀히 연관되었기에, 이 교리는 마리아가 하늘로 불러올림을 받았다는 확신을 1854년에 교의로 규정하는 데 있어서 영적 '윤활유' 역할을 하였다. 이 신앙을 교의로 장엄하게 선포하라는 내용의 일련의 청원서들에 이 '윤활유'가 작용을 하고 있었다.[9] 비오 12세 교황은 이 움직임을 주시했다. 앞서 비오 9세가 1854년에 원죄 없이 잉태된 마리아에 대한 가르침을 교의로 선포하기 위한 과정에서 시행한 것과 유사하게, 비오 12세는 이 신앙을 교의로 규정하는 게 가능한지 전 세계의 주교들에게 문의하였고, 대다수에게서 긍정적 답변을 받았다. 그리하여 1950년에 마리아의 몽소승천이 교의로 선포되었다.

이 교의가 제정되기에 앞서 열띤 논쟁이 벌어졌고, 일부에서는 신학적 논쟁도 벌어졌다. 특히 집중적으로 다룬 질문은 장엄한 사도들의 전승에 근거하지 않고, 성경과 전승에도 명확히 나와 있지 않은 하나의 진실을 하느님으로부터 밝혀진 것이라고 가르칠 수 있느냐는 것이었다. 이 교의의 제정을 옹호하는 이들은 이

---

9) 더 상세한 내용은 다음 책을 참조하라: Rahner, *Assumptio*, pp.82~83.
이 청원서들에 대해서 주기(M. Jugie, *La mort et l'assomption de la Sainte Vierge*, Rom, 1944, p.598)는 다음과 같이 기술한다. "이 청원서들은 역사적 오류, 외경 문헌, 성급히 일반화한 진술에 기댄 빈약한 논증들로 가득 차 있다."

문제와 관련해 교회의 살아 있는 신앙을 강조한 반면, 다른 사람들은 이따금 등장하는 일종의 '순환논증'(Zirkelschluss)에 주목했다. 마리아는 하늘로 불러올림을 받았다는 것이 교회에서 선포되고 믿게 되었으니, 이 진실은 '신앙의 유산'(depositum fidei)에 속한다는 것이다. 따라서 이 진실은 선포되고 믿게 된다는 것이다. 그 밖에 이 교의 제정을 옹호하는 이들에 맞서서 교회 일치 차원을 고려해야 한다는 견해도 있었고, 또한 오해를 일으킬 만하다는 견해 역시 표명되었다. 그렇다, 사람들은 이 시기에 곳곳에서 일어난 교회 일치 운동이 종말을 고하게 될까 봐 우려했던 것이다.[10]

이 교의에 대한 논증을 바탕으로 옹호하려는 사람들은 회칙 「지극히 관대하신 하느님」(*Munificentisssimus Deus*)에도 이 진실에 대한 논증이 실제로 "최종적 토대인 성경에 근거한다"(Sacris Litteris tamquam ultimo funddamento nituntur, *DH* 3900)라고 명시되어 있는 것처럼, 이 명제를 굳게 믿었다. 이 '토대'가 구체적으로 무엇이어야 하는지는 교의 제정 과정에서 벌어진 논쟁에서도, 그리고 이 회칙에서도 미결정된 상태로 남아 있다. 이 회칙은 개괄적으로 위에서 언급된 두 가지 논증을, 특히 창세기 3장 15절을 가리켜 보였고, 따라서 교부들의 해석(마리아는 둘째 아담인 그리스도의 '반려자'와 같은 존재로서 하와와 유사성을 지녔지만, 동시에 하와와 대조된다고 보았음)을 중요 주제로 다루었을지라도 말이다.

10) 반면에 융(C.G. Jung)은 이 교의에 대해서 매우 '극단적인' 입장을 보인다. 그에게 이 교의는 "종교개혁 시대 이후 가장 중요한 사건"으로 간주된다(*Antwort auf Hiob*, Zürich, 1952, p.160). 이에 관해서는 제2부 5.1.2.5.와 다음 글도 보라: W.A. Schulze, "Die Himmelfahrt Mariens bei C. G. Jung", in: *ThZ* 25(1969), pp. 215~218.

회칙 「지극히 관대하신 하느님」에서 개괄적으로만 언급된 성경적 논증은 이 책에서 주석학과 관련된 것을 다룬 장에서 구체적이고 상세히 알 수 있을 것이다. 마리아는 전적으로 '신앙인'이고, 따라서 신앙과 긴밀히 결부되어 있는 약속 또한 그녀에게서 특별한 방식으로 이루어진다. 마리아는 단순히 '중요한 인물의 어머니' 역할을 하는 것으로 그치지 않는다. 마리아의 신앙은 하느님께서 활동하시기 위해 마련해 두어야 하는 '빈자리'다. 이 '빈자리'에서 하느님께서 세상에 오실 수 있는 것이다. 마리아는 말하자면 꼭 필요한 '교두보'와 같은 역할이다. 하느님과 그분이 지어 내신 피조물 사이에 다리를 놓기 위해서다. 그러므로 마리아는 '하느님의 아들과 밀접하게 결합되어 계시며, 항상 그의 운명에 참여하시는 분'(divino Filio suo coniunctissima eiusque semper participans sortem)으로서, 구세사 속으로 들어가서 이미 구심점에 계신다. 이와 관련해 라너는 다음과 같이 말한다.

> '마리아의 노래'에서 "영원히 복되다고 기려지는 분은 동시에 영원히 잃어버린 이들 무리에 속할 수 없다. 이렇게 복된 분이라고 기리는 것은 단지 하나의 사건이나, '주님의 어머니'(루카 1,43)라는 사실을 무심히 지나쳐 가는 것을 의미하는 것은 아니다. 오히려 모든 구원이 원래 근거를 두고 있는 이 사건 때문에 주님의 어머니가 복되다고 기려지는 것이다. 그러나 '저세상에 들어갈 자격이 있고' 또한 '살아 있는 이'만이 기려질 수 있다(루카 20,27~38)."[11]

---

11) Rahner, *Assumptio*, p.131.

결국 중요한 것은, 이 회칙에는 '이전(Transitus) 전설'과 관련된 내용이 명시되어 있지는 않다는 것이다. (따라서 '이전 전설'은 결코 교의의 토대로 사용될 수는 없을 것이다.)

그럼에도, 1854년에 그 교의, 즉 마리아의 무염시태가 결정되었을 때와 유사하게, 이때(1950)에도 교의에 대한 새로운 '모델'이 구축되었다. 첫째, 신앙을 위협하는 이단적 견해에 맞선 대응은 일어나지 않았다. 둘째, 이런 맥락에서 이 교의는 먼저 단순히 이론적인 틀이 아닌, "하느님을 흠숭하고 찬미하는 틀"[12]에서 이해되어야 한다. 셋째, 이 교의는 공의회에서 결정된 것은 아니다. 비록 교황이 먼저 주교들에게 문의했을지라도 말이다. 넷째, 이 교의는 성경의 엄밀한 진술에 근거하지 않았다. 그 대신에 교회의 실제적인 (성령의 작용으로 이해된) 신앙이 결정적인 역할을 했다. 그러나 여기에는 어떤 위험성이 내포되어 있었다. 게오르크 죌에 따르면, "'신앙 감각'(sensus fidelium)은 교의를 탄생시키는 역할에서 나와 교의의 근거가 되는 역할로 밀려났다. (…) 전례가 '기도의 규칙은 신앙의 규칙을 정하기 위한 것'(Ut lex orandi statuat legem credendi)이라고 말하고 있는데, 여기서는 작용과 원인이 뒤바뀐 것이라고 생각될 수도 있는 원칙과 결부되어 있는 듯하다."[13] 결국 이 교의는 "신앙을 통해 조명된 이성에 의해서 추론되는 직관적 이해에만 근거를 둔 것"[14]이라고 죌은 다시 한번 말하고 있다.

---

12) Courth, *Mariologie*, p.380.

13) Söll, *Mariologie*, p.216.
이 책(p.218)에 1854년과 1950년에 각각 반포된 두 교의의 유사성이 내용적·형식적 관점에서 분석되어 있다.

14) *Ibid.*, p.232.

5.2. 관련된 신앙 진술과 해석

5.2.1. 텍스트 해석

이 교의가 지닌 본래적이고, 엄밀한 의미에서는 마리아와 관련된 내용이 별반 광범위하지 않고, 다음과 같은 핵심적 진술에 국한된다.

> "하느님의 어머니, 죄에 물들지 않고 평생 동정이신 마리아가 지상에서의 삶을 마치시고 몸과 영혼과 함께 영광스럽게 하늘에 올림을 받으셨다는 것은 하느님으로부터 밝혀진 신앙의 진리다"(*DH* 3903).

간단히 말하자면 이렇다. 마리아는 하느님의 생명 안에서 완성되었다. 마리아는 특별한 방식으로 그리스도의 영광을 나누어 받았다. 따라서 이 교의에는 마리아가 삶을 어떻게 마감했는지에 관한 상세한 내용이 전혀 언급되지 않았다. 마리아는 실제로 죽었는지,[15] 시신은 남아 있었는지 아니면 누군가가 가져갔는지,

---

15) 마리아의 무염시태로부터 ("죄의 대가"는 죽음이기 때문에) 마리아는 죽지 않았다는 결과를 끌어낸 신학자들('불멸'을 주장하는 이들)이 있었고 지금도 있다. 이 논증에

마리아의 무덤은 비어 있었는지 등에 관해서도 언급된 바가 없다. 마지막 문구는 기이하게 여겨질지도 모른다. '몸의 완성', 통상적으로 '몸의 부활'로 표현되는 것은 흔히 다음과 같은 상상을 불러일으키기 때문이다. 시신 내지 그런 형태로 남아 있는 것은 무덤에서 끌어내어져 영광스러운 육체성으로 변모될 거라는 것이다. 그러나 이 같은 상상은 의혹을 일으킨다. 그렇다, 이런 상상은 터무니없는 것이다. 인간의 몸이 지닌 동일함은 물질을 구성하는 (유기체의 삶이 진행되면서 끊임없이 달라지거나 떨어져 나가고 다른 자리를 잡는) 조각들의 동일함이 아닌 정신, 영혼의 동일함에서 성립하기 때문이다.

토마스 아퀴나스는 이러한 인간학적 구상을 논리정연하게 전개하고 옹호했다. 그에게 중요한 것은 '영혼은 몸의 유일한 형상'(Anima - unica forma corporis)으로, 이는 다음과 같은 뜻이다. 즉, 영혼과 몸은 인간 안에서 분리되었거나 분리될 수 있는 실재(實在)가 아니라, 살아 있는 몸과 영혼이 일치를 이뤄야 인간임이 실현된다. 이렇게 몸과 영혼이 일치해야만 영혼의 존립 행위(영혼이 '존재함')는 몸의 존립 행위일 수 있다는 것이다. 영혼은 자신이 "존재함을 물질(몸)에 전달해 주기"[16] 때문이다. 토마스에 따르면, (엄밀히 말하면) 인간은 단순히 몸과 영혼으로 이루어지지 않았다. 인간은 그렇게 구성되지 않았다. 오히려 "늘 하나이자 온전한 인간만이, 특히 영혼과 몸을 온전히 지닌 인간만이 실제적이다. 따라서 영혼과 몸에 관한 진술은 가정적으로 온전한 인

대한 의구심과 마리아의 죽음에 대해 숙고한 점들과 관련해서는 다음 책을 보라: Rahner, *Assumptio*, pp.133~182.

16) Thomas v. Aquin, *ScG* II, p.78.

간에게 적용될 수 있다."[17] 그러므로 인간 몸의 실재는 "다름 아닌 바로 그의 실제적 영혼이다. 이 영혼이 자기 자신을 표현하고 앞서 주어진 시공간에서 묘사함으로써만 실제로 존재할 수 있는 한 말이다. (…) 인간은 하나이자 늘 온전한 실재라는 관점에서 보면, 이런 까닭에 몸은 단순히 영혼과 다른 그 무엇이 아니다. 오히려 영혼은 스스로 자신의 '외적 체험' 안에, 세속적이고 시공간적으로 자신에게 주어진 것 안에 있다."[18]

인간이 지닌 이러한 '양극성'(Doppelpoligkeit)은 다음과 같이 구체화될 수 있다. 하나이자 온전한 인간은 영혼인데, 이는 그가 하느님의 모상, 하느님의 말씀을 받아들이는 자, 하느님의 사랑을 받는 대상인 한 그러하다. 간략히 말하자면, 그가 '하느님 앞에' 서 있고, 이로써 모든 유한한 조건을 뛰어넘고, 자신의 완성을 창조주 안에서만 찾는 한 그러하다. 하나이자 온전한 인간은 몸이라고 할 수 있는데, 이는 그가 자신을 본질적으로 규정짓는 하느님과의 관계(그의 '영혼이 존재함')를 개인의 내면성이나 혹은 직접적인 내면성을 통해서가 아니라, 지상의 현실적인 삶 안에서 다른 사람들과의 관계를 통해 하느님과의 관계를 이루는 한 그러하다. 단지 '개인적 육체성' 그 이상을 의미하는 차원에서 '몸'이라는 개념은 바로 그것을 대변한다. 몸은 오히려 인간이 살아가면서 세상 속으로 들어가 자신을 표현하고 그런 가운데 늘 세상의 일부를 표현하고, 또 세상에 의해 자신이 표현되기 위한 조

---

17) J.B. Metz, "Seele", in: *LThK* ²9, pp.570~573, 여기서는 p.570.

18) J.B. Metz, "Caro cardo salutis", in: *Hochland* 55(1962), pp.97~107, 여기서는 pp.103~104.

건이다. 따라서 몸은 '세상이라는 거대한 몸'을 통해 인간을 다른 사람들과 긴밀히 결속시키는 그 무엇이다. 몸은 인간이 '하느님 앞에' 설 수 있도록(영혼이 그렇게 할 수 있다), 인간이 하느님과의 관계를 (긍정적으로 혹은 부정적으로) '실현'하도록, 그러니까 세상 속으로, 그러니까 사람들과 폭넓은 관계 속으로 들어가고, 이로써 다른 사람들과 함께 있고 그들을 위해 존재하면서, 자신과의, 그리고 하느님과의 관계를 실현하도록 영향을 미친다.

영혼이 몸의 유일한 형상이고 죽음을 넘어 인간의 전 존재와 몸 전체도 품는다면, 이는 인간의 종말론적 완성을 위해 다음 두 가지 결과를 가져온다.

(1) 영혼이 완성되면서, 그리고 영혼이 완성됨으로써 몸도 완성된다. 다시 말해 영혼이 완성되면서, 동시에 지상적 삶의 '결과'도 내게 된다. 이는 한편으로는 개인이 활동하고 고통을 겪으며 살아온 삶이 맺은 열매, 영원히 우리 안에 비축된 열매를 의미한다. 다른 한편으로는 본래의 활동(늘 함께 그리고 서로를 위해 활동하는 것)이 긍정적으로 또는 부정적으로 '실현'되고, 그 안으로 흘러 들어간 많은 '일들'(opera)도 의미한다. 따라서 죽음을 맞이한 사람은 자기 삶에서 일어난 일을 그저 내버려 두게 되지 않는다. 오히려 영혼을 통해 중개됨으로써 하느님과 함께 영원히 복된 생명 속으로 들어간다. 그러므로 우리는 죽을 때 '세상의 일부'를, 자기 몸과 주변 세계와 관련해 우리의 판단에 맡겨진 것을 하느님께 가져간다. "모든 활동을 통하여 우리가 협

력하는 정도는 미미할 뿐이다. 그러나 우리는 실제로 충만함을 이루기 위해 협력한다."[19] 따라서 '하늘'은 단순히 이미 '완성된 것'이라고 할 수 없다. 하늘은 아직 '생성 중'에 있다. 하늘은 시간의 흐름에 따라서 차츰 완전한 모습을 '갖추게' 된다.[20]

(2) (세상에 존재함과 자신이 살아온 삶의 결과가 깃들어 있는) 부활한 몸의 동일성은 물질의 동일성이 아니라, 영혼의 동일성을 통해서만 보증된다. 이에 따라 몸의 부활은 남아 있는 시신과 아무 관계가 없다. 오히려 물질(몸) 안에서 자신을 표현하고 실현하기 위해, 그러니까 앞으로도 세상과 관계를 맺고 사람들과 결속하기 위해 이번에도 물질(몸)에 '정보를 주도록' 영혼에 권한이 부여되었음을 의미한다.

이처럼 철저히 토마스의 신학에 따른 구상은 마리아가 하늘에 불러올림을 받았다는 것을 이해하는 데 다음과 같은 지대한 결과를 가져왔다.

---

19) P. Teilhard de Chardin, *Der göttliche Bereich*, 독일어 번역본: Olten-Freiburg, ⁵1965, p.42.
라너도 같은 방향에서 이렇게 기술한다. "창조 세계 전체, 세상은 몸과 정신을 지닌 사람들 안으로 들어가고 그들을 통하여 성장한다. 그들의 '몸'은 말하자면 그들 자신이고, 죽음을 통해 그들은 서서히 최종 상태로 들어간다"(*Zur Theologie des Todes* = *QD* 2, Freiburg i. Br., 1958, p.28).

20) 이에 관해서는 다음 문헌들을 참조하라: J.B. Metz, *Zur Theologie der Welt*, Mainz-München, 1968, p.86; M. Flick / Z. Alszeghy, "Teologia della Storia", in: *Greg.* 35(1964), p.298.
위 문장에서 "통해(서도)"라고 묘사한 이유는, 하늘은 우리가 경기장에서 달린다고 해서 하느님으로부터 받을 수 있는 '상'(1코린 9,24~25 참조)이 아니라 무엇보다 "하느님께서 마련하신 건물, 곧 사람 손으로 짓지 않은 영원한 집"(2코린 5,1)이기 때문이다.

(1) 칼 라너가 그렇게 생각하듯이, 이 교의에 관한 회칙이 마리아의 빈 무덤을 '암시한' 것처럼 비치고 따라서 마리아의 시신은 부패하지 않았음을 넌지시 가정할지라도, 이는 관련된 교의의 대상이 아니고,[21] 이로써 자유로운 신학적 해석의 대상일 수 있다. 따라서 사람들이 토마스가 제시한 인간학의 원칙에서 출발하고 그것을 종말론 쪽으로 끌고 간다면,[22] 이는 마리아가 하늘에 불러올림을 받았다는 확신은 시신과 무덤에서 기적이 일어나지 않았음을 암시한다는 뜻이다.

(2) 더 중요한 것이 있다. 몸이 하늘에 불러올림을 받았다는 것은 마리아의 '무언가'가, 즉 그녀의 몸이 희생되었다는 의미가 아니라, (대다수의 고인에게는 '최후의 심판' 때까지 몸이 없다) '몸'이 예전처럼 움직이면서 사람들과 소통하고 연대하며 관계를 이룬다는 뜻이다. 마리아 안에서 서로 연결된 세상의 탁월한 '일부'가 이미 완성되었고, 이런 까닭에 마리아는 특별한 방식으로 앞으로도 세상과 관계를 맺는다. 구체적으로 말하자면, 마리아는 사람들 안에, 그리고 '성인들의 통공'(communio sanctorum) 안에 있다. 이런 의

---

21) 라너(*Assumptio*, p.101)와 뮐러(A. Müller, *Marias Stellung*, pp.494. 497)도 그렇게 생각한다.

22) 라너(*Assumptio*, p.172)는 이 같은 견해를 지닌 중요하고 저명한 신학자들 이름을 댄다.
토마스의 인간학이 종말론에 미친 결과는 물론 오베뉴의 베드로와 파리의 요한, 야콥 폰 메츠를 통해 이끌어졌고, 그들은 이 이론을 생 푸르생의 두란두스(Durandus von St. Pourçain)에게 전해 주었으며, 그는 이 이론을 계속 전했다. 이에 관한 더 상세한 내용은 다음 글을 참조하라: G. Greshake, "'Seele' in der Geschichte der christlichen Eschatologie", in: W. Breuning(Hrsg.), *Seele. Problembegriff christlicher Eschatologie* = *QD* 106, Freiburg i. Br., 1986, pp.107~157.

미에서 마리아는 하나이자 온전한 인간으로 완성되었다.[23]

(3) 물론 이 경우에 '완성'은 유사한 개념으로 이해될 수 있다. 하늘이 여전히 '생성 중에' 있다면, 개인의 완성도 아직 온전히 종결될 수 없기 때문이다. 이는 역사가 끝날 때 모든 사람이 완성되고 하느님께서 실제로 "모든 것 안에서 모든 것이 되셔"(1코린 15,28)야 이루어질 수 있다.

5.2.2. 제2차 바티칸 공의회 이후의 해석들

제2차 바티칸 공의회 이후에 마리아가 하늘에 불러올림을 받은 것에 관한 신앙 진술은 두 가지 방향에서 새롭게 해석되었다.

5.2.2.1. 마리아론으로부터

공의회의 마리아론은 고립된 곳에 있던 마리아를 다시 교회의 전체 속으로 끌어들였다. 이런 흐름을 타고 1950년에 반포된 교의 또한 마리아에 관한 배타적인 진술이라고 이해하지 말고, (마리아가 모든 신앙인에게 다가가듯이) 육신적인, 그러니까 온전한

---

23) 정확히 표현하면, 마리아의 몸과 영혼은 완성된 게 아니라, 마리아가 직접 자신의 존재 전체를 규정한 것이다. 그렇기 때문에 〔라너(*Assumptio*, p.329)는 이 점에 주목한다.〕 이 교의를 다음과 같이 번역하는 게 더 정확할 것이다. "마리아는 지상에서의 삶을 마친 뒤에 몸과 영혼과 함께 천상의 영광 속으로 받아들여졌다."

종말론적 완성이 강조된 것이라고 이해해야 한다는 목소리들이 크게 터져 나왔다. 이런 맥락에서 오트마르 실링(Otmar Schilling)은 성경적 인간학을 규명하는 틀에서 이 교의에 관해 다음과 같이 기술한다. “영혼이 과도하게 강조된 측면에서 교회는 여기서, 즉 1950년에 반포된 교의에서, 성경적 영감을 증명하고 인간의 구원 및 종말론적 전체성을 지각했다. (…) 공의회의 이 같은 결정은 모두를 위한 개인적 종말론을 밝혀내지 못한다는 점에서 완전한 의미를 지닐 수 있을까? 이로써 마리아를 그 고립된 곳에서 끌어낼 수 있을까?”[24)]

이러한 매우 신중한 물음이 제기된 지 얼마 뒤에 플라나간(D. Flanagan)이 「종말론과 마리아는 하늘에 올림을 받았음」(이 문구는 자주 인용되었음)이라는 제목의 글에서 이 교의의 관점과 관련해서 다음과 같은 명제를 제시했다. “마리아가 하늘에 불러올림을 받았다는 결정도, 그리스도교 전승도 (…) 배타적 태도를 취하지 않는다. 이 두 가지를 토대로 마리아 외에 다른 모든 사람은 마지막 때에 영광스러운 상태를 맞이할 수 없다고 주장할 수는 없다.”[25)]

사실은 이렇다. 1854년에 반포된 교의는 무염시태의 관점에서 마리아의 ‘특전’(singulare prorsus privilegium)에 관해 기술한 반면, 1950년에 반포된 회칙에는 이에 관한 언급이 전혀 없다. (물론 비오 12세가 이 교의 제정 때 했던 설교에서는 그렇지 않다.) 그

---

24) O. Schilling, *Geist und Materie in biblischer Hinsicht. Ein exegetischer Beitrag zur Diskussion um Teilhard de Chardin* = *SBS* 25, Stuttgart, 1967, p.32.

25) in: *Conc.* 5(1969), pp.60~65, 여기서는 p.65. 다음 글도 이와 유사한 내용을 담고 있다: J.M. Hernández Martínez, “La saución de Maria como paradigma de eschatologia cristiana”, in: *EphMar* 50(2000), pp.249~271.

이유를 말하자면, 앞선 논쟁에서는 적어도 구약성경의 몇몇 의인이 그리스도와 함께 부활했다는 성경적 진술(마태 27,52~53)과 예언자들과 성조들이 부활했다는 신학적 전승은 다뤄지지 않았기 때문이다. 이렇게 이 회칙은 1854년에 반포된 교의와 대조적으로 마리아의 '특전'에 관해 기술하지 않았기에, 플라나간은 마리아에 관한 진술을 모든 이에게도 중요하다고 해석하는 것을 심지어 '권고할 만한 것'이라고 여긴다.[26]

그리스도론적 관점에서 보면 그러한 해석은 더욱 권고된다. 아돌프 다르라프(Adolf Darlap)에 따르면, 그리스도는 하느님의 영광 가운데 부활한 분으로서 우리가 그 이외에 달리 생각할 수 없기 때문이다. 그분은 "인간으로서 인간 공동체 안에 계셨기 때문이다. 그러므로 누군가가 마지막 때에 완성되어 부활하신 그리스도와 함께 영광스럽게 하늘에 받아들여진다는 이론은 형이상학적 차원에서 볼 때 자명한 것이라는 견해도 나올 수 있다."[27] 여기

---

26) 이에 맞서 라너는 1951년에 펴낸 책에서 다음과 같이 명시했다. "이 회칙의 (물론 이런 점에서 오류가 없는 결정이 아닌) 가르침은 (…) 최근에 여기저기서 주장되었거나 추종되었을 견해와 일치하지 않는다. 그 견해에 따르면, 모든 사람의 '부활'은 개인의 죽음에 곧바로 이어지는 사건이다. 그러므로 부활은 '최후의 심판' 때 원래 하나의 과정을, 그리스도 이후 세월이 흐르면서 공존하는 과정의 종지부일 뿐이다"(*Ibid.*, p.100). 이로써 라너는 이 회칙에 거부하는 태도를 보인 게 분명하다. 그는 죽은 사람의 '정상적인' 운명으로서 영혼이 복된 천상으로 들어간다고 주장했으며, 영혼은 '우주로 돌아간다'라고 생각하면서 이를 보완했다. 그렇지만 라너는 세월이 흐르면서 이러한 입장을 '죽어서 부활'하는 방향으로 대폭 수정했다. 이 주제와 관련해 그가 나중에 진술한 내용을 추칼(S. Zucal)이 자신의 책(*La teologia della morte in Karl Rahner*, Bologna, 1882) 서문에 다음과 같이 기술한다. "나는 (…) 죽은 뒤에 영혼이 '우주로' 돌아간다는 사고를 나중에 내려놓을 수 있었음을 떠올린다. (…) 사후에 몸과 영혼의 관계에 관해 그레사케가 제시한 이론을 대체로 옹호하기 때문이다."

27) A. Darlap, "Fundamentale Theologie der Heilsgeschichte", in: *MySal* I, p.76. 다르라프 이전에 라너(*Assumptio*, pp.505~506)도 이미 다음과 같이 기술했다. "그리스도의 변모된 육체성이 그사이에 (…) 육체성과 관련해 생각할 수 없는 절대 고독 속에 있었다면, 그분의 육체성은 (우리가 이를 진지하게 받아들이고 그분이 영원히 '하느님과 관계를 이룸'이라는 다른 표현으로 영성화하지 않는다면) '최후의 심판' 때까지

서 '누군가'는 마리아에게만 국한되지 않을 것이다.

그렇지만 이 교의가 널리 알려지면서 개인뿐만 아니라, 모든 사람에게도 중요해졌다. 모든 사람을 한 개인으로 바라보게 된 것이다. 마리아는 성경에 따라 단지 한 개인 이상이라는 것, 오히려 마리아는 전체적으로 볼 때 하느님의 백성을, 따라서 '그리스도의 몸' 전체를 대변한다는 것을 우리가 유념한다면, 마리아가 하늘에 올림을 받은 것은 마리아가 신앙인들의 '집단적 인격'을 드러내고 있다는 것을 의미한다. 다시 말해 이런 뜻이다. "하느님께서는 그리스도 예수님 안에서 우리를 그분과 함께 일으키시고 그분과 함께 하늘에 앉히셨습니다"(에페 2,6). 교회인 신부와 어린양의 혼인식은 준비가 아직 안 된 것이 아니라, 이미 시작되었다. 구세사는 이미 완성되어 가고 있다. 그 궁극적 목표, 곧 그리스도의 몸을 이루는 모든 지체가 완성에 이르는 것은 아직 이루어지지 않았을지라도 말이다.

어떻게 해야 궁극적인 목표에 도달할 수 있을까? 몸의 '머리'이신 그리스도는 이미 완성되시지 않았는가? 그리고 그분은 천국에 간 사람들과 함께 당신의 모든 지체가 완성되기를 기다리지 않으시는가? 이 질문에 오리게네스가 탁월하면서도 감동을 주는 말을 한다.

> "사도들은 (완전한) 기쁨을 누리지 않았습니다. 사도들은 내가 자신들의 기쁨을 나누어 받기를 바랍니다. 지상에서 거룩하게 보이는 이들(성인들)도 자신들의 공로에 대한 완전한 보상을 즉

원래 무엇이어야 했을까?"

시 받지 않고 우리를 기다리기 때문입니다. (…) 우리와 함께 완전한 지복을 누리기 위해서입니다. (…) 다시 말해 몸은 부활합니다. (…) 지체는 많지만, 몸은 하나입니다. 눈은 손에게 '나는 네가 필요 없다'라고 말할 수 없습니다. 눈은 소중하고 볼 수 있더라도, 다른 지체들에는 눈이 없습니다. 눈은 언제 기뻐합니까? (…) 그대가 거룩한 사람으로서 지상에서 다른 사람들과 분리된다면 기뻐하리라는 것은 분명합니다. 그러나 그 어떤 지체도 그대에게 더 이상 부족하지 않아야 완전히 기뻐할 것입니다. 다른 사람들이 그대를 기다렸듯이, 그대도 기다리십시오. 그러나 지체인 그대에게 어느 한 지체가 없는 한 아직 완전히 기뻐할 수 없다면, 이 몸의 머리이자 근원이신 우리 주 구세주는 얼마나 많은 기쁨을 누리지 못하실까요? 당신 몸의 지체들이 당신에게 없다면 기쁨을 전혀 누릴 수 없지 않으실까요? (…) 그대 없이는, 다시 말해 당신의 백성 없이는, 당신의 몸과 당신의 지체들 없이는 그분은 영광을 받으려 하지 않으십니다."[28]

이에 비추어 그리스도께서 아직 궁극적인 완성에 이르지 못하고 기다려야 하신다면(참조: 히브 10,13; 1코린 15,24~25), 이는 마리아에게도 해당한다. 더 정확히 말하자면, 개인으로서의 마리아와 교회인 마리아에게도 해당한다. 마리아에게도 '궁극적' 완성은 아직 오지 않았다. 언젠가 "하느님께서 모든 것 안에서 모든 것이 되실" 때까지.[29]

---

28) Origenes, *Hom. in Lev 7,2*(*SC* 286, pp.308~309).

29) 라너(*Assumptio*, p.241)도 그와 같이 생각한다. 일련의 고대 교회의 본기도에도 이와 연관된 내용이 나와 있다. 모든 이의 완성을 위한 기도를 비롯해 마리아에게 바치는 기도도 들어 있다. 예를 들어 다음 책들을 참조하라: Liturgia SS. Apostolorum

5.2.2.2. '죽은 후 부활함'이라는 개념으로부터

20세기 중반에 이미 (처음에는 마리아의 몽소승천 교의와 전혀 무관하게) '죽은 후 부활함'이라는 구상이 점점 더 전개되었다. 이로써 가톨릭 신학은 개신교 신학자들 쪽에서 나온 요구를 자신에게 맞게 수용했다. 이 요구에 따르면, 사후에 몸과 분리되어 복된 하늘로 들어가는 영혼의 불멸에 관한 말은 성경적이지 않고, 성경의 가르침에도 어긋난다. 이를 통해서 개신교 신학자들은 인간의 영혼이 죽은 후에 완성되는 것과 인간의 몸이 마지막 때에 부활하여 완성되는 것 사이에는 틈이 있다는 전통적 가르침을 시대에 뒤떨어진 것이라고 주장했다. "부활이지, (영혼의) 불멸이 아니다!" 이것이 그리스도인들의 모토가 되어야 한다는 주장이다. 개신교의 새로운 종말론에서 이렇게 암호를 사용한 이유는 다양하며, 여기서 되풀이하고 설명할 필요는 없어 보인다.[30] 가톨릭 신학자들이 전반적으로 영혼의 실재를 부인하지도 않았고, 인간은 '완전히 죽은' 뒤에 마지막 때에 무로부터(ex ni-

---

Addei et Maria in F.E. Brigtman, *Liturgies Eastern and Western*, Oxford, 1896, pp.275~276; A. Hänggi / I. Pahl, *Prex eucharistica*, Fribourg, 1968, p.107 이하.

30) 이에 관해서는 다음 문헌들을 참조하라: M. Schmaus, "Unsterblichkeit der Geistseele oder Auferstehung der Toten?", in: H. Schlink / H. Volk(Hrsg.). *Pro Vertitate* = *FS* L. Jäger u. Stählin, Münster-Kassel, 1963, pp.311~337; A. Ahlbrecht, *Tod und Unsterblichkeit*, Paderborn, 1964; G. Greshake, "Das Verhältnis von 'Unsterblichkeit der Seele' und 'Auferstehung des Leibes' in problemgeschichtlicher Sicht", in: G. Greshake / G. Lohfink, *Naherwartung - Auferstehung - Unsterblichkeit* = *QD* 71, Freiburg i. Br., [4]1982, pp.82~120[이 장의 내용은 다음 글에 개정되어 나와 있다: in: G. Brüntrup / M. Rugel / M. Schwartz(Hrsg.), *Auferstehung des Leibes - Unsterblichkeit der Seele*, Stuttgart, 2010, pp.25~42].

hilo) 부활한다는 개신교의 논제도 수용했을지라도, 그들은 주석학적이고 신학사적인 측면에서, 그리고 사변적인 연구와 성찰을 토대로 이와 유사한 결과를 내놓았다.[31]

이런 맥락에서 당시에 새롭게 해석된 종말론의 선구자였던 요셉 라칭거는 1968년에 다음과 같이 기술했다. 몸의 부활은 "분리되지 않은 한 인간의 구원"을 의미하지, 오랜 중간 시기가 지난 뒤에 "몸을 되돌려 받는다는 사고"를 의미하지 않는다.[32] 사람들이 이러한 견해를 출발점으로 받아들이면, 죽은 이에게 하느님으로부터 이루어지는 것과 세상 종말 때 사람들이 갈망할 수 있는 것 사이에는 당연히 '긴장'이 생길 수밖에 없다. 이 '긴장'은 두 단계, 곧 '분리된 영혼'(anima separata)이 완성되는 것과 개인의 몸이 완성되는 것 사이에 감도는 극적인 것이라고 더 이상 이해되지는 않는다. 종말론적 완성을 생각하는 이러한 고전적 모델, 그러니까 영혼의 완성과 (개인의) 몸의 완성 사이에 틈이 있다는 주장은 (사람들이 가리킬 수 있고 또 자주 가리켜졌듯이) 부활에 대한 신앙을 외부로부터 더욱 키워가게 되었다. 그렇다, 부활에 대한 신앙은 그리스 철학과, 그리고 특히 육체를 적대시한 영지주의와 대결함으로써 더욱 촉구되었다.[33]

---

31) '죽은 후 부활함'이라는 이론의 대표자들이 다음 문헌들에 명시되어 있다: M. Dumais, "Resurrection au moment de la mort?", in: L. Audet u.a., *Resurrection Esperance humaine et don de Dieu*, Paris u.a., 1971, pp.68~69(Lit.); W. Breuning, "Systematische Entfaltung der eschatologischen Aussagen", in: *MySal.* V, pp.838~839; Greshake / Kremer, *Resurrectio*, p.254. 이 문헌들에 신학자들 이름이 적혀 있는 줄은 시간이 지나면서 눈에 띄게 길어졌을 것이다.

32) Ratzinger, *Einführung*, pp.289~300. 다음 글도 보라: Ratzinger, "Auferstehung", in: *SM* 1, pp.390~402. 나아가 다음 책도 참조하라: H. Sonnenmans, *Seele. Unsterblichkeit - Auferstehung*, Freiburg i. Br., 1984, pp.434~440.

이에 맞서 일련의 현대 가톨릭 신학자들(추측하건대 대다수)[34]은 위대한 완성의 두 단계를 규정한다. 첫째 단계는 (몸과 영혼을 지닌) 온전한 인간이 한 개인(Individuum)으로서 죽은 후에 완성되는 것이다. 둘째 단계는 인류 전체가 세상 종말 때에 완성되는 것이다. (개인은 본질적으로 인류의 구성원이고, 인류가 없다면 나중에 궁극적 완성에 도달할 수도 없다.)[35] 이에 비추어 볼 때, 죽은 후에 개인의 전적인 완성을 부활로 이해하고, 또 그렇게 표

33) 이와 관련해서는 다음 책을 보라: Greshake / Kremer, *Resurrectio*, p.168 이하. 요약하면 다음과 같다. 사후에 영혼이 몸과 분리되어 기다리는 중간 상태, 부활한 몸에 대한 생리학적 시각, 온전히 성경적으로 이해되는 육(sarx)이 인간의 '일부'(몸)로 환원된다는 새로운 해석은 당시의 상황에서 지극히 옳게 제시된 수단들이었다. 다시 말해 축소되고 왜곡된 완성에 대한 표상에 맞서 피조물의 통합적이고 물질적인 것도 포용하는 선함에 대한 신앙과 세상을 향한 하느님의 성실하심에 대한 신앙을 관철하기 위해 제시된 수단들이었다. 물론 원래 부활에 대한 신앙과 함께 생겨난, 사후에 개인의 완성과 마지막 때에 우주의 완성 사이에 생겨난 긴장은 개인을 주시하는 가운데 영혼의 완성과 몸의 완성 사이에 생긴 긴장으로 바뀌었다. 나아가 몸, '물질'인 몸에 대한 '생리학적' 시각은 오늘날의 자연과학에 비추어 볼 때 시대에 뒤떨어진 것이다. 이에 관해서는 가령 다음 책을 보라: H.-P. Dürr, *Es gibt keine Materie!*, Amerang, [2]2012.

34) 짐작되는 소수는 라칭거에 의해서 알려졌다. 이와 관련해 그가 제기하는 이의들에 대해서는 다음 책을 보라: J. Ratzinger, *Eschatologie - Tod und ewiges Leben*, Regensburg, 1977, pp.91~160; 개정판 [6]1990, pp.211~226; 두 번째 개정판 2007, pp.90~132. 207~229. 라칭거와 다른 신학자들이 제기한 이의들과 내가 단호히 대결한 점은 다음 글에서 볼 수 있다: G. Greshake, "Auferstehung im Tod. Ein 'parteitischer' Rückblick", in: *TheolPhil* 73(1998), pp.538~557.

35) 몇몇 신학자들은 하느님이 시간의 제한을 받지 않으신다는 것에 근거하여 실제적인 '동시 발생'(Zusammenfall) 내지 이 두 단계가 '하나로 일치함'(In-eine-Fallen)을 주장한다. 다른 신학자들(예컨대 로핑크)은 차별화된 시간 개념(aevum)을 제시한다. 이에 반대하는 내용이 담긴 다음 책을 보라: Greshake, *Auferstehung im Tod*, pp. 545~546. 일련의 신학자들[특히 요하나 라너(Johanna Rahner, *Einführung in die christliche Eschatologie*, Freiburg i. Br., 2010, p.195)]이 나에 의해 대표되는 견해, 그러니까 종말 때에는 하나로 일치한다는 견해를 비방하는 것은 화가 난다. 이에 맞서 나는 (이 주제에 관해 내가 처음으로 다룬 책부터 시작하여) 하늘은 늘 '생성 중에' 있음과 따라서 사후에 이루어지는 것과 종말 때에 이루어지는 것의 다름을 강조했다. 그동안 여러 책을 펴내면서 등장한 오해들에 맞서 나를 지켰는데, 지금까지 성과는 나오지 않았다. 내가 제시한 명제들은 로핑크가 제사한 명제들과 늘 동등한 위치에 있다. 존경받는 동료 신학자들이 제대로 읽지 않거나 여전히 서로 표절한다는 생각이 들 수도 있다.

현하는 것은 의미 있다. 그렇다, 그것은 필수적이다.

이렇게 말하는 것은 성경에 근거한 신앙을 전하고 선포하는 것에 부합한다.[36] 성경에서 '부활' (비유적) 개념은 다양하고도 중요한 의미를 지닌다. 신약성경에서 예컨대 세례는 (그리스도인의 삶과 죽음도 그러하듯이) 그리스도와 함께 죽고 부활하는 것이라고 이해할 수 있다. 따라서 세례 때 우리에게 선사된 새 생명은 부활하는 것 내지 부활 자체를 의미한다(가령 로마서 6장 참조). 따라서 부활은 신앙의 여정 전체를 특징짓는다. 신앙과 사랑이 실현되는 것도 요한 작품에서는 부활이라 일컬어지기 때문이다(가령 1요한 3,14 참조). 마찬가지로 사후에 인간이 그리스도와 함께 있음은 코린토 2서 5장 8절에 비추어 볼 때 적어도 부활을 의미하는 것이라고 보인다. 사람들이 죽음의 '내면'에, 그러니까 인간이 그리스도와 함께 죽음 앞에 서고 자기주장을 포기하도록, 그리고 즉시 예수 그리스도를 믿고 희망하고 사랑하면서 아버지의 손에 자신을 맡기도록 요구받는 순간에 비로소 '부활'이라는

---

36) 다음 신학자들은 '죽은 후 부활함'에 대해 주석학적 논증을 제시한다: P. Benoit, "Résurrection à la fin des temps ou de la mort?", in: *Conc.* 60(1970), pp.91~100; F.-X. Durwell, *Regard chrétiens sur l'au-delá*, Paris, 1994; J. Kremer, "Auferstehung der Toten in bibeltheologischer Sicht", in: Greshake / Kremer, *Resurrectio*, pp.5~161.
로세티(Rossetti, *Novissimus*, pp.179~231)는 매우 독자적인 주석학적 근거를 제시한다. 그는 묵시록 20장 1~6절에 나오는 "첫 번째 부활"과 "천 년"이라는 논쟁의 여지가 있는 단어들에 주목하며 이렇게 해석한다. 모든 의인과 순교자들은 죽은 뒤에 즉시, 최후의 심판 전에 생명이 '한시적으로'('천 년') 충만해져서 몸이 부활한다는 것이다. 그렇지만 이러한 '충만함'은 최종적인 하느님 나라의 영원함과 동일시되지 않으리라. '두 번째 부활' 때에야 비로소 보편적 부활이 생명으로 아니면 저주로 실현될 것이다. 이 '두 번째 부활' 때까지 의롭고 거룩한 상태를 실현하지 못한 사람들은 '정화되는' 상태에 있게 된다. 저자는 이렇게 해석하기 위해 성경과 교부신학을 토대로 많은 논증을 제시한다. 그렇지만 이 논증들은 이런 형태로는 나를 설득하지 못한다. 이제는 그와 더 길게 대결할 마음이 들지 않는다. 그러나 그는 마리아의 승천 교의와 관련하여 '상대화하는 결과'를 주시한다.

말을 듣게 된다면, 이는 매우 불운한 일이리라. 그리스도인의 죽음은 세례의 의미가 가장 잘 받아들여진 것이므로, 이때 극명한 방식으로 부활이 이루어지는 것이다. 단지 영혼이 몸과 분리되어 불멸하는 것은 아니다. 그리스도와 함께 있는 복된 존재이기는 하지만, 부활한 상태이거나, 그분의 부활에 동참함을 의미하지 않는 '상태'로 들어가는 것도 아니다.[37]

'죽음 직후 부활함'이라는 사고는 영혼이 몸과 분리되어 몸 없이 불멸한다는 생각에 맞서, 인간은 사후에도 복된 상태에서 육체를 갖춘 모습으로 있으며, 결코 '영혼'(몸과 분리된 영혼)으로만 실현될 수 없음을 밝혀내야 한다. 그 이유는 이렇다. 몸은 영의 '표현'이고, 이에 따라 주체가 자신을 세상에 드러낸다면, 죽음은 이렇게 시간과 공간의 제약을 받는 상태가 종결되었음을 의미하는 것이지, 세상에 살면서 자신이 실현해 낸 것들이나 사람들과의 활기찬 관계로 얻은 '결실'이 사라진다는 것을 의미하지는 않기 때문이다. 몸(과 역사와 세상도)은 죽은 후에 단순히 뒤에 남겨지는 것이 아니라, 주체 안에서 최종 상태에 이른다. 인간은 죽은 후에 하느님과 만나면서 자신의 '육체성', 곧 세상과 역사와 긴밀히 연결된 상태에서 빠져나오게 된 것이다. 그렇게 보면, 영혼은 완성되면서 변모된 몸(과 세상에서 자신을 표현한 것과 사람들과 관계를 맺은 것도)을 품고 있다. 이로써 드러나는 점이 있다. 인간이 복되다는 사실은 그중에 "하나이다. 이 복됨은 다음과 같은 뜻일 수

37) 이에 맞서 라칭거가 자신의 책(*Jesus von Nazareth*, Teil I, Freiburg i. Br., 2007, p.256)에서 "예수는 '죽음 직후 부활'을 알지 못한다"라고 제기한 이의는 계속 유지되지 않을 것이다. 이것이 하나의 논증 거리가 될 수 있다면, 사람들은 이와 관련된 많은 그리스도교 신앙 진리를 물리쳐야 했을 것이다. 그 신앙 진리를 토대로 '예수는 그것을 알지 못한다'라고 싸잡아 말해야 하기 때문이다.

있다. 즉, 하나의 복됨이자 완성은 아직 과정 중에 있을 수 있다. 그러나 그것은 영혼의 완성과 몸의 완성이라는 두 형태로 분리될 수 없으므로, 이 두 가지의 완성은 (…) 상이한 법칙에 따라서 실현될 것이다."[38]

인간은 마지막 때에 완성된다는 이러한 '새로운 이해'는 성경과 교부신학의 확신에 근거를 둔 것으로,[39] 이를 통해 다음과 같은 점들을 끌어낼 수 있다.

(1) 이러한 시각은 성경에 근거하여, 성경은 몸이 없는 영혼이 불멸한다는 사고를 알지 못한다는 사실을 진지하게 여긴다.

(2) 이러한 시각은 구약성경의 의인들이 부활한다는 오랜 신학적 전통과 견해가 일치한다.

(3) 토마스 아퀴나스가 제시하고, 또 우리가 앞에서 간략히 살펴보았듯이, 이러한 시각은 '영혼은 몸의 유일한 형상이라는 이론'의 결과물이다.

'죽음 직후 부활'이라는 이러한 구상에 비추어 볼 때, 그리고

---

38) Rahner, *Assumptio*, p.247. 다음 글도 참조하라: K. Rahner, "Gespräch(1974)", in: P. Imhof / H. Biallowons, *Karl Rahner im Gespräch*, Bd. I. München, 1983, p.252. "그렇기 때문에 예수 이전에 구원된 이들은 몸과 영혼을 지닌 상태로 완성되어 하늘에 있다는 것은 자명하다. 그리고 우리도 죽은 뒤에 이렇게 완성된다는 것도 나는 당연하다고 본다. 그렇지만 하늘은 한편으로는 부활한 사람들이, 다른 한편으로는 '훨훨 날아가는 영혼들'이 앞에 놓은 일종의 '샐러드'이다."

39) 이에 관해서는 다음 책을 보라: Greshake / Kremer, *Resurrectio*, pp.176~216. 엄밀히 말하자면, 이렇게 이해하는 것은 신앙인들이 성인들과 단순히 교류하는 것에서도 드러난다. 아무도 성 베드로나 바오로의 '영혼'을 위해 기도하는 게 아니라, 온전한 그들에게 기도하는 것이다!

교회인 마리아를 주목할 때 마리아의 승천 교의는 새롭고 통합적으로 해석할 수 있다. 즉, 마리아 '개인'에 관해서만 진술하지 않고, 마리아 안에서 통합되고 그 완성이 마리아에게 (그녀의 신앙 때문에) 특별한 방식으로 '가장 먼저' 이루어지는 창조 세계 전체의 완성에 관해 진술해야 한다고 이해할 수 있다.[40] 따라서 마리아는 하나의 표상이다. 널리 알려진 작가 그레이엄 그린(Graham Greene)가 이 교의를 둘러싼 논쟁과 관련해 다음과 같이 표현했듯이 말이다. "인간의 몸은 오늘날 하나의 물질로 간주되고 있다. 원자 폭탄으로 한 방에 없어지는 것, 이름 없는 유일한 시신인 것이다. (마리아의) 승천 교의는 부활에 대한 신앙을 새롭게 강화하는 데 도움을 준다. 그리스도의 부활은 하느님의 부활을 대변한다. 그렇지만 하느님의 어머니, 마리아의 부활은 우리 모두의 부활에 대한 상징이다."[41]

그러나 우리의 이 부활은 단지 미래의 일이 아니라, 앞당겨진 '상징'이다. 다음 두 성경 대목이 우리에게 이를 유념하게 한다. 한 대목은 "하느님께서는 그리스도 예수님 안에서 우리를 그분과 함께 일으키시고 그분과 함께 하늘에 앉히셨습니다"(에페 2,6)이고, 다른 대목은 "우리는 형제들을 사랑하기 때문에 우리가 이미 죽음에서 생명으로 건너갔다는 것을 압니다"(1요한 3,14)이다. 부활의 새 생명은 단지 아직 오지 않은 것이 아니다. 결정적인 것은 신앙과 사랑 안에서 이루어졌고, 늘 새롭게 현재가 된다. 우리는 지금 이 순간에 믿고 사랑하는 것이다. 그러나 그렇게 믿

---

40) 이에 관해서는 다음 책을 참조하라: J.A. Kanberg, *Maria - Ersterbin des in Christus neu geschafffenen Lebens*, St. Ottilien, 2006.

41) Graham Greene, 인용: Delius, *Geschichte*, pp.275~276.

고 사랑하는 것은 그리스도뿐만 아니라 마리아와도 결부되어 있는데, 마리아는 “하느님이신 그리스도 안에” 존재하기 때문이다. 우리 모두 예외 없이 ‘태초의 교회’ 안에 존재하고 있고, ‘마리아인 교회’ 안에 존재한다. 그렇기 때문에 마리아가 ‘하늘에 불러올림을 받은 것’은 하느님께서 마리아에게서 작용하신 모든 위대한 것의 통합일 뿐만 아니라, 하느님께서 우리에게 작용하신 모든 위대한 것의 통합이기도 하다. 승천은 마리아뿐만 아니라 교회 전체에도 해당된다.

MARIA
ECCLESIA

I

제6장

지혜인 마리아와 교회

제 6 장 • 지혜인 마리아와 교회

이번 장은 앞 장들과 달리 마리아를 전혀 다른 시각에서 조명한다. 앞에서는 마리아를 구세사적 의미에서 바라보고, 성경의 진술과 관련된 교회 가르침의 대상으로 조명한 반면, 여기서는 신학과 신심 영역에서 지금까지 별반 다뤄지지 않았던 관점에서 볼 것이다. 마리아를 피조물과의 관계에서 바라보면 (우리가 지금까지 다룬 '마리아와 교회'라는 표현과 유사하게) 새로운 것, 곧 '지혜인 마리아와 교회'라는 관점과 마주하게 된다. 마리아는 그런 분으로 특별히 전례에서 기려지고 있으며, 일부 지역(러시아)에서는 '지혜'로서 공경받고 있다. 일련의 예술 작품에서도 마리아가 이런 방식으로 묘사되고 있으며, 몇몇 신학자와 철학자들에게서도 그렇게 조명되고 있다. 그러나 전체적으로 보면, 이러한 관점은 그다지 지대한 영향을 미치지 못한다. 앞에서 봤던 것처럼 탁월한 중요성을 지니고 있을지라도 말이다.

먼저 그리스도론적 관점에서 규명해 보자.

6.1. 하느님 계획 안의 마리아

6.1.1. 창조의 의미이자 목표인 예수 그리스도

서방교회의 대다수 현대 신학자들을 비롯해 예전부터 이들과 견해를 같이 한 동방교회 신학자들과 함께 우리는 피조물이 처음부터, 그러니까 하느님의 영원한 계획에 따라서 예수 그리스도를 향하여 창조되었다는 관점에서 출발한다. 이는 다음과 같은 뜻이다. 피조물의 목표는 사람들이 아드님 안에서 하느님의 자녀가 되도록, 이런 방식으로 사람들이 삼위일체이신 하느님과 긴밀한 관계를 이루고 하느님의 영광스러운 생명에 참여하도록 그들을 부르는 것이다. 이와 관련하여 바오로 서간들에는 다음과 같이 기술되어 있다.

> "(하느님께서는) 세상 창조 이전에 그리스도 안에서 우리를 선택하시어, (…) 사랑으로 예수 그리스도를 통하여 우리를 당신의 자녀로 삼으시기로 미리 정하셨습니다. 이는 하느님의 그 좋으신 뜻에 따라 이루어진 것입니다. 그리하여 사랑하시는 아드님 안에서 우리에게 베푸신 은총의 영광을 찬양하게 하셨습니다. (…) (하느님께서는) 그리스도 안에서 미리 세우신 당신 선의에

따라 우리에게 당신 뜻의 신비를 알려 주셨습니다. 그것은 때가 차면 하늘과 땅에 있는 만물을 그리스도 안에서 그분을 머리로 하여 한데 모으는 계획입니다. 만물을 당신의 결정과 뜻대로 이루시는 분의 의향에 따라 미리 정해진 우리도 그리스도 안에서 이제 한몫을 얻게 되었습니다. 그리하여 하느님께서는 이미 그리스도께 희망을 둔 우리가 당신의 영광을 찬양하는 사람이 되게 하셨습니다"(에페 1,4~12).

"그분(그리스도)은 보이지 않는 하느님의 모상이시며 모든 피조물의 맏이이십니다. 만물이 그분 안에서 창조되었기 때문입니다. 하늘에 있는 것이든 땅에 있는 것이든 (…) 만물이 그분을 통하여 또 그분을 향하여 창조되었습니다. 그분께서는 만물에 앞서 계시고 만물은 그분 안에서 존속합니다"(콜로 1,15~17).

바오로의 기본 사상은 다음 대목에서도 알 수 있다. "모든 것이 그분(예수 그리스도)으로 말미암아 있고 우리도 그분으로 말미암아 존재합니다"(1코린 8,6). 따라서 창조 세계는 역사가 흐르면서 하느님의 강생과 세상의 구원, 모든 피조물이 삼위일체이신 하느님의 생명 속으로 받아들여지는 '중립적 무대'도 아니고, 죄지은 인류를 구원하기 위한 '두 번째 시도 아래' 하느님께서 강생하시는 것도 아니다. 오히려 하느님과 피조물을 일치시키시는 예수 그리스도는 처음부터 모든 피조물의 목표이자 내적 활력이시다. 따라서 하느님께서 계획하시고 원하신 피조물의 완성은 그리스도 안에서 그리고 그분과 함께 이루어진다. 달리 말하자면, 하느님께서 의도하신 창조 세계는 처음부터 예수 그리스도와 함께 그리고 서로서로 일치하여 삼위일체이신 하느님의 생명에 참여하는 세상이다.

이는 예수 그리스도께 다음과 같은 뜻이다. 그분은 하느님의 수많은 자녀의 형제가 되도록 처음부터 정해지셨다. 이로부터 말씀이 그리스도가 되는 '절대적 예정'이 존재하고 그분 안에서 창조 세계는 정점에 달하기 때문에,[1] '사람이 되지 않으신 말씀'(logos a-sarkos)은 실제로(!) 결코 존재하지 않았다.[2] 세상은 '그리스도로 말미암아'(propter Christum) 창조되었기 때문에, 그분은 처음부터 인간이 하느님을 닮도록, 다시 말해 영을 지닌 피조물이 하느님의 생명과 은총을 받도록 중개하는 분으로 정해지셨다. 우리는 성령을 통하여 '아드님 안에서' 하느님의 자녀가 될 수 있다.

이는 인간에게 다음과 같은 뜻이다. 인간은 하느님(아버지)의 모상으로 창조되었을 뿐만 아니라, 강생하신 하느님의 아드님이신 예수 그리스도의 모상으로서도 창조되었다. 이뿐만이 아니다. 예수 그리스도는 하느님의 은총을 수동적으로 받은 분으로 그치지 않고, 그 은총을 하느님과 서로 주고받으시도록 정해지셨다. 그 이유를 한스 우르스 발타사르는 이렇게 제시한다. "하느님께서 세상에 대해 구상하신다면, 그분은 세상이 사랑이라는 당신의 삼위일체적 생명의 전달자가 되기만을 바라실 것이다. (…) 세상이 이에 참여할 수 있으려면 그분과의 친교가 전제된다."[3]

---

1) 이에 관해서는 다음 글을 보라: M. Mückshoff, "Die mariologische Prädestination im Denken der franziskanischen Theologie", in: *FS* 39(1957), pp.288~502, 여기서는 pp.288~361. '예정'이라는 개념은 성경적이지만(가령 로마서 8장 29절과 에페소서 1장 5절을 참조하라), 신앙 및 신학의 역사가 진행되면서 체계적 개념이 되었으며, 이 개념을 놓고 오랫동안 격렬한 논쟁이 벌어졌다. 짧지만 모범적으로 개관한 다음 글을 보라: G. Kraus, "Prädestination II-III", in: *LThK* 8, pp.468~474.

2) 이에 관해서는 다음 책을 참조하라: H.U. v. Balthasar, *TL* III, p.386(칼 바르트에 뒤이어).

따라서 하느님의 아드님이 사람이 되신 것은 '우연한' 그 무엇이 아니다. 다시 말해 이미 이루어진 것이다. 죄가 '그사이에 생겨났기' 때문이다. 그분의 강생은 세상을 위한 하느님의 유일한 숭고한 계획에 속한다. 이는 피조물이 당신의 영광에 참여하게 하시기 위함이다. 이 계획은 그렇게 절대적이므로, (한스 우르스 폰 발타사르에 따르면) 그 안에는 "인간이 거리낌 없이 자유로이 할 수 있는 모든 말에 대한 하느님의 '응답'도 이미 늘 포함되어 있다."[4] 물론 인간이 할 수 있는 '아니요'라는 '응답'도 내포되어 있다(제1권 4.3.3.을 보라). 이는 다음과 같은 결과를 가져온다. 사실상 "인간이 거리낌 없이 자유로이 한 말"이 하느님의 은총에 대해 '아니요'를 의미한 것은 아니기에, 피조물이 하느님의 구원 계획을 외면했고, (그리고 늘 외면하고 있다.) 죄가 세상에서 작용했으며 계속 작용함에 따라서, 강생하신 하느님의 아드님은 구원 사업도(!) 넘겨받으셨다. 하느님의 유일하고 무조건적인 계획을 실행하기 위해서였다. 우리는 세상 창조 이전에 그분 안에서 선택되었다. 그렇기 때문에 "우리는 그리스도 안에서, 그리스도의 피를 통하여 속량을, 곧 죄의 용서를 받았다"(에페 1,7). 하느님의 유일한 계획, 처음부터 무조건 베푸신 은총을 어느 정도 '변경할' 필요가 없이 말이다.

이러한 신학적 입장은 '토마스적인 것'과 대조되어 '스코투스적인 것'이라 불린다. 그렇지만 스코투스의 입장에서 본래 중요한 것은 어떤 특별한 견해가 아니라, 분명 초세기의 전반적인 신학

3) *TD* IV, p.87.

4) *TD* II/1, p.252. 다음에 나오는 내용과 관련해서도 보라.

적 관점이었다. 아무튼 그리스 지역의 신학 내에서는 그러했다.[5] 이는 그리스 교부신학의 두 거장에게서 증명될 수 있을 것이다.

리옹의 이레네우스는 죄와 구원에 주목하지 않고서는 강생하신 하느님 아드님의 위치와 활동을 주시하지 않았다. 이런 맥락에서 그는 다음과 같이 기술한다. "하느님의 로고스(말씀, 아드님)는 천상의 영적이고 비가시적인 세계에서 우위를 점하시듯이, 가시적이고 형체가 없는 세계에서도 강생에 근거하여 우위를 점하신다."[6] 피조물 쪽에서 보아도 "말씀이신 아드님은 아버지를 영광스럽게 하셨고, 아버지 안에 머무셨으며, 아버지에 의하여 영광스럽게 되셨다. (…) (그리고 우리 인간은) 하느님의 영광에 참여한다. 하느님은 우리를 지어내셨고, 우리가 당신 곁에 있는 한 당신의 영광에 참여하도록 준비해 놓으셨다."[7] 이레네우스는 구세주이신 로고스의 역할을 주제로 다룬다. 그에게 구원은 좁은 의미에서 '죄에서 벗어남'이 아니라, 영원함과 완성된 영광으로 '인도함', 더 심오한 인식을 얻음, 하느님의 사랑과 자비가 드러남, 따라서 강생하신 아드님의 활동하심을 뜻한다. 이 활동은 '인류의 타락'을 제외하고 이루어지는 것이다.[8]

이로써 이레네우스는 교부 시대의 막을 내린 위대한 신학자인

---

5) 이에 관해서는 다음 책을 보라: Mückshoff, *Prädestination*. 이 책에 기술된 교의사적 개관은 일부 개별 항목에서 무비판적이고 비난할 마음을 불러일으키지만, 전체적 흐름은 적절해 보인다.

6) Irenäus, Adv. *haes*. III, 16,6(*FC* 8/3, p.203).

7) *Ibid*., IV, 13,1(*FC* 8/4, pp.105~106).

8) Cf. *ibid*., IV, 14,1~2(*FC* 8/4, p.105 이하). 이런 까닭에 웅거〔D. Unger, "Christ's role in the universe according to St. Irenaeus", in: *FS* 5(1945), pp.3~20. 114~37〕가 다음과 같이 말한 것은 옳다. "성 이레네우스는 구원을 먼저 긍정적이고 죄와 반드시 결부된 것은 아니라고 본다. 구원, 타락하지 않음, 몸의 완성은 하느님께서 인간에게 원하신 것이다. 이것들이 그 어떤 죄가 되기 전에 말이다. 따라서 죄에서 해방됨은 구원의 범주에 포함되지 않는다."

고백자 막시무스도 주장했던 그 이론을 선취한다. 이와 관련된 그의 견해를 한스 우르스 폰 발타사르는 다음과 같이 요약한다. "죄에서 벗어나 구원됨이 아니라, 자기 자신 안에서, 그리고 하느님 안에서 세상과 하나 됨이 강생의 궁극적 동인(動因)이고, 그러한 것으로서 창조주의, 모든 피조물에 앞서는 최초의 근원적 사고이다."[9]

이렇게 이해하는 것은 서방교회의 수많은 그리스도인에게는 언제나 새롭다. 그렇다, 이렇게 이해하는 것은 '충격적'이기까지 하다. 하느님의 아드님이 수난과 십자가를 통해 세상을 구원하시려고 사람이 되셨다는 견해는 참으로 심오한 의미를 지닌다.[10] 그렇기 때문에 이런 노선에서 부활 찬송 때 기리는 "복된 탓"(felix culpa)과 니케아-콘스탄티노폴리스 신경에 나오는 "저희 구원을 위하여"(propter nostram salutem)라는 문구가 대다수 신자에게도 충분히 이해된다. 이렇게 집중하게 된 것과 (적어도 추세에 따라서) 강생이 엄밀한 의미에서 예수의 구원론적 역할로 제한된 것은, 한편으로는 신약성경의 몇몇 탁월한 진술(가령 참조: 요한 3,17; 1티모 1,15; 마태 18,11)에 근거한 것이고 다른 한편으로는 무엇보다

9) H.U. v. Balthasar, *Kosmische Liturgie. Maximus der Bekenner, Höhe und Krisis des griechischen Weltbildes*, Freiburg i. Br., 1941, pp.267~268.

10) 이러한 견해는 신스콜라 신학에 의해서도 단호히 주장되었고 교리로 받아들여졌기 때문이다. 아무튼 그리스도는 피조물을 위하여 처음부터 정해졌다는 확신은 신스콜라 신학이 내세운 '본성과 은총의 관계'라는 명제와 극명히 대조된다. 이 '본성과 은총의 관계'를 슈핀델러(A. Spindeler, *Cur Verbum caro factum? Das Motiv der Menschwerdung und das Verhältnis der Erlösung zur Menschwerdung in den christologischen Glaubenskämpfen des 4. und 5. Jh.*, Paderborn, 1938, p.161)는 다음과 같이 간략히 표현한다. "세상은 원래 그리스도 없이 완성되어야 했고, 또 그렇게 완성되었다!"

토마스 아퀴나스가 제시한 중요한 의미에 근거한 것이다. 토마스는 자신의 초기 저서(Sentenzenkommentar)에서 하느님의 아드님은 강생하시기로 처음부터 정해졌다는 견해를 내놓았다. 따라서 나중에 나온 스코투스의 입장은 『신학 대전』에서 다음과 같은 논증과 대조를 이룬다. 하느님의 자유에서 비롯된 모든 것을 우리는 인간의 성찰과 숙고를 통해서가 아니라, 성경으로부터만 알 수 있다는 것이다. 그러나 성경에는 인간의 죄가 '강생의 원인'(ratio incarnationis)으로 명시되어 있다. 그렇기 때문에 '일치'(convenientius)에 관해서 이렇게 말할 수 있다. "강생 사건은 인간이 죄에서 벗어나 구원됨을 지향한 것이다. 따라서 죄가 없었다면 강생도 없었을 것이다."[11] 이러한 논증이 사변적 색채를 띨 만한 신학의 모든 형태에 맞서 강조점을 크게 둘 수 있더라도, 그것은 예컨대 그리스도는 피조물을 위하여 처음부터 정해지셨다고 이야기하는 위의 성경 대목들을 간과하고 있다.

이렇게 토마스적인 방식으로 이해하는 것은 그리스도에 대한 '절대적 예정설'(praedestinatio absoluta)이라는 명제를 내세운 둔스 스코투스(1265~1308)와 그의 학파로 인해 자취를 감췄다. 이로써 창조 사업은 하느님의 영원한 계획에 들어 있다는 확신이 표현되었다. 창조된 세계, 피조물은 사람이 되신 하느님의 아드님, 예수 그리스도 안에 의미와 목표와 완성을 두고 있다.

하느님의 영원한 계획에 들어 있는 강생은 모든 피조물에 '앞서' 결정되었지만, 실제로는 '나중에야' 시간과 역사 속에서 〔우리

11) *STh* III, 1,3c.

가 '그때에'(in illo tempore) 이루어질 구원 사건이라고 표현하는 것 안에서] 실현되는 것일까? 여기에 붙인 작은따옴표는 우리가 시간과 영원의 관계를 대체로 일종의 '잇따르는 것'(Nacheinander)으로 생각한다는 것임을 은연중에 내비치게 된다. 이처럼 적당하지 않은 생각들은 근절할 수 없을 것이다. 그렇지만 중요한 것은, 그런 생각들이 잘못된 결론은 이끌어 내지 않는다는 점이다. 둔스 스코투스가 기술하는 것처럼, 하느님의 아드님이 강생하시기 위해 그분에 대한 '절대적 예정설'이 있다면, 달리 말해서 이 '절대적 예정설'이 처음부터 피조물에 앞선 것이라면, 하느님의 아드님에 의해서 당신이 만드신 세상에 받아들여지지 않은 피조물은 그 어떤 시대에도 없었고, 피조물은 그분과 긴밀한 인격적 관계를 맺으면서 말씀과 응답의 상호 작용이 이루어졌다는 결과가 나온다. 이때 역사가 흐르면서 이 말씀과 응답의 관계 강도가 달라지고 높아졌다. 이는 하느님 아드님의 강생이 역사적 방식으로 실현되었다는 뜻이다. 시간이 잇따르는 가운데 말이다. 이는 다음과 같은 뜻이다. 즉, 강생이 예수 그리스도 안에서 ('그때에') 그 본래의 역사적 정점을 찍었더라도, 이 강생은 아우구스티누스가 생각한 실제적인(!) 선취(先取, Antizipation)와 연관성이 있다. 아우구스티누스는 그러한 실제적인 선취에 대한 사고를 그리스도의 강생과, 이에 따른 당연한 귀결인 '그리스도의 몸'과 결부시켜 설명한다. 교회는 창세기 25장 25절에 근거하여 '그리스도의 몸'이다. 이를 아우구스티누스는 다음과 같은 표상을 들어 설명한다. "그분(그리스도)은 세상에 오시기 전에 (…) 당신 몸의 한 '지체'를 거룩한 성조들과 예언자들에게 보내셨다. 한 생명이 태어나면서, 그의 손이 뒤이은 생명의 탄생을 알리듯이 말이다."[12] 그러한 선취에 관해서는 일련의 구약성경의 텍스트[13]만이 아니라, 몇몇 신약성경의 텍스트(예컨대 바오로에게 예수 그리스도는 이스라엘 민족이 광야를 지날 때 물이 솟는 바위이시다. 이에 관해서는 코린토 1서 10장 4절을 보고, 제1권 4.3.3.도 보라)에서도 알 수 있다. 이런 맥락에서 일부 진술 방식과 해석이 비유적 성격을 지니게 되더라도, 그 실제 내용은 적어도 이렇게 볼 수 있다. 예수 그리스도 이전에 구세사 안에 이미 하느님의 아드님이 계셨다는 것이다. 그분은 피조물 안에서 활동하시며, 피조물과 인격적으로 교류하신다. 다시 말해 피조물과 관계를 이루시고, 그런 가운데 강생 아래 일어나는 사건, 곧 하느님과 인간이 가장 긴밀히 일치하는 것을 실제로 선취하신다. 요한 복음서 1장 10~11절에 나오는 말씀에 비추어 표현하면, 예수 안에서 사람이 되신 말씀은 늘 이미 세상에 계셨고, 이런 까닭에 그분의 소유가 되었다. 그러나 강생은 실제 '전주곡'뿐만 아니라, 늘 앞에 있는 (그러나 아직 완성되지 않은) '피날레' 역시 들려준다. 그리스도께서 "모든 것 안에서 모든 것"이 되시고 '성인들의 통공'이 목표에 도달해야 비로소 강생은 목표에 도달할 수 있다(제1권 5.2.2.2.를 보라).

---

12) Augustinus, *De cat rud. 3,6*(*BA* 11/1, p.60).

13) 이에 관해서는 다음과 같은 중요한 책을 참조하라: U. Mauser, *Gottesbild und Menschwerdung. Eine Untersuchung zur Einheit des Alten und Neuen Testaments*, Tübingen, 1971. 이 책에서 저자는 구약의 예언자(가령 호세아)는 "자신이 들은 말씀을 전달하는" '사자'(使者)만이 아니라고 기술한다. 오히려 하느님의 말씀은 "인간의 삶을 만드신다. 인간의 삶은 인간적 방식으로 하느님의 역사를 나누어 받는다"(*Ibid.*, p.76). 다시 말해 하느님은 예언자 안에서 '인간의 모습'을 지니신다. 그분은 '사람의 형상으로'(ἐν μορφῇ ἀνθρώπου) 나타나신다. 그것은 예수 그리스도 안에서 강생이 '선취'된 것이다. 이에 관해서는 다음 글도 보라: Fr. Mußner, "Ursprünge und Entfaltung der neutestamentlichen Sohneschristologie", in: L. Scheffczyk(Hrsg.), *Grundfragen der Christoligie heute* = *QD* 72, Freiburg i. Br., 1975, pp.77~113, 특히 pp.91~97.

따라서 피조물은 처음부터 하느님의 아드님과 인격적 관계를 이루고 그분과 일치한다고 규정되었다면, 이는 다음과 같은 결과로 이어진다. 즉, 피조물은 늘 이미 '교회' - '퀴리아케'(κυριακή, 주님에게 속한 이들), 교부들이 말하듯이 '처음부터 생겨난 교회'(ecclesia ab initio)이다. 따라서 교회는 비역사적이거나 초역사적인 신화로 머물지 않는다. (고대에 신화에 대한 정의에 따라서 말이다. 이 정의에 따르면, 신화는 전에도 결코 없었고, 앞으로도 늘 없는 무언가에 대해 이야기한다.) 교회 역시 그때그때 역사적으로 변화하는 형태로 실현되기 때문이다.

이런 맥락에서 앞에서 이미 다룬 내용, 즉 선재하는 '태초의 교회'(Ecclesia primigenia)에 관한 사고를 다룬 내용을 다시 한번 떠올릴 필요가 있다. 우리가 살펴보았듯이, '태초의 교회'는 초기 교부들의 저서 곳곳에 등장하는 용어이다(제1권 2.2.2.2.를 참조하라). '태초의 교회'는 신약성경의 하느님 백성 그 이상을 포함하고, 이스라엘도 포함한다. 그렇다, '태초의 교회'는 인류 전체를 포함한다. 세상을 구원으로 이끄시는 하느님의 계획이 이 '태초의 교회'에서 실현되는 한 그렇다는 말이다. 이런 까닭에 초기 교회의 신학자들에게는 '아브라함으로부터의(ab Abrahamo) 교회' '아벨로부터의(ab Abel) 교회' '아담으로부터의(ab Adam) 교회'만 있는 것에 그치지 않고,[14] 에페소서 1장 4절에 비추어 '세상 창조 이전부터 존재하는' 교회도 있었다. 목자 헤르마스가 말하듯이, "교회는 만물 가운데 최초의 피조물이고, 이 교회를 위해 세상이 창조되었

[14] 부이에(L. Bouyer, *Die Kirche*, Bd. II, 독일어 번역본: Einsiedeln, 1977, p.400)는 여기에 '천사로부터의 교회'(Ecclesia de Angelis)를 추가한다.

다.” ‘태초의 교회’에 대한 사고가 담겨 있는 매우 상이한 관점들과 책들을 연결 짓는 것은, 인류 역사의 모든 단계에서 하느님의 근원적인 계획, 역사 이전의 계획이 실현되었다는 확신이다. 하느님의 본래 의도는 “인간을 구원하는 것이고, 이는 교회를 말하는 것이다.”[15] 교부 시대에 비유적 언어로 자주 표현되었듯이, 교회는 처음부터 ‘본래의’ 하와로서 ‘본래의’ 아담이신 그리스도에게서 탄생했다. 이런 맥락에서 하느님의 근원적 구원 계획의 중심에는 예수 그리스도뿐만 아니라, 교회도 존재하고 있다. 앙리 드 뤼박은 수많은 성경 대목과 초기 교회의 많은 신학자의 견해에 비추어 관련된 상황을 이렇게 요약한다. “교회는 ‘세상이 시작된 때부터’(ab exordio saeculi) 존재했다. 하느님의 백성은 언제나 이미 존재했다. (…) 그리스도께서 훨씬 뒤에야 강생하시어 낮은 모습으로 오셨을지라도, 그분은 (…) ‘모든 피조물의 맏이’(콜로 1,15)이시다. 그러나 그분에게 중요한 것은, 그분의 신부인 교회에도 중요하다. 교회는 자신의 신랑처럼 이스라엘 백성의 역사 속에서 광대하게 준비하는 것으로 그치지 않는다. (…) 그분이 진리 안에 계시듯이, 교회도 그러하다. 사람들은 하느님 안에서 (세상이 시작되기 전에 세워진) 교회를 바라보아야 한다.”[16]

이로써 우리는 다음 단락에서 다룰 주제가 무엇인지 이미 알아차렸다. 초세기 그리스도교 신학은 교회에 대한 예정 같은 무언가를 이야기한 반면, 마리아와 관련된 예정의 확실한 형태는

15) Klemens v. Alexandrien, *päd.* I, 6,27(*GCS* 12, p.106).

16) H. de Lubac, *Die Kirche. Eine Betrachtung*, 독일어 번역본: Einsiedeln, 1968, pp.52~53.

후대에야 비로소 주제로 등장했기 때문이다. (마리아와 교회의 긴밀한 관계 때문에 이것이 언제나 이미 언급된 것일지라도 말이다.)

6.1.2. 마리아에 대한 '예정'[17]

예수의 어머니에 대한 질문은 '스코투스적인 입장'으로부터는 사실상 다룰 수 없다.[18] 라너의 말을 요약하면 이렇다. "모든 실재가 절대적으로 그리스도 중심적이라는 점을 고려한다면, 마리아에 대한 예정은 그리스도에 대한 (구체적) 예정에 들어 있는 내적 요소로 〔보인다〕."[19] 이런 까닭에 「교회 헌장」 61항도 마

17) 마리아가 예정된 것에 관해서는 4장('원죄 없이 잉태된 마리아와 교회')에서 이미 언급했지만, 거기서는 마리아가 죄에서 벗어나기 위해 '예정'되었다는 관점에서만 다루었다. 앞으로는 피조물의 완성이라는 관점에서 이 주제를 다룰 것이다.

18) 여기서 눈에 띄는 점이 있다. 둔스 스코투스 자신은 마리아에 대한 절대적 예정설에 관해 언급하지 않았지만, 그의 제자들과 대다수 프란치스코회 신학자는 그의 사후 즉시 이에 관해 언급했다. 이와 관련해서는 다음 책을 참조하라: Mückshoff, *Prädestination*, pp.435~436. 일례로 브린디시의 라우렌시오(Laurentius v. Brindisi, pp.1559~1619)는 다음과 같이 기술한다. "그리스도의 예정된 어머니시오, 모든 창조물보다 먼저 독생 성자 그리스도와 함께 예정되셨다. 그리스도는 미리 예정된 마리아의 아들이셨고, 동시에 마리아는 그리스도의 어머니이셨기 때문입니다"(인용: Mückshoff, *ibid.*, p.466). 뮈크스호프는 이렇게 표현한다. 통상적으로 마리아의 위치에 대한 물음은 "신적 예정과 영원한 의지 안에서 (…) 프란치스칸 신학이 다루는 마리아론의 기본이자 출발점이 되는 물음이다"〔M. Mückshoff, "Die heilsgeschichtliche Stellvertretung der Menschheit durch Maria nach dem hl. Laurentius von Brindisi", in: C. Feckes(Hrsg.), *Die heilsgeschichtliche Stellvertretung der Mensch- heit durch Maria*, Paderborn, 1954, pp.198~259, 여기서는 p.208〕.

19) K. Rahner, "Mariologie", in: *LThK* ²7, p.86.
뮐렌(H. Mühlen, "Christus als Urbild der Kirche und der methodische Ansatz für die Frage nach der Stellung Mariens in der Kirche", in: *Maria et Ecclesia. Acta Congressus mariologixi-mariani in civitate Lourdes anno 1958 celebrati*, vol.

리아에 관해 이렇게 말한다. 그분은 "영원으로부터 하느님 말씀의 강생과 함께 천주의 성모로 예정되셨다." 이로써 제2차 바티칸 공의회는 원죄 없이 잉태된 마리아에 관한 회칙 「형언할 수 없는 하느님」(1854.12.08.) 및 마리아의 승천에 관한 회칙 「지극히 관대하신 하느님」(1950.11.01.)에 담긴 한 가지 사고에 주목한다. 후자에 따르면, "하느님의 예정에 관한 하나이자 동일한 교령을 통해" 그리스도와 마리아는 하느님의 구원 계획에 따라 긴밀히 결속되어 있다. 발타사르가 다음과 같이 하는 말에서 이러한 사고가 표현되어 있다.

> 예수 안에 "마리아의 태가 숨겨져 있다. 그 태 안에 머무신 분이 야훼 하느님의 첫 작품, '당신의 첫 작품으로'(잠언 8,22) 묘사되는 것은 당연하다. '고귀한 피'를 지니시고 '흠 없고 티 없는 어린양 같으신' 그분은 '세상 창조 이전에 이미 뽑히셨'(1베드 1,19~20)으며, 이러한 '뽑힘' 안에(=하느님의 영원한 계획에) 어린양의 강생과 모든 세상적인 것을 가능하게 하는 마리아의 태가 포함되어 있기 때문이다."[20)]

III, Rom, 1959, pp.569~610, 여기서는 p.599)도 (쉐벤을 가리키면서) 이와 매우 유사하게 생각한다. "마리아가 하느님의 어머니로 예정된 것은 이런 의미에서 절대적이고 반박할 수 없는 것이다. 다시 말해 마리아가 하느님의 어머니가 되는 은총을 받은 것과 그 예정이 실현된 것은 본래의 의미에서 마리아에게 그렇게 요구된 행위가 실제로 완성되는 것에 좌우될 수 없다." 후자는 물론 문제가 있다. 여기서는 인간의 자유와 어울리지 않는 '예정'이라는 개념이 토대가 되어 있기 때문이다. 제1부 4.3.4.를 보라.

20) *TD* III, pp.335~336. (이 텍스트는 예수의 수난과 십자가와 연관성이 있다. 따라서 이는 베드로 1서 1장 19~20절에서 절정에 달한다.) 전체적인 것에 관해서는 다음 책도 보라: A. Müller, *Marias Stellung*, pp.422~426.

그러나 만일 이제 그리스도의 강생이 역사의 특정한 시점에 이르러서야(!) 실현되는, 하느님의 영원한 계획의 목표만이 아니라, 처음부터 하느님이시자 인간이신 예수 그리스도의 창조를 위한 '영역'이라면, 만일 이 영역이 그분에 의해서, 그리고 그분을 향해 창조되었고, 그분 안에서 늘 유지되고, 그분과 함께 인격적으로 생생하게 교환하면서 존재한다면, 마리아가 창조에 앞서 이루어진 것과 이른바 구세사의 지속적인 진행과 관련이 있음은 틀림없다.[21] 이렇게 애매한 표현이 의도적으로 선택된 이유는 너무 성급한 결론에 이르지 않기 위해서다. 특히 창조와 마리아의 관계는 지금까지 별반 주목받지 않았기 때문이다.[22] 아무튼 다음과 같은 결론은 불가피한 것이라고 여겨진다. 즉, 하느님께서는 아드님이 세상에 오시기 위해, 당신의 오심에 "예!"라고 말하고, 이에 협력하는 한 명의 신앙인 또는 많은 신앙인의 준비되고 열린 마음이 필요하신다면, 이는 나자렛 예수가 궁극적으로 오셔야만, 그리고 (역사적인) 나자렛 마리아의 신앙에 의해서만 합당한 것이 아니다. 그것은 강생을 위해 존재하는 수많은 '전주곡과 피날레'에 의해서도 합당한 것으로 여겨진다. 이 '전주곡과 피날레'가 연주되기 위해서는 고유한 방식으로 하나의 '마리아', 하느님으로

---

21) 다음 책을 보라: Mühlen, *Aufbruch*, pp.153~154.
중세기의 어느 알려지지 않은 저자〔*In Antiphonam Salve Regina, sermo 3*(*PL* 184, p.1069), 인용: Köster, *Magd*, p.472〕는 마리아를 역사 이전의 인물로 표현한다. 그는 강생하신 하느님께서 세상에 속하신 것에 근거하여 마리아를 다른 피조물을 위한 첫 번째 계획이라고 설명한다. "이로 인해 온 세상이 창조되었습니다"(propter hanc totus mundus factus est). 이로써 목자 헤르마스가 교회에 관해 한 동일한 말이 마리아에게 적용된다.

22) W. Beinert, "Die mariologischen Dogmen und ihre Entfaltung", in: *Hmar* I, pp.267~363, 여기서는 p.351. 라칭거(*Erwägungen*, p.31)와 슈타인하우어(*Maria*, p.69)도 이와 유사하게 생각한다. 다음 책에는 예외적인 내용들이 조금 담겨 있다: R. Graber, *Maria im Gottgeheimnis der Schöpfung*, Regensburg, 1849.

부터 부르심을 받고 "예!"라고 응답하도록 요청받은 마리아도 필요한 것이다. 따라서 수많은 '마리아'가 존재하고 있다. 이러한 사고는 이미 교부신학에서 보편적인 것이었다. 교부신학은 마리아와 교회를 동일시했을 뿐만 아니라, 개별 신앙인을 '마리아'라고도 불렀다(오리게네스, 암브로시우스, 아우구스티누스 등등).[23)]

이로써 우리는 앞에서 이미 여러 번 다룬 사실, 그러니까 마리아와 교회는 동일한 수준에 이를 정도로 지대한 유사성을 지녔다는 사실을 다시 마주하게 된다. 마리아에 대한 예정은 성경에서 증명된, 피조물의 머리이신 그리스도에 대한 예정에서 그리고 이로부터 주어진 강생이라는 하느님의 본래 계획에서 나온 (내가 생각하기에는 필연적인) 결과인 반면, 교회에 대한 예정은 신약성경에서 적어도 간접적으로 증명된다. 하느님께서는 당신의 영원한 계획에 따라 "만물을 그리스도의 발아래 굴복시키시고, 만물 위에 계신 그분을 교회에 머리로 주셨습니다. 교회는 그리스도의 몸으로서, 모든 면에서 만물을 충만케 하시는 그리스도로 충만해 있습니다"(에페 1,22~23). 이것이 하나의 의미를 얻으려면, 교회는 처음부터 그리스도의 '우주적인 몸'(kosmische Leib)이어야 한다.

이런 맥락에서 한스 우르스 폰 발타사르는 창조 세계 전체에 적용되는 '마리아적인 원칙'(marianischen Prinzip)에 관해 이야기한다. 이는 모든 피조물이 하느님을 받아들이고, 그분과 일치하도

23) 따라서 교부신학에서는 마리아가 하와와 반대되는 형상으로 언급될 뿐만 아니라, 전체인 교회와 경우에 따라서는 다른 개개인도 그와 같이 언급된다. 타치아누스(Tatian)의 「디아테사론」(*Diatessaron*, 네 복음서를 한데 묶어 정리한 복음서 - 옮긴이 주)이 예수가 부활 날 아침에 자신의 어머니 마리아에게 처음 발현한 것에 대한 증거로 부활하신 그분이 마리아 막달레나와 만나신 것을 언급했다면, 이는 잘못 생각한 게 아니다〔호프만(*Maria*, p.394 이하)은 그렇게 해석한다〕. 타치아누스를 비롯한 다른 많은 교부는 마리아 막달레나를 '마리아'로 여긴다.

록 처음부터 정해졌음을 의미한다. 이 '마리아적인 원칙'은 "나자렛 마리아 안에서 매우 구체적인 꼴을 갖췄지만, 그녀 안에서 원칙으로서 완전히 작용하지는 못했다. 오히려 최초의 피조물로 규정된 마리아에 앞서 있고, 그녀 안에서 마리아와 교회로서 구체성을 이룬다."[24] 따라서 마리아는 이런 관점 아래에서도 '개인'이 아니라, 창조 세계 전체를 가장 심오하게 규정하는 '마리아적인 원칙'이 인격적으로 구체화된 지고한 형상이다. 이 '마리아적인 원칙'은 역사가 흐르면서 마리아 안에서 "인격으로 나타나지만, 영에 작용한 것으로서 이스라엘의 신앙뿐만 아니라 모든 이의 신앙도 자신 안에 품고 있고, 나아가 교회의 모든 지체를 향해 늘 열려 있다."[25] 따라서 하느님 아드님의 강생이 다양한 방식으로 나자렛 예수가 역사 속으로 들어오는 것에 이미 앞서 일어나듯이, 마리아의 "예!"라는 응답도 그에 앞서 작용한다(그리고 지속적으로 작용한다). 이것이 개인 안에서 어떻게 생각될 수 있는지는 이 대목에서 열어 놓을 수밖에 없다. 대답은 수많은 다른 물음들에 앞서는 행위에 좌우되기 때문이다. 이에 관해서는 제2권에서 다루고자 한다.

먼저 마리아에 대한 예정이 지닌 문제는 다른 방향에서 다뤄야

---

24) Steinhauer, *Maria*, p.224. 이 문장에서 (이 내용은 나 역시도 강조하는 사실인데) 저자는 이와 관련해 발타사르가 내놓은 견해를 요약한다. 이 책의 p.108 이하와 pp. 220~256도 참조하라.

25) Steinhauer, *Maria*, p.230(여기에 발타사르의 견해가 요약되어 있음). 발타사르는 여기서 다음과 같은 점을 명확히 간파한다. '마리아 원칙'이라는 개념에는 "인격적인 것, 예컨대 성령 또는 마리아로부터 추상적인 것, 개념적인 것을 만들어 낼"(H.U. v. Balthasar, *Prüft alles - das Gute behaltet*, Ostfildern, 1986, p.54) 위험이 도사리고 있다는 것이다. 그러나 그는 이 개념에 주목한다. '마리아적인 것'을 '특권을 지닌 마리아론'에 갇혀 있는 것에서 해방시키고 '창조를 위한 규정'으로 만들어 내기 위해서다. 우리는 이 점을 앞으로 상세히 다룰 것이다.

할 것이다. 위에 인용된 한스 우르스 폰 발타사르의 글에서 이 바젤 출신의 신학자는 예수를 품은 '마리아의 모태'를 잠언 8장에서 다룬 '태초의 피조물'과, 그러니까 여기에 묘사되었듯이 '하느님의 지혜'와 동일시한다. 그렇게 마리아와 지혜를 동일시하는 것은 비오 9세 교황이 '마리아의 원죄 없는 잉태'에 대한 가르침을 교의로 반포한 회칙에도 나온다. "교회는 성경이 창조되지 않은 지혜에 관해 이야기하고 그 영원한 근원을 묘사하는 동일한 말씀을 성무일도 기도서와 지극히 거룩하게 자신을 바치신 마리아를 기리는 축일에 적용하고, 그 근원을 마리아에게 둔다. 그렇지만 마리아가 창조된 것은 하나이자 동일한 교령을 통해 신적 지혜의 강생과 함께 하느님에 의해서 결정되었다."[26] 실제로 이와 관련된 성경 텍스트들은 이미 적어도 7세기부터 전례와 신학에서 마리아와 연관 지어졌다.[27] 수많은 마리아 축일 때 미사의 독서 말씀으로 선정된 이 지혜에 관한 성경 텍스트들은 제2차 바티칸 공의회 이후에 다른 텍스트들로 대체되었다. 그리고 마리아 축일 때 일부 지역과 공동체가 거행한 미사에서도 봉독되었다.[28] 그러나 1990년부터 요한 바오로 2세가 승인하고 전례위원회가 펴낸

---

26) 비오 9세, 회칙 「형언할 수 없는 하느님」, 독일어 번역본: in: R. Graber, *Die marianischen Weltrundschreiben der Päpste in den letzten hundert Jahren*, Würzburg, ^{2}1964, p.15. 이 중요한 텍스트가 *DS* 및 *DH* 2800~2811번에는 빠져 있다.

27) 이와 관련해서는 다음 문헌들을 보라: P. Seethaler, "Die Weisheitstexte in der Marienliturgie", in: *BenM* 34(1958), pp.111~120; H. Schüngel-Straumann, "Alttestamentliche Weisheitstexte als marianische Liturgie. Sprüche 8 und Jesus Sirach 24 in den Lesungen an den Marienfesten", in: E. Gössmann / D.R. Bauer(Hrsg.), *Maria für alle Frauen oder über allen Frauen?*, Freiburg i. Br., 1989, pp.12~35.

28) 당시에 마리아를 구약성경과 연관 지은, 전례의 독서 말씀에 대해 개관해 놓은 것은 독일전례위원회 홈페이지에서 볼 수 있다: www.liturgie.de/liturgie/index.php?/datei-pub/op/Schriftstellen(2012.11.10일자 게재).

마리아 기념 미사에 관한 총서에는 '마리아, 지혜의 거처'라는 제목〔이 말은 바오로 6세도 회칙 「마리아 공경」(*Marialis cultus*)에서 두 번 사용한다〕이 달린 고유한 전례서가 있다. 이 전례서에 잠언 8장 22절 이하와 집회서 24장이 독서 말씀으로 명시되어 있다.

어떻게 해야 마리아를 성경의 지혜 문헌에 등장하는 '지혜'와 동일시할 수 있을까?[29] 우리는 그렇게 동일시하는 것을 결과물로 전제하거나 선취하지 않고서 이 문제를 계속 추적할 것이다. 이때 가장 먼저 제기되는 물음이 있다. "어떤 이유에서, 또는 어떤 배경에서 이렇게 동일시한다는 것일까?"

다음과 같이 숙고하는 것이 답을 얻는 지름길일 수 있다. 즉, 다음 단락에서 언급될 지혜 문헌에는 지혜가 일종의 '우주적 인격체'로 묘사되어 있다. 하느님에게서 비롯된 이 '우주적 인격체'는 세계 질서의 근간을 이루고 세계 질서를 규정한다. '우주적 인격체'는 말하자면, 세상의 근원적 기획이자 근원적 초안, 모든 것의 근간이 되는 '피조물의 의미', 존재하는 세상 만물이 역사적으로 실현되도록 앞서 주어진 기본 구조이다. 그렇게 보면, '우주적 인격체'는 예수 그리스도 안에서 세상 사람들을 서로 일치하도록 이끄시는 하느님의 근원적 계획과 동일시된다. 이런 맥락에서 (앞에서 보았듯이) 마리아는 이 근원적 계획에 꼭 필요한 인물이다. 마리아는 (교회도) 앞으로 더 규명되어야 할 방식으로 이 '지혜'와 관계된다. 우리는 성경에서 증명된 지혜에 더 가까이 다가감으로써 이를 규명할 것이다.

---

29) 마리아와 '지혜'를 동일시하는 것을 새롭게 시도한 것에 대해서는 다음 글을 보라: R. Willi, "Die marianische Deutung der alttestamentlichen 'Weisheit' bei Joseph Ratzinger und Leo Scheffzcyk", in: *FKTh* 29(2013), pp.110~125.

6.2. 지혜인 여성

6.2.1. 성경에서 의인화된 '지혜'

일련의 성경 텍스트에서 시간을 초월하시는 하느님을 인격적으로(혹은 '의인화시켜서'?) 묘사하는 것은 (먼저 매우 일반적인 개념 규정에 따라서) 성경적 의인화를 의미한다. 창조주 하느님께서는 세상과 역사 속에서 활동하신다(예컨대 말씀, 지혜, 율법 등). 그것들을 '시간을 초월하는 실재'로 표현하는 것은 그것들을 때로는 '선재한'(präexistent) 것이라고 규정하도록 이끈다. 이미 이 개념(그리고 무엇보다 이것을 의미한 실재)은 일련의 중대한 질문을 던지게 한다. 이런 맥락에서 선재(先在, Prä-existenz)는 무슨 의미를 지닐까?

경우에 따라서는 선재를 유다적(혹은 유다교의 묵시적)으로 이해하는 것과 영지주의적으로 이해하는 것이 구분된다. 전자는 선재한 것으로 표현되고, 의인화된 구원 또는 하느님의 치유 행위가 "분명히 적중했거나 적중할 것임을 알리는"[30] 신호일 것이다. 따라서 중요한 것은 선재한 초역사성에 주목하면서 모든 한시적이

---

30) Cf. J. Gnilka, *Der Philipperbrief = HThKNT*, Freiurg i. Br., 1968, p.144. 이 대목에서 저자는 다음 책을 가리켜 보인다: R. Schnackenburg, *Johannesevangelium* Bd. I, p.290 이하.

고 역사적인 것을 비롯해 미래적인 것도 분명히 실현될 하느님의 계획에 고정시키는 것이리라. 반면에 영지주의자들은 역사 이전에 주어진 것, 그러니까 의인화된 실재가 이미 있었다고 주장한다. 그들의 선재 사상에 따르면, 인간은 이 의인화된 '천상 세계'에서 추방되어 '지상'에 머물렀다가 다시 그곳으로 돌아갔다고 한다. 그렇지만 선재에 대한 이 두 가지 사고는 결코 명확히 구분되지 않았다. 이런 까닭에 요아힘 그닐카는 다음과 같이 기술한다. 선재 사상에 대한 유다교의 견해 역시 "실제로 '선재한' 피조물에게로 확대될 수 있다."[31]

그러므로 신적 지혜의 의인화에 주목해 보자. 일련의 텍스트에서 '선재한 의인화'(präexistente Hypostase), 다시 말해 독자적으로 행동하고 역사를 뛰어넘는 실재로 표현되는 신적 지혜는 무슨 의미를 지닐까?

의인화된 '지혜'는 고대 근동 지역에서 널리 퍼졌던 핵심어로, 지혜 관련 교사들과 지혜 학교, 지혜 문학의 도움을 받아 인간이 자신이 서 있는 세상을 하느님께서 세우신 질서 잡힌 세상으로 이해하고 살아가도록 이끌어 주고자 했다. 이렇게 고대 근동 지역에서 일어난 '운동'에 이스라엘도 (이웃 나라들의 문화를 주목하면서) 참여했다. 시간이 흐르면서 이루 헤아릴 수 없이 쏟아져 나온 문헌들을 보면, 이스라엘에서 지혜에 관한 사고는 야훼 하느님에 대한 신앙을 지킨 역사적 전통과 무슨 관계이냐를 놓고 늘 의견이 분분했음을 알 수 있다. 예를 들어 하르트무트 게제

---

31) Gnilka, *op.cit.*, p.144.

(Hartmut Gese)는 지혜를 구약성경 내에서 '낯선 것'이라고 여기고, 다음과 같이 기술하면서 그 중요성을 제한한다. 지혜가 역사와 무관한 것은 "이스라엘에서 신학적 구상이 전개되지 못하게 했다."[32] 반면에 게르하르트 폰 라트는 지혜 문학을 비길 데 없이 중요한 것으로 보고, 특히 다음과 같이 강조한다. 지혜는 세상의 '고유한 법칙성'과 '고유한 가치'를 전제하거나 부각시키며, 이렇게 질서 잡힌 세상에서 활동하시고 당신을 드러내 보이시는, 전능하신 야훼 하느님에 대한 신앙과 긴밀히 결부되어 있다고 한다. 이로부터 "그(이스라엘)에게 세상 경험은 (…) 늘 하느님 체험이기도 했고, 하느님 체험은 (…) 세상 경험이었다."[33]는 결과가 나온다. 물론 인간의 기본 태도는 '하느님을 경외함'(Gottesfurcht)이라는 전제 아래 그렇다. '하느님을 경외함'은 존재하는 세상 만물 안에서 드러나는 신적 의지를 순종하는 태도로 인정하는 것이다.[34]

우리가 중점적으로 다뤄야 할 문제는 일련의 중요한 텍스트에서 지혜가 '태초의 인격체'(urzeitliche Person)로서, '지혜인 여성'(Frau Weisheit)으로 등장한다는 것이다. 이 '지혜인 여성'은 하느님의 본질에 참여하고, 하느님께서는 '지혜인 여성'을 통하여 말씀하시고 행동하시며 세상 속으로 들어오신다.[35] 이 '인격체'를 어

---

32) H. Gese, *Lehre und Wirklichkeit in der alten Weisheit*, Tübingen, 1958, p.2.

33) G. v. Rad, *Weisheit in Israel*, Neukirchen-Vluyn, 1970, p.87.

34) Cf. *ibid.*, p.95. "주님을 경외함은 지식(지혜)의 근원이다"(잠언 1,7)라는 말은 이스라엘에게 가장 고유한 것이다.

35) 파이퍼(G. Pfeifer, *Ursprung und Wesen der Hypostasenvorstellungen im Judentum*, Stuttgart, 1967, p.15)는 이 '인격체'를 다른 많은 주석가와 함께 '의인화'로, 다시 말해 "신성의 본질에 참여하는 실재"로 표현한다. "이 실재는 신성을 통해 세상 속으로 들어와 활동한다. 이렇게 의인화되어 활동하면서 자신의 본질을 잃지 않고서 말이다." 폰 라트(*Weisheit*, p.193)는 이런 견해에 대해서 비판적 입장을 취한

떻게 이해해야 할까? 이 '지혜인 여성'은 누구인가? 페미니즘을 주장하는 구약성경학자 멜라니 쾰모스(Melanie Köhlmoos)는 이와 관련해 다음과 같이 기술한다. "잠언 1~9장에 묘사된, 인격화된 지혜는 매우 다양한 역할을 하는 인물이다. 때로는 중개자로, 때로는 야훼 하느님의 의인화로, 때로는 피조물로 등장하는데, 단순히 여성으로도 파악될 수 없다. (…) 그렇지만 잠정적으로 확신할 수 있는 점은, 인격화된 지혜 안에서 신적 영역의 여성적 본질이 묘사되고, 이 여성적 본질에 관해 말하는 것은 신적 권한이 필요할 수 있다는 것이다."[36]

이제 간략히 개관하면서 이러한 다양한 현상들 가운데 일부를 살펴보자.

6.2.2. 지혜에 관한 성경 본문들

/참/고/문/헌/

• R. Stecher, "Die persönliche Weisheit in den Proverbien", in: *ZkTh* 75(1953), pp.411~451; H. Gese, *Lehre und Wirklichkeit in der alten Weisheit*, Tübingen, 1958, p.2; ders., "Weisheit", in: *RGG* ³6, 1976; G. Pfeifer, *Ursprung und Wesen der Hypostasenvorstellungen im Judentum*, Stuttgart, 1967; C. Larcher, *Études sur le livre de la Sagesse*, Paris, 1969; G. v. Rad, *Weisheit in Israel*, Neukirchen-Vluyn, 1970; F. Christ, *Jesus Sophia. Die Sophia-Christologie bei den Synoptikern*, Zürich,

다. 의인화된 지혜에 대한 해석의 대안으로 다양한 지혜 경험에 비추어 오늘날 '시적 인격화'가 때때로 언급되고 있다. 다음 책에서 이 연구에 대해 개관해 놓은 점을 볼 수 있다: G. Baumann, *Die Weisheitsgestalt in Proverbien 1~9. Traditionsgeschichtliche Studien*, Tübingen, 1996, pp.27~37.

36) Köhlmoos, *Wesheit / Weisheitslitratur* II, p.494.

1979; B.-L. Mack, *Logos und Sophia*, Göttingen, 1973; B. Lang, *Frau Weisheit. Deutung einer biblischen Gestalt*, Düsseldorf, 1974, p.90 이하; Baumann, *Weisheitgestalt*; Köhlmoos, *Weisheit/Weisheitsliteratur*, pp.486~497(Lit.); G. Schimanowski, *Weisheit und Messias. Die jüdischen Voraussetzungen der urchristlichen Präexistenzchristologie*, Tübingen, 1985; ders., "Die frühjüdischen Voraussetzungen der urchristlichen Präexistenzchristologie", in: J. Laufen(Hrsg.), *Gottes ewiger Sohn*, Paderborn, 1997, pp.31~55; S. Vollenweider, "Christus als Weisheit. Gedanken zu einer bedeutsamen Weichenstellung in der frühchristlichen Theologiegeschichte", in: *EvTheol* 53(1993), pp.290~310; Chr. Markschies, "Jüdische Mittlergestalten und die christliche Trinitätstheologie", in: M. Welker / M. Volf (Hrsg.), *Der lebendige Gott als Trinität, FG J. Moltmann*, Gütersloh, 2006, pp. 199~214; M. Leuenberger, "Die personifizierte Weisheit vorweltlichen Ursprungs von Hi 28 bis Joh 1. Ein traditionsgeschichtlicher Strang zwischen den Testamenten", in; *ZAW* 120(2008), pp.366~386(Lit.); J. Dochhorn, "Zu den religionsgeschichtlichen Voraussetzungen trinitarischer Gottesvorstellungen im Frühen Christentum und in der Religion Israels", in: V.H. Drecoll(Hrsg.), *Trinität*, Tübingen, 2011, pp.11~79.

6.2.2.1. 본문과 해석

이와 관련하여 가장 중요한 성경 본문 가운데 한 대목은 잠언 8장 22~31절이다.

주님께서는 그 옛날 모든 일을 하시기 전에
당신의 첫 작품으로 나를 지으셨다.
나는 한처음 세상이 시작되기 전에
영원에서부터 모습이 갖추어졌다.
심연이 생기기 전에,
물 많은 샘들이 생기기 전에 나는 태어났다.
산들이 자리 잡기 전에,

언덕들이 생기기 전에 나는 태어났다.
그분께서 땅과 들을,
누리의 첫 흙을 만드시기 전이다.
그분께서 하늘을 세우실 때,
심연 위에 테두리를 정하실 때 나 거기 있었다.
그분께서 위의 구름을 굳히시고
심연의 샘들을 솟구치게 하실 때,
물이 그분의 명령을 어기지 않도록
바다의 경계를 두실 때,
그분께서 땅의 기초를 놓으실 때
나는 그분 곁에서 사랑받는 아이였다.
나는 날마다 그분께 즐거움이었고
언제나 그분 앞에서 뛰놀았다.[37]
나는 그분께서 지으신 땅 위에서 뛰놀며
사람들을 내 기쁨으로 삼았다.

이 대목에서 전개된 생각들은, 폰 라트에 따르면, 이스라엘의 신앙에 관한 전승에서 '표석'(標石) 역할을 한다.[38] 그러한 생각들은 "기이하고, 우리가 야훼 하느님에 대한 오랜 신앙으로부터 알고 있다고 여기는 모든 것에 별반 맞지 않는다. 따라서 이스라엘

---

37) 파이퍼(*Ursprung*, p.27)는 여기서 지혜는 아이가 아니라 (성장한) 여인, 애인으로 묘사되었다고 여긴다. 그렇지만 지혜가 '뛰노는 것'에는 '춤을 춘다'는 의미가 내포되어 있을 것이다. 이와 관련해서는 다음 책을 보라: Stecher, *Weisheit*, pp.430~431. 변화가 일어난 31절도 파이퍼와 슈테허에게 자극을 불러일으킨다. 몇몇 주석가는 30절에 나오는 아이 또는 애인을 『칠십인역』에 따라서 '우두머리'로 번역한다.
이 성경 본문 전체의 진승 및 번역에 관한 문제들은 다음 책들에서도 볼 수 있다: Lang, *Frau*, p.90 이하; Dochhorn, *Voraussetzungen*, p.49.

38) v. Rad, *Weisheit*, p.189.

이 이와 관련하여 이스라엘 밖의 그 어떤 신화적 사고들에 의해 자극을 받은 것은 아닌가 하는 물음이 이미 오래전에 다루어졌다." 그러나 폰 라트는 즉시 이렇게 덧붙인다. "여기서 근동 지역의 '지혜에 관한 신화'가 차용되었다는 것을 확신에 차서 수용함으로써, 그 문제는 다시 잠잠해졌다. 이스라엘을 벗어나 다른 지역에서 나온 것 중에 수용할 만한 자료는 제시될 수 없었다."[39] 이런 까닭에 베른하르트 랑(Bernhard Lang)이 다음과 같이 기술한 것은 옳다. "학술 연구에 있어서 '지혜인 여성'은 하나의 수수께끼다. '지혜인 여성'에 관한 연구는 많을지라도, '지혜인 여성'의 정체성과 유래에 관해서는 일치된 견해가 없다."[40] 이집트에서 나온 사고들과 유사한 것들이 가장 먼저 알려졌다. 이에 근거하여 게르하르트 파이퍼(Gerhard Pfeifer)는 주장하기를, 지혜는 원래 신과 무관한 여성적 형상이었다고 한다. 지혜는 신이 애인으로 삼은 일종의 여신, 그러니까 "그 신에 의해서 발견되고 피조물의 모델로 사용된"[41] 존재라는 것이다. 나중에야 원래의 신화적 연관성은 사라졌고, 지혜는 '창조된 것'으로 표현되었다는 것이다.[42] 그렇다고 하더라도, 여기서는 자기 자신에 대해 '신비스러운 나'를 이야기한다. '나'는 "주는 자로서 인간에게 가장 인격적으로 말을 건넨다. '신비스러운 나'는 예전에 이렇게 말했다. '나

---

[39] v. Rad, *Weisheit*, pp.198~199.

[40] Lang, *Frau*, p.147; *ibid*., p.11도 보라.

[41] Pfeifer, *Ursprung*, p.24; *ibid*., p.26, pp.80~81도 보라.
반면에 다음 책은 이집트에서 나온 사고와 이스라엘에서 나온 사고는 현격히 다름을 강조한다: v. Rad, *Weisheit*, pp.225~226. 다음 책도 보라: Lang, *Frau*, p.148 이하.

[42] 다음 책도 보라: Christ, *Jesus*, p.25. "유다교는 '하느님의 아내'를 어떤 식으로든 야훼께 예속시켜야 했다. 그리하여 '하느님의 아내'로부터 딸이, 피조물 또는 야훼의 특성이 나왔다."

는 나를 사랑하는 이들을 사랑한다.'"[43]

잠언 8장처럼, 집회서 24장도 같은 노선에 있다. 9절에서 지혜는 세상 이전에 하느님에게서 창조된 '우주적 실재'로 표현된다. 이 '우주적 실재'는 높은 하늘로부터 심연의 바닥에 이르기까지 창조 세계를 두루 돌아다니고, 하느님의 위임을 받아 이 창조 세계를 다스린다. 사랑하는 여인이 애인 곁에 머물기 위해 그를 향해 길을 떠나듯이 말이다(집회 15,2 참조). 지혜를 찾는 이는 "자기 집 문간에 앉아 있는 지혜를 발견하게 된다"(지혜 6,14). 지혜는 모든 민족에게서 거처를 찾는다. 그러고 나서 이스라엘에, 더 정확히 말하면 시온에 자리를 잡는다(집회 24,7 이하 참조). 이렇게 이스라엘에 거처를 찾는 것은 송가를 부르는, 팔레스티나 지역에서 자라는 식물들에 비유하는 전통적 방식으로 묘사된다. 결국, 23~24절에 나오는 일종의 '해석학적 에필로그'에서는 여기서 행동하는 지혜가 '율법'과 동일시된다. 이는 중요한 해석으로, 이어지는 유다적 사고에 결정적인 것이 되었다. "훗날의 전개 과정에서 율법은 여기서 지혜가 수행한 역할을 그대로 넘겨받았다. 지혜는 선재한 것으로, 인간에게 하느님께, 구원과 생명으로 다가가는 길을 열어 준다."[44]

이 모든 것에 있어서 폰 라트에게 중요한 것은, 신적 특성, 곧 하느님의 지혜의 인격화가 아니라 피조물의 특성이다.

---

43) v. Rad, *Weisheit*, p.224.

44) *Ibid.*, p.31(이 대목에서 그는 다음 책을 가리켜 보인다: *Pirque Aboth* 3,14). 바룩서 3장 37절부터 4장 1절도 이와 유사하게 해석되고 있다.

세계 질서는 "누군가가 그렇게 하듯이, 인간에게 직접 말을 건네며 간청하거나 요구한다. 따라서 여기서는 하느님의 특성이 아니라 세상의 특성, 그러니까 저 신비스런 우연이라는 특성이 객관화된 것이다. 이 우연에 따라서 세계 질서는 인간의 삶으로 향한다. (…) 성경 본문들이 '지혜'라 부르는, 이 세계 내재적인 그 무엇을 우리는 단지 다른 말로 표현할 수 있다. 우리가 그것을 이제 '근원적 질서'나 '질서의 신비' 또는 '세계 이성'으로서, 하느님에 의해서 세상에 불어넣어진 '의미' 또는 반사된 '영광'으로서 세상에 되돌려 준다면, 어느 경우이든 비유적 인격화의 형태로 그분에 관해 이야기하게 될 것이다."[45]

그런데 지혜를 이렇게 '인격'으로 규정짓는 것은 성경적 진술의 측면에서 너무 약한 것은 아닐까? 고트프리트 쉬마노브스키(Gottfried Schimanowski)는 이 문제를 다음과 같이 요약한다. 지혜는 "하느님과 그리고 창조주와 피조물의 관계와 연관 지어진다. (…) 따라서 지혜는 한편으로는 (모든 피조물과 뚜렷이 구분되는) 신적 형상이지만, 다른 한편으로는 하느님께서 인간에게 주신, 인식할 수 있는 가시적 선물이다. 이 선물은 하느님 자신과 인간이 마음대로 할 수 있는 것과 뚜렷이 구분되는 것으로, 빼앗길 수 있다. (…) 이러한 구분되는 역할은 지혜를 '중개자' 또는 '중개

45) v. Rad, *Weisheit*, p.204. 다른 대목(*Ibid.*, p.312)에서는 더 간결하게 기술되어 있다. "지혜를 어떻게 (…) 존재론적으로 규정지을 수 있을까? 아무튼 지혜는 창조 세계의 영역에서 이롭게 작용하는 질서의 힘이다. 인간은 이 창조 세계에 내맡겨져 있고, 창조 세계는 인간의 마음을 얻고자 애쓰며 그를 인식으로 이끈다. 폰 라트가 이렇게 이해하는 것에 대해서 랑(*Weisheit*, p.105)은 이의를 제기한다. 지혜 관련 문헌에 따르면 "지혜인 여성은 실제 세계의 질서 구조를 구체화하는 게 아니라, 창조 세계 위에 있다"(*Weisheit*, p.427)는 것이다.

자 형상'으로 말할 자격을 준다."[46] 그렇게 본다면, 일종의 '인격 개념' 없이는 지혜가 무엇인지 알기가 어려울 것이다.

이 문제를 계속 다루기 전에 지혜에 대한 이해가 어떻게 전개되었는지 지혜서에서 간략히 살펴보자. 지혜서에 따르면, 지혜는 하느님에게서 나올 뿐만 아니라(7,25~26), 하느님과 '같이 살며' 그분의 사랑을 받는다(8,3). 지혜는 하느님의 어좌에 자리를 같이하고(9,4), 그분의 활동과 뜻을 안다. 지혜는 하느님의 뜻에 협력함으로써 명망을 얻는다.[47] 지혜의 본질은 스토아 철학에 의해 알려진 수식어들로 표현된다.

> 지혜 안에 있는 정신은 명석하고 거룩하며
> 유일하고 다양하고 섬세하며
> 민첩하고 명료하고 청절하며
> 분명하고 손상될 수 없으며
> 선을 사랑하고 예리하며
> 자유롭고 자비롭고 인자하며
> 항구하고 확고하고 평온하며
> 전능하고 모든 것을 살핀다.
> 또 명석하고 깨끗하며 아주 섬세한 정신들을 모두 통찰한다.
> 지혜는 어떠한 움직임보다 재빠르고

46) Schimanowski, *Voraussetzungen*, p.37. 이 책에 앞서 이미 다음 책이 이와 유사한 내용을 담고 있다: H. Gese, "Die Weisheit, der Menschensohn und die Ursprünge der Christologie als konsequente Entfaltung der biblischen Theologie", in: *SEA* 44(1979), pp.77~114, 여기서는 pp.79. 87.

47) 지혜서에 나오는 '지혜'에 의해서야 비로소 지혜는 '의인화'임을 완전한 의미에서 말할 수 있다. 지혜는 "신적 인격인 '나'에게 어울리고, 하느님 안에서 풍요함의 다양한 측면을 반영하기"(Larcher, *Études*, p.409) 때문이다. 랑(*Frau*, p.157)도 이 견해에 동의한다.

그 순수함으로 모든 것을 통달하고 통찰한다.
지혜는 하느님 권능의 숨결이고
전능하신 분의 영광의 순전한 발산이어서
어떠한 오점도 그 안으로 기어들지 못한다.
지혜는 영원한 빛의 광채이고
하느님께서 하시는 활동의 티 없는 거울이며
하느님 선하심의 모상이다.
지혜는 혼자이면서도 모든 것을 할 수 있고
자신 안에 머무르면서 모든 것을 새롭게 하며
대대로 거룩한 영혼들 안으로 들어가
그들을 하느님의 벗과 예언자로 만든다.
그래서 하느님께서는 지혜와 함께 사는 사람만 사랑하신다.
지혜는 해보다 아름답고
어떠한 별자리보다 빼어나며
빛과 견주어 보아도 그보다 더 밝음을 알 수 있다.
밤은 빛을 밀어내지만
악은 지혜를 이겨 내지 못한다.
지혜는 세상 끝에서 끝까지 힘차게 퍼져 가며
만물을 훌륭히 통솔한다. (지혜 7,22~8,1)

여기서 지혜는 일종의 피조물에 대한 근원적 사고로 보인다. 말하자면 '세계영혼' 또는 창조된 현실 세계의 기준으로도 보인다. 지혜는 세상의 감춰진 질서, 세상의 의미, 세상의 완전한 형상으로 보이지만, 동시에 하느님의 사랑을 받는 존재로 보인다.

알렉산드리아의 필로(Philo v. Alexandrien)가 진술하고 성찰한 것이 지혜서의 내용에 근접해 있다.[48]

이 유다 출신의 신학자이자 철학자는 절대적으로 초월적 존재이신 하느님에 대한, 특별히 철학적이고, 당시에 무조건적이지 않은 전형적인 이해에 근거하여 중간 존재에 대한 구상을 전개한다. 이 중간 존재에 대한 구상에 따르면, 하느님은 세상 안에서 활동하신다(말씀, 지혜, 영, 권능, 천사의 힘 …). 이 중간 존재 중에서 가장 중요한 존재는 그에 의하면 당시 그리스 철학으로부터 받아들인 개념으로 설명되는 로고스(Logos, 말씀)이다. 로고스는 세상 창조에 참여하고 모든 것에 스며들었으며, 따라서 하느님께 가까이 있을지라도, 그분께 예속되어 있다. 로고스에 관한 이러한 진술은 필로에게 있어서 (지혜서 9장 1절에 이미 나와 있듯이) 때때로 지혜(Sophia)에 관한 진술과 분리되지 않는다. 그렇지만 그렇게 묘사한다고 해서 그 둘이 완전히 동일하다는 뜻은 아니다. 지혜는 여성적 유사함과 관계를 맺으면서 우리의 시야에 들어온다. 그리하여 지혜는 하느님의 '딸'이나 '아내'로도 표현되고, '로고스의 어머니'(로고스의 '아버지'는 하느님이시다), 천지 만물의 '어머니'와 '유모'로도 묘사된다. 지혜는 세상보다 먼저 창조되었기 때문이다.[49] 지혜서에도 이미 나와 있듯이, 지혜는 때때로 영과 의미가 동일하다. 이 모든 것에 있어서 (나중에야 알게 된) 영지주의적 신화의 영향도 얼마나 많이 감지될 수 있느냐에 대해서는 의견이 분분하다.

---

48) 이와 관련해서는 다음 책들을 보라: Lang, *Frau*, pp.161~164; Mack, *Logos*.

49) 가장 중요한 텍스트들이 다음 두 책에 명시되어 있다: Pfeifer, *Ursprung*, p.51 이하; Dochhorn, *Religionsgeschichtliche Voraussetzungen*, pp.51~52.

6.2.2.2. '인격화'와 관련된 문제

이렇게 개관했으니, 이제 지혜의 '존재론적' 규정이라는 문제로 다시 돌아가자. 이런 맥락에서 종종 사용된 전문 용어 '인격화'는 무엇을 의미하는가? 베른하르트 랑은 여기서 특별한 문제를 제기하지 않는다. 인격화는 고대에 흔한 것이었고, 그러한 인격화는 히브리어의 구조에 따라서 특별히 쉽게 이해된다는 것이다.[50] 그렇지만 게르하르트 파이퍼는 (게르하르트 폰 라트와 달리) 지혜를 창조 질서가 아닌 하느님의 '특성'으로 이해하고, '인격화' 개념에 대해 이의를 제기한다.

"왜냐하면 이러한 표현은 우리의 전통적 사고에서 유래하는 '인

---

50) 다음 책을 보라: Lang, *Frau*, pp.165~166.
이에 따라 랑은, '지혜'라는 여인은 '우둔함'이라는 여자(잠언 9,13~14)처럼 문학적으로 인격화한 것임을 가리켜 보이는 많은 신학자의 노선에 서 있다. 슈테허(*Weisheit*, p.414)는 이에 반기를 든다. 우둔함을 인격화하는 것은 "일회적으로 생각할 수 있는 것이고, 잠언 9장에서는 형식적으로 지혜의 상대 역할만 한다"(그는 다음 책을 가리켜 보인다: J. Göttsberger, *Die göttliche Weisheit als Persönlichkeit im AT*, München, 1919, p.32). 슈테허에게 있어서 지혜를 인격적으로 생각한 것은 '세상을 위한 하느님의 역할'을 구체적 본질로 이해하는 역동적 개념을 표현하는 것이다. 아무튼 그 역시 지혜가 '실제적 인격'임을 부인한다. 그 이유는 이렇다. "그리스-로마의 의인화 연구 영역에서 제식을 거행하는 것은 실제적 인격체를 받아들이는 데 유일한 신뢰할 만한 증명으로 간주된다"(p.440). 그는 다음 글을 가리켜 보인다: Fr. Stößl, "Personifikationen", in: *PRE* 37, pp.1042~1058). 그러나 지혜를 기리는 제식은 존재하지 않았을 것이다. 그렇지만 이러한 견해는 푀처(Pötscher, "Personifikation", in: *KP* 4, pp.661~663, 여기서는 p.662)에 의해서 수정되었다. "(…) 그러한 존재들은 제식을 거행하는 인격적 신들로만 여겨졌을 거라는 주장은 합당하지 않다." 여기서 인격적 신들은 "사람들이 의식을 지닌 존재(지식, 의지)로 생각하는 이들"이다. 그 밖에 지혜에 대한 '제식적 공경'을 주목하는 것 역시 잘못된 게 아니다. 잠언 1장 28절["그때 그들이 나(지혜)를 불러도 대답하지 않으리라. 그들이 나를 찾아도 찾아내지 못하리라"]을 주시하고, 예레미야서 11장 11절(등등)에 이와 유사한 내용이 나오는 것을 주목한다면 말이다.

격' 개념을 전제하기 때문이다. 이에 따라 한 인격은 (…) 여러 특성을 지니고 있으며, 이 특성들에 대해서는 독자적인 본질로서 때때로 시적 언어로도 묘사될 수 있다. (…) 이 '인격' 개념은 고대에 완전히 낯선 것이었다. 고대 근동 지역의 사고에 따르면 하나의 신성이 있고, 변경된 방식에 따르면 하나의 인간도 있다. 이 인간은 제한받는 존재가 아니라, 층이 다양한 존재이다. 이 존재는 세상 속으로 들어가 왕성하게 활동하고, 다양한 방식으로 자신을 펼친다. (…) 여기에는 잠들어 있는 가능성이라고 규정할 수 있는 어떤 것이 없다. 이 개념 역시 우리가 말하는 의미에서는 사용할 필요가 없다. 잠들어 있는 능력은 본질에 부차적으로 다가가는 것이 아니라, 본질을 함께 구성하는 힘의 요소들이다. 그렇기 때문에 힘의 요소들이 때때로 독립적 형상으로 나타나지 않고 자신의 강력함을 표현하는 것이라면, '시적으로 묘사된 인격화'는 없는 것이다."[51]

그러나 이렇게 특정한 관점에서 관찰하는 것은 여기서 제기되는 문제에 맞지 않는다. 지혜가 (폰 라트가 제시한 바람직한 논증에 비추어) 피조물의 한 특성(그 '근원적 질서'의 인격화)이고 따라서 하느님의 권능을 표현한 것이 아니라면 말이다. 그렇지만 폰 라트에게도 중대한 질문이 제기될 수밖에 없다. "'독립적 존재'로 표현된 지혜가 단순히 창조 세계의 특정한 (비인격적) 차원을 대변할 수 있을까?" 이 주석가는 그 문제를 명확히 주시한다는 점은 분명하다. 다음과 같이 기술하기 때문이다. 성경 본문들은 원

51) Pfeifer, *Ursprung*, pp.15~16.

래 "어느 원칙이나 세계 이성 같은 관념적인 것에 관해 말하지 않고, 피조물도 그러하듯 실재성을 지닌 창조된 것에 관해 말한다는 것을 사람들은 유념해야 한다." '근원적 질서'는 창조 세계 안에 이미 '존재하는 것'만 의미하지 않고, 인간을 위해서도 제공된 것이다. "그렇다, 그것은 인간을 직접 부른다"라는 것을 의미하지는 않는다. 그리고 "피조물에게서 나오는 이 목소리는 (…) 〔야훼 하느님에 관해 제삼자의 입장에서 이야기한다(잠언 8,13).〕 하느님께서 하시는 말씀의 특징을 지닌다." 하느님께서는 인간이 단호히 결정하도록 그를 부르시는 것이다. 폰 라트는 이어서 다음과 같이 기술한다. "우리는 약속 받은 보화도 구원을 위한 보화로만 표현할 수 있다. 여기에 문제가 있다. 여기서 '나'는 분명히 야훼 하느님이 아니지만, 사람들을 단호히 자기 쪽으로 부르고 있다는 것이다! 사람들을 자기 쪽으로 부르라는 요구를 어느 예언자가 받아들이겠는가! 야훼 하느님 외에 누가 인간에게 '나를 얻는 이는 생명을 얻는다'(잠언 3,18; 8,35; 9,6; 집회 4,12)라고 말할 수 있을까?" 여기서 "야훼 하느님과 이스라엘이 나누는 대화 속으로 계시의 전달자가 들어와"[52] 활동한다. 더 정확히 말하자면, "인간처럼 야훼 하느님께서 지으시어 나타난 피조물"이 활동한다.[53]

이는 하느님과 인간을 실제로 인격적으로 중개한다는 것을 의미한 걸까? 폰 라트는 (문학적) 인격화의 특성을 강조하면서 그

---

52) v. Rad, *Weisheit*, pp.212~213(본 저자도 또한 강조하는 내용임).

53) Baumann, *Weisheitsgestalt*, p.143. 저자는 자신이 연구하여 내놓은 결과물을 일목요연하게 기술한다. "잠언 1~9장에 묘사된 지혜의 형상을 인격체로 보아야 한다는 것은 지혜가 시적으로 탄생했음을 말하지만, 지혜가 인간보다 덜 실제적임은 말하지 않는다"(*Ibid.*, p.282). 저자는 이 책의 p.313에서 "야훼 하느님 옆에 있는, 하느님을 닮은 형상" 내지 "초자연적 피조물"에 관해 이야기한다.

것을 부인한다. "근원적 질서를 인격화하는 것은 (…) 설명되어야 할 일을 자의적으로 아주 정확히 표현하는 것(!)이었다. (…) 이로써 계시 사건이 전개된다. 계시 사건은 역사 속에서 돌이킬 수 없는 특별한 구원을 통해서는 인간에게 도달하지 않는다. 오히려 매우 충분히 유지된 질서의 힘(창조 세계)으로부터 출발한다. 따라서 사제나 예언자들이나 또는 실제적인 구세사적인 전승이 아니라, 인격화 자체가 위대한 중개자이다."[54]

그러나 이것으로(창조 세계가 지닌 질서의 힘의 '가장 적절한 표현'인 인격화) 지혜의 인격화와 다른 유사한 '의인화'(로고스, 영…)라는 현상 전체가 설명된 것일까? 구약 시대가 끝날 무렵에 그러한 인격화, '의인화'로 표현된 것들이 꽤 널리 퍼져 있었다는 사실을 유념해야 하지 않을까?[55] 이 모든 것은 창조 세계를 '적절히 표현한' 것에 불과했을까? 게다가 창조 세계는 질서의 힘을 지녔다는 이러한 해석은 지혜가 세상 창조 이전에 이미 존재했고 창조 사건에 '참여'했다는 단호한 성경적 진술과 어떻게 일치할 수 있는가? 따라서 지혜는 하느님으로부터 나왔고, 그분에 의해서 창조되었을지라도, 다른 피조물을 '뛰어넘는 실재'이다. 지혜는 그 근원적 질서를 '아주 적절하게 표현한' 것에 불과하다는 것과 일치할 수 없다. 초기 그리스도교의 전승이 여기서 결정적 행보를 했다는 것은 놀랄 만한 일이 아니다.

---

54) v. Rad, *Weisheit*, pp.226~227.

55) 파이퍼(*Ursprung*)는 이를 부인한다. 이에 맞서 마르크쉬스(Markschies, *Mittlergestalten*, p.209)는 견해를 수정하여 다음과 같이 강조한다. 하느님의 말씀뿐만 아니라 신적 지혜도 "하느님 곁에 있는 인격화된 형상으로서 사람들이 지금까지 받아들인 것보다 더 퍼져 있었으며, 아무튼 도시를 중심으로 형성된 유다교에 국한되지 않았다."

6.2.3. 구약성경 이후 해석들

(추측하건대 특히 Q 문헌에서 유래하는) 신약성경에서 예수는 '지혜'로 이해된다(마태 11,19; 루카 7,35; 루카 11,49~50 등이 그 배경이 될 것이다).[56] 나아가 코린토 1서 1장 24절과 30절도 하느님께서 우리를 위해 그리스도를 지혜로 만드셨다고 진술함으로써 구약성경에 나오는 지혜를 그리스도와 동일시한다는 생각이 들게 한다. 이에 비추어 사람들은 이미 구약성경에 때때로 등장하는 의인화된 하느님의 말씀(dabar, Logos)을 초기 그리스도교 신학에서 요한복음 1장에 주목하여 '강생하신 지혜'로 해석했고[57] 훗날에는 태동하는 삼위일체 신학의 맥락에서 둘째 위격으로 해석했다는 것을 이해하게 된다.

그 밖에 다른 방향에서 해석되었는데, 예를 들면 에페소서에서 그것을 알 수 있다. "(…) 교회를 통하여 하느님의 매우 다양한 지혜가 알려지게 되었습니다"(에페 3,10). 이에 근거하여 하인리히 슐리어는 다음과 같이 추론한다. 교회는 "이제 지혜의 형상이다. (…) 교회와 창조 세계는 하느님의 동일한 지혜를 드러낸다."[58] 이런 관점에서 사람들이 교회는 그리스도의 '몸'이자 '신부'로 묘

---

56) 전체와 관련해서는 다음 책들을 참조하라: Christ, *Jesus*; Schimanowski, *Weisheit*, 특히 p.75 이하; Vollensweider, *Christus*.

57) 이에 관해서는 다음 책을 참조하라: Leuenburger, *Personifizierte Weisheit*, pp. 382~85.

58) H. Schlier, *Die Zeit der Kirche*, Freiburg, ^{2}1958, p.160. 다음 책도 보라: L. Cerfaux, *La Théologie d'Église suivant S. Paul*, Paris, 1948, pp.266~267. "그러므로 구원의 계획을 구상하시고, 이 계획과 동일시하는 하느님의 지혜는 교회 안에서 그 결론과 성취에 이른다. 즉, 교회는 지혜의 형상이며, 거의 의인화되어 있다."

사되어 있는 에페소서 5장 23절 이하도 받아들인다면, 하느님의 지혜는 말하자면 그리스도와 (우주적으로 이해된) 교회 안에서 실현된다. 여기서 교회는 "하늘과 결합한 존재"[59]와 같다.

그렇지만 이렇게 이해하는 방향(지혜를 그리스도뿐만 아니라 교회와도 연관 지어 해석함)은 신약성경 이후 시대에서 거의 앞으로 나아가지 못했다. 오히려 (필로에게서 이미 보았듯이) 로고스는 지혜와 의미가 동일한 것으로 이해되었다. 로고스와 지혜는 대다수 신학자에게서 (몇몇 예외를 제외하면) 그리스도로 표현된다.[60] 이는 특히 아리우스(Arius)와의 대결과 관련이 있을 것이다. 지혜와 그리스도를 동일시하는 것이 바로 아리우스에게서 발견되기 때문이다. 그는 로고스를 성경의 창조된(!) 지혜와 동일시하면서 중요한 논증을 제시했다. 로고스는 창조된 것이고 성부와 성자는 동일한 존재가 아님을 주장하려는 것이었다. 이런 까닭에 거의 모든 신학자, 특히 아타나시우스(Athanasius)는 아리우스의 견해를 반박하기 위해 니케아 공의회가 개최된 시기와 그 후에도 진정한 그리스도를 규명하는 데 전념했다. 동시에 성경 본문들에서 언급된 지혜는 창조된 것이 아님을 증명하는 데에도 주력했다. 이러한 논쟁을 토대로 독자적인 차원에서 지혜를 교회라고 해석

---

59) Schlier, *Zeit*, pp.176. 300.

60) 그리하여 예컨대 유스티누스〔*Dial. c. Tryphone 61,1*(*PTS* 47, pp.174~175)〕와 오리게네스〔*In Joh. 38*(*SC* 120, p.232)〕는 로고스와 지혜를 동일시한(이에 관해서는 다음 책에 상세히 나와 있다: Chr. Bruns, *Trinität und Kosmos. Zur Gotteslehre des Origenes*, Münster, 2013, pp.65~73) 반면, 이레네우스〔*Adv. haer.* IV, 20,3(*FC* 8/4, p.158)〕는 성경적 지혜를 성령으로 이해한다. 교부 시대 이후의 해석에 관해서는 다음 글을 참조하라: E. v. Lilienfeld, "Frau Weishet - Typus, Symbol oder Allegorie in Byzanz und der karolingischen Dichtung des 9. bis 10. Jahrhunderts", in: M. Schmidt(Hrsg.), *Typus, Symbol, Allegorese bei den östlichen Vätern und ihren Parallelen im Mittelalter*, Regensburg, 1982, pp.146~186.

하는 것이 드물게나마 시야에 들어왔다. 이어서 비잔틴(=그리스) 신학도 대체로 지혜(Sophia)와 그리스도를 동일시하는 관점에서 출발했다(뒤에서 다루게 될 러시아정교회와는 다르게). 따라서 유스티누스 황제에 의해 콘스탄티노폴리스에 세워진 하기아 소피아 성당은 (성탄을 기념하여 세워진) 그리스도 교회이다. 반면에 훗날의 러시아 전례와 신심은 지혜를 종종 마리아와 동일시했으며, 이런 까닭에 러시아에 있는 '소피아(지혜) 교회'들은 거의 언제나 '마리아 교회'이다.[61]

그럼에도 (지배적인) 그리스도론적 방향과는 다른 방향으로 이해하는 것은 제외되지 않았다. 오히려 그 반대다! 베른하르트가 다음과 같이 지적하는 것은 옳다. "지혜인 여성에 관한 시들이 그러하듯, 적은 수의 성경 본문들만이 신학과 철학, 신학에 지대한 영향을 미쳤다."[62] 이 성경 본문들에 대한 '영향사'에서 초기 교회와 중세 교회에서도 마리아에 대한 해석 및 마리아와 교회에 대한 해석은 특정한 역할을 한다. 우리가 앞으로 보게 되듯이, 하느님께서 가장 먼저 창조하신 지혜는 마리아와 교회와 동일시된다.

---

61) 파벨 알렉산드로빅 플로렌스키(Pavel Aleksandrovič Florenskij)는 페오도르 드미트리예비치 사마린(Feodor Dmitrijewitsch Saamarin)에게 보낸 편지(*Leben und Denken*, Bd. I, Ostfilderrn, 1995, p.231)에서 다음과 같이 쓰고 있다: "우리 학술원의 골루브초프(A.P. Golubzov) 교수가 저에게 이야기하기를, 고대에는 오늘날의 마리아 승천 교회와 수태고지 교회는 모두 소피아(지혜) 교회였다고 합니다. (…) 지혜가 그려진 이콘은 러시아에서 가장 오래된 이콘이고, 어쩌면 러시아에서 최초의 이콘일 겁니다." 제2부 5.1.2.1.도 참조하라.

62) Lang, *Frau*, p.176.

6.3. 마리아는 하느님의 창조된 지혜인가?

마리아를 하느님께서 가장 먼저 창조하신 지혜로 보는 시각은 토마스 쉬플링거(Thomas Schipflinger)의 방대한 저서인 『지혜 - 마리아. 피조물에 대한 전체적 비전』(*Sophia - Maria. Eine ganzheitliche Vision der Schöpfung*)[63]에 기술되어 있다. 쉬플링거는 지혜를 주석학적이고 신학사적이며 정신사적 관점에서 볼 뿐만 아니라, 예술작품들도 두루 관찰하면서 해석한다. 그리고 지혜를 피조물 내지 피조물의 관점과 연관 지어 다음과 같이 묘사한다.

- "처음부터 인격을 지닌 피조물"
- "세계영혼"(die Weltseele)
- "이스라엘에서 한 민족을 창조한 지혜 = 어머니 시온인 지혜"
- "마리아 안에서 사람이 되신 지혜 = 마리아인 지혜, 강생한 지혜(…)"
- "강생한 지혜(=마리아)에서 비롯된, 그리스도의 신비체, 교회(…)"
- "신비체(=교회)를 통해 그리스도와 결속된 인류, 하느님과 일치하는 창조 세계 전체"[64]

---

63) München-Zürich, 1988. 이 책은 여러 언어로 번역되어 있다. 쉬플링거와의 개인적 친분이 계기가 되어 이보다 앞서 나온 책이 있다: S. Schaup, *Sophia. Das Weibliche in Gott*, München, 1964. 그러나 이 책은 깊이 있는 내용을 담고 있지만, 대중적 색채도 띠고 있다.

64) Schipflinger, *Sophia*, pp.65~66.
쉬플링거는 지혜가 마리아 안에서 '강생'했다는 문제성이 큰 진술을 다음과 같이 해

쉬플링거의 이 탁월한 책에는 단점이 하나 있다. 그는 자신이 이해한 바에 따라서 관련 문헌들을 읽고 해석할 뿐만 아니라, 경우에 따라서는 그 문헌들을 비판하기도 한다. 먼저 그가 규명한 문헌들 가운데 몇 가지를 따라가 보자. 쉬플링거가 아우구스티누스의 작품들을 해석하기 위해 꼽은 특징들은 지극히 옳다고 볼 수 있다. 본인이 이해한 바에 따라서 하나의 텍스트를 끌어들이더라도 말이다. 이 텍스트는 중세기에 나왔고 가명(假名)을 썼으며, 그런 문헌으로서 (역사비평적 관점에서 볼 때) 맞지 않은 점을 강조하고 있다.

6.3.1. 아우구스티누스

아우구스티누스의 문헌들에서 지혜에 관한 진술이 이따금 발

석하면서 차이를 둔다(*Ibid.*, pp.324~325. 328). "지혜와 마리아 사이에는 어떠한 위격적 일치도 존재하지 않는다. (…) 왜냐하면 위격적 일치 안에서 신적이고 인간적인 본성이 로고스의 신적 인격 안에서 일치하기 때문이다. (…) 지혜와 마리아가 일치하면 본질적으로 다른 두 본성이 아닌, 창조된 하나의 본성만 존재한다. 이 창조된 본성이 상이한 두 가지 형태로, 그러니까 순전히 영적이고 영원한 형태와 강생하고 현세적이고 인간적인 형태로 나타날지라도 말이다. 그렇지만 인격인 지혜는 동일한 형태로 있다. 영, 지혜의 인격적 핵심 본질은 (통상적 개념으로 표현하면) 동일한 형태로 있다. 지혜의 존재, 지혜의 표현, 지혜의 영향으로 인한 현상적 형태만 바뀔 뿐이다. 세상 이전에, 영원히 존재하는 지혜의 순전히 영적이고 고유한 형태는 인간 세상에서 육화한 (…) 형태를 취한다. (…) 지혜는 마리아 안에서 강생함으로써 참된 인간이 되었다. (…) 따라서 우리는 인격인 지혜와 인성의 일치를 유익한 일치, (…) 몸과 영혼의 일치 또는 육신적-영적 일치라고 표현할 수 있다. 몸과 영혼이 인간 안에서 일치하듯이 말이다. (…) 마리아의 몸, 마리아의 인성은 영적인 지혜에 의해서 생기가 불어넣어진다. 이런 의미에서 지혜는 마리아의 영혼이다. (…) 지혜는 마리아 안에서 강생하고, 마리아의 몸 안에서 통합되며 사람이 된다." 부이에(*Kirche* II, p.408)도 지혜가 교회 안에서 '강생'하는 것에 관해 독특한 방식으로 이야기한다.

견된다. 그렇지만 그는 이 지혜를 (완전히 그리스 교부들의 노선에서) 하느님의 말씀과, 혹은 아드님과 거의 항상 동일시한다. 그러나 몇몇 대목에 비추어 본다면, 그는 '창조된 지혜'(sapientia creata) 역시 알고 있다. 이에 관해 그가 진술한 점들은 우리가 앞에서 다룬 '지혜인 여성'이라는 성경적 현상과 관련이 있고 우연하게도 마리아를 연상시킨다. 여기서는 특히 그의 저서 『고백록』 12장을 예로 들 수 있다.

이런 맥락에서 언급할 점이 있다. 아우구스티누스는 '창조'라는 주제에 대해서, 즉 성경의 첫 구절에 대해서 늘 새롭게 다루었다. 이때 중요한 것은 "근원과 피조물의 출발 상황과 순수함을 지닌 창조의 순간을 재발견하는 것, 근원적 상태의 은총, 하느님과 최초로 사랑의 일치를 이루는 것"이라고 한스 우르스 폰 발타사르는 말한다. "그런데 지상의 모든 피조물은 죄를 지어 이 사랑의 일치에서 떨어져 나간 것이다."[65] 그 밖에 그다음에 이어졌던 것이 영향을 미친다. 그 이유는 이렇다. 아우구스티누스 시대에 '태초'(우주론)에 관한 성찰은 "모든 철학적 또는 종교적 세계관에 대해서 일종의 '가면' 역할을 했기 때문에, 신학자들은 아우구스티누스의 견해를 토대로 그리스도교적-성경적 우주론에도 철학적-자연과학적 근거를 둘 수밖에 없었다."[66] 그리고 이러한

---

65) H.U. v. Balthasar, *Einleitung zu: Augustinus, Die Bekenntnisse*, Einsiedeln, 1985, pp.15~30, 여기서는 p.24.

66) C. Mayer, "'Caelum caeli': Ziel und Bestimmung des Menschen nach der Auslegung von Genesis 1, 1f", in: N. Fischer / C. Meyer(Hrsg.), *Die Confessiones des Augustinus v. Hippo. Einführung und Interpretationen zu den dreizehn Büchern*, Freiburg i. Br., 1998, pp.553~601, 여기서는 p.590. 이 대목에 위에 인용된 문장이 나온다.

근거는 무엇보다 당시의 신플라톤주의 사상들과 대립했기 때문에 아우구스티누스가 진술한 것들은 "주석학과 그리스도교 신학과 신플라톤주의적 존재론과 긴장 관계"에 있었다. 이런 배경에서 아우구스티누스는 창세기 1장 1절에 나오는 '하늘'과 '땅'을 창조의 두 기본 원칙으로서, 즉 영과 물질로 이해한다. 이 둘은 이른바 '엿새 동안의 활동' 전에 이미 창조된 것이다.

이런 맥락에서 아우구스티누스는 창세기 1장에 나오는 '하늘'을 '하늘 중의 하늘'로 표현하고, 하늘을 (하느님께 아뢰는 방식으로) 다음과 같이 풀이한다.

> "당신께서 한 처음에 창조하신 하늘 중의 하늘은 특정한 영적(지적) 피조물(creatura aliqua intellectualis)[67]입니다. 그러나 이 피조물은 삼위일체이신 당신과 결코 대등한 존재가 아닙니다. 그렇지만 당신의 영원하심의 몫을 나누어 받습니다. 당신을 바라보는 복된 기쁨을 누리는 피조물은 변하기 쉬운 자신을 다스립니다. 피조물은 창조된 때부터 떨어져 나가지 않고서 당신께 의탁하고, 세월의 모든 덧없고 변하는 것을 극복해 냅니다."[68]

---

67) 여기서 아우구스티누스가 언급한 '지적 피조물'(Creatura intellectualis)의 해석과 관련해서는 이 주제 연구 상황에 관한 정보를 제공하고 다양한 해석들도 분석한 다음 글이 특히 중요하다: H. Feld, "Was ist die intellectualis creatura des heiligen Augustinus?", in: http://oki-regensburg.de/k_feld.htm(2011.12.8일자 게재). 나아가 다음 책도 보라. 물론 이 책은 그 문구의 뜻을 풀어서 밝히는 수준을 거의 넘어서지 못한다: U. Schulte-Klöcker, *Das Verhältnis von Ewigkeit und Zeit als Widerspiegelung der Beziehung Schöpfer und Schöpfung. Eine textbegleitende Interpretation der Bücher XI-XIII der 'Confessiones' des Augustinus*, Bonn, 2000, 특히 pp.175~215. 그 밖의 문헌들은 펠트의 글에 명시되어 있다.

68) Augustinus, *Confessiones* XII, IX, 9. 이 대목과 이어지는 대목의 독일어 번역문은 한스 우르스 폰 발타사르가 편찬한 텍스트에서 발췌했다(여기서는 322). 라틴어 원

그는 이 피조물에 대해 계속 말한다. "오, 복된 피조물은 (…) 당신의 복되심에 의탁할 수 있고, 당신의 영원한 거처가 되며, 당신의 빛을 받으니 복됩니다." 여기서 피조물은 "거룩한 영들과 함께 이 가시적 하늘 위에 있는 천상에서 사는 당신 도성의 시민들과 함께 사는" '순수한 영'(mens pura)으로 묘사된다.[69] 아우구스티누스가 (하느님을 향하여) '당신의 거처'라고 말하는 이 형상은 "결코 당신에게서 멀리 떨어져 있지 않습니다. 비록 당신처럼 영원하지는 않더라도 말입니다." 이 형상은 고정된 채 "당신을 바라보는 것을 그만두지 않았습니다." 천성적으로 변할 수 있더라도 말이다. 이어서 아우구스티누스는 신학적으로 반대하는 자들에게 시선을 돌린다.

> "그대들은 순결한 사랑 안에서 참되고 진실하신 하느님께 의탁하는, 탁월한 피조물이 있다는 것, 비록 그분처럼 영원하지는 않더라도 이 피조물은 한시적이고 변화하는 다양함 속에서 그분에게서 떨어져 나가지 않고 가장 진실하신 하느님을 바라보며 그분 안에서 쉰다는 것을 부인하는가? (…) 이 피조물은 '하느님의 거처'로, 이곳은 지상이나 눈에 보이는 하늘에 있지 않고, 영적으로(spritualis) 그분의 영원하심에 참여하는 곳이다."[70]

지금까지는 지혜에 관한 언급이 없었는데, 이제부터 그 관점이

문 인용: J. Bernhart(Hrsg.), *Ausgabe: Augustinus, Confessiones*, München, [3]1955, 여기서는 686.

69) Augustinus, *Conf.* XII, XI, 12(독일어 번역본: 324, 라틴어 원문: 690). 그다음 인용문들도 같은 문헌들〔XII, XI, 15(독일어 번역본: 326, 라틴어 원문: 692)〕에 나와 있다.

70) *Ibid.*, XII, XV, 19(독일어 번역본: 328, 라틴어 원문: 698).

달라진다. 아우구스티누스는 즉시 지혜를 '창조와 시간'이라는 주제와 결부시켜 다룬다.

> "우리가 하느님의 거처 앞에서 머무를 시간이 없더라도, 〔그렇지만 '지혜는 다른 모든 것에 앞서 창조되었다'(집회 1,4).〕 이 지혜의 아버지는 당신, 우리의 하느님이십니다. 이 지혜는 당신과 같지 않고 당신처럼 영원하지 않습니다. 그러나 이 지혜를 통해 만물이 창조되었고, 이 지혜는 당신께서 그 안에서 하늘과 땅을 창조하신 '근원'입니다(이는 '하느님의 말씀', 창조되지 않은 지혜를 의미한 것이다). 오히려 중요한 것은 창조된 지혜, 영을 지닌 존재입니다. 이 존재는 당신의 빛을 바라봄으로써 빛이 되었습니다. 영을 지닌 이 존재는 (비록 창조되었더라도) 지혜라 불립니다. 따라서 다른 모든 피조물에 앞서 창조된 지혜는 존재하고, 실제로 창조되었습니다. 다시 말해, 그것은 당신의 깨끗한 도성에 있는 이성적이고 통찰하는 영(mens rationalis et intellectualis castae civitatis tuae)입니다. '하늘에 있는 예루살렘은 자유의 몸으로서 우리의 어머니입니다'(갈라 4,26). (…) 지혜는 당신, 우리의 하느님으로부터 나왔습니다. 지혜는 당신과 그리고 다양한 존재들과 전혀 다릅니다. 우리는 지혜 앞에서도, 지혜 안에서도 머무를 시간이 없더라도 말입니다. 지혜는 당신의 얼굴을 항상 바라볼 수 있고, 결코 당신의 얼굴로부터 시선을 돌릴 수 없습니다. 그렇기 때문에 지혜는 변하지 않습니다. 그렇지만 그럴 가능성은 잠재되어 있습니다. 따라서 영원한 한낮이 당신에게서 빛을 받아 환히 빛나듯이, 지혜가 숭고한 사랑 안에서 당신께 의탁하지 않으면, 지혜는 어둠과 추위 속으로 들어갈 수도 있을 것입니다."

그러고 나서 이 텍스트에서는 수취인이 확 바뀐다. 다음 단계로 넘어가는 과정 없이 이제 지금까지 다루어진 대상은 말을 건네 듣는다. 더 정확히 말하자면, 이는 청원 기도 형태로 표현된다.

> "오, 그대, 멋지고 환히 빛나는 집이여, 저는 그대의 빼어난 모습과 제 주님의 영광스러운 거처를 사랑했습니다. 주님께서는 그대를 지으셨고 든든히 받쳐 주십니다. 순례자인 저는 그대를 향해 한숨짓습니다. 저를 지어내신 그분께 청합니다. 그대와 마찬가지로 창조하신 저를 그분께서 그대 안에 머물게 해주시도록 청합니다. 저는 '잃어버린 양'처럼 길을 헤매지만, 제 목자이신 주님의 어깨 위에 있습니다. 그분은 그대를 지으셨습니다. 저는 그대에게로 되돌아가기를 바랍니다."[71]

이 '하늘 중의 하늘', 순수한 피조물, 창조된 지혜는 무엇인가? 이에 대해 주석가들은 의견이 크게 갈린다. 이와 관련해서는 천사 내지 천사의 세계가 중요하다는 견해는 배제해도 좋을 것이다. 영적 피조물이 비유적으로 인격화된 것이라는 견해 역시 수용하기 어려울 것이다.[72] 여기서 말한 피조물은 적어도 구분되

---

71) *Ibid.*, XII, XV, 20~21(독일어 번역본: 329~330, 라틴어 원문: 700~701).

72) 왜냐하면 '영 / 영적·지적·이성적 피조물'(mens/creatura spiritualis/intellectualis/rationals)에 관해 명확히 여러 번 언급되고 이는 일종의 기도 형태로 언급되기 때문이다. 『고백록』 제13권[III, 4(독일어 번역본: 351, 라틴어 원문: 756)]에서 아우구스티누스는 '적합한'(non incongruenter) 빛의 창조를 저 '영적 피조물'(creatura spiritalis)과, 그러니까 "당신(하느님)께서 비추려고 생각하신 생명과" 연관 지으려 한다. "그러나 그 피조물은 빛을 비출 수 있는 생명이 되기 위해 하느님 앞에서 별반 애쓰지 않았을 것입니다; 그 피조물은 빛을 비추기 위해 당신 앞에서 별반 애쓰지 않았습니다. 그렇지만 그 형태 없는 피조물이 빛이 되지 않았다면, 당신께서는 그것을 떨어뜨리지 않으셨을 것입니다. 당신께서는 그 피조물이 그저 존재하게 하지 않으시고, 빛나는 빛을 바라보시고 그 빛에 애정을 지니고 계십니다." 이 텍스트에도

는 개인을 비롯해 집단적 존재일 거라는 쿠르트 플라쉬(Kurt Flasch)의 견해도 마찬가지로 받아들이기 힘들다.[73] 헬무트 펠트(Helmut Feld)는 다음과 같은 점을 가리켜 보인다. 그에 따르면, 지적 피조물(intellectualis creatura)은 "해석학적 원칙이, 영원과 시간, 하느님과 인간의 연관성을 이해하는 열쇠"가 된다. 우리는, 즉 유한한 인간은 시간이 영원 속으로 들어가 합류하기를 기대하는 종말론적 희망을 이해하는 열쇠가 된다. 『고백록』 제13권에 묘사된 '예루살렘의 평화 가운데' 이루어진 것에 이어서, 제12권에 묘사된 '천상적 형상'이 다시 한번 등장하기 때문이다.

> "다른 그 무엇을 결코 알지 못한 피조물은 복됩니다! 변하는 만물 위에서 감도는 당신의 은총이 없었다면, 그 피조물은 달리 되었을 것입니다. 그 피조물은 창조된 뒤에 즉시 당신께서 '빛이 생겨라'고 말씀하시자 빛이 생겨난 쪽으로 부름을 받고 위로 들어 올려졌을 것입니다. 다른 피조물인 저희 인간에게는 저희가 '어둠'이었을 때 시간이 존재했습니다. 저희가 '빛'이었을 때에도 시간이 존재했습니다. 빛과 관련해서는 이렇게 말할 수 있을 뿐입니다. 빛은 비추지 않은 채 그대로 있더라도 빛입니다. 빛이 희미하게 있다면, 이는 원인을 규명하기 위해서라고 말할 수 있습니다. 그렇기 때문에 빛은 다른 방향으로 나아간 것입니다. 그러니까 불멸의 빛으로 돌아가, 스스로 빛이 된 것입니다."[74]

한시적 세상에 앞서 '인격적으로', 다시 말해 받아들이고 반응하면서 행동하는 피조물이 등장한다.

73) Cf. K. Flasch, *Was ist Zeit? Augustinus v. Hippo. Das XI. Buch der Confessiones*, Frankfurt, 1993, pp.94~95(여기서 그는 다음 문헌들을 가리켜 보인다: *Conf.* XII, XI, 12). 그러나 인용된 대목에서 "거룩한 영들과 평화를 이루는" 독특하고 순수한 영은 피조물과 다르다.

따라서 우리 인간의 유한함이 온전히 죄의 결과인 반면, '순수한 피조물'에게는 다른 유한함이, 온전히 빛을 향해 있고 "(우리 인간의) 유한함이라는 불행을 결코 나누지 않은" 유한함이 존재한다. 따라서 이 다른 유한함은 빛에서 시선을 돌린 우리 가련한 아담의 후손들에게 하나의 '모범'을 제시한다. "우리 인간은 이 모범을 향해 서둘러 가야 한다."[75]

이로써 "이 '순수한 피조물'이 누구냐?"는 질문이 다시 한번 제기된다. 아우구스티누스는 분명히 "고유하고 독특하고 의인화된 존재, (…) 하느님께서 가장 먼저 창조하신 존재, 나중에 창조된 피조물들이 그분의 영과 함께 동참하는 존재"[76]에 관해 이야기한다. 이 '순수한 피조물'은 분명히 교회에 매우 가까이 있음을 암시한다. 아우구스티누스에게 그것이 '하느님의 도성' '하느님의 거처', 예루살렘의 모성〔'나의 어머니'(mater mea), '특은을 받으신 어머니'(mater carissima)〕[77]을 연상시키는 한 말이다. 아우구스티누스도 '천상 교회'〔"원래 교회가 있었고, 부활 후에는 그 교회들이 함께 모이게 될

---

74) *Conf.* XIII, X, XI(독일어 번역본: 356, 라틴어 원본: 356).

75) Flasch, *Zeit*, p.97.
펠트(*creatura* IV)는, 이러한 근본 체험도 이른바 '오스티아의 환시'(Vision von Ostia)의 핵심이라고 기술한다. 어머니가 이때 중개하는, 해석학적 역할을 맡은 것은, 아우구스티누스의 외적 삶에 중요한 것으로 그치지 않는다. 오히려 그것은 '지적 피조물'에 관한 그의 생각과 유사한 것으로 보아야 한다. 그가 『고백록』 제12권에서 그렇게 전개했듯이 말이다. 『고백록』 제12권에 나오는 '순수한 피조물' 역시 어머니 역할을 한다. 아우구스티누스가 그것을 갈라티아서 4장 26절과 연관 짓는 것은 이유가 없는 게 아니다. 위 문헌들을 보라.

76) Feld, *intellectualis* III.
다른 피조물들은 이 하나의 피조물에 참여한다고 펠트가 주장한 것을 아우구스티누스 자신이 다음 책에서 증명한다: *De gen. ad litt III, 6*(*BA* 50, p.402). "지적인 피조물 자체가 하느님께서 만드신 머리를 가진 자들의 시작이라고 할 수 있기 때문입니다"(Ipsa enim creatura intellectualis potest dici principium iis quibus caput est, quae fecit Deus).

77) *Conf.* XII, XVI, 23(독일어 번역본: 331, 라틴어 원문: 704).

것입니다"(ibi primitus ecclesia, quo post resurrectionem et ista eccleia congreganda est)][78]를 알고 있다. 그러나 지혜와 마리아와의 관계 또한 이렇게 연상하는 영역에서 멀리 떨어져 있지 않다.[79] 특히 주목할 점이 있다. 기도에서 인격적으로 언급된 '인격'이 인격적으로 이해된 지혜가 아니라면 과연 누구이겠는가? 아우구스티누스는 그 '인격'을 심지어 '창조된 지혜'(sapientia creata)와 동일시하지 않는가? 따라서 그 '인격'은 마리아라고 할 수 있을까?

히포의 주교 아우구스티누스가 지혜와 마리아와의 직접적인 연관성을 부인한다는 것은 시대에 크게 뒤떨어진 생각이리라. 그는 오히려 '세계영혼'에 관한 플로티누스의 사고와 로고스를 통해 인도된 생명체로서의 우주를 바라보는 오리게네스의 관점에 주목했을 것이다. 그렇지만 한스 우르스 폰 발타사르가 다음과 같이 말한 것은 부당하지 않을 것이다. "만일 그(아우구스티누스)가 천 년 뒤에 살았더라면, 그는 '(마리아의) 원죄 없는 잉태'를 생각했을 것이다."[80]

토마스 쉬플링거는 자신의 책 『지혜 - 마리아』에서 지혜와 관련하여 어느 정도 중요한 의미를 지닌 아우구스티누스의 텍스트들을 인용한다. 이 텍스트들은 『묵상을 위한 책』(*Liber meditationum*)에서 발췌한 것이다. 쉬플링거는 주저 없이 아우구스티누스가 이 책을 썼다고 여기지만, 사실은 누군가가 그의 이름을 빌려

---

78) Augustinus, *De gen. ad litt. V, 19, 38*(*BA* 49, p.428).

79) 아우구스티누스[*De civ. D. XVII, 16*(*BA* 36, p.438)]는 이렇게 기술한다. "받아들여진 이방인 출신 백성은 (…) 그리스도께서도 육에 따라 태어나게 하신 하느님의 도성이다. 그전에는 이 도성이 이스라엘 백성 안에만 있었다. 이 도성으로부터 동정녀 마리아도 나왔다. 이 마리아 안에서 그리스도께서 강생하신 것이다."

80) v. Balthasar, *Einleitung*, p.324.

쓴 것이다. 오늘날에는 대체로 요하네스 피스캄넨시스(Johannes Fiscamnensis)[곧 장 드 페캉(Jean de Fécamp, 995~1038)]이 쓴 것으로 보고 있다. 쉬플링거는 (때로는 단순화하면서, 때로는 명료화하면서) 위에 언급된 아우구스티누스의 대다수 문헌을 수용했으며, 이어서 그 문헌들의 특징을 부각시키고 구체화했다. 예를 들면, 기도 형태의 텍스트를 다음과 같이 확대한다. "그분(하느님)께서 저를 그대의 영광에 참여시키도록 기도해 주십시오. (…) 그대의 공로는 저에게 도움이 될 것입니다. (…) 기쁨의 천국에서 쫓겨난 저는 그대를 생각하면서 추방된 곳에서 울고 있습니다. 오, 예루살렘인 어머니시여! 오, 거룩하고 아름다운 시온이여!"[81] 이렇게 변경하면서 쉬플링거는 마리아와 지혜를 명확히 결부시킬 의도를 내비친다. 따라서 마리아는 선재한 형상이 되고, 성경의 선재한 지혜와 동일시된다.

이렇게 중세기에 아우구스티누스가 마리아를 새롭게 해석한 것을 도외시하더라도, 비잔틴 신학 내에도 마리아가 역사 이전에 또는 역사를 초월하여 존재했고 활동했음을 전하는 문헌들이 있다. 일례로 그레고리우스 팔라마스(Gregorius Palamas)를 들겠다. 그는 이렇게 기술한다. "마리아는 그녀 이전에 존재했던 모든 이의 원인(αἰτία, aitia)이다. 마리아는 그녀를 따랐던 (…) 이들의 선구자다. 마리아는 말로 표현할 수 없는 선함의 시작이자 뿌리다. 마리아는 하느님께 참여함의 절정이자 완성이다. 마리아를 떠받치고 있는 이들은 그녀를 통하여 자신을 유지한다."[82] "그녀 이전에 존재했던 모든 이의 원인"과 같은 표현들은, 마리아는 실제로 시

81) Ps. Augustinus, *lib. med. XIX*(*PL* 40, p.916).

82) Gregorius Palamas, *hom. 37: In sanctissimam dorm. BMV*(*PG* 151, p.473).

간을 초월한 존재라는 의미로만 이해할 수 있지, 하느님의 영원한 계획에 따라 단순히 '존재함'이라는 의미로는 이해할 수 없다.

그다음에 이어지는 신학의 본류(本流) 영역에서는 고유한 형상을 지닌, 성경의 지혜 문헌들을 주목하지 않았고(오히려 로고스를 새롭게 해석했음), '태초의 교회'에 관한 교부들의 진술도 주목하지 않았으며, 최초의 '순수한 피조물'에 관한 아우구스티누스의 진술 역시 계속 전개하지 않았다. 오히려 영원한 '하느님의 구원 계획'에 관한 진술들을 부각시켰다. 그렇지만 신학의 지류(支流) 영역에서는 간과된 지혜 전승과 '우주적 교회론 및 마리아론'이 계속 전개되었다. 이와 관련해서는 특히 빙엔의 힐데가르트를 생각할 수 있다.

6.3.2. 빙엔의 힐데가르트(Hildegard v. Bingen)

토마스 쉬플링거는 (다른 신학자들[83]에 이어서) 빙엔의 힐데가르트가 본 환시에 따라서 마리아 안에서 (시간을 뛰어넘는) 신적인 지혜가 강생했음을 증명하고자 애쓴다. 하지만 힐데가르트 고제브린크(Hildegard Gosebrink)가 정확히 지적하듯이, 이렇게 해석하는 것은 너무 과하다. 고제브린크에 따르면, 힐데가르트는

83) Schipflinger, *Sophia*, pp.78~92. 다음 책들도 이와 유사한 내용을 담고 있다: G. Lautenschläger, *Hildegard v. Bingen*, Stuttgart-Bad Cannstadt, 1993, p.370; G. Lerner, *Die Entstehung des feministischen Bewusstseins. Vom Mittelalter bis zur Ersten Frauenbewegung*, Frankfurt, u.a., 1993, p.83.

지혜와 마리아를 명확하게 동일시하는 것을 의식적으로 피했다는 것이다. 비록 이것이 마리아 축일 때 당시에 전례에서 지혜 문헌들(잠언 8장, 집회서 24장)이 널리 사용되었음을 암시하더라도 말이다.[84] 고제브린크는 다음과 같이 자신의 비판을 이어 간다. 즉 쉬플링거는 다른 문헌들이 아닌, 오직 힐데가르트의 문헌들을 (부차적으로) 설명해 놓은 것에 근거해서 일방적으로 해석했다는 것이다. 그러나 이 문헌들에서 독일의 위대한 신비가이자 신학자인 힐데가르트은 단호하게 그리스도론적으로 사고하고 있음이 드러난다는 것이다. 힐데가르트에게 있어서 (성경에서 여인이라 말하는) '지혜'는 강생을 위한 하느님의 선재한 사랑이자 의지이다. 이런 관점에서 마리아는 "하느님의 영원한 계획의 핵심이자, 모든 시대에 앞서 그분의 사랑받는 존재로"[85] 서 있다는 것이다. 그렇지만 고제브린크가 이렇게 쉬플링거를 비판적으로, 또 제한된 시각에서 평가하더라도, 마리아와 지혜와 사랑이라는 세 요소, 그리고 이것과 하느님의 관계, 시간을 초월하는 지혜와의 관계는 탁월한 역할을 한다.

힐데가르트에게 마리아는 "하느님의 영원한 계획에 따라 여성

---

84) H. Gosebrink, *Maria in der Theologie Hildegards v. Bingen* = *SSTh* 29, Würzburg, 2004, p.42. "지혜는 마리아가 아니지만, 신비스러운 인물일 것이다. 이 인물은 앞서서 그리스도와 마리아를 묘사하지만, 두 분과는 구별된다. 이 신비스러운 인물은 당신이 그곳에 사람으로 오실 수 있는 세상을 창조하고자 하시는 하느님의 결정을 구체적으로 표현한다." 인용문은 다음 책에서 발췌했다: B. Newman, *Hildegard v. Bingen*, Freiburg i. Br., 1995, p.79.

85) Newman, *Hildegard*, p.190(고제브린크는 이 견해에 동의하며 이 책의 p.39에서 인용한다).
이런 맥락에서 고제브린크는 이러한 구상이 러시아의 지혜-이콘〔나우고로드(Nowgorod)파; 이에 관해서는 제2부 5.1.2.를 보라〕과 일치한다는 점에 주목한다. 여기서 지혜가 단순히 마리아와 동일시되지 않고 강생을 위한 하느님의 뜻과 동일시되는 한 말이다.

인 지혜로서 창조 세계에서 창조주를 드러내 보이도록 정해진" 겸손한 '여성적 형상'(femineaforma)이다.[86] 이뿐만이 아니다. 힐데가르트는 자신이 지은 노래인 「오, 가장 빛나는 보석」(O splendissima gemma)에서 만물이 그것으로부터 창조된 '빛나는 물질'(lucida materia)과 마리아를 동일시한다. 그녀에게 있어서 이 '물질'은 창세기 1장 1절에 나오는, 창조된 '땅' 내지 아우구스티누스가 말한 '하늘 중의 하늘'이다. 힐데가르트는 마리아에 대해서 이렇게 말한다. "당신은 '빛나는 물질'이십니다. 말씀(하느님의 아드님)은 이 '물질'로부터 모든 힘을 내보내십니다. 그분은 이 '물질'로부터 창조 세계 전체를 당신 안으로 이끄셨습니다."[87] 헬무트 펠트는 힐데가르트가 매우 아름다운 소녀가 본 환시에 관해 한 말에 주목하는데, 어느 목소리가 이 소녀에 대해서 다음과 같이 말하고 있다.

> "그대가 바라보는 이 소녀는 영원하신 하느님 안에서 사는 사랑이다. 그 이유는 이렇다. 하느님께서는 세상을 창조하고자 하셨을 때 지극한 사랑으로 몸을 굽히셨으며, 필요한 모든 것을 앞서 보셨기 때문이다. 아들에게 유산을 물려주는 아버지처럼 말이다. 그렇게 하느님께서는 당신의 모든 작품을 큰 사랑으로 배열하셨다. 그때 피조물이 이러한 그분의 모상과 형상들 안에서 창조주 하느님을 알아보았다. 왜냐하면 사랑은 처음에, 하느님께서 '~이 되어라 하시자, 그대로 되었다'라고 말씀하신 바로 동일한 피조물의 물질이었기 때문이다. 모든 피조물은 말하자면

86) Gosebrink, *Hildegard*, p.129.

87) Hildegard v. Bingen, *Lieder*, hrsg. v. P. Barth u.a., Salzburg, 1969, p.219. 여기서 드러나는 번역상의 문제에 대해서는 다음 책을 보라: Gosebrink, *Hildegard*, p.74[25].

한순간에 사랑으로 창조되었기 때문이다."[88)]

이 텍스트에 마리아에 관한 직접적인 언급은 없더라도, 힐데가르트의 저서에서 '영원한 소녀인 사랑'뿐만 아니라 마리아도 '빛나는 물질'과 동일시됨으로써, 이 둘은 매우 가까운 사이임이 드러난다. 이는 둘이 동일하지 않음을 표현하려는 것이다. 물론 이것이 쉬플링거가 선호한 내용, 즉 지혜는 마리아 안에서 '강생'했음의 근거가 되어서는 안 될 것이다.

6.3.3. 예술로 표현된 것들

토마스 쉬플링거는 자신의 책에서 상세히 다룬 어느 대목(은총을 받은 환시가와 재능을 타고난 예술가들이 바라보는 지혜)에서 많은 예술작품에 묘사된, 마리아와 지혜와 교회의 모습을 제시한다. 미켈란젤로가 로마 시스티나 성당 천장에 그린 '천지 창조'(그중에 '아담의 창조') 그림이 가장 널리 알려져 있다. 창조주 하느님의 외투 안에 있고, 그분의 팔에 감싸여 있는 어느 여성의 모습이 보인다. 일부 해석가들은 이 여성을 하느님께서 아담에게로 인도해 주시려는 하와로 보는 반면, 다른 해석가들은 (쉬플링거도) 그녀를 지혜로 여긴다. 미켈란젤로가 피렌체에서 학문을 연마하던 시절에, 거기서 인문주의를 따르던 (신-)플라톤주의자들과 교류한 점

---

88) Hildegard v. Bingen, *ep. 85*(*CCCM* 91, p.204).

을 감안하면, 그렇게 보는 것이 결코 틀리지 않는다. 그들은 플라톤이 말한 '세계영혼'을 구약성경의 지혜와 동일시했다.[89)]

그렇지만 미켈란젤로가 이렇게 해석한 것을 두고는 여전히 의견이 분분하다. 마티아스 그뤼네발트(Matthias Grünewald)가 이젠하임(Isenheim) 성당 제단에 성탄에 관련된 그림으로 지혜와 마리아를 묘사한 것에 대해서는 의견이 더욱 분분하다(제2권 5.1.2.3.에 나와 있는 '그림 1'을 참조하라). "하나의 의미를 찾는 데 이젠하임 성당 제단에 묘사된 그림보다 더 기여하는 것은 없다."[90)] 일련의 해석가들에 따르면, (뭉뚱그려 표현하자면) 마리아와 '관련된' 인물이 이 그림 네 곳에 묘사되어 있다.

(1) 아기 예수를 안고 있는 마리아로, 눈에 잘 띄며 이에 대해서는 논쟁의 여지가 없다.

(2) 빛의 형상을 한 마리아로, 그림 왼쪽에 묘사된 '차양' 아래 오른쪽 끝에서 그 모습을 볼 수 있다.

(3) 악기를 연주하는 천사들 뒤에 있는 형상으로, 눈에 띄어서 천사들의 무리라고는 생각하기 어렵다. 날개가 달린 이 형상은 천상에서 지상으로 내려올 준비를 하고 있다.

(4) '차양' 아래 왼쪽 위의 어두운 공간 뒤에 있는 여성으로, 깃이 달린 왕관을 쓰고 위로 날아가는 모습을 취하고 있다.

---

89) 미켈란젤로가 피렌체에 있는 플라톤 아카데미를 통해 영향을 받은 것은, 시스티나 성당의 핵심적 그림(대체로 '최후의 심판'으로 표현됨)에서 사실은 (궁극적인) 저주가 아니라 '저주받은 것'처럼 보이는 이들의 '정화'가 묘사된 것이고 따라서 이는 '만물 회복설'(Apokatastasis)임에 대한 근거도 될 것이다. 이와 관련해서는 다음 글을 보라: M.-E. Kemper, "Das sogenannte 'Jüngste Gericht'. Die Neuentdeckung der Sixtina nach der Restaurierung", in: *Zur Debatte*, Heft 2, 2006.

90) H. Ziermann, *Matthias Grünewald*, München u.a., 2001, p.122.

형상 (1)과 (2)는 마리아를 묘사하는 게 분명하다. 형상 (2)는 이 성탄 그림 전체의 기하학적 중심점이고, 일련의 저명한 해석가들〔예컨대 하인리히 포이르슈타인(Heinrich Feurstein)〕에 따르면 중요한 해석의 열쇠이다. 당시에 이 제단 장식을 위한 '아이디어 제공자'들이, 즉 이젠하임에 상주한 안토니오 수도회의 책임자들이 플라톤의 영향을 크게 받았음[91]을 생각한다면, 여기에 묘사된 마리아를 "관념으로서의 마리아, 영원한 마리아"로 추측하는 것은 놀랄 만한 일이 아니다. "인류 전체의 구원을 위한 신비는 여기서 구세사 전체를 통해 마리아가 관념으로, 그리고 실제로 감행한 것이라고 묘사된다. '차양' 장면은 마리아가 하느님 아버지의 품에서 선택되었음, 창조된 날 아침에 마리아가 천사들에게서 인사받았음을 묘사한 것이다."[92] 여기서 마리아는 〔아마도 형상 (3)과 함께〕 잠언 8장 22~23절에 비추어 '하느님의 뜻을 따르는 마리아(Madonna)'이다. 그러한 인물로서 마리아는 "이 그림 왼쪽 전체를 표현하는 핵심적 개념(Kernidee)"이다. 헬무트 펠트의 말을 빌리면, "천사들의 무리는 하늘의 여왕(Regina angelorum) 또는 '원죄 없이 잉태된 마리아'에 의해서 인도된다. 이 '원죄 없이 잉태된 마리아'는 (영원한 광채로부터 빛을 받아) 자신이 살았던 세상에서 나와 강생하시어 역사 속으로 들어오신 분, 자신과 한시적으로 닮은 그분에게로 향한다."[93] 가장 수수께끼 같은 형상

91) 다음 책을 보라: Schipflinger, *Sophia*, p.102.

92) 쉐야(G. Scheja, *Der Isenheimer Altar des Matthias Grünewald*, Köln, 1969, pp.74~75)는 스웨덴의 비르지타 성녀의 환시에 비추어 포이르슈타인(*Matthias Grünewald*, Bonn, 1930, 특히 pp.93~94)이 내놓은 해석을 그렇게 요약하지만, 그것을 완전히 '황당무계한' 것으로 간주한다. 카스퍼("Der Isenheimer Altar – Grünewalds Einladung zum Glauben", in: *Zur Debatte*, Heft 2, 2008, pp.2~6, 여기서는 p.5)도 포이르슈타인과 같은 방향으로 나아간다. 이렇게 같은 방향으로 나아가는 다른 저자들에 관해서는 다음 책을 보라: Schipflinger, *Sophia*, p.105.

(4)도 이러한 해석의 범주로 들어올 수 있을 것이다. 쉬플링거에 따르면, 그 인물은 동일한 지혜로, 여기서는 창조 세계와 세계영혼의 근원적 어머니의 형상에서 그 모습이 발견된다.[94]

이 성탄 그림 왼쪽 절반에 대한 해석은 수정되어야 할지라도, 여기서 '역사적 마리아'를 넘어 그녀의 '초역사적' 차원이 수용된 것은 어느 정도 분명할 것이다. 마리아에게서 성경적 사고와 지혜가 긴밀히 결부되어 있음이 나타난다.

토마스 쉬플링거와 수잔네 샤우프(Susanne Schaup)는 이와 유사한 예술로 표현된 것들을 비롯해서, 야콥 뵈메(Jacob Böhme)[95]와 그의 학파, 특히 고트프리트 아르놀트(Gottfried Arnold), 하인리히 조이제(Heinrich Seuse)와 쿠에의 니콜라우스(Nikolaus v. Kues, 니콜라우스 쿠자누스)를 가리키지만, 특히 러시아 신학자들도 가리킨다. 이어서 이들에게로 잠시 시선을 돌려보자.

---

93) Feld, *intellectualis* V. 펠트는 이어서 다음과 같이 기술한다. "화가는 순수한 피조물과 완전히 반대되는 상(像)을 성당 제단 뒤에 완전히 개방된 장식 벽(레타벨, Retabel) 오른쪽에 안토니오 성인이 유혹받는 모습에서 묘사했다."

94) Schipflinger, *Sophia*, pp.104. 109[8].

95) 뵈메에게서는 지혜가 마리아 안에 강생했음에 관한 문제 있는 표현들이 발견된다. 이에 관해서는 예컨대 다음 글을 참조하라: Böhme, "De tribus principiis", in: *Sämtliche Schriften*, hrsg. v. W.-E. Feukert, Stuttgart-Bad Canstatt, 1988, p.380. "하늘과 땅이 창조되기 전에 지혜는 동정녀였고, 그 어떤 티도 없이 지극히 순결했다. 이 순결하고 정숙한 동정녀는 마리아 안으로 들어가 강생했다." 융(C.G. Jung)은 나중에 지혜가 마리아 안에서 마리아의 원형으로 강생했다는 말에 주목한다. 그가 쓴 다음 책을 보라: *Antwort*, p.60.

6.3.4. 러시아 신학자들

/참/고/문/헌/

• W. Goerdt, "Sophiologie", in: *HWP* 9, pp.1063~1069(Lit.); B. Schulze, "Maria und Kirche in der russischen Sophia-Theologie", in: *Maria et Ecclesia. Acta congressus mariologici-mariani in civitate Lourdes anno 1958 celebrati*, vol X, Rom, 1960, pp.51~141; H.U. v. Balthasar, *Herrlichkeit*, Bd. II/2, Einsiedeln, 1969, pp. 645~716(Lit.); F. v. Lilienfeld, *Sophia - Die Weisheit Gottes. Gesammelte Aufsätze*, hrsg. v. K. Chr. Felmy u.a., Erlangen, 1997; Lilienfeld, F. v., "Frau Weisheit in byzantinischen und karolingischen Quellen des 9. Jhs. Allegorische Personifikation, Hypostase oder Typos", in: M. Schmidt(Hrsg.), *Typus, Symbol, Allegorie bei östlichen Vätern und ihren Parallelen im Mittelalter*, Regensburg, 1982, pp.146~186; H. Reißner, "Maria - Sophia. Ein Versuch über P. A. Florenskij's Sophiologie", in: *IkaZ* 31(2002), pp.290~300; ders., "Sophia - Maria. Erwägungen zur Sophiologie von P. A. Florenskij", in: *Hermeneia* 18(2002), pp.25~40; A. Rauch, "In Weisheit hast du alles geschaffen - Internationales Symposium in Alba Julia(2.5.2007)", in: www.nikowy.hompase.t-online.de/07_ai.pdf (2012년 11월 7일자 게재); T. Spidlik, "Die Aktualität der russischen Spiritualität 3", in: www.borisogleb.de/spiri3.html (2012년 11월 8일자 게재); K. Chr. Felmy, *Einführung in die orthodoxe Theologie der Gegenwart*, Berlin, 2011; ders., "Sophia - Die Weisheit Gottes", in: *Rev. Theologica(Siebenbürgen)* 3(2012), pp.151~164.

특히 19~20세기의 러시아 신학자들이 구약성경 및 초기 유다교의 지혜 문헌들을 새롭게 조명했다. 그들은 예컨대 뵈메, 스피노자, 바더(F. v. Baader), 셸링 같은 서양 사상가들의 영향을 받아서, 러시아에서 아주 오래전부터 시행되어 온 (마리아의 모성과 긴밀한 관계가 있는)[96] '대지인 어머니'(Mutter Erde)에 대한 공경

[96] Cf. Ŝpidlík, *Aktualität*. 스피들릭은 도스토옙스키가 '마귀 들린 사람'에 관해 묘사한 대목을 가리켜 보인다. "하느님의 어머니는 위대한 어머니, 물기를 머금은 촉촉한 대지이시다. 그리고 이 진실은 사람들에게 큰 기쁨을 감추고 있다."

을 비롯해서, 예로부터 러시아 교회가 지켜온 지혜 관련 전통에 주목했다. 이에 관해 플로렌스키(P.A. Florenskij)는 심지어 "러시아 정교회는 그 본질에 있어서 지혜의 선물이다"[97]라고 말한다. 실제로 러시아에 있는 마리아 교회들은 원래 '지혜 교회'라 불리었고, 거룩한 지혜가 묘사된 이콘은 핵심적인 구원의 신비를 특별히 러시아풍으로 묘사해 놓은 것이다. 이 신학자들은 러시아의 이러한 전통을 서양의 근대 사상과 연관 지으면서 "세상을 가장 내적으로 연결시키는"(괴테) 게 뭐냐고 묻지 않고, 전체를 위한 가장 내적인 영혼이 누구냐고 묻는다. 그리고 이 질문을 지혜가 하느님의 사랑받는 이와 우주를 다스리는 이로서 모든 것을 꿰뚫고 생기를 준다고 묘사된 성경 본문들과 결부시킨다.

6.3.4.1. 블라드미르 세르게예비치 솔로브예프(1853~1900)

솔로브예프는 개인적 환시 체험들[98]을 통하여 자극을 받고 자신이 해석하려는 성경의 지혜 문헌들에 비추어 지혜를 두 가지 형태로 이해한다.

(1) 지혜는 신적 본질, 그러니까 하느님 자신, '영원한 지혜'이고, 따라서 '우주의 일치'이다.

---

97) P.A. Florenskij, "Brief an Feodor Samarin", in: Fr. und S. Mierau(Hrsg.), *Pawel Florenski(sic!), Leben und Denken*, Bd. I, Ostfildern, 1995, pp.230~233, 여기서는 p.231.

98) 다음 책을 보라: Lilienfeld, *Sophia*, pp.151~174.

(2) 지혜는 창조된 "일치를 이루는 우주" "우주의 근원이 인격적으로 구체화된 것"[99] "모든 개인을 앞서가는, 존재의 충만함 또는 절대적 완전함"[100]이다.

달리 표현하면, (창조된) 지혜는 하느님의 영원한 계획에 부합하는 전체로서의 피조물을 의미한다. 하느님께서는 당신의 사랑과 영광을 비추시기 위해 지혜를 창조하셨고, 지혜가 완전히 당신을 닮고 당신의 신적 생명에 참여하도록 지혜에 신성을 부여하셨기 때문이다. 신적인 인성은 그리스도, 마리아, 교회를 두고 한 말로, 솔로브예프는 이 신적 인성을 영원한 지혜의 탁월한 육화 내지 실현이라고 여긴다. "거룩한 동정녀 안에서, 그리스도 안에서, 교회 안에서 하느님과 일치한 인성은 근원적 지혜 또는 하느님의 절대적 본질이 실현된 것, 지혜가 모습을 취한 것, 지혜가 강생한 것이다."[101] 따라서 신성을 지녔거나, 생성 과정에서 신성을 지니게 될 피조물은 (베른하르트 슐체가 설명하듯이) "영원한 지혜로, (…) 유일하고 숭고한 집단적 본질"로 보인다.

---

99) W.S. Solowjew, *Solowkews Leben in Briefen und Gedichten*, hrsg. v. L. Müller, Erg.-bd. der WW, München, 1977, p.23. 그렇게 보면, 지혜는 창세기 1장 1절에 언급된 '한처음'과 동일시된다. 이 '한처음'은 결코 단순한 '시간 표기'가 아니다. 그 이유는 이렇다. "히브리인은 어느 명사를 사용할 때 그 명사를 진지하게 여겼다. 다시 말해 실제로 어떤 주체를 생각했거나 이 명사로 표현되는 실제적 객체를 생각했다." 이런 까닭에 솔로브예프에 따라서 잠언 8장 22절은 다음과 같이 번역할 수도 있다. "주님께서는 나를 당신이 가시는 길의 (여성적) 출발점으로 삼으셨다"(*Ibid.*, p.81). 창세기 1장을 이렇게 이해하는 것은 이미 아우구스티누스(*Con.* XXVIII, 39)에게서 발견되었고, (우리가 앞으로 보게 되듯이) 빌헬름 클라인(Wilhelm Klein)에게서 다시 마주하게 것이다. 제2부 4.1.2.를 보라.

100) W.S. Solowjew, "Russland und die universale Kirche", in: *WW* III, Freiburg-München, 1954, pp.145~419, 여기서는 p.339 이하.

101) W.S. Solowjew, "Sophia und Weltseele, Weltschöpfung und Weltprozess", in: *Schriften zur Philosophie, Theologie und Politik*, hrsg. v. Müller, Darmstadt, 1991, p.92.

"지혜를 연구한 러시아 신학자들의 이론에 따르면, 러시아에서는 예로부터 지혜를 기리는 의식을 거행하면서, 이 유일하고 숭고한 집단적 본질에 공경을 표했다."[102] 같은 노선에서 루트비히 벤첼(Ludwig Wenzel)도 이렇게 해석한다. "사람들은 지혜를 하느님과 사람들 사이에서 일어나는 모든 것이 인격화된 표현으로 이해할 수 있다."[103]

솔로브예프(와 다른 러시아 신학자들)에 따르면, 지혜의 이러한 복합적인 형상은 몇몇 이콘에서 그 특별한 모습을 볼 수 있다. 예를 들면, 오래된 노브고로드(Novgorod, 성 소피아) 대성당에 걸려 있는 지혜-이콘(제2권 5.1.2.를 보라)에서 볼 수 있다. 이 이콘은 비잔틴의 작품을 본보기로 삼은 것이 아니라, "우리의 고유한 종교적 창작품"이라고 솔로브예프는 확신한다. 이 작품에서 여왕의 형상을 볼 수 있는데, 이 형상은 하느님도, 하느님의 아드님도, 마리아도, 천사도 아니다. 오히려 "가장 순수하고 가장 완전한 인성, 지고하고 모든 것을 감싸 안은 형상, 자연과 우주의 살아 있는 영혼으로, 신성과 영원히 일치한다. 이 형상은 일시적 과정에서도 신성과 일치하고, 존재하는 모든 것을 신성과 일치시킨다."[104] 그리고 이 "인성은 거룩한 동정녀 안에서, 그리스도 안에서, 교회 안에서 하느님과 일치하여 근원적 지혜 또는 하느님의

---

102) Schulze, *Maria*, p.61.

103) L. Wenzel, "Mystik und Gnosis bei W. S. Solowjew", in: P. Koslowski(Hrsg.), *Mystik und Gnosis in der Geschichte der Philosophie*, Darmstadt, 1988, pp.296~313, 여기서는 p.298.

104) 인용: Rauch, *Weisheit*(이는 러시아어 원서에서 발췌한 것임): Соловьев В. С. Собраиие сочинений в десяти томах. Под редакцмией и с примечаниями С. М. Соловьева и Э. Л. Раллова, St. Petersburg, 1911~1914 = Photoprint Brüssel, 1966~1970, 여기서는 *BD.* IX, p.188.

절대적 본질이 실현된 것, 지혜가 의도적으로 모습을 취한 것, 지혜가 강생한 것이다."[105]

그러한 진술들의 배경이 되는 것은 일종의 신학적 사유이다. 솔로브예프는 이렇게 신학적으로 사색하면서 셸링에게 다가간다. 헤르만-요셉 뢰리히(Hermann-Josef Röhrig)에 따르면, 솔로브예프는 "하느님께서 세상과 인간과의 본질적 차이를 어떻게 좁히실 수 있는지 밝히려 한다. 지혜는 신적 원칙과 피조물을 중개하기 때문이다. 둘 가운데 하나를 배타적 방식으로 규정하지 않고서 말이다. 따라서 지혜는 '신적 원칙이 만물 안에서 실제로 완전히 실현되도록 도움을 준다. 지혜의 중개로 하느님께서는 활기차게 작용하는 힘 또는 성령으로서 피조물 전체 안에서 모습을 드러내신다'(솔로브예프가 인용한 문장)."[106] 이로써 피조물은 처음부터 하느님 안에 있었고, "완전히 충만한 신성의 일부"였다. 하지만 자유로이 "하느님과 복된 일치를 이룬 상태에서 내보내졌던" 피조물은 이제 "만물이 일치하는 길로, 하느님 안에 머물러 있는 영원한 지혜로 되돌아갈 수 있다."[107]

그러한 신학적 사유의 측면에서 러시아의 위대하고 독자적인 세 신학자 사이에 현저한 견해 차이가 있더라도, 파벨 알렉산드로빅 플로렌스키(Pabel Aleksandrovič Florenskij)도 솔로브예프와 유사하게 생각한다.

---

105) *Ibid.*, IX, p.309.

106) H.-J. Röhrig, *Kenosis. Die Versuchungen Christi im Denken von M. M. Tareev*, Leipzig, 2000, p.223.

107) L. Müller, "Solov'eves Leben und Werk", in: W. Solowjew, *Schriften zur Philosophie, Theologie und Politik*, hrsg. v. L. Müller, Darmstadt, 1991, pp.13~27, 여기서는 pp.14. 17.

6.3.4.2. 파벨 알렉산드로빅 플로렌스키(1882~1937)

'러시아의 파스칼'로 통하며 신학자들 가운데 '천재'인 플로렌스키 역시 지혜를 신성이 부여된 피조물의 근원이자 핵심이라고 여긴다. 지혜는 강생하신 예수 그리스도에 의해 완전히 받아들여졌고, 이어서 교회와 세상 속으로 들어갔으며, 완전한 방식으로 마리아 안에서 인격화 내지 '의인화'되었다. 따라서 플로렌스키에게 지혜는 다음과 같다.

> 지혜는 "완전히 일치한 피조물의 위대한 뿌리다. (…) 피조물은 지혜를 통해 삼위일체 하느님의 생명 속으로 들어가고, 또한 생명의 유일한 원천으로부터 영원한 생명을 유지한다. 지혜는 피조물 가운데 가장 먼저 창조된 존재, 창조된 신적 사랑이다. (…) 바로 이런 까닭에 지혜는 신성이 부여된 존재의 참된 자기, 신적 심장, 신적 사랑이다. 신성의 본질도 삼위일체적 사랑이듯이 말이다."[108]

이로써 플로렌스키는 (불가코프도, 그러나 솔로브예프보다 더 명확히) 지혜의 피조성을 강조한다. 지혜는 "말하자면 그 근원에 비추어 피조물이다."[109] 지혜는 "구세주의 선재하는 인성이고, 따라서 선재하는 교회"[110]이며, 결과적으로 선재하는 마리아다.

---

108) P.A. Florenskij, *Der Pfeiler und Grudfeste der Wahrheit. Versuch einer orthodoxen Theodizee in 12 Briefen(1914).* 독일어 번역본(Kontextverlag, Berlin): www.kontextverlag.de./florenskij.zehnter.html.

109) Reißner, *Sophia*, p.66.

마리아는 "신적 말씀의 영원한 신부"이며, 교회와 가장 긴밀히 결속된 존재로서 지혜의 특별한 동반자이자 형상이다. (많이 인용된) 플로렌스키의 말로 표현해 보겠다.

> "지혜가 완전한 피조물이라면
> 피조물의 영혼과 양심은 인성이다.
> 따라서 지혜는 참으로 뛰어나다.
> 지혜가 완전한 인성이라면
> 인성의 영혼과 양심은 교회이다.
> 따라서 지혜는 참으로 뛰어나다.
> 지혜가 교회라면
> 교회의 영혼과 양심은 성인들의 교회이다.
> 따라서 지혜는 참으로 뛰어나다.
> 지혜가 성인들의 교회라면
> 이 교회의 영혼과 양심은
> 하느님의 말씀 앞에 선 피조물의 대변인이자 피난처이다.
> 피조물은 (…) 하느님의 어머니는 (…) 하느님의 말씀을 향해 있는 것이다.
> 따라서 지혜는 참으로 뛰어나다."[111]

110) M. Silberer, *Die Trinitätsidee im Werk von P. A. Florenskij*, Würzburg, 1984, p.218.

111) P.A. Florenskij, *An den Wasserscheiden des Denkens*, Berlin, 1991, p.84.

6.3.4.3. 세르게이 니콜라이예비치 불가코프(1871~1944)

불가코프 역시 러시아의 위대한 세 신학자 가운데 하나다. 그의 견해는 1935년에 모스크바 대교구로부터 정치적 압박을 심하게 받았고, "정교회의 가르침에 어긋난 것"으로 판결되어 거부되었다. 불가코프에게도 지혜는 "영원한 교회, 처음, 하늘에서 내려오는 천상 예루살렘이다. 지혜는 가시적 교회 안에서 영향을 미치는 비가시적 교회이다."[112] 이때 그의 시선은 무엇보다 특별한 위치에 있는 마리아에게로 향하는데, 여기서 마리아는 하느님의 영으로 충만해진 존재로 표현된다.

> "둘째 위격이신 성자께서 강생하셨을지라도(…), 성령께서 한 인간 안에, 영원한 동정녀 안에 위격적으로 머무시는 것은 하느님의 이 강생과 긴밀히 결부되어 있다. 그렇기 때문에 이 인간의 인성과 본성은 없어지지 않는다. 오히려 그는 신적 생명으로 충만해 있다. 이 인간은 신인(神人)이 되지 않고서, 영에 의해 받쳐지고 있다. 따라서 신적이고, 성령께서 머무시는 완전한 거처이다. (…) 그렇기 때문에 마리아는 셋째 위격의 완전한 형상이다. (…) 성자의 위격적인 계시는 강생하신 하느님 안에서, 예수 그리스도 안에서 이루어졌다. 성부의 위격적인 계시는 성자 안에서만 가능하고, 성자 안에서만, 그리고 성자를 통하여 성령 안에

112) S. Bulgakow, "Kosmodizee", in: N. v. Bubnoff / H. Ehrenberg, *Östliches Christentum - Dokumente, II. Philosophie*, München, 1925, pp.195~245, 여기서는 p.245. 인용: Moga, *Kirche*, p.338; pp.337~341에도 불가코프의 지혜에 관한 신학을 간략히 설명한 내용이 나온다.

서만 이루어진다. 성령의 위격적인 계시는 이미 이루어졌고, 또 이루어지고 있다. 그리고 미래의 영원 속에서, 성령의 나라에서 하늘의 여왕이시자 하느님의 어머니인 마리아를 통하여 충만히 이루어질 것이다."[113]

이에 비추어 볼 때, 마리아는 성령 안에서 그리고 성령을 통하여 작용한 "창조 세계에 있는 의인화된 지혜"이다. 마리아가 지혜를 유일하게 실현한 것은 아니다. 수많은 지체를 가진 몸인 교회가 천상 지혜의 그러한 다수의 의인화 안에 존재하기 때문이다. 그러나 그 가운데 '첫 번째 의인화'는 마리아다. 마리아는 "성령의 인격적 계시로서" 동시에 피조물 전체의 중심, "세계의 심장" "교회의 심장, 말하자면 교회의 인격적 표현"이다.[114] 더 추가할 점이 있다. "창조된 지혜는 마리아 안에서 신적 지혜와 일치를 이루었다. 따라서 마리아는 교회의 중심이다."[115] 여기서 의미한 교회는 "앞선 영원한 목표이자 피조물의 토대이다. (…) 하느님께서는 교회 때문에 세상을 창조하셨다."[116] 다시 말해 교회는 한편으로는 천상의 지혜와 동일하고, 다른 한편으로는 지상

---

113) S. Bulgakow, *Der unverbrennbare Dornbusch. Versuch einer dogmatischen Deutung einiger Züge in der orthodoxen Verehrung der Gottesmutter*, Paris, 1927. 독일어 번역본 인용: Schulze, *Maria*, p.108. 불가코프는 다른 대목에서 마리아를 성삼위 옆에 있는 넷째 위격으로 묘사한다. 그러나 이 넷째 위격은 삼위일체적 생명에 속하지 않기에 신적 위격과 구분된다고 한다.

114) Bulgakow, *Dornbusch.*, 인용: Schulze, *Maria*, p.113.

115) S. Bulgakow, "Zur Frage nach der Weishiet Gottes", in: *Kyrios* 2(1936), pp.93~101, 여기서는 p.95. 불가코프의 이러한 진술은 매우 중요했다. 1927년 로잔에서 개최된 '신앙과 규칙'(Faith-and-Order)을 위한 국제 대회에서 그는 하느님의 어머니를 함께 공경하는 것이 교회들이 가까워지는 것에 앞서야 한다고 말함으로써 참가자들에게 큰 충격을 주었다. 다음 책을 보라: Felmy, *Sophia*(증거물 추가).

116) S. Bulgakow, *Die Orthodoxie. Die Lehre der orthodoxen Kirche*, 독일어 번역본: Trier, 1996, p.23.

에서 길 위에 있다. 신성을 부여받기 위해서이다.

이 러시아 신학자들에게 있어서는 많은 질문이 밝혀지지 않은 채 남아 있다. 그들은 대체로 지혜의 의미와 중요성을 매우 다르게 이해한 것으로 보인다. 특히 창조되지 않은 신적 지혜와 창조된 지혜(마리아와 교회)와의 정확한 관계, 그리고 선재하는 지혜를 정확히 이해하는 것은 여전히 열린 채로 남아 있다. 그러나 그들은 우리에게 서로 관련된 두 가지 질문을 남겨 놓았다. 그들은 지혜에 관해 깊이 생각하면서 그 문제들을 해결하려고 애썼는데, 다음과 같이 정리해 볼 수 있을 것이다.

(1) 무한하신 하느님과 유한한 피조물에 대한 질문으로, 이는 제2권에서 빌헬름 클라인의 견해와 관련하여 다시 다루게 될 것이다.

(2) 세상의 내적 일치에 대한 질문으로, 이 일치는 다소간 기계적으로 이해된 진화 과정의 일치 그 이상이다. 여기서 중요한 질문은 세상이 단지 인간을 위한 "차가운, 무신론이 지배하는 실존 공간"이냐, 아니면 인간에게 '고향'이 되어 줄 수 있느냐는 것이다. 후자가 되려면 일치하기 위해 단결한 사람들, 서로 결속하고 친밀한 사람들이 '관계망'을 구축해야 할 것이다.[117]

117) 이 질문은 다수의 현대 자연과학자도 던지고 있다. 더 자세한 내용은 다음 책을 보라: A. Ganoczy, *Suche nach Gott auf den Wegen der Natur. Theologie, Mystik, Naturwissenschaften. Ein kritischer Versuch*, Düsseldorf, 1992, pp.33~206. 가노치는 다음과 같이 상세히 기술한다. "현대 물리학의 비교적 최근 역사는 내재주의(Immanentismus)로 크게 기울어져 전개되었다. 아인슈타인이 말한 '탁월한 이성', 하이젠베르크(W. Heisenberg)가 강조한 '핵심적 질서'(die zentrale Ordnung), 얀취

이 질문들에 그들은 다음과 같이 대답한다. "지혜가 세상에서 모습을 드러내는 한, 이 지혜 안에서 하늘이 지상으로 내려온 것이다. 세상은 단지 자신 안에 있는 세상이 아니라, 하느님 안에 있는 세상이다. 그리고 하느님께서는 하늘에 계실 뿐만 아니라, 지상에도, 세상에도, 인간 안에도 계신다."[118] 세상 만물이 지혜를 통해 연결되어 있는 것이다. 바로 이 문제와 관련하여 테야르드 샤르댕도 자신이 특별히 구상한 것에 따라서 세상의 '가장 내적인 것'을 성경의 '창조된 지혜'라는 사고와, 교회와, 마리아와 함께 바라본다.

6.3.5. 잠정적 결론

러시아 신학자들만 아니라, 마리아와 교회를 성경에 묘사된 시간을 뛰어넘는, 그러나 '창조된 지혜'의 역할에서 보는 모든 신학자에게도 질문들은 열린 채로 있다. 예를 들면 이런 것들이다.

(E. Jantsch)가 주장한 '세계정신'(Geist der Welt), 데이비스(P. Davies)가 말한 '자연신'(natuerlicher Gott), 카프라(F. Capra)가 언급한 '우주적 과정'(der kosmische Prozess) 또는 물질의 자기 구성 '원칙'(das Prinzip)으로서의 신은 모든 신적인 것을 내재성으로 옮겨 놓는다. (…) 이것이 이루어지는 방식은 여기서는 '우주적 종교성'을 통해서, 저기서는 논증을 통해서, 다른 곳에서는 신비주의를 통해서 기술된다. 여기서 신비주의는 역사적으로 전개된 신비의 여러 유형에 근거를 두고 있으며, 고유한 명제를 뒷받침하기 위해 경우에 따라서는 이 신비에 기여한다"(*Ibid.*, p.200). 가노치가 만들어 낸 '내재주의'(Immannentismus)라는 용어는 문제성이 많은 단어이다. 이는 내재적인 것과 초월적인 것을 이어 주는 '중개자'를 의미하는 '창조된 지혜'(sapientia creata)라는 사고를 반영하는데, 이것이 새롭게 배열되고 심화된 것임을 보여준다.

118) Bulgakow, *Frage*, p.88.

"하느님의 창조되지 않은 지혜와 창조된 지혜는 서로 무슨 관계인가?" "창조된 지혜와 관련하여 시간을 초월하여 선재하는 것은 무엇을 의미하는가?" "그러한 구상은 도대체 왜 필요한가?" 그럼에도 먼저 흥미롭고 효과가 큰 것은 마리아의 형상을 그녀의 역사적 실존과 역할을 넘어 창조 세계 전체와 구세사로 '확대하는' 것이리라. 이로써 "마리아론은 더 깊은 우주적 토대 위에 서게 되고, 우주적 차원을 넓힌다"라고 토마스 쉬플링거는 자신의 주장에 이렇게 덧붙인다. "이 모든 것은 여성적인 것, 그리고 남성과 여성의 동등함을 강조하는 것을 어느 정도 의식적으로 바라보는 현대인들의 관심사를 별반 명확히 반영하지 못한다."[119] 주석가인 빅토르 바르나흐(Viktor Warnach)는 이에 동의하며 다음과 같이 기술한다. "교부 시대부터 오늘날의 지혜에 관한 신학에 이르기까지 동방교회 신학이 여성적 기본 원칙인 창조된 지혜와 신비스럽게 결부된, 근원적으로 수용 가능한 피조물이 마리아 안에서 인격화되었을 거라고 생각한다면, 이는 전혀 잘못된 게 아닐 것이다."[120]

이번 장은 우선 관점을 열어 놓은 채로, 어느 정도는 문제를 해결하지 못한 상태로 일단 마무리하겠다. 여기서 우리는 다음과 같이 살펴보았다. 한편으로, 성경적 지혜는 예수 그리스도와 동일시되고, 마리아는 아무튼 "하느님의 계획에 따라 예정된 분"으로 여겨진다. 다른 한편으로, 역사 이전 내지 시간을 초월하는

---

119) Schipflinger, *Sophia*, p.233.

120) V. Warnach, *Agape. Die Liebe als Grundmotiv der neutestamentlichen Theologie*, Düsseldorf, 1951, p.447. 여기서 바르나흐는 물론 다음과 같이 덧붙인다. "그렇게 깊이 생각함으로써 마리아의 역사적 형상이 지워져서는 안 된다."

지혜를 마리아와 교회와 동일시하거나, 적어도 마리아와 교회 가까이에 놓고자 하는 전승들이 있다. 신학(아우구스티누스, 빙엔의 힐데가르트 등)에서만 아니라, 무엇보다 전례와 예술과 철학에서도 그것을 볼 수 있다. 마리아와 교회는 여기서 최초로 창조된 피조물이라고 여겨진다. 나아가 '근원적 피조물'로, 그리고 창조된 만물의 '원형'(ἀρχή)이라고 여겨진다. 그것이 무엇을 의미하는지, 그리고 그러한 구상이 마리아의 구세사적 역할과 무슨 관계인지를 보고하거나 논평하는 성격을 띠고 있는 제1권의 맥락에서는 계속 다룰 수가 없다. 여기서는 어느 정도 '자료'가 제시되었고, 주제를 통해 '문제점을 드러냈다.' 이와 관련해서는 제2권에서 보다 상세히 다루겠다. 어느 경우이든 간에 분명한 점은 이번 장에서 다룬 주제의 범위 내에서도 ('개인'인) 마리아만 아니라, 교회 전체도 지혜로 표현되고, 또 지혜로 이해될 수 있다는 것이다.

다음 장에서 비가톨릭교회들에서 차지하는 마리아의 위치에 대해 살펴보는 것으로 제1권을 마무리하겠다.

MARIA
ECCLESIA

I

제7장

비가톨릭교회에서 바라보는 마리아

제 7 장 • 비가톨릭교회에서 바라보는 마리아

지금까지 우리는 가톨릭교회에서 마리아론이 전개된 과정을 따라가 보았다. 이제는 개신교회들과 정교회들에서 바라보는 마리아의 위치와 의미를 간략히 살펴보겠다. 이는 일종의 부록과 같은 것이다. 이번 장은 물론 대략적인 내용 그 이상은 아니지만, 이 책에서 다루는 조직신학적인 부분에서 어떤 요소들에 주목하고, 또 어떤 자극을 받아야 하는지 예리하게 바라보도록 구성하였다.

7.1. 개신교회에서 바라보는 마리아

/참/고/문/헌/

• Delius, *Geschichte*, pp.195~229; G. Ebeling, "Zur Frage nach dem Sinn des mariologischen Dogmas", in: *ZThK* 47(1950), pp.383~391; W. Tapolet / A. Ebneter, *Das Marienlob der Reformatoren*, Tübingen, 1962; H. Düfel, *Luthers Stellung zur Marienverehrung*, Göttingen, 1968; Heymel, *Jüdische Mutter*, G. Maron, "Maria in der protestantischen Theologie", in: *Conc*. 19(1983), pp.626~632; H. Gorski, *Die Niedrigkeit seiner Magd. Darstellung und theologische Analyse der Mariologie Martin Luthers als Beitrag zum gegenwärtigen lutherisch/römisch-katholischen Gespräch*, Frankfurt u.a., 1987; H. Grass, *Traktat über Mariologie*, Marburg, 1991, 특히 pp.42~62; Dittrich, *Mariologie-Kritik*, pp.15~45(관련 문헌들도 상세히 논평함); E. Campi, *Zwingli und Maria. Eine reformationsgeschichtliche Studie*, Zürich, 1997; E. Koch, "'… von Glauben eine Jungfrau, von Liebe eine Mutter'. Beobachtungen zur Marieverehrung im Bereich der Wittenberger Reformation im 16. und 17. Jahrhundert", in: W. Beinert / K. Feiereis / H.-J. Röhrig(Hrsg.), *Unterwegs zum einen Glauben*, FS L. Ulrich, Leipzig, 1997, pp.477~488; Chr. Burger, *Marias Lied in Luthers Deutung. Der Kommentar zum Magnifikat(Lk 1,46b~55) aus den Jahren 1520/21 = Spätmittelalter und Reformation 34*, Tübingen, 2007; Eilrich, *Gott*; Th. A. Seidel / U. Schacht(Hrsg.), *Maria, evangelisch*, Leipzig-Paderborn, 2011.

7.1.1. 종교개혁자들의 기본 입장

"개신교에서 수백 년 전부터 마리아 공경은 더 이상 찾아볼 수 없다."[1] 개신교의 지역 주교(Landesbischof, 주 감독)를 지낸 울리히 빌켄스(Ulrich Wilckens)가 유감스러워하며 이렇게 말했다. 어찌하여 그렇게 된 걸까?

종교개혁자들[2)]에게 있어서 마리아의 위치는 다음 세 가지 기본 관점에 따라서 규정되었고, 지금까지 개신교회들에서도 그러하다.

(1) 고대 교회의 상징들과 전례 전통에서 차지한 마리아의 위치에 따라서
(2) '오직 성경뿐'(sola scriptura)이라는 원칙에 따라서
(3) 종교개혁자들이 특별히 내세운 '의화론'(개신교에서는 '칭의론')에 따라서

(1)에 관해 설명하겠다. 마르틴 루터(와 다른 종교개혁자들도)는 마리아의 신적 모성과 평생 동정임에 관해 고대 교회에서 유래하고 성경에 근거한 진술들에 대해 문제를 제기하지 않았다.[3)] 적어도 1529년까지 그는 마리아를 '우리 모두의 어머니'로 표현하고, 교회와 마리아에 관한 교부들의 확신을 굳게 믿었다.[4)] 호르

1) Wilckens, *Empfangen*, p.50.

2) 종교개혁자들의 다른 점들은 여기서 다루지 않겠다. 전체적으로 볼 때 울리히 츠빙글리(Huldrych Zwingli)는 마리아 공경에 어느 정도 다가간 반면, 장 캘뱅(Johannes Calvin)은 마리아의 윤리적 모범에 주목하면서도 매우 냉철한 마리아상을 지녔다. 이는 그가 모든 마리아 축일과 마리아 성상을 없애는 데 영향을 미쳤다. 마르틴 루터는 오히려 중립적 입장을 취했다. 이에 관해서는 다음 책도 보라: Müller / Sattler, *Maria*, pp.172~173.

3) 이와 관련해서는 다음 책을 보라: Kl. Berger, *Glaubensspaltung ist Gottesverrat. Wege aus der zerrissenen Christenheit*, München, 2006, p.280 이하. 루터에게는 무엇보다 예수가 마리아 안에서 동정 잉태된 것이 (아우구스티누스에 따라서!) 예수가 아담의 죄로 인한 저주를 받지 않기 위한 전제 조건이다. 그러나 마리아의 '원죄 없는 잉태'와 관련하여 루터는 "초기에는 이를 옹호했지만, 나중에는 이 문제를 열어 두었다"(Tapolet / Ebnester, *Marienlob*, p.27).

스트 고르스키(Horst Gorski)는 루터의 마리아론에 관해 쓴 책에서 이런 결론에 도달한다. "복음의 의미에서 마리아를 공경하는 사람은 우리를 그녀로부터 아드님께로 인도하시는 하느님의 은총을 받는다."[5]

그러나 루터는 유일한 중개자이신 예수 그리스도 안에서 구원의 조건 없는 선물인 '하느님의 정의'를 발견한 것을 자신에게 전수된 마리아의 모습, 곧 진노하시는 재판관이신 하느님 옆에서 자비로운 중개자이자 대변자로 묘사된 마리아상에서 점점 더 떼어놓았다.[6] 게다가 이른바 '종교개혁자들의 발견'(reformatorische Entdeckung) 이후 당시에 아직 열려 있었고 신학에서 자유로이 토론된 바 있는 마리아의 무염시태와 승천에 대한 그의 의구심이 커졌는데, 왜냐하면 이에 관한 성경적 근거가 없었기 때문이다. 물론 그는 이와 관련해서 최종적으로 확신하지 못했다. 루터에

4) 두 가지 예만 들겠다. 루터는 루카 복음서 2장 35절에 관해 이렇게 기술한다. "이는 (…) 영적 교회인 영적인 동정녀 마리아가 지상에 머물러 있음을 의미한다"(in: *WA* 10/1, 1, p.405). 나아가 1529년에 했던 성탄 강론에서는 다음과 같이 말한다. "그분이 가지신 모든 것은 우리가 가진 것이어야 하고, 그분의 어머니는 우리의 어머니이기도 합니다"(1529년에 했던 강론, in: *WA* 29/3, pp.655~656). 나아가 다음 책들도 보라: Dittrich, *Mater*, pp.282~283; Heymel, *Jüdische Mutter*, pp.18~19. 마리아와 교회가 동일시된 것은 루터 이후에도 오랫동안 유지되었다. 이에 관한 상세한 내용은 다음 책을 참조하라: Koch, *Glauben*, 특히 p.480.

5) Gorski, *Niedrigkeit*, pp.178~179.

6) 여기서 눈에 띄는 차이에 주목할 필요가 있다. 루터는 이렇게 기술한다. "우리는 마리아를 대변자로 가지려 하지 않는다. 우리는 마리아를 다른 성인들과 마찬가지로 대변자로 가지려 한다"(in: *WA* 10, III, p.325). 그는 '대변'에 대한 사고를 고유한 업적과 결부시키고, 이로써 의화론과 모순되는 것과 결부시키는 게 분명하다. 반면에 그는 마리아(와 성인들)의 중개를 부인하지 않는다. 더 정확히 말하자면, '마리아의 노래'에 대해 자신이 해석한 의미에서 그러하다. "우리가 청하는 것을 하느님께서 마리아의 뜻을 통해 들어주시도록, 늘 하느님 홀로 활동하시도록 우리는 마리아를 불러야 한다"(M. Luther, *Das Magnificat verdeutscht und ausgelegt* = *Studienausgabe*, hrsg. v. H.-U. Delius, Bd. I, Berlin, 1979, pp.312~364, 여기서는 pp.342. 333~334도 보라).

게, 그리고 루터 이후 시대에, 나아가 개신교회들에 있어서도 결정적인 점은 모든 유형의 마리아 공경이 그리스도에게로 향해졌고, 마리아는 특히 신앙의 본보기로 바라보게 되었다는 것이다.

전체적으로 보면, 루터는 삶을 마칠 때까지 마리아를 내적으로 지극히 공경한 인물이라고 표현될 수 있다. 그는 마리아 축일과 관련하여 60번 강론했다. "마리아의 신적 모성으로부터 모든 공경, 모든 복됨이 나온다. 그리고 마리아는 모든 이를 뛰어넘는 유일한 분이며 아무도 그분과 같지 않다는 것, 마리아는 하느님 아버지와 함께, 한 아기를, 바로 그 아기를 두고 있다는 결과가 나온다."[7] 그렇다, 어머니인 마리아는 교회를 대리하므로 누구나 이렇게 말할 수 있다. "마리아는 진정한 어머니시다."[8] 루터는 자신이 지은 유명한 노래 「그분은 나를 사랑하시네, 주님의 탁월한 종이시여」에서 묵시록 12장에 등장하는 여인이 마리아임을 암시한다. 간략히 말하면 이렇다. 루터가 1533년에 식사 중에 나눈 대화에서 언급했듯이, "피조물인 마리아는 결코 충분히 찬미받을 수 없다"(Creatura Maria non post satis laudari)[9]라는 말은 따로 떨어져 있지 않다. 물론 이 모든 것에 대해서는 '괄호'를 치게 된다. 마리아에게 위대함을 돌리게 하는 것은 그녀가 '겸손함을 보인 것'(respexit humilitatem)이다. 다시 말해 하느님께서 그녀를 '은총으로 굽어보신 것'에 그 원인이 있다.[10] 따라서 마리아에 대한 루터의 신학적 입장은 일관되지 않고, 그런 상태로 있다. 바로

---

7) M. Luther, *Magnificat*, p.339.

8) Kirchenpostille, in: *WA* 10/1 1, p.73. 멜랑히톤도 이와 의견이 일치한다. "마리아는 늘 교회를 대변한다"(Maria semper repraesentat Ecclesiam). 인용: Reitz, *Maria*, p.295.

9) M. Luther, Tischgespräche vom 25.3.1533, in: *WA* TR 2, p.219.

10) Cf. Luther, *Magnificat*, p.330.

이것이 마리아가 늦어도 17세기부터 개신교 신학과 신심 생활에서 더 이상 확고한 자리를 잡지 못한 근본 요인들 가운데 하나일 것이다.

(2)와 관련해서는 더 자세히 언급할 필요가 없다. 종교개혁자들이 이해한 바에 따라서 성경에서 명확히 증명되지 않은 것은 신앙의 대상도 될 수 없고, 그래서도 안 된다는 것이 이미 널리 알려진 것으로 충분하다.[11]

(3)에 관해 언급하겠다. 모든 유형의 자발적인 자기 결정에 맞서, 또한 절대적 주권과 신적 은총의 자유를 애매하게 만들지도 모를 온갖 유형의 '신인(神人) 협력설'(Synergismus)에 맞서, 루터는 오직 하느님만 활동하시고, 인간은 완전히 수동적 존재라는 명제를 제시한다.[12] 이에 따르면, 신적 은총은 바로 '주체가 없고', 마치 물건과 같은 대상에게로 향해 작용한다. 인간은 의지가 없는 말〔馬〕과 같다. 이 말을 놓고 기수와 하느님과 사탄이 싸운다.[13] 인간은 "소금 기둥, 롯의 아내, 통나무와 돌, 죽은 그림과

---

11) 여기서 다음과 같은 의문이 동시에 들 수 있을 것이다. 예컨대 초기 공의회에서 그리스도와 관련된 신앙 진술들이 실제로 모든 점에서 명료한 성경적 근거가 있는지, (달리 말하면) '오직 성경만이 유일한 것'(Sola scriptura numquam sola)으로 단순히 중요하기에 '오직 성경뿐'이라는 원칙은 해석학적 개념이 아닌가 하는 의문이 생길 수 있다.

12) 더 자세한 것은 다음 문헌들을 보라: G. Greshake, "Freiheit oder Gnade?", in: ders., *Gottes Heil - Glück des Menschen*, Freiburg i. Br., 1983, pp.114~123; ders., *Gnade - Geschenk der Freiheit*, Kevelaer, 2004, pp.100~116. 이와 관련해서는 최근에 나온 다음 글도 참조하라: J. Schwanke, "Freier oder unfreier Wille? Die Kontroverse zwischen M. Luther und Erasmus v. Rotterdam", in: W. Zager (Hrsg.), *Martin Luther und die Freiheit*, Darmstadt, 2010, pp.41~58.

13) Cf. M. Luther, *De servo arbitrio* (*Studienausgabe*, Delius III) Berlin, 1983, p.208.

같다."[14] 더 신학적으로 말하면, "그리스도께서 성령으로 말미암아 잉태되셨듯이, 모든 신앙인은 가장 미미한 인간적 업적(nullopere humano) 없이 오직 하나님의 은총과 성령의 활동을 통하여 의롭게 되고 다시 태어난다."[15]

그런데 그 말이 맞을까? 그리스도는 성령으로 말미암아 잉태되셨을 뿐만 아니라, 마리아에 의해서도 잉태되셨다. 마찬가지로 신앙인도 성령뿐만 아니라, '물'로부터도 다시 태어난다. 그러니까 예로부터 모태에 비유되는 교회가 베푸는 세례(와 다른 성사들)로부터 다시 태어난다. 구약성경에 언급된 '계약'의 신학은 늘 인간의 협력도 전제하고 포함한다는 사실은 여기서 완전히 도외시된다. 이에 맞서 루터는 다음과 같이 주장한다. (이브 콩가르가 기술하기를) 모든 것은 "하느님께서 활동하시는 것이다. 그렇기 때문에 하느님에게서 나오는 은총의 강만 있고, 인간에게서 하느님께로 나아가 작용한 것, 역류하는 강은 없다. 역류하는 강에서는 하느님에 의해 가능하고 신적 은총을 통해 이루어진 인간의 협력이 마찬가지로 무언가에 영향을 주지 않을 것이다."[16] 그러나 이로써 선행하는 모든 형태의 마리아의 협력은 (모든 인간과 교회 전체의 협력처럼) 배제되었다.[17]

---

14) 인용: Formula concordiae, in: *Die systematischen Bücher der evangelische-kutherischen Kirche*, hrsg. v. I.P. Möller, Gütersloh, 91900, p.593.

15) M. Luther, "Dictata super Psalterium", in: *Ps.* 71(72) (*Studienausgabe*, Delius I), Berlin, 1979, p.76.

16) Congar, *Maria*, pp.27~28.
사람들이 루터를 완전히 다르게도 해석할 수 있다는 것을 무엇보다 스칸디나비아 및 (특별히) 핀란드 루터 연구소가 보여 준다. 이에 관해서는 예컨대 다음 책을 보라: B.K. Holm, *Gabe und Geben bei Luther. Das Verhältnis zwischen Reziprozität und reformatorischer Rechtfertigungslehre*, Berlin, 2006. 이에 따르면, 하느님의 은총은 받는 자를 주는 자로, 신적 자기 증여(Selbst-Geben)에 동참하는 자로 만든다.

17) 콩가르(*Ibid.*, pp.28~29)는 이를 넘어 루터에게 있어서 예수의 인성 역시 영향력 있

그러한 마리아 및 교회의 '협력'에 맞서 루터(와 다른 종교개혁자들도)는 유일한 중개자이신 예수 그리스도를 통하여 하느님 홀로 활동하심을 주장한다. 예수 그리스도는 그러한 분으로서 성경에서 유일하게 증명된 분이다〔오직 하느님만으로(solus Deus), 오직 은총만으로(sola gratia), 오직 그리스도만으로(solus Christus), 오직 성경만으로(sola scriptura)〕. 인간 편에서 하느님의 활동에 상응할 수 있는 (그리고 상응해야 하는) 유일한 것은 신앙인데, 이는 하느님 앞에서 전혀 무가치한 피조물이 수동적으로 이루어지게 하는 것이다. 이를 위해 물론 이제 마리아가 본보기이자 원형으로 간주될 수 있다. 따라서 '마리아의 노래'에 나오는 "그분께서 당신 종의 비천함을 굽어보셨다"라는 문장이 '의화' 사건을 구체적으로 표현한다. 이런 까닭에 호르스트 고르스키는 다음과 같이 기술한다. "이런 의미에서 루터는 마리아 공경을 절정에 이르게 했다고 말하는 것은 온당하다."[18] 그러나 이는 매우 '변증법적인 표현'이다. 그 이유는 이렇다. '마리아의 노래'에 대한 루터의 주석에 따르면, 하느님의 활동을 강조하고 부각하기 위해 마리아와 그녀의 협력이 '낮춰진' 데에서 '절정'에 이르기 때문이다.[19] 이런 까닭에 루터

는 역할을 하지 않음을 지적한다. 콩가르는 이것을 단성론에 가까운, 루터의 그리스도론으로 본다. 이러한 그리스도론에 근거하여 마리아는 예수보다 낮게 평가되고, 모든 인간적 협력이 뒤따르게 된다. 콩가르의 같은 책, p.59을 보라.

18) Gorski, *Niedrigkeit*, p.181. 사안에 따라서 마리아의 '위대함'은 바로 그녀의 '비천함' '보잘것없음'에서 생긴 거라는 견해가 오늘날까지 개신교 신학에서 발견된다. 예컨대 다음 책을 참조하라: K. Barth, *KD* I/2, p.153.

19) 바로 이 점에서 루터와 츠빙글리는 구분된다. 츠빙글리는 예컨대 이렇게 기술한다. "예수 그리스도에 대한 공경과 사랑이 사람들에게 크면 클수록, 마리아에 대한 존중과 공경도 더욱 커진다. 마리아는 우리를 위해 탁월하고 자비로우신 주님이시자 구세주를 낳으셨기 때문이다"〔H. Zwingli, "Eine Predigt über die ewigreine Jungfrau Maria", hochdt. in: Campi, *Zwingli 99~146*(*=Zwingli, Sämtl. WW*, Bd. I, CR 88), Berlin u.a., 1905, p.407〕.

에게 루카 복음서 1장 48절에 나오는 '타페이노시스'(ταπείνωσις)를 '비천함'이라고 올바르게 번역하는 것이 중요하다. 루터에게 하느님은 본질적으로 '무로부터' 창조하시는 분, '무로부터' 그 무언가를 만드시는 분이다. 따라서 하느님은 만물 안에서 홀로 활동하시는 분이고, 마리아는 그 안에서 하느님 홀로 활동하시는 '작업장'(Werkstatt)에 불과하다.[20] 그렇기 때문에 (당대에 그랬듯이) 루터 역시 천사의 말에 대한 마리아의 '동의'를 부각하지 않고, 하느님께서 마리아를 은총으로 '굽어보셨다'(루카 1,48)라는 사실을 강조한다. 따라서 마리아는 하느님의 은총을 받은 하나의 본보기이기에, 그러한 인물은 경배의 대상이 아니라, 하느님께로 가는 길을 안내하는 역할을 할 뿐이다.[21]

루터가 주장한 이와 같은 '의화론'의 맥락에서 가톨릭교회의 마리아론이 지닌 일부 특징들은 마치 그 토대를 잃는 것처럼 보인다. 여기서 마리아에 관해 남아 있는 것은 사실 그녀의 수동적인 신앙뿐이다. 그러나 이런 방식으로 마리아가 모든 것을 포용하는 인물로 충분히 보일 수 있을까? 일부 개신교 신학자들이 말하듯이, 마리아는 실제로 '오직 ~뿐'이라는 핵심적인 표현들이 타당하게 적용될 수 있는 가장 적합한 인물이 될 수 있을까? 분명히, 마리아는 전형적인 신앙인〔"행복하십니다, (…) 말씀이 이루어지리라고 믿으신 분!"〕이고, 비천한 종으로서 자신이 가진 모든 것은 은총 덕분이라고〔"은총이 가득한 이여, 기뻐하여라. (…)"〕 여긴다. 그렇지만 마리아는 동시에 완전히 은총 속으로 받아들여졌다〔"보십시오,

20) 여기에 다음과 같은 점이 추가된다. 루터는 당시의 의학적 지식에 따라서 "마리아는 천사의 약속이 자신 안에서 씨를 뿌리게 한 아기를 품었다"(Burger, *Marias Lied*, p.6)라고 생각한다.

21) Burger, *Marias Lied*, p.89.

저는 주님의 종입니다. (…)"]. 그녀의 내적 본질은 그리스도에 의해서만 규정되었고 마리아는 그분만 섬기지만, 동시에 그분의 강생과 구원 사업을 위해 필요한 도구이다. 하느님의 뜻을 온전히 따른 마리아는 그분께 '필요한' 존재가 되고, 아버지의 딸, 아들의 어머니, 성령의 성전으로서 은총을 베푸시는 삼위일체 하느님의 활동 영역으로 받아들여진다. 마리아에게서 하느님이냐 인간이냐, 은총이냐 자유냐 등등과 같이 둘 중 하나를 단호히 택하는 것은 합당하지 않은 것으로 보이지 않을까?[22]

종교개혁자들에게 마리아는 여전히 (교회의 전승에서 보면 감소되었을지라도) 중요성을 지닌 반면, 그다음 시기에는 수백 년에 걸쳐 종파적 논쟁을 벌이는 가운데 그녀의 중요성이 점점 더 감소되었다. 바로 이렇게 논쟁을 벌이는 가운데 일치를 이룰 수 없는 태도가 등장했기 때문이다. 즉, 개신교적인 것은 가톨릭적인 것이 아니고, 가톨릭적인 것은 개신교적인 것이 아니다. 그리고 마리아는 가톨릭 진영에서 중대한 역할을 했기 때문에, 개신교 진영에서는 거의 완전히 배제되었고 (항상 이유가 없었던 것은 아니었지만) 지난 세기 중반까지 격렬한 논쟁 및 나쁜 선입견의 대상이 되었다.[23] 마리아는 결국 "종파적 분리의 상징"[24]이

---

22) 그다음에는 의화론과 관련하여 ('오직 ~뿐' 원칙들을 포함하여) 교회 일치를 위한 대화의 현재 상황을 계속 추적하지 않고(이에 관해서는 다음 책을 보라: Greshake, *Gnade*, pp.106~107), 마리아에 관해서만 언급할 것이다.

23) 이와 관련해 비교적 최근 사례를 들겠다. 루돌프 불트만은 여동생에게 보낸 편지에 자신의 스승인 칼 뮐러(Karl Müller, 튀빙겐 대학교)에 관해 다음과 같이 적었다. "최근에 그는 묵주를 비롯해 메달과 스카풀라도 가져와 그것들을 주변 사람들에게 나눠주었다. 그 모습을 보면서 나는 아무 말도 하지 못했다. 가톨릭교회 안에는 어떤 이교가, 어떤 우상 숭배가, 어떤 미신이, 어떤 어리석은 마법이 존재하는가! (…) 그것이 그리스도교라니! (…) 머리털이 곤두설 뿐이다!"(인용: K. Hammann, *Rudolf Bultmann, Eine Biographie*, Tübingen, ^{2}2010, p.21).

24) Bilaterale Arbeitsgruppe der Deutschen Bischofskonferenz und der Kirchenleit-

되었다. 특히 1854년과 1950년에 마리아에 관한 교의가 반포되었기 때문이다.

가톨릭의 마리아론에 대한 개신교의 비판은 칼 바르트가 '정점'을 찍었다. 그에 따르면, 마리아에 관한 가르침은 일종의 "종양, 그러니까 가톨릭의 사고를 병적으로 만든 것이다. 종양은 도려내야 한다. (…) 마리아를 특별히 주목할 대상으로 만든 모든 언급, 마리아가 구세사에서 비교적 독자적인 역할도 한다고 여기는 모든 언급은 계시가 지닌 신비적 성격에 대한 공격과 같은 것이다."[25] 이런 맥락에서 바르트는 다음과 같은 명제를 제시한다. "마리아에 관한 교의는 다름 아닌 바로 로마 가톨릭교회의 비판적인 핵심 교의이다. 이 교의로부터 마리아의 모든 결정적인 요소를 이해할 수 있고, 이 교의와 함께 그 요소들을 그대로 두거나 없앨 수 있다."[26] 적잖은 수의 가톨릭 신학자들이 이에 동의하면서 다음과 같은 점을 강조한다. 마리아에 관한 견해로 인해 다른 많은 사람 사이에 종파적 차이가 생겨난 것이 아니라, 마리아는 "모범적 인물로 여겨져야 한다. 이 모범적 인물 안에서 전형적으로 논쟁의 여지가 있는 질문들과 서로 다른 기본적 이해들이 명료해지고 구체화된다."[27] 클라우스 리젠후버는 칼 라너에 이어서 다음과 같이 진술한다. 칼 라너는 "서로의 가르침이

---

ung der Evangelisch-Lutherischen Kirche Deutschlands, *Communio Sanctorum. Die Kirche als Gemeinschaft der Heiligen*, Paderborn-Frankfurt, 2000, Nr. 256(아래에서도 단락 번호에 따라 몇 차례 인용된다).

25) *KD* I/2, pp.153~154.
바르트의 입장에 관해서는 다음 책을 보라: K. Riesenhuber, *Maria im theologischen Verständnis von Karl Barth und Karl Rahner* = *QD* 60, Freiburg i. Br., 1973. 나아가 다음 책을 참조하라: Heymel, *Jüdische Mutter*, pp.48~61.

26) *KD* I/2, p.157.

27) Riesenhuber, *Maria*, p.10.

다른 이유의 전체"가 바로 마리아에게 근거한 것으로 본다. 마리아에게서 "인간에 관한 신학적 가르침과 인간과 하느님의 관계에 있어서 대비되는 점이 극명히"[28] 드러난다고 한다. 이러한 입장은 개신교 신학자들에 의해서도 갈린다. 그리하여 페르 에릭 페르손(Per Eric Persson)의 책에서 이런 내용을 읽을 수 있다. "마리아론은 가톨릭 신학의 우연한 산물이 아니라, 교회 및 직무에 대한 가톨릭의 이해의 결과물이다. 따라서 구원에 대한 이해의 결과물이다. 마리아에 관한 교의는 결국 로마 가톨릭교회의 자기 이해가 교의로 규정된 것임을 묘사한 것이다."[29]

실제로, (이미 초기 교회에서) 마리아는 교회의 인격적 형상이 되면서 이 두 실재의 구조는 가장 정확히 일치한다. 이어서 인류 구원에 교회가 협력함과 중개하는 교회의 사명, 교회의 거룩함과 완성에 관해 언급되는 점 역시 마리아가 구원에 협력하고 구원을 중개한다는 것, 마리아는 거룩하고 완성된 인물임을 강조하는 점과 구조적으로 동일시된다. 따라서 최근 몇십 년에 걸쳐 다음과 같은 점들, 그러니까 마리아론은 교회 일치를 위한 대화에서 부차적인 주제가 될 수 없다는 것, 마리아론은 다른 신학 영역들

---

28) K. Rahner, "Zur konziliaren Mariologie", in: *StdZ* 174(1964), pp.87~101, 여기서는 pp.88~89. 다음 책도 보라: Greshake, *Gnade - Geschenk*, pp.110~116.

29) P.E. Persson, *Evangelisch und Römisch-katholisch*, Göttingen, 1961, p.61. 에벨링(*Zur Frage*, p.391)은 이러한 점에 의해서도 영감을 받았을 것이다. "가톨릭교회가 자신이 믿는 것이 무엇인지 더 정확히 표현했을 교의 외에 다른 교의는 생각할 수 없다. 마리아에 관한 교의는 가톨리시즘의 기본 구조가 교의로 규정되었음을 의미한다." 바로 가톨릭의 교회론에 의해서도 말이다. 마리아는 "교회의 신비적 인격체"이기 때문이다. 두 가지 견해는 결국 칼 바르트에게로 거슬러 올라간다. "로마 가톨릭교회가 규정한 마리아에 관한 교의에 나오는 '하느님의 어머니' 개념은 단순히 피조물의 원칙이나 원형, 혹은 은총을 바탕으로 구원받기 위해 봉사하고 협력하는 피조물(인간)의 핵심 개념이다. 그리고 그러한 것으로서 교회의 원칙, 원형, 총괄 개념이다"(*KD* I/2, p.157).

에서 합의된 것으로 명료해진 것은 실제로 단지 외형적 타협, 신학적으로 추상화한 개념 그 이상임에 대해 '구체적 실례를 들어 검증된 것'이 점점 더 드러나게 되었다.[30)]

여기에 추가될 점이 있다. 사람들은 대략 20세기부터 개신교회 내에서도, 마리아는 개신교 전례, 예술, 음악, 신학에서도 근본적으로 위치를 지니고 있다는 사실, 더 정확히 말하면 그러한 위치를 지녀야 한다는 사실을 점점 더 의식하게 되었다.[31)] 그 이유를 개신교 목사 만프레드 게르란트(Manfred Gerland)가 이렇게 제시한다. 결국, 마리아가 수백 년 동안 개신교회에서 "아직 그 진가를 인정받지 못한 것은 영적 빈곤함이다. 복음서에 마리아의 진가가 기술되어 있는데도 말이다."[32)] 사람들이 "이제부터 과연 모든 세대가 나를 행복하다 하리니"(루카 1,48)와 같은 분명한 진술들을 가볍게 여긴다면, 원래 '오직 성경만으로'라는 원칙은 무슨 의미가 있을까?

그러므로 개신교 신자들이 로테르담의 에라스무스가 다음과 같이 한 말을 여전히 유보해 놓아서는 안 될 것이다. 에라스무스

---

30) 돔브 그룹이 펴낸 문헌(*Maria*, Nr. 119. 여기와 아래에서도 단락 번호에 따라 인용됨)에 그렇게 나와 있다. "마리아를 놓고 벌어진 논쟁은, 마리아는 오늘날 모든 잠재된 종파적 대결의 가장 민감하고도 결정적인 점이라는 것, 특히 구원론, 인간학, 교회론, 해석학의 관점에서, 따라서 모든 근본적 물음에서 그렇다는 것을 명료하게 보여 준다. 따라서 동정녀 마리아에 관한 교회 일치를 위한 대화는 결국, 교의와 관련하여 다양한 견해를 검증하는 데 가장 적합한 것이다." 다음 글에도 이와 유사한 내용이 나온다: Fr. Courth, "Kontroverspunkte im ökumenischen Gespräch über die Mutter Jesu und Ansätze ihrer Überwindung", in: H. Petri(Hrsg.), *Divergenzen in der Mariologie*, Regensburg, 1989, pp.9~33.

31) 이는 다음 책에서 잘 개관할 수 있다: Eilrich, *Gott*. 나아가 다음 문헌들도 보라: G. Maron, "Maria in der protestantischen Theologie", in: *Conc*. 19(1983), pp.626~632; Heymel, *Jüdische Mutter*, p.45 이하. 마리아에 관해 개신교에서 새롭게 연구한 내용들이 다음 책에 언급되어 있다: Hartmann, *Magd*, p.14.

32) M. Gerland, *Meine Seele erhebt den Herrn. Eine evangelische Pilgerreise zu Maria*, Leipzig, 2007, p.10.

는 마리아에게 이렇게 말하게 한다.

> 저 마리아를
> "당신께서는 내치지 않으시겠지요.
> 제가 품고 있는 아들도 분명히 내치지 않으시겠지요.
> 저는 아들과 떨어질 수 없습니다.
> 그러니 당신께서는 아들을 저와 함께 몰아내시든지
> 아니면 저희 둘을 받쳐 주실 것임에 틀림없습니다.
> 당신께서는 그리스도 없는 교회를 원하지 않으실 테니까요."[33]

7.1.2. 교회 일치를 위한 대화[34]

1975년에 나온 『개신교 성인 교리서』(*Evangelischer Erwachsenen-katechismus*)에 "마리아는 복음서에 등장한다. 마리아는 '가톨릭에 해당될' 뿐만 아니라, '개신교에도 해당되는' 것이다"[35]라고 명시된 이후에, 지난 세기말 때부터 마리아가 점차적으로 교회 일치를 위한 대화와 작업 프로젝트의 주제로 떠오른 것은 놀랄 만한

---

33) Erasmus v. Roterdam, *Peregrinatio religionis.* 이 책에 마리아가 루터교도로 성상 파괴자인 글라우코플루투스(Glaucoplutus)에게 보낸 가상 편지 내용이 들어 있다. 인용: Dittrich, *Mater,* p.280.

34) 교회 일치를 위한 대화의 현재 상황에 관해 디트리히(*Mariologie-Kritik*)가 상세하면서도 비판적 관점에서 정보를 제공한다. 개신교회에서 마리아 공경에 관한 역사에 관해서는 다음 책들을 참조하라: R. Schimmelpfennig, *Die Geschichte der Marienverehrung im deutschen Protestantismus,* Paderborn, 1952; Koch, *Glauben.*

35) *EEK,* p.416.

일이 아니다. 이에 관한 가장 중요한 두 가지 문헌이 있다.[36] 돔브 그룹(die Gruppe von Dombes)이 펴낸 『하느님의 구원 계획과 성인들의 통공 안에서의 마리아』(*Maria in Gottes Heilsplan und in der Gemeinschaft der Heiligen*)와 독일주교회의와 독일의 개신교-루터교 지도부로 구성된 공동위원회가 펴낸 『코무니오 상토룸. 성인들의 통공으로서의 교회』(*Communio Sanctorum. Die Kirche als Gemeinschaft der Heiligen*)라는 문헌이다. 돔브 그룹이 펴낸 문헌 서문에 두 문헌의 관심사가 요약되어 있다.

> "(…) 마리아에게서 이루어진 것이나 마리아가 영향을 미친 것은 모두 하느님의 절대적 은총 아래 있었다는 점('오직 은총뿐')이 크게 강조된 것이고, 전적으로 수용되었다. 바로 이런 까닭에 마리아는 자신이 받은 은총과 부르심에 오직 신앙을 통해서만('오직 신앙만으로') '예!'라고 응답할 수 있었다. 이것이 바로 종교개혁자들이 당시에 주장한 것이고, 종파적 태도를 취한 점이다. (…) 의화를 놓고 루터교회와 가톨릭교회가 나눈 대화는 여기서 새로운 길을 냈다. (…) 이런 배경에서 다양한 견해들이 표명될 수 있었다. 서로 갈라지거나 자신의 정당함을 주장하지 않고서 말이다. 사람들은 마리아가 평생 동정임에 관해 이야기하면서 고유한 덕이나 정의 같은 특성을 잘못 생각한 것이 아니라, 그것은 모든 고유한 삶의 결정을 포기한 것이라고 보았다. 이 삶의 결정은 은총 아래 있지 않고, 신앙에 의해서만 방향이 정해질 것이다. 마리아에 관한 가톨릭의 두 교의도 마찬가지다. 사람들은

[36] 다음 글에 몇 가지 중요한 점이 언급되어 있다: J. Freitag, "Maria in Gottes Heilsplan und in der Gemeinschaft der Heiligen", in: *Cath* 55(2001), p.35.

마리아의 원죄 없는 잉태에 관해 무엇을 말하려 하는가? (…) 마리아는 자신의 삶을 스스로 결정할 수 있기 전에 처음부터 하느님의 은총을 받았다"(독일어판 서문).

이 마지막 견해는 『코무니오 상토룸』(*Communio sanctorum*)에서 다음과 같이 계속 전개된다.

"하느님께서는 예레미아(예레 1,5)와 세례자 요한(루카 1,13~17)처럼 마리아가 지상에서의 삶을 시작할 때 이미 당신 은총의 도구로 정하셨다는 것은 개신교 신자들도 생각할 수 있다. 마리아가 원죄 없는 잉태로 죄에 묶인 인류로부터 벗어나고 무죄하신 그리스도와 함께 한 단계 위에 선다면, 그들은 물론 이 교의에 반기를 들 것임에 틀림없다. (…) 이 말은 마리아가 하늘에 올림을 받은 것에도 적용된다. 마리아는 죽은 뒤에 자신의 구세주에게로 돌아갔다는 내용, 바오로가 말한 희망(필리 1,23)이 마리아를 위해 표현된 것이라면, 개신교 신자들은 1950년에 반포된 교의에 반기를 들 필요가 없다. (…) 개신교회와 루터교회는 물론 유일한 중개자이신 예수 그리스도에 대한 자신들의 신앙이 위험에 직면했음을 안다. 따라서 마리아를 신앙인들의 공동체에서 들어올려 (예컨대 중개자로서) 자신의 아들 옆에 세워야 할 것이다"(261항).

마리아에 관한 두 교의와 관련해서 이와 같은 긍정적인 관점이 있었음에도 불구하고, 물론 받아들여지지 않는 점이 있다. "모든 개신교회는 가톨릭의 이 두 교의를 교의로 받아들일 수 없다. 그리고 정교회는 마리아가 서양의 교도권 범위에서 부당한 방식으로 규정되고 표현되었다고 여긴다"(돔브, 234항). 바로 이 두 교의에서 다음과 같이 개신교의 '고전적' 질문이 제기되었을 것이다. 여기서 성경의 정확한 증명들 대신에 교회의 살아 있는 전승, 신앙 감각, 교도권의 개입이 들어선 것은 아닐까?(돔브, 241항). 그렇지만 어느 정도 상대화되는 것이 이 교의들을 수월하게 수용하게 할 수 있다. 가톨릭 신학자들이 다음과 같이 말할지라도 말이다. 즉, 이 교의들은 "먼저 신앙의 옹호가 아닌 하느님 찬미에 기여해야 한다. 이는 이 교의들이 그 어떤 문제를 진술하는 데 주안점을 두었다는 의미가 아니다. 이 교의들은 하느님을 깊이 찬미하는 방향으로 나아간다. 그러니까 이 교의들은 하느님의 순수한 은총을 찬미하는 것이다"(공동위원회, 265항). 그러나 루터교 신학자들은 이를 토대로 계속 질문한다. "신앙으로 일치하기 위해서 종교개혁자들이 마리아에 관한 이 교의들을 수용하는 것이 필요한가? 다른 한편으로 그들은 계시와 근본적으로 조화를 이루는 가르침들이 중요하다고 이미 인정하지 않았는가?"(공동위원회, 265항).[37] 이 질문은 이 교의들이 나중에야 비로소 교회의 공동선이 되었을 때보다 더 절박하게 제기된다. "19세기 동안 교회 내에서 신앙의 문제가 아니라 신학적 견해가 문제가 되었던 것은 20세기에 분리되는 점이라고 볼 수 없다." 특히 예컨대 클레르보의 베르나르와 토마스 아퀴나스가 이 교의들을 부인했음에도, "그들의 완전한 권위는 교회 내에서 유지되었고 여전히 완전한

[37] 돔브 그룹(298항)은 같은 방향에서 다음과 같이 기술한다. 중요한 것은 "교의의 내용을 존중하는 것, 교의를 복음과 신앙에 모순되는 것으로 여기는 것이 아니라, 교의를 신앙의 응집력에 관한 가톨릭적 의식의 반성에 대한 자유롭고도 합당한 결과물로 보는 것이다."

신앙의 증인으로 여겨지기"(공동위원회, 297항) 때문이다.

이 교의들을 넘어 특히 마리아의 협력, 마리아가 중개자임에 대한 질문에 대해서는 문제가 제기된다. 두 문헌은 예수 그리스도의 절대적 유일성이 훼손될 수 있음을 지적한다.[38] 돔브 그룹은 마리아의 협력에 긍정적 의미를 부여하고자 애쓴다. 먼저 마리아의 협력을 모든 구원받은 이의 협력과 결부시키고, 이어서 마리아의 협력을 그녀가 받은 구원의 응답이자 결과로 여기면서 말이다.

협력의 문제는 마리아(와 모든 성인)가 받은 부르심과 긴밀한 관련이 있다. 이때 제기되는 질문은 사람들은 성인들이 받은 하느님의 은총을 기리면서 그들을 공경해야 하느냐가 아니라, 자신들을 대변해 달라고 그들을 불러도 되느냐는 것이다. 루터는 이것을 "죽음을 앞둔 그리스도인이 남용하는 것들 가운데 하나"라고 말한다. 위에 언급된 두 문헌은 여기서 새로운 공통된 지평을 열고자 시도한다. 그리하여 돔브 그룹의 문헌에 이렇게 나와 있다.

> "성인들의 통공에서 기도는, 특히 청원 기도는 기도하는 이들, 성인들이 바치는 기도의 대상인 이들과 이 기도가 향하는 이들 사이에 거리가 벌어져 있음을 알지 못한다. 전구(轉求)는 관계를

38) 예컨대 다음 두 대목을 참조하라: Bilaterale *Arbeitsgruppe*, Nr. 264; Gruppe v. Dombes, Nr. 210. "'공동 구원'(Mit-Erlösung)이라는 개념은 객관적으로 보면 잘못되었다. 이 개념은 마리아의 역할이 그리스도의 역할과 동등한 위치에 있다는 생각이 들게 하기 때문이다. 제2차 바티칸 공의회는 이 개념을 의도적으로 삭제했으며, 그 후로 이 개념은 공적 문헌에 다시 등장하지 않았다. 이 개념은 의도적으로 삭제된 게 틀림없다"(210). "따라서 교회 일치 운동은 가톨릭 신자들에게 이 용어를 쓰지 말도록 당부했고, 개신교 신자들에게는 (그들이 가톨릭의 어느 공적 문헌에서 그 용어를 보게 된다면) 자신의 형제들은 그리스도는 유일한 중개자임에 의문을 제기하지 않았다는 사실을 상기하도록 당부했다"(211).

표현하는 것이다. 전구는 그들이 제한 없이 서로 이야기하는 것이다"(돔브, 281항).[39]

그렇지만 견해가 지속적으로 일치하더라도 질문들은 열린 채로 남아 있다. 돔브 그룹은 사람들이 마리아의 전구를 청하기를 거부하리라고 명확히 기술한다. "그것(마리아의 전구)은 마리아가 구세사에서 중요한 도구의 역할 또는 마리아의 협력을 전제한 것이다"(돔브, 282항). 이런 까닭에 1982년에도 가톨릭연구위원회(VELKD)는 어느 문헌에서 "마리아, 개신교의 물음이자 관점. 대화를 위한 초대"라고 기술했다. 개신교에서 "마리아를 부르며 바치는 기도는 없을 것이다. (…) 이는 종교개혁자들이 세워 놓은 경계석이다."[40]

이미 오래전부터 형성된 전선이 희미해졌을지라도, 마리아의 형상과 중요성에 무조건적으로 시선이 고정되어서는 안 되지만, 마리아에게서 구체화되고, 따라서 계속 다뤄져야 하는 중요한 차이들이 남아 있다. 이때 무엇보다 하느님의 구원 사업에 인간의 '협력'에 대한 물음이 제기된다. 여기서 루터의 매우 강렬한 인상을 주는 어느 텍스트에 다가갈 수 있을 것이다. 하느님 홀로 활동하지 않으시고, 또 홀로 활동하실 수 없는가 하는 물음에 그는 한 가지 답을 내놓는다.

---

39) 공동위원회(240항)도 성인들의 전구에 대해 유사한 견해를 내놓는다. 성인은 "주님께서 그 안에서 우리를 만나실 정도로 그리스도의 증인이 되었다. 교회는 그리스도의 몸이기 때문이다. 그렇게 보면, 모든 삶의 강은 한편으로는 그리스도로부터 지체들에게로 흐르고, 다른 한편으로는 지체들의 모든 영적 결합은 그분을 통하여 중개된다. (…) 그러므로 그리스도인들은 영원히 서로 결속되어 있고, 죽음의 경계선을 넘어서도 그러하다." 마리아와 관련해서는 "규칙들과 기준들이 성인들을 바라보면서 규정되었다는 것보다 더 중요한 것은 없다"(267항).

40) *US* 37(1982), pp.184~201, 여기서는 p.197.

"그렇다, 그분은 활동하실 수 있다. 그러나 홀로 활동하는 것은 바라지 않으신다. 그분은 우리가 당신과 함께 활동하기를 원하시고, 우리를 영광스럽게 하신다. 그분은 우리와 함께 그리고 우리를 통하여 당신의 사업을 실행하기를 바라신다. 우리가 영광스럽기를 바라고 이를 위해 노력할지 여부는 우리 자신에게만 달려 있을 것이다. (…) 그분 홀로 거룩하시듯이, 그분은 우리를 영광스럽게 하기를 바라신다. 그분은 당신 홀로 거룩하게 계시지 않고, 우리를 당신과 함께 거룩하게 해 주고자 하신다."[41]

이에 비추어 볼 때, 우리는 자신의 행위를 통해 하느님을 영광스럽게 하는 게 아니라, 하느님께서 우리를 당신의 활동에 협력하게 하시면서 우리를 영광스럽게 하신다.[42] 이 점이 명확히 강조된다면, (미하엘 하이멜에 의하면) 아무튼 "〔개신교 신학자로서〕 마리아 연구에 몰두하는 사람은 (…) 적어도 확신을 품은 개신교 신자들의 눈에 가톨릭적인 성향을 지녔다는 의혹을 받는"[43] 일은 없어야 할 것이다. 오히려 중요한 점은 이것이다. "성령의 힘으로 (…) 모든 개신교회는 이스라엘의 하느님이시자 예수 그리스도의 아버지, 마리아에게 큰일을 하신 하느님을 다양한 음성으로 찬미하는 데 동참하도록 부름을 받았다."

이렇듯 모든 것에서 절대적 주도권을 지니신 '하느님의 위대한 행위'는 이제 (삼위일체 신학과 구분된 관점에서) 성령의 활동이

---

41) M. Luther, *Von den guten Werken*(*Studienausgabe*, Delius II), Berlin, 1982, pp.40~41.

42) 다음 책도 참조하라: M. Seils, *Der Gedanke vom Zusammenwirken Gottes und des Menschen in der Theologie Luthers,* Berlin, 1982.

43) Heymel, *Jüdische Mutter*, p.13. 이어지는 인용문은 pp.9~10에 나와 있음.

다. 이런 관점에서 발터 폰 뢰베니히(Walter v. Loewenich)가 던진 질문도 하나의 답을 찾을 수 있었다. "마리아는 이 구원 경륜적 체제에서 〔다시 말해 변호인, 조력자로서〕 성경적 사고에 따라 성령께서 머무시는 자리에 계속 있어야만 하는가?"[44] 대답은 단 하나일 수 있다. 마리아는 성령께서 머무시는 '자리'에 있지 않는다. 마리아는 (그녀와 함께 전 교회는) 하느님의 영이 활동하시는 자리다. 그러므로 하느님께서는 이때 인간을 단지 수동적 도구로 격하시키지 않으시고, 당신의 활동에 협력하도록 인간에게 능력과 권한을 주시며 초대하신다. 이러한 성령론적 관점은 가톨릭교회가 신앙을 이해하는 바에 따라서 인간에게 '경의'를 너무 많이 표하고 있다는 종교개혁자들의 지속적인 비판에 대해 결정적인 답이 될 수 없는 것일까? 이런 노선에서 칼 바르트는 이미 다음과 같이 추측했다. "원래 성령의 실재, 오심, 활동은 서방 및 동방의 가톨리시즘에서 교회와 마리아에 관해 우리가 수용할 수 없는 방식으로 언급되고 중요하게 여긴 많은 것에서 의미가 규명되었다고 할 수 없는 것일까? 그리고 그것으로부터 긍정적이고 비판적인 빛 속으로 들어갈 수는 없는 것일까?"[45]

그럼에도, 마르틴 루터가 다음과 같이 생각한 것은 옳을 수도 있다. "마리아론은 직무와 교회론과 성체성사에 관한 불일치한 견해 뒤에 숨어서, 교회 일치를 위한 진보를 궁극적으로 무너뜨리려고 기다리는 거대한 걸림돌처럼 보인다."[46]

---

[44] W. v. Loewenich, *Der Moderne Katholizismus vor und nach dem Konzil*, Witten, 1970, p.270.

[45] K. Barth, *Nachwort zur Schleichermacher-Auswahl*, hrsg. v. H. Bolli, München, 1968, pp.311~312.
오늘날 교회 일치를 위한 대화에서 마리아론의 성령론적 관점에 관해서는 다음 책들을 보라: Dittrich, *Mariologie-Kritik*, pp.296~299; 제2부 3.1.2.

46) M. Leiner, "Solus Christus - Christus allein. Ein evangelischer Kommentar zur katholischen Marienfrömmigkeit", in: Th. A. Seidel / U. Schacht(Hrsg.), *Maria. Evangelisch*, Leipzig-Paderborn, 2011, pp.59~81, 여기서는 pp.70~71.

7.2. 정교회들에서 바라보는 마리아

/참/고/문/헌/

• P. Gherman, "Le parallélisme entre Marie et l'église selon la doctrine l'Orient Chrétien séparé et des protestants", in: *Maria et Ecclesia. Acta congressus mariologici-mariani in civitate Lourdes anno 1958 celebrati*, vol. X, Rom, 1960, pp.1~50; E. Jungclaussen, "Maria im liturgischen Kult der orthodoxen Kirche", in: *US* 30(1975), pp.127~145; P. Planck, "Gottesgebärerin und Immerjungfrau. Altchristliche Quellen ostkirchlicher Marieverehrung", in: H. Petri(Hrsg.), *Christsein und marianische Spiritualität*, Regensburg, 1984, pp.59~76; N. Nissiotis, "Maria in der orthodoxen Theologie der Ostkirche", in: E. Moltmann-Wendel u.a.(Hrsg.), *Was geht uns Maria an?*, Gütersloh, 1988, pp.88~112; A. Knaizeff, *La mère de Dieu dans l'Église orthodoxe*, Paris, 1990; A. Kallis, "Die Gottesgebärerin in der orthodpxen Theologie und Frömmigkeit", in: *Hmar* I, pp.364~381; T. Nikolaou, "Mittlerin der Gnade II", in: *MarLex* 6, pp.491~492; R. Preda, "Die heilsgeschichtliche Bedeutung der Gottesmutter in der orthodoxen Theologie", in: P.L. Hofrichter(Hrsg.), *Auf der Suche nach der Seele Europas: Marienfrömmigkeit in Ost und West*, Innsbruck-Wien, 2007, pp.157~166(Lit.); I. Moga, *Kirche als Braut Christi zwischen Kreuz und Parusie. Die Ekklesiologie Hans Urs von Balthasars aus orthodoxer Sicht*, Berlin, 2010.

정교회에서 마리아는 지대한 역할을 한다. 따라서 정교회의 탁월한 신학자이자 철학자인 세르게이 불가코프는 다음과 같이 기술한다.

"하느님의 어머니에 대한 사랑과 공경은 정교회 신심의 영혼이다. 그리고 온몸을 따뜻하게 하고 활기차게 하는 심장이다. 정교회가 믿는 그리스도교는 그리스도 안에서 사는 삶이자, 그분의 가장 순결한 어머니와 관계를 맺으며 사는 삶, (…) 하느님의 어머니의 사랑과 분리될 수 없는 그리스도에 대한 사랑이다. (…) 마리아를 공경하지 않는 사람은 예수도 알지 못한다. 하느님의 어머니에 대한 공경이 포함되지 않는 그리스도에 대한 신앙은 다른 신앙, 교회가 믿는 그리스도교와는 다른 그리스도교이다."[47]

이 모든 것을 고려할 때 서방교회와 완전히 일치할 수 없는 점은 없을까? 그렇기도 하고, 그렇지 않기도 하다. 그 이유는 개별적으로 주목할 만하고 중요하게 구별되는 점들이 있기 때문이다.[48] 이렇게 구별되는 점들은, 정교회가 이해하는 바에 따르면 교부 시대를 넘어서 신학의 근본적인 전개 과정은 더 이상 없었고, 그래서도 안 된다는 것에 특히 그 원인이 있다. 이는 서방교회가 마리아의 신앙을 새로 표현하고 새롭게 강조한 것이 동방의 자매 교회들은 그렇게 하지 않은 결과로 이어졌다. 이뿐만이 아니다. 사람들은 "마리아에 관한 교의들이 서방에서 나중에 '과장된 것'을 거부했으며",[49] 가톨릭교회의 마리아론에서 볼 수 있었듯이 신학적 전개에 대해서 매우 회의적으로 맞섰다.

마리아는 동방교회에서 특히 두 가지 칭호로, 곧 '하느님을 낳

47) S. Bulgakov, *Die Orthodoxie. Die Lehre der orthodoxen Kirche*, 독일어 번역본: Trier, 1996, p.179.

48) 이어서 우리는 전적으로는 아니지만 주로 정교회 신학자 요안 모가(Ioan Moga, *Kirche*)에게 시선을 둘 것이다. 그는 이 책(『교회』)에서 (알려진 바와 같이 급진적인) 발타사르의 관점에서 서방교회의 마리아론과 대결한다.

49) H.U. v. Balthasar, *Kirche im Ursprung*, pp.126~127.

으신 분'(Theotokos)과 '평생 동정녀'(Panhagia)로 기려지고 불린다. 페터 플란크(Peter Planck)는 이 두 가지 칭호를 다음과 같이 설명한다. "'하느님을 낳으신 분과 평생 동정녀.' 동방정교회의 교의는 엄밀히 말하자면, 이 칭호에 관한 진술을 결코 넘어선 적이 없고, 또한 그럴 필요성을 결코 느낀 적도 없다."[50] 첫째 칭호는 마리아가 하느님의 강생 사건에 특별히 받아들여졌음을 부각한 것이고, 둘째 칭호는 마리아가 거룩해진 전(全) 인류와 결속되었음을 강조한 것이다. 마리아는 거룩해진 인류 안에서 홀로 거룩함을 유지하지만, 그럼에도 다른 모든 사람과 완전히 연대하고 그들 안에 머물러 있다. 이런 맥락에서 마리아는 또한 교회의 본보기이자 원형이라고 보일 수 있다. 마리아는 하느님으로부터 아드님의 거룩한 어머니로 선택되었고, 교회는 자신 역시 영적인 방식으로 하느님의 자녀를 낳는 한 마리아와 유사하기 때문이다. 그러나 정교회는 "마리아가 육신적으로 예수를 낳은 것과 교회가 영적으로 하느님의 자녀를 낳은 것의 유사성"[51]을 넘어서지 않는다고 한스 우르스 폰 발타사르가 기술한다. 그 대신에 동방교회는 마리아와 교회를 '상호 내재적 관점'(perichoretischen Sicht)에서 바라본다. 즉, 마리아를 교회의 표상에서, 교회를 마리아의 표상에서 바라보고, 마리아를 교회의 원형으로서 공경한다. 그러나 동방교회는 '마리아, 교회의 어머니'라는 칭호를 알지 못하고, 이를 거부한다. 이 칭호는 교회의 모성을 뒷전으로 몰아내기 때문이라고 한다.

50) Planck, *Gottesgebärerin*, p.66.

51) H.U. v. Balthasar, *Sponsa Verbi*, Einsiedeln, 1961, p.173.
다음 책도 보라: H.U. v. Balthasar, *Marianische Prägung*, p.277.
다음 책은 다른 관점에서 보고 있다: Ghermann, *Parallélisme*, 특히 pp.18~19.

동방교회의 전통은 마리아가 '신부'임 역시 별반 알지 못한다. 서방교회의 전승에 따르면, 마리아는 십자가 아래서 수난에 동참하면서 "예!"라고 응답함으로써, 아들과 함께 '교회를 세우고 신부'가 된다. 바로 이러한 신부의 관점과 십자가 신학의 관점은 중세기부터 서방교회 신학에서 핵심으로 강조되었다. 이러한 관점은 프랑스 학파의 마리아론에서, 그리고 마티아스 요셉 쉐벤과 한스 우르스 폰 발타사르에게서 '고전적인' 형상을 얻었다.

동방교회의 신학 역시 교회가 신부임을 알고 있다. 그러나 이는 마리아에게서 예증되거나 상징화되거나 표현되지 않고, 특히 성경에 등장하는 '죄지은 여인들'(라합, 타마르, 요한 복음서 8장에 등장하는 '간음하다 잡힌 여자')에게서 알아차릴 수 있다. 이 여인들은 하느님의 은총으로 정화되고, 거룩해졌다. 죄를 지은 이 여인들은 타락한 인류의 상징으로서 비유적으로 풀이된다. 그러나 타락한 인류는 은총으로 삼위일체 하느님께 받아들여지고, 따라서 '신부인 교회'가 된다. 그러나 마리아는 이러한 '교회의 전형적인 인물들'과 결코 연결되지 않는다. 그렇다, 요안 모가(Ioan Moga)에 따르면, "마리아는 이러한 비유적-예형론적(allegorisch-typologisch) 해석과 전혀 관련이 없다."[52] 이러한 견해는 한스 우르스 폰 발타사르와 완전히 반대된다. 모가에 따르면, 발타사르는 이런 점에서 교부들의 문헌을 과도하게 해석하고, 이러한 방식으로 (단지 교회만 아니라) 마리아도 그리스도의 신부로 증명할 수 있다고 생각한다. 실제로 발타사르는 자신의 마리아론에서 거듭 교부들을 증인으로 끌어대고, 심지어 "교부신학의 마지막 시기까지 (하

52) Moga, *Kirche*, p.259.

느님의 신부 또는 성령의 신부 또는 요셉의 아내로도 등장할 수 있는) 마리아를 그리스도의 신부로 묘사하는 대목은 찾아낼 수 없다"[53]라고 자백한다.

정교회와 교부신학은 자신들의 주된 사고에 있어서 마리아가 구원 사건에 협력한다는 것을 별반 인식하지 못하고 있다.[54] 이는 마리아가 중세기부터 서방교회에서 부각되었고, 하느님의 어머니부터 공동 구원자에 이르기까지 점점 더 지위가 높아졌음을 보여 준다. 동방의 자매 교회들에 마리아가 십자가 사건에 동참하였다는 것을 통해서 "성경의 증언들과 고대 교회에서 전승된 것을 훨씬 넘어서는 구세사적이고 교회론적인 중요성"[55]을 얻는다. 이뿐만이 아니다. 마리아가 십자가 사건에 협력한다는 사고는 "그리스도의 위격적 합일이라는 역할을 뒷전으로 몰아내고 (…) 그리스도와 교회인 마리아의 혼인 행위를 두 본성의 위격적 합일이라는 그리스도론의 신비라는 자리에 두는" 방향으로 기울어졌다. 마리아는 신부이자 교회의 인격화라는 "수식어와 구세사적 중요성이 인정되었고, 이러한 중요성은 교부신학에서 그리스도의 인성에 적용되었다."[56] 이로써 그리스도에 대한 수식어들

---

53) *TD* II/2, p.277.

54) 여기서 유의할 점이 있다. 동방교회 신학과 신심에 있어서 구원 사건은 하느님의 강생(과 그 결과로 인간이 거룩해지도록 부름을 받은 것)에 초점을 두고 있지, 십자가 사건에는 초점을 두지 않는다는 것이다. 이와 반대로 서방교회 신학과 신심에서는 교회가 본질적으로 십자가에서 이루어진 구원의 열매이기 때문에, 여기서 마리아의 "예" 응답은 강생에만 제한되지 않고, (일련의 신학자들에 따라서) 십자가 아래서의 협력을 '요청한다.' 마리아는 '그리스도의 협력자'(socia Christi)로서 완전히 십자가 속으로 들어가 '함몰'된 뒤에야 그녀의 역할이 끝났다. 따라서 "말씀이 철저히 침묵하면서 자신의 몸으로부터 하느님의 씨앗을 만들어 낸 뒤에야 말씀은 마침내 사람이 되셨다. 교회이자 동정녀이자 어머니인 마리아 안에서"(*TD* III, pp.336~337).

55) Moga, *Kirche*, p.112(발타사르와 연관 지어 이렇게 말한 것임).

56) *Ibid.*, p.120.
Ibid., p.362에도 이와 유사한 내용이 나온다. "두 본성의 인격적이고 혼합되지 않은

이 마리아에게로 옮겨갔을 뿐만 아니라, 마리아의 "예!"라는 응답도 강생과의 직접적인 연관성을 상실하고, 십자가 사건으로 초점을 맞추게 되었다. 말하자면 일종의 '합선'이 된 것이다. 간략히 말하면 이렇다. "정교회 신학은 교회의 원형으로서 하느님의 어머니라는 고대 교회가 붙인 칭호를 언제나 마리아가 하느님의 어머니임으로부터 생각한다. (…) 이를 넘어 교회와 마리아의 관계는 성령 강림 사건과 결부된 것이지, 극적인 십자가 사건과는 별반 결부되지 않았다."[57] 이런 까닭에 정교회 신학자들은 마리아가 구원이나 교회 설립에 협력하고, 중개 역할을 했음을 부인한다. 테오도르 니콜라우(Theodor Nicolaou)에 따르면, 마리아의 역할은 "모든 사람이 그리스도 안에서 구원을 받도록 협력하는 데"[58] 있다. 따라서 마리아의 협력은 특히 그녀가 인류를 위해 중개자로 등장하는 데서 집중되지만, 이는 '성인들의 통공'이라는 주제에도 예외 없이 해당된다.

마리아는 미리 앞서 구원받았다('원죄 없는 잉태')는 사고 역시 정교회에서 중대한 의미를 지닌다. 동방교회들에서 이미 7~8세기부터 시작된 '마리아의 (원죄 없는) 잉태 축일'을 서방교회가 12세기에 동방교회들로부터 받아들였을지라도, 동방교회들은 마리아가 앞서 구원받았다는 교의로 인해 "혼란스러웠다."[59] 자신들

'혼인'은 성자의 위격과 어머니이자 신부인 인격의 혼인을 위해 강조된다. 이로써 마리아와 교회는 구원 과정에서 존재론적 차원에 이른다. 그러나 이 구원 과정은 고대 교회의 구원론 내지 그리스도에 관한 교의와 일치하지 못할 것이다." 이러한 비난이 구체적으로 발타사르에게 향하더라도, 이 비난은 서방교회의 교의 전개에 대해 비판적으로 묻는다는 것도 의미하고, 그리스도의 인성이 신부인 마리아의 협력과 무슨 관계에 있는지 더 명확히 설명하도록 요구함을 의미한다.

57) *Ibid.*, p.351.

58) T. Nikolaou, "Mittlerin der Gnade II", in: *MarLex* 4, p.491.

59) 로랑탱(*Maria als Urbild*, p.317)이 그렇게 묘사했다.

의 견해에 따르면, 이로써 마리아는 교회 위에 있게 되고, 그리스도 옆에 서게 되기 때문이다. 마리아는 "내적인 면에서 볼 때, 교회의 지체로서"[60] 교회의 원형이라는 사실 대신에 말이다. 동방교회들은 마리아를 '가장 거룩한 분'으로 공경하고, "케루빔보다 더 공경하고 세라핌보다 더 탁월하게"(크리소스토무스 - 전례) 여기지만, 마리아는 성인들의 통공 가운데 지체로 머물고 있으며, 마리아의 거룩함은 모든 사람의 거룩함과 마찬가지로 하느님의 은총과 피조물의 자유에 (그리고 하느님의 예정만이 아니라) 근거를 두고 있다. 이러한 완전한 인간적 자유에는 "지극히 순수하게, 모든 피조물과 인성 전체를 표현하는 '예!'라고 응답하기 위해 인격적이고 거룩하고 성숙한 것"[61]도 속한다. 그렇게 보면, 마리아의 거룩함은 신적 의지가 인격적이고 역사적으로 실현되는 것으로 그치지 않는다. 마리아의 거룩함은 "인간이 이 신적 의지를 실행할 수 있는 최상의 기준"[62]이기까지 하다. 이와 달리 "피조물인 마리아에게 부여된 원죄 없는 잉태라는 특전"[63]은 정교회의 관점으로부터 떨어져 나간다. 특전은 하느님의 초역사적 결정에 근거를 둔 것이고, 따라서 마리아를 '정상적인' 발전 과정으로부터 해방시키기 때문이다. 이와 유사한 것이 마리아의 몽소승천에 관한 로마 가톨릭교회의 교의에도 적용된다. 이 교의는

---

60) Moga, *Kirche*, p.124.
정교회 측에서 '(마리아의) 원죄 없는 잉태'에 관한 교의와 대결한 점이 다음 책에 자세히 나와 있다: Kniazeff, *mère*, pp.111~127.

61) *Ibid*., p.359.

62) T. Nikolaou, "Sündenlosigkeit II", in: *MarLex* ex 6, p.333.

63) Moga, *Kirche*, p.358.
동방교회는 원죄론을 결코 전개하지 않았다는 것은 배제되었다. 이로부터 마리아는 원죄에서 예외가 되는 동기도 없었다.

사안에 따라서 정교회 전통에 받아들여지지 않았지만, "신학적 맥락은 다른 것이다."[64] 이로써 정교회는 마리아와 교회와 관련해서는 특별한 지식을 추가하지 않으려 하고, 오히려 신앙의 거부하는(apophatisch) 측면을 강조한다. (이는 모든 교의에 적용된다.) 이에 따라 가톨릭교회가 반포한 마리아에 관한 두 교의는 '교의에 대한 독단과 성급함'의 사례를 보여 준다는 것이다. 교의를 규정하는 과정에서 로마의 주교가 영향력을 과도하게 행사했다는 사실은 제쳐 놓더라도 말이다.

요약해 보자. 마리아는 동방의 자매 교회들에 "그것 없이는 교회를 대변할 수 없는 교회의 이콘"[65]이다. 반면에 마리아가 '교회론의 핵심'으로서 설명된다면(가령 한스 우르스 폰 발타사르에게 있어서), 이로써 그리스도와 성령 활동의 중요성이 감소된다. 마리아의 특별한 위치는 정교회의 확신에 따라서 무엇보다 성령론적으로 심화된 것임에 틀림없을 것이다. 그 이유를 요안 모가는 이렇게 기술한다. "마리아의 역할은 단지 성령론(다시 말해 성령 강림 사건)에 의거하여 교회 내에서 (…) 전개될 수 있다."[66] 이어서 그는 아나스타시오스 칼리스(Anastasios Kallis)가 다음과 같이 한 말을 덧붙인다. "성령론적 관점 없이는 신학은 하느님을 낳으신 분의 신비라는 핵심을 놓치게 되고, 부수적 질문들에 주안점을 두게 될 것이다."[67] 이로써 정교회 신학도 (개신교 신학 역시) 마리아

---

64) Moga, *Kirche*, p.360.

65) *Ibid.*, p.364. 이어지는 내용과 관련해서도 참조하라.

66) *Ibid.*, p.365.

67) 다음 책에 이 인용문이 나와 있다: A. Kallis, *Brennender, nicht verbrennender Dornbusch. Reflexionen orthodoxer Theologie*, Münster, 1999, p.226.

와 성령의 관계에 대한 물음을 던진다. 이에 관해서는 뒤에서 상세히 다룰 것이다.

제1권을 마치며 – 회고와 전망

이 책 제1권은 '서론'으로서 마리아에 관해 가톨릭교회에서 전승된 교의를 기술하고, 현대 신학의 관점에서 해석하는 데 목표를 두었다. 이때 무엇보다 중요한 것은 다양하고 복잡하고 많은 성경적·신앙사적·신학사적 자료들로부터 가장 중요한 점들을 부각시키는 것이었다. 그 가운데 몇 가지 점은 제2권에서 계속 다루며 밝혀내야 할 것이다. 이는 방법론적으로 이루어질 것이므로, 오직 신앙 전체로부터 마리아를 더 정확히 바라볼 수도 없고, 반대로 오직 마리아로부터 신앙 전체를 바라볼 수도 없다. 오히려 특정한 시각에서 (이미 여러 맥락에서 강조되었듯이) 긴밀한 관계에 있는 두 실재의 본질을 더 깊이 간파하기 위해 애써야 할 것이다.

첫째로 주목할 점은 마리아의 신앙을 주제로 삼은 것이다. "행복하십니다, (…) 라고 믿으신 분!"(루카 1,48)이라고 엘리사벳이 예언적으로 한 이 말은 "저는 주님의 종입니다. (…) 저에게 이루어지기를 바랍니다"(루카 1,38)라고 나자렛 소녀 마리아가 동의한 말을 떠올리게 하고, (우리가 이미 보았듯이) 지금까지 구약에서 진행된 구원의 역사를 주목하게 한다. 마리아는 엄밀한 의미에서 "하느님의 말씀을 듣고 실행하는"(루카 8,21) 인물이다. 따라서 마리아 안에서 이스라엘 신앙의 역사가 인격적으로 통합되어 있는 것처럼 보인다. 그러나 마리아와 함께 시작된 신약의 교회가 지닌 신앙도 있는 것처럼 보인다. 이 둘에게 마리아의 신앙은 원형이다. 그러므로 신앙은 마리아론에 대한 모든 반성과 성찰을 위한 핵심어이기도 하다.[1] 마리아론에 대한 모든 반성과 성찰은 다음 세 가지 요소를 중심으로 이루어질 것이다.

(1) 마리아의 신앙은 본질적으로 은총, 선물이다. 이 신앙은 마리아에게 향한 하느님의 심원한 말씀("은총이 가득한 이여")에 근거하기 때문이다.
(2) 그러나 신앙은 자유로운 피조물의 응답, 자유로이 '무언가가 이루어지게 하는'(Geschehenlassen) 응답이기도 하다.
(3) 신앙은 '개인적인' 차원뿐만 아니라 '사회적인' 차원, (우리가 앞으로 보게 되듯이) 바로 '우주적인' 차원도 지니고 있다. 왜냐하면 하느님의 부르심과 마리아의 응답에서 "인간

1) 따라서 뮐러(G.L. Müller, *Geboren*, p.122)가 다음과 같이 말하는 것은 옳다. "교의사적 전개에서 그러하듯이 그 토대에 있어서도 마리아론의 내적 원칙은 마리아의 신앙이다." 라칭거(*Gottes Ja zum Menschen*, Freiburg i. Br., 1987, p.116) 역시 이렇게 옳게 말한다. 마리아의 신앙은 "마리아론의 핵심어"이다. 헴멀레〔Kl. Hemmerle, "Communio als Schlüsselwort für das Verständnis Mariens", in: J. Schreiner / Kl. Wittstadt(Hrsg.), *Communio Sanctorum*, FS P.-W. Scheele, Würzburg, 1988, pp. 303~309, 여기서는 p.304〕도 다음과 같이 옳게 말한다. 마리아의 형상은 "그녀의 신앙으로부터만 볼 수 있다." 과르디니(R. Guardini, *Die Mutter des Herrn*, Würzburg, ²1956, p.33)도 이미 다음과 같이 옳게 말했다. "신앙 외에 마리아에게는 더 이상 아무것도 없었다. 마리아의 모든 것은 신앙을 실현하는 일이다." "마리아의 위대함은, 그녀는 믿었고 삶을 마칠 때까지 신앙인으로 머물렀다는 것이다"(R. Guardini, *Der Rosenkranz unserer Lieben Frau*, Würzburg, 1940, p.44).

본성 전체의 자리"(loco totius naturae humanae, 토마스 아퀴나스)가, 그러니까 하느님께서 마리아에게 향하심과 마리아가 응답한 "예!"에서 창조 사업 전체의 의미가 생겨나기 때문이다.

창조주 하느님과 피조물의 이러한 긴밀한 관계는 구약성경에서 '계약'으로 표현되고, 나중에 신약성경에서는 '혼인'이라는 표상으로 표현된다. 이 '핵심어'는 다시 피조물의 자유에 대한 물음을 환기시킨다. 순전히 언어적으로 볼 때 혼인하는 것이 '자유로운 이'와 관계를 맺고, 사랑의 자유 없이는 불가능한 것인 한, 피조물의 자유 역시 그것과 긴밀히 결부되어 있다.

신앙이 교회 역시 가장 긴밀히 결속시키는 것이라면, 다음과 같은 질문이 제기될 수 있다. "마리아가 신앙의 원형이고, 마리아의 신앙이 실현되는 것에서 위에 언급된 세 가지 요소가 효력을 발휘한다면, 그것은 개개인과 교회의 신앙을 실현하는 데 어떤 결과를 가져올까?"

신앙이 그러하듯, 마리아를 깊이 이해하기 위해 둘째로 주목할 점, 곧 마리아의 신적 모성 역시 중요성을 지닌다. 그런데 이 두 가지, 신앙과 모성은 무슨 관계에 있을까? 하나는 다른 하나의 조건일까 아니면 결과일까? 이 둘은 나란히 가는 것일까, 아니면 더 깊은 연관성이 있을까?

셋째로 주목할 점은, 지금까지 다룬 거의 모든 관점에서 마리아의 형상은 늘 특이한 긴장 관계에 있다는 사실에서 드러난다.

첫 번째 '긴장 곡선'은 다음과 같이 그어진다. 마리아는 우리처럼 시간과 공간의 제약을 받는 이 세상에서 사는 한 개인이지만, 동시에 역사를 뛰어넘는 인물('집단적인 인격' '예형')로, (우리가 구약성경의 지혜 문헌과 그 영향사에서 이미 보았고 또 앞으로 보게 되듯이) 구약 및 신약의 교회, 그리고 피조물 전체를 대변한다. 마리아는 교회의 '지체'(따라서 교회의 '일부')이자, 동시에 '교회의 원형'(따라서 교회의 '전부'이자, "구체화된 구원 경륜 자체"[2])이다. 마리아는 "백성으로부터 나온 여인"(독일 새 『성가집』 521,3), 우리와 함께 "신앙의 나그넷길"(「교회 헌장」 58항)을 걸어가는 '신앙의 자매'이다. 그러나 동시에 마리아는 우리보다 탁월한 '하늘과 땅의 여왕'으로서 찬미를 받고, 유일한 전구자이자 중개자라고도 불린다. 그러나 마리아가 교회를 위해 대변하더라도, 때로는 (제2차 바티칸 공의회와 그 이후에 이르기까지) 다음과 같은 의문이 남아 있다. 마리아가 교회를 위해 규정된 인물이냐, 아니면 교회가 마리아를 위해 존재하느냐는 것이다. 이 문제는 교회가 실제로 쇄신될 수 있느냐는 질문에도 엄청난 결과를 가져올 것이다.

두 번째 '긴장 곡선'은 이렇게 그어진다. 한편으로, 마리아의 형상은 이미 교의와 관련하여 교회 내에서 최초로 크게 벌어진 대결들(에페소 공의회, 가현설과 영지주의를 둘러싼 논쟁) 속으로 들어갔다. 더 정확히 말하자면, 예수의 인성 내지 인간 예수에게 마리아의 중요성에 주목하게 된 것이다. 따라서 마리아는 그리스도론적 관점에 서 있다. 이 그리스도론적 관점은 다양한 방식으로 그

---

2) Semmelroth, *Urbild*, p.20. 다음 책도 이와 유사한 내용을 담고 있다: A. Müller, *Ecclesia*, pp.235~236.

다음 시기에도 늘 영향을 미쳤다. 그러나 다른 한편으로, 마리아는 성령과의 특별한 관계 아래서 늘 바라보게 된다. 마리아론의 영적인 차원은 지금까지 불충분하게 드러났다는 사실이 대체로 명시적으로 언급되면서 말이다. 이 관계는 어떤 것일까?

세 번째 '긴장 곡선'은 다음과 같이 그어진다. 마리아는 한편으로는 특정한 시기와 교회의 특정한 지역에서 거의 간과되거나 그저 부수적 인물로 평가될 수 있다(그리스도교 초세기에, 개신교회에서, 공의회 이후 가톨릭교회가 있는 몇몇 지역에서). 그러나 다른 한편으로는 다른 지역과 특정한 시기에 그리스도교 신앙을 위해 그리스도의 형상과 유사하게 중요한 역할을 해 왔다. 그렇다, 이런 맥락에서 '초자연적인 어머니'의 모습이 종교사 전체를 통해 유지되어 왔다는 사실이 간과되어서는 안 된다. 이는 무엇을 의미할 수 있을까? 이러한 실상은 어떻게 규명될 수 있을까? 이러한 실상은 성경이 '창조된 지혜'라고 일컫는 것, 어느 지역에서 거행되는 전례에서는 마리아와 동일시되는 이것과 무슨 관련이 있을까? 이로부터 '예정'이나 '미리 앞서 구원받음'이라는 핵심어에서 이미 암시된 마리아의 '초역사적이 중요성'이 밝혀질 수 있을까?

우리는 위에서 언급한 세 '긴장 곡선'이 단순히 대립하는 것이 아니라, '사안'에 근거를 두고 있다는 점, 그리고 이 사안 자체를 형성한다는 것에서 출발한다. (뒤에서 입증될) 이 가정이 맞는다면, 이 '긴장 곡선'들과 관련된 문제들을 다루는 것이 그리스도교 신앙에서 마리아의 위치와 중요성에 계속 다가가는 데 중요한 '길'(방법, met-hodos)이 될 것이다.

이렇게 일련의 관점들과 문제 영역들이 언급되었는데, 이는 제2권에서 다룰 것이다. 물론 이 문제들은 이미 주어진 순서대로 다루지 않고, 그때그때마다 나누어서 다룰 것이다. 마리아와 관련해 위에 언급된 주목할 점들이 그 긴장 요인들과 함께 일치를 이루게 되므로, 모든 개별적 관점은 그때그때 생기는 다른 긴장 요인들을 몰아내고 그것들과 관계가 있다는 것을 예측할 수 있다.

그러므로 우리는 마리아를 한 신앙인으로 바라보면서 제2권을 시작할 것이다. 이것이 성경의 핵심적 관점이기에, 이렇게 이해하는 것은 분명한 근거를 지니고 있다. 그다음에는 특히 마리아와 교회의 관계에 다가갈 것이다. 이는 하나의 문제 영역으로, 마리아와 성령의 관계 속으로도 자연스럽게 들어간다. 끝으로 마리아는 피조물인가 하는 문제가 규명되고, 그러면서 그리스도교 신앙과 종교계와의 관계도 밝혀진다. 마리아에 관한 몇몇 예술 작품은 자신의 방식으로 마리아의 본질을 요약하고 문제의 매듭을 풀게 하는데, 그것을 다루는 장으로 이 책은 마무리된다.

제1권을 접으면서 크리스토프 쇤보른(Christoph Schönborn) 추기경이 했던 탁월한 문장을 덧붙이겠다. 그는 마리아론 전체에 대한 핵심은 아니지만, 그 본질적 특성을 다음과 같이 표현한다.

> 마리아는
> "그리스도교가 지닌 실제에 대한 보증이다.
> 마리아 안에서 그것을 볼 수 있다.
> 하느님께서는 말씀하셨을 뿐만 아니라, 인간이 듣게도 하셨다.
> 하느님께서는 인간을 부르실 뿐만 아니라, 인간이 응답하게도

하셨다.

구원은 선사되는 것일 뿐만 아니라, 받는 것이기도 하다.

그리스도는 하느님의 말씀이시고, 마리아는 응답이다.

그리스도 안에서 '하느님께서 강생하셨다.'

마리아 안에서 지상이 다시 풍요롭게 되었다.

마리아는 완성된 피조물의 거울이다.

하느님께서 피조물에게 뜻하신 것을

마리아 안에서 앞서 볼 수 있다."[3)]

---

3) Chr. Schönborn, "Maria - Herz der Theologie - Theologie des Herzens", in: W. Baier u.a.(Hrsg.), *Weisheit Gottes - Weisheit der Welt* = FS J. Ratzinger, Bd. I, St. Ottlien, 1987, pp.575~589, 여기서는 p.585.

/약/어/ /및/ /인/용/ /방/식

이 책의 약어 표기 방식은 항상 슈베르트너(S.M. Schwertner)의 책 *Abkürzungsverzeichnis* (Berlin - New York, [2]1994)를 따릅니다.

고대, 교부 및 중세 자료의 출처는 일반적인 방식으로 혹은 표기 자체를 이해하는 방식으로 축약합니다. 신학에서 흔히 사용하는 약어, 예를 들면 성경, 교도권 문헌, 제2차 바티칸 공의회 문헌, 표준 문헌 등은 별도로 다르게 인용되지 않습니다. 슈베르트너(S.M. Schwertner)의 약어 목록과는 별도로 혹은 그와 다르게 다음의 기호가 사용됩니다.

- ALG — Sankt Augustinus – Der Lehrer der Gnade. Lat.-dt. Gesamtausgabe seiner anti pelagianischen Schriften, Würzburg, 1955f.
- BA — Bibliothèque Augustinienne.
- EEK — Evangelischer Erwachsenenkatechismus, hrsg. von der Vereinigten Evangelisch-Lutherischen Kirche Deutschlands, Gütersloh, 1975; [5]1989.
- DwÜ I-IV — Dokumente wachsender Übereinstimmung, Paderborn u.a., 1983~2013.
- EÜ — Einheitsübersetzung der Hl. Schrift(1980).
- GLalt — Gotteslob. Kath. Gebet- und Gesangbuch, hrsg. von den Bischöfen Deutschlands u.a., Stuttgart, 1975.
- GLneu — Gotteslob. Kath. Gebet- und Gesangbuch, hrsg. von den (Erz-)Bi- schöfen Deutschlands u.a., Neuherausgabe Stuttgart, 2013.

• GW.Joh.	W. Klein, Gottes Wort bei Johannes. Kapitel 1-12. Vorträge im Kolleg 1959-1960, Tübingen, 2000 = Sonderheft KCGH 109(2000).
• GW.KiJa.	W. Klein, Gottes Wort im Kirchenjahr. Vorträge im Kolleg 1957-1961, Tübingen, 1999 = Sonderheft des KCGH 108(1999).
• GW.Röm.	W. Klein, Gottes Wort im Römerbrief. Vorträge im Kolleg 1958-1961, Tübingen, 1998 = Sonderheft des KCGH 107(1998).
• HthKVatII	P. Hünermann / J. Hilberath(Hrsg.), Herders Theologischer Kommentar zum Zweiten Vatikanischen Konzil, Bd. I-V, Freiburg i. Br., 2005.
• KCGH	Korrespondenzblatt des Collegium Germanicum Hungaricum, Rom.
• LACL	S. Döpp / W. Geerlings(Hrsg.), Lexikon der antiken christlichen Literatur, Freiburg i. Br., 1998.
• Schr. I-XVI	K. Rahner, Schriften zur Theologie, Bd. I-XVI, Zürich u.a., 1954~1984.
• TD I-IV	H.U. v. Balthasar, Theodramatik, Bd. I-IV, Einsiedeln, 1973~1983.
• TL I-III	H.U. v. Balthasar, Theologik, Bd. I-III, Einsiedeln, 1985~1987.
• Ü.	Übersetzung
• Vortr.	Wilhelm Klein in Rom, Bonn und Münster. Vorträge, Aufzeichnungen, Hildesheim 2001 = Sonderheft KCGH 110(2001).

/참/고/ /문/헌/

1. 공식적·비공식적 교도권 문헌 및 교회 일치 차원의 합의 문헌들

- Anglikanisch / Römisch-Katholische Internationale Kommission (ARCIC), *Maria: Gnade und Hoffnung in Christus*, in: *DwÜ* IV, pp.294~331(Ursprüngliche englische Fassung: *Mary: Grace and Hope in Christ*, 2004[The Seattle Statement].
- Bilaterale Arbeitsgruppe der DBK und der Kirchenleitung der ELKD, *Communio Sanctorum. Die Kirche als Gemeinschaft der Heiligen*, Paderborn-Frankfurt, 2000.
- Catholica-Arbeitskreis der VEKD, "Maria – Evangelische Fragen und Gesichtspunkte. Eine Einladung zum Gespräch", in: *US* 37(1982), pp.184~201.
- Deutsche Bischofskonferenz(Hrsg.), *Katholischer Erwachsenen-Katechismus*, Kevelaer u.a., 1985.
- *Ergänzung zur: Glaubensverkündigung für Erwachsene*, dt. Freiburg i. Br., 1969.
- (Erz-)Bischöfe Deutschlands u.a.(Hrsg.), *Gotteslob, Kath. Gebet- und Gesangbuch*, Neuherausgabe Stuttgart, 2013.
- *Evangelischer Erwachsenenkatechismus*, hrsg. von der Vereinigten Evangelisch-Lutherischen Kirche Deutschlands, Gütersloh, 1975; ^{5}1989.
- Franziskus I., Enzyklika "*Lumen fidei*"(2013.06.29.), in: VApS 193.

- Fürlinger, E.(Hrsg.), *Der Dialog muss weitergehen. Ausgew. vatikanische Dokumente zum interreligiösen Dialog*, Freiburg i. Br., 2009.
- *Glaubensverkündigung für Erwachsene. Dt. Ausgabe des Holländischen Katechismus*, Nijmegen-Utrecht, 1968.
- Gruppe von Dombes, *Maria in Gottes Heilsplan und in der Gemeinschaft der Heiligen*, dt. Frankfurt-Paderborn, 1999.
- Johannes Paul I., *Angelus-Ansprache*(1978.09.10.), in: *L'Osservatore Romano*(1978,09.21.), p.5.
- Johannes Paul II., *Angelus-Ansprache*(1983.07.03.), in: www.vatican.va/holy_father/john_paul_II/angelus/1983/documents/hf_jp_ang_19830703_it.html(2012.12.05. 접속).
- ——, *Ansprache auf der Audienz*(1996.07.10.), in: www.vatican.va/holy_father/john_paul_II/audiences/1996/documents/hf_jp-II_aud_19960710_it.html(abgerufen 7.12.2012).
- *Katechismus der Katholischen Kirche*, dt. München, u.a., 1993.
- *Katechismus der Katholischen Kirche. Kompendium*, dt. München, 2005.
- *Kongregation für die Glaubenslehre, Schreiben an die Bischöfe der Katholischen Kirche über die Zusammenarbeit von Mann und Frau in der Kirche und in der Welt* = VApS 166.
- *Lutherisch / Römisch-katholische Kommission für die Einheit, Die Apostolizität der Kirche. Studiendokument*, Paderborn-Frankfurt, 2009.
- Österreichische Bischofskonferenz(Hrsg.), *Youcat. Jugendkatechismus der katholischen Kirche*, München, 2010.
- Orthodox / Römisch-katholischer Dialog, *Das Geheimnis der Kirche und der Eucharistie im Licht des Geheimnisses der Heiligen Dreifaltigkeit*(1982), in: *DwÜ* II, pp.531~541.

• Päpstlicher Rat für den Interreligiösen Dialog, *Dialog und Verkündigung*(1991.05.19.) = *VApS* 102.

• Paul VI., Apost. *Schreiben "Marialis cultus" über die Marienverehrung*(1974.02.02.), dt. in: *Nachkonziliare Dokumentation* 45, Trier, 1975.

• Pius IX., Bulle "*Ineffabilis Deus*"(1854.12.08.), dt. in: R. Graber, *Die marianischen Weltrundschreiben der Päpste in den letzten hundert Jahren*, Würzburg, [2]1954.

• Pius XII., Enzyklika "*Mystici corporis*"(1943.06.29.), in: *AAS* 35 (143), dt. Luzern, [6]1956.

2. 참고 문헌(대략 1920년까지)

【A】

- Alexander v. Alexandrien, *Epist. ad Alexandrum Const.*, in: *Theodoret, Hist. Eccl.* I,3(*GCS* 82).
- *Altjüdisches Schrifttum außerhalb der Bibel*, übers. u. erläutert v. Paul Riessler, Darmstadt, 1966.
- Ambrosius, *De institutione virginis*(*PL* 16, pp.316~334).
- ——, *Epistulae et Acta III*(*CSEL* 82/83).
- ——, *Epistulae extra collationem traditae*(*CSEL* 72, pp.141~311).
- ——, *Expositio evangelii secundum Lucam*(*CSEL* 32/4).
- Anselm v. Canterbury, *Monologion*(*WW* I, hrsg. Schmitt).
- *Apokryphe Kindheitsevangelien*(*FC* 18).
- Aristides, *Apologie*(*SC* 470).
- Aristoteles, *Nikomachische Ethik*, hrsg. v. F. Dirlmeier, Frankfurt-Hamburg, 1957.
- Athanasius, *De incarnatione*(*SC* 18, pp.207~317).
- Augustinus, *Confessiones*, hrsg. v. J. Bernhart, München, [3]1966; *Die Bekenntnisse*, hrsg. v. H.U. v. Balthasar = *Christliche Meister* 25, Einsiedeln, 1985.
- ——, *Contra adversarium legis et prophetarum*(*PL* 42, pp.603~666).
- ——, *De civitate Dei*(*BA* 33~37).

• ——, *De diversis quaestionibus ad Simplicianum*(*CC* 44).
• ——, *De dono perseverantiae*(*ALG* VII, pp.328~438).
• ——, *De Genesi ad litteram*(*BA* 48~50).
• ——, *De gestis Pelagii*(*ALG* II, pp.198~318).
• ——, *De gratia Christi et peccato originali*(*ALG* II, pp.320~466).
• ——, *De natura et gratia*(*ALG* I).
• ——, *De peccatorum meritis et remissione*(*ALG* I, pp.54~300).
• ——, *De perfectione iustitiae hominis*(*ALG* II, pp.128~196).
• ——, *De praedestinatione sanctorum*(*ALG* VII, pp.240~326).
• ——, *De sancta virginitate*(*BA* 3, pp.103~227).
• ——, *De trinitate*(*CC* 50).
• ——, *Enchiridion*(*BA* 9, pp.102~327).
• ——, *Ennarrationes in Psalmos*(*CC* 38~40).
• ——, *Epistula ad Catholicos de secta Donatistarum*(*BA* 28, pp.502~706).
• ——, *Expositio epistulae ad Galatas*(*PL* 35, pp.2105~2148).
• ——, *In primam epistula Joannis tractatus*(*SC* 75).
• ——, *Opus imperfectum contra Julianum*(*PL* 45, pp.1050~1607).
• ——, *Retractationes*(*BA* 12).
• ——, *Sermones*(*CC* 41~42Ba).
• ——, *Sermones*(*PL* 38).
• ——, *Sermones Denis*, hrsg. v. G. Morin, Rom, 1930.
• ——, *Sermones Guelferbytania*, hrsg. v. G. Morin, Rom, 1930.
• ——, *Tractatus in Johannis Evangelium*(*BA* 71ff; *CC* 36).

【B】

• Baader, F. v., *Gesammelte Schriften zur Philosophischen Anthropologie*(*WW* IV), Aalen, 1963 = Leipzig, 1853.
• Basilius d. Gr., *Epistulae*(*PG* 32, pp.219ff).

- Basilius v. Seleucia, *Oratio 39* (*PG* 85, pp.425~452).
- Beda Ven., *In Lucae evangelium*(*CC* 120, pp.1~425).
- Bernhard v. Clairvaux, *Sermo in Dom. infra Octavam Assumpt. B.M.V.*(Sämtl. *WW*〔hrsg. v. G.B. Winkler〕 8, pp.594~618).
- ——, *Sermo 3 in vigilia nativitatis Domini*(Sämtl. *WW*〔hrsg. v. G.B. Winkler〕 7, pp.158~174).
- Böhme, J., *De tribus principiis*, in: Sämtliche Schriften, Nachdruck, hrsg. v. W.-E. Peukert, Stuttgart-Bad Canstatt, 1988.
- Bonaventura, *Commentaria in IV libros sententiarum*(*Opera Omnia* III, Quaracchi).
- Brief an Diognet, in: *Die Apostolischen Väter*, hrsg. v. K. Bihlmeyer, Tübingen, 1956, pp.141~149; deutsch: Schriften des Urchristentums, hrsg. v. Kl. Wengst, Darmstadt, 1984, pp.281~348.

【C】

- Cyprian v. Carthago, *De ecclesiae catholicae unitate*(*SC* 500).
- Cyrill v. Alexandrien, *Homiliae diversae*(*PG* 77, pp.981~1116).
- ——, *In Joannis Evangelium*(*PG* 74).

【D】

- Dante, A., *La divina Commedia*, hrsg. L. Pietrobondo, Turin, 1956.
- Descartes, R., *Discours de la Méthode*(*PhB* 261), Hamburg, 1960.
- *Didache*(*KAV* 1).

【E】

- Epiphanius v. Salamis, *Panarion omnium haeresium*, Bd. III(*GCS* 37).
- Eusebius, *Historia Ecclesiastica*(*SC* 31).

【F】

- Foucauld, Ch. de, *XXV lettres inédites du Père de Foucauld. Correspondance avec le chanoine Caron*, Paris, 1946.
- ——, *Correspondances Sahariennes*, Paris, 1998.
- ——, *Directoire*, in: *Règlements et Directoire*, Montrouge, 1995, pp.603~679.
- Franz v. Assisi, *Lettera a tutti i fedeli*, in: Fonti Francescane, Padua, [4]1990, pp.151~160.
- Fulgentius v. Ruspe, *Epistula 17 ad Petrum diaconum*(*CC* 91A, pp.563~615).

【G】

- Gottfried v. Admont, *Homiliae festivales 87*(*PL* 174, pp.1012~1028).
- Gregor d. Gr., *Homiliae in evangelia*(*CC* 141).
- Gregor v. Nazianz, *Orationes*(*PG* 35f).
- Gregor v. Nyssa, *In Canticum Canticorum homiliae*(*FC* 16/1~3).
- Gregorios Palamas, *Homilia 37*(In sanctissimam dorm. BMV)(*PG* 151, pp.459~473).
- Grignion von Montfort, L.M., *Das Goldene Buch der Hingabe an Jesus durch Maria*, dt. Maria Roggendorf, [26]2007.

【H】

- Hegel, G.W.F., *Ästhetik*, Bd. I(Glockner).
- ——, *Grundlinien der Philosophie des Rechts* (Studienausgabe, Fischer-Bücherei).
- ——, *Vorlesungen über die Philosophie der Religion*, Bd. I-II (Meiner).
- ——, *Wissenschaft der Logik*, *WW* III(*WBG* Darmstadt = Meiner).
- Hieronymus, *Adversus Helvidium 19*(*PL* 23, pp.183~216).

- ——, *Epistulae*(*CSEL* 54).
- Hildegard v. Bingen, *Epistolarium*(*CCCM* 91).
- ——, *Lieder*, hrsg. v. P. Barth u.a., Salzburg, 1969.
- *Hirt des Hermas*(*KAV* 7).
- *Hymnos Akathistos*, hrsg. v. G.G. Meersseman, Fribourg, 1958.

【I】

- Ignatius v. Antiochien, "Briefe", in: *Die Apostolischen Väter*, hrsg. v. K. Bihlmeyer, Tübingen, [2]1956.
- Ignatius v. Loyola, *Exercitia Spiritualia*, Rom, 1953.
- Irenäus v. Lyon, *Demonstratio apostolica*(*FC* 8/1).
- ——, *Adversus haereses*(*FC* 8/1~5).
- Isaak v. Stella, *Sermones*(*FC* 52/1~3).

【J】

- Johannes Damaszenus, *De fi de orthodoxa*(Kotter II).
- Johannes Dun Scotus, *Ordinatio*(*Opera Omnia*, Paris, 1891f).
- Johannes v. Salisbury, *Metalogicon*, hrsg. v. J.B. Hall, Turnhout, 1991.
- Justin, *Apologia prima et secunda*, in: Giustino, *Apologie*, hrsg. v. G. Girgenti [griechisch und italienisch], Milano, 1995.
- ——, *Dialogus cum Tryphone*(*PTS* 47), deutsch: *Dialog mit dem Juden Tryphon*(*BKV*, neu hrsg. v. K. Greschat / M. Tilly), Wiesbaden, 2005.

【K】

- Kant, I., *Reflexionen*, *WW* 25(Ak.Ausgabe).
- ——, *Kritik der ästhetischen Urteilskraft* = *WW*(Weischedel) 8, Darmstadt, [3]1968.

• Kierkegaard, S., *Der Liebe Tun*, Bd. I-II, Gütersloh, 1983.
• ——, *Die Tagebücher*, 1834-1855, hrsg. v. Th. Haecker, München, 1949.
• ——, *Furcht und Zittern*, Gütersloh o. J.
• Klemens v. Alexandrien, *Pädagogus*(*GCS* 12).
• ——, *Protreptikos*(*GCS* o. A.).

【L】

• Leo d. Gr., *Sermones*, tract. 1~38(*CC* 138).
• *Liturgia SS. Apostolorum Addei et Maris*, in: F.E. Brigtman, *Liturgies Eastern and Western*, Oxford, 1896.
• Luther, M., *Das Magnifi cat verdeutscht und ausgelegt*(= Studienausgabe, Delius I), Berlin, 1979, pp.312~364.
• ——, *De servo arbitrio*(Studienausgabe, Delius III), Berlin, 1983, pp.170~356.
• ——, *Dictata super Psalterium*(Studienausgabe, Delius I) Berlin, 1979, pp.29~96.
• ——, *Kirchenpostille*(*WA* 10/1).
• ——, *Predigten des Jahres 1529*(*WA* 29/3).
• ——, *Schmalkaldische Artikel*(*WA* 50).
• ——, *Sermo*(1520.12.25.)(*WA* 7, 187~193).
• ——, *Von den guten Werken*(Studienausgabe, Delius II), Berlin, 1982, pp.15~88.

【M】

• Meister Eckhart, *Expositio s. Ev. sec. Johannem*(Lat. *WW* III).
• ——, *Predigten*, in: *WW* I, hrsg. v. N. Largier, Frankfurt, 1993.
• Möhler, J.A., *Die Einheit der Kirche oder das Prinzip des Katholizismus. Dargestellt im Geistes der Kirchenväter der drei*

ersten Jahrhunderte, hrsg. v. J.R. Geiselmann, Darmstadt, 1957.

【N】

• Newman, J.H., *Maria im Heilsplan*, hrsg. v. Brigitta zu Münster, Freiburg i. Br., 1953.
• ——, *Über die Entwicklung der Glaubenslehre* = Ausgew. *WW* VIII, Mainz, 1969.
• ——, *Zur Philosophie und Theologie des Glaubens* = Ausgew. *WW* VI, Mainz, 1964.
• Nikolaus v. Kues, *De non-aliud, in: Philosophisch-theologische Schriften*, hrsg. v. L. Gabriel, Bd. II, Wien, 1966, pp.443~565.
• ——, *De pace fi dei, in: Philosophisch-theologische Schriften*, hrsg. v. L. Gabriel, Bd. III, Wien, 1967, pp.705~797.

【O】

• Olier, J.J., *Traité des Saint Ordres, comparè aux écrits authentiques*, hrsg. v. G. Chaillot u.a., Paris, 1984.
• Origenes, *In Canticum hom.*(*SC* 37).
• ——, *In Matthäum, Fragmente*(*GCS* 41/1).
• ——, *In Johannem homiliae*(*SC* 120), deutsch: *Das Evangelium nach Johannes*, hrsg. v. R. Gögler, Einsiedeln u.a., 1959.
• ——, *In Leviticum homiliae*(*SC* 286).
• ——, *In Lucam homiliae*(*FC* 4/1+2).
• ——, *In Matthaeum, III: Fragmente*(*GCS* 41).
• ——, *In Romanos*(*FC* 36).
• ——, *Selecta in Genesim*(*PG* 12, pp.91~146).

【P】

• Paschasius Radbert, *De partu virginis*(*PL* 120, pp.1366~1386).

• Polycarp, *Briefe*(*KAV* 5).
• Ps.-Augustinus, *De assumptione B. Mariae Virginis*(*PL* 40, pp. 1142~1148).
• ——, *Liber meditationum*(*PL* 40, pp.901~912).
• Ps.-Dionysios, *De divinis nominibus*(*PG* 3, pp.586~984).
• Ps.-Melito v. Sardes, *Transitus Mariae*, in: M. Haibach-Reinisch, *Ein neuer "Transitus Mariae" des Ps.-Melito*, Rom, 1962, verfügbar in: www.tdx.cat/bitstream/handle/10803/2028/03.LBR_Presencia.pdf.txt;jsessionid=55F95774F7E4139CECE089286D5EE7BC(2013.02.25. 접속).
• Ps.-Modestus v. Jerusalem, *Encomium in B. Virginem*(*PG* 86/2, pp.3378~3311).

【R】

• Rousselot, P., *Pour l'histoire du problème de l'amour au Moyen Age*, Münster, 1908.
• Rupert v. Deutz, *De Sancta Trinitate et operibus eius. - De operibus Spiritus Sancti*(*CCM* 24).

【S】

• Scheeben, M.J., *Handbuch der katholischen Dogmatik*, Bd. III, Freiburg i. Br., 1925(=1882).
• Schelling, F.W.J., *Schriften zur Religionsphilosophie 1841-1854* (*WW* VI), München, 1959.
• ——, *System des transzendentalen Idealismus*(1800) = *WW* IX/1(Hist.-krit. Ausgabe), Stuttgart, 2005.
• Schneemelcher, W.(Hrsg.), *Neutestamentliche Apokryphen in dt. Übersetzung*, Bd. I: Evangelien, Tübingen, [3]1959.
• Strack, H.L. / Billerbeck, P., *Das Evangelium nach Matthäus, er-*

läutert aus Talmud und Midrasch, München, 1922.

【T】

• Tertullian, *Contra Valentinianos*(*CC* 2, pp.751~778).
• ——, *De carne Christi*(*CC* 2, pp.871~917).
• ——, *De oratione*(*CC* 1, pp.257~274).
• Theodoret v. Cyrus, *Historia ecclesiastica*(*GCS* 82).
• Thomas v. Aquin, *De veritate*(Marietti).
• ——, *In libros Sententiarum*(www.documentacatholicaomnia.eu/04z/z_1225-1274,_Thomas Aquinas,_In_libros_Sententiarum_Petri_Lombardi,_LT. pdf.html(2013.05.21. 접속).
• ——, *Summa contra gentiles*, hrsg. v. K. Albert u.a., Bd. I-IV, Darmstadt, [3]2009.
• ——, *Summa theologica*(*BAC*).

【Z】

• *Zweiter Klemensbrief*, in: *Schriften des Urchristentums*, hrsg. v. Kl. Wengst, Darmstadt, 1984.
• Zwingli, H., “Eine Predigt über die ewigreine Jungfrau Maria”, in: *WW* I(CR 88), Berlin u.a., 1905, pp.392~428; hochdt. in: E. Campi, *Zwingli und Maria. Eine reformationsgeschichtliche Studie*, Zürich, 1997, pp.99~146.

3. 이차 문헌

【A】

- Ackermann, St., *Kirche als Person*, Würzburg, 2000.
- Agterberg, M., *Ecclesia-Virgo. Étude sur la virginité de l'Église et des fi dèles chez saint Augustin*, Louvain, 1960.
- Ahlbrecht, A., *Tod und Unsterblichkeit*, Paderborn, 1964.
- Alfaro, J., "Signifi catio Mariae in Mysterio salutis", in: *Greg*. 40 (1959), pp.9~37.
- Alferi, Th., *"Worüber hinaus Größeres nicht gegeben werden kann…". Phänomenologie und Offenbarung nach J.-L. Marion*, Freiburg-München, 2007.
- Arnold, J.(Hrsg.), *Sind Religionen austauschbar. Philosophisch-theologische Positionen aus christlicher Sicht*, Münster, 2012.
- Assmann, J., *Die Mosaische Unterscheidung oder der Preis des Monotheismus*, München-Wien, 2003.
- ——, "Monotheismus und die Sprache der Gewalt", in: P. Walter (Hrsg.), *Das Gewaltpotential des Monotheismus und der dreieine Gott* = *QD* 216, Freiburg i. Br., 2005, pp.18~38.
- Auer, J., *Unter deinen Schutz und Schirm. Das älteste Marien-gebet der Kirche*, Leutersdorf, [7]1987.

【B】

• Baeck, L., *Paulus, die Pharisäer und das Neue Testament*, Frankfurt, 1961.

• Balič, K., *Testimonia de Assumptione B. V. Mariae ex omnibus saeculis*, vol. I-II, Rom, 1948~1950.

• Balme, D.M., "Zeugungslehre", in: *Lexikon der Alten Welt III*, pp.3331~3333.

• Balthasar, H.U. v., "Casta meretrix", in: *Sponsa Verbi*, Einsiedeln, 1961, pp.203~305.

• ——, *Der antirömische Affekt*, Freiburg i. Br., 1974.

• ——, *Der dreifache Kranz*, Einsiedeln, [3]1979.

• ——, "Der Zugang zur Wirklichkeit Gottes", in: *MySal* II, pp.15~43.

• ——, "Die marianische Prägung der Kirche", in: W. Beinert (Hrsg.), *Maria heute ehren*, Freiburg i. Br., 1977, pp.263~279.

• ——, *"Du krönst das Jahr mit deiner Huld". Radiopredigten*, Einsiedeln, 1982.

• ——, *Einleitung zu: Augustinus, Die Bekenntnisse*, Einsiedeln, 1985, pp.15~30.

• ——, "Empfangen durch den Heiligen Geist, geboren von der Jungfrau Maria", in: W. Sandfuchs(Hrsg.), *Ich glaube*, Würzburg, 1975, pp.39~49.

• ——, *Herrlichkeit*, Bd. I, II/2, III/1, Einsiedeln, 1961; [2]1969; 1965.

• ——, *Karl Barth. Darstellung und Deutung seiner Theologie*, Köln.

• ——, *Klarstellungen*, Freiburg i. Br., 1971.

• ——, *"Kommt und seht"*, Freiburg i. Br., 1983.

• ——, *Pneuma und Institution*, Einsiedeln, 1974.

• ——, *Présence et Pensée. Essai sur la philosophie religieuse de*

Grégoire de Nysse, Paris, 1942.

- ——, *Prüfet alles - das Gute behaltet*, Ostfi ldern, 1986.
- ——, *Spiritus Creator*, Einsiedeln, 1967.
- ——, *Sponsa Verbi*, Einsiedeln, [3]1971.
- ——, *Theodramatik I-IV*, Einsiedeln, 1973~1983.
- ——, *Theologik*, Bd. II-III, Einsiedeln, 1985/1987.
- ——, "Versuch eines Durchblicks durch mein Denken", in: *IKaZ* 18(1989), pp.289~293.
- ——, "Vorwort; sowie: Maria in der kirchlichen Lehre und Frömmigkeit", in: J. Ratzinger / H.U. v. Balthasar(Hrsg.), *Maria, Kirche im Ursprung*, Freiburg, 1980, pp.5~6. 41~79..
- ——, *Zu meinem Werk*, Einsiedeln, [2]2000.
- ——(Hrsg.), *Origenes, Geist und Feuer. Ein Aufbau aus seinen Schriften*, Einsiedeln-Freiburg, [3]1991.
- Baraúna, G., "Die heiligste Jungfrau im Dienste des Heilsplanes", in: ders.(Hrsg.), *De Ecclesia. Beiträge zur Konstitution "Über die Kirche" des Zweiten Vatikanischen Konzils*, Bd. II, Freiburg i. Br.-Frankfurt, 1966, pp.459~476.
- Bardenhewer, O., *Geschichte der altkirchlichen Literatur*, Bd. I, Freiburg i. Br., 1902.
- Barré, H., "Marie et l'Eglise du vénérable Bède à saint Albert le Grand", in: *Marie et l'Eglise*, vol. I. = *BSFEM* 16(1951), pp.59~143.
- Barré, H., *Prières anciennes de l'Occident à la Mère du Sauveur*, Paris, 1962.
- Barth, K., *Ad Limina Apostolorum*, Zürich, 1967.
- ——, *Kirchliche Dogmatik*, Bd I/2, Zollikon-Zürich, [5]1960.
- ——, *Nachwort zur Schleiermacher-Auswahl*, hrsg. v. H. Bolli, München, 1968.
- Basilici, M., *S. Maria dei Bisognosi*, Roma, 1984.

• ——, *Santa Maria dei Bisognosi. Le Fonti*, Pietrasecca di Carsoli, 2005.
• Basilici, M. / Amici, F.(Hrsg.), "XIVo Centenario del Santuario di S. Maria dei Bisognosi(2010.06.11.)", in: www.de.scribd.com/doc/87301098/Santuario-Madonna-dei-Bisognosi(2012.11.02. 접속).
• Baudler, G., *Einführung in symbolisch-erzählende Theologie. Der Messias Jesus als Zentrum der christlichen Glaubenssymbole*, Paderborn, 1982.
• Baumann, G., *Die Weisheitsgestalt in Proverbien 1-9. Traditionsgeschichtliche und theologische Studien*, Tübingen, 1996.
• ——, *Liebe und Gewalt. Die Ehe als Metapher für das Verhältnis JHWH-Israel in den Prophetenbüchern* = *SBS* 185, Stuttgart, 2000.
• Beauvoir, S. de, *Das andere Geschlecht. Sitte und Sexus der Frau*, dt. Reinbek, 1951.
• Beinert, W., *Die Kirche - Gottes Heil in der Welt. Die Lehre von der Kirche nach den Schriften des Rupert v. Deutz, Honorius Augustodunensis und Gerhoch v. Reichersberg*, Münster, 1973.
• ——, *Heute von Maria reden? Kleine Einführung in die Mariologie*, Freiburg i. Br., 1973.
• ——, "Himmelskönigin - Urbild der Kirche - neue Frau. Die Wandlungen des katholischen Marienbildes von der Gegenreformation bis zum Ende des 20. Jh.", in: W. Beinert u.a.(Hrsg.), *Maria - eine ökumenische Herausforderung*, Regensburg, 1984, pp.75~116.
• ——, *Maria. Spiegel der Erwartungen Gottes und der Menschen*, Regensburg, 2001.
• Below, I., "Die Verehrung der Gottesmutter und der Heilsplan Gottes", in: Geistliche Akademie Sagorsk / Ostkirchliches Institut, Regensburg(Hrsg.), *Tausend Jahre Marienverehrung in Russland*

und Bayern, München, 1988, pp.12~25.

- Bemile, P., *The Magnifi cat within the Context and Framework of Lukan Theology*, Frankfurt u.a., 1986.
- Ben-Chorin, Sch., *Mutter Mirjam. Maria in jüdischer Sicht*, TB München, 1971.
- Benkö, St., "Mariologie in protestantischer und römisch-katholischer Sicht", in: *ThZ* 24(1968), pp.29~39.
- Benoit, P., "Résurrection à la fi n des temps ou de la mort?", in: *Conc.* 60(1970), pp.91~100.
- Bentchev, I., *Engelikonen*, Luzern, 1999.
- Berger, Kl., *Darf man an Wunder glauben?*, Stuttgart, 1996.
- ——, *Die Bibelfälscher. Wie wir um die Wahrheit betrogen werden*, München, 2013.
- ——, *Glaubensspaltung ist Gottesverrat. Wege aus der zerrissenen Christenheit*, München, 2006.
- Berger, P.L., *Einladung zur Soziologie*, dt. München, 1971.
- Berges, U., *Das Buch Jesaja. Komposition und Endgestalt*, Freiburg i. Br., 1998.
- Bernhardt, R., *Der Absolutheitsanspruch des Christentums. Von der Aufklärung bis zur Pluralistischen Religionstheologie*, Gütersloh, 1990.
- ——, "Evolution der Offenbarung – Offenbarung der Evolution", in: U. Lüke / G. Souvignier(Hrsg.), *Evolution der Offenbarung – Offenbarung der Evolution* = *QD* 249, Freiburg i. Br., 2012, pp. 17~26.
- Berdesinski, D., *Die Praxis – Kriterium für die Wahrheit des Glaubens?*, München, 1973.
- Berrouard, M.F., "L'Église Vierge et la virginité de l'esprit", in: BA 71, pp.935~937.

- Berthoud, G., “Das Universum der Gabe”, in: M. Rosenberger / F. Reisinger / A. Kreutzer(Hrsg.), *Geschenkt – umsonst gegeben?*, Frankfurt/M. u.a., 2006, pp.25~50.
- Bessuti, G.M., *Bibliografi a Mariana*, Bd. I-IX, Rom, 1950-1989.
- Beumer, J., “Die altchristliche Idee einer präexistierenden Kirche”, in: *WuW* 9(1942), pp.13~22.
- ——, “Die Idee einer vorchristlichen Kirche bei Augustinus”, in: *MThZ* 3(1952), pp.161~175.
- Bieler, M., *Einleitung zu: F. Ulrich, Homo Abyssus*, Einsiedeln, [2]1998, pp.XIII~LIV.
- ——, *Freiheit als Gabe. Ein schöpfungstheologischer Entwurf*, Freiburg i. Br., 1991.
- Birkhofer, P., *Natus ex Maria virgine. Darstellung der Aussagen von J. Ratzinger über die Jungfräulichkeit Mariens und seiner Auseinandersetzung mit möglichen Schwierigkeiten bei diesem Bekenntnis*, Dipl.-Arbeit Freiburg i. Br., 1989.
- Bischof-Köhler, D., *Von Natur aus anders. Die Psychologie der Geschlechtsunterschiede*, Stuttgart, 2002.
- Bitter, G., “Evangelisation und Inkulturation”, in: *Presse- und Informationsstelle des Erzbistums*, Freiburg i. Br.(Hrsg.), Information-Berichte - Kommentare - Anregungen, Jan.-März, 1987, Nr. 1~3, 5~31.
- Bleistein, R., *Kurzformel des Glaubens*, Würzburg, 1971.
- Blinzler, J., *Die Brüder und Schwestern Jesu* = *SBS* 21, Stuttgart, 1967.
- Böhler, D., “Maria – Tochter Zion. Die Bedeutung der Mutter Jesu nach der Hl. Schrift”, in: *GuL* 78(2005), pp.401~412.
- Böhnke, M., *Kirche in der Glaubenskrise. Eine pneumatologische Ekklesiologie*, Freiburg i. Br., 2013.
- Boff, L., *Ave Maria*, dt. Düsseldorf, 1981.

- ——, *Maria – das mütterliche Antlitz Gottes*, dt. Düsseldorf, 1985.
- Boismard, M.E., *Du baptême à Cana*, Paris, 1956.
- Bolewski, J., *Der reine Anfang. Dialektik der Erbsünde in marianischer Perspektive nach Karl Rahner*, Frankfurt, 1991.
- Bordoni, M., "Jesus Christus – die Wahrheit in Person", in: G.L. Müller / M. Serretti(Hrsg.), *Einzigkeit und Universalität Jesu Christi*, dt., Einsiedeln-Freiburg, 2001, pp.173~227.
- Böttigheimer, Chr., "Heiligkeit und Sündigkeit der Kirche", in: K. Hilpert(Hrsg.), *Zukunftshorizonte katholischer Sexualethik* = *QD* 241, Freiburg i. Br., 2011, pp.146~161.
- ——, *Wie handelt Gott in der Welt? Refl exionen im Spannungsfeld von Theologie und Naturwissenschaft*, Freiburg i. Br., 2013.
- Bosshard, S.N., *Erschafft die Welt sich selbst? Die Selbstorganisation von Natur und Mensch aus naturwissenschaftlicher, philosophischer und theologischer Sicht* = *QD* 103, Freiburg i. Br., 1985.
- Bouyer, L., *Die Kirche*, Bd. I/II, dt. Einsiedeln, 1977.
- ——, *Frau und Kirche*, dt. Einsiedeln, 1977.
- Bover, J.M., "'Quod nascetur (ex te) sanctum vocabitur Filius Dei'(Lc 1,35)", in: *Bib.* 1(1920), pp.92~94.
- Bovet, Th., *Die Liebe ist unsere Mitte*, Tübingen, 1959.
- Bovon, Fr., *Das Evangelium nach Lukas*, 1. Teilband = *EKK* III/1, Neukirchen-Vluyn, 1989.
- Boyarin, D., "Sehnsucht nach dem Christentum? oder: Zurück ins Mittelalter", in: A. Bedenbender(Hrsg.), *Judaeo-Christentum. Die gemeinsame Wurzel von rabbinischem Judentum und früher Kirche*, Paderborn-Leipzig, 2012, pp.121~158.
- Breuning, W., "Systematische Entfaltung der eschatologischen

Aussagen", in: *MySal* V, pp.779~890.

• Broch, Th., *Denken der Krise. Vermittler von Hoffnung. Pierre Teilhard de Chardin*, Toposplus, 2000.

• Brodmann, B., "Mariens Jungfräulichkeit nach Lk 1,34 in der Auseinandersetzung von heute", in: *Anton.* 30(1955), pp.27~44.

• Broglie, G. de, "Pour une meilleure intelligence du 'Correptione et Gratia'", in: *Augustinus Magister. Congrès international Augustinien*, Bd. I, Paris, 1954, pp.317~337.

• Brosch, H.J. / Hasenfuß, J.(Hrsg.), *Jungfrauengeburt gestern und heute*, Essen, 1969.

• Brown, R.E., *The Birth of the Messiah. A commentary in the infancy narrations in the Gospels of Matthew and Luke*, New York u.a., [2]1993.

• Brown, R.E. u.a.(Hrsg.), *Maria im Neuen Testament. Eine ökumenische Untersuchung*, dt. Stuttgart, 1981(= *Mary in the New Testament*, Philadelphia, 1978).

• Brox, N., *Einleitung, Übersetzung und Kommentar zu: Der Hirt des Hermas = KAV* 7, pp.13~74.

• ——, *Einleitung, Übersetzung und Kommentar zu: Irenäus v. Lyon, Adversus haereses = FC* 8/1, pp.101~117.

• Brück, M. v. / Werbick, J.(Hrsg.), *Der einzige Weg zum Heil? Die Herausforderung des christlichen Absolutheitsanspruchs durch pluralistische Religionstheologien = QD* 143, Freiburg i. Br., 1993.

• Brunner-Traut, E., "Die Geburtsgeschichte der Evangelien im Lichte der ägyptologischen Forschungen", in: *ZRGG* 12(1960), pp.97~111.

• Buber, M., *Schriften zur Bibel = WW* II, Heidelberg-München, 1963.

• ——, *Zwei Glaubensweisen*(1950), in: *WW* I, München-Heidelberg,

1962, pp.651~782.
- Bucher, R., “Stabilität in einer ‘Fluid Church’”, in: *Zur Debatte* 8(2012), pp.28~30.
- Büchner, Chr., *Wie kann Gott in der Welt wirken? Überlegungen zu einer theologischen Hermeneutik des Sich-Gebens*, Freiburg i. Br., 2010.
- Buckenmaier, A., *Universale Kirche vor Ort*, Regensburg, 2009.
- Bulgakow, S., *Die Orthodoxie. Die Lehre der orthodoxen Kirche*, dt. Trier, 1996.
- ——, “Kosmodizee”, in: N. v. Bubnoff / H. Ehrenberg, *Östliches Christentum – Dokumente, II. Philosophie*, München, 1925, pp. 195~245.
- ——, “Zur Frage nach der Weisheit Gottes”, in: *Kyrios* 2(1936), pp.93~101.
- Bultmann, R., *Evangelium des Johannes*, Göttingen, [16]1959.
- Burger, Chr., *Marias Lied in Luthers Deutung. Der Kommentar zum Magnifi kat(Lk 1, 46b~55) aus den Jahren 1520/21 = Spätmittelalter und Reformation* 34, Tübingen, 2007.
- Busch, E., *Karl Barths Lebenslauf*, München, 1975.
- Busch, K., *Geschicktes Geben. Aporien der Gabe bei Jacques Derrida*, München, 2004.

【C】

- Cambón, E., *Trinità modello sociale*, Roma, 2009.
- Camelot, P.-Th., *Die Lehre von der Kirche. Väterzeit bis ausschließlich Augustinus = HDG* III, 3b, Freiburg i. Br., 1970.
- Campenhausen, H. v., *Die Jungfrauengeburt in der Theologie der alten Kirche*, Heidelberg, 1962.
- Cantalamessa, R., *Maria. Ein Spiegel für die Kirche*, dt. Köln,

1994.

- Capra, F., *Wendezeit – Bausteine für ein neues Weltbild*, München, 1983.
- Casey, J., *Atheist for God. Spiritual desire in Bernard of Clairvaux's Sermons on the Song of Songs*, Kalamazoo, 1988.
- Casper, B., "Der Isenheimer Altar – Grünewalds Einladung zum Glauben", in: *Zur Debatte*, Heft 2, 2008, pp.2~6.
- ——, "Wilhelm Klein in Freiburg(1919-1921)", in: *Klein, Vortr.*, pp.454~457.
- Cassirer, E., *Philosophie der symbolischen Formen*, Bd. III, Darmstadt, [2]1954(=1929).
- Cerfaux, L., *La théologie d'Église suivant S. Paul*, Paris, 1948.
- Charon, J.E., *Der Geist der Materie*, Wien-Hamburg, 1979.
- Christ, F., *Jesus Sophia. Die Sophia-Christologie bei den Synoptikern*, Zürich, 1970.
- Coathelem, H., *Le parallélisme entre la sainte Vierge et l'Eglise dans la tradition latine jusqu'à la fi n du XIIe siècle* = *AnGr* 74, Rom, 1954.
- Congar, Y., *Christus – Maria – Kirche*, dt. Mainz, 1959.
- ——, *Die Lehre von der Kirche* = *HDG* III/3c, Freiburg i. Br., 1971.
- ——, "Die Wesenseigenschaften der Kirche", in: *MySal* IV/1, pp.357~502.
- ——, "Ecclesia ab Abel", in: M. Reding(Hrsg.), *Abhandlungen über Theologie und Kirche*, FS K. Adam, Düsseldorf, 1952, pp. 79~108.
- ——, "Marie et l'église dans la pensée patristique", in: *RSESC* 38(1954), pp.3~38. 408~412.
- ——, "Mutter Kirche", in: V. Schnurr / B. Häring(Hrsg.), *Kirche*

heute, Bergen-Enkheim, 1965, pp.30~38.
- Conybeare, C., "Die jungfräuliche Kirche und die jungfräuliche Mutter", in: *ARW* 9(1906), pp.73~86.
- Cordes, P.J., *Sendung zum Dienst*, Frankfurt, 1972.
- Cothenet, E., "Le Protévangile de Jacques", in: *ANRW* II, 25,6 (1988), pp.4252~4269.
- ———, "Marie dans les apocryphes", in: *Maria*, vol. 6, hrsg. v. H. du Manoir, Paris, 1961, pp.71~156.
- Courth, Fr., "Aufnahme Marias in den Himmel", in: *LThK* 1, pp.1216~1220.
- ———, "Der mariologische Beitrag von H. M. Köster", in: *Mar.* 48(1986), pp.170~178.
- ———, "Kontroverspunkte im ökumenischen Gespräch über die Mutter Jesu und Ansätze ihrer Überwindung", in: H. Petri(Hrsg.), *Divergenzen in der Mariologie*, Regensburg, 1989, pp.9~33.
- ———, "Mariologie. Maria, die Mutter des Christus", in: W. Beinert(Hrsg.), *Glaubenszugänge. Lehrbuch der Katholischen Dogmatik*, Bd. II, Paderborn u.a., 1995, pp.299~398.
- ———, "Mittlerschaft, Miterlöserschaft Marias", in: *LThK* 7, pp.346~347.
- ———, "Zur Situation der deutschsprachigen Mariologie", in: *Mar.* 43(1981), pp.152~174.
- Cousins, E., "A Theology of interpersonal Relations", in: *Thought* 45(1970).
- Cox, H., *Verführung des Geistes*, dt. Stuttgart-Berlin, 1974.
- Cullmann, O., "Kindheitsevangelien(Einleitung)", in: W. Schneemelcher(Hrsg.), *Neutestamentliche Apokryphen in deutscher Übersetzung*, Bd. I: Evangelien, Tübingen, [3]1959, pp.272~279.
- Cuvillier, E., *Qui donc es-tu, Marie? Les différents visages de la*

mère de Jésus dans le Nouveau Testament, Paris, 1994.

【D】

• Dalferth, I.U., "Alles umsonst. Zur Kunst des Schenkens und den Grenzen der Gabe", in: M. Gabel / H. Joas(Hrsg.), *Von der Ursprünglichkeit der Gabe. J.-L. Marions Phänomenologie in der Diskussion*, Freiburg i. Br., 2006, pp.159~191.

• Dalferth, I.U. / Peng-Keller, S.(Hrsg.), *Gottvertrauen. Die ökumenische Diskussion um die fi ducia = QD* 250, Freiburg i. Br., 2012.

• Daniélou, J., *Die heiligen Heiden des Alten Testaments*, dt. Stuttgart, 1956.

• ——, *Platonisme et théologie mystique. La doctrine spirituelle de S. Grégoire de Nysse*, Paris, [2]1953.

• Darlap, A., "Fundamentale Theologie der Heilsgeschichte", in: *MySal* I, pp.3~156.

• Davis, P., *Gott und die moderne Physik*, München, 1986.

• D'Costa, G., "Das Pluralismus-Paradigma in der christlichen Sicht der Religionen", dt., in: *ThGw* 30(1987), pp.221~231.

• De Fiores, St., "Maria in der Geschichte von Theologie und Frömmigkeit", in: W. Beinert, *Handbuch der Marienkunde*, Bd. I, Regensburg, 1996, pp.99~266.

• Deiss, L., *Maria, Tochter Sion*, dt. Mainz, 1961.

• Delahaye, K., *Erneuerung der Seelsorgsformen aus der Sicht der frühen Patristik*, Freiburg i. Br., 1958.

• ——, "Maria Typus Ecclesiae", in: *Alma Socia Christi. Acta Congressus mariologici-mariani Romae 1950*, vol. V/1, Rom, 1952, pp.25~45.

• ——, "Maria, Typus der Kirche", in: *WuW* 12(1949), pp.79~92.

• Delius, W., *Geschichte der Marienverehrung*, München-Basel,

1963.

• Dettloff, W., “Virgo – Mater. Kirchenväter und die moderne Biologie zur jungfräulichen Mutterschaft Marias”, in: *WiWei* 20 (1957), pp.221~226.

• Dibelius, M., *Jungfrauensohn und Krippenkind*, Heidelberg, 1933.

• Dickmann, U., “Der Geliebte bleibt der Andere. Meditation über den Eros”, in: A. Brenninkmeijer-Werhahn / Kl. Demmer(Hrsg.), *Das Herz spricht zum Herzen*, Freiburg i. Br., 2012, pp.88~97.

• Dies, L., *Maria, Tochter Sion*, Mainz, 1961.

• Dietschy, H., “‘Gott ist Vater und Mutter’. War Johannes Paul I. ein Ketzer?”, in: *Ref.* 30(1981), pp.425~432.

• Dietz, I.M., “Ist die Heilige Jungfrau nach Augustinus ‘Immaculata ab initio’?”, in: *Aug.* 4(1954), pp. 362~411.

• ——, “Maria und die Kirche nach dem hl. Augustinus”, in: *Maria et Ecclesia. Acta Congressus mariologici-mariani in civitate Lourdes anno 1958 celebrati*, vol. III, Rom, 1959, pp.201~239.

• Dillenschneider, Cl., *Le Mystère de la corédemption mariale. Théories nouvelles*, Paris, 1951.

• ——, *Le sens de foi et le progrès du mystère marial*, Rom, 1954.

• Dinzelbacher, P., “Sexualität/Liebe. – Mittelalter”, in: ders.(Hrsg.), *Europäische Mentalitätsgeschichte*, Stuttgart, 1993, pp.70~89.

• Disse, J., “Jesus und die Religionen. Zur Religionstheologie von J. Dupuis”, in: J. Arnold(Hrsg.), *Sind Religionen austauschbar?*, Münster, 2012, pp.151~195.

• Dittrich, A., *Mater Ecclesiae. Geschichte und Bedeutung eines umstrittenen Marientitels* = *BDS* 44, Würzburg, 2009.

• ——, *Protestantische Mariologie-Kritik. Historische Entwicklung bis 1997 und dogmatische Analyse* = MSt 11, Regensburg, 1998.

• Dochhorn, J., “Zu den religionsgeschichtlichen Voraussetzungen trinitarischer Gottesvorstellungen im Frühen Christentum und in der Religion Israels", in: V.H. Drecoll(Hrsg.), *Trinität*, Tübingen, 2011, pp.11~79.

- Dohmen, Chr. / Dirscherl, E., "Typologie", in: *LThK* [3]10, pp.321~323.
- Dörnemann, H., "Eine Art Freundschaft. Die Ehe im Kontext der Pluralität heutiger Partnerschaftsformen", in: *HK* 66(2012), pp.574~579.
- ——, *Freundschaft als Paradigma der Erlösung*, Würzburg, 1997.
- ——, *Freundschaft. Die Erlösungslehre des Thomas v. Aquin*, Würzburg, 2012.
- Drehsen, V., "Synkretismus ist nicht gleich Synkretismus. Zum Kriterienproblem bei der Anverwandlung des Fremden", in: A. Lienkamp / Chr. Lienkamp(Hrsg.), *Die "Identität" des Glaubens in den Kulturen. Das Inkulturationsparadigma auf dem Prüfstand*, Würzburg, 1997, pp.39~53.
- Drewermann, E., "Die Frage nach Maria im religionswissenschaftlichen Horizont. Die scheinbare 'Grundlosigkeit' der Mariologie", in: *ZMR* 66(1982), pp.96~117.
- ——, *Strukturen des Bösen*, Bd. III, Paderborn u.a., [5]1986.
- Düfel, H., *Luthers Stellung zur Marienverehrung*, Göttingen, 1968.
- Dürr, H.-P., *Es gibt keine Materie!*, Amerang, [2]2012.
- ——, *Geist, Kosmos, Physik. Gedanken über die Einheit des Lebens*, Amerang, 2010.
- Dumais, M., "Resurrection au moment de la mort?", in: L. Audet u.a., *Resurrection. Esperance humaine et don de Dieu*, Paris u.a., 1971.
- Dümpelmann, L., *Kreation als ontisch-ontologisches Verhältnis. Zur Metaphysik der Schöpfungstheologie des Thomas von Aquin*,

Freiburg-München, 1969.
• Dupuis, J., *Unterwegs zu einer christlichen Theologie des religiösen Pluralismus*, dt. Innsbruck-Wien, 2010.
• ——, "Die Universalität des Wortes und die Partikularität Jesu Christi", in: *SThZ* 10(2006), pp.81~100.
• Duque, J.M., *Die Kunst als Ort immanenter Transzendenz. Zu einer fundamental-theologischen Rezeption der Kunstphilosophie H.-G. Gadamers*, Frankfurt, 1997.
• Duquesne, J., *Maria. Die Mutter Jesu*, dt. Darmstadt, 2004.
• Durst, M., "Justin der Märtyrer", in: *MarLex* 3, pp.489~491.
• Durwell, F.-X., *Regard chrétiens sur l'au-delá*, Paris, 1994.

【E】

• Ebeling, G., "Zur Frage nach dem Sinn des mariologischen Dogmas", in: *ZThK* 47(1950), pp.383~391, wieder abgedruckt in: ders., *Wort Gottes und Tradition*, Göttingen, 1964, pp.175~182.
• Ebertz, M.N., *Erosion der Gnadenanstalt? Zum Wandel der Sozialgestalt von Kirche*, Frankfurt, 1998.
• Eckholt, M., "Christsein an den Crossroads der Städte", in: M. Siewernich / K. Wenzel(Hrsg.), *Aufbruch in die Urbanität. Theologische Refl exion kirchlichen Handelns in der Stadt* = *QD* 252, Freiburg i. Br., 2013, pp.27~65.
• Eggemann, I., *Die ‚ekklesiologische Wende' in der Mariologie des II. Vatikanums und ‚Konziliare Perspektiven' als neue Horizonte für das Verständnis der Mittlerschaft Marias*, Altenberge, 1993.
• Eichrodt, W., "Heilserfahrung und Zeitverständnis im Alten Testament", in: *ThZ* 12(1956), pp.103~125.
• Eilrich, Chr., *Gott zur Welt bringen: Maria. Von den Möglichkeiten und Grenzen einer protestantischen Verehrung der Mutter*

Gottes, Regensburg, 2011.

- Eliade, M., *Geschichte der religiösen Ideen*, Bd. I, dt. Freiburg i. Br., 1978.
- ——, "Methodologische Anmerkung zur Erforschung der Symbole in den Religionen", in: ders. / J.M. Kitagawa(Hrsg.), *Grundfragen der Religionswissenschaft*, Salzburg, 1959, pp.106~135.
- Erikson, E., *Kindheit und Gesellschaft*, dt. Stuttgart, 1969.
- Ernst, J., *Das Evangelium nach Lukas*, Regensburg, 1977.
- Essen, G., "Da ist keiner, der nicht sündigt, nicht einer …", in: Th. Pröpper, *Theologische Anthropologie*, Bd. II, Freiburg i. Br., 2011, pp.1092~1156.
- Esterbauer, R., "Zu einer Phänomenologie des Gebens", in: *SJbPhil* 37(1992), pp.89~112.

【F】

- Faber, E.-M., *Maria – Mensch im Brennpunkt der Erlösung. Die Mariologie Karl Rahners im Gesamtgefüge seiner Theologie*, Dipl.-Arbeit, Freiburg i. Br., 1988.
- ——, "Universale concretum bei Hans Urs von Balthasar", in: *IkaZ* 29(2000), pp.258~273.
- Faber, R., *Der Selbsteinsatz Gottes*, Würzburg, 1995.
- Feiter, R., *Zur Freiheit befreit. Apologie des Christlichen bei Ferdinand Ulrich*, Würzburg, 1994.
- Feld, H., "Der bedeutendste katholische Theologe des 20. Jahrhunderts?", in: *RoJKG* 19(2000), pp.263~273.
- ——, "Was ist die intellectualis creatura des heiligen Augustinus?", in: http://oki-regensburg.de/k_ feld.htm(2011.12.08. 접속)
- Felmy, K. Chr., *Das Buch der Christus-Ikonen*, Freiburg i. Br.,

2004.
- ——, *Einführung in die orthodoxe Theologie der Gegenwart*, Berlin, 2011.
- ——, "Sophia – die Weisheit Gottes", in: *Rev.teologica* (Siebenbürgen) 3(2012), pp.151~164.
- Feuillet, A., "Le Messie et sa mère d'après le chapître 12 de l'Apocalypse", in: *RB* 66(1959), pp.55~85.
- Feurstein, H., *Matthias Grünewald*, Bonn, 1930.
- Flanagan, D., "Eschatologie und Aufnahme in den Himmel", in: *Conc.* 5(1969), pp.60~65.
- Flasch, K., *Was ist Zeit? Augustinus v. Hippo. Das XI. Buch der Confessiones*, Frankfurt, 1993.
- Flick, M. / Alszeghy, Z., *Il peccato originale*, Brescia, 1972.
- ——, "Teologia della Storia", in: *Greg.* 35(1964), pp.256~298.
- Florenskij, P.A., *An den Wasserscheiden des Denkens*, Berlin, 1991.
- ——, *Der Pfeiler und Grundfeste der Wahrheit. Versuch einer orthodoxen Theodizee in 12 Briefen(1914)*, deutsch abrufbar unter: www.kontextverlag.de/fl orenskij.zehnter.html.
- ——, "Brief an Feodor Samarin", in: Fr. und S. Mierau(Hrsg.), *Pawel Florenski(sic!), Leben und Denken*, Bd. I, Ostfi ldern, 1995, pp.230~233.
- Förster, H., "Früheste Zeugnisse der Marienfrömmigkeit in Ägypten", in: P.L. Hofrichter(Hrsg.), *Auf der Suche nach der Seele Europas: Marienfrömmigkeit in Ost und West*, Innsbruck-Wien, 2007, pp.25~41.
- Forster, K., "Idiomenkommunikation", in *LThK* ²5, pp.607~609.
- Forte, B., *Maria – Mutter und Schwester des Glaubens*, dt. Zürich, 1990.

• Fraine, J. de, *Adam und seine Nachkommen*, Köln, 1962.
• Frank, A., *Studien zur Ekklesiologie des Hirten, II Klemens, der Didache und der Ignatiusbriefe unter besonderer Berücksichtigung der Idee einer präexistenten Kirche*, München, 1975.
• Frank, K.S., "'Geboren aus der Jungfrau Maria'. Das Zeugnis der Alten Kirche", in: K.S. Frank u.a. (Hrsg.), *Zum Thema Jungfrauengeburt*, Stuttgart, 1970, pp.91~120.
• ——, *Angelikos Bios. Begriffsanalytische und begriffsgeschichtliche Untersuchung zum "engelgleichen Leben" im frühen Mönchtum*, Münster, 1964.
• Freitag, J., *Geist-Vergessen – Geist-Erinnern. Vl. Losskys Pneumatolo-gie als Herausforderung westlicher Theologie*, Würzburg, 1995.
• ——, "Maria in Gottes Heilsplan und in der Gemeinschaft der Heiligen", in: *Cath* 55(2001), pp.29~51.
• Frieling, R., "Maria / Marienfrömmigkeit III/1", in *TRE* 22, pp.137~143.
• Führlinger, E.(Hrsg.), *Der Dialog muss weitergehen. Ausgew. vatikan. Dokumente zum interreligiösen Dialog*, Freiburg i. Br., 2009.
• Fürst, W., "Was veranlasst die Praktische Theologie heute, Pastoralästhetik zu betreiben?", in: ders.(Hrsg.), *Pastoralästhetik* = *QD* 199, Freiburg i. Br., 2002, pp.31~54.
• Fuß, M., "Buddha und Maria: Dynamische Leere als Ikone des Dialogs", in: *StMiss* 43(1994), pp.211~244.
• ——, "Maria – vincolo dell'unità nell'ecumenismo tra le religioni e di fronte ai nuovi movimenti", in: *SetRel* 3(1993), Heft 9, pp.114~132.

【G】

- Gabel, M. / Joas, H.(Hrsg.), *Von der Ursprünglichkeit der Gabe. J.-L. Marions Phänomenologie in der Diskussion*, Freiburg i. Br., 2006.
- Gadamer, H.-G., *Wahrheit und Methode. Grundzüge einer philosophischen Hermeneutik*, Tübingen, [2]1965.
- Galling, K., "Beschneidung I", in: *RGG* [3]1, pp.1090~1091.
- Galot, J., *Être né de Dieu. Jean 1,13 = AnBib* 37, Rom, 1969.
- ——, "Maria, Typus und Urbild der Kirche", in: G. Baraúna (Hrsg.), *De Ecclesia. Beiträge zur Konstitution "Über die Kirche" des Zweiten Vatikanischen Konzils*, Bd. II, Freiburg i. Br. - Frankfurt, 1966, pp.477~492.
- ——, *Maria. La donna nell'opera della salvezza*, Rom, [3]2005.
- Gäng, P., "Die Bedeutung von Göttinnen und weiblichen Buddhas", in: *Zur Debatte* 2(2013), pp.37~38.
- Ganoczy, A., *Chaos - Zufall - Schöpfungs glaube*, Mainz, 1995.
- ——, "Communio - ein Grundzug des göttlichen Heilswillens", in: *Unsere Seelsorge*(Münster) 22(1972), pp.1~8.
- Garijo-Guembe, M.M., *Gemeinschaft der Heiligen. Grund, Wesen und Struktur der Kirche*, Düsseldorf, 1988.
- Gasecki, K., *Das Profil des Geistes in den Sakramenten. Pneumatologische Grundlagen der Sakramentenlehre*, Münster, 2009.
- Gay-Canton, R., *Entre dévotion et théologie scolastique. Réceptions de la controverse médiévale autour de l'Immaculée Conception en pays germaniques*, Turnhout, 2011.
- Gebara, I. / Lucchetti Bingener, M.C., *Maria, Mutter Gottes und Mutter der Armen*, dt. Düsseldorf, 1988.
- Gebhardt, W., "Believing without Belonging? Religiöse Individuali-

sierung und neue Formen religiöser Vergemeinschaftung", in: A. Kreutzer / Fr. Gruber(Hrsg.), *Im Dialog. Systematische Theologie und Religionssoziologie* = QD 258, Freiburg i. Br., 2013, pp.297~317.

- Geerlings, W., "Inkarnation und Kirche. Zur Corpus-Christi-Vorstellung des hl. Augustinus", in: G. Röwekamp(Hrsg.), *Fußnoten zu Augustinus. Ges. Schriften Wilhelm Geerlings*, Turnhout, 2010, pp.47~703.
- Geffré, C., "La singularitè du christianisme à l'âge du pluralisme religieux", in: J. Doré / Chr. Theobald(Hrsg.), *Penser la foi*, FS J. Moingt, Paris, 1993, pp.351~369.
- Gerhards, M., *Das Hohelied. Studien zu seiner literarischen Gestalt und theologischen Bedeutung*, Leipzig, 2010.
- Gerland, M., *Meine Seele erhebt den Herrn. Eine evangelische Pilgerreise zu Maria*, Leipzig, 2007.
- Gerl-Falkovitz, H.-B., "Wahrheit und Toleranz. Zum Verhältnis der Religionen", in: K.-J. Wallner (Hrsg.), *Auditorium Spiritus Sancti*, FS Heiligenkreuz, Langwaden, 2004, pp.296~317.
- Gerlitz, P., "Symbol II", in: *TRE* 32, pp.481~487.
- Gese, H., "Die Weisheit, der Menschensohn und die Ursprünge der Christologie als konsequente Entfaltung der biblischen Theologie", in: *SEÅ* 44(1979), pp.77~114.
- ——, *Lehre und Wirklichkeit in der alten Weisheit*, Tübingen, 1958.
- ——, "Natus ex virgine", in: ders., *Vom Sinai zum Zion*, München, 1984, pp.130~146.
- ——, "Weisheit", in: *RGG* [3]6, pp.1574~1577.
- Gewieß, J., *Die Marienfrage Lk 1,34, im Anhang der dt. Ausgabe von R. Laurentin*, Kurzer Traktat, pp.184~217.

- Gherman, P., "Le parallélisme entre Marie et l'église selon la doctrine de l'Orient Chrétien séparé et des protestants", in: *Maria et Ecclesia. Acta congressus mariologici-mariani in civitate Lourdes anno 1958 celebrati*, vol. X, Rom, 1960, pp.1~50.
- Giesen, H., *Die Offenbarung des Johannes* = *RNT*, Regensburg, 1997.
- Gnilka, J., *Das Evangelium nach Markus*, Bd. I = EEK II/1, Zürich, 1978.
- ――, *Das Matthäusevangelium* = *HThKNT*, Bd. I, Freiburg i. Br., 1986.
- ――, *Der Philipperbrief* = *HThKNT*, Freiburg i. Br., 1968.
- Goerdt, W., "Sophiologie", in: *HWP* 9, pp.1063~1069.
- Goettsberger, J., *Die göttliche Weisheit als Persönlichkeit im AT*, München, 1919.
- Gollinger, H., *Das "große Zeichen" von Apk 12*, Würzburg-Stuttgart, 1971.
- Goppelt, L., *Typos. Die typologische Deutung des Alten Testaments im Neuen*, Darmstadt, ^{2}1981.
- Görg, M., "Die Göttin Isis und die Heilige Maria – Gottesmütter im Vergleich", in: *US* 59(2004), pp.371~380.
- ――, *Mythos, Glaube und Geschichte, Die Bilder des christlichen Credo und ihre Wurzeln im alten Ägypten*, Düsseldorf, 1992.
- Görres, A. / Kasper, W.(Hrsg.), *Tiefenpsychologische Deutung des Glaubens? Anfragen an E. Drewermann* = *QD* 113, Freiburg i. Br., 1988.
- Görres, A. / Rahner, K., *Das Böse*, Freiburg i. Br., 1982.
- Göttsberger, J., *Die göttliche Weisheit als Persönlichkeit im Alten Testament*, München, 1919.
- Gorski, H., *Die Niedrigkeit seiner Magd. Darstellung und theologi-*

sche Analyse der Mariologie Martin Luthers als Beitrag zum gegenwärtigen lutherisch / römisch-katholischen Gespräch, Frankfurt u.a., 1987.

- ——, "Im Widerstreit zum Heiligen Geist? Pneumatologische Anmerkungen zur katholischen Marienlehre aus evangelisch-lutherischer Sicht", in: A. Ziegenaus(Hrsg.), *Maria und der Heilige Geist. Beiträge zur pneumatologischen Prägung der Mariologie*, Regensburg, 1991, pp.9~23.
- Gossebrink, H., *Maria in der Theologie Hildegards v. Bingen = SSSTh* 29, Würzburg, 2004.
- Graber, R., *Die marianischen Weltrundschreiben der Päpste in den letzten hundert Jahren*, Würzburg, [2]1954.
- ——, *Maria im Gottgeheimnis der Schöpfung*, Regensburg, 1949.
- Gräb-Schmidt, E. / Preul, R.(Hrsg.), *Ästhetik* = *MJTh* XXII, Leipzig, 2010.
- Graef, H., *Maria. Eine Geschichte der Lehre und Verehrung*, Freiburg i. Br., 1964.
- Grass, H., *Traktat über Mariologie*, Marburg, 1991.
- Greeley, A., *Maria. Über die weibliche Dimension Gottes*, dt. Graz, 1979.
- Greshake, G., *Auferstehung der Toten*, Essen, 1969.
- ——, "Auferstehung im Tod. Ein 'parteiischer' Rückblick", in: *TheolPhil* 73(1998), pp.538~557.
- ——, "Christentum und Weltreligionen. Anmerkungen zum 'Pluralismus-Paradigma'", in: F.X. D'Sa / R. Mesquita(Hrsg.), *Hermeneutics of Encounter*, FS G. Oberhammer, Wien, 1994, pp.109~122.
- ——, "Das Verhältnis von Christentum und Weltreligionen in der neueren katholischen Theologie", in: Pastoralamt der Erzdiözese

Wien(Hrsg.), *Wie von Christus reden im Angesicht der pluralen religiösen Wirklichkeit?*, Wien, 1997, pp.4~23.

- ——, *Der dreieine Gott*, Freiburg i. Br., 1997, (erweitert) [5]2007.
- ——, "Die Freiheit und das Böse, Gott und der Teufel. Ein Plakat", in: B.J. Claret(Hrsg.), *Theodizee. Das Böse in der Welt*, Darmstadt, 2007, [2]2008, pp.15~35.
- ——, "Dogmatik und Spiritualität", in: E. Schockenhoff / P. Walter(Hrsg.), *Dogma und Glaube*, FS W. Kasper, Mainz, 1993, pp.235~252.
- ——, *Erlöst in einer unerlösten Welt*, Mainz, 1987.
- ——, "Freiheit oder Gnade?", in: ders., *Gottes Heil – Glück des Menschen*, Freiburg i. Br., 1983, pp.105~135.
- ——, *Gnade – Geschenk der Freiheit, Toposplus*, Kevelaer, 2004.
- ——, *Gnade als konkrete Freiheit. Eine Untersuchung zur Gnadenlehre des Pelagius*, Mainz, 1972.
- ——, *Hinführung zum Glauben an den drei-einen Gott*, Freiburg i. Br., 1998, (erweitert) [5]2008.
- ——, "Jesus Christus und der Dialog der Weltreligionen", in: *StMiss* 51(2002), pp.219~213.
- ——, "Klein, Wilhelm", in: *LThK* [3]6, p.122.
- ——, "'Seele' in der Geschichte der christlichen Eschatologie", in: W. Breuning(Hrsg.), *Seele. Problembegriff christlicher Eschatologie* = *QD* 106, Freiburg i. Br., 1986, pp.107~157.
- ——, "Sie ist ganz Ohr für ihr Kind. Muttergottes vom guten Rat", in: *Entschluss* 43(1988), pp.22~23.
- ——, *Vorwort zu: G. Trentin, Im Anfan g. Das "Mariengeheimnis" in den Handschriften von Wilhelm Klein*, dt. Würzburg, 2006, pp.7~10.
- ——, *Warum lässt uns Gottes Liebe leiden?*, Freiburg i. Br., 2007.

• ——, *… wie man in der Welt leben soll. Grundfragen christlicher Spiritualität*, Würzburg, 2009.
• Greshake, G. / Kremer, J., *Resurrectio mortuorum*, Darmstadt, ²1992.
• Greshake, G. / Lohfink, G., *Naherwartung – Auferstehung – Unsterblichkeit* = *QD* 71, Freiburg i. Br., ⁴1982.
• Grillmeier, A., *Jesus der Christus im Glauben der Kirche*, Bd. I, Freiburg i. Br., 1979.
• ——, "Maria Prophetin", in: ders., *Mit Ihm und in Ihm*, Freiburg i. Br., 1975, pp.198~216.
• Gross, J., *Die Entwicklungsgeschichte des Erbsündendogmas*, Bd. I-IV, München-Basel, 1963~1972.
• Grote, H., "Maria / Marienfrömmigkeit II", in: *TRE* 22, pp.119~137.
• Gruber, G., "Zur Spiritualität von P. Wilhelm Klein. Erinnerungen", in: *KCGH*(Katalog) 2007, pp.53~65.
• Guardini, R., *Das Wesen des Christentums*, Mainz-Paderborn, 1991.
• ——, *Der Rosenkranz unserer Lieben Frau*, Würzburg, 1940.
• ——, *Die Mutter des Herrn*, Würzburg, ²1956.
• Gunton, C.E., *The One, the Three, and the Many*, Cambridge, 1993.

【H】

• Haag, E., "Das Immanuelzeichen in Jesaja 7", in: *TrThZ* 100(1991), pp.3~22.
• Hagemann, L. / Pulsfort, E., *Maria die Mutter Jesu in Bibel und Koran*, Würzburg-Altenberge, 1992.
• Hainz, J., "Vom 'Volk Gottes' zum 'Leib Christi'", in: *JBTh* 7(1992), pp.145~165.

• Halkes, C. J.M., "Eine 'andere' Maria", in: *US* 32(1977), pp.323~337.
• Hall, St. G., "Typologie", in: TRE 34, pp.208~224.
• Hallensleben, B., "Pater Wilhelm Klein SJ und die Theologie des 20. Jahrhunderts", in: *KCGH*(Katalog) 115(2006), pp.5~17.
• Hammann, K., *Rudolf Bultmann. Eine Biographie*, Tübingen, ²2010.
• Hänggi, Ä. / Pahl, I., *Prex eucharistica*, Fribourg, 1968.
• Harbecke, H., "Maria und die Frau(en). Mariologische Linien bei Joseph Ratzinger/Benedikt XVI. im Gespräch mit differenzfeministischen Ideen", in: *Conc.* 44(2008), pp.492~501.
• Härle, W., *Dogmatik*, Berlin, ³2007.
• Harnack, A. v., *Beiträge zur Einleitung in das Neue Testament*, Leipzig, 1911.
• Hartmann, St., *Die Magd des Herrn. Zur heilsgeschichtlichen Mariologie Heinrich M. Kösters*, Regensburg, 2009.
• Hasenfuss, J., "Die Jungfrauengeburt in der Religionsgeschichte", in: H.J. Brosch / J. Hasenfuss(Hrsg.), *Jungfrauengeburt gestern und heute*, Essen, 1969, pp.11~23.
• Hauke, M., "Anthropologie und Mariologie in der zeitgenössischen theologischen Diskussion: gemeinsame Perspektiven und Probleme", in: *FKTh* 29(2013), pp.1~21.
• ——, "Die Unbefl eckte Empfängnis Mariens und die Neuformulierung der Erbsündenlehre. Ein Beispiel für die kritische Funktion der Mariologie", in: M. Hauke u.a.(Hrsg.), *Sedes Sapientiae = MarJ* 9(2005) Bd. 1, pp.5~37.
• ——, "Die 'virginitas in partu'. Akzentsetzungen in der Dogmengeschichte", in: A. Ziegenaus(Hrsg.), *"Geboren aus der Jungfrau Maria"*, Regensburg, 2007, pp.88~131.

• ——, *Gott oder Göttin? Feministische Theologie auf dem Prüfstand*, Aachen, 1993.
• Hausamann, S., "Maria-Gottesgebärerin. Die Mariologie bei den griechischen Vätern und ihre Bedeutung für die orthodoxe Marienverehrung heute", in: ders., *Wege und Irrwege zur kirchlichen Einheit im Licht der orthodoxen Tradition*, Göttingen, 2005, pp.133~171.
• Hausmann, J., *Israels Rest. Studien zum Selbstverständnis der exilischen Gemeinde*, Stuttgart, 1987.
• Heidegger, M., *Über den Humanismus*, Frankfurt, 1949.
• Heine, S., "Maria, die Mutter Jesu in der feministischen Theologie", in: M. Kießing(Hrsg.), *Maria, die Mutter unseres Herrn*, Lahr, 1991, pp.121~135.
• Heinz, A., "Maria in Liturgie und Frömmigkeit des Marianischen Jahrhunderts", in: B. Schneider(Hrsg.), *Maria und Lourdes*, Münster, 2008, pp.56~85.
• Hemmerle, Kl., "Berufungspastoral um die Jahrtausendwende", in: *Berufung. Zur Pastoral der geistlichen Berufe* 24(1986).
• ——, "Communio als Schlüsselwort für das Verständnis Mariens. Skizze zur Phänomenalität christlicher Persongestalt", in: J. Schreiner / Kl. Wittstadt(Hrsg.), *Communio Sanctorum*, FS P.-W. Schelle, Würzburg, 1988, pp.303~309.
• ——, "Der Begriff des Heils", in: *IkaZ* 3(1972), pp.210~230.
• ——, "Gemeinschaft als Bild Gottes", in: *WW* 5, Freiburg i. Br., 1996.
• ——, "Trinität und Maria", in: ders., *Leben aus der Einheit*, Freiburg i. Br., 1995, pp.156~176.
• Hengel, M., "Die 'auserwählte Herrin', die 'Braut', die 'Mutter' und die 'Gottesstadt'", in: M. Hengel u.a.(Hrsg.), *La cité de Dieu*,

Tübingen, 2000, pp.245~285.

- Henrich, D., *Die Philosophie im Prozeß der Kultur*, Frankfurt, 2006.
- ——, *Versuch über Kunst und Leben. Subjektivität-Weltverstehen-Kunst*, München, 2001.
- Herbst, M., "Kirche wie eine Behörde verwalten oder wie ein Unternehmen führen? Zur Theologie des Spirituellen Gemeinde-managements", in: H.-J. Abromeits u.a.(Hrsg.), *Spirituelles Gemeindemanagement*, Göttingen 2001, pp.82~110.
- Hernández Martínez, J.M., "La asunción de Maria como paradigma de escatologia cristiana", in: *EphMar* 50(2000), pp.249~271.
- Heymel, M., *Die jüdische Mutter Jesu und wir Heidenchristen. Ein dogmatischer Beitrag zur evangelischen Predigt und Lehre über Maria*, Habil.-schrift Heidelberg, 1987.
- Hierzenberger, G., *Maria – Die weibliche Dimension Gottes*, Kevelaer, 2004.
- Hilberath, B.J., *Pneumatologie*, Düsseldorf, 1994.
- Hoeps, R., "Jenseits der Nostalgie. Was ist Bildtheologie", in: *HK Spezial*, 2012, pp.29~33.
- Hoff, G.M., *Ekklesiologie = Gegenwärtig Glauben denken* Bd. 6, Paderborn, u.a., 2011.
- Höffken, P., *Das Buch Jesaja, Kapitel 1-39*, Stuttgart, 1993.
- Höhn, H.-J., *Gott – Offenbarung – Heilswege*, Würzburg, 2011.
- ——, "Soziologie in der Theologie – oder: Der Blick von außen auf den Blick nach außen", in: A. Kreutzer / Fr. Gruber(Hrsg.), *Im Dialog. Systematische Theologie und Religionssoziologie = QD* 258, Freiburg i. Br., 2013, pp.56~72.
- Hoffmann, A.M., "Die Gnade der Gerechten des Alten Bundes nach Thomas v. Aquin", in: *DT* 29(1951), pp.167~187.

- Hoffmann, V., *Skizzen zu einer Theologie der Gabe*, Freiburg i. Br., 2013.
- ——(Hrsg.), *Die Gabe. Ein "Urwort" der Theologie?*, Frankfurt, 2009.
- Hofmann, Fr., "Marias Stellung in der Erlösungsordnung nach dem hl. Augustinus", in: C. Feckes(Hrsg.), *Die heilsgeschichtliche Stellvertretung der Menschheit durch Maria*, Paderborn, 1954, pp.131~143.
- ——, "Mariens Stellung in der Erlösungsordnung nach dem hl. Augustinus", in: *Alma Socia Christi. Acta Congressus mariologici-mariani Romae 1950*, vol. V/1, Rom, 1952, pp.87~100.
- Hofmann, M., *Maria, die neue Eva. Geschichtlicher Ursprung einer Typologie mit theologischem Potential*, Regensburg, 2011.
- Hofrichter, P.L.(Hrsg.), *Auf der Suche nach der Seele Europas. Marienfrömmigkeit in Ost und West*, Innsbruck-Wien, 2007.
- Hofrichter, P., *Nicht aus Blut, sondern monogen aus Gott geboren. Textkritische, dogmengeschichtliche und exegetische Untersuchung zu Joh 1,13-14*, Würzburg, 1978.
- Holm, B.K., *Gabe und Geben bei Luther. Das Verhältnis zwischen Reziprozität und reformatorischer Rechtfertigungslehre*, Berlin, 2006.
- Hoping, H., *Freiheit im Widerspruch. Eine Untersuchung zur Erbsündenlehre im Ausgang von I. Kant*, Innsbruck-Wien, 1990.
- Hossfeld, F.-L. / Zenger, E., *Die Psalmen 1-50 = NEB*, Würzburg, 1993.
- ——, *Psalmen 51-100 = HThKAT*, Freiburg u.a., 2000.
- Huber, K., "Perspektiven auf das Gottesvolk in Offb 12-14", in: Th. Schmeller u.a.(Hrsg.), *Die Offenbarung des Johannes, Kommunikation im Konflikt = QD* 253, Freiburg i. Br., 2013, pp.165~185.

• Hühn, W., "Wir", in: *HWP* 12, pp.812~820.
• Huhn, J., "Ambrosius v. Mailand", in: *MarLex* I, pp.126~129.
• ——, *Das Geheimnis der Jungfrau-Mutter Maria nach dem Kirchenvater Ambrosius*, Würzburg, 1954.
• Hulsbosch, A., *Schöpfung, Sünde und Erlösung im evolutionistischen Weltbild*, Wien, 1965.
• Hünermann, P., "Die theologische Grundlegung der christlichen Sozialethik in Gaudium et spes", in: M. Vogt(Hrsg.), *Theologie der Sozialethik = QD* 255, Freiburg i. Br., 2013, pp.23~62.
• ——, *Ekklesiologie im Präsens. Perspektiven*, Münster, 1995.
• ——, "Juden auf dem Weg des Heils. Eine theologische Refl exion auf die Frage von Offenbarung und Geschichte im Ausgang von Dei Verbum", in: H. Frankemölle / J. Wohlmuth(Hrsg.), *Das Heil der Anderen = QD* 238, Freiburg i. Br., 2010, pp.420~459.
• ——, "Kommentar zu Lumen Gentium", in: *HThKVatII*, Bd. II, pp.263~582.
• Hurlbut, St. A., *The picture of the heavenly Jerusalem in the writings of Johannes Fecamp*, Washington, 1943.
• Husain, Sh., *Die Göttin. Das Matriarchat. Mythen und Archetypen, Schöpfung, Fruchtbarkeit und Überfluss*, dt. Köln, 2001.
• Hüttenhoff, M., *Der religiöse Pluralismus als Orientierungsproblem*, Leipzig, 2001.

【I】

• Iacoangeli, R., "'Sub tuum praesidium'. La più antica preghiera mariana", in: S. Felici(Hrsg.), *La mariologia nella catechesi dei Padri*, Roma, 1989, pp.207~240.
• Instinsky-Anrich, M., *Deutschsprachige Marianische Literatur 1945-1987*, Kevelaer, 1987.

【J】

- Jaeschke, W., *Die Religionsphilosophie Hegels*, Darmstadt, 1983.
- Jansch, E., *Die Selbstorganisation des Universums*, München, 1979.
- Johnson, E.A., "Wahrlich unsere Schwester. Ein feministisch-hermeneutischer Zugang", in: *Conc.* 44(2008), pp.387~394.
- Jugie, M., *La mort et l'assomption de la Sainte Vierge*, Città del Vaticano, 1944.
- Jung, C.G., *Antwort auf Hiob* = WW XI, Zürich, [3]1973.
- ——, "Symbolik des Geistes", in: *Psychologische Abhandlungen* VI, Zürich, 1948.
- Jungclaussen, E., "Maria im liturgischen Kult der orthodoxen Kirche", in: *US* 30(1975), pp.127~145.
- Jüngel, E., *Gott als Geheimnis der Welt. Zur Begründung der Theologie des Gekreuzigten im Streit zwischen Theismus und Atheismus*, Tübingen, 1977.
- ——, *Gottes Sein ist im Werden*, Tübingen, 1965.
- ——, *Wertlose Wahrheit*, München, 1990.

【K】

- Kahl, J., "Die Jungfrau züchtigt den Jesusknaben vor drei Zeugen. Eine philosophische Bildmeditation zu Max Ernst", in: http://kahl-marburg.privat.t-online.de/kahl_MaxErnst.pdf(2012.03.11. 접속).
- Kallis, A., Brennender, *nicht verbrennender Dornbusch. Refl ex-ionen orthodoxer Theologie*, Münster, 1999.
- ——, "Die Gottesgebärerin in der orthodoxen Theologie und Frömmigkeit", in: Hmar I, pp.364~381.
- Kamlah, W., *Der Mensch in der Profanität*, Stuttgart, 1949.
- Kanberg, J.A., *Maria – Ersterbin des in Christus neu geschaffenen Lebens*, St. Ottilien, 2006.

- Karrer, L., *Der Glaube in Kurzformeln*, Mainz, 1978.
- Karrer, M., "Ein alter Text neu gelesen. Die Johannesapokalypse", in: *Zur Debatte* 5(2010), pp.1~4.
- ——, "Hellenistische und frühkaiserzeitliche Motive in der Johannesapokalypse", in: Th. Schmeller u.a.(Hrsg.), *Die Offenbarung des Johannes, Kommunikation im Konflikt* = *QD* 253, Freiburg i. Br., 2013, pp.32~73.
- Karrer, O.(Hrsg.), *Maria in Dichtung und Deutung. Eine Auswahl*, Zürich, 1962.
- Käsemann, E., "Das theologische Problem des Motivs vom Leibe Christi", in: ders., *Paulinische Perspektiven*, Tübingen, 1969, pp. 178~210.
- Kasper, W., "Brief zum Thema 'Jungfrauengeburt'", in: *IKaZ* 16 (1987), pp.531~535.
- ——, "Der Geheimnischarakter der Kirche hebt den Sozialcharakter nicht auf", in: *HK* 41(1987), pp.232~236.
- ——, *Dogma unter dem Wort Gottes*, Mainz, 1965.
- ——, *Katholische Kirche. Wesen – Wirklichkeit – Sendung*, Freiburg i. Br., 2011.
- Kasselouri-Hatzivassiladi, E., "'Verehrungswürdiger als die Cherubim'. Marias orthodoxes Gesicht", in: *Conc.* 44(2008), pp.430~437.
- Kassing, A., "Der heilsgeschichtliche Ort Mariens in der Kirche nach Apk 12", in: *Maria et Ecclesia. Acta Congressus mariologici-mariani in civitate Lourdes anno 1958 celebrati*, vol. III, Rom, 1959, pp.39~60.
- ——, *Die Kirche und Maria. Ihr Verhältnis im 12. Kapitel der Apokalypse*, Düsseldorf, 1959.
- Kaufmann, F.-X., *Kirche in der ambivalenten Moderne*, Freiburg i. Br., 2012.

- Kaut, Th., *Befreier und befreites Volk. Traditions- und redaktionsgeschichtliche Untersuchung zu Magnifi kat und Benediktus im Kontext der vorlukanischen Kindheitsgeschichte*, Frankfurt, 1990.
- Kehl, M., *Die Kirche. Eine katholische Ekklesiologie*, Würzburg, 1992.
- ——, *Kirche als Institution*, Frankfurt, 1976.
- ——, *Mit der Kirche fühlen*, Würzburg, 2010.
- Kelly, J.N.D., *Early Christian Doctrines*, London, [5]1977.
- Kemper, M.-E., "Das sogenannte 'Jüngste Gericht'. Die Neuentdeckung der Sixtina nach der
- Restaurierung", in: *Zur Debatte*, Heft 2, 2006.
- Kerkloh, M., *'··· die in vollkommenster Weise Erlöste'. Die Frage nach einem mariologischen Grundprinzip bei Rahner*, München-Ravensburg, 2005.
- Kern, W., *Außerhalb der Kirche kein Heil?*, Freiburg i. Br., 1979.
- Kessler, H., "Der Begriff des Handelns Gottes. Überlegungen zu einer unverzichtbaren theologischen Kategorie", in: H.U. v. Brachel / N. Mette(Hrsg.), *Kommunikation und Solidarität*, Freiburg (Schweiz) - Münster, 1985, pp.117~130.
- ——, *Evolution und Schöpfung in neuer Sicht*, Kevelaer, [3]2010.
- ——, "Was heißt: Gott handelt? Über Gottes Wirken in der Welt und an der Welt", in: ders., *Den verborgenen Gott suchen*, Paderborn, 2006, pp.90~103.
- Kilian, R., *Die Verheißung Immanuels Jes 7,14 = SBS* 35, Stuttgart, 1968.
- ——, *Jes 1-12 = NEB* 17, Würzburg, 1986.
- Kinsley, D., *Indische Göttinnen*, Frankfurt, 1990.
- Kittel, G., "ἀκούω ecc", in: *ThWNT* I, pp.216~225.

• Klauser, Th., "Gottesgebärerin", in: *RAC* 11, pp.1071~1103.
• Klein, W., *Gottes Wort bei Johannes. Kapitel 1-12. Vorträge im Kolleg 1959-1960*, Tübingen, 2000 = Sonderheft *KCGH* 109(2000).
• ——, *Gottes Wort im Kirchenjahr. Vorträge im Kolleg 1957-1961*, Tübingen, 1999 = Sonderheft des KCGH 108(1999).
• ——, *Gottes Wort im Römerbrief. Vorträge im Kolleg 1958-1961*, Tübingen, 1998 = Sonderheft des KCGH 107(1998).
• ——, *Wilhelm Klein in Rom, Bonn und Münster. Vorträge, Aufzeichnungen*, Hildesheim, 2001 = Sonderheft *KCGH* 110(2001).
• Kniazeff, A., *La mère de Dieu dans l'Église Orthodoxe*, Paris, 1990.
• Knierim, R., "Cosmos and History in Israel's Theology", in: U. Mauser(Hrsg.), *Horizons in Biblical Theology*, Pittsburg u.a., 1961.
• Knitter, P.F., *Ein Gott – viele Religionen. Gegen den Absolutheitsanspruch des Christentums*, dt. München, 1988.
• ——, "Nochmals die Absolutheitsfrage", in: EvTh 49(1989), pp. 505~516.
• Knoch, O., "Maria in der Heiligen Schrift", in: *Hmar*, pp.15~92.
• Knopf, R., "Der zweite Clemensbrief", in: *Die Apostolischen Väter = HNT*, Tübingen, 1923, pp.151~184.
• ——, "Die Anagnose zum zweiten Clemensbrief", in: *ZNW* 3 (1902), pp.266~279.
• Koch, E., "'… von Glauben eine Jungfrau, von Liebe eine Mutter'. Beobachtungen zur Marienverehrung im Bereich der Wittenberger Reformation im 16. und 17. Jahrhundert", in: W. Beinert / K. Feiereis / H.-J. Röhrig(Hrsg.), *Unterwegs zum einen Glauben*, FS L. Ullrich, Leipzig, 1997, pp.477~488; wieder abgedruckt in: Th.A. Seidel / U. Schacht(Hrsg.), *Maria, evangelisch*, Leipzig-Paderborn, 2011, pp.43~57.
• Koch, K. Geleitwort zu I.U. Dalferth / S. Peng-Keller, *Gottver-*

trauen. Die ökumenische Diskussion um die fi ducia = QD 250, Freiburg i. Br., 2012, pp.11~17.

- Koehler, Th., "Les principales interprétations traditionelles de Jean 19,25-27 pendant les douze premiers siècles", in: *EtMar* 16(1959), pp.5~22.
- Köhlmoos, M., "Weisheit / Weisheitsliteratur II", in: *TRE* 35, pp. 486~497.
- Kolb, K., "Typologie der Gnadenbilder", in: *Hmar*, pp.849~882.
- Komonchak, J.A., "Der Kampf für das Konzil", in: G. Alberigo / Kl. Wittstadt(Hrsg.), *Geschichte des Zweiten Vatikanischen Konzils*, Bd. I, dt. Mainz-Leuven, 1997, pp.189~401.
- Köster, H.M., "Der geschichtliche Weg von marianischen Einzelaussagen zum geschlossenen Traktat einer systematischen Mariologie", in: *ThGl* 68(1978), pp.368~384.
- ——, "Die Jungfrauengeburt als theologisches Problem seit D. Fr. Strauß", in: *Jungfrauengeburt gestern und heute*, Essen, 1969, pp.35~87.
- ——, *Die Magd des Herrn. Theologische Versuche und Überlegungen*, Limburg, 1947; ²1954.
- ——, "Die Mariologie im 20. Jahrhundert", in: H. Vorgrimler / R. Vander Gucht, *Bilanz der Theologie im 20. Jahrhundert*, Bd. III, Freiburg i. Br., 1970, pp.126~147.
- ——, *Unus Mediator. Gedanken zur marianischen Frage*, Limburg, 1950.
- Koster, M.D., "Die Stellvertretung Mariens bei Thomas von Aquin", in: C. Feckes(Hrsg.), *Die heilsgeschichtliche Stellvertretung der Menschheit durch Maria*, Paderborn, 1954, pp.181~185.
- Kothgasser, A.M., "Maria und der Heilige Geist. Anregungen für

eine christliche Spiritualität", in: A. Ziegenaus(Hrsg.), *Maria und der Heilige Geist. Beiträge zur pneumatologischen Prägung der Mariologie*, Regensburg, 1991, pp.51~74.

- Kraus, G., "Prädestination II, III", in: *LThK* 8, pp.468~474.
- Kreiml, J., "Die virginitas post partum. Zum Verständnis der 'Brüder und Schwestern' Jesu", in: A. Ziegenaus(Hrsg.), *"Geboren aus der Jungfrau Maria"*, Regensburg, 2007, pp.132~147.
- Kreiner, A., "Hierarchia veritatum", in: *Cath.* 46(1992), pp.1~30.
- Kremer, J., "Auferstehung der Toten in bibeltheologischer Sicht", in: G. Greshake / J. Kremer, *Resurrectio Mortuorum*, Darmstadt, [2]1992, pp.5~161.
- ——, "Das Erfassen der bildsprachlichen Dimension als Hilfe für das rechte Verstehen der biblischen 'Kindheitsevangelien' und ihre Vermittlung als lebendiges Wort Gottes", in: K. Kertelge (Hrsg.), *Metaphorik und Mythos im Neuen Testament* = *QD* 126, Freiburg i. Br., 1990, pp.78~109.
- Kreuzer, M., "'Empfangen durch den Heiligen Geist'. Die Wirkweise des Heiligen Geistes bei der Menschwerdung des Sohnes Gottes", in: A. Ziegenaus(Hrsg.), *"Geboren aus der Jungfrau Maria"*, Regensburg, 2007, pp.74~87.
- Krings, H., "Gott", in: *HphG* 3, pp.629~641.
- Krüger, K., *Maria-Kirche in der älteren syrischen Väterliteratur, in: Maria et Ecclesia. Acta Congressus mariologici-mariani in civitate Lourdes anno 1958 celebrati*, vol. III, Rom, 1959, pp.109~136.
- Kruse, H., "Alma Redemptoris Mater. Eine Auslegung der Immanuel-Weissagung in Is 7,14", in: *TrThZ* 74(1965), pp.15~36.
- Kuhn, H., *Begegnung mit dem Sein*, München, 1954.
- Küng, H., *Christsein*, München-Zürich, 1974.

• ——, *Credo*, München-Zürich, 1992.
• ——, *Die Kirche*, Freiburg i. Br., 1967.
• ——, *Existiert Gott? Antwort auf die Gottesfrage der Neuzeit*, München-Zürich, 1978.
• ——, *Menschwerdung Gottes. Eine Einführung in Hegels theologisches Denken als Prolegomena zu einer künftigen Christologie*, Freiburg i. Br., 1970.
• ——, *Rechtfertigung*, Einsiedeln, 1957.

【L】

• Lafaye, J., *Quetzalcóatl et Guadalupe*, Paris, 1974.
• Lanczkowski, G., "Symbol I", in: *RGG* ^{3}6, pp.541~543.
• Landmesser, Chr., *Wahrheit als Grundbegriff neutestamentlicher Wissenschaft*, Tübingen, 1999.
• Lang, B., *Frau Weisheit. Deutung einer biblischen Gestalt*, Düsseldorf, 1975.
• Langemeyer, B., "Konziliare Mariologie und biblische Typologie", in: *Cath* 21(1967), pp.295~316.
• Larcher, C., *Études sur le livre de la Sagesse*, Paris, 1969.
• Lattke, G., "Lukas 1 und die Jungfrauengeburt", in: K.S. Frank (Hrsg.), *Zum Thema Jungfrauengeburt*, Stuttgart, 1970, pp.61~89.
• Laub, F., *Die Begegnung des frühen Christentums mit der antiken Sklaverei*, Stuttgart, 1982.
• Laurentin, R., *Die marianische Frage*, dt. Freiburg i. Br. 1965 (Paris, 1963).
• ——, "Esprit-Saint et théologie mariale", in: *NRT* 99(1967), pp.26~42.
• ——, "Kurzer Traktat der marianischen Theologie", Regensburg, 1959.
• ——, "L'interpretation de la Genèse 3,15 dans la tradition jus-

qu'au début du XIIIe siècle", in: *BuEtMar* 12(1954), pp.77~156.

- ——, "Maria als Urbild und Vorbild der Kirche", in *MySal* IV/2, pp.316~336.
- ——, *Mutter Jesu – Mutter der Menschen. Zum Verständnis der marianischen Lehre nach dem Konzil*, dt. Limburg, 1967.
- Lautenschläger, G., *Hildegard v. Bingen*, Stuttgart-Bad Cannstadt, 1993.
- Lechner, G.M., "Marienverehrung und Bildende Kunst", in Hmar, pp.559~621.
- Lehmann, K., "Mann und Frau als Problem der theologischen Anthropologie. Systematische Erwägungen", in: Th. Schneider (Hrsg.), *Mann und Frau – Grundproblem theologischer Anthropologie* = *QD* 121, Freiburg i. Br., 1989, pp.53~72.
- ——, "Zum Problem einer Konzentration der Glaubensaussagen", in: *LebZeug*, Heft 3/4, 1970, pp.19~20.
- Leiner, M., "Solus Christus – Christus allein. Ein evangelischer Kommentar zur katholischen Marienfrömmigkeit", in: Th.A. Seidel / U. Schacht(Hrsg.), *Maria. Evangelisch*, Leipzig-Paderborn, 2011, pp.59~81.
- Leiss, W., *The domination of Nature*, New York, 1972.
- Leist, E., Biblische und gnostische Seinserfahrung, in: H. Rombach (Hrsg.), *Die Frage nach dem Menschen*, FS M. Müller, Freiburg-München, 1966, pp.326~351.
- Lemmo, N., "Maria 'Figlia di Sion', a partire da Lc 1,26-38. Bilancio esegetico dal 1939-1982", in: *Mar.* 45(1983), pp.175~258.
- Lengsfeld, P., *Adam und Christus. Die Adam-Christus-Typologie im Neuen Testament und ihre dogmatische Verwendung bei M. J. Scheeben und K. Barth*, Essen, 1965.
- Lennerz, H., *De beata virgine. Tractatus dogmaticus*, Rom, 1957.

• Lentzen-Deis, W., "Im Himmel fängt das Leben erst richtig an. Zum Gedenken an P. W. Klein", in: *AnzSS* 109(2000), pp.517~518.

• Léon-Dufour, X., *Un bibliste cherche Dieu*, Paris, 2002.

• Lerch, M., *All-Einheit und Freiheit. Subjektphilosophische Klärungsversuche in der Monismus-Debatte zwischen Kl. Müller und M. Striet*, Würzburg, 2009.

• Lerner, G., *Die Entstehung des feministischen Bewusstseins. Vom Mittelalter bis zur Ersten Frauenbewegung*, Frankfurt u.a., 1993.

• Leuenberger, M., "Die Personifi zierte Weisheit vorweltlichen Ursprungs von Hi 28 bis Joh 1. Ein traditionsgeschichtlicher Strang zwischen den Testamenten", in: *ZAW* 120(2008), pp.366~386.

• Levinas, E., *Jenseits des Seins oder anders als Sein geschieht*, dt. Freiburg-München, [2]1998.

• Lilienfeld, F. v., "Die Weisheit Gottes. Die Schau der Sophia bei Wl. Solowjew", in: dies., *Sophia – Die Weisheit Gottes. Ges. Aufsätze 1983-1995*, Erlangen, 1997, pp.192~211.

• ——, "Frau Weisheit in byzantinischen und karolingischen Quellen des 9. Jhs. Allegorische Personifi kation, Hypostase oder Typos", in: M. Schmidt(Hrsg.), *Typus, Symbol, Allegorie bei östlichen Vätern und ihren Parallelen im Mittelalter*, Regensburg, 1982, pp.146~186

• Link, Chr., *Hegels Wort "Gott selbst ist tot"*, Zürich, 1974.

• Lintner, M.M., *Eine Ethik des Schenkens. Von einer anthropologischen zu einer theologischethischen Deutung der Gabe und ihrer Aporien*, Wien-Berlin, 2006.

• Litz, R., "Abgrund Alleinheit. Anmerkungen zu einer dunklen Dimension der 'monistischen' Denkform", in: R. Langthaler / M. Hofer(Hrsg.), *Selbstbewusstsein und Gottesgedanke*, Wien, 2010, pp.251~274.

- Loewenich, W. v., *Der Moderne Katholizismus vor und nach dem Konzil*, Witten, 1970.
- Lohfink, G., "Das Weinwunder zu Kana. Eine Auslegung von Joh 1,1-12", in: *GuL* 57(1984), pp.169~182.
- ——, "Gehört die Jungfrauengeburt zur biblischen Heilsbotschaft?", in: *ThQ* 159(1979), pp.304~306.,
- Lohfink, G. / Weimer, L., *Maria – nicht ohne Israel*, Freiburg i. Br., 2008.
- Lohfink, N., *Lobgesänge der Armen*, Stuttgart, 1990.
- Lohse, B., *Martin Luther*, München, 1981.
- Looff, H., *Der Symbolbegriff in der neueren Religionsphilosophie und Theologie*, Köln, 1955.
- Loretz, O., *Galilei und der Irrtum der Inquisition*, Kevelaer, 1966.
- Löser, W., "Maria, die Tochter Zion", in: A. Raffelt(Hrsg.), *Weg und Weite* = FS K. Lehmann, Freiburg i. Br., 2001, pp.535~547.
- ——. "'Universale concretum' als Grundgesetz der oeconomia revelationis", in: *HFTh* II, pp.108~121.
- —— u.a.(Hrsg.), *Dogmengeschichte und katholische Theologie*, Würzburg, 1995.
- Lossky, Vl., *Die mystische Theologie der morgenländischen Kirche*, dt. Graz, 1961.
- Lubac, H. de, *Histoire et Esprit. L'intelligence de l'Ecriture d'après Origène*, Paris, 1950.
- ——, *Die Kirche. Eine Betrachtung*, dt. Einsiedeln, 1968.
- ——, *Glauben aus der Liebe, "Catholicisme"*, dt. Einsiedeln, 1970.
- ——, *Kommentar zu Teilhard de Chardin, Hymne an das Ewig Weibliche*, Einsiedeln, 1968, pp.15~160.
- ——, *Méditation sur l'église*, Paris, 1954.

• Lubich, Ch., *Maria – die erste Christin. Orientierung an einem Vorbild*, dt. München, [2]1979.

• Lüdde, M.-E., “Unter dem Mantel ihrer Barmherzigkeit. Maria aus volkskundlicher Sicht”, in: Th.A. Seidel / U. Schacht(Hrsg.), *Maria. Evangelisch*, Leipzig-Paderborn, 2011, pp.147~160.

• Lyonnet, St., “Le récit de l’annonciation et la maternité divine de la Sainte Vierge”, in: *Amie du Clergé*, Rom, 1956, pp.33~48.

【M】

• Maas, W., *Unveränderlichkeit Gottes*, München, 1974.

• Maas-Ewerd, Th. / Madey, J., “Sub tuum praesidium”, in: *MarLex* 6, pp.327~328.

• Mack, B.L., *Logos und Sophia. Untersuchungen zur Weisheits-theologie im hellenistischen Judentum*, Göttingen, 1975.

• Madec, G., *Marie, vierge et mère selon S. Ambroise et S. Augustin, in: ders., Lectures Augustin* = EAug 168, Paris, 2001, pp.281~293.

• Mahé, J., “Cyrille d’Alexandrie”, in: *DThC* III, pp.2476~2527.

• Mahoney, R., “Die Mutter Jesu im Neuen Testament”, in: G. Dautzenberg(Hrsg.), *Die Frau im Urchristentum* = *QD* 95, Freiburg i. Br., 1983, pp.92~116.

• Maier, J., *Jesus von Nazareth in der talmudischen Überlieferung*, Darmstadt, 1978.

• Maier, M., *Jeremia. Die Geschichte eines Berufenen*, Bad Tölz, 2004.

• Malmberg, F., *Ein Leib – ein Geist*, Freiburg i. Br., 1960.

• Manemann, J.(Hrsg.), *Monotheismus* = *Jb.f.Polit. Theologie* 4 (2002), Münster u.a., 2003.

• Marcel, M., *Die Gabe*, Frankfurt, 1989.

• *Maria et Ecclesia. Acta Congressus Mariologici Mariani in civitate*

Lourdes, 1958, 16 Bände, Rom, 1959~1962.

- *Marie dans le mystère de l'alliance*, Paris, 1988.
- Marion, J.-L., *Das Erotische. Ein Phänomen*, dt. Freiburg-München, 2011.
- ——, *Die Öffnung des Sichtbaren*, dt. Paderborn u.a., 2005.
- ——, "Idol und Bild", in: B. Casper(Hrsg.), *Phänomenologie des Idols*, Freiburg-München, 1981, pp.107~132.
- ——, "La raison du don", in: *Philosophie* 78(2003), pp.3~32.
- Markschies, Chr., "Irdisches und himmlisches Jerusalem im antiken Christentum", in: M. Hengel u.a.(Hrsg.), *La cité de Dieu*, Tübingen, 2000, pp.303~350.
- ——, "Jüdische Mittlergestalten und die christliche Trinitätstheologie", in: M. Welker / M. Volf(Hrsg.), *Der lebendige Gott als Trinität*, FS J. Moltmann, Gütersloh, 2006, pp.199~214.
- Maron, G., "Maria in der protestantischen Theologie", in: Conc. 19(1983), pp.626~632.
- Marschler, Th., "Ich erwarte die Auferstehung der Toten", in: *Zur Debatte* 3(2010), pp.45~47.
- Matuschek, D., *Konkrete Dogmatik. Die Mariologie Karl Rahners*, Innsbruck-Wien, 2012.
- Mauser, U., *Gottesbild und Menschwerdung. Eine Untersuchung zur Einheit des Alten und Neuen Testaments*, Tübingen, 1971.
- Mayer, C., "'Caelum caeli': Ziel und Bestimmung des Menschen nach der Auslegung von Genesis 1,1f.", in: N. Fischer / C. Meyer (Hrsg.), *Die Confessiones des Augustinus v. Hippo. Einführung und Interpretationen zu den dreizehn Büchern*, Freiburg i. Br., 1998, pp.553~601.
- —— u.a.(Hrsg.), *Das Schöne in Theologie, Philosophie und Musik*, Würzburg, 2013.

- Mayer, J., "Gespräch mit P. Dr. Wilhelm Klein SJ(1995.03.27.)", in: www.oki-regensburg.de Forum Pater Klein(2012.10.27. 접속).
- Mazzanti, G., *I sacramenti. Simbolo e teologia*, Bologna, 2010.
- ——, *Persone nuziali. Communio nuptialis. Saggio teologico di antropologia*, Bologna, 2005.
- McHugh, J., *The Mother of Jesus in the New Testament*, London, 1975.
- Meersseman, G., *Der Hymnus Akathistos im Abendland*, Bd. I-II, Freiburg/Schweiz, 1958; 1960.
- Mees, M., "Der Hirte des Hermas und seine Aussagen über den Heiligen Geist", in: *Lat.* 47(1981), pp.343~355.
- Meessen, F., *Unveränderlichkeit und Menschwerdung Gottes*, München, 1974.
- Meier-Oeser, S. / Scholz, O.R. / Seils, M., "Symbol", in: *HWP* 10, pp.710~739.
- Menke, K.-H., *Das Kriterium des Christseins*, Regensburg, 2003.
- ——, "Die Annahme der Gnade als Mitvollzug der Erlösung", in: *Cath* 47(1993), pp.1~19.
- ——, *Die Einzigkeit Jesu Christi im Horizont der Sinnfrage*, Einsiedeln-Freiburg, 1995.
- ——, "Ein Spielball heftiger Kontroversen. Das mariologische Schlusskapitel der Kirchenkonstitution", in: *IkaZ* 41(2012), pp. 652~668.
- ——, *Fleisch geworden aus Maria. Die Geschichte Israels und der Marienglaube der Kirche*, Regensburg, 1999.
- ——, *Jesus ist Gott der Herr. Denkformen und Brennpunkte der Christologie*, Regensburg, 2008.
- ——, *Sakramentalität. Wesen und Wunde des Katholizismus*, Regensburg, 2012.

• ——, *Stellvertretung. Schlüsselbegriff christlichen Lebens und eine theologische Grundkategorie*, Einsiedeln-Freiburg, 1991.
• ——, "Symbol V", in: *LThK* 9, pp.1158~1160.
• Merklein, H., *Die Jesusgeschichte – synoptisch gelesen*, Stuttgart, 1994.
• ——, "Entstehung und Gestalt des paulinischen Leib-Christi-Gedankens", in: A. Böhnke / H. Heinz(Hrsg.), *Im Gespräch mit dem dreieinen Gott*, FS W. Breuning, Düsseldorf, 1985, pp.115~140.
• Merz, J.M., *Das Heiligtum der Fortuna in Palestrina und die Architektur der Neuzeit*, München, 2001.
• Metz, J.B., "Caro cardo salutis", in: *Hochland* 55(1962), pp.97~107.
• ——, "Freiheit, III: Theologisch", in: *HThG* II, pp.28~39.
• ——, "Seele", in: *LThK* [2]9, pp.570~573.
• ——, *Zur Theologie der Welt*, Mainz-München, 1968.
• Meuffels, H.O., "Mariologie und Anthropologie", in: *ThG(B)* 43 (2000), pp.198~211.
• Meyer zu Schlochtern, J., *Sakrament Kirche*, Freiburg i. Br., 1992.
• Michl, J., "Kann im Lichte der Hl. Schrift Maria Stellvertreterin der Menschheit genannt werden?", in: C. Feckes(Hrsg.), *Die heilsgeschichtliche Stellvertretung der Menschheit durch Maria*, Paderborn, 1954, pp.26~41.
• Mieth, D. / Müller-Schauenburg, B.(Hrsg.), *Mystik, Recht und Freiheit. Religiöse Erfahrung und kirchliche Institutionen im Spätmittelalter*, Stuttgart, 2012.
• Mitchell, D., "Compassionate Endurance. Mary and the Buddha", in: *BSNC* 21(1986), pp.296~300.
• Mitterer, A., *Dogma und Biologie der Heiligen Familie*, Wien, 1952.
• Moga, I., *Kirche als Braut Christi zwischen Kreuz und Parusie*.

Die Ekklesiologie Hans Urs von Balthasars aus orthodoxer Sicht = *Forum Orthodoxe Theologie* 9, Berlin, 2010.

• Möhler, J.A., *Die Einheit in der Kirche*, hrsg. v. J.R. Geiselmann, Darmstadt, 1957.

• Moingt, J., *L'homme qui venait de dieu*, Paris, 1993.

• Moltmann-Wendel, E., *Wach auf meine Freundin. Die Wiederkehr der Gottesfreundschaft*, Stuttgart, 2000.

• Monod, J., *Zufall und Notwendigkeit*, dt. München, 1971.

• Mückshoff, M., "Die heilsgeschichtliche Stellvertretung der Menschheit durch Maria nach dem hl. Laurentius von Brindisi", in: C. Feckes(Hrsg.), *Die heilsgeschichtliche Stellvertretung der Menschheit durch Maria*, Paderborn, 1954, pp.198~259.

• ——, "Die mariologische Prädestination im Denken der franziskanischen Theologie", in: FS 39(1957), pp.288~502.

• Mühlen, H., "Christus als Urbild der Kirche und der methodische Ansatz für die Frage nach der Stellung Mariens in der Kirche", in: *Maria et Ecclesia. Acta Congressus mariologici-mariani in civitate Lourdes anno 1958 celebrati*, vol. III, Rom, 1959, pp.569~610.

• ——, "Das Christusereignis als Tat des Heiligen Geistes", in: *MySal* III/2, pp.513~545.

• ——, "Der Aufbruch einer neuen Verehrung Maria", in: *Maria im Geheimnis der Kirche* = Sonderheft *Cath.* 29(1975), pp.145~163.

• ——, "Die Lehre des Vaticanum II über die 'Hierarchia veritatum' und ihre Bedeutung für den ökumenischen Dialog", in: *ThGl* 56(1966), pp.303~335.

• ——, *Die Veränderlichkeit Gottes als Horizont einer künftigen Christologie*, Münster, 1969.

• ——, *Im-Wir-Sein. Grundlegung der Wir-Wissenschaft Aus dem Nachlass*, hrsg. v. W. Maas, Paderborn u.a., 2008.

• ——, "Neuorientierung und Krise der Mariologie in den Aussagen des II. Vatikanums", in: *Cath* 20(1966), pp.19~53.
• ——, *Una mystica Persona. Die Kirche als Mysterium der Identität des Heiligen Geistes in Christus und den Christen: Eine Person in vielen Personen*, München u.a., [2]1967.
• Mulack, Chr., *Maria. Die geheime Göttin im Christentum*, Stuttgart, 1985.,
• Müller, A., *Ecclesia-Maria. Die Einheit Marias und der Kirche*, Fribourg, [2]1955.
• ——, "Fragen und Aussichten der heutigen Mariologie", in: J. Feiner / J. Trütsch / Fr. Böckle(Hrsg.), *Fragen der Theologie heute*, Einsiedeln u.a., [3]1960, pp.301~318.
• ——, *Glaubensrede über die Mutter Jesu*, Mainz, 1980.
• ——, "L'unité de l'église et de Marie chez les pères des IVe et Ve siècle", in: *Marie et l'Eglise*, vol. I. = *BSFEM* 16(1951), pp.27~38.
• ——, "Marias Stellung und Mitwirkung im Christusereignis", in: *MySal* III/2, pp.393~510.
• Müller, A. / Sattler, D., "Mariologie", in: Th. Schneider(Hrsg.), *Handbuch der Dogmatik*, Bd. II, Düsseldorf, 1992, pp.155~187.
• Müller, A.M.K., "Geschöpfl ichkeitsdefi zite in Naturwissenschaft und Theologie", in: ders. u.a., *Schöpfungsglaube heute*, Neukirchen-Vluyn, 1985, pp.9~89.
• Müller, G.L., "Erkenntnistheologische Grundprobleme einer Theologie der Religionen", in: ders. / M. Serretti, M.(Hrsg.), *Einzigkeit und Universalität Jesu Christi*, dt., Einsiedeln-Freiburg, 2001, pp.17~48.
• ——, *Gemeinschaft und Verehrung der Heiligen. Geschichtlich-systematische Grundlegung der Hagiologie*, Freiburg i. Br., 1986.
• ——, *Maria – die Frau im Heilsplan Gottes*, Regensburg, 2002.

• ——, *Was heißt: Geboren von der Jungfrau Maria?* = *QD* 119, Freiburg i. Br., 1989.
• Müller, G.L. / Wallner, K.J., *Was bedeutet Maria uns Christen? Die Antwort des Konzils*, Wien, 1994.
• Müller, Kl., *Streit um Gott. Politik, Poetik und Philosophie im Ringen um das wahre Gottesbild*, Regensburg, 2006.
• ——, "Über die monistische Tiefendimension der christlichen Gottrede", in: ders. / M. Striet(Hrsg.), *Dogma und Denkform*, Regensburg, 2005, pp.47~85.
• —— / F. Meier-Hamidi(Hrsg.), *Persönlich und alles zugleich*, Regensburg, 2010.
• Müller, M., *Auseinandersetzung und Versöhnung*, Berlin, 1994.
• Münch-Labacher, G., "Cyrill v. Alexandrien", in: *LacL*, pp.148~152.
• Munoz Iglesias, S., "Lo historico en los Evangelios de la Infancia", in: *EstMarianos* 64(1998), pp.3~26.
• Mußner, Fr., *Der Galaterbrief* = *HThKNT*, Freiburg i. Br., 1974.
• ——, "Der Glaube Mariens im Lichte des Römerbriefs", in: ders., *Praesentia Salutis. Ges. Studien zu Fragen und Themen des Neuen Testaments*, Düsseldorf, 1967, pp.284~292.
• ——, "Die Mutter Jesu im Neuen Testament", in: W. Beinert u.a., *Maria - eine ökumenische Herausforderung*, Regensburg, 1984.
• ——, "Lk 1,48f; 11,27f und die Anfänge der Marienverehrung in der Urkirche", in: *Cath* 21(1967), pp.287~294.
• ——, *Maria, die Mutter Jesu im Neuen Testament*, St. Ottilien, 1993.
• ——, "Ursprünge und Entfaltung der neutestamentlichen Sohneschristologie", in L. Scheffczyk(Hrsg.), *Grundfragen der Christ- ologie heute* = *QD* 72, Freiburg i. Br., 1975, pp.77~113.
• Musurillo, H.A., *Acts of the Pagan and Christian Martyrs*, vol. II,

Oxford, 1999.

【N】

- Nebel, J., "Der Preis der Jungfrau in der aktuellen römischen Liturgie", in: A. Ziegenaus(Hrsg.), *"Geboren aus der Jungfrau Maria"*, Regensburg, 2007, pp.191~251.
- Negel, J., "Weil die Welt nicht ganz dicht ist … Eine philosophisch-theologische Erörterung der Frage nach dem Wirken Gottes in der Welt", in: W. Eisele(Hrsg.), *Gott bitten? Theologische Zugänge zum Bittgebet* = *QD* 256, Freiburg i. Br., 2013, pp.102~185.
- Nellessen, E., *Das Kind und seine Mutter* = *SBS* 39, Stuttgart, 1969.
- ───, "Die Verkündigung der Menschwerdung", in: *Jungfrauengeburt gestern und heute*, Essen, 1969.
- Neo, S.M.(Hrsg.), *Maria e lo Spirito Santo. Atti del 4º* Simposio Mariologico Internaz.(Rom, Oktober 1982), Rom-Bologna, 1984.
- Neumann, E., *Die Grosse Mutter. Eine Phänomenologie der weiblichen Gestaltungen des Unbewussten*, Olten, 1974.
- Newman, B., *Hildegard v. Bingen. Schwester der Weisheit*, Freiburg i. Br., 1995.
- Niederwimmer, K., *Kommentar zur Didache*(*KAV* 1).
- Nikolaou, T., "Mittlerin der Gnade II", in: *MarLex* 6, pp.491~492.
- ───, "Sündenlosigkeit II", in: *MarLex* 6, pp.332~333.
- Nissiotis, N., "Maria in der orthodoxen Theologie der Ostkirche", in: E. Moltmann-Wendel(Hrsg.), Was *geht uns Mariaan?*, Gütersloh, 1988, pp.88~112.
- Nitsche, B., "Geist und Freiheit. Zu Status und Funktion der Pneumatologie in einer transzendentalen Theologie", in: Kl. Müller / M.

Striet(Hrsg.), *Dogma und Denkform. Strittiges in der Grundlegung von Offenbarungsbegriff und Gottesgedanke*, Regensburg, 2005, pp.151~162.

- Norden, E., *Die Geburt des Kindes. Geschichte einer religiösen Idee*, Darmstadt, [3]1958 = Berlin, 1924.

【O】

- Oberlinner, L., *Historische Überlieferung und christologische Aussage. Zur Frage der "Brüder Jesu" in der Synopse*, Stuttgart, 1975.
- Oeing-Hanhoff, L., "Hegels Trinitätslehre", in: *ThPh* 52(1977), pp. 378~407.
- ――, *Metaphysik und Freiheit*, München, 1988.
- Ohlig, K.-H., *Religion in der Geschichte der Menschheit. Die Entwicklung des religiösen Bewusstseins*, Darmstadt, 2002.
- Oster, St., *Mit-Mensch-Sein. Phänomenologie und Ontologie der Gabe bei Ferdinand Ulrich*, Freiburg-München, 2004.
- ――, *Person und Transsubstantiation. Mensch-Sein, Kirche-Sein und Eucharistie – eine ontologische Zusammenschau*, Freiburg i. Br., 2010.
- Osterrieder, M., "Das Land der Heiligen Sophia: Das Auftauchen des Sophia-Motivs in der Kultur der Ostslaven", in: Wi*ener Slawistischer Almanach* 50(2002), pp.5~62.

【P】

- Panikkar, R., *Der neue religiöse Weg*, München, 1990.
- Pannenberg, W., *Anthropologie in theologischer Perspektive*, Göttingen, 1983.
- ――, *Grundzüge der Christologie*, Gütersloh, [4]1972.

• ——, *Systematische Theologie*, Bd. I, Göttingen, 1988.
• ——, "Wie wahr ist das Reden von Gott?", in: W. Pannenberg / G. Sauter u.a.(Hrsg.), *Grundlagen der Theologie*, Stuttgart u.a., 1974, pp.29~41.
• Pellegrini, S., "Babylon – Die Strategie der Verteufelung(Offb 17,1–19,10)", in: Th. Schmeller u.a.(Hrsg.), *Die Offenbarung des Johannes, Kommunikation im Konflikt* = *QD* 253, Freiburg i. Br., 2013, pp.186~230.
• Peltomaa, L.M., *The Image of the Virgin Mary in the Akathistos Hymn*, Leiden u.a., 2001.
• Pemsel-Maier, S., *Rechtfertigung durch Kirche? Das Verhältnis von Kirche und Rechtfertigung in den Entwürfen der neueren katholischen und evangelischen Theologie*, Würzburg, 1991.
• Perella, S. M., "Il parto verginale di Maria nel dibatttito teologico contemporaneo(1962–1994)", in: *Mar.* 56(1994), pp.95~213.
• Peretto, E.(Hrsg.), *Maria nell'Ebraismo e nell'Islam oggi. Atti del VI Simposio Internaz. Mariologico*, Roma-Bologna, 1987.
• Peroli, E., *Essere persona. Le origini di un'idea tra grecità e cristianesimo*, Brescia, 2006.
• Perrot, Ch., "Les récits d'enfance dans la Haggada", in: *RechScRel* 55(1967), pp.467~518.
• Persson, P.E., *Evangelisch und Römisch-katholisch*, Göttingen, 1961.
• Pesch, O.H., *Katholische Dogmatik aus ökumenischer Erfahrung*, Bd. I–II, Ostfi ldern, 2008-2010.
• Pesch, R., "Der Gottessohn im matthäischen Evangelienprolog(Mt 1–2)", in: *Bib* 48(1967), pp.395~420.
• ——, "Eine alttestamentliche Ausführungsformel im Matthäus-Evangelium", in *BZ NF* 10(1966), pp.220~245.

- ——, "Gegen eine doppelte Wahrheit. Karl Rahner und die Bibelwissenschaft", in: K. Lehmann(Hrsg.), *Vor dem Geheimnis Gottes den Menschen verstehen*, FS K. Rahner, München-Zürich, 1984, pp.10~36.
- ——, *Über das Wunder der Jungfrauengeburt*, Bad Tölz, 2002.
- —— (Hrsg.), *Zur Theologie der Kindheitsgeschichten. Der heutige Stand der Exegese*, München-Zürich, 1981.
- Peterson, E., *Ekklesia, Studien zum altchristlichen Kirchenbegriff (1926)*, Würzburg, 2010.
- ——, *Lukasevangelium und Synoptica*, Würzburg, 2005.
- Peterson, E.H., *Jesus und seine Nieten. Von unmöglichen Christen und katastrophalen Gemeinden*, publiziert durch das Ordinariat der Erzdiözese Wien, Juni 2012.
- Peyriguère, A., *Geistliches Testament, in: ders., Le temps de Nazareth*, Paris, 1964, pp.176~202.
- ——, *Herr, weise mir den Weg*, dt. Luzern, 1966.
- ——, *Une vie qui crie l'Evangile*, Paris, 1967.
- Petri, H., "Zu Problemen der sprachlichen Vermittlung in der Mariologie", in: ders.(Hrsg.), *Divergenzen in der Mariologie*, Regensburg, 1989, pp.81~102.
- Pfeifer, G., *Ursprung und Wesen der Hypostasenvorstellungen im Judentum*, Stuttgart, 1967.
- Pfeil, H., "Die Frage nach der Veränderlichkeit und Geschichtlichkeit Gottes", in: *MThZ* 31(1980), pp.1~23.
- Philips, G., "La grâce des justes de l'Ancien Testament", in: *EthL* 23(1947), pp.521~556.
- Piastra, C.M.(Hrsg.), *Gli studi di Mariologia medievale. Bilancio storiografi co. Atti del I BConvegnoMariologico della Fondazione E. Franceschini(7-8 novembre 1997)*, Florenz, 2001.

• Pikaza, X., *Maria y el Espíritu Santo*, Salamanca, 1981.
• Pinkus, L., *Il mito di Maria. Un approccio simbolico*, Rom, 1986.
• Pintard, J., "Le principe «Prius mente quam corpore» dans la Patristique et la Théologie latines", in: *Etudes Mariales* 27(1970), pp.25~58.
• Planck, P., "Gottesgebärerin und Immerjungfrau. Altchristliche Quellen ostkirchlicher Marienverehrung", in: H. Petri(Hrsg.), *Christsein und marianische Spiritualität*, Regensburg, 1984, pp.59~76.
• Plumpe, J.C., *Mater Ecclesia. An Inquiry into the Conception of the Church as Mother in Early Christianity*, Washington, 1943.
• Pöltner, G., *Schönheit. Eine Untersuchung zum Ursprung des Denkens bei Thomas v. Aquin*, Wien-Freiburg-Basel, 1978.
• Poschmann, B., "Rezension von H. M. Köster, Die Magd des Herrn", in: *ThR* 44(1948), pp.44~46.
• Posener, A., "Tochter Zion? Maria als jüdische Mutter", in: Th. A. Seidel / U. Schacht(Hrsg.), *Maria. Evangelisch*, Leipzig-Paderborn, 2011, pp.137~144.
• Pötscher, W., "Personifikation", in: KP 4, pp.661~663.
• Potterie, I. de la, "Das Wort Jesu 'Siehe deine Mutter' und die Annahme der Mutter durch den Jünger", in: J. Gnilka(Hrsg.), *Neues Testament und Kirche*, FS R. Schnackenburg, Freiburg i. Br., 1974, pp.191~219.
• ——, "La Mère de Jésus et la conception virginale du Fils de Dieu. Étude de théologie johannique", in: *Mar.* 40(1978), pp.41~90.
• ——, "Le symbolisme de sang et de l'eau en Jn 19,34", in: *Did(L)* 14(1984), pp.201~230.
• ——, "Il parto verginale del Verbo incarnato: 'Non ex sanguinibus…, sed ex Deo natus ist'(Gv 1,13)", in: *Mar.* 45(1983), pp.127~

174.

- ——, "Maternità di Maria e maternità della Chiesa secondo la tradizione giovannea", in: Atti del 3° Simposio Mariologocio Internat, Rom, u.a., 1981, pp.273~302.
- Pottmeyer, H.J., "Der Papst Zeuge Jesu Christi in der Nachfolge Petri", in: K. Lehmann(Hrsg.), *In der Nachfolge Jesu Christi*, Freiburg i. Br., 1980, pp.58~91.
- Preda, R., "Die heilsgeschichtliche Bedeutung der Gottesmutter in der orthodoxen Theologie", in: P.L. Hofrichter(Hrsg.), *Auf der Suche nach der Seele Europas: Marienfrömmigkeit in Ost und West*, Innsbruck-Wien, 2007, pp.157~166
- Prigent, P., *Apocalypse 12. Histoire de l'exégèse*, Tübingen, 1959.
- Pröpper, Th., *Erlösungsglaube und Freiheitsgeschichte. Eine Skizze zur Soteriologie*, München, [3]1991.
- ——, *Evangelium und freie Vernunft. Konturen einer theologischen Hermeneutik*, Freiburg i. Br., 2001.
- ——, Freiheit als philosophisches Prinzip der Dogmatik, in: E. Schockenhoff / P. Walter(Hrsg.), *Dogma und Glaube*, FS W. Kasper, Mainz, 1993, pp.165~192.
- ——, *Theologische Anthropologie*, Bd. I-II, Freiburg i. Br., 2011.
- Prümm, K., *Christentum als Neuheitserlebnis. Durchblick durch die christlich-antike Begegnung*, Freiburg i. Br., 1939.

【R】

- Rad, G. v., *Das erste Buch Mose. Genesis = ATD* 2/4, Göttingen, 1964.
- ——, *Theologie des Alten Testaments*, Bd. I-II, München, [4]1962; [4]1965.
- ——, *Weisheit in Israel*, Neukirchen-Vluyn, 1970.

• Radkiewicz, J., *Auf der Suche nach einem mariologischen Fundamentalprinzip. Eine historisch-systematische Untersuchung über die letzten hundert Jahre*, Konstanz, 1990.
• Rahner, H., "Die Gottesgeburt", in: *ZkTh* 59(1935), pp.333~418.
• ――, "Geburt aus dem Herzen", in: *Gloria dei* 4(1949), pp.89~99.
• ――, *Griechische Mythen in christlicher Deutung*, Basel, [4]1984.
• ――, *Maria und die Kirche. Zehn Kapitel über das geistliche Leben*, Innsbruck u.a., [2]1962.
• Rahner, J., *Einführung in die christliche Eschatologie*, Freiburg i. Br., 2010.
• Rahner, K., "Assumptio Beatae Mariae Virginis", in: K. Rahner, *SW* 9, pp.3~392.
• ――, "Das Christentum und die nichtchristlichen Religionen", in: *Schr.* V, pp.136~158.
• ――, "Das Dogma von der Unbefl eckten Empfängnis Mariens und unsere Frömmigkeit", in: *Schr.* III, pp.155~167.
• ――, "Das Dogma von der Unbefl eckten Empfängnis Mariens", in: *SW* 9, pp.580~589.
• ――, "Das marianische Jahr", in: *SW* 9, pp.571~579.
• ――, "Das neue Dogma und wir", in: *SW* 9, pp.496~501.
• ――, "Das 'neue' Dogma. Zur Definition der Himmelfahrt der hl. Jungfrau und Gottesmutter", in: *SW* 9, pp.475~495(*WuW* 5[1950], pp.805~820).
• ――, "Der eine Mittler und die Vielfalt der Vermittlungen", in: *Schr.* VIII, pp.218~235.
• ――, "Der Glaube des Christen und die Lehre der Kirche", in: *Schr.* XII, pp.262~285.
• ――, "Die Hominisation als theologische Frage", in: P. Overhage/ K. Rahner, *Das Problem der Hominisation. Über den biologischen*

Ursprung des Menschen = *QD* 12/13, Freiburg i. Br., 1961, pp.13~90.

- ——, "Die Unbefl eckte Empfängnis", in: *Schr.* I, pp.223~237.
- ——, "Dogmatische Bemerkungen zur Jungfrauengeburt", in: K.S. Frank u.a., *Zum Thema Jungfrauengeburt*, Stuttgart, 1970, pp. 121~158.
- ——, "Dogmen- und Theologiegeschichte von gestern für morgen", in: *Schr.* XIII, pp.11~47.
- ——, "Erbsünde", in: *HTTL* 2, pp.155~164.
- ——, "Erfahrungen eines katholischen Theologen", in: K. Lehmann(Hrsg.), *Vor dem Geheimnis Gottes den Menschen verstehen, K. Rahner zum 80. Geburtstag*, Freiburg i. Br., 1984, pp.105~119.
- ——, *Gebete des Lebens*, Freiburg i. Br., [4]1984.
- ——, "Gespräch(1974)", in: P. Imhof / H.Biallowons, *Karl Rahner im Gespräch*, Bd. I, München, 1982.
- ——, *Gnade als Freiheit*, Freiburg i. Br., 1968.
- ——, *Grundkurs des Glaubens. Einführung in den Begriff des Christentums*, Freiburg i. Br., [3]1976.
- ——, *Im Heute glauben*, Einsiedeln, 1965.
- ——, *Immanente und transzendente Vollendung der Welt*, in: *Schr.* VIII, pp.593~609.
- ——, "Kirche der Sünder", in: *Schr.* VI, pp.301~320.
- ——, "Kirche, Kirchen und Religionen", in: *Schr.* VIII, pp.355~373.
- ——, "Maria, Mutter des Herrn", in: *SW* 9, pp.515~568.
- ——, "Mariologie", in: *LThK* [2]7, pp.84~87.
- ——, *Münsteraner Mariologievorlesung* = Tonbandnachschrift der von Rahner zur Veröffentlichung freigegebenen Mariologie-Vorlesungen in Münster im WS, 1967~1968.

• ——, "Mut zur Marienverehrung", in: *Für eine neue Liebe zu Maria*, Freiburg i. Br., 1984.
• ——, "Mut zur Marienverehrung", in: *Schr.* XVI, pp.321~335.
• ——, "Probleme der Christologie von heute", in: *Schr.* I, pp.169~222.
• ——, "Probleme heutiger Mariologie", in: *SW* 9, pp.681~703.
• ——, "Rezension von H.M. Köster, Unus Mediator", in: *SW* 9, pp. 733~745.
• ——, "Sündige Kirche nach den Dekreten des Zweiten Vatikanischen Konzils", in: *Schr.* VI, pp.321~347.
• ——, "Theologie und Anthropologie", in: *Schr.* VIII, pp.43~65.
• ——, "Theologisches zum Monogenismus", in: *Schr.* I, pp.253~322.
• ——, "Über die theoretische Ausbildung künftiger Priester heute", in: *Schr.* VI, pp.139~167.
• ——, *Vorwort zu: S. Zucal, La teologia della morte in Karl Rahner*, Bologna, 1982.
• ——, "Weltgeschichte und Heilsgeschichte", in: *Schriften* V, pp. 115~135.
• ——, "Zum Sinn des Assumpta-Dogmas", in: *SW* 9, pp.502~511.
• ——, "Zur konziliaren Mariologie", in: *StdZ* 174(1964), pp.87~101.
• ——, "Zur Theologie der Menschwerdung", in: *Schr.* IV, pp.137~155.
• ——, *Zur Theologie des Todes* = *QD* 2, Freiburg i. Br., 1958.
• —— / K. Lehmann, "Geschichtlichkeit der Vermittlung", in: *MySal* I, pp.727~787.
• —— / K. Weger, *Was sollen wir noch glauben*, Freiburg i. Br., 1979.

- Räisänen, H., *Die Mutter Jesu im Neuen Testament*, Helsinki, [2]1989.
- ——, "Maria / Marienfrömmigkeit I", in: *TRE* 22, pp.115~119.
- Raiser, K., *Identität und Sozialität. G.H.M. Meads Theorie der Interaktion und ihre Bedeutung für die theologische Anthropologie*, München-Mainz, 1971.
- Ratzinger, J., "Auferstehung", in: *SM* 1, pp.390~402.
- ——, "Das Problem der Mariologie", in: *ThRv* 61(1965), pp.73~82.
- ——, "Die Ekklesiologie des Zweiten Vatikanums", in: *IkaZ* 15 (1986), pp.40~52.
- ——, *Die Tochter Zion*, Einsiedeln, 1977.
- ——, "'Du bist voll der Gnade'. Elemente biblischer Marienfrömmigkeit", in: J. Ratzinger / P. Henrici(Hrsg.), *Credo. Ein theologisches Lesebuch*, Köln, 1992, pp.103~116.
- ——, *Einführung in das Christentum*, München, [2]1968.
- ——, *Einleitung zu: Konstitution über die Kirche*, Münster, 1965.
- ——, "Erwägungen zur Stellung von Mariologie und Kirchenfrömmigkeit im Ganzen von Glaube und Theologie", in: ders. / H.U. v. Balthasar(Hrsg.), *Maria – Kirche im Ursprung*, Freiburg i. Br. 1980, pp.5~40.
- ——, *Eschatologie – Tod und ewiges Leben*, Regensburg, 1977; erweiterte Ausgabe, [6]1990; Neuausgabe, 2007.
- ——, *Geleitwort zu Fr. Mußner, Maria, die Mutter Jesu im Neuen Testament*, St. Ottilien, 1993.
- ——, *Gottes Ja zum Menschen*, Freiburg i. Br., 1987.
- ——, *Jesus von Nazareth*, Teil I, Freiburg i. Br., 2006.
- ——, *Jesus von Nazareth. Prolog – Die Kindheitsgeschichten*, Freiburg i. Br., 2012.

- ——, "Kirche", in: *LThK* ²6, pp.172~183.
- ——, *Salz der Erde*, Stuttgart, 1996.
- ——, *Volk und Haus Gottes in Augustins Lehre von der Kirche*, St. Ottilien, ²1992.
- ——, "'Welchen Begriff hatte das Zweite Vatikanische Konzil von der Gesamtkirche?' Vortrag vom 27.2.2000 im Vatikan", in: *Die Tagespost*, Beilage März, 2000.
- ——, "Zwischen Tod und Auferstehung", in: *IkaZ* 9(1980), pp. 209~223.
- —— (Hrsg.), *"Kompendium" des Katechismus der Katholischen Kirche*, dt. München, 2005.
- —— / Balthasar, H.U. v(Hrsg.), *Maria – Kirche im Ursprung*, Freiburg i. Br., 1980.
- Rauch, A., "In Weisheit hast du alles geschaffen = Internat. Symposium in Alba Julia(02.05.2007.)", in: www.nikowy.hompage.t-online.de/07_ai.pdf(abgerufen 07.11.2012.).
- —— u.a.(Hrsg.), *CD: P. Wilhelm Klein SJ, 1989–1996. Lehrer von Sophia Maria Kirche, Produktion: pagina*, Tübingen, 2001.
- Rechmann, H.-K., *Die Liebe als Form des Glaubens. Studien zum Glaubensbegriff des Thomas v. Aquin*, hrsg. v. A. Winter / G. Stitz, Neuried, 2001.
- Reese, Th.J., *Im Innern des Vatikan. Politik und Organisation der katholischen Kirche*, dt. Frankfurt, ⁵2005.
- Refoulé, Fr., *Les frères et soeurs de Jésus*, Paris, 1995.
- Reiprich, Th., *Das Mariageheimnis. Maria von Nazareth und die Bedeutung familiärer Beziehungen im Markusevangelium*, Göttingen, 2008.
- Reißner, H., "Maria – Sophia. Ein Versuch über P. A. Florenskij's Sophiologie", in *IkaZ* 32(2002), pp.290~300.

• ——, "Sophia – Maria. Erwägungen zur Sophiologie von P. A. Florenskij", in: *Hermeneia* 18(2002), pp.25~40. 65~86.

• Reitz, P., "Maria als von Gott gebetener Mensch. Maria bei Luther und den Lutheranern", in: P.L. Hofrichter(Hrsg.), *Auf der Suche nach der Seele Europas: Marienfrömmigkeit in Ost und West*, Innsbruck-Wien, 2007, pp.281~313.

• Rickes, A., "Deconstructing the Linearity of Grace. The Risk and Refl exive Paradox of Mary's Immaculate 'Fiat'", in: IJSTh 10 (2008), pp.179~194.

• Riebl, M., *Auferstehung Jesu in der Stunde seines Todes? Zur Botschaft von Mt 27,51b–53*, Stuttgart, 1978.

• Riedl, J., *Die Vorgeschichte Jesu*, Stuttgart, 1968.

• Riedlinger, H., "Maria und die Kirche in den marianischen Hoheliedkommentaren des Mittelalters", in: *Maria et Ecclesia. Acta Congressus mariologici-mariani in civitate Lourdes anno 1958 celebrati*, vol. III, Rom, 1959, pp.241~289.

• ——, "Mariens Jungfräulichkeit und Gottesmutterschaft", in: M. Seybold(Hrsg.), *Maria im Glauben der Kirche*, Eichstätt-Wien, 1985, pp.27~58.

• Riesenhuber, K., *Maria im theologischen Verständnis von Karl Barth und Karl Rahner* = *QD* 60, Freiburg i. Br., 1973.

• Rodriguez, J., "Tonantzin Guadalupe: Von Leid und Tod zur Auferstehung", in: *Con.* 44(2008), pp.474~482.

• Roellenbleck, E., *Magna Mater im Alten Testament*, Darmstadt, 1949.

• Rogerson, J.W., "The Hebrew Conception of Corporate Personality", in: B. Lang(Hrsg.), *Anthropological Approaches to the Old Testament*, Philadelphia-London, 1985, pp.43~59.

• Röhrig, H.-J., *Kenosis. Die Versuchungen Christi im Denken von*

M. M. Tareev, Leipzig, 2000.

- Rösel, M., "Die Jungfrauengeburt des endzeitlichen Immanuel. Jesaja 7 in der Übersetzung der Septuaginta", in: *JBTh* 6(1991), pp.131~151.
- Rosenberg, A., *Geleit- und Schlüsselwort zu: H. Rahner, Griechische Mythen in christlicher Deutung*, Basel, [4]1984, pp.IX~XXI.
- Rosenberger, M. / Reisinger, F. / Kreutzer, A.(Hrsg.), *Geschenkt – umsonst gegeben? Gabe und Tausch in Ethik, Gesellschaft und Religion*, Frankfurt u.a., 2006.
- Rossano, P., "Christliche Theologie und Religionen. Ein Problem unserer Zeit", in: R. Latourelle / G. O'Collins(Hrsg.), *Probleme und Aspekte der Fundamentaltheologie*, dt. InnsbruckWien, 1985.
- ——, "Lo Spirito Santo nelle religioni e nelle culture non cristiane", in: *Credo in Spiritum Sanctum – Atti del Congr. teol. intern. di Pneumatologia(22.-26.3.1982)*, Bd. II, Rom, 1983, pp. 1193~1403.
- Rossetti di Valdalbero, C.L., *Novissimus Adam. Saggi di antropologia ed escatolologia biblica*, Città del Vaticano, 2010.
- Rother, J., "Die Jungfrau züchtigt den Jesusknaben vor drei Zeugen", in: http://bs.cyty.com/kirche-von-unten/archiv/kvul24/zuechtigung.htm(abgerufen 11.03.2012.).
- Ruether, R.R., *Maria. Kirche in weiblicher Gestalt* = Kaiser Traktate 48, München, 1980.

【S】

- Saliba, J.A., "The Virginal-Birth Debate in Anthropological Literature. A Critical Assessment", in: *ThSt* 36(1975), pp.428~454.
- Salvadori, I., *L'autocoscienza di Gesù. "In tutto simile a noi eccetto il peccato"*, Rom, 2011.

• Samerski, St., “Neuer Wein in alten Schläuchen? – Marienverehrung und Josephskult in der Neuzeit”, in: *Zur Debatte*, Heft 5(2009), pp.31~33.

• Sattler, D., “Ökumenische Annäherungen an die Ecclesia ab Abel vor dem Hintergrund von Dominus Jesus”, in: A. Franz(Hrsg.), *Was ist heute noch katholisch?* = *QD* 192, 8 Freiburg i. Br., 2001, pp.87~113.

• Schaeffler, R., *Glaubensrefl exion und Wissenschaftslehre*, Freiburg i. Br., 1980.

• Scharbert, J., *Solidarität in Segen und Fluch im Alten Testament und in seiner Umwelt*, Bonn, 1958.

• Schaup, S., *Sophia. Das Weibliche in Gott*, München, 1964.

• Scheele, P.-W., “Maria in der Gemeinschaft und Geschichte Israels”, in: *Maria im Geheimnis der Kirche* = Sonderheft *Cath* 29(1975), pp.92~113.

• Scheffczyk, L., *Die Mariengestalt im Gefüge der Theologie. Mariologische Beiträge*, Regensburg, 2000.

• ——, *Die Mittlerschaft Marias, in: ders., Glaube in der Bewährung. Ges. Schriften zur Theologie III*, St. Ottilien, 1991, pp.300~320.

• ——, “Exegese und Dogmatik zur virginitas post partum”, in: *MthZ* 28(1977), pp.291~301.

• ——, “Maria im Glauben der Kirche, II: Maria in der Heilsgeschichte”, Wien, 1980.

• ——, *Maria. Mutter und Gefährtin Christi*, Augsburg, 2003.

• ——, “Mariologie und Anthropologie”, in: D. Berger(Hrsg.), *Karl Rahner: Kritische Annäherungen*, Siegburg, 2004, pp.299~313.

• ——, “Theotokos”, in: *MarLex* 6, pp.390~391.

• Scheja, G., *Der Isenheimer Altar des Matthias Grünewald*, Köln,

1969.

- Schelkle, K.H., *Geleitwort zu R. Laurentin, Struktur und Theologie der lukanischen Kindheitsgeschichte*, dt. Stuttgart, 1967.
- ——, "Maria", in: *HthG* III, pp.115~119.
- ——, *Paulus, Lehrer der Väter. Die altkirchliche Auslegung von Röm 1-11*, Düsseldorf, ²1959.
- Schenk, R., "Thomas v. Aquin", in: *MarLex*, pp.399~405.
- Schilling, O., *Geist und Materie in biblischer Sicht*, Stuttgart, 1967.
- Schimanowski, G., "Die frühjüdischen Voraussetzungen der urchristlichen Präexistenzchristologie", in: J. Laufen(Hrsg.), *Gottes ewiger Sohn*, Paderborn 1997, pp.31~55.
- ——, *Weisheit und Messias. Die jüdischen Voraussetzungen der urchristlichen Präexistenzchristologie*, Tübingen, 1985.
- Schimmelpfennig, R., *Die Geschichte der Marienverehrung im deutschen Protestantismus*, Paderborn, 1952.
- Schipfl inger, Th., *Sophia - Maria. Eine ganzheitliche Vision der Schöpfung*, München-Zürich, 1988.
- Schlichting, W., *Maria. Die Mutter Jesu in Bibel, Tradition und Feminismus*, Wuppertal u.a., 1989.
- Schlier, H., *Der Römerbrief = HThKNT*, Freiburg i. Br., 1977.
- ——, *Die Zeit der Kirche*, Freiburg, ²1958.
- ——, "Meditationen über den Johanneischen Begriff der Wahrheit", in: ders., *Besinnung auf das Neue Testament*, Freiburg i. Br., 1964, pp.272~278.
- Schmaus, M., *Katholische Dogmatik*, Bd. II/1, München, ³1962.
- ——, *Katholische Dogmatik*, Bd. V, München, ²1961.
- ——, "Unsterblichkeit der Geistseele oder Auferstehung der Toten?", in: H. Schlink / H. Volk(Hrsg.), *Pro Veritate* = FS L. Jäger u. W. Stählin, Münster-Kassel, 1963, pp.311~337.

• Schmeller, Th. u.a.(Hrsg.), *Die Offenbarung des Johannes, Kommunikation im Konflikt* = *QD* 253, Freiburg i. Br., 2013.
• Schmid, J., "Brautschaft, heilige", in: *RAC* 2, pp.528~564.
• ——, *Das Evangelium nach Lukas*, Regensburg, ^{3}1955.
• Schmid, K., "Was heißt Vertrauen?, Biblische Erkundungen anhand von Ps 13 und der Abrahamsüberlieferung der Genesis", in: I.U. Dalferth / S. Peng-Keller, *Gottvertrauen. Die ökumenische Diskussion um die fi ducia* = *QD* 250, Freiburg i. Br., 2012, pp. 31~47.
• Schmidbaur, H. Chr., *Gottes Handeln in Welt und Geschichte. Eine trinitarische Theologie der Vorsehung*, St. Ottilien, 2003.
• Schmidt, A., *Jesus der Freund*, Würzburg, 2011.
• Schmidt-Leukel, P., "Das Pluralistische Modell in der Theologie der Religionen. Ein Literaturbericht", in: ThRv 89(1993), pp.353~370.
• ——, "Zur Klassifi kation religionstheologischer Modelle", in: *Cath* 47(1993), pp.163~183.
• Schmitt, Chr., "Klein, Wilhelm", in: BBKL 33, pp.746~749.
• Schmitz-Moormann, K.(Hrsg.), *Schöpfung und Evolution*, Düsseldorf, 1992.
• Schnackenburg, R., *Das Johannesevangelium* = *HThKNT*, Bd. I-III, Freiburg i. Br., 1965-1975.
• Schnackers, H., *Kirche als Sakrament und Mutter. Zur Ekklesiologie von H. de Lubac*, Frankfurt, 1979.
• Schneider, B.(Hrsg.), *Maria und Lourdes*, Münster, 2008.
• Schneider, G., *Einleitung zu: Apokryphe Kindheitsevangelien*(*FC* 18, pp.7~93).
• ——, "Jesu geistgewirkte Empfängnis(Lk 1,34f). Zur Interpretation einer christologischen Aussage", in: *ThPQ* 199(1971), pp.

105~116.

- Schneider, M., “Das Marienlob der Frühen Kirche”, in: www.kath.de/zentrum/archiv_texte/vortrag_radio_2011/13_2011.pdf(2013.01.31. 접속).
- Schneider, R., “Die heilige Frau”, in: O. Karrer(Hrsg.), *Maria in Dichtung und Deutung. Eine Auswahl,* Zürich, 1962.
- Schneider, Th., *Was wir glauben. Eine Auslegung des Apostolischen Glaubensbekenntnisses,* Düsseldorf, 1985.
- Schneider, Th. / Ullrich, L.(Hrsg.), *Vorsehung und Handeln Gottes* = *QD* 115, Freiburg i. Br., 1986.
- Scholz, O.R., “Symbol II”, in: *HWP* 10, pp.723~738.
- Schönborn, Chr., “Maria – Herz der Theologie – Theologie des Herzens”, in: W. Baier u.a.(Hrsg.), *Weisheit Gottes – Weisheit der Welt* = FS J. Ratzinger, Bd. I, St. Ottilien, 1987, pp.575~589.
- Schoonenberg, P., “Der Mensch in der Sünde”, in: *MySal* II, pp. 845~941.
- ——, “Der neue Katechismus und die Dogmatik”, in: *Dokumentation des Holländischen Katechismus,* Freiburg i. Br., 1967.
- ——, *Gottes werdende Welt,* Limburg, 1963.
- Schreiber, St., “Die Sternenfrau und ihre Kinder(Offb 12). Zur Wiederentdeckung eines Mythos”, in: *NTS* 53(2007), pp.436~457.
- Schreiner, Kl., *Maria. Jungfrau, Mutter, Herrscherin,* München-Wien, 1994.
- Schubert, K., “Die Jungfrauengeburt im Lichte frühjüdischer Quellen”, in: *ThG(B)* 16(1973), pp.193~199.
- Schulte, R., *Die Herkunft Jesu Christi. Verständnis und Missverständnis des biblischen Zeugnisses. Eine theologie-kritische Besinnung,* Münster, 2012.
- ——, “Ökumenische Besinnung über die Stellung Mariens in der

christlichen Theologie", in: Ordinariat der Erzdiözese Wien(Hrsg.), *Ökumenische Besinnung*, Wien, 1981.

- Schulte-Klöcker, U., *Das Verhältnis von Ewigkeit und Zeit als Wiederspiegelung der Beziehung zwischen Schöpfer und Schöpfung. Eine textbegleitende Interpretation der Bücher XI-XIII der 'Confessiones' des Augustinus*, Bonn, 2000.
- Schultze, B., *Maria und Kirche in der russischen Sophia-Theologie, in: Maria et Ecclesia. Acta congressus mariologici-mariani in civitate Lourdes anno 1958 celebrati*, vol. X, Rom, 1960, pp.51~141.
- Schulz, M., "Die Gretchenfrage der pluralistischen Religionstheologie: Einer ist Gott, nur einer auch Mittler?", in: G.L. Müller / M. Serretti(Hrsg.), *Einzigkeit und Universalität Jesu Christi*, dt., Einsiedeln-Freiburg, 2001, pp.113~153.
- ——, *Sein und Trinität. Systematische Erörterungen zur Religionsphilosophie G. W. F. Hegels im ontologiegeschichtlichen Rückblick auf J. Dun Scotus und I. Kant und die Hegel-Rezeption in der Seinsauslegung und Trinitätstheologie bei W. Pannenberg, E. Jüngel, K. Rahner und H. U. v. Balthasar*, St. Ottilien, 1997.
- Schulz, W., *Metaphysik des Schwebens. Untersuchungen zur Geschichte der Ästhetik*, Pfullingen, 1985.
- Schulze, W.A., "Die Himmelfahrt Mariens bei C. G. Jung", in: *ThZ* 25(1969), pp.215~218.
- Schüngel-Strautmann, H., "Alttestamentliche Weisheitstexte als marianische Liturgie. Sprüche 8 und Jesus Sirach 24 in den Lesungen an den Marienfesten", in: E. Gössmann / D.R. Bauer(Hrsg.), *Maria für alle Frauen oder über allen Frauen?*, Freiburg i. Br., 1989, pp.12~35.
- Schürmann, H., *Das Lukasevangelium = HThKNT*, Bd. I, Freiburg

i. Br., 1969.

• ——, "Die geistgewirkte Lebensentstehung Jesu", in: W. Ernst / K. Feiereis(Hrsg.), *Einheit in Vielfalt,* FS H. Aufderbeck, Leipzig, 1974, pp.156~169.

• Schwager, R., "Kontraproduktive Folgen? Gefahren beim Streben nach einem schnellen Konsens", in: *ThPQ* 142(1994) bes., pp. 23~31.

• —— (Hrsg.), *Christus allein? Der Streit um die pluralistische Religionstheologie* = *QD* 160, Freiburg i. Br., 1996.

• Schwanke, J., "Freier oder unfreier Wille? Die Kontroverse zwischen M. Luther und Erasmus v. Rotterdam", in: W. Zager(Hrsg.), *Martin Luther und die Freiheit,* Darmstadt, 2010, pp.41~58.

• Schweizer, E., "σῶμα", in: *ThWNT* VII, pp.1024~1091.

• Schwöbel, Chr., *Gott in Beziehung. Studien zur Dogmatik,* Tübingen, 2002.

• Scipioni, L.I., *Nestorio e il concilio di Efeso,* Mailand, 1974.

• Scola, A., *Das hochzeitliche Geheimnis,* dt. Freiburg, 2006.

• Seckler, M., "Der Begriff der Offenbarung", in: *HFTh* II, pp.60~83.

• Sedlmeier, Fr., "Jes 7,14 – Überlegungen zu einem umstrittenen Vers und zu seiner Auslegungsgeschichte", in: A. Ziegenaus(Hrsg.), *"Geboren aus der Jungfrau Maria",* Regensburg 2007, pp.13~43.

• Seethaler, P., "Die Weisheitstexte in der Marienliturgie", in: *BenM* 34(1958), pp.111~120.

• Seidel, Th. A. / Schacht, U.(Hrsg.), *Maria. Evangelisch,* Leipzig-Paderborn, 2011.

• Seiler, H., *Corredemptrix. Theologische Studie zur Lehre der letzten Päpste über die Miterlöserschaft Mariens,* Rom, 1939.

• Seils, M., *Der Gedanke vom Zusammenwirken Gottes und des Menschen in der Theologie Luthers,* Berlin, 1962.

• Semmelroth, O., “Kommentar zum 8. Kapitel von LG”, in: *LThK*, Erg.-Bd. I, pp.326~347.
• ——, Urbild der Kirche. Organischer Aufbau des Mariengeheimnisses, Würzburg, [2]1954.
• Sequeri, P., “Nur einer ist der ‘Gute’. Theologie der Affektion als Umkehr der Ontologie”, in: E. Arens(Hrsg.), *Gegenwart. Ästhetik trifft Theologie = QD* 246, Freiburg i. Br., 2012, pp.46~72.
• Serra, A., *Contributi dell'antica letteratura giudaica per l'esegesi di Giovanni 2,1-12 e 19, 25-27*, Rom, 1977.
• ——, “‘… e lo avvolse in fasce…’(Lc 2,7b)”, in: ders., *C'era la madre di Gesù …(Gv. 2,1). Saggi di esegesi biblico-mariana(1978-1988)*, Milano-Roma, 1989, pp.225~284.
• ——, “L'Annunciazione a Maria(Lc 1,26-38). Un formulario di Alleanza?”, in: *PaVi* 25(1980), pp.4~11.
• ——, Vergine, in: S. de Fiores / S. Meo(Hrsg.), *Nuovo dizionario di Mariologia*, Cinisello Balsamo, 1985, pp.1424~1454.
• Sesboüé, B., *Hors de l'Eglise pas du salut*, Paris, 2004.
• Seybold, M.(Hrsg.), *Maria im Glauben der Kirche*, Eichstätt-Wien, 1985.
• Sickenberger, J., Die Messiasmutter im 12. Kapitel der Apokalypse, in: *ThQ* 126(1946), pp.357~427.
• Siegert, F., Die Mutter Jesu und der Lieblingsjünger, in : J.C. de Vos / F. Siegert(Hrsg.), *Interesse am Judentum*, Münster, 2008, pp.411~417.
• Silberer, M., *Die Trinitätsidee im Werk von P. A. Florenskij*, Würzburg, 1984.
• Simon, J. u.a., “Symbol”, in: *TRE* 32, pp.479~496.
• Smitmans, A., *Das Weinwunder von Kana. Die Auslegung von Jo 2,1-11 bei den Vätern und heute*, Tübingen, 1966.

• Soden, W. v., *Muttergottheiten*, in: *RGG* [3]4, pp.1227~1229.
• Söding, Th., Die Größe der Hoffnung, in: U. Swarat / Th. Söding(Hrsg.), *Gemeinsame Hoffnung – über den Tod hinaus* = *QD* 257, Freiburg i. Br., 2013, pp.252~292.
• ——, Heilsamer Glaube. Die synoptische Tradition, in: I.U. Dalferth / S. Peng-Keller, *Gottvertrauen. Die ökumenische Diskussion um die fi ducia* = *QD* 250, Freiburg i. Br., 2012, pp.48~79.
• ——, Leib Christi I, in: *LThK* 6, pp.769~771.
• Söll, G., *Abschied von Maria?*, Donauwörth, 1974.
• ——, *Mariologie* = *HDG* III/4, Freiburg i. Br., 1978.
• ——, Maria in der Geschichte von Theologie und Frömmigkeit, in: Hmar, pp.92~231.
• Sölle, D., Meine Seele sucht das Land der Freiheit, in: H. Haag u.a.(Hrsg.), *Maria, Brauchtum und Religion in Bild und Text*, Freiburg u.a., 1997, pp.122~144.
• ——, *Stellvertretung*, Stuttgart-Berlin, 1965.
• Solowjew, W.S., Russland und die universale Kirche, in: *WW* III, Freiburg-München 1954, pp.145~419.
• ——, *Solowjews Leben in Briefen und Gedichten*, hrsg. v. L. Müller, Erg.-bd. der WW, München, 1977.
• ——, *Solov'evs Leben und Werk. Schriften zur Philosophie, Theologie und Politik*, hrsg. v. L. Müller, Darmstadt, 1991, pp.13~27.
• Sonnemans, H., *Seele. Unsterblichkeit – Auferstehung*, Freiburg i. Br., 1984.
• Spaemann, R., "Über einige Schwierigkeiten mit der Erbsündenlehre", in: Chr. Schönborn / A. Görres / R. Spaemann(Hrsg.), *Zur kirchlichen Erbsündenlehre*, Fribourg, [2]1994, pp.37~66.
• Speyer, W., "Der Verfall des Marienbildes in der westlichen Kunst

der Neuzeit", in: P.L. Hofrichter(Hrsg.), *Auf der Suche nach der Seele Europas. Marienfrömmigkeit in Ost und West*, Innsbruck-Wien, 2007, pp.219~237.

- Spindeler, A., *Cur Verbum caro factum? Das Motiv der Menschwerdung und das Verhältnis der Erlösung zur Menschwerdung in den christologischen Glaubenskämpfen des 4. und 5. Jh.*, aderborn, 1938.
- Splett, J., "Gottesbeweis Mitmenschlichkeit. Zur rationalen Begründung von Religion", in: A.J. Buch / H. Fries(Hrsg.), *Die Frage nach Gott als Frage nach dem Menschen*, Düsseldorf, 1981, pp. 51~62.
- ——, "Gottes Freiheit und die Kontingenz der Schöpfung. Zur religionsphilosophischen Begründung menschlichen Weltverständnisses", in: Ph. Schmitz(Hrsg.), *Macht euch die Erde untertan? Schöpfungsglaube und Umweltkrise*, Würzburg, 1981, pp.39~64.
- Staniloae, D., *Orthodoxe Dogmatik*, Bd. II, Zürich u.a., 1990.
- Starowieyski, M., "Le titre θεοτόκος avant le concile d'Ephèse", in: *StudPatr* 19(1989), pp.236~242.
- Stecher, R., "Die persönliche Weisheit in den Proverbien", in: *ZkTh* 75(1953), pp.411~451.
- Steck, O.H., *Der Schöpfungsbericht der Priesterschrift*, Göttingen, ^{2}1981.
- Stegmüller, O., "Sub tuum praesidium. Bemerkungen zur ältesten Überlieferung", in: *ZkTh* 74(1952), pp.76~82.
- Steinhauer, H., *Maria als dramatische Person bei Hans Urs von Balthasar. Zum marianischen Prinzip seines Denkens*, Innsbruck-Wien, 2001.
- ——, "Vorerlöst zu uneingeschränkter Solidarität. Vom Privileg der Mutter Jesu zur Bestimmtheit der ganzen Schöpfung", in: K.J.

Wallner(Hrsg.), *Auditorium Spiritus Sancti* = FS 200-JahrJubiläum der Phil.-Theol. Hochschule Heiligenkreuz, Langwaden, 2004, pp. 379~392.

- Stock, K., "Die Berufung Marias(Lk 1,26–38)", in: *Bib.* 61(1980), pp.457~491.
- Stößl, F., "Personifi kationen", in: *PRE* 37, pp.1042~1058.
- Strack, H.L., *Einleitung zu Talmud und Midrasch*, München, [6]1976.
- Stubenrauch, B., *Dialogisches Dogma. Der christliche Auftrag zur interreligiösen Begegnung* = *QD* 158, Freiburg i. Br., 1995.
- Studer, B., *Dominus Salvator*, Rom, 1992.
- Suenens, L.-J., *Maria im Plan Gottes*, Fribourg, 1963.

【T】

- Tapolet, W. / Ebneter, A., *Das Marienlob der Reformatoren*, Tübingen, 1962.
- Tavo, F., Woman, *Mother and Bride. An exegetical Investigation into the "Ecclesial" Notions of the Apocalypse*, Leuven u.a., 2007.
- Taylor, Ch., "Formen religiösen Lebens", in: *Zur Debatte* 3, 2012, pp.17~18.
- Teilhard de Chardin, P., *Der göttliche Bereich*, dt. Olten-Freiburg, [5]1965.
- ——, *Hymne an das Ewig Weibliche. Mit dem Kommentar von Henri de Lubac*, dt. Einsiedeln, 1968.
- Thurian, M., *Maria*, dt. Mainz-Kassel, 1965.
- Tillard, J.-M.-R., *Chair de l'Église, chair du Christ*, Paris, 1992.
- Tillich, P., *Gesammelte Werke*, Bd. V: Schriften zur Religionsphilosophie, Stuttgart, 1964.
- ——, *Systematische Theologie*, Bd. I, dt. Stuttgart, [3]1967.

- ——, *Wesen und Wandel des Glaubens*, Frankfurt, 1961.
- Toniolo, E.M., “Maternità divina e verginità di Maria nel magistero della Chiesa dal 392 al 649”, in: G. Liccaro u.a.(Hrsg.), *Atti del Convegno Internazionale di studi Mariologici*, Neapel, 1993, pp.75~103.
- Torres Queiruga, A., *Die Wiederentdeckung der Schöpfung*, dt. Darmstadt, 2008.
- Tourpe, E., “La positivité de l'être comme amour chez Ferdinand Ulrich à l'arrière plan de Theologik III. Sur un mot de H. U. v. Balthasar”, in: *Greg.* 89(2008), pp.86~117.
- Trentin, G., “‘Der einzige Geist, der alles in allem wirkt.’ Zur Neuevangelisierung”, in W. Kleins “Gesprächen”, in: www.o-ki-regensburg.de P. Wilhelm Klein. Forum(2013.05.16. 접속).
- ——, *Im Anfang. Das “Mariengeheimnis” in den Handschriften von Wilhelm Klein*, dt. Würzburg, 2006.
- ——, “Wie soll man heute Wilhelm Klein lesen?”, in: *KCGH* (Katalog) 116(2007), pp.77~84.
- Turner, H.E.W., “Nestorius reconsidered”, in: *StudPatr* 13(1975), pp.306~321.

【U】

- Uhde, B., “‘Fiat mihi secundum verbum tuum.’ Die Zurücknahme des menschlichen Willens als ein Prinzip der Weltreligionen”, in: *Jb. f. Religionsphilosophie* I, Frankfurt, 2002, pp.87~98.
- Ulrich, F., *Der Mensch als Anfang. Zur philosophischen Anthropologie der Kindheit*, Einsiedeln, 1970.
- ——, *Gabe und Vergebung. Ein Beitrag zur biblischen Theologie* = *Schriften* V, hrsg. v. St. Oster, Freiburg, 2006.
- ——, *Homo Abyssus. Das Wagnis der Seinsfrage. Neuausgabe*,

Freiburg, [2]1998.
• Unger, D., "Christ's role in the universe according to St. Irenaeus", in: *FS* 5(1945), pp.3~20. 114~137.

【V】

• Valeske, U., *Hierarchia veritatum*, München, 1968.
• van der Kooij, A., "Die Septuaginta Jesajas als Dokument jüdischer Exegese. Einige Notizen zu LXX-Jes. 7", in: *Übersetzung und Deutung*, FS A.R. Hulst, Nijkerk, 1977, pp.91~102.
• Vanhoye, A., "Interrogation johannique et exégèse de Cana(Jn 2,4)", in: *Bibl.* 55(1974), pp.157~167.
• Verweyen, H., *Gottes letztes Wort. Grundriss der Fundamentaltheologie*, Düsseldorf, 1991.
• ——, "Mariologie als Befreiung, Lk 1,16-45.46 im Kontext", in: *ZkTh* 105(1983), pp.168~183.
• Villafi Orita Monteleone, A., "Die Mitwirkung Marias an der Erlösung: status quaestionis der neueren Diskussion", in: *FKTh* 29(2013), pp.22~36.
• Vögtle, A., "Die Genealogie Mt 1,2-16 und die matthäische Kindheitsgeschichte", in: ders., *Das Evangelium und die Evangelien*, Düsseldorf, 1971, pp.57~136.
• ——, "Mt 1,25 und die Virginitas B.M.Virginis post partum", in: *ThQ* 147(1967), pp.28~39.
• ——, "Offene Fragen zur lukanischen Geburts- und Kindheitsgeschichte", in: ders., *Das Evangelium und die Evangelien*, Düsseldorf 1971, pp.43~56.
• Vollenweider, S., "Christus als Weisheit, Gedanken zu einer bedeutsamen Weichenstellung in der frühchristlichen Theologiegeschichte", in: *EvTh* 53(1993), pp.290~210.

• Voss, G., *Dich als Mutter zeige. Maria in der Feier des Kirchenjahres*, Freiburg i. Br., 1991.
• ——, "'Marianische Spiritualität'. Intention und Abgrenzung", in: *US* 42(1987), pp.231~238.

【W】

• Wacker, M.-Th., "Eine Frage der Gerechtigkeit. Gott suchen – feministisch, gendersensibel, geschlechterbewusst", in: *HK.spezial* 2(2011), pp.47~51.
• Wanke, J., "Auskunftsfähig für das Evangelium", in: *Zur Debatte* 5(2013), pp.6~7.
• Warnach, V., *Agape. Die Liebe als Grundmotiv der neutestamentlichen Theologie*, Düsseldorf, 1951.
• Weber, M., *Wirtschaft und Gesellschaft*, hrg. v. J. Winckelmann, Bd. I-II, Köln-Berlin, 1964.
• Weder, H., "Glaube-Hoffnung-Vertrauen. Beobachtungen aus neutestamentlich-hermeneutischer Perspektive", in: I.U. Dalferth / S. Peng-Keller(Hrsg.), *Gottvertrauen. Die ökumenische Diskussion um die fi ducia* = *QD* 250, Freiburg i. Br., 2012, pp.80~104.
• Weger, K.-H., *Theologie der Erbsünde* = *QD* 44, Freiburg i. Br., 1970.
• Wehrle, P., "City-Pastoral. Seelsorge an den Wegen der Menschen", in: ders. / T. Licht, *CityPastoral in der Erzdiözese Freiburg* = *Freiburger Texte* 47, Freiburg i. Br. 2002.
• Weissmahr, B., "Gibt es von Gott gewirkte Wunder? Grundsätzliche Überlegungen zu einer verdrängten Problematik", in: *StdZ* 191(1973), pp.47~61.
• ——, *Gottes Wirken in der Welt. Ein Diskussionsbeitrag zur Frage der Evolution und des Wunders*, Frankfurt, 1972.

• ——, "Kann Gott die Auferstehung Jesu durch innerweltliche Kräfte bewirkt haben?", in: *ZkTh* 100(1978), pp.441~469.
• ——, *Ontologie*, Stuttgart u.a., 1985.
• Weizäcker, C.-F. v., *Die Einheit der Natur*, München, 1971.
• Welker, M., "Kirche zwischen pluralistischer Kultur und Pluralismus des Geistes", in: J. Mehlhausen(Hrsg.), Pluralismus und Identität, Gütersloh, 1995.
• Welte, B., "Vom Sinn der Marienverehrung", in: *EuA* 55(1979), pp.407~413.
• ——, "Zur Theorie der Marienverehrung", in: ders., *Zwischen Zeit und Ewigkeit*, Freiburg i. Br., 1982, pp.272~279.
• Welte, P. H., *Erlösung – wie und wovon? Was Christen unter Heil verstehen*, Regensburg, 2012.
• ——, *Ins Böse verstrickt. Versuch einer Neuinterpretation der Erbsündenlehre*, Münster, 2009.
• Wengst, Kl.(Hrsg.), *Schriften des Urchristentums*, Darmstadt, 1984.
• Wenzel, L., "Mystik und Gnosis bei W. S. Solowjew", in: P. Koslowski(Hrsg.), *Mystik und Gnosis in der Geschichte der Philosophie*, Darmstadt, 1988, pp.296~313.
• Werbick, J., "Fides – Fiducia – Emuna", in: I.U. Dalferth / S. Peng-Keller(Hrsg.), *Gottvertrauen. Die ökumenische Diskussion um die fi ducia* = *QD* 250, Freiburg i. Br., 2012, pp.295~312.
• ——, *Kirche. Ein ekklesiologischer Entwurf für Studium und Praxis*, Freiburg i. Br., 1994.
• Weyermann, M., "Die Typologien von Adam-Christus und Eva-Maria und ihr Verhältnis zueinander", in: *IkaZ* 88(1998), pp.213~218.
• Wheeler Robinson, H., *Corporate personality in ancient Israel*, Edinburgh, 1981.

- ———, "The Hebrew conception of corporate Personality", in: *ZAW*, Bh. 66(1936), pp.49~62.
- Wickert, U., *Die dreifaltige Mutterschaft Mariens*, Vallendar, 2007.
- ———, *Die Weltlichkeit des Glaubens, die historische Theologie und Maria Assumpta*, Manuskript eines Anfang 1972 in Tübingen vor der Arbeitsgemeinschaft der beiden theologischen Fachbereiche gehaltenen Vortrags.
- ———, "Die Weltlichkeit des Glaubens, die historische Theologie und Maria Assumpta", in: H. Feld / J. Nolte(Hrsg.), *Wort Gottes in der Zeit*, FS K.H. Schelkle, Würzburg, 1973, pp.378~409.
- ———, *Ein evangelischer Theologe schreibt über Maria*, Berlin, 1979.
- Wickham, L.R., "Nestorius / Nestorianischer Streit", in: *TRE* 24, pp.276~286.
- Wiedenhofer, S., *Das katholische Kirchenverständnis. Ein Lehrbuch der Ekklesiologie*, Graz u.a., 1992.
- Wiederkehr, D., "Maria und die 'neue Frau'", in: MySal Erg.-Bd, pp.246~248.
- ———, *Wie geschieht Tradition* = *QD* 133, Freiburg i. Br., 1991.
- ———(Hrsg.), *Der Glaubenssinn des Gottesvolkes – Konkurrent oder Partner des Lehramtes* = *QD* 151, Freiburg i. Br., 1994.
- Wilckens, U., "'Empfangen vom Heiligen Geist', geboren aus der Jungfrau Maria – in Lk 1,26–38", in: R. Pesch(Hrsg.), *Zur Theologie der Kindheitsgeschichten*, München-Zürich, 1981, pp.49~73.
- ———, "Einführungsvotum zum ev.-kath. Glaubensgespräch über die Mutter des Herrn auf dem 88. Deutschen Katholikentag in München", in: Dokumentation, hrsg. v. Zentralkomitee der deutschen Katholiken, Paderborn, 1984, pp.702~707.
- Willi, R., "Die marianische Deutung der alttestamentlichen 'Weisheit'

bei Joseph Ratzinger und Leo Scheffzcyk", in: *FKTh* 29(2013), pp.110~125.
- Winter, P., "The Proto-source of Luke 2", in: *NT* 1(1956), pp.184~199.
- Wipfler, H., *Grundfragen der Trinitätsspekulation*, Regensburg, 1977.
- Wittgenstein, L., *Philosophische Untersuchungen*, Frankfurt, 1967.
- Wolf, K., *Philosophie der Gabe. Meditationen über die Liebe in der französischen Gegenwartsphilosophie*, Stuttgart, 2006.
- Wölfel, E., "Erwägungen zu Struktur und Anliegen der Mariologie", in: W. Schöpsdau(Hrsg.), *Mariologie und Feminismus = Bensheimer* Hefte 64, Göttingen, 1985, pp.71~102.
- Wong, J.H., "Anonymous Christians: Karl Rahners Pneuma-Christocentrism and an East-West dialogue", in: *TheolSt* 55(1994), pp.609~637.
- Wucherer-Huldenfeld, A.K., "Geburtszustand und weltoffene Daseinsweise", in: S. Schindler(Hrsg.), *Geburt. Eintritt in eine neue Welt*, Göttingen u.a., 1986, pp.173~191.
- Wulf, Fr., "Unsere Marienfrömmigkeit", in: *GuL* 21(1948), pp.295~301.

【Z】

- Zeller, H., "Corpora Sanctorum", in: *ZkTh* 71(1949), pp.385~465.
- Zenger, E., "Jahweh, Abraham und das Heil der Völker", in: W. Kasper(Hrsg.), *des Christentums = QD* 79, Freiburg i. Br., 1977.
- ——, "Was ist der Preis des Monotheismus", in: *HK* 55(2001), pp.186~191.
- Zerwick, M., *Der Brief an die Galater*, Düsseldorf, 1964.
- Ziegenaus, A., "Der christologische Gehalt der jungfräulichen

Mutterschaft", in: ders.(Hrsg.), *"Geboren aus der Jungfrau Maria"*, Regensburg, 2007, pp.44~57.

- ——, "Die Empfängnis durch den Heiligen Geist. Zur Wirkweise des Heiligen Geistes bei der Inkarnation", in: ders.(Hrsg.), *Maria und der Heilige Geist. Beiträge zur pneumatologischen Prägung der Mariologie*, Regensburg, 1991, pp.75~91.
- ——, "Erwägungen zum Rückgang marianischer Frömmigkeit", in: ders.(Hrsg.), *Das marianische Zeitalter*, Regensburg, 2002, pp.209ff.
- ——, *"Geboren aus der Jungfrau Maria"*, Regensburg, 2007.
- ——, "Jungfräulichkeit II", in: *MarL* 3, pp.469~481.
- ——, "Maria in der Heilsgeschichte", in: ders., *Mariologie = Katholische Dogmatik*, Bd. V, Aachen 1998, pp.232~287.
- ——, *Verantworteter Glaube*, Bd. II, Buttenwiesen, 2001.
- ——(Hrsg.), *Das Marianische Zeitalter*, Regensburg, 2002.
- Ziermann, H., *Matthias Grünewald*, München u.a., 2001.
- Zimmermann, R., "'Bräutigam' als frühjüdisches Messias-Prädikat?", in: *Biblische Notizen* 103(2000), pp.85~100.
- Zmijewski, J., *Die Mutter des Messias. Maria in der Verkündigung des Neuen Testaments*, Kevelaer, 1989.
- Zucal, S., *La teologia della morte in Karl Rahner*, Bologna, 1982.

/인/명/ /색/인/

【ㅂ】

【ㅌ】